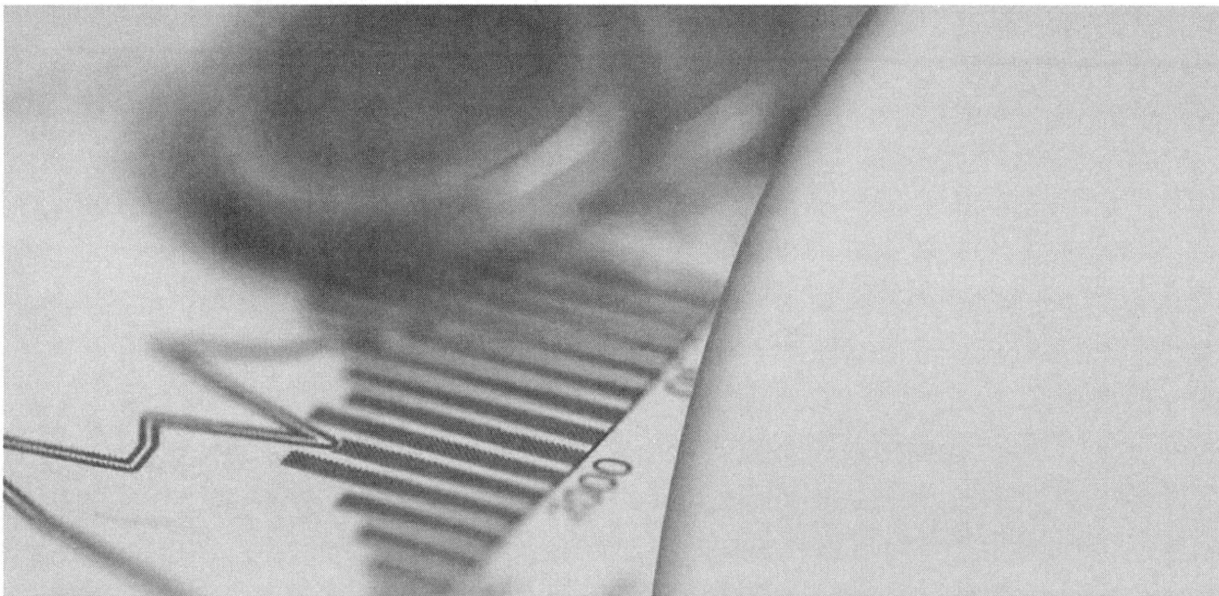

The Economics of Casino Business

카지노경제학

고택운 · 양일용 · 이용성 · 구자관 · 김기호

백산출판사

머 리 말 *Preface & Introduction*

이 시대에 대두(擡頭)되고 있는 가장 큰 관심사의 '이슈(issue)'는 경제분야로서 우리나라의 정부·정치권의 화두(話頭) 역시 '경제민주화·창조경제'이다. 우리나라 국민 10명 중 6명은 경제분야의 시급한 문제로 물가안정, 일자리 창출, 경제성장 순으로 관심을 보이고 있으며, 또한 의료·보육 등 복지확대에도 관심이 많다. 특히 경기침체가 이어지면서 '경제가 우선이다'라는 목소리가 더욱 커지고 있다. 전세계 카지노산업의 도입 배경 및 목적을 살펴보면 항상 경제적 논리를 앞세워 적극적으로 추진하는 사례를 볼 수 있다. 이는 카지노가 관광상품의 핵심으로 고용창출은 물론 경제적 파급효과가 매우 크다는 데서 세계의 국가들은 경쟁적으로 카지노를 관광전략산업으로 도입하고 있음은 인문·사회적·부정적 인식에도 불구하고 경제적 재정수입이 우선임을 알 수 있다.

그러나 카지노산업의 본질은 도박산업이고, 게이밍(gaming)이 생산요소인 바, 카지노경제 또한 시장경제 체제의 기틀에서 경제활동이 이루어지고 있는지, 블루오션(blue ocean)이 존재하고 있는지, 카지노 분야의 경제활동을 경제학적 측면으로 누구도 논리적으로 전개(展開)한 바 없어 이에 '카지노경제학'이라는 책의 출판 준비를 하게 된 배경이다.

세계적으로 유명한 경제학자 중 엘빈 E 로스(하버드대 교수)와 로이드 새플리(UCLA 교수)는 2012년 노벨경제학상 수상자로 특이한 것은 경제학 분야 중 게임이론의 대표적 학자라는 것이다. 새플리 교수가 '게임 - 새플리 알고리즘'이라 불리는 이론적 근거를 만들었고, 로스 교수는 이 이론(理論)을 실제생활에 접목해 여러 분야에 응용하였던 바, 창조경제의 대가(great scholar)임에 틀림없다. 또, 다른 경제학자로는 거시경제학(macroeconomics)의 '합리적 기대가설'을 발전시킨 공로로 2011년 노벨경제학상을 받은 토마스 서전트 교수이다. 서전트 교수는 열렬한 낚시광으로 '낚시경제학'으로 유명하다. 그의 논리(logic)는 "강물(자유로운 시장경제)에 독수리 그림자(정부)가 비치면 물고기(일반인)는 숨어버린다"면서 자기의 경제이론과 일맥상통하는 부분이 있다고 하였다. 이는 시장경제 이론에 충실할 것을 시사(示唆)하는 의미가 있다고 본다. 이와 같이 경제학의 중요성은 분야별 각론(各論)으로 전개되어 오고 있다.

그렇다면, 카지노분야도 이제는 경제적 논리로 접근하여 경제적 현상은 어떻게 작용하며, 시장논리는 경제활동에 어떤 영향을 미치는지, 경제학 측면에서 전반적인 연구·분석할 만한 가치의 필요성이 초미의 관심사로 곳곳에서 제기(提起)되고 있어 본 서(書)를 집필하게 되었지만, 안타깝게도 경제학자 또는 경제전문가에 비해 본 저자(著者)의 경제학 지식이 일천(日淺)한 바, 그 내용이 일반적인 경제학 원리에 카지노의 경제적 현상을 접목(接木)한 수준에 불과한 것이 집필 내내 마음에 걸렸으며, 카지노의 전문 지식만 앞세운 집필자의 공명심(功名心)으로 경제론 원리가 훼손되지 않았는지, 관심있는 독자(讀者)들의 비판과 격려로 많은 조언을 바라면서, 후일 분명히 카지노경제학 분야에서도 완벽한 논리(論理)를 제기하는 훌륭한 석학(碩學)이 나올 것이라 기대해봅니다.

본 저서(著書)는 전장을 1부, 2부, 부록편으로 나누어 구성, 제1부는 카지노경제학을 공부하기 위해서는 카지노 관련 이론은 물론 최소한 기초적인 경제이론에 대한 이해는 필수인 바, 경제학이 접근하는 문제들을 카지노의 관점에서 소개하였고, 또한 카지노상품의 특성을 통해 카지노경제학에서는 일반경제 이론을 어떻게 적용해야 하는가를 설명하고 있다. 특히 우리나라 경제뿐만 아니라 취업률 등 노동시장에도 긍정적 효과를 나타내고 있는 카지노의 경제적 파급효과를 산업연관 분석을 통한 기법으로 설명하였고, 경제적 효과에 따른 카지노 산업체의 경제적 가치도 평가하여 보았다. 그 밖에 카지노산업과 연관된 최근의 국내·외 경제동향, 그리고 관광기업 중심으로 해외투자 이론과 관련제도에 관해서도 준비하였다. 특히 제2장 일반적 경제학원리는 부문별 경제학 우수도서로 추천받은 안희배 저서의 「시장경제론」과 최병길·김태보 공저의 「관광경제학」의 경제이론과 원리를 일부 인용(引用)하였음을 주지하며, 안희배, 최병길, 김태보 교수님의 경제학식에 경의(敬意)를 표하는 바입니다.

제1부에서 카지노경제학의 거시적(macro) 부문으로 카지노가 국가 또는 지역경제에 어떠한 영향을 미치는지를 설명하였다면, 제2부는 전반적인 카지노경제학을 이해시키기 위해 미시적(micro) 측면으로 카지노경제를 소개하여 보았다. 과거에는 카지노가 관광산업 분야 중의 일부로만 인식되었으나, 오늘날에는 관광시장의 코어(core)상품으로 생산과 소비가 이루어지고 있으므로 이에 따른 소비자가 카지노상품의 소비에 있어서 추구하는 소비자선택이론과 카지노상품의 공급자가 직면하게 되는 생산자선택이론을 설명하였고, 또한 카지노시장의 형태와 각각의 시장규

모에 따라 카지노수익을 위해 어떤 선택을 하는지를 설명하였다. 그리고 카지노 경제환경을 평가해 주는 카지노 회계관리를 게이밍과 연관된 내부통제시스템(internal control system)과 조직관리에 관하여서도 설명하였다. 특히 제3장에는 카지노산업의 주체인 게이밍의 경제이론 즉 게임이론의 수리경제학(mathematical economics)을 다루어 카지노게임의 수학적 확률과 어드벤티지가 카지노경제에 어떻게 작용하는지를 카지노게임이론 중심으로 내용을 구성하였다.

부록(Appendix)편은 경제학 측면의 경영전략 및 부문별 사례에 관한 연구로 경제보고서 또는 주요 경제기사를 발췌(拔萃)한 내용으로 구성하여 최근에 직면하고 있는 경영전략, 서비스산업, 자금, 증권, 조세 등 분야별 경제지식을 공부하는 정보를 전달하고자 수록하였고, 부록Ⅱ는 최근에 시사(時事)하는 경제용어(economices terminology)를 전문분야별로 구분하지 않고 무작위로 구성, 설명하는 것으로 마무리하였다.

앞서 언급한 바와 같이 본 저서를 집필(執筆)함에 있어, 본 저서가 전문서적 수준으로 평가받기에는 학식과 논리의 부족함을 느끼고 있어 온터라, 본 저서를 출간(出刊)하기에 두려움이 앞서지만, 경제가 어려운 이 시기에 카지노산업이 경제적 측면에서 재조명되어야 한다는 사명감에 어떤 혹평(酷評)도 감수하고, 감히 출간코자 하니 미비한 점 계속 보완할 수 있도록 제(諸) 독자 여러분의 조언을 진심으로 바라는 바이며, 그동안 본 저자의 카지노 관련 전문도서를 출간 때마다 양해를 구하는 것은 국내외적으로 카지노 관련 전문서적이 분야별・부문별・주제별로 정리된 도서가 없었던터라, 새로운 주제(主題)의 접근 때마다 집필자의 경험과 주관 그리고 원고재료의 출처에 따라 논리를 정리하였던 바, 어느 부문(部門) 또는 어느 부분(部分)은 주석(註釋)을 달리할 수 있었음을 고지(告知)함에 주지하기 바라며, 본 저서가 관심있는 제독자 여러분에게 유용하다면 더할 나위 없는 영광으로 알고 집필한 보람을 한없이 누리고 싶은 소망입니다.

본 저서가 출간되기까지 감수(監修)와 보조(補助)를 같이 하였던 공저자 여러분, 그리고 원고정리와 워드작업, 편집기획을 담당하였던 관계자 여러분께 감사와 노고(勞苦)의 뜻을 전하며, 특히 본인의 저서라면 흔쾌히 출판을 허락하시는 백산출판사 진욱상사장님께 무한한 감사(感謝)의 뜻을 전하는 바입니다.

공저자 대표 **고택운** 배상

차 례 *Contents*

• 제1부 카지노와 경제학 •

제3장 카지노게이밍의 경제수리학

• 부 록 •

Part 1 카지노와 경제학

Casino Business Economics

제 1 장

카지노산업과 경제론

우리는 지금까지 카지노의 도입, 카지노산업개발 관련 프로젝트(project) 또는 연구 보고서를 살펴보면, 우선과제가 비즈니스(Biz)의 타당성 검토에 경제적 논리(economical logic)를 앞세워 적극 추진하는 사례를 볼 수 있었다. 그렇다면 카지노산업이 정부의 규제와 도박산업이라는 부정적 인식 하에서도 얼마만큼의 경제적 효과를 발생시키는지, 또한 시장경제체제의 기틀에서 경제활동이 이루어지고 있는지, 블루오션(blue ocean)이 존재할 수 있는지를 경제적 논리로 접근하기에는 카지노산업의 본질은 도박산업이기에 게이밍(gaming)이 생산요소가 되므로 논리의 타당성(propriety)을 연구하기 위해 우선 카지노산업의 다양한 구조적 특성(게이밍승률)을 이해할 필요가 있다.

1 카지노산업의 개요

1 카지노의 개념

오늘날 세계의 관광대국들은 카지노산업을 관광전략산업으로 부각(relief)시키고 있으나, 여타산업과는 달리 이론적 배경에 의한 개념정의는 정립(thesis)되지 않아 일부

학자와 사전적 해석을 인용한다면, “카지노란 겜블링, 음악, 쇼, 댄스 등 여러 가지 오락시설을 갖춘 연회장이라는 의미의 이탈리언(Italian)의 ‘카사(Casa)’에서 유래한 것으로 ‘르네상스(Renaissance)’시대에 귀족들이 소유하고 있던 사교・오락을 위한 작은 집으로 뜻하였으나, 오늘날에 와서는 일반적인 사교(social intercourse) 또는 여가선용을 위한 공간으로서 각종 게임기구를 설치하여 겜블링이 이루어지는 장소를 의미한다”고 정의하고 있다.[1)]

카지노의 개념(concept)은 두 가지 측면에서 살펴볼 수 있다. 하나는 일상생활에서 벗어나 여가선용을 위한 단순한 게임을 즐길 수 있는 공간적(空間的) 측면에서의 카지노와 또 다른 카지노는 행위적(行爲的) 측면의 접근을 들 수 있다. 이는 재산상의 이익을 획득하기 위한 목적으로 게임을 하는 경마・경륜・투계와 같은 일종의 도박활동을 말한다.[2)]

그러나 오늘날의 카지노는 공간적・행위적 개념을 초월한 행태로 대두(rise)되고 있음을 볼 수 있다. 즉 겜블링(gambling)이라기보다 게이밍(gaming)으로 단순한 도박장소가 아닌 종합적인 오락(entertainment complex)을 위한 공간으로 전환되고 있기 때문이다. 이에 카지노산업을 다양한 게임기구와 장소를 제공하고 레스토랑・라운지・공연장을 포함한 유흥시설을 제공하는 산업으로 정의하고 있다.[3)] 한편, 「관광진흥법」 제3조 제1항 5호에서는 카지노를 “전문영업장을 갖추고 주사위・트럼프・슬롯머신 등 특정한 기구 등을 이용하여 우연의 결과에 따라 특정인에게 재산상의 이익을 주고 다른 참가자에게 손실을 주는 행위 등을 하는 업(業)”으로 정의하고 있어 산업적 의미의 카지노산업이 갖고 있는 다양한 기능중 도박성만을 강조한 것으로 볼 수 있다.

앞에서 기술한 바와 같이 카지노산업은 여가선용을 위한 단순한 오락적 장소라는 게임적 이미지(image)와 재산상 이익을 주고받는 겜블링적 이미지와 충돌하게 되는 바, 관광산업과 도박산업의 인식정립에 문제가 되고 있다. 그러나 오늘날 세계의 대부분 국가들은 카지노산업을 합법화하여 첨단관광산업으로 장려함으로써 외화유출방지와 세수확보, 지역경제 활성화 등 경제적 논리 비중(比重)이 우위(superior)를 점유함에 따라 도박산업이라는 부정적 이미지를 점차 희석(稀釋)되어가고 카지

1) Alan. Wykes, 「The complate illustrated guide to gambling」, London, 1994. p.27.
2) 고택운, 「최신카지노산업관리론」, 카지노산업의 개요, p.11, 2011. 백산출판사.
3) 이충기 외 공저, 「카지노산업의 이해」, p.22, 2000. 일신사.

노산업은 특별한 즐거움을 주는 관광(special interest tour)[4]이라고 하여 부가가치 높은 서비스산업으로 발전하는 추세이며 우리나라에서도 「관광진흥법」 제3조 제1항 5호에서 관광사업의 한 종류로 규정하고 있다.[5]

2 카지노의 발전과정

겜블링(gambling)은 인류의 역사와 더불어 시작되었다. 고대문명의 발상지인 이집트의 나일강, 인도의 겐지스강, 메소포타미아의 유프라테스강, 중국의 황하강 유역에서 도박의 흔적을 찾아볼 수 있고, 기원전 3000년경 이집트 고분에서 주사위가 발굴된 데서 찾을 수 있으며, 고대 아테네의 아크로 폴리스광장의 계단에서 새겨진 게이밍 보드에서 찾아볼 수 있다.[6] 이밖에 로마제국시대에는 로마의 병사들이 십자가에 매달린 예수를 지키면서 죽은 사람의 뼈를 던지면서 도박을 했다는 문헌의 기록도 전해지고 있다. 이렇듯 인간들은 오래전부터 다양한 방식으로 도박을 즐겨오다 수학적(mathematical) 확률개념을 겜블링공식(formula)으로 연구한 프랑스 수학자 '퍼멧트'와 '파스칼'에 의해 1654년 처음으로 확률이론이 성립, 겜블링에 접목(graft), 수없는 연구 · 개선을 걸쳐 오늘날의 겜블링으로 전래(傳來)되어왔다.

기록으로 확인할 수 있는 최초의 겜블링 형식을 원반이나 뼈(주사위의 전신), 스피닝휠 또는 방패에 표시를 해서 게이밍을 한 것으로 보여지고, 카드놀이는 종이가 발명된 후에 등장했으며, 이 세 가지 도구를 기반으로 하여 오늘날 우리가 즐기는 다양한 게임이 발전하였다.

---

4) Betsy Fay, 「Essentials of Tour Management」, NewJersy, 1998.
5) 현행 「관광진흥법」 제3조에는 관광사업의 종류로 여행업, 관광숙박업, 관광객이용시설업, 국제회의업, 카지노업, 유원시설업, 관광편의시설업 등을 규정하고 있다.
   ※ 게이밍(gaming)과 겜블링(gambling)의 차이점 : 게이밍은 가끔씩 참여했다가 곧 잊어버리는 기분전환용인 포괄적인 오락활동을 의미하는데 반해, 겜블링은 참여자에게 한층 더 열정을 불러일으키는 도박성이 강한 내기게임을 의미한다.
   ※ special interest tour : 특별한 관심을 자아내는 어드벤처(adventure)관광으로 금주 · 금연 · 관광도 범주에 포함된다.
6) France, Clemes. J. 「The Gambling Impluse, American Toural of Psychology」, 1972.

▶ 세계카지노산업의 발전과정 요약

도입 및 1차 확산기(17C초~1950년대)	
중세유럽에서 태동하여 유럽 및 미국으로 확산	
17C초 :	중세유럽 귀족사회의 사교수단으로 태동(胎動)
18C :	회원제 형태로 유럽 각국에 소개되어 전 세계로 확산
1850년 :	포르투갈정부 마카오 게임장 라이센스(License) 부여
1863년 :	모나코 몬테칼로 카지노 개장
1931년 :	미국 네바다주 카지노 합법화, 라스베이거스를 중심으로 상업카지노 발전의 기틀 마련
2차확산 및 발전기(1960년대~1990년대 중반)	
아시아 일부지역으로 확산 및 라스베이거스 성장	
1962년 :	마카오 Stanley Ho의 STDM사가 카지노 운영 독점권 획득
1967년 :	한국 인천올림포스호텔 카지노 개장
1972년 :	말레이시아 카지노 허가
1980년 :	유럽 사회주의국가 카지노 도입
1990년 :	온라인 카지노 등장
정체 및 격동기(1990년대 후반~2003년)	
아시아 지역의 IMF사태와 미국의 9·11테러로 카지노기업의 M&A 및 사업다각화 모색	
1992년 :	아시아 지역의 IMF사태로 인해 아시아지역 카지노고객의 외국카지노 방문자 감소
2001년 :	미국내 9·11테러 발생으로 미국카지노 시장 위축
2002년 :	마카오 STDM사의 독점종식, 라스베이거스 카지노 기업의 마카오 진출 (Sands, Wynn 등)
3차확산 및 부흥기(2004년~)	
아시아지역의 카지노시장 진입 및 라스베이거스의 아시아 진출	
2004년 :	마카오에 라스베이거스 카지노 Sands Macao 개장
2006년 :	마카오에 Wynn Macau 개장
2007년 :	Venetian Macao. MGM Grand Macau 개장
2010년 :	싱가포르에 복합리조트 카지노 마리나베이샌즈와 리조트월드센토 개장

오늘날 카지노의 기원(起源)은 17~18세기 유럽에서 찾아볼 수 있다. 19세기에 들어와서 시민혁명을 계기로 유럽인들이 전 세계를 무대로 경제적 활동이 활발해지면서 유럽지역의 소규모 카지노형태가 아프리카, 호주, 아시아, 미주지역으로 확

산하기 시작하여 20세기 초까지는 유럽지역이 소규모의 카지노를 중심으로 한 근원지였으나, 앵글로색슨족에 의한 신대륙 발견으로 서유럽의 겜블링이 도입된 미국의 카지노는 1930년에 네바다주에서 대공황(panic)을 극복하기 위한 경제정책의 일환으로 카지노가 육성하기 시작하면서 전형적인 카지노산업으로 발전하여 미국이 카지노의 중심지역으로 등장하였다. 일찍이 1800년대 초 미국의 증기선(steam boat) 겜블링은 미국 전역으로 확산되었고, 황금의 유용성으로 인한 광산도시, 미시시피강 유역의 증기선에 설치한 게임기구들이 카지노의 게임기구의 시초였다고 볼 수 있으며, 그 중에서 '리버필드(Riverfield)'는 아주 유명하다.[7] 미국 최초의 호화스러운 카지노는 1827년 올리언스 극장을 소유하고 있는 존 다비스에 의해 뉴-올리언스(New-Oreleans)에 모습을 드러냈다. 이후 네바다(Nevada)주의 겜블링은 1931년에 법제화되었지만, 그 오래 전부터 미국의 다른 주(州)처럼 겜블링이 존재하여 왔으며 동부연안에 있는 다른 카지노와는 비교가 되지 않았다.

1946년 크리스마스 직후 '벅시시걸(Bugsy Sigel)'에 의해 호화스러운 카지노가 문을 열었으며, 1990년대에 들어와 라스베이거스(LasVegas)를 중심으로 다양한 건축·테마·오락·쇼 등 엔터테인먼트를 제공하는 대규모 카지노호텔이 중심을 이루게 되었다. 네바다주에서 활성화된 카지노는 미국 전역으로 확산되어 1990년대에 하와이(Hawaii)를 제외한 모든 주(州)에서 카지노의 합법화(合法化)를 위한 입법조치가 완료되었거나 진행중이다.[8]

아시아지역은 중국을 비롯한 여러 국가의 민족들은 고대로부터 도박을 선호하는 민족이어서 카지노와 비슷한 형태의 시설이 존재하였으나, 유럽과 미국의 영향을 받아 서양식 카지노로 점차 개조되었으며, 현재는 외화획득 및 자국의 외화유출을 막기 위하여 카지노업이 활성화되어 있으며 마카오를 비롯한 말레이시아·태국·필리핀·홍콩·한국 등이다. 겜블링을 법적으로 금지하고 있는 중국·베트남 등 사회주의국가에서도 자유화의 물결을 타고, 미국의 대형 카지노와 합작으로 카지노 설립을 추진하고 있으며, 특히 카지노업을 금기시하던 싱가포르도 개방하여 2010년 2곳의 카지노를 개장한 바 있으며, 일본·대만도 지역경제 활성화를 위해서 합법화의 목소리가 커지고 있다.

우리나라의 경우 카지노설립의 법적 근거가 된 최초의 법률은 1961년 11월에

---

7) Ruben, Mortinez, 「Managing Casino」, Newyork Books, 1988. pp.37~38.
8) Ruben, Mortinez, 「Managing Casino」, Newyork Books, 1988. pp.37~38.

제정된 「복표발행현상기타사행행위단속법」이다. 1962년 9월 동법의 개정된 사항에 "외국인을 상대로 하는 오락시설로서 외화획득에 기여할 수 있다고 인정될 때에는 이를 (외국인을 위한 카지노 설립) 허가할 수 있도록 한다"고 함으로써 카지노설립의 법적 근거를 마련하게 되었다. 이와 같은 법적근거에 의해 외래관광객 유치를 위한 관광산업 진흥책의 일환으로 카지노 도입이 결정되어 1967년 8월에 인천의 올림포스관광호텔 카지노가 처음으로 개설된 이래, 1969년 3월 워커힐카지노, 1970년대에는 속리산관광호텔 카지노, 제주칼호텔 카지노, 부산 해운대 파라다이스호텔 카지노, 경주코오롱호텔 카지노 등 6개소가 운영되었으며, 1980년대에는 강원도의 설악파크 카지노, 제주하얏트호텔 카지노가 추가로 개설되었고, 1990년~1991년 사이에 제6공화국 정부수립으로 카지노의 법적규제가 완화되면서 제주도에 집중적으로 개설(그랜드호텔 카지노, 남서울호텔 카지노, 서귀포칼호텔 카지노, 오리엔탈 카지노, 신라호텔 카지노)되었으며, 1995년에는 속리산 관광호텔 카지노가 폐업되었고, 제주 라곤다호텔 카지노가 개설되었다.

한편, 1995년 12월 「폐광지역개발지원에 관한 특별법」이 제정되면서 강원도 폐광지역에 내국인 출입카지노를 설치할 수 있는 법적 근거가 마련되었으며, 이에 따라 2000년 10월에 강원도 정선군에 강원랜드 스몰카지노가 개장되었고, 2003년 3월 28일에는 메인카지노를 개장하였다. 이로써 1969년 6월 이후 금지되었던 내국인출입 카지노의 시대가 개막되었다. 이후 경주 코오롱호텔 카지노는 힐튼호텔로 다시 대구의 인터불고호텔로 이전하였으며, 2001년 10월에는 제주 하얏트호텔 카지노가 제주롯데호텔로, 서귀포칼호텔 카지노가 하얏트호텔로, 제주칼호텔 카지노가 라마다호텔 카지노로, 구라곤다호텔 카지노가 칼호텔 카지노로 이전개설하는 등 카지노시장의 지각변동이 있었는데, 뒤따라 2006년 5월에는 한국관광공사의 자회사인 GKL이 서울 2개소, 부산 1개소의 세븐럭카지노를 신규 개장하였던 바, 현재 한국에서 운영하고 운영되고 있는 카지노는 내국인 출입허용 카지노 1개소, 외국인전용 카지노 16개소, 총 17개 업체가 운영 중이지만, 카지노를 유치하지 않은 지방단체에서는 지역경제 활성화를 위한 방안으로 유치경쟁(인천경제자유구역 영종지구, 전북새만금지구, 경기도황해경제자유구역, 전남서 · 남해안 관광레저형 기업도시, 부산 · 진해 경제자유구역 등)이 치열하게 일고 있다. 이러한 카지노사업 추진배경에는 1994년 8월에 「관광진흥법」의 개정으로 관광사업의 종류로 규정되었고 1994년 12월에는 카지노의 운영 · 허가 · 관리감독권이 문화관광부로 이관되었으며 1997년 12월 1일 관광진흥법 시행규칙이 공포되어 슬롯머신 · 비디오게임 · 빙고 · 마작게임 등이 새로

이 규정되어 1998년 1월 2일부터 시행되었다. 1999년 1월 21일 관광진흥법 개정을 통해 카지노에 대한 추가적 규제완화가 시작되어 국제화의용역업의 부대시설에도 카지노 허가규정을 신설하였고, 또한 특1등급 호텔이 없는 시·도의 경우 특2등급 호텔에도 허가할 수 있도록 하는 등 허가대상 시설의 확대조치가 취해지게 되었다.[9] 또한 정부는 2012년 9월 내수활성화를 위해 국내국적 크루즈선에 외국인전용 카지노를 설치하는 관광진흥법 시행령을 개정하여 2012년 12월 초에 시행할 예정이고, 경제구역 복합리조트는 투자에 앞서 적합여부를 사전에 청구할 수 있도록 하는 사전심사제도를 도입하기로 결정하였다(카지노사업권은 투자규모 미화 5억 달러이상, 3종이상의 관광사업에 한함).

▶ 한국 카지노산업의 발전과정 요약

1960년대	- 1961년 : 「복표발행현상기타사행행위 단속법」의 제정으로 국내카지노 산업의 법적도입 근거 마련 - 1967년 : 국내 최초로 인천올림포스호텔 카지노 개설 - 1968년 : 주한 외국인 및 외래관광객 전용의 위락시설로서(게임시설로서) 서울 워커힐호텔 카지노 개장 - 1969년 : 내국인 출입금지에 관한 규정 개정
1970년대	- 외래관광객 수용시설확충과 더불어 카지노업체의 증가. 주요 관광지에 카지노 4개소 허가(속리산, 제주, 부산, 경주)
1980년대	- 강원설악파크, 제주하얏트호텔카지노 등 2개소 허가
1990년대 (초·중반기)	- 1990년~1991년 : 제주지역에 한해 카지노산업 규제완화조치로 제주그랜드, 제주남서울, 서귀포칼, 제주오리엔탈카지노 개장 - 1992년 : 제주신라호텔카지노 개장 - 1995년 : 제주 라곤다호텔카지노 추가허가로 제주지역은 총 8개 업체로 증가 - 관광진흥법 제3조에 의거 카지노업이 관광사업에 포함되며 카지노설치 지역 및 대상시설의 요건을 강화하였고, 카지노 수익금 일부를 관광진흥개발기금에 출연
1990년대 (후반기)	- 폐광지역개발 지원에 관한 특별법 제정으로 내국인 출입카지노 설치 허용 - 카지노업의 게임종류가 15종에서 슬롯머신, 비디오게임, 빙고게임이 추가되어 18종으로 확대하여 슬롯머신의 외국인전용 카지노에 설치 허용
2000년대	- 2000년 : 강원랜드 카지노(내국인 출입허용) 개장 - 2006년 : 세븐럭카지노(GKL)서울강남점·힐튼호텔점, 부산롯데호텔점 등 3개소 신규개장

※ 자료 : 오수철 외 공저, 「최신카지노경영론」, 백산출판사, 2011, pp.69~71.

9) 고택운 외 공저, 「최신카지노산업관리론」, 백산출판사, 2011, p.14.

3 카지노산업의 고찰(考察)

산업(産業)이란 인간생활에 필요한 여러 종류의 재화(財貨)를 생산·판매하는 경제분야를 총칭하는 것으로 이들 산업은 영리(營利)를 목적으로 한다. 카지노가 단순한 게임 제공 차원에서 벗어나 볼거리와 즐길거리 등 다양한 여가활동을 제공함에 따라 산업의 체제를 갖추기 시작했으며, 카지노산업은 '관광객의 욕구와 다양한 여가욕구를 충족시켜줄 유·무형의 서비스를 제공하는 사업과 이를 간접적으로 카지노관련 사업'으로 정의될 수 있다.[10] 이러한 카지노산업은 관광·레저산업에서 중요한 부분을 차지하고 있으며, 특히 매출액을 살펴볼 때 단일항목으로는 가장 많은 부분을 차지하고 있다.

카지노산업은 관광객의 게임욕구와 다양한 여가활동의 상호관계를 살펴볼 때, 카지노 본질의 핵심부문과 이와 연관되는 부문으로 구성되어 있다. 카지노 핵심 부문을 관광객의 게임욕구를 직접 충족시켜주는 테이블게임·머신게임과 같은 카지노 시설과 딜러와 같은 인적(人的) 서비스가 포함되면, 연관(relation)부문은 관광객의 게임 및 여가욕구를 극대화하는 다양한 시설 및 이벤트 프로그램으로 숙박시설, 테마파크, 이벤트 및 쇼 프로그램, 카지노정보 서비스, 교통수단 컨벤션시설, 카지노기구의 제작·공급·판매사업 등을 말한다. 카지노가 '도박(賭博)'이란 개념에서 '여가(餘暇)활동'이란 개념으로 인식전환이 이루어짐과 동시에 카지노는 관광산업의 중심축(pivot)으로 등장, 도박으로 고정된 이미지에서 탈피하여 멀티-엔터테인먼트 콤플렉스(multi-entertainment complex)의 기능을 가진 카지노산업으로 발전되고 있다.[11] 이에 카지노산업의 특징(distinctive)을 살펴보면 다음과 같다.

첫째, 카지노산업은 전천후 관광상품이다. 카지노가 주로 실내공간에서 이루어지는 여가활동이므로 악천후에도 전혀 관계없이 이용이 가능한 관광상품이다. 또한 24시간 영업함으로써 야간(夜間)관광상품으로도 이용될 수 있으며, 자연관광자원의 기후에 대한 한계성을 극복할 수 있는 훌륭한 대체관광산업이 된다.

둘째, 카지노산업은 여타(餘他)산업에 비해 고용창출효과가 높다. 카지노산업은

---

10) 오수철 외 공저, 「최신 카지노경영론」 백산출판사, 2011, pp.69~71.
11) 고택운, 「카지노산업 프로젝트 기획실무」, 제주관광대학, 2009, p.7.

일정한 시설만 갖추고 연중무휴로 영업하는 순수인적 서비스 상품이다. 카지노산업의 고용승수를 분석해보면, 고용효과가 수출산업인 섬유・가죽업・TV부문・반도체산업・자동차산업에 비해 훨씬 높은 것으로 나타내고 있다.

셋째, 카지노산업의 경제적 파급효과는 매우 크다. 카지노로 벌어들인 외화가 우리나라 경제에 투입되어 직・간접적 효과 및 유발효과로 발생시키는 경제적 효과는 매우 크다. 즉 연관산업에 대한 생산 및 부가가치 창출효과, 지역주민에 대한 소득 및 고용창출효과, 지역 및 중앙정부에 대한 재정수입 창출효과 등 다양한 경제적 파급효과를 발생시킨다.

넷째, 카지노산업의 외화가득(稼得)효과는 매우 높다. 카지노산업의 외화가득률(a rate of foreign exchange earning) 93.7%(외국인전용 카지노 기준)와 수출산업의 외화가득률(반도체 : 39.3%, TV : 60.0%, 자동차 : 79.5%)을 비교하여 카지노산업의 외화수입과 지출가치를 평가해볼 때, 카지노이용객 1명의 유치는 반도체 56개 또는 컬러TV 3대를 수출한 것과 동일한 효과를 가진다.

다섯째, 카지노는 외래관광객의 소비액을 증가시키고 체류기간을 연장시킨다. 카지노이용객 1인당 소비액은 외래관광객 1인당 소비액의 약 48%를 차지할 정도로 단일지출 항목으로는 상당히 높은 비중을 차지한다. 또한 카지노이용객의 1인당 소비액은 매년 증가추세를 보이고 있어 외래관광객의 소비지출을 증가시키는 관광상품으로 인식된다.[12] 이미 설명한 바와 같이 카지노산업은 제품을 생산하는 일반기업과는 달리 게임과 오락을 제공하여 고객의 욕구를 충족시키는 미래의 첨단관광산업으로 전 세계국가들이 경제적 논리를 앞세워 가장 주목받고 있는 산업임에 틀림없다. 이에 또 다른 측면의 카지노 특성(peculiar)논리를 분석하면 다음과 같다.

사회적・경제적 양면성

카지노산업은 단순한 도박산업이며 범죄와 도박중독증, 가정파탄 및 도산, 과소비등 각종 사회악의 온상이라는 부정적인 요소를 내포하고 있음에도 불구하고 전

12) 고택운, 양일용, 「최신카지노산업관리론」, 백산출판사, 2011, 카지노산업의 개요, pp.19~20.

세계적으로 카지노의 도입(induce)을 적극적으로 추진하는 측면과 카지노를 합법화한 경우에도 카지노육성을 위한 정책적 내용이 아니라, 부작용을 우려한 규제(規制)의 대상이라는 측면이며, 또다른 면(面)은 카지노가 여가선용을 위한 건전한 오락산업이며 세수확보, 외화유출방지, 고용창출 등 지역경제 활성화에 지대한 영향을 미치고 있어 국가 및 자치단체에서 적극적으로 카지노의 도입을 추진하려고 있는 긍정적인 사회경제적 측면이다.

높은 고용효과

카지노산업은 여타 관광관련 산업에 비해 규모나 시설은 적으나 카지노의 특수한 조직구조와 운영으로 인하여 하루 24시간 게임테이블을 운영하기 위하여 많은 종사원을 필요로 하기 때문에 경영규모에 비해 많은 고용창출을 하고 있다. 카지노는 순수한 인적상품, 노동집약적인 산업으로 수출산업인 섬유가죽업, TV부문, 반도체산업, 자동차산업에 비해 고용승수가 높게 나타나고 있으며, 관광관련 산업에 비해 3배 이상 높은 것으로 분석되고 있다.

카지노는 규제와 관리대상

최근의 카지노업에 대한 인식 변화 및 기준의 변화에도 불구하고 부정적인 영향이 두드러지며 여전히 강력한 규제 대상이다. 국가 또는 지자체에서 카지노를 유치하려는 치열한 경쟁에서 볼 수 있듯이 세수의 확보, 외래관광객 유치에 따른 외화가득효과, 호텔 등 관광관련 산업의 매출에 지대한 영향을 미치는 등 다양한 경제적 효과를 발생시키고 있으나, 사회적 차원에서 도박활동의 심화(사람들의 도박심리로 인해 잠재수요시장 팽배)로 인한 사회적 비용억제 측면에서 여전히 관리의 대상이다.

과점 · 독과점 시장 구조

카지노사업장 설치에 대한 규제와 정도에 따라 시장구조는 독점(monopoly), 과점(oligopoly), 독점적 경쟁, 완전경쟁의 다양한 형태를 나타나게 한다. 우리나라와 호주는 현재 독점, 과점 내지는 독점적 경쟁구조를 취하고 있으나, 미국의 경우는 특정지역 내 다수의 기업들이 경쟁에 참여하여, 서비스제공차별화로 완전경쟁을 하는 구조이다. 이는 카지노공급이 정부정책에 좌우되기 때문에 시장구조(market structure)는 정부의 규제형태에 의해 결정되는 특성을 가지고 있다.

다양한 기능

도박시설이라는 고정적 관념의 관련서비스 제공기능에서 벗어나 다양한 오락기능이 부가된 종합적인 서비스를 제공하고 있다. 예를 들어 관광지에서 행해지는 관광객의 활동을 정적인 활동이 아닌 이용객이 직접 참여할 수 있는 동적인 활동을 카지노가 제공하므로 야외에서 하는 다른 관광이 시간의 제약을 받는다면, 카지노는 실내공간에서 이뤄지는 야간활동이기 때문에 관광자원 활용에 다양화를 이룰 수 있다. 이러한 다양한 기능은 복합리조트 설립 등 서비스기능을 제고(提高)함으로써 카지노의 도박적인 성격을 약화시키는 반면 다양한 계층의 여가욕구를 수용하는 대중여가시설로서의 위치를 강화함으로써 카지노 합법화에 정당성을 제공하고 있다.[13)]

4 카지노산업의 도입배경 및 목적

카지노산업의 발전과정은 앞에서 기술(記述)한 바와 같이 도박은 인류(人類)와 더불어 생성(生成)하였으며, 이 말은 프랑스가 도박(gambling)의 역사를 규정지으면서 인간의 도박성향을 표현한 것이라고 설명한 바 있고, 또한 카지노의 역사, 발전과정 등을 설명하면서 오늘날 대부분의 주요 국가에서 카지노산업을 합법화하여 첨단관광산업으로 장려함으로써 외화유출 방지와 세수확보, 지역경제 활성화에 카지노의 비중에 특별한 관심을 기울이고 있음을 주지(主旨)한 바 있다. 카지노 영업은 현재, 미국에서는 네바다주 전체와 뉴저지주의 아트랜틱 시티 그리고 미시시피강의 유람선 등에서 허용하고 있으며, 하와이를 제외한 모든 주(州)에서 카지노산업의 합법화를 위

13) 오미숙, 「카지노관련법 · 제도의 단계적 개선방안」, 한국관광연구원, 2000, p.5.

한 입법(立法)조치가 완료되었거나 상정 중에 있다.

세계적으로 유명한 카지노는 미국의 라스베이거스, 아트랜틱시티의 카지노를 비롯하여 1861년에 개설한 몬테카를로의 카지노와 남프랑스의 칸느, 니스, 몬테비디오, 산탄 등이며 연방정부의 호혜로 1991년부터 시작된 구소련(러시아)의 카지노도 세계적인 카지노로 부상하고 있다. 태평양 연안국가에서는 마카오와 필리핀, 최근에는 아시아관광객을 대상으로 대대적인 영업확장을 도모하고 있는 호주와 뉴질랜드, 그리고 관광활성화를 위해 도덕국가로 유명한 싱가포르 등이 급속히 부상하고 있는 추세에 있다. '클라크토마스(Thomas L.Clack)는 그의 저서「The Dictionary of Gambling & Gaming」에서 게임산업을 "카지노와 게임장비와 같은 다양한 게임시설과 장소를 제공하고 레스토랑, 라운지, 공연장을 포함한 유흥시설을 제공하는 산업"으로 정의한 바 있다.[14] 그렇다면 이러한 카지노의 도입배경과 목적 그리고 문화적 배경은 어떠한지 살펴보기로 한다.

문화적 배경

첫째, 도박의 역사를 살펴보면 서양에서는 B.C.3000년경 이집트(Egypt)의 고분에서 주사위가 발굴된 것을 비롯 B.C.1600년경 타우(Tau), 세니트(Senat)라는 도박이 이집트에 있었다고 한다. 동양에서는 도박에 쓰이는 주사위(Dice)가 고대 인도에서 발생하였다고 하며, 바둑은 요순시대 이래로 전해오고 있다고 한다. 우리나라의 경우는 삼국사기에서 백제의 개로왕 때 고구려의 승려 도림이 백제에서 들여왔다고 한다. 그 후 효성왕 2년(서기 738년)에 형도라는 자가 당(唐)에서 바둑을 들여왔다고 한다. 그 후 투호(화살을 병속에 던져놓는 놀이), 상희(장기의 전신) 등이 당나라에서 들어와 고려・조선시대에 행해졌다고 한다. 중종실록에는 쌍륙(일종의 주사위)에 관한 기록이 있고, 투전은 청(靑)나라 때 도입되었다고 한다.

둘째, 종교적 측면에서 문화적 배경을 보면, 기독교 문화권에 속하는 서양에서는 도박에 대한 인식이 유교문화권과 이슬람문화권에 비해 비교적 관대한 편이다. 성서에 '내기'를 하지 말라는 내용이 없다는 것이 바로 이와 같은 문화적 토양을 갖게 했다고 본다. 그러나 유교문화권에 속한 한국은 전통적으로 도박, 술, 마약 등을 바람직하지 못한 것으로 보고 금지(禁止)하거나 제한(制限)하는 조치를 취해

14) 고택운,「카지노실무용어 해설」, 백산출판사, 2007, p.56.

왔다. 일본의 '安膽'는 일본에서 종교단체별로 행한 '도박이 죄악인가'라는 주제로 조사한 결과 일본인의 보편적 신앙이라 할 수 있는 신사(神社)의 신도에게는 "도박에 대해 특별히 언급한 바는 없지만, 상식적인 범주에서 볼 때 법적으로 잘못된 것이다"라고 신사본청은 답변을 밝히고 있다. 일본, 중국을 비롯한 동양권의 정서(情緖)는 도박에 대해 비교적 부정적이라고 할 수 있다.

셋째, 사회문화적 관점에서는 서양이 개인주의적 가치관을 위주로 한 사회이기 때문에 개인의 책임과 의무의 범위 내에서 자신의 생활을 자신의 취향에 따라 향유할 수 있는 구조가 마련되었다. 반면에 한국은 혈연·지연 등 개개인이 속한 조직이나 집단을 위한 의무·헌신·충성 등을 지향하는 집단주의적 가치관이 지배적이라 할 수 있다.[15)]

유형별 도입배경 및 목적

첫째, 카지노가 산업으로 도입되는 과정에서 동서양의 차이를 살펴보면 미국이나 유럽형의 경우는 도박이 사교활동으로 레저 및 오락문화와 결합을 한 형태라고 할 수 있다. 그러나 동양권을 비롯한 개도국형은 도박중심의 카지노 문화만 도입되었다고 하겠다.

둘째, 카지노의 도입목적이 미국 또는 유럽형의 경우는 카지노를 여가활동의 한 형태로써 특정사업 및 낙후지역 개발을 위한 공익기금의 확보와 재정수입의 확대에 목적을 두고 있다.

15) 고택운·양일용, 「최신카지노산업관리론」, 백산출판사, 2011, 카지노산업개요, pp.16~17.

셋째, 카지노에 대한 제도나 관리 측면에서 보면 미국 또는 유럽형의 경우 주정부 또는 정부차원의 카지노 전담기관이 구성되어 카지노 경영의 최적화를 도모하며, 아울러 부작용의 최소화에 효과적인 노력을 경주하고 있다. 이는 카지노산업에 대한 사회적 인식을 제고시키며, 나아가 카지노관광 활성화에 큰 역할이 되고 있다. 이에 비해 개도국형은 카지노 관련 규제가 다양하며, 우리나라는 총괄감독 전문기관이 없는 상태에 있다. 유형별로 카지노 도입배경을 국가별로 살펴보면, 크게 4가지 유형의 목적으로 카지노를 개발 또는 도입하고 있다.

유형별 카지노 도입목적

첫 번째 유형은 외화획득전략으로 카지노를 관광개발의 촉매적 기능으로 활용하여 외국인 여행객 유치를 통한 외화 획득책으로 도입하는 목적을 말한다.

사례 : 한국

- 1991년에 개정된 「사행행위등 규제 및 처벌특례법」에 따라 규제중심으로 운영되어 오다가 카지노업이 외화획득 및 외국인 여행객 유치에 미치는 기여도를 고려하여 1994년 8월 「관광진흥법」이 개정됨에 따라 관광사업에 포함되어 위상이 변화되었다.
- 현재는 관광진흥을 목적으로 하는 카지노 정책방향을 설정하여 추진되고 있으며, 문화체육관광부 관광산업국에 의해 허가・감독이 이루어지고 있다.

또한 관광진흥, 관광자원 추가, 국내외 여행객유치 등 관광산업진흥을 위한 수단으로 카지노를 개발하는 사례가 있다(사례대상국 : 스위스, 뉴질랜드, 호주, 영국 등).

두 번째 유형은 국경지역 경쟁대항전략으로 자국관광객 유출방지 및 인접지역 관광객을 유치할 목적으로 주(州)경계와 국경주변에 개발하여 카지노를 도입하는 형태를 말한다(사례대상국 : 캐나다, 프랑스, 이탈리아 및 오스트리아, 미국 등).

사례1 : 캐나다(Canada)

- 온타리오주 윈저(Winger)카지노는 상대 소비지역인 미국 디트로이트 지역고객의 유치를 목적으로 인접타운에 입지를 선정하여 개발된 사례이다.

사례2 : 오스트리아(Austria)

- 연방정부의 시책으로 일부 카지노는 의도적으로 국경주변의 관광지에 있는 바젤, 바젠, 루가노 등의 대도시에 입지(立地)한 사례이다.

사례3 : 미국의 디트로이트(Detroit)

- 디트로이트 도시3카지노는 1997년 제정된 「미시건 게이밍 관리 및 세입법」에 따라 인접국가인 캐나다 윈저시티로부터 자국고객의 리턴(return)을 위한 대항전략으로 개발된 사례이다.

세 번째 유형은 지역재개발 및 도시재생전략으로 관광객유치를 통한 도시재생 또는 지역재개발을 위해 카지노를 도입하여 낙후지역의 재개발을 통한 지역경제 활성화를 도모하는 경우를 말한다(사례대상국 및 지역 : 미국의 아트랜틱시티, 호주 NSW주의 시드니와 빅토리아주의 멜버른, 미국 콜로라도주의 블랙호크, 크리플크릭, 센트럴시티, 사우스다코다주의 데드우드 등).

사례1 : 미국 뉴저지주의 아트랜틱시티(Atlantic City)

- 1997년 제정된 「카지노관리법」에 의하면 카지노 리조트는 주(州)경제의 중요한 자산(資産)이며, 동시에 기존시설을 재생 · 재개발하여 침체된 관광산업을 부활(復活)시키는 커다란 기회로 인식되어 적극 추진됨.

사례2 : 한국의 강원랜드

- 1995년 「폐광지역 개발지원에 관한 특별조치법」에 의해 폐광지역의 경제를 진흥시켜 지역간의 균형 있는 발전과 주민생활의 향상을 목적으로 높은 수익을 창출할 수 있는 내국인출입 카지노를 설치함.
- 문화체육관광부 장관은 폐광지역 중 경제사정이 특히 열악한 지역을 선정하여 대통령령이 정하는 지역의 1개소에 한해 관광진흥법 제21조에 규정된 허가조건에 규제받지 않고 카지노업의 설립을 허가할 수 있음.

네 번째 유형은 리조트 개발유인전략으로 관광객 유입이 많은 기존 관광지를 활용하여 관광객 증가 및 지출확대를 유도하고자 카지노를 도입하는 형태로서, 그 사례로는 캐나다 온타리오주 나이아가라, 스위스 일부 B라이센스 카지노, 오스트리아 등이 있다. 또한 리조트개발 유인시책 및 기타 특정목적시책으로 대규모 종합리조트개발 또는 국가재건 등의 특정목적을 위하여 카지노를 개발하는 사례가 있다.

사례 : 캐나다 온타리오주 나이아가라(Niagara)

- 1992년 「온타리오주 카지노관리법」이 제정되고 미국고객을 캐나다 측에 끌어들여 소비를 유도하는 시책(施策)으로서 온타리오정부에 의해 입지가 선정되었으며 본래 집객력이 높은 광광지에 입지함으로서 기존 관광자원의 활용도를 고려함.

사례 : 말레이시아 겐팅하이랜드(Genting Highland)

- Tangri Lim Goh Tong이 1971년에 리조트를 개발하기 위해 정부로부터 카지노 독점 허가권을 취득함.
- 민간주도에 의한 거액의 투자를 유치하기 위해 수도 쿠알라룸푸르에 인접한 고산지역 일대에 리조트 시설개발을 허용하였으며, 현재 겐팅(Genting)그룹은 말레이시아를 대표하는 우량기업으로 발전함.
- 국가재건과 개발에 투자할 목적으로 1996년 「국가도박법」이 제정되었으며 이 시책의 배경에는 민간투자촉진, 혹자(或者)에 의한 경제력복원, 고용촉진, 인프라건설, 관광촉진 등의 목적이 있음.

2 카지노산업의 인문사회적 이미지

1 카지노겜블링의 사회적 통념(通念)

도박에 관한한 사회의 공공질서는 보통 네 가지의 일반적 범주(category)로 구분된다. 가장 큰 제한은 도박이란 정부에서 관대히 보아주어서는 안 될 바람직하지 못한 행위라는 것이며, 최소의 제한적(restrictive)인 도박은 정부의 간섭을 받지 않고, 시민 또는 거주자가 종사할 수 있는 기준에 맞는 행위라는 것이다. 이와 다소 반(反)하는 의견이지만 '도박이란 부득이한 것이며, 고무(stimulate)적인 것이다'라는 입장도 포함된다. 또 다른 공통견해(opinion)는 도박의 사회적 부담보다 그 이득(利得)이 더 중요하다면 허용되어야 한다는 것이다. 철학적, 신학적, 사회적 그리고 경제적인 논쟁은 각 정책의 근거를 제시해준다. 예를 들면 신학적 논리는 '도박이란 결코 바람직하지 못한 행위' 라는 견해를 가지고 있지만, 사회적·경제적 논쟁(論爭)에서 종종 결과적으로 비슷한 견해를 도출하기도 한다. 이는 경제적 논리가 사회적 통념보다 현대사회에서는 설득력이 있어 우위(優位)에 있다는 의미도 된다. 한 사회의 종교상태는 그 사회가 도박을 허용하는지, 아닌지를 추측하는데 도움이 된다. 그 사회의 현존법은 그 사회가 가지고 있는 종교의 교리를 따르는 경향이 있기 때문이다.

신학적 논쟁

공공정책의 가장 큰 제한은 도박이 바람직하지 못한 행위라는 것인데, 이는 철학적 · 경제적 · 사회적인 의견을 기초로 논쟁거리가 되고 있지만, 한 사회의 논리는 종교상태가 종종 지배한다. 강력한 종교의 영향이 아니라면 한 사회의 도박에 대한 태도는 보통 개인의 권리와 도박이 그 사회에 미치는 영향이라는 문제로 논쟁거리가 될 수 있다. 세계의 우세한 종교를 살펴보면 이러한 논쟁거리를 이해하는데 도움이 된다.

- 가톨릭

도박은 기독교가 우세한 사회에는 다른 사회보다 널리 보급(普及)되어 있다. 이는 그리 놀라운 일이 아니며, 많은 기독교인이 보다 진보적 사상을 가지고 있다는 것일 수 있다. 예를 들면, 신기독사전에는 '한 개인은 자신의 의지(volition)에 따라 자신의 재산을 사용할 권리가 있다' 또한 '기독교적 자선(charity)이라는 이유로 그에게 주어진 의무를 성취할 수 없는 사람으로 만들지 않는다' 라고 사전적 해석을 하고 있다.[16] 그러므로 도박이란 사치스럽긴 하지만 거기에 탐닉하지 않는다면 죄의식을 느낄 필요가 없으며 의무와는 상반된다는 것이다. 이것은 모든 기독교인이 도박을 용인(容認)한다는 뜻은 아니지만, 그럼에도 세계적으로 10억 인구에 이르는 가톨릭 교도들의 일반적인 진보적 태도는 매우 중요한 것이다.

- 신교도

많은 신교도파들은 도박이란 철학적 또는 사회 · 경제적 이유에서 잘못된 것이라 생각하고 있다. 그러나 그들 간에 의견의 일치는 없는 것 같다. 어떤 사람은 도박을 죄악시하여 부정적 행위로 비난하는 반면, 혹자(或者)는 개인의 도덕심에 맡길 일이라며 그 결정을 유보(留保)하고 있다. 예를 들어, 영국의 교회는 도박을 비난하지 않는다. 반면에 미국의 침례교단은 1959년 결의안을 채택하여 "현재 널리

16) Ruber Martinez, 「Managing Casino」, 1998, Barricade Books.

퍼져 있는 도박은 경제붕괴의 조짐이며, 근면하고 검소한 책임있는 삶을 영위(營爲)하지 못하도록 하는 징조이다"라고 규정하였다. 1976년 발표한 미국의 국가정책검열위원회의 보고서에 의하면 남부침례단은 도박을 시종일관 반대해왔다고 한다. 이러한 대립은 신학적 논리로 사회적·경제적 논리와 충돌하여 논쟁(dispute)의 대상이 되고 있다. 청교도(몰몬교)와 마찬가지로 만일 미국감리교단 역시 모든 도박은 나쁜 것이라 믿고 있다면, 추측컨데 신교도 대부분의 신학적(神學的) 논쟁은 다음의 내용을 근거로 하고 있을 것이다.

- **노동관**

  성경의 가르침은 모든 기독교인들에게 자신의 재능을 살리고 노력을 기울여 생산적인 직업에 종사할 것을 요구한다. 도박은 노동관과는 정반대의 입장이므로 아무런 노력이나 생산활동을 하지 않고 소득을 바라는 것이다.

- **소비관**

  기독교인은 자신의 소득을 신의 목적, 즉 가족을 부양(扶養)한다든가, 가난에서 벗어나는 일, 기타 어떤 동기가 있는 데에 사용해야 한다. 도박은 인간의 소득소비를 그릇되게 하고 있다.

- **돈에 대한 망상(妄想)**

  기독교인의 신앙은 돈이 아니라 하느님에게 있어야 한다. 탐욕 또는 돈에 대한 신앙(faith)은 신에 대한 신앙(信仰)에 반대되는 것이다. 전형적인 신학논쟁은 도박이란 "돈을 숭배함으로써 신의 사랑에 대한 가치를 더럽히는 것이며, 인간에게 필요한 것을 신이 예배한 것에 믿음을 파괴하는 것이다."

- **이웃에 대한 사랑**

  도박은 승자보다 패자의 비율이 훨씬 많다. 게임을 운영하는 사람은 이윤을 남기기 위해 다른 사람들을 착취하고 훔치도록 조작을 한다.

- **신의 계획에 대한 믿음**

  대부분의 신교도들은 신이 사람과 정의(justice)에 기초한 계획을 가지고 있다고 믿는다. 그들은 질서정연한 사회에서 생산적인 일을 하도록 되어 있다. 도박이란 신의 계획에 대한 믿음의 부족으로 인해 운(運)을 따르는 것이라 생각한다.

- 유대교

유대교의 교리는 사회의 선(善)에 아무런 기여 또는 도움이 되지 않는 습관적이고,

전문적인 도박은 반대하지만, 사회활동의 하나인 일탈행위로 가끔씩 즐기는 것은 비난하지 않는다. 유일한 유대국인 이스라엘에는 카지노 겜블링이 허용되고 있다.

- 이슬람교

이슬람의 성서인 '코란'은 도박을 악마의 행위라고 비난한다. 이 교리(教理)는 도박이란 아무런 보상(報償)을 받을 수 없는 무용지물로 보는 것이다. 예외가 하나 있는데 성전(聖戰)을 위한 훈련으로 권장한다는 의미에서 경마에 돈을 거는 것이다. 사우디아라비아, 시리아, 파키스탄, 인도네시아 등을 포함한 대부분의 모스렘(Moslem) 국가에서는 도박이 금지되어 있다. 터키는 특별히 제외된 국가인데, 이는 서방국과 인접해 있기 때문이며, 이집트에는 카지노가 있으나 자국민에게는 도박이 허용되지 않는다.

- 힌두교

힌두교는 도박꾼(gambler)을 믿음 또는 신뢰할 수 없는 부도덕한 사람으로 간주한다. 힌두교를 주로 믿고 있는 인도와 미얀마에서는 카지노가 허용되지 않는다.

- 불교

동아시아 지역에 널리 보급되어 있는 불교는 도박이란 해서는 안 될 행위라고 보고 있다. 도박은 인간을 파멸로 이끌게 될 악마의 저주(詛呪)라고 여긴다. 일본에서는 도박이 허용되지 않으나 보트경주 · 경마 · 경륜에 돈을 거는 것은 허용된다.

사회적 · 경제적 논쟁

신학적 논쟁 이면에는 도박은 사회적 · 경제적 질서의 이유로 바람직하지 못한 것이라는 견해가 주(主)를 이룬다. 도박이란 쓸모없고 비생산적이며 공익에도 아무런 도움이 되지 않는 유해(有害)한 일이라는 생각이 널리 보급되어 있으며, 다음의 내용과 같이 사회 · 경제적 이유에서 도박은 금지되어야 한다고 주장하고 있다.

도박이 금지(禁止)되어야 한다는 논지(論旨)

- 도박은 사람을 강박감(强迫感)에 사로잡히게 하거나 문제를 일으키게 한다. 수많은 사람들을 파멸로 이끌고, 결과적으로 심각한 경제적 파탄을 가져와 병적(病的)이며 문제성 있는 행동을 하게 된다.
- 도박은 생산적인 사업으로부터 돈을 유용(流用)하게 한다. 창조와 생산의 증대를 위해 생산적인 사업에 투자했을 때, 생산은 사회적 이득을 창조하여 보다 나은 서비스를 제공하지만, 도박에 돈을 잃었을 때에는 그렇지 못하다.
- 도박은 생활수준을 낮게 한다. 여유있는 수입이 없는 사람들은 생필품을 구매하거나 건강관리, 문화생활비에 돈을 쓰기보다는 도박을 함으로써 생활수준을 궁핍하게 한다.
- 도박은 범죄(犯罪)를 범하게 한다. 강박감에 사로잡혀 습관적인 도박자금을 마련하기 위해 강탈을 하게 되며, 또한 도박은 현금이 필요하기 때문에 사람을 이용·착취할 수도 있는 범죄(crime)를 범하게 한다. 이는 직·간접적으로 저지르기도 하고, 혹자는 도박이 매춘, 마약 복용을 증가시킨다고 주장하기도 하며, 도박을 하는 사람들은 또 다른 비행(非行)에 빠지는 경향이 있다고 한다.
- 법집행의 사회적 간접비용을 증가하게 한다. 도박으로 인한 범죄의 증가는 결과적으로 법집행의 비용을 정부에게 부담시키며, 이는 주민에게 부과되는 세금이다. 또한 경찰부패의 원인이 된다. 도박으로 인한 범죄는 특권을 얻기 위해 경찰에게 부정한 행위를 시도할 것이다.
- 도박은 반드시 개인에게 손해를 입힌다. 도박의 운영자는 항상 이론적으로 유리(有利)하게 유지되므로, 상대적으로 도박을 한 자(者)는 그들의 계획에 의해 경제적 고통을 당하기 쉽다. 또한 도박은 운동경기를 부패(decay)시키기도 한다. 스포츠에 내기를 건 사람은 경기를 조작하기 위해 선수에게 뇌물을 주려할 것이고, 이는 아마추어(amateur)선수의 앞길을 망치게 하며, 프로페셔널(professional) 선수들을 부패케 한다.

필요악으로서의 겜블링 견해

두 번째의 견해는 도박은 '필요악'이라는 것이다. 이러한 견해를 주장하는 사람들은 갬블러(gambler)들은 합법이든, 불법이든 개의치 않고 도박을 할 것이라고 보고 있다. 그러므로 도박을 허용한다면 첫째, 통제할 수 없는 음성적인 지하도박(underground)을 차단시킬 수 있으며, 둘째, 정당한 산업 외에 바람직하지 못한 요소들을 예방하여 관리할 수 있고, 셋째, 카지노가 공정하고 정직한 게임을 공급할 수 있을 것이다.[17] 또다른 논쟁은 합법적인 도박과 불법 사이에 사회에 미치는 이득과 비용의 비교에 직면(直面)하게 된다. 많은 사람들이 '바람직하지 못한 도박'

에 대해 토론(討論)하는 데에는 법률로 금(禁)한 도박으로 발생하는 이윤을 인식하기 때문이다. 국민들이 상식에서 벗어난 행동을 통제하기 위해 도박을 합법적으로 만드는데 드는 비용은 정부가 부담하는 가장 큰 사회적인 간접비용이기도 하다. 도박은 오로지 도박을 탐닉하는 사람에게만 피해를 입힌다. 즉 희생자가 없는 것이다. 이것은 살인이나 강간, 절도 등의 다른 심각한 범죄와는 상반되는 것이다. 도박을 합법화함으로써 경찰, 판사, 검사 그리고 감독관 등이 심각한 범죄에 드는 많은 비용을 줄일 수 있다. 그리하면 '희생자가 없는' 상식에서 벗어난 이 행위는 제한될 수 있으며, 통제를 통하여 권장은 아니하되 조절(adjustment)할 수 있다는 것이며, 도박을 불법화하는 것은 정부가 지배(governing)하려고 통제하는 가운데 사회에 또다른 비용을 부과하게 된다는 견해이다.

예를 들면 :

- 범죄자들은 자신들의 불법도박을 독점(獨占)하기 위해 폭력을 사용할 것이다.
- 불법도박으로 얻은 이윤이나 자금(資金)은 탈세의 대상이 될 것이다.
- 도박범죄단에 빚을 지게 된 사람은 그 채무를 갚기 위해 범죄를 저지를 것이다. 이는 합법적(合法的)인 방법으로는 그 빚으로부터 해방될 것 같지 않기 때문이다.
- 도박으로 인해 범죄선고를 받은 사람은 사회적으로 낙인(烙印)이 찍히게 된다.
- 사람들은 정부를 신임(信任)하지 않게 될 것이다.

정책목표 및 규제

한 사회가 도박에 대한 공공정책을 채택하면 그것은 도박에 권리를 부여하는 일반적 접근수단을 채택하는 것으로 법의 채택(採擇)과 동시에 집행이 되는 것이다. 사회의 도박정책수용은 종종 그 법을 채택한 주(州)의 거주자들의 태도보다 도박에 대한 시민의 반응이 더 클 때도 있다. 예를 들어, 미국에서는 네바다(Nevada)주에서만 개인이 스포츠경기에 돈을 거는 것이 합법화되어 있다. 그러나 1993년 평가에 의하면 미국인들은 네바다주에서보다 다른 도시의 스포츠경기에 500억 달러 이상 웨이저링(wagering)을 하였다고 한다. 정부는 시민들에게 스포츠경기에 내기를 걸면 안 된다고 하지만, 많은 미국인들이 이 법에 동의 또는 찬성하고 있으나,

17) Bill Friedman, 「Casino Management」, 1984, Lyle Stuat Inc.

내기를 위해서는 기꺼이 법률을 위반한다는데 문제가 있다. 법의 시행(enforcement)과 집행(execution)의 조화는 보통 5가지 정책목표로 구분된다. 우선 규제방침으로 정부가 사회의 도박을 근절(根絕)하기 위한 시행법을 통과시키는 것이다. 또한 가장 어려운 것은 정부가 도박을 허용하고, 외부의 위협으로부터 그 생존을 책임질 수 있는 정부의 구조(construction)를 제공해야 한다는 것이다. 가장 큰 현안은 도박을 근절하는 규제(規制)이다. 주의회에 도박금지법의 채택을 요구하고, 근절을 목표로 이 법을 실행할 법적 시스템을 요구하는 것이다. 이러한 법적인 구속력으로 처벌을 하거나 범법자들이 그 행위의 유혹으로부터 벗어나도록 예방하거나 또는 상당히 엄한 대가를 치루지 않으면, 그 효과를 보기 힘들 것이다. 또한 중요한 것은 경찰 또는 검찰이 법을 집행(執行)하기 위해서는 충분한 자료와 동기를 부여하는 것이다.

겜블링과 재원공급

정부는 도박수용은 원칙적으로 기피(challenge)해야 할 사안임을 사회적 통념상 인식하면서도 어떤 정책적 목표를 위해서는 허용한다. 비록 도박은 바람직하지 못한 반사회적 요인이 있음에도 불구하고, 다른 사업에 필요한 재원(財源)을 공급하는 세금수입 또는 관광산업의 침체와 쇠퇴기가 발생하는 것보다는 그 부정적 이미지가 덜 심각하다고, 겜블링의 수용찬성 지지자들은 역설(力說)하고 있다. 다시 말해서 위 두 가지 사안(事案)으로 볼 때, 사회적으로 바람직하지 못한 것보다는 도박이 더 낫다고 생각하는 것이다. 도박의 탓으로 돌려지는 문제들이 도박의 세금으로 인해 경감(輕減) 또는 완화(mitigation)될 수 있다고 보고 있으며, 도박은 경제적 이득을 가져올 수 있다고 긍정적으로 수용하는 논리를 말한다. 이러한 경제적 논리(economical logic)로 출현한 카지노는 그 종속산업인 관광산업을 발전시키고 고용창출, 요식업, 숙박시설 또는 부족한 새로운 사업을 증진시킬 수도 있다. 이러한 사업들은 새로운 거주자를 증가시키며, 기존 기득권자를 그대로 보존시켜주고,

또한 많은 다른 목적들을 이룰 수도 있으며, 최소한 세수문제는 해결될 수 있다.

아트랜틱시티(Atlantic City)의 카지노 개발시도(attempt)는 도박이 마지막 보루가 아니라 목표를 성취할 만한 가치가 있는 비즈니스라는 새로운 착상(conception)에 기초하였다. 개발초기, 정부는 참여 또는 호의적이지도 않았으나, 목표를 이룰 만한 사업이고, 국가비용을 최소화하여 엄격히 통제할 수 있다는 관점에서 수용(受容)하였다. 이러한 카지노업에 대한 정책은 대립(對立)을 창조하였다. 예를 들면, 뉴저지(Newjergy)주정부의 도박정책은 아트랜틱 시티를 부흥시킬 의도였다. "건설업을 활성화하는 데 필요한 촉매(catalyst)로서 새로운 일자리를 제공하고, 새로운 세수(稅收)를 확보할 수 있다"라는 취지였다. 이 성취가능 목표의 범위는 산업의 성공과 직접 관련되며, 시장형성으로 인한 수입의 증가효과를 기대하는 목표이지만, 주정부로서는 수익을 위해 급증하는 카지노 수요를 억제함으로써 도박인을 보호하고 그 시장설립에 제한을 두었으며, 그리고 타협과 양보를 통해 실패한 계획의 모순성(矛盾性)에 대한 시정을 요구하였다. 이는 후에 카지노게임 산업의 신용을 승인하는 제도에 관한 연구논문을 통하여 예증된 바 있다.

긍정적 인식의 겜블링

도박을 긍정적 행위로 보고 있지만, 그 의견에는 서로 다른 견해(opinion) 차이를 보이고 있다. 어떤 사람은 정부가 다른 사람에게 해(害)를 끼치지 않은 개인의 선택에 관해서는 간섭해서는 안 된다는 주장이 있고, 또 다른 사람들은 모든 인생은 각자의 위험요소를 가지고 있으며, 도박만을 금지한다는 것은 이유(理由)가 되지 않는다고 주장하고도 있다. 또한 도박을 긍정적인 사회적 가치로 판단하는 사람들도 있는데, 이러한 측면에서 도박에 관한 역설(paradox)은 첫 번째는 노동계급을 위한 사회적 관계를 제공하고, 두 번째는 성인을 위한 오락형태의 공급 및 동기의식을 부여하며, 세 번째는 다른 곳에서 환영받지 못하는 세대들에게 오락을 제공한다는 이유를 제시하였다.

- 비(非)범죄화

비범죄화란 법이 불법행위를 제지하는 목표달성의 집행에 실패했을 때 발생한다. 법(法)이 어떤 행위를 금지시킬 수 있지만, 경찰이나 검찰이 그 법을 적절히 집행하지 않을 때(직무유기 및 태만 포함)가 있다. 이는 법조항이 부족하거나, 집행기관의 부패, 또는 법의 가치판단에 대한 철학적 이견(異見) 때문에 발생할 수도 있다. 홀랜드(Holland)를 비롯한 미국의 많은 도시의 불법도박의 양(量)은 도박이 불법으로 여기는 여러 곳에 비(非)범죄화라는 반향(echo)을 일으켰다.

• 혼합정책

혼합정책은 정부와 도박인을 동시에 보호하자는 보호정책(safeguard policy)에 기인한 것으로, 이 혼합정책의 기초가 되는 것은 재정공급원이 도박이 된다. 다시 말하면 도박으로 얻어지는 경제적 이득(利得)이 잠재적 손실(損失)보다 더 중요하다는 것이다. 이 혼합체계는 도박으로 재원(財源)을 충당하고, 손실을 줄이려는 시도로서 프에르토리코(Puerto Rico)에서는 카지노의 수요를 허용함으로써 관광객을 유치하고, 홍보를 통하여 자국민의 수요를 줄이거나 금지시켜 자국민을 보호하는 정책으로 국경 밖의 타 주민에게는 카지노를 공급하고 자국민에게는 사법권을 행사하여 도박행위를 근절하는 시도를 함으로써 중립과 보호의 정책을 수용했다.[18)]

당연히 정책 입안자들은 게이밍 법률을 채택하고 시행하여 그들이 목표한 바를 이루려고 할 것이다. 예를 들어, 도박의 보호정책은 정부가 생산(生産)을 위하여 수요(需要)를 활성화하자는 것이 아니라 카지노 산업을 보장하는 시도에 있다. 그러나 종종 게임법의 채택, 시행하는 과정에서 예측하지 못한 결과를 가져올 수도 있다. 수차례 카지노 시장에 미치는 법의 경제적 영향, 비용 등과 같은 경제문제에 부딪치게 된다.

2 법적통제의 개념 및 경제적 영향

법적통제의 개념

각 나라마다 카지노게임 허용에 있어 약간의 통제(統制)를 한다. 두 가지 기본 규제는 사회적·경제적 형태이다. 공공산업의 정책은 공익성(公益性)이 우선이므로 자유시장에서 불충분한 점을 개정하는 시도를 하며, 소비자들이 경쟁시장의 직

18) Killby, Jand J. Fox 「Casino Operation Management」, 1998. New York, John Wiley & Sons.

접적인 물가(物價)에 직면하여 알맞은 서비스를 되돌려 받을 수 있게 보장한다. 그러나 카지노산업은 본질적으로 시장결함을 항상 가지고 있지는 않으며, 상대적으로 적은 현금을 가지고도 게임을 즐길 수 있다. 테이블 하나와 카드 세장만 있으면 'Three-Card Monte'를 할 수 있고, 동전 두 닢과 상대만 있으면 '크랩스(craps)'게임을 즐기기에 충분하지만, 도박에 있어 정부와의 관계는 사회적 규제에 기초한다. 즉 사회에 미치는 산업생산의 영향 또는 외부의 위협으로부터의 정부의 보호인 것이다. 사회적 규제는 공공(society)의 보건과 복지는 항상 연관된다. 예를 들면, 산업안전과 건강관리기관, 소비자제품 안전위원회 그리고 환경보호기관이 공공(公共)을 보호하듯 도박의 보호정책 아래 법적인 게임통제는 게임에서 오는 손실과 연결되는 사회복지로부터 공공을 보호하기 위함이다.

경제적 영향

사회・정치적 이유로 인한 산업의 통제는 경제적 영향을 초래한다. 이것은 직접적(예 : 경제적 영향을 끼칠 명백한 규제) 또는 간접적(예 : 의도하지 않았지만 결과적으로 영향을 받는)일 수도 있다. 규제는 참여하는 데 방해가 됨으로써 간접적 경제영향을 미칠 수 있고, 표준비용을 부과하며 변화와 쇄신을 방해・억제하거나 광고・마케팅을 제한하는 간접적 영향을 끼칠 수 있다. 또한 세금을 포함한 가격결정, 허가기준 등의 규제는 잠재적 경쟁자에게 투자자본을 최소화하는 경제적 결과를 초래하는 경향이 있다. 한 정부가 희망할 경우 시장을 독점할 수도 있으나, 민간기업이 게임을 운영하는 곳에 자유경쟁체제를 요구하거나 또는 외부의 출현은 없어야 한다. 대부분의 사법권(司法權)은 도박의 시장결함에 복종을 요구하는 것은 아니다. 모든 카지노 게임시설에는 자유정책을 공급할 필요가 있으며, 그 해결책은 참여여부를 방해받지 않는다는 것이다. 이러한 방해(obstacle) 즉 극도로 충분조건을 요구하는 과도한 통제는 결과적으로 여러 가지 행태의 차이를 가져오는 경제적 영향을 미친다.[19)]

---

19) Hashimoto K., Sheryl F. Klein and Georgy Fenich, 「Casino Management」. 1998, Kendall / Hunt Publishing Co.

산업의 통제(과도한 규제 및 필요충분조건 요구)로 발생하는 행태(行態)의 차이	
• 특허나 판권의 실체 • 숙련된 기술 또는 지식 • 확실한 비용이익(예 : 회사설립으로 인해 발생하는 이윤) • 광고 등과 같이 자연적이거나 인위적인 생산구분 • 정부의 규제	• 시장의 결핍, 통제의 필요조건 • 사회적 · 문화적 혹은 종교적 근거 • 막대한 창업자금 요구 • 투자회수 또는 선매행위 • 종적(縱的)인 통합

산업의 통제는 경쟁가능 상대에 의해 산업참여를 실망시킬 수도 있고, 또는 많은 이윤을 남기기 위해 신규설립을 허가하기도 한다. 시장이 독점 · 과점 · 경쟁이 되는 것은 규제에 달려 있으며(예 : 관련법이 하나의 카지노만 허가하든가, 선상 카지노만 허가하는 것과 같음) 또는 자연 발생적으로 시장이 형성되기도 한다. 예를 들면 '티니언아일랜드'에는 고작 몇 개이긴 하지만 자연적으로 시장이 형성되었다. 법(法)이 카지노의 수를 규정하지 않더라도 기존시장에 독점 · 과점 경쟁인지 아닌지에 따라 영향이 미치는 것이다. 또 다른 예로 몇몇 지역에만 허가기준을 달리 정하여 운영자(operator)가 카지노를 설립하는 장소를 지정할 수 있고, 그밖에는 정부가 허가를 위해 지속적인 투자를 요구하는 장소가 있다. 이것은 이윤(profit)을 독점하는 대신 초기투자를 유도하기 위함이나, 어떤 면에서는 잠재이윤이 지방정부의 비용을 따라가지 못하므로 어떤 경쟁자들은 사업의 참여를 꺼린다.[20)]

비용의 통제

비용통제는 복합적 비용, 고정비용 그리고 카지노가 높은 비용으로 도박인들에게 떠넘기려는 기타비용의 통제(control)를 말한다. 카지노업에서는 게임의 가격이 생산비용이 증가하면 가격(price)이 오르게 되는 다른 산업과는 달리 비용의 산출이 그리 간단하지 않은 구조로 되어 있다. 카지노는

20) 고택운 외, 「최신 카지노 산업관리론」, 백산출판사, 2011, 카지노산업 경영개념. p.89.

도박인들에게 게임을 제공한다. 카지노는 게임자(者)들을 이김으로써 이윤을 남기는데, 승산(勝算)의 확률은 'Craps'와 'Blackjack' 게임에서 약 1%정도의 적은 하우스 엣지(house edge)를 가지게 된다. 이와 같은 거래(transaction)에서 좀 더 이익을 남기기 위해서 카지노는 게임테이블 수량을 확대하거나, 웨이저의 베팅(betting)에서 이길 확률을 높임으로써 그 '가격(價格)'을 인상하려 할 것이다. 그러나 비용(cost)이 오르면 생산수요는 감소하므로 모든 경쟁자들은 고정된 통제비용을 가진다면, 그들은 서로 다른 이유로 경쟁을 해야 한다. 왜냐하면 규정(規定)에 따라 운영해야 하므로 미국의 경우, 뉴저지(NewJergy)에서 카지노를 운영하는 비용은 네바다(Nevada)에서보다 높고, 네바다는 또다른 지역보다 더 많은 비용이 든다. 그러므로 모든 비용이 같다 하더라도 네바다에서는 뉴저지보다 게임자들(players)에게 더 많은 '승률(勝率)'을 주면서도 게임에서 얻어지는 수입(收入)은 같게 되는 것이다. 외국과의 경쟁에서는 승률에 민감(sensitive)한 아시안게임자들이 아트랜트 시티(Atlantic City)를 선택하게 함으로써 더 많은 수입을 얻게 되는 것이다. 통제비용이 많을수록 카지노 시장은 위축(cower)될 것이다.

경제적인 카지노 통제시스템

민간형태가 되었던, 공공부문이 되었던, 개인이나 정부가 합법적으로 카지노를 운영할 수 있다. 민간주도 카지노업자들도 정부(중앙・지방정부 투자기업)가 도박사업에 참여해서는 안 된다는 의견을 가지고 있는 것은 아니라고 역설(力說)하고 있다. 다만, 국가도박정책 검열위원회는 지방정부(주정부)가 오락업을 증진(增進)시키려 할 때와 정부가 직접 운영의 주체가 되었을 때의 차이점을 지적한 부분에 대하여 동의한다고 하였다. 그 내용을 살펴보면 정부는 카지노업에 경험이 없으며, 정부는 사기업과 공기업의 급조(急造)간격의 차이에서 경영상의 어려움이 지속될 것이며, 설령 정부가 카지노 운영을 위한 자금(資金)이 타당성이 있더라도 그 자금을 계속 영위하기에는 어려울 것이고, 정부의 자금이 카지노를 개발・설립하는데 투자된다면, 더욱더 위태로운 상황에 직면할 수도 있다. 또 다른 우려(anxiety)는 카지노업이 늘 흑자를 보는 것이

아니며 적자가 될 경우 정부는 자금난에 빠지게 될 것이고, 정부가 재정상의 적자(赤字)를 보존하기 위해 이윤만을 추구하는 카지노를 운영한다면, 정부에 대한 국민의 신뢰가 떨어질 것이라 생각하고 있다. 그러나 정부측 운영자의 의견은 다르다. 그들은 사기업이 카지노를 운영할 경우 정직하지 못할 것으로 인식한다면서 공공기관이 운영을 하면, 과도(過度)한 도박을 방지함은 물론 공정하고, 정직한 게임을 장려하며 욕심을 부릴 가능성이 없다는 것이다. 또한 통제의 시스템 즉, 조정(adjustment)의 메커니즘(mechanism)으로 수요와 비용을 경감(輕減)하게 된다는 것이며, 정부가 카지노를 운영했을 때의 또다른 주장은 카지노 수입의 100%가 모두 국고(國庫)로 귀속될 것이고, 범죄발생을 줄일 수 있으며 국민이 카지노의 정직성에 대해 신뢰를 가진다는 것이다.[21)]

경쟁시장은 카지노의 개소수(數)를 제한하지 않는다는 것은 수요가 늘면 카지노 게임의 공급도 늘게 마련이다. 혼합정책, 그리고 도박업은 다른 목적을 이룰 수 있게 하며, 또한 관광산업을 활성화하여 한 사회에 경제적 이득을 가져다준다는 논리이지만, 적절한 개소수 제한은 경제적 논리에 앞서 환경공학적 구조적 측면에서 재평가할 필요가 있다. 이러한 제한(restrict)은 가장 안전한 규제환경을 제공함으로써 한 사회에 끼치는 부정적 영향을 최소화(最小化)하고, 경제의 범위를 산출하며, 카지노의 영향을 포함한 도시의 미적(美的), 구조적 양상(樣相)으로 부분적 통합을 한다는 개념이 있고, 정부가 그 수를 제한하는 또 다른 요인(要因)으로 통합능력과 그 자격(capacity)을 들 수 있다. 이러한 요인은 도박인 및 정부의 보호책에 같이 적용된다. 두 가지 사안 모두가 그 목표를 이루기 위해 강력한 규제라는 법적인 제도를 적용하고 있으나, 이 규제는 절대적으로 전문가의 판단을 필요로 한다. 인원 및 장비 그리고 허가된 카지노의 개소수를 효과적으로 통제하기 위해서 정부는 카지노의 수를 단 하나로 제한할 수도 있다.

21) 고택운 외, 「최신 카지노산업관리론」, 백산출판사, 2011, 카지노산업 경영개념. p.91.

3 카지노산업의 운영구조와 경제현상(해외 카지노 사례 중심)

1 허가범위의 제한개요

한 그룹 또는 개인사업자가 허가를 얻는 데 늘 검증(verify)을 받아야 하며, 정부는 신청한 사업자가 심사(inquire)를 받을 필요가 있는지 우선 결정해야 한다. 카지노업 운영자는 모든 조사를 받아야 하며, 개인사업자가 운영주(licensee)가 되는 경우 더욱 그러하다. 일반적으로 카지노 소유주(owner)와 경영주(management)는 법률상 동일한 법인(法人)이다. 법인의 구조는 각 나라마다 다르지만, 보통 임원(任員), 중역(重役), 주주로 이루어진다. 주주(株主)란 회사의 지분을 갖는 사람이나 명칭을 말한다. 주식(株式)이란 주주들이 이사회의 의결을 통해 법인을 관리하고, 현금과 축적된 배당금에 대한 이익을 돌려받으며 부채청산에 충당되는 파산자산을 비례 배분하는 것이다. 법인의 허가범위는 임원(officer), 중역(director), 주주(stockholder)들에 대한 면밀한 조사를 받아야 하는 것과 연관되며, 일반적으로 유사한 형태의 합작투자, 유한책임회사, 그리고 주식회사와 같은 사업구조에도 적용된다.

- 판단기준

통제기관(게이밍통제위원회)이 게임의 허가신청을 심사하는 데는 여러 가지 기준(standard)을 두고 있다. 이 기준은 기존(旣存)에 정해져 있기도 하고, 자유재량(裁量)으로 기준을 정하기도 한다. 기존의 기준은 신청자의 수(數)에 제한을 하지만, 자유재량은 그 수에 제한을 두지 않고 최소화하는 것을 기본으로 게임통제기관은 허가신청을 심사한다.

해외 카지노 허가신청에 따른 판단기준 사례

- 남타코다 지방 : 중죄를 선고받지 아니한 자이어야 한다.
- 미시시피주 : 매춘, 광부상대 주류 판매 등 게임과 관련된 어떤 범죄도 선고받지 아니한 자이어야 한다.
- 포르투갈 : 자본금의 60%는 포르투갈 시민의 소유로 한다.
- 터키 : 최소한 100~1500개의 객실을 보유한 특급호텔이어야 한다.
- 프랑스 : 정직하고 성실한 인격을 갖춘 사람이어야 하고, 또한 조직적이고 경제능력을 갖추어 품위 있게 운영할 수 있는 자이어야 한다.
- 퀸즈랜드 : 카지노를 운영한 경험이 있는 자 또는 이와 같은 자를 고용해야 한다.
- 영국 : 게임법을 수행할 능력과 판단력이 있는 사람이어야 한다.
- 아이오와 : 카지노를 아이오와의 전통적인 배의 모형을 영업장 내에 갖추어야 한다.
- 콜로라도 : 반드시 센트랄시티, 블랙호크, 크리플크릭 지역에만 한한다.

- 허가의 규범(規範)

허가를 내주느냐 않느냐 하는 판단의 자유는 심사기관(게임감독위원회)이 어떤 기준을 가지고 제출된 신청서를 토대로 심사하여 판단한다. 예를 들면, 게임감독기관은 신청자가 어떤 판단기준에 적합하지 않다고 생각되는 이유가 있다면, 법령에 따라 허가를 내주지 않을 수 있다. 이러한 기준(基準)은 근거(founded)가 확실한 경우에 허가를 내주는 것을 요구하는 것보다, 결과적으로 허가를 힘들게 하는 것은 게임감독위원회가 증거를 문제 삼아 신청을 거절하는 것이 허가를 내는 결정에 훨씬 영향력을 가진다는 데 기초한 것이다.

예를 들어, 신청자(者)가 20년 전 대학생일 때, 절도로 유죄판결을 받은 적이 있다고 가정하자. 그리고 그 평가기준이 '정직(正直)'이라면 명백히 절도는 부정직에 속한다. 그러므로 절도는 그 사람이 정직하지 못하다는 증거(evidence)가 된다. '어떤 증거기준'을 가지고 보면 그 신청자는 허가를 받을 수 없게 되는 것이다. 그 후 그 신청자가 '대학시절 장난으로 모텔잔디밭에서 곰인형을 가져온 것뿐이다' 하면서 모범적인 삶을 살아왔다고 가정해보자. '우세한 기준의 판단'으로 볼 때, 그는 아마 허가를 얻어낼 수 있을 수도 있다.

- 허가제한체계(system)

주(州)정부에서 관리하는 허가체계(體系)는 경쟁자의 수(數)에 영향을 미칠 것이다. 완전한 경쟁체제(體制)에서 경쟁자는 현 운영자가 상당한 이윤(profit)을 남기고 있다면, 카지노 시장에 뛰어들 것이다. 얼마나 빨리, 쉽게 그들이 사업에 관여하는가는 허가(許可)에 커다란 영향을 받는다. 허가과정이 상당히 장애(obstacle)가 된다면, 현재 운영하고 있는 자에게는 이익이 된다. 허가는 네 가지 주요한 측면에서 사업참여의 장애(障碍)가 될 수 있다. 첫째, 통제(감독)기관이 허가를 거부하면, 그 사업에 참여할 것인지의 결정을 내리는 것을 망설이게 한다. 여타 모든 사업에서도 마찬가지인 것처럼 그 회사는 이익을 얻기에 좀더 수월한 시장에 자본을 투자할 것이다. 둘째, 허가받는 데 걸리는 시간이 장애가 된다. 카지노사업에 참여하길 원하는 기업은 그 시장의 현재 경제상태를 기초로 사업타당성 검토가 있었는데, 허가를 받는 데 상당한 시간이 걸린다면, 허가를 받은 시점에서 다시 경제동향을 예측하여 결정을 내린다는 위험부담을 안게 된다. 셋째, 참여를 희망하는 사업자들은 다른 사업에 투자(investment)보다 허가의 비용이 더 많이 산출(算出)되는지의 여부를 고려할 것이다. 넷째, 참여희망자에게 허가의 과정이 사회적인 장애와 오점(汚點)이 될 수 있다. 특히 이러한 불명예스러운 뉴스는 그 기업이 다른 사업을 하는 데 치명적인 오점이 될 수 있다. 정부는 이러한 법(法)이 경쟁시장에 관여되면, 경제적 비용을 증가시키는 영향을 끼친다는 사실을 인지해야 한다. 독점(monopoly), 과점(oligopoly)은 고객에게 더 큰 부담을 주며 경쟁을 낮추게 하는 결과를 가져온다. 카지노사업에서는 경쟁률이 낮아지면 적은 자본으로 큰 이익을 가져온다는 것을 뜻하는데, 이것은 고용의 축소, 게임과 분배의 감소(減少)를 뜻하기도 한다.

2 카지노 게임규칙 및 운영행태 제한

- 게임의 형식, 분배, 규칙의 제한

카지노 운영자는 게임과 분배(分配)의 다양성에 많은 종류의 옵션(option)을 제공할 수 있다. 세계적으로 카지노의 블랙잭 게임에서만 24가지의 다양한 형태를 즐길 수 있다. 딜러(dealer)는 1~6덱의 카드를 사용할 수 있으며, 딜러는 17이상에서는 '스탠드(stand)'해야

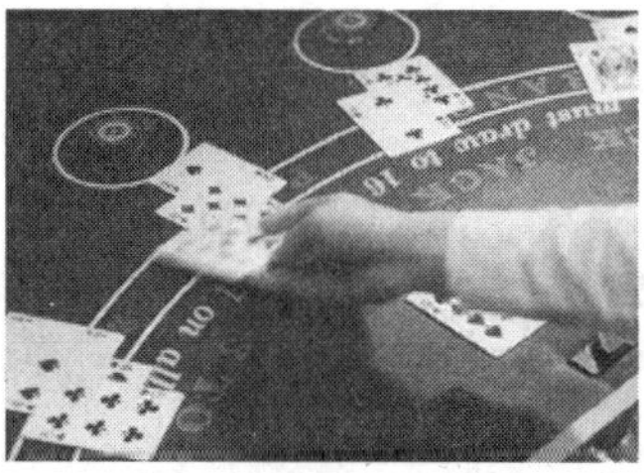

하고, 16이하는 '히트(hit)'한다. 또한 모든 카드는 앞면 또는 뒷면으로 게임자(player)에게 나누어 주고, 어떤 상황에서는 '더블다운(doubledwon)', '스플릿(split)', '서렌더(surrender)' 등 블랙잭 게임에서만 선택할 수 있는 옵션-룰을 게임자에게 제공한다. 최근 네바다주에서는 35종의 테이블 게임과 200가지의 머신게임 종류를 카지노가 제공하는 것을 승인(承認)했다. 게임의 규칙과 분배방식의 절차에 대한 제한은 게임을 속이거나, 넘겨보는 것을 방지하기 위해 모니터(monitor)로 게임을 보호하는 법규를 주정부에 의뢰하여 판단기준을 유도하였다. 게임절차에 의해 게임이 진행되면, 통제와 분배가 쉬워지고, 비용은 적게 들고 직원 수도 줄어들 것이다. 또한 규칙(規則)은 정부에 의해 정해지고 통제되므로 블랙잭 게임을 속이고자 우려되는 게임자에게는 좋은 본보기가 될 것이다. '카드마커(card marker)'[22]가 카드 뒷면에 표시를 한다면, 이 게임에서는 딜러의 카드 뒷면만 보고도 어떠한 내용인지 알 수 있으므로 그 게임자는 카지노에서 이길 수 있다. 이에 카지노도 경쟁에서 이기기 위해 운영관리자(operator)는 기술을 혁신하는 수단이 필요하다. 블랙잭 게임을 속이려는 자(者)는 매우 능숙하며, 초보자들은 카드덱에 표시가 있어도 그 표시를 찾아내기 힘들지만 속임수를 행(行)하는 자는 방 건너편에서도 표시를 읽을 수 있다. 또 다른 속임수는 '카드크림핑(card crimping)'[23]과 '스위칭(switching)'을 들 수 있으며, 스위칭은 카드를 갖고 있지 않은 손에서 다른 카드를 꺼내어 서로 바꾸는 방법으로, 이는 모든 카드를 '앞면(face up)'으로 나누어 주고, 게임자가 카드를 만지는 것을 금지시킴으로써 최소화할 수 있다. 다른 산업과 마찬가지로 게임산업 역시 급속히 발전하고 있다. 오늘날 카지노는 지난 20년보다 현격한 차이를 보여주는 대표적인 사례는 카지노 게임을 관찰하기 위해 설치한 감시카메라(surveillance camera)일 것이다. 오래된 슬롯머신이 있는 장소에서 새로운 마이크로 프로세서(micro processer)가 256,000대의

---

22) 고택운, 「카지노 실무용어해설」, 백산출판사, 2007. p.153.
'속임수행위로, 보통 두 가지 이상으로 게임용 카드의 뒷면에 특징을 나타내어 확인할 수 있도록 표시한 카드를 말한다.'

23) 고택운, 「카지노 실무용어해설」, 백산출판사, 2007. p.78.
'속임수행위로, 카드의 구석을 구부리거나 주름을 잡아, 뒷면에서도 인지할 수 있도록 만드는 것을 말한다.'

컬러모니터를 작동시키고 있다. 대부분의 카지노에는 코인교환소가 있고, 어느 곳은 현금이 필요한 경우도 있을 것이다. 이 경우 '갬블러 트래킹시스템(gambler tracking system)'은 카지노 운영자에게 게임자의 게임상황을 즉시 알려준다. 카지노의 몇 가지 게임은 이미 변화되어 머신게임을 즐기는 고객들의 선택을 위해 릴슬롯머신(reel slot machine)에 비디오 포커(video poker)를 설치하였고, 파이가오 포커(paigow poker), 레드독(red dog) 등과 같은 새로운 테이블 게임과 게임자가 다양하게 선택할 수 있는 21-게임, 더블다운 스터드, 캐리비언스터드 포커와 같은 게임은 이제 카지노에서 일반적으로 제공하고 있다.

카지노 산업에서도 여타 산업과 마찬가지로 그 경영주가 경쟁에서 우위를 점하기 위해서는 게임상품의 개발과 기술혁신이 필요하다. 예를 들어 1960년대에는 딱딱한 천과 고무로 만든 운동선수의 신발이 제일 잘 팔렸으나, 가벼운 나일론과 신발 등 새로운 기술혁신이 이루어진 오늘날에는 그것이 팔리지 않는 것과 같다. 마찬가지로 30년 전에는 인기있었던 게임이 오늘날에는 그렇지 않다. 카지노가 새롭고 발전된 게임을 공급하지 않는다면 수입을 창출하는 카지노에서 고객을 잃게 될지도 모른다.

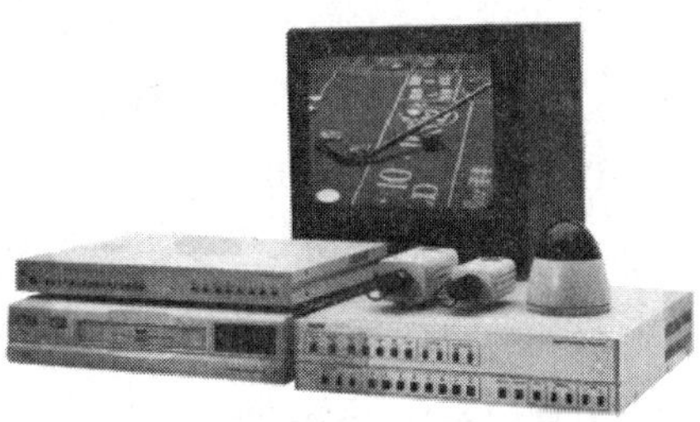

• 운영시간의 제한

사법권은 카지노의 운영시간을 제한할 수 있다. 도박인 보호책으로 카지노를 폐장함으로써 게임자들이 당분간 카지노에서 게임하는 것을 금지하는 기회를 가지고 일상(日常)으로 돌아가게 하여 과도한 도박을 금지시킨다. 시간을 제한하는 또다른 이유는 공공안전의 문제나 통제와 연관된다. 시간을 연장해서 카지노를 운영한다는 것은 정부에게 연장된 시간만큼의 더 나은 서비스 공급이 요구된다. 감독(통제)기관 또는 정부의 서비스비용(expense)을 결정할 이 요구에는 단속(crackdown)에 드는 비용도 결정할지 모른다.

• 주류제공 및 판매의 제한

알코올은 중독될 수도 있다. 중독(toxicity)은 일반적으로 만취함으로써 신체적, 정신적 건강을 해치는 독약(poison)과 같은 것이다. 고객보호프로그램은 카지노에서 고객들에게 알코올을 제공하는 것을 금(禁)하고 있으나, 실제로 주류를 제공하는 것은 기본으로 되어 있다. 그러나 술을 권함으로써 흐려진 판단으로 게임을 하게 하는 결과를 초래한다는 이유로 제한한다고는 하지만, 주류제공의 금지사항에 다른 제한을 둘 수 있다. 예를 들면, 뉴저지(NewJergy)에서는 술에 취한 사람은 게임을 할 수 없다는 것을 분명히 제한하면서도 고객이 술을 주문하는 것은 허용한다. 게임채무(debt) 때문에 술에 중독된다는 것은 새로운 사실이 아니다. 게임채무는 다른 채무와 차이가 있지만, 게임계약의 결과에서 오는 단 하나의 '페이즈(phase)'인 것이다. 카지노와 고객 사이에는 법(法)이 구제할 수 없는 약속이 포함된 계약의 내용이 있다. 카지노의 입장에서 볼 때, 그 약속은 고객이 이겼을 경우 카지노게임의 규칙에 따라 돈을 지급하고, 고객이 졌을 때에는 해당하는 금액을 지급해야 한다. 그러므로 게임계약은 단순히 '거래(去來)외의 거래(去來)' 형태인 것이다. 계약상으로 보면 고객은 변제할 능력이 있어야 하나, 심한 알코올 중독일 경우 여러 가지 사정으로 빚진 채무는 중독 때문에 갚을 수 없다는 변명사유가 된다. 정부의 중립정책은 도박과 음주가 개인적인 선택이므로 양쪽 입장에 근거하여 개인주의의 기본입장은 개인의 행위결과에 대해 책임이 있다는 것이다. 어떤 사람이 산에 올라가서 다쳤다면, 그것은 산이 거기에 있었다는 잘못은 아닌 것이다.24)

• 광고의 제한

카지노에 대한 광고(advertise)를 하느냐의 문제는 그 사회에 끼치는 부정적 영향을 토대로 한다. 광고(廣告)의 금지를 주장하는 사람은 광고를 보지 않았더라면 쓰지 않았을 막대한 돈을 광고를 통하여 유혹 당했다고 역설하고 있다. 이 주장은 도서구입 · 신문구독 등의 문화비, 여러 가지 소비제품, 그밖에 가계에 드는 비용을 슬롯머신(slotmachine)에 쏟아 부은다면 사회 전체의 경제적 생활수준이 감소하는 결과를 가져오므로 원래의 취지와 정책에 혼란을 준다는 것이다. 따라서 일자리와 세수확대를 위해서는 카

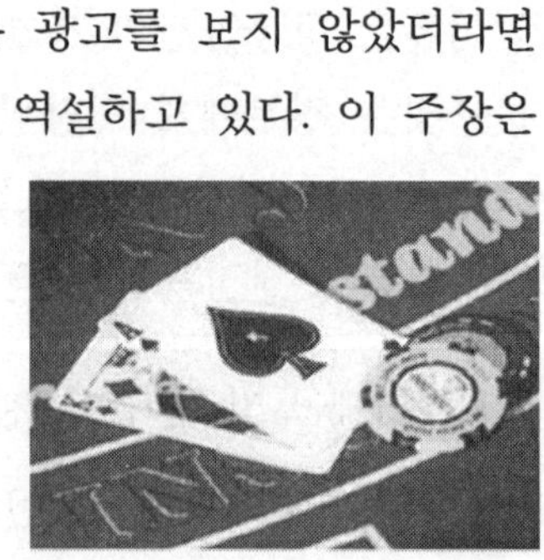

24) 고택운 외, 「최신 카지노산업관리론」, 2011, 백산출판사, '카지노산업경영전략', p.96.

지노가 필요하지만, 도박을 하지 않기를 바라는 정책도 필요하므로 광고는 금(禁)해야 한다는 것이다.

광고는 금지하되 도박은 허용하는 양립(兩立)정책을 가질 수도 있다. 합법적으로 도박이 허가된 사회의 통제체계에서는 서로 다른 성격의 정책 즉 두 가지의 다른 시스템이 존재할 수 있다. 정부가 이러한 결정으로 결과를 이해한다면, 도박의 보호책은 채택할 만한 정책이라 여기고 있다. 수요(需要)를 자극하지 않은 정책의 주요 관건은 광고의 금지이다. 경쟁시장에서의 소비자는 그 경쟁자들에 의해 제공되는 여러 정보를 가지고 자신들의 소비를 이성적(理性的)으로 결정할 수 있다. 그러한 정보를 입수하는 가장 일반적인 방법이 바로 광고인 것이다. 때로는 광고가 완벽한 정보가 되지 못할지 모르지만 전혀 광고를 접(接)하지 않는 것보다는 나을 수가 있다.

카지노는 종종 가격(價格)에 대한 정보를 직접 광고하는데, 그것이 소비자들에겐 유익한 것이다. 예를 들어, 어떤 카지노에서는 자신의 블랙잭 게임에는 싱글덱(1덱)[25]이 있다거나, 또는 크랩스 게임에 10회 정도의 승산을 소개하는 광고 같은 것이다.

광고의금지는 경쟁시장을 붕괴(collapse)시킨다. 닫혀진 시장에서의 광고금지는 소비자(consumer)가 어디에 돈을 베팅(betting)하여야 할지를 판단, 결정하는데 장애가 되어 오히려 카지노의 이득만을 높여줌으로써 독과점(monopoly & oligopoly)가격을 형성할 수도 있다. 한 시장(市場)이 광고를 하는 다른 시장과 접(接)해 있었다면, 광고의 금지는 역효과를 가져올 것이다. 왜냐하면 다른 시장은 가격을 이미 알고 있는 고객을 끌어들이는데 광고를 사용하기 때문이다. 이 모든 것을 보면 광고의 금지는 갬블러(gambler)에게 부담을 주고 가격정보를 얻는데 큰 어려움을 줄 것이다.

25) 고택운, 「카지노 실무용어해설」, 백산출판사, 2007. p.227.
'블랙잭 게임에서 게임용 카드 1덱을 사용하고, 뒷면으로 게임자에 카드를 주되, 의사표시하기 전에 카드를 스퀴즈(squeeze)할 수 있어, 블랙잭 고객이 가장 선호하는 게임'

- 게임참여 조건의 규제

참여(participate)조건은 3가지 형태가 있다. 예를 들면, 바하마(Bahama)의 '관찰법'은 갬블(gamble)을 사회적으로 바람직하지 못한 행위라고 생각하지만, '관광법'은 활성화시킬 필요가 있다고 믿는 전형적인 사례이다. 바하마의 법에 의하면 시민과 거주민들은 카지노에서 게임을 즐길 수 없다. 금지된 도박을 하는 소수의 주민에게 정부는 다양한 제지(制止)를 할 수 있으며, 가장 일반적인 것이 연령제한이다. 어떤 지역에서는 18세 미만, 다른 지역은 21세 미만은 카지노에 입장할 수가 없다. 도박보호책에 따르는 '사법권'에는 충동적으로 도박하는 것을 막기 위해 만들어진 '제한법'이 있다.

가장 두드러진 사례는 '기다리는 기간'이다. 이는 회원(membership)과 VIP들만이 도박할 수 있는 카지노에 들어가려면, 신청서를 내야 하며 게임을 할 수 있는 멤버가 되려면 최소한 48시간을 기다려야 한다. 또다른 자격으로는 카지노 내에서의 '복장규제'이다. 또다른 예를 들면 터키(Turkey)카지노에서는 남자는 코트를 입고, 타이를 매야 하며 이와 유사한 다른 곳에서도 정장차림을 해야 한다. 이러한 복장규제는 여러 가지 이유로 판단한다. 후진국의 정책입안자들은 카지노 출입은 가난한 주민들이 해서는 안 된다고 생각하고, 가난한 사람들은 정장차림을 하기 어렵기 때문에 도박을 하기도 어려울 것이라고 보는 것이다. 또한 정장차림은 게임에 임(臨)하기 전에 심사숙고하게 만들므로 충동적인 도박을 줄여줄 수도 있다. 결국 옷차림은 카지노 분위기에 맞는 예의범절을 갖게 한다는 의미로서의 견해일 것이다. 입장료는 천차만별이다. 일반적으로 비싸지 않지만, 어떤 곳에서는 충동적인 게임참여를 금지 및 지역의 기금확보를 위해 비싸게 책정하기도 한다.

카지노 입장이 금지되는 者

- 감독(통제)기관이 지명한 사람, 보통 카지노나 고객으로부터 절도를 한 적이 있는 범죄자, 또는 조직범죄단체
- 가족이 이의를 제기한 사람(터키 / 한국 강원랜드)
- 군복을 착용한 군인(프랑스)
- 감독기관에 종사하는 사람, 또는 관련 공무원 (뉴저지)
- 도박에 중독된 사람 (네바다)
- 카지노업 종사자 (바하마)

• 신용거래의 통제

신용거래(credit transaction)란 게임을 하고자 하는 사람이 서명을 하고 은행계좌 또는 법원을 통해 지급하는 것을 허락하는 행위이다. 공공정책은 카지노가 도박인과 경쟁자에게 효력을 행사하는 신용조사 수집방법을 승인할지를 논의한다. 카지노의 신용거래에 반대하는 세 가지의 주요한 논쟁(argument)은 바람직하지 못한 상환(refund)방법을 카지노에 허용한 것이다. 결과적으로 카지노가 게임의 채무 또는 이미 변제한 채무를 기록하지 않음으로써 수입을 누락시킬 수 있다. 또한 신용거래는 도박인을 자신의 능력보다 더 많은 돈을 잃게 할 수도 있다. 첫 번째 우려는 합법적인 도박보다 불법도박에 더 관련이 있다. 이것은 범죄행위가 이루어질 것은 자명한 사실로 범죄자는 범죄행위임을 무시하고, 불법게임을 운영하며 채무의 상환절차에 관련된 다른 법(法)을 염두에 두지 않을 것이다. 반면에, 합법적으로 게임을 운영하는 사람은 때로는 법적으로 제대로 사업을 진행하고 있는지 운영관련 실사(實査)를 받게 된다.

대중은 합법운영자와 불법운영자를 혼동할지도 모른다. 조직범죄단이 게임채무(債務)를 전문적으로 수금(收金)하는 것이라면, 실제적으로 도박이 제한된 모든 곳에 혼란을 가져온다. 불법 수금행위는 게임운영자의 허가를 위태롭게 할 수 있으며, 이는 법적인 수금행위를 함으로써 실제적으로 빚을 진 사람에게 권리를 행사하기 때문이다. 최근에 네바다(Nevada)와 뉴저지(NewJergey)의 게임운영자는 수금행위와 관련된 어떤 범죄에도 연루된 적이 없으며, 그러한 일로 소송(訴訟)을 당한 적이 전혀 없었다. 훌륭한 감독과 통제는 신용거래를 통하여 자금의 횡령을 예방할 수 있지만, 카지노는 두 가지로 신용거래를 악용(abuse)할 수도 있다. 대부분의 카지노가 이겼을 때 보유하는 총계보다 졌을 때 지급해야 하는 총계가 훨씬 많으므로 엄청난 재원(財源)이 필요하다고 가정하면, 어떤 사람이 카지노와 공모(共謀)하여 신용거래를 통해 현금이나 칩스를 인출(引出)하여 게임을 하지 않고 칩스를 현금으로 바꾸는 방법을 사용하여 횡령을 할 수 있게 하거나, 또는 카지노가 수금을 하지 않고 채무금액을 기재(記載)하지 않는 방법이 있다. 이는 최종적으로 자금은 제삼자의 손으로 들어가 카지노는 탈세(脫稅)를 하

게 되므로 신용거래의 엄격한 통제가 필요하게 된다. 두 번째 방법은 카지노 종사자, 또는 사업자는 고객으로부터 채무를 상환받고도 기재하지 않아 수금이 되지 않은 것처럼 꾸미는 일이다. 통제와 적당한 시행은 동일한 선상에서 이루어져, 면허를 받은 사람은 모든 신용거래 도박인을 광범위하게 기록하여 보존해야 하며, 문제점을 내부에서 조절하고 신용거래의 수금을 할 수 있게 해야 한다. 이러한 절차들은 몇몇 고용인들이 제삼자와 공모하여 카지노를 상대로 사취(詐取)하지 못하도록 보장하는 것이다. 절차의 시행은 '컨트롤러(controller)'가 기록에 담겨 있는 정보의 정확성을 증명하게 된다. 마지막 문제는 신용거래의 확대가 도박인들로 하여금 의지(意志)와는 상관없이 도박을 하게 하는지가 염려되는 것이다. 도박인 보호책을 채택한 사법권은 종종 모든 형태의 신용거래를 금지하기도 한다. 예를 들면, 독일에서는 도박을 하는 사람들은 오로지 현금이나, 여행자수표와 같이 현금화할 수 있는 통화(通貨)로만 게임을 할 수 있다. 다른 사법권은 신용거래 확장을 제한하며, 법으로 카지노가 게임자들에게 확장할지도 모르는 신용거래의 양(量)을 정해 놓았다. 뉴저지주(州)는 다른 시스템을 사용한다. 왜냐하면 카지노는 수표를 받기도 하는데, 지급요청을 하면 은행이 지급할 것을 보증하는 게임자의 신용상태를 믿어야 하기 때문에 신용거래의 형태라고 할 수 있다.

뉴저지(NewJergey)에서는 수표를 받을 때 수표의 액수에 따라 분명한 날짜를 기입하기를 요구한다. 적은 액수의 수표는 최단 기간을 기입하도록 요구하는데, 이 방법은 카지노가 짧은 기간에 지급요청을 할 경우 게임자의 지급능력보다 더 많은 돈을 쓰지 않게 한다는 데에 그 취지가 있다. 정부보호와 중립정책은 신용거래가 현금거래와 다르다는 것을 감지하지 않는다면 신용거래에 제한을 둘 것이다. 잘 정리된 카지노 관리시스템(casino managing system)은 고객이 자신들의 능력보다 더 많은 돈을 잃지 않도록 하는 것이다. 카지노는 고객(patron)과의 사업이 수년에 걸쳐 원만히 유지되기를 원하며, 의도하는 대로 고객을 지켜준다. 고객이 자신의 능력을 초과하면 카지노는 고객의 사업과 수금의 가능성을 잃는 위험에 처하게 될 것이다. 그럼에도 불구하고 어떤 카지노와 고객이 신용거래를 남용(濫用)한다면, 고객은 여러 카지노에서 신용을 얻었지만 이는 자칫

자신의 능력을 초과하는 거래가 누적(累積)되는 것이다. 카지노는 이러한 신용거래는 피하려하지만 늘 성공하는 것은 아니다. 또한 사법권 행사 입장에서 어떤 카지노가 신용거래를 과도하게 발생하였다면, 신용거래의 금지는 어떤 지역 카지노 산업이 게임자에게 허용하고 있는 사법권과 충돌(conflict)할 소지는 있으나, 실제로는 경제적 효과를 거둘 수는 있다.

카지노 고객(patron)들은 신용거래를 더 선호(選好)하는데, 이는 많은 양의 돈을 가지고 다닐 필요가 없기 때문이다. 또한 연방정부가 현금에 관한 보고를 요구함으로써 신용거래의 인공적인 수요를 발생시켰으며, 연방법으로 현금 $10,000 USD 이상 잃은 고객은 기록에 남기게 되어 있지만, 신용거래나 수표를 사용한 고객은 그럴 필요가 없었다. 자신의 소비형태를 정부에게 간섭받기 싫어하는 사람들 역시 신용거래를 더 선호했다.

- 회계의 조정 및 통제

회계의 통제는 게임이란 행위에 의해 산출(算出)된 재원의 흐름을 보호하고 조절한다. 정부가 카지노 고객 개인과 카지노 재원 흐름을 조절(調節)하는 데는 두 가지 목적이 있다. 첫째, 회계의 통제는 허가받지 않은 자 또는 관계자 이외의 사람이 카지노 재원을 분석하는 것은 금(禁)하여, 자격이 없는 사람이 '잠재적 관찰'을 통하여 허가를 받으려는 것을 간파(penetrate)하는 데 목적이 있고, 두 번째로는 세금과 관련지어 모든 재원이 회계처리되어 세금으로 정산(settlement)하는데 필요한 확실한 자료를 확보하는 데 목적이 있다. 위 모두 탈세행위와 횡령, 착복을 방지하지만, 카지노회계는 모든 거래가 기록되는 대부분의 비즈니스(business)회계보다 더 어렵다. 예를 들어, 식료품 가게에서 팔리는 모든 품목은 기록된다. 돈이 교환되거나 은행으로 들어가는 다른 사업의 현금조차 개인의 거래가 모두 기록되지만, 카지노에서는 모든 '웨이저(wager)'[26]를 기록하기가 실제적으로 어렵다. 이러한 회계형태는 모든 카지노의 거래(transaction), 수금(收金), 교환(exchange), 현금지

26) 고택운, 「카지노 실무용어해설」, 백산출판사, 2007, p.267.
"베트(bet)라고도 한다. 어떤 게임에 결과를 얻으려고 돈을 대거나, 거는 것을 말하며 이는 카드게임의 핸드, 주사위의 롤, 또는 경마에서 베팅(betting)을 하는 금액이다."

급, 신용거래의 승인과 기록, 체인지(change), 칩스(chips)와 토큰(token)의 지급(支給) 등 모든 거래행위에 대하여 신뢰가 전제되어야 한다. 회계조정(account control)은 실제로 정부가 회계관리 과정에 관여하는 행태로부터 단순히 기록하는 행태까지 다양하다. 또한 정부는 다음의 요구조건을 강요할 수도 있다. ① 정부의 참여(參與), ② 정부의 감사(監査), ③ 자체감사(inspect), ④ 재무조정의 최소화, ⑤ 기록보전 및 보고서 등의 요구조건이 있다.

- 내부관리 절차

내부관리절차(internal managing procedure)란 카지노가 그 사업의 권한(authority)을 정부에게 위임(委任)하는 절차를 말한다. 일반적으로 고용과 경영에 있어 특별한 상황을 처리하는 방법으로서의 내부관리 절차는 카지노사업의 실제적인 여러 가지 양상을 지배한다. 예를 들어, 바카라 게임 딜러가 딜링하는 방법, 돈을 지급하거나 수금하는 방법 등을 말한다. 또한 누가 게임 신용거래를 하고, 어떻게 승인(承認)하는지를 지시하기도 한다. 내부관리의 목적은 다음의 사항을 보전(保全)하기 위함이다.

내부관리절차 (Internal Managing Procedure)의 目的

- 정확하고 신뢰성 있는 재정적(財政的) 기록
- 실제 자산과 기록된 자산(資産)을 비교할 수 있는 안전장치가 된다.
- 경영권에 의해서만 자산을 알 수 있고, 거래(去來)가 이행된다.
- 카지노는 기능·의무·책임감을 적당히 분리하여 유지해 나갈 수 있으며, 정부는 지시된 통제의 채택을 통해 내부관리를 지시하거나, 각 카지노에 기본적으로 설치된 내부관리의 조항을 허락할 수 있다.
- 기록보관 : 정부는 대부분 카지노가 모든 거래의 기록을 보전할 것을 요구한다. 이것은 정부나 감사기관이 회계감사를 손쉽게 할 수 있게 하며, 카지노의 영업에 관한 정부조사를 가능케 한다.
- 보고서 : 정부나 감사기관은 정기적인 보고서를 카지노에 요구한다. 이 보고서는 세금을 정산(精算)하는 가장 기본적인 자료이며, 정부는 필요할 경우 고용인 목록, 대출관계, 장비구입, 접대비용과 악성채무목록, 외국인 게임과의 관련 여부 그리고 계약서 등의 보고를 요구할 수 있다.

• 준수위원회 : 정부가 회계와 통제를 준수하는지를 심사하는 수단으로 준수위원회를 설치하고 있다. 감독·통제기관은 심사기준을 만들고, 위원회는 정기적으로 카지노 게임법 준수 여부를 확인해야 한다. 또한 카지노를 감시하거나 충고를 하는 권한도 있다.

● 가격조정의 통제

대부분의 산업에서 통제가격이란 정부가 지정한 가격(price)을 말한다. 예를 들면, 한 주(州)의 공공정책 위원회가 전화요금을 9달러로 정해놓을 수 있듯이, 카지노산업에서는 게임의 승률(勝率)에 따라 기본가격을 정한다. 가격통제는 간혹 경쟁시장을 붕괴시키기도 하고, 또는 경쟁가격을 없애기 때문에 산업체 존속에 오히려 도움이 되기도 한다. 시장(市場)의 지역에만 한(限)한다면, 가격통제는 가격에 기초한 경쟁을 없애므로 카지노를 위해서 좋은 일이며, 통제가격은 시장가격을 상회(上廻)하게 한다. 이것은 고객에게는 최상의 분배(分配)를 받지 못하게 되므로 손해가 된다. 시장이 지방이나 나라 전체에 있다면, 가격통제는 고객이나 카지노 둘 다 손해를 보게 된다. 이러한 정책의 문제점은 신중한 고객은 고정된 승세(乘勢)를 좋아하지 않는다는 것이다. 그들은 더 나은 거래를 할 수 있는 카지노에 가고 싶어한다. 고객은 독점가격과 같은 통제가격체계에서만 이득(利得)을 얻을 수 있으며, 관련 법이 낮은 승세율을 위탁(委託)하지 않는다면 카지노는 열악한 승률(勝率)만을 공급할 수밖에 없다. 시장상황을 받아들이는데 있어서 융통성은 역시 비슷한 우려(anxiety)를 가지고 있다. 다시 말해서 카지노가 게임규칙의 변경·절차·혼합 그리고 새 게임의 소개에 있어 판단의 자유를 가지고 있는지, 만약 그러하다면 이 산업은 새로운 기술과 풍조(風潮)를 매우 빠르게 받아들일 수 있으며 사업이란 생존을 위해 더 나은 기회를 빠르게 적응시킬 수 있다.

제2장

일반적 경제학원리

경제란 무엇인가? (What is the economy?)

경제(經濟)란 경쟁적인 사용 속에서 부족한 자원을 배분하는 조직체로서 다음의 세 가지를 달성하는 데 목적이 있다. 첫째, 무엇을(what), 어떤 재화(good)나 용역(service)이 얼마만큼 생산될 것인가, 둘째, 어떻게(how), 여러 종류의 물건과 서비스가 생산될 것인가, 셋째, 누구를 위하여(for whom) 여러 가지의 재화와 서비스가 생산되어야 하는가, 이는 자본·자원의 희소성으로 인해 선택의 문제가 발생하는 것이며, 어떤 형태로든 풀어야 할 기본적인 경제문제이다.

1 경제학의 원칙

1 경제학 개요

경제학이란 경제현상을 연구하고 경제문제를 다루는 학문이다. 즉 개인이나 사회가 여러 가지 용도를 가지는 희소(稀少)한 자원을 선택적으로 사용하여 다양한 재화와 서비스를 생산·교환·분배·소비하는 과정에서 일어나는 경제현상을 연구대상으로 하는 학문이 경제학이다. 경제학의 학문체계는 전통적으로 경제이론,

경제사, 그리고 경제정책론의 세 분야로 분류된다.

경제이론은 분석도구를 이용하여 여러 가지 경제현상 사이에 존재하는 법칙을 규명하고 그 법칙을 이용하여 현재의 경제현상을 설명하거나 미래의 경제현상을 예측하는 분야이다.

경제사는 과거의 경제를 연구하는 분야이다. 경제이론이 규명하는 경제법칙들은 대부분 과거의 역사적 사실과 연관되어 있으므로 경제이론은 경제사의 도움을 통해 경제법칙들을 쉽게 규명·확인할 수 있다.

경제정책론은 어떤 경제상태가 바람직하며 그 바람직한 경제상태를 효율적으로 달성하기 위해서는 어떤 정책을 사용하는가를 다루는 분야로서 바람직한 경제상태는 사회구성원들이 최소한의 인간다운 삶을 영위하면서 시간이 지날수록 생활이 안정되고 향상되는 상태라고 정의할 수 있다. 이에 경제사와 경제이론은 경제정책론을 통하여 사회과학으로서의 실천적 융통성을 가지게 되며, 경제이론, 경제사, 경제정책론은 상호 밀접한 연관관계를 가진다.[27]

미시경제와 거시경제 모델

경제모델은 연구대상에 따라 두 가지 범주(category)로 구분되는데, 미시경제와 거시경제로 구분한다. 미시경제학(micro economics)은 각 개인의 가계와 기업의 의사결정, 시장(상품시장·요소시장)이 어떻게 움직이는지, 규제와 조세부과가 노동과 재화·용역의 배분에 어떻게 영향을 미치는지를 연구하는 것이며, 거시경제학(macro economics)은 국민경제의 전체적인 현상을 연구대상으로 총생산·총고용·총저축·총투자·물가·통화량·정부지출·조세이자율·환율·인플레이션·실업률·경제성장·국제수지 등의 경제활동의 결정에 관하여 연구하는 것이다. 미시경제의 문제점은 기술의 변화, 생산과 소비, 임금과 소득 등이고 거시경제의 문제점은 실업, 인플레이션, 빈부의 차이 등을 들 수 있다.

실증경제학과 규범경제학

경제학은 가치판단의 유무에 따라 실증경제학과 규범경제학으로 분류할 수 있다. 실증경제학(positive economics)은 경제현상을 '있는 사실' 그대로 분석하고 경

27) 최병길·김태보, 「관광경제학」, 백산출판사, 2009. p.51.

제현상 간에 존재하는 법칙을 발견하여 경제현상의 변화를 예측하는 학문으로 앞서 언급하였던 경제사와 경제이론은 실증경제학이라 지칭할 수 있으며, 규범경제학(normative economics)은 '바람직한 상태'를 설정하고 그 상태에 도달하기 위해서는 어떻게 해야 하는가를 다루는 경제학으로 경제정책론이 이에 속한다.[28] 오늘날의 경제학은 어떤 경제현상이 있고 왜 그런 현상이 있는가를 다루고 나서 그 다음으로 그 현상이 바람직한가? 더 바람직한 상태는 무엇인가를 연구하게 된다. 실증경제학의 바탕위에 규범경제학을 전개함으로써 양자가 융합되는 것이다.

- 인간의 선택과 상충관계

경제학에서 말하는 의사결정이란 한 목표를 위해서 다른 것은 포기해야 한다는 것을 말한다. 우리 속담에 "두 마리 토끼는 한꺼번에 잡을 수 없다"는 말이 있듯이 경제에서도 두 가지 모두를 한꺼번에 추구할 수 없다는 말로, 예를 들면, 인플레이션과 실업을 동시에 해결할 수 없다는 뜻이다. 다시 말하면 인플레이션을 해결하기 위해서는 실업률이 올라가는 것을 감수해야 하고, 반대로 실업을 줄이기 위해서는 인플레이션(inflation)을 감수해야 된다. 가계의 소득도 마찬가지로 현재의 소득이 정해져 있다면, 음식 값을 더 소비하려면 옷값의 소비를 줄여야 한다는 논리이다. 다른 예를 들면, 환경과 경제성장의 문제이다. 경제성장을 위하여 공장을 짓고 물건을 생산하다 보면 그만큼 공해가 발생하여 환경은 나빠져서 우리의 건강을 해치게 되는 것이다. 역설적으로 환경보전을 너무 생각하다보면 공장설립이라든가, 생산활동에 위축이 되어서 경제성장에는 지장을 주게 되는 것이다. 이와 같이 경제성장을 발전시키고 동시에 환경을 보존한다는 것은 매우 힘든 일이다.

경제학에서 당면하고 있는 문제는 효율성(efficenty)과 형평성(equity)의 문제이다. 효율성이란 제한된 희소자원으로부터 한 사회가 최대의 효과를 얻고자하는 속성이고 형평성이란 희소자원 활용의 혜택이 사회구성원에게 공정하게 분배되는 속성을 말한다. 다시 말하면 효율성은 파이(pie)의 크기를 어떻게 하면 크게 만드느냐 하는 문제이고, 형평성이란 이 파이가 어떻게 분배되느냐의 문제이다. 경제정책상 물론 파이도 크게 만들고 분배도 고르게 하면 최선의 정책(best policy)이 될 수도 있지만, 실제로 이 두 가지가 동시에 이루어지기는 힘들다. 예를 들어 정부에서 소득이 많은 사람한테서 세금을 많이 거둬서 가난한 사람들을 도와준다고 가정하면, 부자

---

28) 최병길 · 김태보, 「관광경제학」, 백산출판사, 2009. p.53.

들은 열심히 일할 의욕이 줄어 결국 파이의 크기도 줄어들게 할 것이다. 형평성(衡平性)을 위해서는 고소득자에게서 세금을 많이 거둬서 가난한 사람을 위한 각종 사회복지제도와 의료혜택제도를 만들면 고소득자들은 열심히 일하여 고소득을 올려도 세금을 많이 내야 하므로 조세(租稅)에 대한 저항감이 생겨 생산활동이 적극적이지 못한 바, 파이의 크기가 줄어드는 결과를 초래하게 될 수 있다. 이러한 문제들은 경제학적인 관점에서 경제적 논리로 풀어야 하지만, 경우에 따라 모순(矛盾)이 있을 수 없으며, 어느 경우에는 분석 그 자체만으로는 해결이 되지 않는다.

2 시장의 개념

일반적으로 시장(market)이란 사람들이 모든 물건을 사고파는 장소를 말한다. 그러나 경제학에서 말하는 시장이란 좀더 일반적인 의미를 가지고 있는데, 시장이란 물건을 사고팔며 매매를 촉진시키는 조절장치라고 할 수 있다. 예를 들면, 세계적인 오일(oil)시장은 모든 사람이 직접 만나서 오일을 사고파는 장소가 따로 있는 것이 아니라, 오일생산지, 오일사용자, 도매업자 또는 중개인들이 전화·팩스 또는 컴퓨터를 통해서 거래(去來)를 이루는 것 자체를 우리는 기존의 시장개념(concept)과는 다른 신규시장이라고 부른다.

시장에는 상품시장과 요소시장의 두 가지 형태로 구분하는데, 상품시장이란 재화(財貨)나 용역(用役)이 직접 사고팔리는 것, 즉 생산요소들이 사고팔리는 시장을 말한다. 여기서 생산요소란 경제에 있어서 생산자원을 말한다. 생산요소는 노동·땅·자본의 세 가지로 크게 구분된다. 여기에서 말하는 노동이란 지적인 힘과 육체적인 힘 모두를 말하고, 땅이란 모든 종류의 천연자원을 말하며, 자본이란 모든 장비·건물·가구 그리고 생산에 필요한 모든 제조품을 말한다. 여기에서 우리가 살펴본 상품(商品)시장과 요소(要素)시장은 미시적인 관점에서 분류하여 본 것이고, 거시적인 관점에서의 시장은 ① 생산물 시장, ② 노동시장, ③ 화폐시장, ④ 증권시장, ⑤ 외환시장, ⑥ 국제시장, ⑦ 보험시장 등 크게 7가지 형태의 시장으로 구분되며, 화폐시장은 국내 화폐시장과 외환시장으로 다시 구분된다. 이 7가지 시장에서 일어나는 현상만 제대로 분석 파악할 수 있으면 경제학의 기본이론을 바탕으로 하여 실물경제를 이해할 수 있을 것이다.[29)]

29) 안희배, 「시장경제론」, 2009, 백산출판사, p.46.

2 시장경제의 원리

1 시장경제의 정의

신문지상이나 매스컴(mass communications)에서 '시장경제'라는 용어를 많이 들어왔고, 경제는 시장에 맡겨야 한다는 이야기를 들은 적이 있다. 그렇다면 과연 시장경제란 무엇인가? 경제의 기본인 상품이 거래되기 위해서는 해당상품에 대한 수요(需要)와 공급(供給)이 존재, 또는 만나서 거래가 이루어질 수 있는 시장이 형성되어야 한다. 과거에는 시장이라고 하면 구체적인 지리적 장소를 나타냈지만, 이러한 지리적인 시장은 협의(狹義)의 시장이고, 광의(廣義)의 시장은 증권시장이나 노동시장, 전자상거래시장 모두 구체적인 지리적 시장은 아니지만 시장이라고 말할 수 있다. 모든 상품의 가격은 시장에서 상품에 대한 수요와 공급에 의해서 결정되며, 수요와 공급의 변화에 의해서 가격도 변화되고, 이를 규제로 인해 가격이 통제된다면 진정한 시장경제라고 말할 수 없다.

영국의 경제학자 아담 스미스(Adam Smith)는 상품의 가격은 시장에서 "보이지 않는 손(invisible hand)"에 의해서 결정되어진다고 하였다. 시장경제란 수요와 공급에 있어서 외부적인 물리적 힘이 작용되면 안 되고 각 소비자와 생산자가 시장의 수요와 공급에 맞춰서 수급량을 조절하여 가격이 결정되어져야 되는 기본적인 논리(論理)를 갖고 있다. 그러나 시장에만 맡겨서 효율적이지 않은 것이 있으며, 이러한 현상이 시장의 실패이다. 이러한 경우 정부가 시장을 대신해서 개입(介入)을 할 수가 있다. 시장의 실패(market failure)는 시장이 너무 독점적으로 형성되거나 외부 비경제성이 존재하는 경우로서 정부가 개입하는 것이 오히려 효율적이기 때문이다. 어떤 경제학자는 정부는 국방·치안·외교·공공재 공급 이외에는 개입하지 않고, 나머지 모두는 개인이나 민간기업에 맡겨서 시장에서 자율적으로 이루어지는 것이 효율적이며, 이것이 바로 시장경제라고 말하는 사람들이 있다.

2 시장경제의 체제

시장경제가 이루어지기 위해서는 전제조건이 충족되어져야 한다. 먼저 소유권(property right)이 인정되어져야 되며, 국내나 국제적으로 교환, 무역이 자유로워져서 교환에 대한 상품특화가 이루어져야 한다. 그리고 시장경제가 건실하게 작용되기 위해서는 중앙집권적 의사결정이 아닌 개별주체별의 분산된 의사결정이 이루어져야 된다. 개인 또는 기업의 노력에 대한 인센티브 제도가 선행되어져야 한다.

경제체제는 기본적으로 중앙집권적 계획경제(centrally planned economics)와 시장경제(market economy)로 나눌 수 있는데, 전자(前者)는 과거 공산국가들이 도입했던 체제로서 소유권을 인정하지 않고 국가가 기업을 소유하며, 재화의 생산결정과 자원의 분배는 국가의 생산위원회가 결정하고, 소비자들은 무엇을 구매할 것인가에 대한 선택은 있지만, 선택의 폭이나 생산량은 이미 정해진 상태이기 때문에 제한될 수밖에 없다. 후자(後者)는 소유권을 인정하는 체제로서 생산의 동기는 이윤에 있고, 구매욕구가 수요로서 표현되며 수요가 있을 때 생산하게 되는 것이다. 또한 수많은 기업과 가계들이 모두 의사결정에 참여하며, 시장에서는 가격과 개인적 이윤이 그들의 의사결정을 좌우하게 된다. 오늘날 대부분의 국가는 자유경쟁시장을 표방하고 있지만, 일부는 혼합경제체제(mixed economic system)를 유지하는 경향이 있다. 이는 자유시장경제체제 하에서 계획경제 요소를 일부분 포함시킨 경우로 사기업은 인정되지만 생산과 소비가 몇몇 공기업에 의해 영향을 받게 되며, 세금이나 정부의 지출에 의해 소비자들의 소비가 결정되는 것이다.

- 소유권의 인정여부

자본주의제도와 사회주의제도의 차이점은 자원(資源)이나 재산(財産)의 개인소유권을 인정하느냐 안하느냐에 달려 있다. 시장경제제도 하에서도 공공재와 같은 경우 개인소유권을 인정하지 않고 있고, 사회주의제도 하에서도 사소한 개인소지품은 소유권을 인정하고는 있으나, 경제생산의 주체가 되는 자원이나 재산의 개인소유권을 인정하느냐 안하느냐에 달려 있다. 최종적인 결과의 문제는 소유권을 인정하는 것이 파이(pie)를 키워서 분배측면에도 아울러 효과가 있는지 없는지의 문제이다.

• 분산된 의사결정

인간은 합리적(rational)이기 때문에 현명한 의사결정을 한다고 하지만, 개인에 따라 차이는 있다고 할 수 있다. 예를 들면 소비에 있어서도 충동소비형태가 있기 때문이다. 경제주체 간에도 의사결정이 필요하다. 소비자, 기업, 정부 등의 경제주체들이 자유롭게 의사결정이 이루어져야지, 중앙집권적인 의사결정에 의한 통제된 경제행위는 경제활동의 효율성을 저해한다. 자원배분에 있어서도 각 경제주체들이 자유롭게 어떠한 의사결정이 효율적인지 판단하는 것이 최상의 의사결정이라고 할 수 있다.

3 경제순환모델

시장경제가 어떻게 작동되는지를 이해하기 위해서, [그림 2-1]과 같이 경제의 과정을 표현하여 경제순환모형(circular flow model)을 설계하여 살펴보면, 이 모형에서는 경제에 가계(家計)와 기업(企業)이라는 두 종류의 의사결정자가 존재한다. 가계를 구성하고 있는 사람들은 두 가지 방법으로 소득을 얻는다. 즉 노동을 팔거나 자산(자본 · 토지 또는 자연자원)을 임대해줌으로써 소득이 발생한다. 가계가 소유하고 있는 생산자원(토지 · 노동 · 자본)은 생산자원시장에서 기업에 판매되고, 기업은 생산자원을 구매한 대가로 가계에 지대, 임금, 이자를 지급함으로써 돈의 흐름을 발생한다.

기업은 가계부문으로서 제공한 생산자원을 이용하여 사람들이 필요한 재화와 서비스를 생산한다. 기업이 생산한 재화와 서비스는 결국 가계부문에서 구매가 이루어지고 가계는 구매대가로 돈을 지급해야 한다. 즉 생산자원의 판매대가로 얻은 소득을 재화와 서비스를 구매하는 데 사용한다. 기업으로부터 가계로 전달되는 재화와 서비스의 흐름은 결국 돈의 흐름과 일치하게 된다. 생산요소시장과 생산물시장을 같이 묶어 놓으면 경제의 순환모형이 되고, 이 모델(model)은 가계와 기업사이의 돈의 흐름과 생산요소시장과 생산물시장의 상호관계를 시장경제에서 보여주고 있다.

소득(income)과 가격(price) 사이의 관계는 개인 및 사회의 생활수준을 결정하게 되며, 재화와 서비스의 가격은 계속 변동(fluctuate)이 이루어진다. 만약 재화와 서

비스의 가격이 가계수입보다 상대적으로 낮아진다면 가계의 생활수준은 높아지게 된다. 즉 재화와 서비스의 가격보다 임금 증가율이 높아진다면 생활수준이 올라가는 것이다. [그림 2-1]에서처럼 생산요소시장과 생산물시장은 상호의존적이다. 가격과 구매량에 대한 가계의 선택은 기업의 판매량 또는 재고량에 영향을 미치게 된다. 이처럼 경제순환모델은 생산요소 및 생산물시장에서의 화폐 및 실물교환을 보여주는 것이다.

경제학에서 시장이란 생산물과 생산요소가 교환되고 거래되는 것을 의미하는데, 가계와 기업은 다른 두 시장에서 서로 만나게 된다. 생산물시장 즉 재화와 서비스가 거래되는 시장에서는 가계가 구입자가 되고, 기업이 판매자가 된다. 반대로 생산요소시장에서는 가계가 판매자가 되고, 기업이 구매자가 되는 것으로 순환모형의 외부순환은 가계와 기업 간에 이루어지는 재화와 서비스의 흐름을 나타내며, 가계는 소유하고 있는 노동, 토지, 자본을 생산요소시장에서 기업에게 판매한다. 그리고 기업은 이 요소(要素)들을 투입하여 산출물을 생산(生産)하고, 이 산출물은 재화(goods)와 서비스(service)시장을 통해 가계에 판매된다. 생산요소는 가계로부터 기업으로 흐르고, 재화와 서비스는 기업으로부터 가계로 흐르는 것이다.

[그림 2-1] 경제의 순환모형

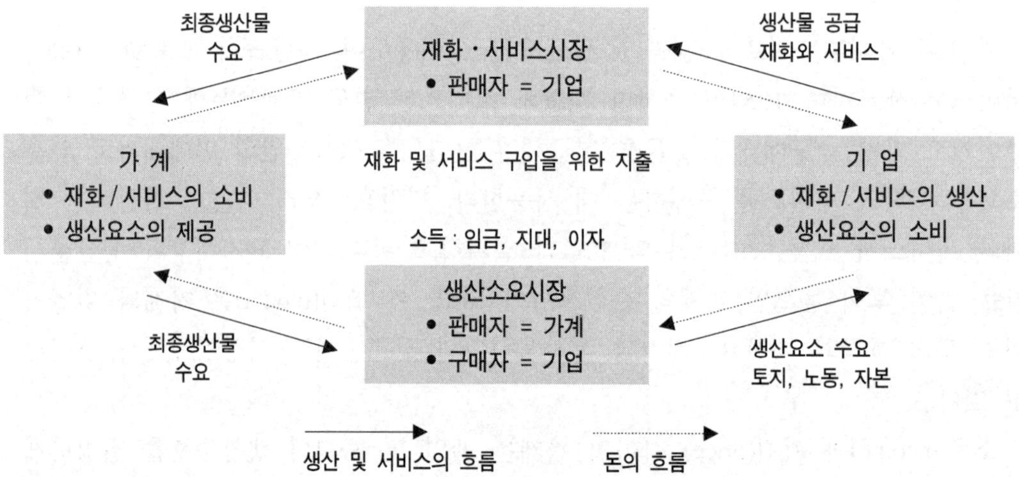

자료 : 최병길・김태보, 「광광경제학」의 '경제의 순환모형', 2009, 백산출판사. p.62.

위 순환모형의 내부순환은 외부순환에 상응하는 돈의 흐름을 나타낸다. 가계는 기업으로부터 재화와 용역을 구입하기 위해 돈을 지급한다. 기업은 이 돈의 일부를 임금 등 생산요소의 사용에 대한 대가로 지급한다. 그리고 남은 돈은 기업주의 이윤이 된다. 이 기업주들도 마찬가지로 가계이다. 따라서 재화와 서비스에 대한 지출은 가계로부터 기업으로 흐르고, 이 지출이 다시 임금과 지대, 이윤형태의 소득으로 바뀌어 기업으로부터 가계로 흐르는 것이다.[30)]

3 수요와 공급의 원리

모든 경제활동은 시장에서 이루어진다. 거시경제적관점에서 시장의 구분은 크게 생산물시장, 노동시장, 화폐시장, 증권시장, 국제시장, 보험시장, 외환시장으로 7개의 시장으로 구분되고, 증권시장은 다시 주식시장과 채권시장으로 구분해서 설명할 수 있다. 우리 경제인구는 매일매일 이 7가지의 큰 시장을 상대하며 살아간다고 할 수 있다. 그러므로 각 시장에서의 역할과 작용이 무엇인지 이해하면 우리가 경제활동을 영위하면서 살아나가는데 매우 도움이 되며, 생활경제에서 우리가 알아야 할 것이 무엇인지 알 수 있을 것이다. 우선 시장이 형성되기 위해서는 모든 시장이 똑같이 수요(demand)와 공급(supply)이 존재하여야 한다. 시장의 개념은 수요와 공급이 서로 다른 위치에 존재하면서 시장이 형성되는 경우도 있다.

1 수요의 원리

수요의 원리란 동일한 조건에서 물건의 가격이 올라가면, 그 물건의 수요량은 감소한다는 원리이다. 수요량이란 것은 특정한 주어진 기간 내의 정해진 가격하에서 물건이나 서비스를 소비자가 구매하는 양(量)을 뜻한다. 재화와 용역에 대한 사람들의 욕구는 무한하지만, 자원의 양은 희소하다. 그래서 수요량이란 것도 반드시 실제로 구매한 양과 같지 않아, 수요량보다 크거나 적은 경우도 있다. 수요량은 반

30) 최병길 · 김태보, 전게서, pp.61~63.

드시 일정하게 주어진 시간 내에서 측정된 양을 말한다.

수요량을 결정하는 요인

소비자가 어떤 특정제품을 구매하려는 양은 여러 요인에 의하여 결정되는데, 주요 원인은 ① 그 제품의 가격, ② 그 제품과 관련된 제품의 가격(대체재, 보완재), ③ 소득, ④ 장래에 예상되는 그 제품의 가격, ⑤ 인구, ⑥ 선호도 등을 들 수 있으며, 소비자들은 구매하려고 하는 제품이 오르면, 그 제품에 대한 수요량은 줄어들 것이며, 관련 제품의 가격변동에 따라 구매량이 변할 것이다. 예를 들면, 어떤 소비자가 커피를 구매하려는 경우, 커피와 관련된 제품 즉 크림·설탕 또는 녹차의 가격 등이 변동하면, 커피구매량이 증가·감소의 현상이 나타날 것이다. 여기에서 크림·설탕은 커피에 대한 보완재라 하고, 커피를 대신할 수 있는 녹차같은 제품을 대체재라고 하며, 보완재와 대체재를 그 제품의 관련재라고 한다. 또한 소득의 증감에 따라 어떤 제품의 수요량도 증감할 수 있지만, 소득이 증가했다고 해서 그 제품의 수요량이 늘어나는 것은 아니다. 보통 정상재의 경우는 소득이 늘어나면 구매량이 늘어나지만, 열등재의 경우는 소득이 증가함에도 불구하고 그 제품의 구매량은 줄어든다. 수요의 법칙(法則)은 그 제품의 가격이 변하였을 때 수요량의 변화를 말하는데, 이 경우 다른 조건 즉 그 제품의 관계재의 가격, 소득, 장래에 예상되는 가격, 인구와 선호도는 전과 동일한 상태에 있다고 조건을 주는 것이다. 이는 수요량이 변한다고 하지 않고 수요 자체가 변한다고 하므로 수요량의 변화와 수요의 변화는 구분되어야 한다.

수요자체의 변화

- 관련재의 가격

소비자가 구매하려는 양(量)은 제품가격 자체에만 의존하지 않는다. 부분적으로는 관련재의 가격변화에 따라 제품의 수요가 바뀔 수 있다. 앞에서 설명하였듯이 관련재에는 대체재와 보완재 두 가지가 있다. 예를 들어, 커피와 설탕은 보완재이므로 서로 재화가 함께 소비될 때 효용이 더욱 커지는 두 재화를 말한다. 만약 커피의 가격이 올라가면 커피의 수요량은 물론 감소하지만, 설탕의 수요량도 따라서 줄어든다. 따라서 대체재의 경우, 커피의 가격이 올라가면 상대적으로 녹차의 수요량은 늘어날 것이다. 이와 같이 관련재의 가격상승과 하락은 다른 관련재의 수요를 변화시킨다.

• 소득

수요변화의 다른 요소는 소비자의 소득이다. 다른 조건이 변하지 않는다고 가정할 때 소비자의 소득이 증가하면 소비자는 재화를 더 많이 구입한다. 저소득층의 소비자는 대부분의 제품을 적게 구입하며, 부자인 사람은 의식주에 필요한 재화와 여가에 필요한 재화나 서비스를 가난한 사람보다는 더 많이 소비한다. 대부분의 경우 소득의 증가는 수요의 증가를 가져오지만, 모든 경우에 반드시 그렇지는 않다. 소득의 증가로 인하여 수요량이 늘어나는 재화를 정상재(正常財)라고 하고 소득이 늘어남으로 인하여 수요량이 감소하는 재화를 열등재(劣等財)라고 한다.

• 예상가격

만약 어떤 재화의 가격이 오를 것으로 예상되면, 현재 재화를 많이 구입하고 장래에는 적게 구입하려고 하는 것이 소비자로서는 합리적인 구매행동이다. 반대로 장래에 어떤 제품의 가격이 하락할 것이 예상되면 현재의 구매량은 줄이고 장래의 구매량을 증가(increase)시키려 할 것이다. 그러므로 어떤 재화의 장래예상가격이 높을수록 그 재화의 현재 수요량은 증가할 것이다.

• 인구

수요는 또한 인구(population)의 크기에 달려 있다. 동일한 모든 조건에서 인구가 늘어나면, 모든 재화와 용역에 대한 수요는 증가하며, 인구가 감소하면 모든 재화의 수요도 감소(decrease)한다.

• 선호도

수요는 선호성(選好性)에 달려 있다. 선호성이란 재화와 용역에 대한 개개인의 태도이다. 예를 들면, 팝송을 좋아하는 사람은 테니스를 좋아하는 사람보다 테이프(tapes)를 더 좋아하므로 그 결과 두 사람이 비록 소득이 같다 할지라도 그들의 테이프에 대한 수요는 크게 다를 것이다. 선호도는 직접 관찰될 수는 없다. 어떤 재화의 현재 가격은 측정할 수 있고, 그 재화의 관련재에 대한 가격도 측정이 가능하며, 사람들의 소득이나 인구수도 측정할 수 있음은 물론 예상가격의 측정도 가능하지만, 사람들의 선호성은 측정할 수 없다. 그러나 일부 경제학자들은 선호성의 변화는 매우 천천히 나타나기 때문에 선호도가 수용에 미치는 영향은 크지 않다고 가정한다.

2 공급의 원리

공급(供給)의 원리란 재화의 가격이 올라가면 재화의 공급량이 증가하는 것을 의미한다. 여기서 공급량이란 생산자가 특정가격으로 주어진 기간 내에 팔려고 한 양(量)을 나타낸다. 공급량이란 어떤 회사가 얼마만큼 팔기를 원하는 양이 아니라 실제로 얼마만큼 팔려고 하는 양이다. 그러나 공급량은 항상 판매된 양과 일치하는 것은 아니다. 만약 소비자가 생산자의 판매계획량만큼 사지 않는다면, 생산자의 판매계획은 좌절될 것이다.

판매계획을 결정하는 요인

기업이 특정재화와 용역을 팔려고 계획하는 양은 여러 요소(factor)에 의하여 결정되는데 그 주요 요소는 ① 그 재화 자체의 가격, ② 생산요소의 가격, ③ 그 재화와 관련된 재화의 가격, ④ 예상되는 미래가격, ⑤ 공급자의 수, ⑥ 기술수준 등을 들 수 있다. 공급계획이란 각기 다른 가격에서 기업이 판매계획을 세우는데, 다른 영향이 일정하다면 그때 대응하는 공급량을 뜻하며, 여기에서 언급한 다른 영향이란 다른 재화의 가격, 생산요소의 가격, 예상가격과 기술수준이 전과 동일하다고 가정하는 것이다.

공급의 변화

- **생산요소가격**

  생산요소가격이 상승하면 공급자는 공급을 줄이려고 한다. 왜냐하면 생산요소가격의 상승은 제조원가의 상승을 가져오므로 제품을 생산하는데 있어서 생산비용이 증가하므로 공급을 줄이려 할 것이다. 여기에서 말하는 생산요소가 적은 임금, 생산설비의 가격, 기타 모든 자본재 가격을 나타낸다.

- **관련재화의 가격**

  어떤 재화의 공급은 관련재화의 가격에 의하여 영향을 받는다. 관련재란 생산에 있어서 대체재와 생산에 있어서의 보완재를 나타낸다. 예를 들어, 현대자동차 회사에서 자가용차와 트럭을 생산한다고 할 때 자가용차의 생산량은 트럭의 가격에 따라서 바뀔 수 있고 트럭의 생산량은 자가용차의 가격에 따라 바뀔 수 있다. 여기에서 트럭과 자가용은 생산하는 생산자 입장에서 보면 대체재이다. 그러므로 트럭의 가격이 올라가면 자가용의 공급은 줄어들 것이다. 생산에 있어서의 보완재의 예를 들면, 어부가 바다에서 고기를 잡을 때 꽁치와 고등어의 공급은 따라서 증가할 것이다.

- **예상가격**

  만약에 어떤 재화의 가격이 장래에 올라갈 것으로 예상되었다면, 지금은 조금 팔고 나중에 많이 팔려고 할 것이다. 마찬가지로 재화의 가격이 하락할 것으로 예상되면 현재의 공급을 늘리고 장래의 공급을 줄이려고 하는 것이 생산자 또는 공급자의 일반적인 생각이다. 그러므로 다른 조건이 일정하다면 어떤 재화의 장래 예상가격이 높아지면 그 재화의 현재 공급은 줄어들 것이다.

• 공급자의 수

다른 조건이 일정하다면, 재화를 공급하는 기업의 수가 많을수록 공급은 증가할 것이다.

• 기술수준

새로운 기술이 개발되면 생산원가가 절약되므로 더 많은 공급이 생겨날 것이다. 예를 들어, 삼성전자에서 TV를 생산하는데 새로운 기술이 개발되어서 생산원가를 절감할 수 있다면 삼성전자는 주어진 자금으로 더 많은 TV를 생산할 것이다.

3 가격의 결정

가격이란 무엇인가

지금까지 어떤 재화(goods)의 가격(price)이 상승하면 수요량은 줄어들고 공급량은 늘어나는 것을 알아보았다. 이러한 수요・공급의 원리를 이용하여 어떻게 가격 조정이 판매자와 구매자의 선택을 조화시킬 수 있는지에 대해서는 경제적 논리가 필요한 부분이다. 만약 가격이 너무 높으면 공급량이 수요량을 초과할 것이며, 가격이 너무 낮으면 수요량은 공급량을 초과한다. 공급량과 수요량이 일치하는 곳에서 오직 하나의 가격이 존재한다. 이와 같이 수요량과 공급량이 일치될 때의 가격을 균형가격이라고 말하며, 균형가격에서의 수요량・공급량을 균형수량이라고 부른다. 시장에서는 이러한 수요량과 공급량을 일치하도록 하고 가격의 움직임이 나타나는 자연스러운 힘이 생긴다. 이러한 자연적인 힘이란 아담 스미스(A. Smith)가 주장한 바 있는 '보이지 않는 손'에 의한 힘을 말한다.

가격의 기능[31)]

시장경제에서는 거의 모든 재화와 서비스가 시장에서 거래된다. 시장(市場)이란 사람들이 상품을 사고팔게 해주는 매개체이다. 시장이 지리적인 장소에만 국한되는 것은 아니므로 신경제(新經濟)에서는 인터넷 세상을 통해 사이버 마켓(cyber market)이 형성되며, 어떤 상품의 가격이란 그 상품 1단위(unit)와 교환되는 화폐액을 말한다. 시장경제에서 가격은 두 가지 기능을 한다. 첫째, 가격은 생산 및 소비활동의 지표

---

31) 최병길・김태보, 전게서, pp.63~64.

(indicator)이다. 어떤 재화나 서비스의 가격이 형성되어 있다면 이에 따라 공급자는 얼마만큼 재화나 서비스를 생산할 것인지를 결정하게 된다. 또 그 가격이 오랫동안 유지된다고 생각하면 앞으로 계속해서 해당 재화나 서비스의 공급을 계속할 것인지를 결정해야 한다. 소비자 입장에서도 해당 재화나 서비스의 가격이 적정하다고 판단하면 구매할 것이고, 앞으로 가격이 하락(下落)될 것으로 생각하는 소비자는 구매를 하지 않을 것이다. 이처럼 시장가격(market price)은 생산 및 소비활동을 하는데 유용한 신호를 보내주거나 인센티브(incentive)를 마련해 준다는 점에서 경제활동의 지표(指標)가 된다.

이와 같은 논리(logic)로 가격은 누가 어떤 재화를 얼마나 생산할지를 결정한다. 예를 들어, 누가 농사를 지어야 하고, 누가 카지노 호텔에서 일을 해야 하는지는 어떻게 결정되는가? 식량은 없어서는 안 될 재화(財貨)이기 때문에 누군가가 필요한 만큼의 식량을 생산해야 한다. 그렇다면 어떤 사람이 농부가 되어야 하는지는 시장이 결정하는 것이다. 자유시장경제에서는 정부가 이런 결정을 하거나 적정한 양(量)의 식량공급을 계획하지는 않는다. 누가 농장에서 일할지는 수많은 근로자의 직업선택에 의해 결정되는 것이다. 모든 사람이 직업선택에 대한 의사결정은 가격을 기초로 시장에서 훌륭하게 작동하는 것이다. 식량가격과 농업부문 임금의 변동을 통해 충분한 수의 근로자가 카지노 호텔에서 일하도록 조직되는 것이다.

경제는 서로 연관된 행위에 종사하는 여러 부류의 개인으로 구성되어 있다. 그렇다면 이들의 분권화된 의사결정이 혼란을 야기하지 않도록 하는 장치는 무엇인가? 무엇이 능력과 욕구가 다른 수많은 사람들의 행동을 조정하는가? 실행되어야 할 일을 실제로 실행하도록 만드는 것은 무엇인가? 그 답은 가격기능(price functional)에 의한 것이다. 둘째, 가격은 자율적인 배급(rationing)의 기능을 가진다. 예를 들어, 항공좌석의 일일공급량이 이를 원하는 승객의 수요가 훨씬 많다면 부족한 항공좌석의 배분을 어떻게 해야할지의 문제가 발생한다. 만약 항공권이 자유롭게 시장에서 거래가 된다면 목적지에 꼭 가야 하는 사람은 비싼 가격을 치르고라도 항공권을 구입하기를 원하게 된다. 이는 유명한 경기시합이나 콘서트의 경우 입장하고자 하는 사람이 수용인원보다 더 많다면 암표가 등장하는 것을 볼 수 있다.

이처럼 가격은 인위적(人爲的)인 간섭없이도 해당상품을 꼭 필요로 하는 사람에게 배급해주는 기능을 수행한다. 따라서 시장은 경제활동을 조직하는 좋은 수단이다. 어느 경제체제에서든지 희소성(稀少性)있는 자원은 경쟁관계에 있는 여러 용도(用途) 사이에 배분되어야 한다. 시장경제는 수요・공급에 의해 자원배분의 문제를 해결한다. 수요와 공급은 경제에서 생산되는 많은 재화와 서비스의 가격을 결정하고 결정된 가격은 다시 자원을 배분하는 신호가 된다. 예를 들어, 어느 지역의 해변에 위치한 토지를 어떻게 배분할 것인지를 생각해보면, 해변에 있는 토지의 양(量)은 제한되어 있으므로 누구나 해변에 사는 즐거움을 누릴 수는 없다. 그렇다면 누가 이 자원을 사용하게 될 것인가? 누구든지 더 높은 가격을 지급하려는 사람이 해변의 토지를 차지할 것이다. 해변에 위치한 토지의 가격은 이 토지에 대한 수요와 공급이 일치할 때까지 조정된다. 이와 같이 시장경제에서 가격은 희소성있는 자원을 배분하는 장치가 된다.

4 탄력성과 응용

미시경제학(micro economics)에서 중요한 개념(concep) 중의 하나가 탄력성에 대한 개념이다. 탄력성(彈力性)이란 말 그대로 고무줄이 늘어나듯이 증가하는 개념이다. 고무줄이 늘어난다는 것은 힘을 주니까 늘어난다는 것이다. 다시 말하면, 한쪽에 힘을 주었을 때, 다른 쪽이 어떻게 변하는지 알아보는 것이다. 수요・공급에 있어서 탄력성이란 어느 요인이 변화했을 때 수요량과 공급량이 어떻게 반응하는가를 나타낸 것이다. 한 예로, 우리가 탄력성 개념을 중요시하는 이유로써, 어떤 사람이 중국집을 운영한다고 하자. 이때 종전보다 수입을 늘리기 위하여 자장면 값을 인상하려고 할 때, 자장면 값 인상으로 인하여 종전보다 그 집의 총수입이 증가할지 감소할지 현재의 상태로는 모른다. 여기에서 총수입이 증가할지 감소할지 알 수 있는 방법이 바로 탄력성에 대한 개념을 알아야 한다. 수요의 원리에 의하여 자장면값을 인상하면 자장면 수요는 줄어들게 된다. 여기에서 총수입은 가격×수량이다. 그러므로 자장면값의 인상분(기존의 가격에 대한 인상변화율)이 수요량 감소분(자장면값 인상분에 대한 자장면 수요의 감소변화율)에 얼마만큼의 영향을 미치느냐에 따라서 총수입이 종전보다 증가할 수도 있고 감소할 수도 있다.

또 다른 예를 들면, 석유수출국기구(OPEC)는 석유수출에 의한 수입을 증가시키기 위해서 어떤 때는 석유수출 가격을 높일 때도 있고 내릴 때도 있다. 반드시 가격을 올려야 수입이 느는 것도 아니고 반드시 가격을 내려야 수입이 증가하는 것은 아니다. 이것을 결정짓는 요인(要因)이 바로 그 물건에 대한 탄력성이다. 수요

(demand)에 대한 가격탄력성이 큰 제품이라고 할 때, 이 제품에 대한 수입을 증가시키기 위하여 가격을 인상시키면 오히려 종전보다 총수입을 감소시키는 결과를 초래하게 될 것이다.

수요의 가격탄력성과 결정요인들

수요의 가격탄력성이란 위에서도 설명하였듯이 어떤 제품의 가격이 종전 가격을 기준으로 인상되든, 인하되든 얼마만큼 변화하였을 때 그 제품에 대한 수요량이 종전에 비하여 얼마만큼 변화되는가를 알아보는 것이다. 이때 이 제품의 가격변화에 비하여 수요량 변화가 크게 나타나면 이 제품은 수요에 대한 가격이 탄력적이라 하고, 반대로 가격변화에 대하여 수요량 변화가 작으면 수요에 대한 가격이 비탄력적이라고 한다. 그래서 어떤 제품이 수요에 대한 가격이 탄력적이냐, 비탄력적이냐에 따라서 수입에 미치는 영향이 다르게 나타난다. 그러면 이렇게 어떤 제품을 탄력적으로 또는 비탄력적으로 만드는 요인 중에 무엇이 있는지 알아보기로 한다.

- 생활필수품 대 사치품

필수품은 가격에 대하여 비탄력적인데 비하여 사치성 제품은 가격에 대하여 비교적 탄력적이다. 예를 들면, 쌀·밀가루 같은 것은 필수 음식이기 때문에 가격이 조금 오르거나 내려도 수요량은 거의 변화가 없을 것이다. 그러나 생활필수품이 아닌 사치품은 가격이 오르면 수요량이 급격히 줄어들 것이다. 그렇지만 아주 부유층 사람들에게는 웬만한 사치품조차 비탄력적일 수도 있다. 그러므로 수요에 대한 가격탄력성은 많은 경제적·사회적·심리적 요인들에 의하여 좌우될 수 있다.

- 대체재의 가능성

어떤 제품이 대체가능성이 큰 제품을 갖고 있다면, 그 제품에 대한 탄력성은 비교적 크다고 할 수 있다. 왜냐하면 대체재가 있는 한 제품의 가격이 오르면, 소비형태를 대체재(代替財)로 바꾸고, 그 제품의 소비(消費)를 상당히 줄이려고 할 것이다. 반면에 대체재가 없는 상품일수록 수요의 가격탄력성이 비교적 약하게 작용된다. 예를 들어, 커피와 녹차가 서로 대체재라고 한다면, 커피가격의 상승은 커피 수요량을 급격히 감소시킬 것이다. 왜냐하면 커피가격이 오르면 커피수요자들은 커피 수요 대신 녹차로 수요(需要)를 바꿈으로서 커피의 수요량은 현저하게 감소하게 됨으로 커피는 수요에 대한 가격탄력성이 크다고 할 수 있다. 대체재도 대체성이 얼마나 큰가에 따라 가격탄력성이 다르게 나타날 수 있다.

- 단 · 장기적 시간차

어떤 제품의 가격탄력성은 기간에 따라 다를 수 있으며, 일반적으로 시간이 길면 길수록 수요에 대한 가격탄력성은 크다고 할 수 있다. 왜냐하면 사람들은 시간이 지남에 따라 가격이 오른 제품에 대하여 대응 또는 적응할 수 있는 여유가 생기므로 장기적이 단기적인 경우보다 수요에 대한 가격탄력성이 크다고 할 수 있다. 예를 들어, 돼지고기 가격이 올라가면 처음에는 돼지수요량이 얼마만큼 줄어들지만, 시간이 지날수록 돼지고기를 대체할 수 있는 쇠고기, 닭고기의 공급량이 증가함으로써 돼지고기에 대한 수요량은 시간이 지남에 따라 더욱 더 줄어들 것이다.

4 노동 / 증권 / 외환시장의 개요

시장(market)의 종류로는 크게 생산물 시장, 노동시장, 증권시장, 화폐시장, 외환시장, 국제시장, 보험시장으로 구분할 수 있고 증권시장은 다시 주식시장과 채권시장으로 나누어지며, 국제시장이란 국제무역시장을 뜻한다. 우리가 실물경제를 이해하기 위해서는 이러한 시장에서 일어나는 경제적인 현상이 무엇이며 서로 어떠한 연관성이 있고, 경제적인 효과가 무엇인지 살펴보면 된다. 어느 시장이던 수요자와 공급자가 있고 상품이 존재하며 수요와 공급의 원리에 의하여 가격이 형성되어진다. 본장(章)에서는 카지노 시장과 어떠한 연관성이 있는지 알아보기 위해 노동 · 증권 · 외환시장의 개요만 살펴보기로 한다.

1 노동시장[32]

생산요소시장

노동시장(勞動市場) 역시 생산물시장에서와 마찬가지로 노동(labor)의 수요와 공급에 의하여 생산물시장에서의 가격인 임금(wage)이 결정된다. 노동의 공급자는 일반개인이며 노동의 수요자는 정부 및 기업이다. 수많은 노동공급자와 노동수요자가 존재하므로 노동시장도 일종의 경쟁시장(competitive market)이라고 할 수 있다. 생산활동에서 노동, 자본, 토지 등이 중요한 생산요소이다. 노동자들은 임금과 또는 부수적인 경제효과로 소득을 구성하고 있다. 대부분의 사람들은 이렇게 임금과 부수적인 경제편익으로 소득을 구성하지만, 그 외의 사람들은 땅을 소유하거나 자본을 소유하여 이익 또는 이자 등으로 소득을 올리는 사람들도 있다. 그러면 어떤 사람은 다른 사람보다 임금이 높으며, 어떤 자본을 갖고 있는 사람은 왜 다른 자본을 가진 사람보다 이익이나 이자를 더 발생하는지 궁금할 수 있다. 또한 컴퓨터나 전자업종에 종사하는 사람이 다른 3D 업종에 종사하는 사람보다 임금(賃金)이 높은지 살펴보면, 이에 대한 답은 다른 시장에서와 마찬가지로 노동의 수요와 공급에 의하여 결정되기 때문이다.

노동시장의 균형

노동시장의 균형은 노동시장의 수요와 공급에 의하여 균형임금과 균형고용량이 결정되어지는 것을 말한다. [그림 4-1]은 노동시장에서 균형임금과 균형노동량이 노동의 수요와 공급에 의하여 결정되어지는 것을 보여준다. 노동시장이 균형상태에 있게 되면 개별기업은 균형가격 하에서 이윤이 발생되는 한 많은 양의 노동력을 고용하려고 할 것이다. 각 기업은 이윤을 극대화하기 위하여 시장임금이 한계생산물 가치가 같아지는 포인트까지 노동량을 증가하려고 할 것이다. 일단 노동시장에서 노동의 수요와 공급이 균형(equilibrium)상태에 이르면 임금과 노동의 한계생산물 가치는 일치하게 된다. 그러므로 노동시장에서 수요와 공급의 변화가 생기면 그에 따라 임금과 한계생산물 가치는 똑같은 양만큼 변하게 된다.

---

32) 안희배, 전게서, '노동시장', '증권시장', '외환시장' 부분 인용, pp.127~151.

[그림 4-1] 경제의 순환모형

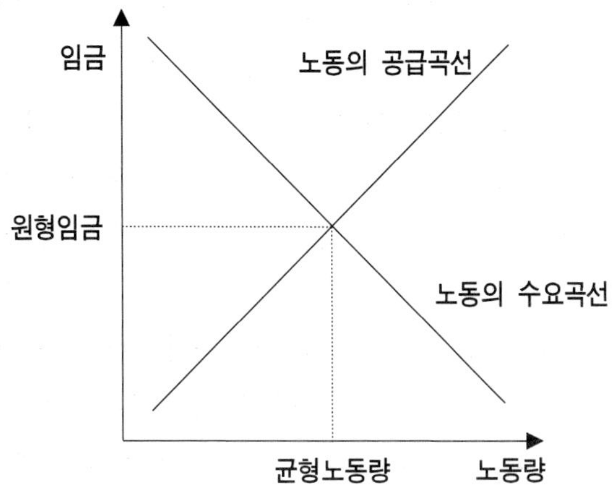

임금과 차별

임금(earnings)문제에 접근하여 유명한 운동선수, 의사 또는 공장근로자 사이에 임금격차가 어떻게 나타나는지 살펴볼 필요가 있다. 임금차이로 인하여 어떤 사람은 큰 저택에 고급스러운 차를 타고 여가를 즐기며 생활하는 반면, 임금이 낮은 사람들은 매일매일 살아가기가 매우 힘든 상태이다. 우리나라가 IMF관리체제 하에 있던 시기에는 임금이나 소득격차 즉 빈부격차가 더욱 심하게 나타나서 중산층이 무너져가는 결과가 나타났다. 바람직한 소득계층구조는 중산층이 대다수를 이루는 '항아리형' 소득구조를 형성해야 함에도 불구하고, 소득격차로 인한 빈부격차가 심해져서 소득계층구조가 중산층이 줄어드는 '장구형'의 형태를 나타낸다.

신고전파 이론에 의하면 임금(賃金)은 노동시장에서 노동의 수요와 공급에 의하여 결정되며 노동의 수요는 한계생산성을 나타낸다. 노동시장의 균형상태에서 노동자들은 자기가 재화와 용역을 생산하는데 기여한 만큼 임금을 받는다.

소득분배

- 소득분배의 원칙

소득(income)은 원칙적으로 공정하고 형평성있게 분배(distribution)되는 것이 가장 바람직한 형태이지만, 이를 어떻게 시행하느냐가 최대 관심사이며, 가장 중요한 사안이다. 지금까지 자본주의와 공산주의 간에 첨예하게 대립해온 이념 중의 하나가 소득분배측면이 서로 다르기 때문이다. 자본주의 하에서는 능력있는 사람에게 소득이 더 돌아가고, 공산주의 하에서는 능력에 관계없이 균등하게 소득이 돌아가는 제도로 결국 공산권의 몰락을 초래한 바 있다. 그러나 생산성(productivity)과 능력(ability)에만 의존하여 소득을 분배하게 되면 장점도 많은 반면 단점도 발생하게 된다. 장점으로는 능력과 생산성을 기준으로 하여 소득이 높아지게 되면 사람들이 일에 대한 인센티브(incentive)가 생겨서 열심히 또는 창의력을 발휘하게 되는 반면에, 단점으로는 능력과 능률에만 치우치다보면 '부익부 빈익빈'의 현상을 초래하게 된다. 소득분배의 원칙으로는 일반적으로 생산성 원칙, 필요의 원칙, 균등의 원칙, 수고의 원칙이 있다. 생산성 원칙이란 창의적이며 능력이 있어, 생산성이 높은 사람에게 소득이 더 돌아가도록 하는 정책이며, 필요의 원칙이란 사회주의에서 능력이나 생산성에 관계없이 필요에 따라 분배하는 것이 공정한 분배라고 주장하는 원칙을 말한다. 이러한 필요의 원칙에 의한 소득분배는 사람들에게 열심히 일한 인센티브를 빼앗아 가므로 사람들이 열심히 일하려고 하지 않으므로 경제성장에 막대한 지장을 초래하게 되는 단점이 있다. 수고의 원칙이란 우리가 흔히 말하는 3D업종(difficult, dirty, dangerous)에 근무하는 사람에 대한 보상으로 이는 동등한 능력을 가진 다른 직종의 근무자보다 임금을 더 받아야 한다는 원칙이다.

- 소득재분배

소득의 재분배는 경제의 효율성(efficiency)만 추구한다면, '부익부 빈익빈'의 결과를 가져오게 되어 형평성(equipty)의 문제가 대두되므로 정부는 가난한 자의 빈부격차를 줄이기 위하여 세금이나 사회보장제도(welfare system)를 이용하여 소득을 재분배하려고 시도할 것이다. 첫째는 소득재분배를 위하여 세제제도를 이용할 수 있는데, 그 중의 '누진세 제도'가 바로 형평성을 고려한 세금제도이다. 누진세 제도란 소득이 많은 사람일수록 세금을 내는 비율이 높은 제도로서 고소득자일수록 세금을 많이 내야 되는 제도이다. 빈부격차를 줄이기 위한 또 하나의 세금제도로는 상속세나 증여세를 30%~60%에 이르기까지 고율로 정해져 있다는 것이다. 이와 같이 상속이나 증여에 있어서 세율이 높은 이유는 부의 세습이 이루어져서 빈부격차가 심화되지 않게 하기 위하여 만들어진 세금제도인 것이다. 그 밖에 또 하나의 형평성(衡平性)을 위한 방법으로는 정부가 세금을 거두어서 재정정책의 일환으로 시행하는 사회복지제도가 있다. 이 제도는 결국 부자보다는 가난한 사람들을 위하여 만들어진 제도이다.

국민소득

- 국민소득의 개념

국민소득은 한 국가에서 이루어진 가계, 기업, 정부, 해외부문의 모든 경제주체가 일정기간 동안에 새로이 생산한 재화와 서비스의 가치를 금액으로 나타낸 것을 말하는데, 경제수준을 나타내는 지표라고 할 수 있다. 흔히 영어로 나타내면 GNP (Gross National Product)라고 하여 '국민총생산액'이라 한다. 위에서 언급한 '재화와 서비스'는 의식주의 필요한 눈에 보이는 물질적인 상품과 교육 · 문화활동 등도 서비스의 일종으로서 국민총생산액에 포함된다. 또한 '일정기간 동안'이란 통상 1년을 말하며, GNP금액을 산정할 때에는 최종판매금액 즉 소비자에게 판매한 가격을 말하며, 이에 최종판매금액은 부가가치의 총합계금액과 일치한다. 국민소득개념은 생산측면에서 살펴본 개념으로 분배측면이나 또는 지출측면으로도 살펴볼 수 있다. 이러한 생산 · 분배 · 지출측면에서 GNP의 금액은 일치하게 되어 있는데, 이를 '국민소득 3면등가(三面等價)'의 원칙이라고 한다.

이와 같이 세 가지 측면에서 GNP가 같아지는 이유는 생산된 것이 모두 분배된다고 보며, 분배된 것이 다시 모두 지출(支出)된다고 보기 때문이다. 다시 말하면, 기업이 노동, 자본, 토지 등을 이용하여 재화나 서비스를 생산하게 되면 이 생산된 것은 다시 근로자에게 급여를 주게 되고, 자본을 빌려준 사람에게는 이자(利子)로서 다시 분배되며 땅을 제공한 사람에게는 임대료(賃貸料)로 지급되고 나머지는 기업가의 이윤(利潤)으로서 남게 되는데, 여기에서 말하는 급여, 이자, 임대료, 이윤을 합한 금액을 분배측면에서 본 GNP라고 한다. 여기에서 분배된 소득 즉 급여를 받은 소비자는 다시 재화나 서비스를 구입하기 위해 지출하게 되며, 기업이 보유한 이윤은 다시 설비투자 등을 비롯한 지출을 하게 되므로 분배된 소득이 다시 지출된다고 보기 때문에, 국민소득은 생산, 분배, 지출 세 가지 측면에서 일치된다고 보며 국민소득3면등가의 원칙이 성립된다.

• 평가방법에 따른 국민소득

> **국민소득의 다양한 개념구분**
>
> - GNP(Gross National Product)와 GDP(Gross Domestic Product)의 개념이 있으며, GDP란 국민경제가 창출한 생산규모의 파악방법으로서 국내에 거주하는 모든 생산자가 생산한 부가가치를 총 합산함으로써 집계되는 국민총생산액을 말하며, GNP는 우리 국민이 해외에서 벌어들인 금액, 즉 대외수취요소소득은 가산(加算)하고, 외국인이 국내에서 벌어들인 소득금액, 즉 대외지급요소소득은 감산(減算)한 금액을 말한다.
> - 총생산과 순생산(純生産)의 국민소득 개념이 있는데, 고정자본소모 즉 감가상각을 감(減)해준 것을 순국민소득이라고 한다. 고정자본소모란 어떤 재화를 생산하기 위해서는 기계나 설비 즉 자본재가 마모되는데 이를 고정자본소모라고 하며 회계상에서는 감가상각비로 계상하게 되어 있다. 이와 같이 국민총생산 즉 GNP에서 감가상각비를 빼어주면 순국민생산(NNP : Net National Product)을 산출할 수 있다. 정확한 국민소득개념으로는 NNP가 정확한 개념이나, 감가상각비 추계가 정확하지 않고 용이하지 않기 때문에 NNP개념보다는 GNP개념을 더 널리 사용하고 있다.
> - 시장가격으로 평가한 국민소득과 요소비용(要素費用)으로 평가한 국민소득이 있다. 시장가격이란 물건이 시장에서 실제 매매되는 가격을 말하며, 요소비용은 가계가 소유한 생산요소를 기업에 공급하고 그 대가로 받는 요소소득으로서 임금·지대·이자 등을 말한다. 기업에서 창출한 이윤을 요소소득과 합하여 이를 요소비용으로 평가한 것이 국민소득이며, 국민소득(NI : National Income)은 NNP에서 간접세를 빼주고 정부의 보조금을 합하여 산출한다.
> - 개인소득(PI : Personal Income)의 개념도 있는데, 가계가 받는 순소득을 의미하는데 국민소득에서 법인세와 근로자들의 의료보험이나 연금과 같은 사회보장분담금을 빼주어 산출한다. 그리고 정부로부터 받는 이자지출을 더하여 계산한다.
> - 가처분소득(DI : Disposable Income)의 개념이 있는데, 가처분소득은 개인소득에서 개인소득세를 감해주어 산출하며, 개인이 최종적으로 사용할 수 있는 소득을 말한다.

2 증권시장[33)]

증권시장

우리가 흔히 말하는 증권시장(證券市場)이라 함은 주식시장과 채권시장을 합쳐서 얘기하고 있다. 보통 증권가격이 얼마냐고 묻거나, 증권시세가 어떻게 변하고

33) 안희배, 전게서, '노동시장', '증권시장', '외환시장' 부분 인용, pp.127~151.

있느냐고 묻는 것은 엄밀히 말하면, 추상적이고 막연한 질문이다. 가격을 묻거나 거래상황을 얘기할 때에는 반드시 주식과 채권을 구분해서 얘기해야 한다. 증권시장(securities market)의 전체적인 동향을 파악할 수 있는 지표(indicator)로는 주가지수, 주가수익비율, 매매거래량, 채권수익률, 채권발행규모, 주식배당수익률 등이 있는데, 이러한 용어는 서로 상당히 밀접한 관계를 갖고 있다. 본장에서는 카지노 산업도 주식시장(株式市場)에 상장되어 있으므로 주식시장 부문만 공부하기로 한다.

주식시장

- 주식의 개념

주식(株式)이란 어떤 회사를 설립하는데 필요한 자본금을 마련하기 위하여 필요한 자본금만큼 자본증권인 주식을 발행하여 자본금을 마련하는 방법이다. 다시 말하면, 소자본의 작은 가게를 개업하려면 사업자금이 많이 필요하기 않으므로 개인 혼자 자본을 마련하여 장사를 할 수 있지만, 사업성격상 공장설립 비용이라든가, 운영자금이 매우 많이 필요한 사업은 개인 혼자 마련할 수 없으므로 여러 사람의 자본을 각자가 투자한 금액만큼 주식을 발행하여 투자금액의 증표로서 주식을 투자한 각자에게 투자금액만큼 주는 것이다. 이러한 자본조달방법에 의하여 설립된 회사를 '주식회사(株式會社)'라고 부른다. 주식을 보유하고 있는 각자는 주주로서 보유한 주식금액에 상당한 회사경영에 대한 경영권을 상법상 갖고 있는 것이다. 주식을 갖고 있는 주주들은 자기가 보유하고 있는 주식의 금액만큼 회사운영 상태에 따라 이익도 보고 손해도 본다. 우리가 보통 주식회사를 '유한회사(有限會社)'라고 부르는 것은 회사경영이 잘못되어서 회사가 부도났거나 회사가 망했을 때, 자기가 투자한 금액만큼만 책임을 지는 것이다. 그래서 우리는 보통 주식회사를 '무한회사(無限會社)'라 하지 아니하고 유한회사라고 일컫는 것이다. 또한 회사경영실적에 따라서 주주(株主)는 연말결산 결과 회사가 이익이 났으면 상법에 의거하여 이익금 중 몇 %에 해당하는 주식배당금을 받게 되어 있다.

- 주식매매의 방법

주식시장(株式市場)에서 주식거래는 증권거래법에 의하여 증권회사에서 매수·매도에 의하여 증권회사가 중간에서 중개하여 매매(purchase and sale)가 이루어진다. 주식시장도 일반시장과 마찬가지로 주식(株式)을 팔려고 하는 매도인과 주식을 살려고 하는 매수인에 의하여 수요공급원리에 의해서 주식가격이 결정된다. 어떤 주식, 다시 말하면 어떤 특정회사의 주식을 팔려고 하는 사람보다 살려고 하는 사람이 많으면 그 주식의 가격은 올라간다. 주식을 사거나 팔고자 하는 거래를 원하는 사람은 증권회사를 정해서 자기 거래계좌를 열고 증권회사 영업장에서 매매주문을 한다. 이러한 매매주문은 여러 사람이 같은 주식에 거래가 이루어질 수 있는데, 이것을 연결시켜주는 곳이 '증권거래소'이다. 증권거래소 전산망을 통하여 매매(賣買)를 연결시켜주고 매수·매도자에게서 수수료를 받는다. 즉 증권회사는 부동산 매매를 중개시켜주던 복덕방 같은 역할을 한다고 볼 수 있다. 증권회사 입장에서 보면, 주식의 매매가 활발하게 이루어져 매매의 횟수가 발생하여야 수수료가 올라가므로 회사수입이 늘어난다. 다시 말하면, 경기가 좋아야 주식의 매매가 빈번히 이루어지므로 경기가 나쁘면 증권회사 역시 심한 타격을 입게 된다.

• 상장회사 및 비상장회사

'상장회사'라고 함은 자본은 마련하기 위해서 증권거래소에 자기회사 주식을 공개시켜 놓고 증권거래소를 통하여 모든 사람에게 주식을 팔 수 있도록 하는 회사를 말하고, '비상장회사'란 주식의 매매를 증권거래소를 통하여 하는 것이 아니고 증권회사 창구에서 매매가 이루어진다. 우리는 이러한 증권회사 창구에서 이루어지는 거래를 '장외거래(場外去來)'라고 한다.

우리나라는 1996년 7월 미국의 장외시장 NASDAQ를 모델로 하여 KOSDAQ를 만들었다. 상장법인도 법인의 업적 및 신용상태에 따라 주식시장에서 1부, 2부로 등록되어 있다. 장외시장에 등록되기 위해서도 일정요건을 만족시켜야 한다. 예를 들면, 자본금 5억원 이상 회사설립 경과일이 3년 등의 요건이 필요하다. 상장회사와 비상장회사의 주식매매방식의 차이점을 살펴보면, 첫째, 주식의 매매 시 상장회사는 증권거래소를 통하여 주식을 사고팔 수 있지만, 비상장회사 주식은 증권회사만을 통해서 사고팔 수 있다. 두 번째, 증권거래소에서는 매수자·매도자가 서로 경쟁을 통해서 주식을 사고팔 수 있지만, 비상장주식은 매수·매도자와 증권회사 사이에서 직접 매매가격을 결정하여 매매를 성사시킨다. 주식의 매매 시 지급하는 수수료는 상장회사 주식거래의 KOSDAQ거래보다 다소 높다. 세 번째의 차이점은 상장회사 주식을 사고팔 때에는 거래금액의 몇 %까지 신용거래를 할 수 있지만

KOSDAQ시장에서는 신용거래를 할 수 없다.

- 주가지수

주식시장에는 많은 종목의 주식이 거래되고 있고, 거래된 결과 주식의 종목마다 거래량과 거래금액이 서로 상이(相異)하게 다르므로 주식시장 전체의 동향을 파악할 수 있는 주식시장에 대한 지표가 필요하다. 이러한 주식시장 지표(指標)는 투자(投資)판단의 중요한 척도가 될 수 있고, 주식을 팔고 사려는 사람에게는 중요한 정보로서 활용될 수 있다. 증권당국에게는 시장관리와 정책결정의 참고자료로 이용될 수 있으며, 주식시장 지표로 주가지수, 거래량, 주식배당수익률, 주가수익비율, 주가순자산비율 등이 있으나, 주가지수가 대표적인 지수(index)로 사용되므로 주가지수가 무엇인지 우선 알아보기로 한다.

주가지수는 주식시장 전체의 동향을 파악하기 위하여 개별주식의 주가변동을 종합하여 작성한 지수(指數)로서 기준시점의 시장전체 주가수준을 100으로 하고 기준시점의 주가수준과 비교시점의 주가수준을 비교하여 산출한다. 주가지수의 산출방법은 크게 시가총액식 주가지수와 다우존스식 주가지수 두 가지로 구분된다.

주가지수의 산출방식

- 시가총액식 주가지수

1923년부터 미국의 스탠다드 앤드 푸어스(Standard and Poor's)가 작성하기 시작한 주가지표로서 상장주식 전 품목을 대상으로 주가에 상장주식수를 곱하여 산출한 시가총액을 기준으로 기준시점의 시가총액과 비교시점의 시가총액을 비교하여 산출하는데, 산출방식은 다음과 같다.

$$\text{주가지수} = \left[\frac{\text{KOSPI}}{\text{시가총액식}} \right] = \frac{\text{비교시점의 시가총액}}{\text{기준시점의 시가총액}} \times 100$$

- 다우존스(Dow Jones)식 주가지수

상장종목 가운데 거래가 활발하고 개별주가의 동향을 반영하는 대표적인 우량주만 골라 이들 종목의 주가를 단순평균함으로써 기준시점과 비교시점의 주가를 비교하는 방법이다.

$$\text{다우존스주가지수} = \frac{\text{비교시점의 우량품목 주가평균}}{\text{기준시점의 우량품목 주가평균}} \times 100$$

(주가평균 = 채택종목의 주가합계 / 채택종목수)

3 외환시장[34)]

환율의 개념 및 영향요인

환율(exchange rate)이란 우리나라 화폐와 외국화폐를 서로 교환할 때 적용되는 비율로서 우리나라 화폐와 외국화폐의 상대적 가치를 나타낸다. 환율(換率)은 외환에 대한 수요와 공급에 의하여 결정되며, 환율에 영향을 미치는 요소는 외환에 대한 수요와 공급 외에 국제수지, 물가, 국가 간의 금리차, 외환거래자의 예상 및 중앙은행의 외환시장개입 등 경제적 요인 외에 정치적·사회적인 요인에 의해서도 영향을 받는다.

위에서 환율은 외환에 대한 수요와 공급에 의하여 영향을 받는데, 외환에 대한 수요와 공급을 미국의 화폐인 달러(dollar)를 예로 들면, 달러에 대한 수요와 공급에 의하여 결정되는데, 달러에 대한 수요는 미국이나 다른 나라에서 물건을 수입하거나 외국에서 들여 온 차입금(借入金)을 갚을 때, 또는 외국에 관광을 갈 때 미국 화폐인 달러가 필요한데 이 경우 달러의 수요가 되는 것이다.

우리나라 입장에서 볼 때, 달러의 공급은 우리나라 기업이 외국에 수출해서 받은 수출대금, 근로자들이 해외에서 벌어들여온 임금 또는 외국에 돈을 빌려주고 받은 자금 등이 달러에 대한 공급이 된다. 다른 생산물시장이나 화폐시장과 마찬가지로 어느 시장이건 수요와 공급에 의하여 가격이 결정되는데, 외환시장에서의 가격은 환율이 되는 것이다.

달러에 대한 수요가 공급을 초과하면 외환시장의 가격인 환율은 시장의 수요·공급의 원리에 의하여 올라간다. 다시 말하면 1 USD 당 1,200kw의 비율이었다가 달러에 대한 수요가 증가하면 1 USD 당 1,300kw의 비율(ratio)환율이 올라가는 것을 나타낸다. 이와 같이 환율이 1 USD 당 1,200kw이었다가 1 USD 당 1,300kw으로 우리나라 돈과 미국돈의 교환비율이 올라가는 것을 '평가절하'라고 하고 1 USD 당 1,200kw이었다가 1 USD 당 1,100kw교환비율이 내려가는 것

34) 안희배, 전게서, '노동시장', '증권시장', '외환시장' 부분 인용, pp.127~151.

을 '평가절상'이라고 하는데, 이와 같은 평가절하 및 평가절상에 따라 여러 가지 경제현상(economic phenomenon)이 나타나고, 경제적인 효과(economical effect)가 나타난다.

환율의 교환비율이란 우리나라 돈과 상대 외국 돈과의 상대적인 가치(價値)로서 이러한 교환비율을 나타내는 데에는 두 가지 방법이 있는데, 우리나라 원화와 미국 달러와의 환율을 $ = ₩1,200 또는 KW/U$ = 1,200으로 표시하는 방법이 있다. 미국돈 1달러를 바꾸기 위하여 우리나라 돈 얼마를 지급하느냐 하는 교환비율이다. 이와 같은 교환비율 즉 상대적 가치의 평가비율이란 무엇인가? 상대적 가치평가란 구매력평가(購買力評價)에서 파생되어온 말로서 구매력평가란 예를 들어 설명하면 다음과 같다. 감자 1개의 값이 미국에서 1$이고, 똑같은 감자 1개의 값이 한국에서 1,200원이라고 하면, 미국화폐 $1의 가치는 한국돈과 같은 가치이다. 이러한 평가를 구매력평가라고 하며, 구매력평가를 기준으로 한 환율 즉 교환비율은 $1 = ₩1,200이 되는 것이다.

- 환율에 영향을 주는 요인

환율에 미치는 영향은 여러 가지를 들 수 있는데, 외환의 수급상태 즉 국제수지, 금리, 물가, 외환수급에 대한 예상 또는 정치적 · 사회적 불안요인 등 여러 가지 요인으로 인한 복잡한 과정을 통하여 환율은 수시로 변하는 것이다. 우선 외환수급에 대한 요인(要因)은 외환에 대한 공급에 의하여 나타나는데, 외환에 대한 수요(需要)는 수입할 때나 외국에서 빌려온 차입금 상환 시 또는 해외여행이나 유학시절 필요한 외환을 말하며, 외환에 대한 공급은 수출을 하여 들어온 외환이나 해외에서 공사 · 건설 등을 통하여 들어온 해외 이전수지 같은 것이 있는데, 이러한 외환공급이 외환수요보다 크면 국제수지는 '흑자(黑字)'가 되고 외환공급보다 수요가 크면 국제수지는 '적자(赤字)'가 된다.

국제수지가 흑자인 상태에서는 외환의 공급이 수요보다 크기 때문에, 우리나라 돈보다 외국의 돈이 더 많기 때문에, 우리나라 돈의 가치가 더 크기 때문에 환율은 내려가므로 평가절상이 되며, 반대로 국제수지가 적자인 상태에서는 외환의 수요가 공급보다 큰 상태이므로, 우리나라 돈의 가치가 상대방의 돈가치보다 떨어지므로 환율이 올라가는 평가절하가 초래되는 것이다. 그러므로 국제수지가 흑자이면 평가절상이 되고 국제수지가 적자이면 평가절하가 되는 것이다.

환율에 영향을 주는 금리(interest rate)

WTO에 의하여 국제 간에 해외자본이 자유롭게 유입되고 유출되는 상황에서는 자본의 원리대로 보상이 큰 이자율이 낮은 나라에서 이자율이 높은 나라로 자본이 이동하게 되어 있다. 우리나라가 미국보다 금리가 높기 때문에 미국의 달러가 국내로 유입(流入)되어 우리나라는 그만큼 외환의 공급이 증가한 셈이므로 외환의 공급이 수요보다 많게 되어 우리나라 돈의 가치가 달러보다 커지게 되므로 환율이 떨어지는 평가절상이 나타나며, 만약에 반대로 미국금리가 우리나라 금리보다 높으면 우리나라의 외환이 미국으로 유입되어서 우리나라의 외환공급이 줄어드는 결과이므로 우리나라의 환율이 상승되는 평가절하가 나타난다.

물가가 환율(exchange rate)에 미치는 효과

만약에 우리나라의 물가가 올라가서 인플레이션((inflation)이 예상되면 그만큼 우리나라 돈의 가치가 떨어지는 결과이므로 환율이 인상되는 평가절하가 되며, 반대로 물가가 떨어지면 우리나라 돈의 가치가 상대적으로 올라가는 결과이므로 환율이 떨어지는 평가절상이 되는 것이다. 또한 물가(物價)가 올라가면 국내수출업자는 수출원가상승으로 인하여 수출이 전보다 줄어들게 되며, 반면에 수입업자는 수입을 늘려서 이익을 보려고 하므로 상대적으로 우리나라 돈의 가치가 떨어지므로 환율인상의 결과를 초래하게 된다.

환율에 영향을 미치는 기타 요인(要因)

외환거래자의 예상에 의하여 환율은 상당한 영향을 받는다. 외환거래자는 국제간에 선물거래에 대한 환투기를 할 수 있다. 이때 서로 달러를 매입・매출하게 되는데, 이는 완전히 외환달러의 판단에 의하여 결정된다. 외환달러가 환율이 앞으로 오르리라고 예상하여 달러매입을 크게 증가시키면 달러에 대한 수요 즉 가수요가 증가하여 우리나라 돈의 가치가 상대적으로 떨어져서 환율은 인상되는 것이다. 또한 기타요인으로 정치 · 사회적인 환경에 따라 환율은 변하는 것이다. 이와 같이 환율은 외환수급의 결과인 국제수지, 나라 간의 금리차, 물가수준, 외환거래자의 예상 또는 정치 · 경제적인 환경에 의하여 영향을 받는다.

- 우리나라의 환율제도

우리나라는 1945년 10월부터 1964년 5월까지 고정환율제도를 실시하여 오다가 1965년 3월 22일에서야 비로소 한국은행이 집중고시율을 고시하는 변동환율제도를 실시하여 왔다. 이때는 비록 변동환율제도였지만 변동폭에 있어서 매일 상 · 하한 폭이 정해진 완전한 변동환율제는 아니었다. 실제로 하루 변동 상 · 하한 폭이 완전히 폐기된 완전 변동환율제도는 우리나라가 IMF관리체제하에 접어든 1997년 12월 16일부터 시행되어왔다.

실제로는 외환수급에 의하여 결정되어지는 완전변동환율제가 우리나라에서 시행되게 된 동기는 탄력적으로 외환시장에 대처하기 위한 면도 있지만, IMF관리체제하에서 IMF의 권고를 받아들인 면도 있다고 할 수 있다. 그동안 하루 변동폭은 1995년 4월 1일부터 ±2.25%로 시행되어 오다가 IMF관리체제하에 접어들면서 외환시장이 매우 불안해지기 시작하여 환율변동측이 상한선까지 올라가도 충분하지 않아서 외환매매가 이루어지지 않는 사태가 발생하게 되었던 것이다.

정부는 이러한 문제를 해결하기 위하여 1997년 11월 20일부터 하루 변동폭을 ±10%까지 확대하였으나, 우리나라의 외환보유고의 심각한 부족으로 인해 ±10%의 변동폭으로 외환시장이 불안하여지자 결국 IMF의 권고를 받아들여 하루 상한폭이 완전히 폐지된 완전변동환율제를 1997년 12월 16일부터 실시하였으나, 정부의 외환시장 안정화정책, 지속적인 경제구조개혁 등으로 인하여 외환시장은 안정을 되찾았다.

환율의 적용범위 및 경제적 효과

- 외환매매 시 환율적용 범위

외환거래란 외환을 은행에서 사고파는 일을 말한다. 국제간의 무역대금 결제시나, 개인이 외환이 필요한 경우 외국환 은행에서 외환을 바꾸게 되는데 이를 환전(換錢)

이라고 하며 외국환은행을 기준하여 외국환 은행이 고객에게 외환을 파는 것을 매도한다고 하고 이때 적용되는 환율을 매도율이라고 하고 외국환은행이 대고객으로부터 외환을 사들이는 경우는 외환을 매입한다고 하며 이때 적용되는 비율을 외환매입률이라고 한다. 이때 외국환은행의 대고객이란 개인이나 기업 또는 정부도 될 수 있다. 여기서 말하는 외국환은행이란, 국내의 경우 각 시중은행 또는 특수은행의 외환계에 해당하며, 증권회사에서 증권즉 주식이나 채권의 매매가 이루어지도록 하고, 매매 시 수수료를 받아서 회사를 운영하듯이 외국환은행 역시 외환을 매매하게 하여 수수료를 받아서 운영하는 것이다.

모든 영업이 다 그렇듯이 물건을 사서 다시 팔 때에는 구입가와 판매가에 차이가 발생하는데, 이때 판매가는 반드시 구입가보다는 높은 것이다. 왜냐하면 모든 영업거래에는 영업이익이 존재하기 때문이다. 생산물시장에서도 이렇듯이 외환시장에서도 외환거래시 외국환은행이 외환을 살 때, 적용하는 환율과 팔 때 적용하는 환율이 다르며, 외국환은행도 외환매매를 통하여 이익을 보아야 되기 때문에 매도율이 매입률보다는 항시 높은 것이다. 이 경우 외국환은행이 고객과 거래를 할 때 적용되는 환률을 외국환은행 '대고객 매매율'이라고 하며, 이를 크게 매도율(賣渡率)과 매입율(買入率)로 나누고, 다시 어떤 방식으로 매입 또는 매도하느냐에 따라 형태(形態)가 달라진다.

외국환은행이 외환을 대고객(對顧客)에게서 살 때 즉 매입할 때 적용하는 매입률에는 현찰매입률, 기한부(30일)환어음 매입률, 일람출급환어음 매입률, 전신환 매입률 등이 있으며, 이러한 여러 종류의 매도율과 매입률은 한국은행의 집중기준환률을 중심으로 하여 매일매일 변하는 것이다. 집중기준환율은 한국은행에서 매일매일 시장 평균환률제도하에 매일매일 산출하여 고시하고 있으며 모든 외환거래는 집중기준환율을 중심으로 하여 이루어지는 것이다. 우측 그림에 적용된 매도율과 매입률을

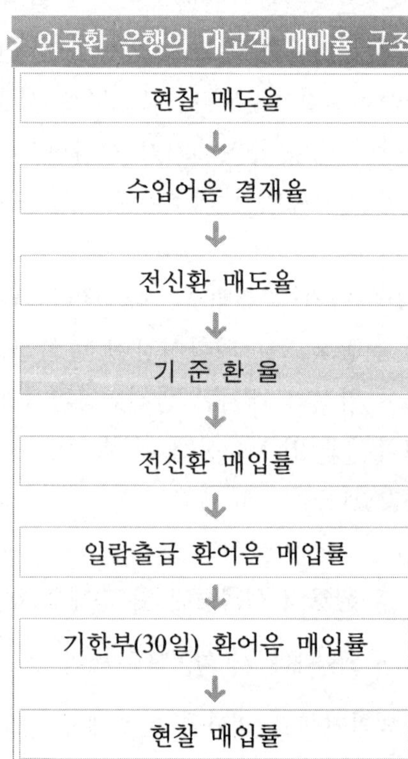

순서대로 살펴보면, 기준환률을 중심으로 매도율 중에서는 현찰매도율이 제일 높은데, 그 이유는 외국환 은행의 현금으로 보관하는 데에 비용이 많이 들고 현찰은 그대로 은행잔고에서 빠져나가는 개념이므로 외국환 입장에서 보면 매도하는데 가장 비용이 많이 드는 결과가 된다. 그 다음으로 높은 매도율이 수입어음결재율로서 수입회사가 거래은행인 주거래 은행을 외국환은행으로 정하여 수입을 하였을 때, 거래수입회사 대신 수입대금을 결제하여 주고 수입허가 시 어음을 담보로 하여 대금을 받아내는 제도이다. 전신환매도율이란 전신에 의하여 외환을 파는 경우인데, 전신환은 현찰(現札)로 이루어지지 않고 전신(電信)으로 이루어지므로 외국환은행이 자금부담비용이 없고 수입어음결제율보다 서류를 취급하는데 드는 인건비가 들지 않으므로 매도율 중에서는 환률적용이 최고로 낮지만, 반대로 매입률 중에서는 전신환매입률이 가장 높은데, 그 이유는 외국환은행이 외환을 매입하는 경우에도 전신환으로 매입하는 것이 자금부담비용이나 인건비 측면에서 가장 적게 들므로 매입할 때 높은 율로 매입하는 것이다. 일람출급환어음매입률이란 국내의 수출회사가 외국에 수출을 하고 수출대금을 외국환은행에서 적용하는 환율이고, 일람출급환어음은 한국에 있는 회사가 외국수입회사에서 받는 대금결제가 현금결제 조건을 나타내므로 기한부(30일)환어음매입률보다는 환율적용 시 높은 환률이 적용된다. 기한부(30일)환어음매입률이란 국내의 수출회사가 외국에 수출하고 '네고(negotiate)'하는 결제조건이 30일 지나야 외국환 외국회사가 결제하는 조건으로서 국내의 외국환은행은 한국의 수출회사에게 대금을 내주는 것이다.

현찰매입률이란 예를 들어 미국사람이 한국에 관광왔을 때, 미국사람이 한국에 있는 상점에서 물건구입이 필요하여 미국달러를 한국돈으로 바꾸려 하는 경우, 국내의 외국환은행에서 달러를 한국 돈으로 환전할 때 적용하는 환율을 현찰매입률이라고 하며 현찰매입 시 거래비용이 가장 많이 드므로, 현찰매입률이 매입률 중에서는 가장 낮다. 환률에는 '현물환율(spot rate)'과 '선물환율(fowarding rate)' 두 가지가 있는데, 이렇게 구분되는 것은 외환거래 시 환율의 결재가 언제 이루어지느냐에 따라 두 가지로 구분된다. 현물환율이란 외환거래가 이루어지는 시점에서 2일 이내에 결제가 이루어질 때의 환율을 말하고, 선물환율이란 선물환거래 또는 선물거래 시에 결제기일을 향후 언제 하기로 외환매매 당사자끼리 계약을 해서 그때 외환결재가 이루어질 때 적용되는 환율을 선물환율이라고 한다.

또한 금리(金利)에도 명목금리가 있고, 실질금리가 있듯이 환율에도 실질환율(real

exchange rate)과 명목환율(nominal exchange rate)이 있다. 실질확률이란 명목환율에다 양국간의 물가수준을 반영하고, 구매력을 감안하여 조절한 확률이다. 또한 '구매력 평가환율'은 양국간의 구매력 수준을 똑같이 같게 하기 위하여 조정된 환률인데, 구매력평가환율은 양국간의 물가수준이 반영되어 있다.

- 환율변동이 경제에 미치는 효과

환율변동이 경제에 미치는 효과를 알아보기 위하여 두 가지의 경우로 나누어 살펴보기로 하면 환율의 '평가절하(depreciation)'와 '평가절상(appreciation)'의 경우를 들 수 있다. 평가절하란 이미 설명한 바와 같이 예를 들면, 환율이 $ 1USD당 ₩1,200이었다가 국내화폐의 가치가 떨어져 $ 1USD당 ₩1,300으로 환율이 올라가는 경우이며, 평가절상이란 예를 들어 환율이 $1당 ₩1,200이었다가 국내화폐의 가치가 상승하여 $ 1USD당 ₩1,100원으로 환율이 떨어지는 경우인데 이 두 가지 개념을 갖고 평가절하일 때와 평가절상일 때의 경제적 효과에 대하여 살펴본다.

환율변동 (평가절하 · 평가절상)이 경제에 미치는 효과(効果)

- 환율변동이 수출에 미치는 효과

우선 환율이 변동하면 우리나라와 같이 수출지향적인 국가에서는 수출에 미치는 효과에 대하여 분석하는 것이 대단히 중요하다. 환율이 오르면(평가절하) 수출에 어떤 영향이 있는지 사례로 살펴보면, 한국의 어느 A기업이 환율이 1,200원일 때 수출을 1,000달러어치를 하여 1,200,000원의 수출대금을 받을 수 있는데, 환율이 1,300원으로 인상되면, A라는 기업은 똑같은 1,000달러어치를 수출해서 1,300,000원의 수출대금을 회수하게 되므로 환율상승으로 인한 물품의 원가가 상승하지 않는 한 이익을 더 보게 되어 회사의 채산성(採算性)이 좋아지는 것이다. 이로 인하여 환율이 인상되면 수출가격은 종전보다 싸지게 되므로 수출물량은 늘어나서 국제수지(收支)를 흑자로 전환시키는 역할을 하게 되는 것이다. 반대로 환율이 인하(평가절상)가 되면, 수출에 미치는 효과는 평가절하시의 반대현상이 나타나게 된다. 쉽게 예를 들면 평가절상 전의 환율이 1,200원이었을 때 어느 기업이 1,000달러어치 수출하면 1,200,000원의 수출대금을 받을 수 있지만, 평가절상이 되어서 환율이 1,100원이 되면 똑같은 양(量)의 수출을 하고도 수출대금으로 받을 수 있는 금액은 1,100,000원으로 줄어들기 때문에 그 수출회사의 채산성은 나빠지기 때문에 수출물량이 줄어들어서 국제수지 개선에 악(惡)영향을 미치게 되는 것이다.

- 환율변동이 수입에 미치는 효과

만약 환율이 평가절하되면 즉 환율이 인상되면 수입하려고 하는 사람은 수입품에 대한 원가가 상승하게 되므로 국내시장에서 수입품에 대한 가격경쟁력이 없어지므로 수입품을 줄이게 되므로 국제수지 개선에는 좋은 효과를 가져오지만, 반대로 환율이 인하되면 수입업자는 수입품에 대한 가격이 내려가므로 수입품에 대한 수입량을 늘리려고 하므로 외환이 해외로 유출되는 결과를 가져와 국제수지 개선에는 나쁜 영향을 미치게 된다.

- **환율변동이 국내물가에 미치는 영향**

우선 환율이 인상되었을 때의 물가에 대한 영향은, 우리나라와 같이 수출지향적인 나라이면서 수출품의 원자재를 전적으로 해외에서 수입하는 나라로서는 환율이 인상되면 수입품의 가격이 상승하여 국내물가가 상승하는 결과가 되며, 환율이 평가절상(appreciation)되어서 내리게 되면 원자재의 수입가격이 하락하여 국내물가 수준이 내려가는 효과가 있을 수 있다.

- **환율변동이 국내 금리수준에 미치는 영향**

환율상승 → 물가상승 → 금리상승 → 외환공급증가 → 환율하락

우선 환율이 올라가면 그 나라 돈에 대한 가치는 떨어진다. 환율상승은 우리나라와 같이 수입원자재 의존도가 높은 나라에서는 물가상승을 유발하고 물가상승은 금리인상을 유발시킨다. 반대로 환율이 내려가면 물가가 내려가서 금리가 내려가는 효과가 있다. 물가(物價)가 오르면 금리가 올라가는 이유는, 예를 들어 A라는 사람이 은행에 정기예금을 한다고 했을 때 물가가 오르면 같은 이자율을 받고 은행에 예금하면 물가가 오른만큼 손해(損害)이므로 같은 이자율에서는 예금을 하지 않으려고 하므로 이자율도 올려줘야 A라는 사람이 은행에 예금을 하려고 한다. 여기에서 나온 개념이 바로 명목이자율과 실질이자율이다.

- **환율변동이 주가에 미치는 효과**

환율상승→원화가치하락→우리나라 주가하락→국내시장→투자자금유입→ 주가상승

일반적으로 환율이 인상되면 수출이 늘어나고 경기가 활성화되어서 주가가 올라갈 수도 있다. 그러나 지금과 같이 외국인 주식 투자한도가 완전히 자유화 되어 있는 시점에서는 환율이 인상되면 외국인 투자가들은 처음에는 외환을 한국돈으로 바꿔서 우리나라 주식을 샀다가 환율이 상승한다는 것은 외환에 대하여 한국돈의 가치가 하락하는 것이므로 우리나라 주식을 보유하고 있으면 그만큼 손해이므로 외국인 투자가들은 주식을 처분하려고 하므로 우리나라 주가(株價)는 떨어지는 현상이 나타난다. 이렇게 환율변동은 주가에 두 가지 측면에서 효과가 나타나기 때문에 어떤 측의 효과가 더 크게 나타나느냐에 따라서 환율변동이 주가에 미치는 효과가 결정되어질 수 있다. 그리고 환율변동이 외채기업에 미치는 효과를 알아보면, 예를 들어 A라는 한국기업의 외채가 많은데 환율이 상승되면 외채에 대한 부담능력이 가중되는 결과이며 환율이 내려가면 A라는 기업은 외채상환에 대한 부담이 줄어드는 결과를 가져온다.

환율변동의 경제적 효과		
구 분	환율하락(평가절상)	환율상승(평가절하)
수 출	수출 채산성 악화(수출 감소)	수출 채산성 향상(수출 증가)
수 입	수입품 가격하락(수입 증가)	수입품 가격상승(수입 감소)
국 내 물 가	수입원자재 가격하락(물가하락)	수입원자재 가격상승(물가상승)
국 내 금 리	불 확 실	불 확 실
국 내 주 가	불 확 실	불 확 실
외채도입기업	외채감소(상환부담 감소)	외채증가(상환부담 증가)

자료 : 안희배, 시장경제론의 외환시장, p.69, <표 8-3> 인용

국제수지

- 국제수지의 개념

국제수지(國際收支)란 일정기간 동안 자기나라와 다른 나라 사이에 일어난 모든 경제거래를 뜻하며, 국제수지표란 국제수지를 복식부기의 원리에 의하여 작성된 통계표를 말한다. 경제적 대외거래는 크게 두 가지로 구분되는데, 하나는 경상거래(經常去來)이고 다른 하나는 자본거래(資本去來)이다. 경상거래란 국가 간에 재화와 서비스를 직접 사고파는 것을 뜻하고, 자본거래는 외국에서 직접 자본 즉 외환을 빌려오거나 꾸어주는 것을 말한다. 국제수지표를 보면 경상수지와 자본수지가 각각 나타나 있으며, 경상수지는 다시 무역수지, 무역외수지, 이전수지로 구성되어 있다. 무역수지란 상품의 수출입에 의하여 생기는 수지(收支)이며, 무역외수지란 국가 간의 서비스 거래를 주고받았을 때 일어나는 수지(earning & expenses)이고, 이전수지란 상품이나 서비스 경우와 같이 즉 수출입에 대한 대금결제가 이루어지는 거래에 의하여 발생하는 수지가 아니라 대금결제가 필요없이 무상으로 상품이나 서비스가 서로 오고 가는 경우의 수지를 말한다. 우리가 보통 경제신문에 나오는 국제수지는 경상수지(經常收支)를 뜻한다. 국제수지 중에서 특별히 경상수지를 강조하는 이유는 경상수지가 자본수지보다는 소득이나 고용 측면에서 영향을 많이 미치기 때문이다. 경상수지가 흑자(黑字)가 되면 수출이 증가하였다는 결과가 되므로 수출품을 만들기 위하여 고용을 더 필요로 하며 고용증대를 통한 소득증대가 동시에 달성되는 것이다. 그러나 경상수지가 적자(赤字)가 되면 수입품이 증가하였

다는 결과가 되므로 국내에 고용감축효과와 더불어 소득감소효과를 초래하게 된다.

- 국제수지표

우리가 가정에서도 가정생활을 꾸려나가기 위하여 수입(收入)과 지출(支出)내역을 적어놓는 가계부가 필요하듯이, 한 국가도 국가 간의 거래(去來)에서 일어나는 수입과 지출내역을 정리하여 국제수지 상태를 파악하기 위하여 서식으로 만들어 놓은 표(表)를 국제수지표라고 한다. 이와 같은 국제수지표를 작성함으로써 산업정책이나 외환정책에 도움을 줄 수 있다. 다시 말하면, 한 국가가 다른 국가에 재화나 서비스를 팔아서 얼마를 벌어들였고 동시에 다른 국가로부터 재화와 서비스를 수입하는데 얼마를 지출하였는가를 파악하고 모자라는 외환은 어떠한 방식으로 조달하였는지를 보여주어 남았으면 어떻게 사용하였는지를 체계적으로 정리하여 보여주는 서식 즉 표가 국제수지표이다. 국제수지표는 어떤 특정한 시점의 수지상태를 기록한 저량(stock)개념이 아니고 일정기간 중에 발생한 거래를 집계한 유량(flow)개념이다. 국제수지표는 나라마다 다르기는한데 보통 1년을 기준으로 하여 작성되나, 우리나라는 한국은행에서 월별로 국제수지표를 작성하고 있다. 국제수지 작성방법은 나라별로 약간의 차이는 있지만 대부분의 국가는 IMF의 국제수지 작성지침을 따르고 있다.

- 국제수지표의 작성

국제수지표는 외국과 우리나라와의 거래를 정리한 표인데, 외국과의 거래는 경상계정과 자본계정으로 나누어 기록하며, 경상계정이란 외국과의 재화와 서비스거래를 기록하고 자본계정에는 해외로부터 빌려온 외화의 차입금(借入金)이나 우리나라에서 외국에 빌려준 외화에 대한 기록이 이루어진다. 그리고 경상거래에서 수입과 지출의 차이를 경상수지라고 하고 자본의 유출(流出)과 유입(流入)의 차이에서 일어난 수지를 자본수지(資本收支)라고 한다.

우리가 일반적으로 일컫는 국제수지는 경상수지를 말하는데, 경상수지는 무역수지, 무역외수지, 이전수지로 구성되어 있다. 무역수지는 재화 즉 상품의 수출과 수입의 차이에서 생기는 수지인데 수출은 FOB가격으로 계상되고 수입은 CIF가격으로 평가되나, 국제수지 작성 시에 수출 · 수입 모두 FOB가격으로 계상(計上)하고 CIF가격에서 제외된 해상운임 · 항공운임 또는 보험료는 무역외수지에서 다루게 된다.

무역외수지는 외국과의 서비스거래 시 발생하는 수지(收支)이므로 선박·항공 등의 운임이나 보험료 수취액 또는 관광수입, 해외외환대출에 대한 이자수입 등이 무역외수지에 해당된다. 이전수지라 함은 어떤 대가 없이 무상으로 물품이나 자금을 송금하여 오는 경우이며, 외국에 있는 친척이 국내에 있는 친지에게 송금하는 경우나 무환수출샘플(sample)을 서로 보낼 때에 해당된다.

▷ 국제수지표의 구성

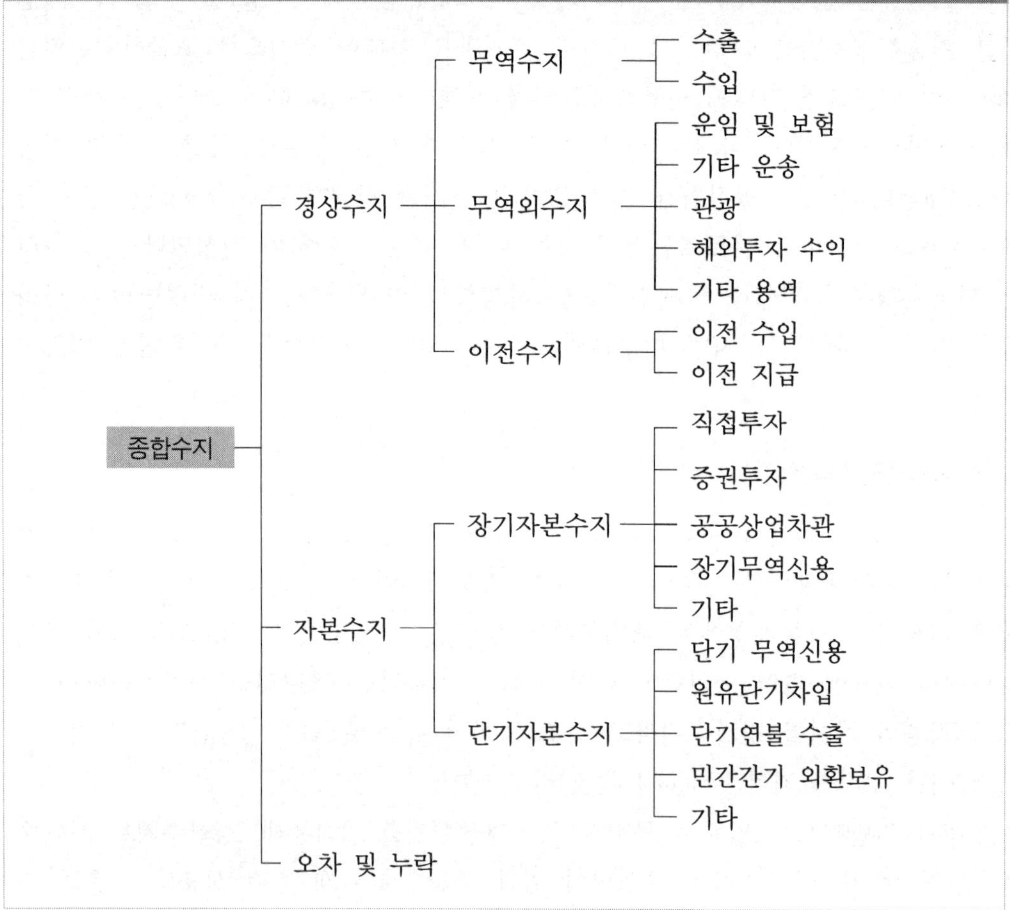

자료 : 안희배, 「시장경제론」의 외환시장편, <표 8-4>, p.275 인용.

• 국제수지의 관리

국제수지는 크게 경상수지, 자본수지, 오차 및 누락을 포함하여 종합수지라고 하는데, 종합수지 중에서 가장 중요하며 우리가 흔히 사용하는 개념이 경상수지이므로 앞으로는 국제수지라고 하면 경상수지를 나타낸다고 앞에서 설명하였다. 그러나 이러한 경상수지(經常收支)의 중요성은 단순히 국제수지(國際收支)가 경상수지에 의하여 좌우되었던 예전과는 다르게 지금은 자본수지(資本收支)도 매우 중요한 개념으로 대두되었다. 이미 설명하였듯이 경상수지 중에서도 무역수지(貿易收支)가 중요한 이유는 무역외수지 또는 이전수지와는 다르게 소득과 고용문제와 연결되어 있기 때문이다. 무역수지가 흑자가 되면 상대국보다는 고용과 소득면에서 유리한 고지에 있다고 할 수 있다. 국제수지가 흑자(黑字)인 상태에서는 국내물가 상승이 예상되더라도 수입으로 대체하여 물가상승 압력을 해결하여 국제수지에 큰 지장이 없으므로 순탄하게 국내물가 안정화정책을 시도할 수 있다. 이와 반대로 국제수지가 적자(赤字)인 상태에서는 수출이 점점 줄어들고 있다는 결과이므로 소득 및 고용창출 효과 역시 감소하고 있다고 볼 수 있다. 우리나라와 같이 외채(外債)가 많은 나라는 국제수지관리에 매우 신중을 기하여야 한다. 그러나 국제수지 흑자가 반드시 좋은 면(面)만 있는 것은 아니다. 왜냐하면 국제수지가 너무 흑자이다 보면 통화량이 급격히 증가하여 인플레이션(inflation)이 일어날 확률이 높으며, 상대방으로부터 원화절상의 압력을 받게 되어 다시 수출이 줄어드는 현상이 나타나며, 국제수지관리가 시급한 국가에서는 국제수지를 보전할 유일한 방법은 수출증대로 인한 무역수지 흑자나 해외인력파견에 기업이 진출하여 무역외수지 흑자를 통한 경상수지 흑자정책이 매우 중요하다고 할 수 있다.

또한 기초수지(基礎收支)라 함은 경상수지에다가 단기자본지수는 제외하고 장기자본지수만 합하여 나타내고 있다. 여기서 단기자본지수가 제외되는 이유는 이자율에 따라 국제간에 수시로 이동하기 때문에 근본적인 국제수지 개념이 아니므로 기초수지개념에서는 제외되는 것이다. 국제수지표 구성에서 보았듯이 종합수지(綜合收支)는 경상수지 · 자본수지 · 오차 및 누락의 합계를 뜻하는데 수출 · 수입에 의한 경상수지는 적자(赤字)인 상태이면서도 외국의 자본이 국내에 너무 많이 유입되면 종합지수는 흑자가 될 수도 있으며, 외화의 공급이 원화보다 많게 되므로 원화절상 압력을 받게 되어 수출경쟁력 약화로 수출이 더욱 줄게 되어 경상수지는 더욱 악화될 경향이 있으므로 종합수지관리에 상당한 신경을 써야 되며, 종합수지가 흑자라고 해서 반드시 좋은 것만은 아니라는 것을 알아야 할 것이다.

5 조세(租稅)

1 세원(稅源)

세원과 세금의 의미

세금(稅金) 또는 조세(租稅)란 국가 및 지방자치단체가 재정활동을 위하여 국민들로부터 조달하는 재화(財貨)와 급부(給付)를 뜻한다. 개인이나 기업이 경제활동을 위하여 수입이 있어야 하는 것처럼 국가도 조세수입이 있어야 경제활동을 수행할 수가 있다. 조세의 징수(徵收)에 대하여 보상적인 차원의 대가지불이 없고 강제성을 띠고 있는 점이 특징으로 볼 수 있다. 이에 세금을 납부할 수 있는 원천(源泉), 즉 소득을 세원이라고 하며 세금은 세원이 있어야 부과·징수되지만 반드시 세법(稅法)에 의하여야 한다. 물론 재정수입에는 세금만 있는 것이 아니고 전매차익이나 벌과금도 있지만, 세금과는 다르다. 우리가 개인적으로 경제활동을 자본주의 국가에서 영위(營爲)하기 위해서 인간은 세상에 태어나면서 세금과 관계를 맺고, 사망 후에도 상속세와 연결되는 것은 장례비용까지이다. 따라서 일상생활에서 월급이나 연봉·상여금·수당에 이르기까지 소득세가 부과되고, 집이나 자동차를 사는 경우에도 취득세와 등록세를 내야하며, 술을 마시는 경우에도 극장에 들어가 영화 한편을 보아도 주세와 입장세라는 세금을 내야하는 것을 알고 있는 사람은 적다. 우리가 매일 자랑하는 옷 한 벌에도 음식점의 음식 한 그릇에도 세금이 따라다니고 있다는 사실을 잊어서는 안된다.

우리가 내는 세금(tax)의 특징

- 세금은 국가나 지방단체를 위하여 조달되는 재원(財源)으로서, 국민을 위하여 지출하는 것이다. 개별경제의 소득에 대하여 세금을 부과하고 징수되지만 국민전체를 위하여 경제발전이나 국민생활의 편의성을 위하여 지출을 하고 있는 것이다. 국민생활의 안전성과 재산을 보호받는 공공성(公共性)이 있어 개인의 지출과는 차별성(差別性) 있는 지출을 위하여 징수되는 것이 세금이다.
- 세금은 반대급부 없이 강제적으로 징수되는 것이다. 납세자에게 세금을 납부한 것에 대하여 직접 또는 간접적으로 보상이 이루어지지 않고 있으며, 세법(稅法)에 의하여 징수되고 있어 탈세자에 대하여는 조세범처벌법 또는 조세범처벌절차법에 의하여 처벌되고 있다.
- 세금은 일반적 보상(補償)의 성격을 지니고 있으며, 소득재조정의 특징을 지니고 있다. 국민의 생활안정과 경제의 발전, 국방, 치안유지, 공공서비스 제공, 사회간접자본 확충을 위하여 재정지출이 되고 있어서 소득이 많은 자에게 많은 세금을 받고, 소득이 적은 자에게는 적은 세금을 받지만, 국민생활을 안전하고 편리하게 해주고 있다. 세금은 종류에 따라서 누진세제를 도입하고 있어 소득의 재조정 효과를 거두고 있는 것이다.

세입과 세출

국가나 지방단체가 재정활동을 위하여 거두어들이는 수입(收入)을 세입(歲入)이라고 하며, 세금·전매익금·인지수입·공공사업수입 등이 있다. 예산의 집행에 따른 지출을 세출(歲出)이라고 한다. 우리나라의 경우 예산은 일반회계예산과 특별회계로 구분되어 국회를 통과하는 정치적 기능과 사전결정의 특징을 가지고 있다. 우리가 보통예산이라고 하는 것은 세입세출예산을 의미한다.

사업연도 과세기간

재정활동을 시작하여 끝이 나는 기간을 사업연도라 하고, 세금을 계산하는 데 있어 과세소득을 산출하는 영업의 개시일부터 결산일까지를 과세기간이라고 한다. 따라서 기업의 경우 사업연도가 과세기간이 될 수가 있다. 그러나 개인의 과세기간은 1월 1일부터 12월 31일 까지가 되어 그 다음해 5월 1일부터 5월 31일까지 종합소득세를 신고 납부하여야 한다.

세금의 납부와 납부장소

세금의 납부는 국세와 지방세에 따라 납부장소가 달라진다. 국세는 국가세입에 해당되므로 국가에 납부하고, 지방세는 지방자치단체에 납부하여야 한다. 따라서 국세는 국고금수납 대리점이나 관할세무서에 현금·수표로 납부하게 되어 있으나, 세금에 따라서는 물납(物納)제도도 있다. 세금은 세법에 따라 계산된 금액을 기일 이내에 신고 납부하게 규정되어 있다. 따라서 세법에 규정되어 있지 않은 세금은 납부할 필요가 없으며 이를 '조세법률주의' 또는 '근거과세'라고 한다. 그러므로 세금은 법에 근거하여 계산하고, 기일 이내에 납부해야 되며, 만일에 신고 납부가 안되면 가산세가 부과되고, 기한이 지나면 가산금이 부과되고, 체납이 되면 중가산금이 부과되며, 압류가 되면 체납처분비까지 따르게 된다. 따라서 기일 이내에 신고 납부를 하게 되면 가산세·가산금·중가산금·체납처분비가 절세(節稅)가 되는 것이다.

2 국세와 지방세

국세

국가의 재정지출을 위하여 징수되는 세금을 국세(國稅)라고 한다. 국세의 종류로는 직접세로 소득세·법인세·상속세·증여세·재평가세·부당이득세가 있고, 간접세로는 부가가치세·특별소비세·주세·전화세가 있고, 유통세로 인지세·증권거래세가 있으며, 목적세로 교육세·교통세·농어촌특별세가 있다.

국세의 종류 및 내용

- **소득세(所得稅)**

  소득세는 국내에 주소를 두거나 1년 이상 거소를 둔 개인으로서 종합소득(이자소득·배당소득·부동산임대소득·사업소득·근로소득·일시재산소득·기타소득), 퇴직소득, 양도소득, 산림소득이 있는 자가 1월 1일부터 12월 31일까지의 소득금액에 대하여 주소지의 관할세무서에 내는 세금이다.

- **법인세(法人稅)**

  법인세는 국내에 본점 또는 주사무소를 둔 법인으로 사업연도의 기간 동안 생긴 수익사업의 소득이나 청산소득에 대하여 법인의 등기부상 주소지의 관할 세무서에 내는 세금이다.

- **상속세(相續稅)**

상속세는 상속인이 상속받은 재산에 대하여 내는 세금이며, 재산을 무상으로 받는 경우에는 증여세가 부과된다. 따라서 상속세는 증여세와 상호보완적인 관계에 있다.

- **재평가세(再評價稅)**

재평가세는 개인이나 법인이 소유한 자산을 현실에 적합한 가액으로 장부가액을 증액하는 경우에 재평가차액에 부과되는 세금이다.

- **부당이득세(不當利得稅)**

물가안정에 관한 법률이나 기타의 법률에 의하여 정부가 결정·지정·승인·인가 또는 허가하는 물품의 가격, 부동산이나 기타의 임대료 또는 요금의 최고액을 기준으로 국세청장이 정하는 기준가격을 초과하여 거래를 하여 얻은 부당이득에 대하여 부과되는 세금이다.

- **부가가치세(附加價値稅)**

재화 또는 용역의 공급, 재화를 수입하는 개인과 법인에게 부과되는 세금이며, 여기서 재화라 함은 재산적 가치가 있는 상품·제품·원료·기계·건물과 같은 유체물과 동력·열·기타 관리할 수 있는 자연력과 권리로 재산적 가치가 있는 무체물을 뜻한다. 용역이라 함은 건설·숙박·음식·운수·창고·통신·금융·보험·부동산 임대·행정·교육·보건·사회복지·서비스 등의 업종에서 제공되는 모든 역무와 기타행위를 말하며, 그 공급가액이 과세표준(과표)이 된다.

- **특별소비세(特別消費稅)**

특정한 물품, 특정한 장소의 입장행위 및 특정한 장소에의 유흥음식 행위에 대하여 부과되는 세금이다. 특별소비세율이 30%가 부과되는 물품은 투전기·오락용 사행기구·골프용품·수렵용 총포류·영사기 등이 있고, 각각 별도의 세율이 적용되는 보석·귀금속·고급모피·승용차·휘발유·경유·등유·경마장 입장행위·스키장 또는 골프장의 입장행위·유흥주점 및 외국인 전용 유흥음식점에도 특별소비세가 부과되고 있다.

- **주세(酒稅) 및 전화세(電話稅)**

주세는 알코올이 들어있는 각종의 주류·주정·밑술 등에 부과되는 세금이고 전화세는 전화가입자가 전화사용료에 대하여 부과되는 세금이다.

- **인지세(印紙稅)**

국내에서 재산에 관한 권리 등의 창설·이전 또는 변경에 관한 계약서 기타 이를 증명하는 문서를 작성하는 자는 계약당사자 간에 서명 날인이나 인증을 받아야 효력이 발생하는 문서에 대하여 인지세를 납부하여야 한다.

- **증권거래세(證券去來稅)**

  상법이나 특별법에 의하여 설립된 법인의 주권 및 지분을 증권회사 또는 장외중개회사를 통하여 양도하는 경우에는 양도가액에 대하여 납부하는 세금을 뜻한다.

- **교육세(敎育稅), 교통세(交通稅), 농어촌특별세**

  교육세는 교육의 질적 향상을 도모하기 위하여 필요한 교육재정의 확충을 위하여 소요되는 재원을 확보하기 위하여 징수되는 세금이고, 교통세는 도로 및 도시철도 등 교통시설의 확충에 소요되는 재원을 마련하기 위하여 부과되는 세금으로 휘발유·경유 기타 유사한 대체유류를 제조하여 반출되는 경우에 부과되는 세금이며, 농어촌특별세는 농·어업의 경쟁력 강화와 농어촌 산업기반시설의 확충 및 농어촌 지역개발사업을 위하여 필요한 재원을 확보함을 목적으로 징수되는 세금이다.

지방세

지방자치단체가 자치활동에 소요되는 재원을 확보하기 위하여 부과되는 세금이다. 지방자치단체라 함은 특별시·광역시·특별자치시·도·특별자치도·시·군·구를 말하며, 지방자치단체의 장은 지방세를 부과·징수할 수 있다. 지방세가 부과되는 인구는 매년 1월 1일 현재 주민등록법에 의하여 등록된 주민을 뜻한다. 지방세의 종류로는 보통세와 목적세로 구분하고 보통세의 세목으로 취득세·등록세·경주·마권세·주민세·자동차세·주행세·농지세·담배소비세·도축세가 있고, 목적세의 세목으로 도시계획세·공동시설세·지역개발세가 있고, 구세로 면허세·재산세·종합토지세·사업소세가 있으며, 시·군세로 주민세·재산세·자동차세·주행세·농지세·담배소비세·도축세·종합토지세·도시계획세·사업소세로 구분되어 징수하고 있다.

지방세의 종류 및 내용

- **취득세(取得稅)**

  부동산·기계장비·입목·항공기·선박·광업권·어업권·골프회원권·콘도미니엄 회원권·종합체육시설이용권·취득 및 건물의 증축과 개축, 대수선에 대한 취득가액이 과세표준이 되는 세금이다.

- **등록세(登錄稅)**

  재산권 기타권리의 취득·이전 변경 또는 소멸에 관한 사항을 공부에 등기 또는 등록하는 경우에 가액에 대하여 부과되는 세금이다. 따라서 부동산·선박·자동차·광업권·어업권·저작권·상표권·법인등기의 경우에 등록세가 부과된다.

- **면허세(免許稅)**

특정한 영업설비 또는 행위에 대하여 권리의 설정 또는 금지의 해제를 하는 행정처분과 신고의 수리·등록·지정·검사·검열·심사 등의 행정행위에 대하여 면허를 받은 자는 면허의 효력이 존속하는 한 납세의무가 있는 세금이다.

- **주민세(住民稅) 및 재산세(財産稅)**

시·군내에 주소를 둔 개인과 법인이 내는 세금으로 균등할 소득세할·법인세할·농지세할 등이 있다. 재산세는 시·군·구 내에 소재하는 건축물·선박 및 항공기 등의 소유권에 대하여 재산가액에 대하여 부과되는 세금이다.

- **농지세(農地稅)**

농지에서 농작물을 재배하거나 농작물을 재배하게 함으로 인하여 얻은 소득이 있는 자가 농지소재지의 관할 시·군에 납부하는 세금으로 농지에서 얻은 벼와 특수작물과 같은 농작물의 수확으로 인한 수입금액에 대한 세금이다.

- **담배소비세 및 도축세(屠畜稅)**

담배소비세는 흡연용 또는 냄새를 맡거나 씹는 담배를 제조장으로부터 반출하거나 수입하여 보세구역으로부터 반출하면 부과되는 세금이고, 도축세는 소, 돼지의 도살에 대하여 도살지의 소재지를 관할하는 시·군에서 부과하는 세금이다. 여기에서 도살이라 함은 목적원인과 그 장소여하를 불구하고 도축하는 것을 뜻한다.

- **종합토지세(綜合土地稅)**

지적법상 토지와 토지대장에 지목이 등재되어 있지 않은 미등록 토지를 포함하여 사실상 소유하는 경우에 부과되는 세금이다. 그러나 도로·하천·제방·사적지·묘지·종교·자선·학술 등 공익사업을 목적으로 하는 경우는 비과세가 된다.

- **도시계획세(都市計劃稅)**

도시계획사업에 필요한 비용을 충당하기 위하여 토지와 건축물의 가액에 대하여 부과되는 세금이다. 다만, 토지는 종합토지세 과세대상 토지 중 전답·과수원·목장용지·임야를 제외한 토지와 주택·사무실·공장·창고와 같은 건물과 풀장·스케이트장·유원지의 오락시설·옥외주유시설·저유조·배수시설과 같은 구축물이 도시계획법에 의하여 고시된 도시계획구역 안에 있는 것을 과세한다.

- **공동시설세(共同施設稅) / 사업소세(事業所稅)**

공동시설세는 시·도가 소방시설 오물처리시설 기타 공공시설에 필요한 비용을 충당하기 위하여 그 시설로 인하여 이익을 받는 자에 대하여 부과되는 세금이고, 사업소세는 환경개선 및 정비에 필요한 비용을 충당하기 위하여 시·군 내에 있는 사업소에 부과되는 세금이다. 사업소라 함은 사업 또는 사무를 수행하기 위하여 설치한 인적 및 물적 설비로서, 계속하여 사업 또는 사무가 이루어지는 장소를 말한다. 사업소세는 사업소의 면적에 대한 재산할과 종업원의 급여총액을 기준으로 하는 종업원할로 구분된다.

- **지역개발세(地域開發稅)**

  지역의 균형적 개발 및 수질개선과 수자원 보호 등에 소요되는 재원을 확보하기 위하여 발전용수(공업용수 · 생활용수 · 농업용수는 제외), 지하수(용천수는 제외), 지하자원 컨테이너를 취급하는 자에게 부과되는 세금이다.

3 납세의무자

납세의무자와 납세자

납세의무는 세법에 의하여 세원(稅源)이 포착되어 과세표준세율의 적용이 가능하게 되면 발생된다. 즉 세금의 납부의무가 세법에서 정하는 요건을 구비하면 성립되는 것이다. 이를 납세의무의 성립이라고 하는데, 국세의 경우에 국세기본법 제21조와 제22조에서 살펴보면 다음과 같다.

① 소득세 법인세	• 과세기간이 종료하는 때
② 상속세	• 상속을 개시하는 때
③ 증여세	• 증여에 의하여 재산을 취득하는 때
④ 재평가세	• 자산재평가를 하는 때
⑤ 부당이득세	• 기준가격을 초과하여 거래를 하는 때
⑥ 부가가치세	• 과세기간이 종료하는 때
⑦ 특별소비세 · 주세 · 교통세	• 과세물품을 제조장으로부터 반출하거나, 판매장으로부터 판매하는 때
⑧ 전화세	• 전화요금을 영수하거나 영수하여야 할 때
⑨ 인지세	• 과세문서를 작성하는 때
⑩ 증권거래세	• 당해 증권의 거래가 확정하는 때
⑪ 교육세	• 교육세가 부과되는 국세의 납세의무가 성립하는 때 • 교육세가 부과되는 지방세 납세의무가 성립하는 때 • 금융 · 보험업자에게 부과되는 교육세는 과세기간이 종료하는 때
⑫ 농어촌특별세	• 농어촌특별세법 제2조 제2항의 규정에 의하면 본세의 납세의무가 성립하는 때

그러나 납세의무의 성립시기가 다음의 경우는 예외이다.

① 원천징수하는 소득세 · 법인세	• 소득금액 또는 수입금액을 지급하는 때
② 납세조합이 징수하는 소득세	• 그 과세표준이 되는 금액이 발생한 달의 말일
③ 중간에 예납하는 소득세 · 법인세	• 중간예납기간
④ 부가가치세	• 예정신고기간

참 조

국세의 소멸시효는 5~15년으로, 국가가 과세표준과세액을 신고에 의하여 결정하는 경우는 법정신고 납부기한의 다음 날 또는 과세표준과세액을 정부가 결정 · 경정 · 수시부과하는 경우에는 납세고지한 납부기한의 다음날부터 계산하여 5~15년간 행사하지 않으면 소멸시효가 완성된다. 이를 국세부과의 제척기간의 완료라 한다.

또한 국세는 다른 공과금보다 우선하여 징수되며, 납세의무는 과세기간이 종료하거나 과세사실이 성립하는 경우에 발생되나, 세법이 정한 의무를 지키지 않으면 가산세가, 납부기한을 지키지 않으면 가산금 · 중가산금이, 만약 재산이 압류 또는 경매로 처분되면 체납처분비가 부과된다. 납세의무는 승계, 연대2차 납세의무자가 있어, 납세자가 제3자가 될 수도 있다.

연대납세의무자

연대납세의무는 하나의 납세(納稅)의무에 대하여 2인 이상이 연대(連帶)하여 납세의무가 발생되는 경우로 공유물 · 공동사업 또는 공동사업의 재산에 대한 국세 · 가산금 · 체납처분비에 대한 납세의무를 공유자 · 공동사업자가 연대하여 지는 것이다.

제2차 납세의무자

납세의무자의 세금을 징수하기 위하여 재산까지 체납(滯納)처분을 하여도 부족한 경우는 특수한 관계에 있는 제3자에게 부족액에 대하여 납세의무를 지게 된다. 법인이 해산을 하는 경우 법인이 부담해야 할 법인세를 청산인 잔여재산을 분배받은 자가 납세의무를 지게 된다. 이러한 2차 납세의무가 발생되는 경우는 청산인·출자자·사업양수인 등이 있다.

4 국세부과의 원칙

실질과세의 원칙

과세(課稅)를 하는 경우에 과세의 대상이 되는 소득과 수익재산행위 또는 거래가 명목상 귀속자와 실질상 귀속자가 다른 경우는 사실상 귀속자를 납세의무자로 하여야 한다는 것이다. 예를 들어 1인 명의로 사업자등록을 하고 2인 이상이 동업을 하여 그 수익을 분배하는 경우에 외관상의 사업명의임에 불구하고 실질(實質) 소득자에게 과세를 한다는 것이다.

신의성실의 원칙

세무공무원이나 납세자(納稅者)는 그 의무를 수행하는 경우에 신의에 좇아 성실히 하여야 한다는 것이다. 특히 세무공무원은 재량에 의하여 직무를 수행함에 있어 과세의 형평과 타당성에 대하여 일반적으로 적당하다고 하는 한계를 지키도록 규정하고 있다. 일반적으로 사회생활에서도 권리와 의무는 신뢰성이 바탕이 되어야 한다는 윤리도덕적 측면이 강조되고 있어, 신의성실의 원칙은 법적규정과 조화를 이루는 것이 마땅하다.

근거과세의 원칙

납세의무자가 세법(稅法)이 정하고 있는 장부를 비치·기장하고 있는 때에는 과세표준의 조사결정은 그 비치·기장한 장부와 이에 관계되는 증빙자료에 의하여야 한다는 것이다. 다만, 정부가 국세를 조사 결정하는 과정에서 기장의 내용이 사실과 다르거나 누락된 부분이 있는 것을 조사 결정하는 것은 정부의 조사한 사실과 결정의 근거를 부기하도록 하고 있다. 또한 세법은 해석이나 적용을 함에 있어 과세의 형평과 합목적성에 비추어 납세자의 재산권이 부당하게 침해되지 않도록 규정하고 있으며, 소급과세도 금지하여 납세자가 새로운 세법에 의한 법제정 이전의 소득·수익·재산행위 또는 거래에 대하여 과세하지 아니하도록 규정되어 있다.

6 경제용어설명

경제일반

• 경상GNP성장률

국가경제의 규모나 수준 등을 알아보기 위해 작성하는 지표 중의 하나로 국민총생산(GNP)이 있다. 이는 1년 동안 새롭게 생산해 낸 물건(재화와 서비스)의 양을 금액으로 집계한 것이다. 이러한 생산액의 합계가 전년도에 비해 얼마나 늘었느냐를 따져 보는 것이 경제성장률이라고 한다. 그런데 돈으로 표시되는 GNP는 생산물이 많아져서 늘어날 수도 있고 또 물가가 많이 올라서 금액으로 표시되는 GNP가 늘어난 것은 국가의 경쟁력이 국가소득증가와는 상관이 없게 된다. 때문에 이러한 물가상승분을 제외하고 실질적인 경제규모가 얼마나 늘었느냐를 따져보는 것이 실질GNP성장률이다. 반면에 이렇게 물가상승분을 제외하지 않고 현재 거래되는 가격으로 그냥 집계해서 GNP가 얼마나 늘었느냐를 따져보는 것이 경상 GNP이다.

• 공급의 원리

공급의 원리도 수요의 원리와 같이 수요와 공급에 의하여 상품의 가격이 결정되어지는데 있어서 생산자의 입장 즉 공급자의 입장에서 보면 어떤 상품의 가격이 올라가면 공급자의 공급량이 증가하고 상품의 가격이 하락하면 공급량이 줄어든다는 원리로서 수요의 원리와 반대되는 이론이다. 공급의 원리 자체도 수요의 원리와 마찬가지로 사정이 같다는 전제조건(ceteris paribus)을 가정하고 있다.

• 기준시가

아파트 토지 등 부동산과 골프회원권 등의 매매에 대해서는 양도소득세가 과세되며, 또한 상속증여 때는 상속세·증여세가 과세된다. 이들 세금의 액수결정은 실제 거래가격을 기준으로 하는 것이 바람직하나 현실적으로는 모든 거래나 상속때마다 실제가격을 조사하는 것이 쉽지 않다. 따라서 정부에서는 일정한 기준가격을 이들 자산에 매겨놓고 이를 토대로 양도세 등을 부과하게 된다. 이를 기준시가라고 한다.

기준시가는 크게 3가지가 있다. 국토교통부가 땅에 대해 정해놓은 공시지가, 기획재정부가 건물과 땅에 대해 정하는 과세시가표준액, 그리고 국세청이 아파트와 연립주택, 골프회원권에 대해 정하는 국세청기준(좁은 의미의 기준시가) 등이다. 국세청은 땅값이 급등해 부동산투기 우려가 있는 지역을 소위 '지정지역'으로 정하고 이 지역에 대하여 특별감시를 하고 있다.

- 벤치마킹

벤치마킹(bench marking)이란 기업들이 주변에서 뛰어나다고 생각되는 상품이나 기술을 선정, 자사의 생산방식에 합법적으로 응용하는 것을 말한다. 모방과 다른 점은 여타 우수한 상품들의 기술을 일단 배우고 나서 이를 자사제품 생산에 응용, 새로운 생산방식을 쉽게 아이디어(idea)를 얻어 새 상품으로 연결시키는 기법이라며 「포천지」가 '벤치마킹'이라고 처음 명명했다.

- 법정관리

기업이 자력으로 회사를 꾸려가기 어려울 만큼 부채가 많을 때 법원이 지정한 제3자가 자금관리를 비롯하여, 기업활동 전반을 관리하는 것을 말한다. 법정관리는 해당업체의 채권자 또는 주주도 신청할 수 있으나 대상업체가 스스로 신청하는 경우가 많다. 부도위기에 몰린 기업을 파산시키기보다는 살려내는 것이 기업과 채권자에게는 물론 국민경제 전반에 유익하다는 점이 법정관리제도의 취지다. 기업이 법정관리를 신청할 때에는 채권·채무이행을 동결시키는 재산보전처분도 동시에 요청한다. 신청을 받은 법원은 우선 재산보전처분명령을 내린다. 그 다음 보통 3개월 정도의 시간을 갖고 법정관리를 받아들일지, 아니면 기각할지를 결정하게 된다. 법정관리가 기각되면 기업은 파산절차에 들어가고 수용되면 법원이 선임한 법정관리인이 경영을 책임지게 된다. 이외에도 기업을 회생시키는 방법으로 은행관리가 있으나, 이는 은행에서 직접 직원을 파견해서 자금을 관리한다는 점에서 법정관리와 차이가 있다.

- 보이지 않는 손

보이지 않는 손(invisible hand)이란 영국의 경제학자 'Adam Smith'가 제창한 용어이다. 모든 경제시장에서는 수요와 공급의 법칙에 의하여 가격이 결정되어지는데, 일반적으로 완전경쟁시장에서는 수요자와 공급자가 무수히 많이 존재하기 때문에 각 수요자, 공급자 개개인들이 가격이 결정되는데 어떤 역할을 하는지, 눈에 보이지 않기 때문에 서로 상대의 수요자, 공급자가 어떻게 행동을 하는지 알 수 없으므로 수많은 수요자와 공급자의 가격결정 역할이 '보이지 않는 손'이라고 하였다.

- 상호지급보증

기업이 금융기관에서 대출이나 지급보증을 받을 때 그룹 내 다른 기업이 채무를 보증하는 행위를 말한다. 대출은 물론 회사채발행, 신용장개설, 해외공사하자보증 등이 모두 포함된다. 상호보증이 과할 경우 대기업 그룹에 대한 대출편중이 심화되고 상호보증의 연결고리를 통한 기업경영으로 개별기업의 독립경영체제 확립이 어려워져 경제력 집중 등의 부작용이 나타난다. 또한 기업이 부실화됐을 때 그룹 전체의 연쇄부실화를 초래하는 등의 문제점도 있다.

- 수요의 원리

수요의 원리란 시장에서 수요와 공급에 의하여 상품의 가격이 결정된다고 하였는데, 수요자 즉 상품의 구매자 입장에서 보면 상품의 가격이 오르면 그 상품에 대한 구입량이 줄어들고 가격이 내리면 구입량이 늘어난다는 이론이다. 이때 가정하는 것을 가격 이외의 구입량에 미치는 다른 요소는 변하지 않고 일정하다고 보는 이론으로서 이러한 조건을 "ceteris paribus(other things being equal)"이라고 한다.

- 스태그플레이션

스태그플레이션(stagflation)은 원래 경기침체(stagnation)와 물가상승(inflation)의 합성어로 경기침체와 더불어 물가가 상승한다는 뜻이다. 1970년 이전에는 필립스 곡선의 이론에 따라 경기가 상승함으로 인하여 물가가 상승한다고 보았는데 이러한 이론이 더 이상 유효하지 않게 되었다. 1970년 이후 OPEC의 고유가정책, 즉 1, 2차의 세계오일쇼크로 인하여 경기가 침체함에도 불구하고 물가상승률은 계속 상승한다는 것을 나타낸다. 이러한 결과로 경제학자들은 더 이상 필립스 곡선이론이 경제에 적용되지 않는다고 보고 있다.

- 시너지효과

시너지효과(synergy effect)에서 '시너지(synergy)'란 용어는 합성(synthesis)과 힘(energy)의 합성어로서 두 가지의 힘을 합하였을 때 혼자일 때의 힘을 단순히 산술적으로 합한 것보다 그 이상의 효과가 나타난다는 것을 의미하며 최근 경영학에서 많이 쓰는 용어이다. 예를 들면 학부에서 공학을 전공하고 대학원에서 MBA를 전공한 사람이 학부에서 경영학을 전공하고 대학원에서 MBA를 전공한 사람보다 마케팅 분야에서 효과가 크게 나타난다고 보는 것이다.

- 시장

시장(market)이란 수요자와 공급자가 존재하여 수요(demand)와 공급(supply)에 의하여 가격이 결정되는 상황을 말한다. 종전에는 시장이라고 하면 구체적으로 수요자와 공급자가 모여서 가격이 결정되는 장소를 말하였으나, 현대의 시장개념은 수요자와 공급자가 모이는 구체적인 장소가 아니라 세계의 원유시장이나 텔레마킷(tele-market)과 같이 수요자나 공급자가 서로 만나지 않고도 통신이나 인터넷(internet)을 통하여 가격이 결정되는 추상적인 시스템(system)도 광의의 시장이라 볼 수 있다. 시장의 종류로는 생산물시장, 노동시장, 증권시장, 화폐시장, 국제시장 등이 있으며, 각 시장에서는 수요자와 공급자가 존재하며 이러한 수요와 공급에 의하여 각 시장에서 가격이 만들어지는 것이다. 생산물시장에서는 수요와 공급에 의해 상품가격이 결정되고, 노동시장에서는 노동의 수요와 공급에 의하여 임금이 결정된다. 주식시장에 수요와 공급에 의하여 주식가격이 결정되고 채권시장에서는 수요와 공급에 의하여 채권가격이 결정된다. 화폐시장에서는 화폐의 수요와 공급에 의하여 이자율이 결정되며 외환시장에서는 외환의 수요와 공급에 의하여 환율이 결정된다.

- 자산 디플레이션

자산 디플레이션(property deflation)은 부동산 같은 실물자산 가치가 하락하고, 역(逆)자산 효과가 발생, 경제침체현상이 가속화하는 상황을 말한다. 경제성장률이 둔화되고, 금융시장의 혼란과 대기업 부도사태 등으로 기업보유부동산 매물이 늘어나면서 부동산 가격이 폭락하는 경우 자산 디플레이션의 가능성이 높다. 일본을 비롯한 동남아 국가의 부동산가격이 폭락한 것이 좋은 사례이다. 일본의 경우 지금 겪고 있는 복합불황의 원인이 부동산 거품 붕괴에 따른 자산 디플레이션의 결과다.

부동산 가격이 급락할 경우 부동산을 담보로 잡은 금융기관의 자산 건전성이 악화돼 전체 금융시스템이 불안정으로 이어지면서 경기침체가 장기화되는 '복합불황'이 올 수 있다.

• 지니계수

소득분배의 불평형도를 나타내는 수치, 일반적으로 분포의 불평형도를 의미하지만, 특히 소득이 어느 정도 균등하게 분배되어 있는가를 평가하는데 주로 이용된다. 이탈리아의 통계학자 지니(Gini)가 제시한 지니의 법칙에 따라 나온 계수다. 가로축에 저소득층으로부터 인원의 분포도를 그리고 세로축에 저소득층으로부터 소득액 누적백분율을 구하면 소득분배곡선(로렌츠곡선)이 나온다. 여기에 가상적인 소득분배균등선(45도선)을 긋는다. 이때 소득분배균등선과 종・횡축이 이루는 삼각형의 면적과 균등선과 로렌츠곡선 간의 면적비율이 지니계수가 된다. 따라서 지니계수는 0과 1 사이의 값을 가지며, 이 값이 작을수록 소득분배는 균등한 것을 뜻한다. 일반적으로 지니계수가 0.4를 넘으면 소득분배가 상당히 불평등한 것으로 볼 수 있다.

• 지주회사

지주회사(holding company)는 쉽게 말해 주식을 소유한 자회사를 지배하면서 자회사를 관리하는 회사다. 비유해서 말하자면 연방정부가 독립성 강한 지방정부를 거느리는 상하관계라고 할 수 있다. 이에 비해 회장실 또는 비서실 등을 통해 계열사를 관리하는 현재의 재벌은 실질적인 권한이 없는 중앙정부가 지방정부를 거느리는 것과 같다. 지주회사는 스스로 사업을 하면서 자회사 관리도 하는 '사업지주회사'와 독자적인 사업은 하지 않고 자회사 관리만을 하는 '순수지주회사' 등의 두 가지가 있다. 사업지주회사는 일본의 도요타 자동차처럼 자동차사업을 하면서 50%이상의 지분을 출자한 자회사를 관리하는 회사를 말한다. 현재 재계는 적대적 인수합병을 막고 사업구조조정의 일환으로 지주회사설립을 허용하고 있다.

• 탄력성(彈力性)

탄력성(elasticity)의 개념은 경제학에서 매우 중요한 개념이다. 왜냐하면 시장에서 수요와 공급에 의하여 어떤 상품의 가격이 결정되므로 가격이 수요와 공급에 미치는 영향 또한 크다고 볼 수 있다. 이와 같이 가격의 변화가 수요와 공급에 얼마만큼 영향을 미치는가를 살펴보는 것이 탄력성의 개념이다. 탄력성의 개념을 정확히 말하면 어떤 제품의 가격이 종전 가격에 비하여 몇% 변화함에 따라 수요와 공급량이 전에 비하여 몇% 변했는가를 나타내는 %변화율이다. 예를 들면 두 고무줄 A, B가 있을 때 똑같은 힘을 주어 두 종류의 고무줄을 잡아늘렸을 때, 기존의 늘리기 전의 A고무줄이 5cm이었고, B고무줄은 10cm이었을 때 늘리고 난 다음 A고무줄은 8cm가 되었고 B고무줄은 14cm가 되었다고 한다면, 늘어난 절대 길이는 B고무줄이 많이 늘어났지만 탄력성의 개념으로 볼 때에는 A고무줄이 B고무줄보다 탄력성이 크다고 할 수 있다. 이와 같이 수요의 가격탄력성, 공급의 탄력성 개념은 수입과 밀접한 상관관계가 있으므로 경제용어로서 매우 중요한 개념이다.

- 한계성(限界性)

한계성(marginality)의 개념 역시 탄력성의 개념과 더불어 경제용어로서 매우 중요한 개념이다. 한계성의 개념을 효용(效用)측면에서 설명하면, 예를 들어 상품 1개를 추가로 소비하였을 때 추가로 얻는 효용을 나타낸다. 다시 생산측면에서 살펴보면 노동이나 자본을 추가로 1단위 더 투입하였을 때 추가로 얻는 생산물이 얼마만큼 되는지를 나타내는 것이다. 이와 같이 한계성 개념이 효용측면 즉 소비측면 그리고 생산측면에서 중요한 이유는 한계성 개념이 효용극대화나 생산자의 이익극대화에 이바지하기 때문이다. 다시 말하면 한계효용이나 한계생산성은 처음에는 계속 증가하다가 어느 시점을 지나면 다시 줄어드는 현상을 나타내기 때문이다.

- 화의(和議)

부도위기에 몰린 기업이 법원의 중재 감독아래 채권자들과 협정을 맺고 언제까지 어떤 방법으로 빚을 갚겠다는 계획을 세워 파산을 면할 수 있는 제도. 회의기간 동안 기업주의 경영권은 계속 인정된다. 한마디로 지급불능, 지급정지, 채무초과 등 일시적 파산위기에 몰렸으나 위기만 넘기면 정상화가 가능한 기업에 대해 채권행사를 유예해줌으로써 기업도 살리고 채권자의 채권도 변제받을 수 있도록 한 제도다. 일정기간 동안 채권행사를 유예하고 기업에 갱생기회를 준다는 점에서 법정관리와 비슷하다. 그러나 기업주의 경영권을 인정하고 변제에 대한 강제성이 없다는 점이 법정관리와 다르다.

- 경제적 부가가치

경제적 부가가치(economic value added)는 기업의 영업이익에서 차입금에 대한 이자와 법인세는 물론 주주들에게 돌아갈 적정수준의 기대수익까지 차감한 상태의 수익성을 나타낸 지표이다. 선진국에서는 매우 중요한 산업 및 기업분석지표로 사용되고 있다. 적정수준의 기대수익이란 기회비용 개념으로 주주가 다른 자산에 투자했을 때 기대되는 수익을 감안하여 산정되며 기업의 입장에서는 자기자본비용에 해당된다. 일반적으로 기업의 입장에서 보면 회계상 자기자본은 비용으로 처리되지 않는다. 그러므로 회계상 영업이익이 플러스일지라도 EVA는 마이너스일 수도 있다.

국제시장

- 경상수지(經常收支)

한국과의 대외거래 상태를 나타내는 지표 중의 하나로 무역수지, 무역외수지, 이전수지를 합한 것이다. 무역수지는 상품수출액과 수입액을 비교한 것으로 그 차액이 플러스면 무역수지가 흑자, 마이너스면 무역수지가 적자라 한다. 무역외수지는 은행보험·항공기·선박 등의 서비스 대금, 대외수익과 이자, 해외관광 여행경비, 의료 등의 서비스 수출입에 따른 결과를 말한다. 이전수지는 내국인과 외국인 사이의 무상으로 주고받는 거래이다. 경상수지는 통상국제수지 흑자 또는 적자의 기준이 된다. 국가 간 자본의 대차, 유가증권 매매, 기타 채권·채무관계를 나타내는 자본수지를 포함할 경우, 국제수지는 항상 균형을 이루어 한국과의 대외거래 상황을 정확히 나타내기 힘들기 때문이다. 경상수지가 적자를 나타내면 부족한 돈은 외국에서 빚을 내 메워야 한다. 이때 자본수지는 외채증가에 따라 흑자를 나타낸다.

- 국제수지(國際收支)

국제수지(balance of payment)란 일정기간 동안(1개월, 3개월, 6개월, 1년) 자기나라와 다른 나라 사이에 일어난 거래적 관계를 화폐로 계산해서 나타낸 종합기록표이다. 이와 같은 국제거래에는 재화와 용역에 대한 모든 거래가 포함된다. 국제수지는 재화와 용역의 거래에서 발생하는 경상수지와 해외로부터 차관을 도입하거나 빌려주었을 때 일어나는 자본수지로 구성되어 있다.

경상수지는 다시 무역수지, 무역외수지, 이전수지로 구성되어 있고, 자본수지는 다시 단기자본수지와 장기자본수지로 나누어진다. 무역수지란 상품의 수출과 수입에서 이루어진 수입이고 무역외수지는 국제 간 서비스거래에서 발생한 수지이다. 이전수지는 상품을 무상으로 주고 받은 데서 발생한 수지로서 주로 샘플(sample)이 여기에 해당된다. 자본수지의 장기자본수지에는 해외 직접투자나 증권투자가 해당되고 단기자본수지에는 단기무역신용이나 단기연불수출 등이 해당된다. 국제수지에서 경상수지가 중요시되는 이유는 경상수지가 국민소득이나 고용 등 경제적 파급효과가 크기 때문이다. 국제수지표는 월별로 한국은행에서 작성 발표하고 있다.

• 무역외수지(貿易外收支)

국제수지표상에 나오는 용어로서 무역수지는 수출과 수입에서 이루어지는 직접적인 국제수지를 뜻하고 무역외수지는 무역수지가 아닌 국제 간에 이루어진 운임 및 보험료, 기타관광수입, 해외투자수익, 기타용역수지로서 해외건설수입도 큰 몫을 차지하고 있다. 종합국제수지는 크게 경상수지, 자본수지로 나누어지는데, 경상수지는 다시 무역수지, 무역외수지, 이전수지로 분류된다. 우리가 흔히 말하는 국제수지가 적자이거나 흑자라고 말할 때, 또는 신문에 나타나는 국제수지는 경상수지를 뜻하고 있다. 경제이론상 경상수지가 한 때 흑자라고 해서 반드시 좋은 현상은 아니다. 경상수지가 흑자가 되면 인플레이션의 염려가 있고 환율의 평가절상 압력을 받기 쉽다.

외환시장

• 역외금융

역외금융(offshore financing)은 국내 밖에서 이루어지는 금융으로서 해외금융시장에서 자금을 조달하여 이 자금을 다시 해외에 있는 기업에게 대출해주는 제도이다. 예를 들면, 신용도가 높은 시티은행에서 런던이나 홍콩같은 역외금융시장에 자금을 차입하여 한국의 기업에게 대출해주는 금융제도를 말한다. 역외금융시장은 그 대신 외환관리나 조세부과 등에서 혜택이 부여된다. 역외금융은 위험도를 줄이기 위하여 다수의 금융기관이 참여하는 국제신디케이션(international syndication)형태로 이루어진다. 신디케이션의 주간사는 국제적으로 신용도가 높은 미국과 유럽의 주력은행이 담당하게 된다.

• 가용외환보유고

가용외환 보유고란 예를 들어 우리나라가 보유하고 있는 총외환보유고 중에서 유동성 있게 사용할 수 있는 외환보유고를 뜻한다. 유동성 있는 외환보유고란 항시 필요할 때, 즉시 사용할 수 있는 외환보유량을 나타내는데, 외환보유고 중에서도 우리나라 금융기관이 해외에 보유하고 있는 외환은 필요할 때 즉시 회수하기가 힘들기 때문에 국외에서 갖고 있는 외환은 가용외환 보유량에서 제외된다.

증권시장

• M & A (합병 및 인수)

M&A는 기업의 합병(mergers) 및 인수(acquisitions)를 말하며 합병은 두 회사가 똑같은 경영권을 공유하면서 합치는 것을 의미하며, 인수는 어느 한 회사가 다른 회사와 합치면서 경영권을 획득하는 것을 의미한다. 우리나라도 1997년 12월에 IMF 구제금융을 받으면서 기업의 구조조정의 일환으로 M&A 증권거래법이 개정되어 허용되었다. 세계적인 추세도 과잉중복투자의 해결방안과 국가경쟁력을 확보하기 위하여 미국이나 유럽을 비롯하여 M&A 붐이 일어나고 있다. M&A 방법에는 우호적인 방법과 적대적인 방법의 두 가지가 있다. 우호적인 M&A는 두 회사가 서로 합법적인 방법으로 서로 합의하여 주식의 양도를 통하나 공개적인 합병 및 인수방법이고 적대적인 M&A는 어느 회사를 합병 및 인수하기 위하여 상대회사 모르게 주식시장에서 상대방 주식을 몰래 매입하여 경영권을 쟁취하려고 하는 방법이다. 우리나라에서도 삼성에서 기아자동차 주식을 몰래 매입하여 적대적 M&A를 시도하려고 하였고, 주식회사 농심에서 미도파를 적대적 M&A를 하려고 시도한 바 있다. 일반적으로 주식시장에서 M&A가 이루어지는 회사의 주식가격은 상승하는 경향을 보여주고 있다. 왜냐하면 M&A를 하게 되면 M&A된 회사의 재무상태가 건실하게 되고 타 회사에 비하여 규모의 경제를 통한 경쟁력이 제고되기 때문이다.

• 뮤추얼 펀드

펀드(fund)를 우리말로는 투자신탁이라고 하며 투자전문가가 일반 투자자의 자금을 맡아서 대신 투자해 주는 제도를 말한다. 투자신탁 유형에는 조직형태에 따라 회사형과 계약형으로 구분된다. 회사형은 투자자가 자금을 맡기는 투자신탁회사의 주주가 되어 주권을 받게 된다. 반면에 계약형은 투자자가 자금을 맡긴 근거로 수익증권을 받게 된다. 뮤추얼 펀드(mutual fund)란 이중에 회사형 투자신탁을 말한다. 미국의 회사형 투자신탁으로 공모를 통해 설립된 펀드를 말한다. 불특정

다수인으로부터 자금을 모아 설립하며 미국 증권관리위원회(SEC)에 등록돼 있다. 상대적으로 위험을 회피하는 투자경향을 보이고 단기보다는 장기수익을 겨냥하는 특성이 있다. 뮤추얼 펀드 중 템플턴 펀드, 피델리티 펀드, 푸트남 펀드 등은 한국 주식에도 투자하고 있다. 투자자들은 투자한 만큼의 주주가 되어 경영권에 참여한다는 점이 투자신탁과 다르며, 펀드의 투자경영이 투명하게 이루어진다는 점이다.

- 주주권(株主權)

현행 상법상 회사주식 5%이상을 소유한 주주가 행사할 수 있는 권리, 대주주의 횡포를 방지하기 위해 시행되고 있다. 현재 상법에서 부여하고 있는 소수주주권으로는 불법행위를 한 임원에 대한 대표소송권, 해임청구권, 불법행위중지청구권 등 개인비리 관련사항에 대한 감시장치와 회사의 서류, 장부 등에 대한 열람권, 주주총회소집권, 회사의 업무 및 재산상태에 대한 감사인선임청구권, 청산인해임청구권 등 기업비리감사를 위한 권리들이 있다. 최근 정부에서는 기업경영의 투명성을 제고하기 위해 개인비리 관련사항은 6개월 이상 주식 1% 혹은 10만주 이상을 보유한 주주, 기업비리 관련사항은 1년 이상 주식 3% 혹은 30만주 이상을 보유한 소수주주들도 소수주주권을 행사할 수 있도록 요건을 완화하였다. 주주의 권리로는 이밖에도 주식을 1주만 갖고 있어도 행사할 수 있는 단독주주권(예 : 주주총회의결권)이 있다.

- 자기자본(自己資本)

기업이 전체자본에서 부채를 뺀 자본을 가리킨다. 재무제표상으로는 자본금 법정준비금(자본준비금, 이익준비금)과 잉여금을 합한 것으로 순자산이라고도 한다. 이에 비해 외부에서 들여온 차입금이나 사채 등은 타인자본이라고 한다. 자기자본 중 자본금이란 출자자로부터 조달된 자금(元入資金)을 말한다. 법정준비금은 자본결손을 충당하기 위해 적립한 돈이다. 이익금은 기업이 낸 이익 중 회사밖으로 나간 돈을 공제한 금액이다. 총자본에 대한 자기자본의 비율을 나타내는 것을 자기자본비율이라 한다. 이 비율은 기업의 안정성을 나타내는 중요한 지표이다. 비율이 높을수록(자기자본이 많을수록) 재무내용이 뛰어난 우량기업이라고 할 수 있다. 우리나라 대기업들은 자기자본의 3~5배까지 상호지급보증을 하고 있다. 이는 기업이 부실화됐을 때 그룹 전체의 연쇄 부실화를 초래할 수도 있는 높은 수치다.

- 전환사채

전환사채(convertibe bond)란 처음에는 회사채로 발행되었다가 일정기간이 지나면 주식으로 전환할 수 있는 채권을 말한다. 전환사채는 채권발행 후 일정기간(주로 3개월)이 지나면 발행회사 주식으로 전환할 수 있는 권리가 부여된 회사채이므로 채권의 안정성과 주식의 시세차익을 동시에 얻을 수 있는 장점이 있다. 어느 시점 즉 3개월 이후에 주식가격이 오르면 시장에 매도하여 시세차익을 올릴 수 있으며 국내에서는 처음 주로 외국자본을 끌어들이기 위하여 쓰였다. 왜냐하면, 외국인들은 처음에 국내회사 실정에 대하여 잘 모르기 때문에 회사채로 투자하였다가 회사운영이 제대로 잘 돼서 해당회사의 주식가격이 오르면 회사채를 해당회사 주식으로 바꾸면 되는 것이다. 이러한 전환사채제도는 해당회사나 투자자 입장에서 보면 양쪽에 다 유리한 제도라고 할 수 있다. 전환사채는 일반회사채보다 낮은 금리로 발행되는 것이 통례이다. 왜나하면 나중에 주식으로 전환할 수 있는 권리가 부여된 채권이기 때문이다. 그러므로 회사 측 입장에서 보면 낮은 금리로 자금을 마련할 수 있는 이점이 있을 뿐만 아니라 투자자가 나중에 주식으로 전환하면 회사측에서 보면 부채가 자본금으로 전환되어 갚아야 할 부담이 없어지는 이점이 있다. 투자자 입장에서 보면 처음에 주식을 매입하여 손해 볼 위험성을 줄일 수 있기 때문에 또한 투자자에게도 이점이 생기는 제도이다.

화폐시장

- 양도성 예금시장

양도성 예금증서(CD : Negotiable Certificate of Deposit)는 일종의 정기예금증서로 양도가 가능하여 매우 유동성이 높은 상품이다. 흔히 CD라고 불리는 양도성 예금증서는 1960년대 초 미국의 시티은행에 의해 처음 도입되었다. 당시 미국에서는 예금이자율에 대한 상한규제(Regulation Q)가 존재하여 은행들이 예금을 통한 자금유치에 곤란을 겪고 있었는데 이러한 규제를 회피하여 자금을 보다 원활히 조달하고자 하는 금융혁신(financial innovation)의 일환으로 CD가 개발된 것이다. CD는 무기명이며 가능하지만 중도해지가 불가능하다. 따라서 일반예금과는 달리 지급준비금이 부과되지 않고 이자율도 비교적 높다. 그러나 양도가 가능하기 때문에 유통시장에서 언제든지 사고팔 수가 있어 현금화가 매우 용이하다는 장점도 갖고 있다. CD는 정기예금같이 만기가 되어야 찾을 수 있는 것과 달리 만기 이전이라도 할인하여 누구에게나 사고팔 수가 있어 유동성이 큰 상품이다.

- 융통어음

어음에는 크게 진성어음과 융통(融通)어음 두 가지 종류가 있다. 진성어음은 기업간의 실제로 상거래가 이루어지고 물품구입비로 어음으로 대신 지급하는 경우이고, 융통어음이란 진성어음과는 달리 실제 상거래가 이루어짐이 없이 단순히 어음 소지자의 채무변제를 위해서나 단기운전자금을 마련하기 위하여 발행하는 어음이다. 융통어음은 물건의 실제적인 상거래 없이 발행되는 어음이기 때문에 진성어음보다 부도가 날 확률이 높다. 은행에서 어음을 할인할 때도 진성어음은 할인이 되지만 융통어음은 할인이 되기 어렵고, 설사 사채시장에서 할인이 된다고 하더라도 할인율이 매우 높다. 융통어음은 사채시장에서는 고율의 할인율로 할인이 된다고 치더라도 제도적인 은행에서는 할인이 금지되어 있다. 은행에서는 이와 같이 진성어음과 융통어음을 구별하기가 힘들기 때문에 진성어음 뒷면에는 상거래 시 발생된 세금계산서를 첨부하게 되어 있다.

- 콜 (call loan, call money), 단자

금융기관이나 증권회사 상호간의 단기대부차입으로 '부르면 대답한다'는 식으로 극히 단기로 회수할 수 있는 차입금으로 이를 콜(call)이라 한다. 공급자 측에서는 콜론(call loan), 수요자 측에서는 콜머니(call money)라고 부르며, 콜은 주로 은행의 어음기말결산의 결제 등 단기자금의 조달에 이용된다. 콜은 언제나 은행이 회수할 수 있는 단기대부이므로 은행으로서는 일시적인 유휴자금을 운용하는데는 최적의 방법이다. 콜금리는 금융기관끼리 남거나 모자라는 자금을 서로 주고받을 때 적용되는 금리를 말한다. 금융기관들도 예금을 받고 기업에 대출해주는 등 영업활동을 하다보면 자금이 남을 수도 있고 급하게 필요한 경우도 생기게 된다. 이러한 금융기관 상호간에 과부족 자금을 거래하는 시장이 바로 콜시장이다.

제3장

카지노의 경제적 파급효과

카지노산업은 전후방 효과 등 파급효과가 매우 큰 산업으로 우리나라 경제뿐만 아니라 취업률 등 노동시장에도 긍정적인 효과를 나타내고 있다. 카지노사업은 외화가득률(92.9%)이 높아 수출대체효과를 살펴보면, 반도체 81,936만개, 승용차 8.5만대, 휴대폰 965만대의 수출효과와 마찬가지며, 취업유발효과가 약 3.3만명, 고용유발효과가 약 2만명 등으로 우리나라 경제 전반에 막대한 긍정적 효과를 미치고 있다. 이러한 경제적 효과로 인하여 동아시아에서는 국가적인 전략사업으로 지정, 육성시키기 위한 막대한 투자를 하고 있는 실정이다.

1 산업연관분석을 통한 카지노산업의 경제적 효과

1 산업연관분석

경제내에서 투입된 카지노 및 관광산업과 관련된 지출의 영향을 평가하는 방법은 일반적으로 승수효과분석이 사용되는데, 산업연관분석이 대표적인 방법 중의 하나이다. 산업연관분석은 생산활동을 통해 이루어지는 산업 간의 상호연관관계를 수량적으로 파악하고자 하는 기법으로 모든 산업부문 간 거래량, 즉 투입과 산출을 종합적이고 체계적으로 분석하기 때문에 관련 산업부문의 전·후방 효과, 유발효과를 상세히 제시해 줄 수 있는 유용한 분석방법 중의 하나이다.

특히 산업연관분석은 산업 간 상호연관관계를 알 수 있을 뿐만 아니라 카지노 외화획득액을 포함한 수출이나 민간소비지출과 같은 최종 수요의 증가로 전체산업에 파급시킨 경제적 효과를 평가하는데 유용한 기법이다. 산업연관분석은 국민경제 내에서 생산되는 모든 재화와 서비스의 산업 간 거래관계를 체계적으로 기록한 통계표인 산업연관표의 작성으로 출발하는데, 일정기간 동안 국민경제 내에서의 재화와 서비스의 생산 및 처분과정에서 발생하는 모든 거래를 일정한 원칙과 형식에 따라 기록한 표를 이용하며 그 양식은 다음과 같다.

▶ 산업연관표 구조

산출 \ 투입		내생부문 산업 1 2 3 …… n	최종수요	총산출액
내생부문 (X_i)	산업 1	X_{11} X_{12} X_{13} … X_{1n}	D_1	X_1
	산업 2	X_{21} X_{22} X_{23} … X_{2n}	D_2	X_2
	⋮	⋮ (제2상한)	⋮ (제1상한)	⋮
	n	X_{n1} X_{n2} X_{n3} … X_{nn}	D_i	D_i
부가가치		V_1 V_2 V_3 … V_n (제3상한)	VD (제4상한)	V_t
총투입액(X_n)		X_1 X_2 X_3 … X_n	D	경제총계

▶ 행렬기호 표시

$$AX + Y - M = X$$
$$X = (1-A)^{-1}(Y-M)$$

여기서
A = 국산투입제수행렬
X = 총산출액벡터
Y = 최종수요벡터
M = 수입액벡터
I = 대각행렬

산업연관분석을 이용하는 데는 몇 가지 가정이 있는데, 이는 투입계수가 항상 일정하다는 점과 원재료의 공급이 항상 탄력적이라는 점이다. 여기서 투입계수는 한 산업부문이 다른 산업부문으로부터 원재료를 구입함에 따라 파급되는 직접효과를 나타내며, 산업 간의 상호의존관계를 분석하는데 기초가 된다. 또한 생산유발계수는 산업 간 연쇄파급으로 인한 직간접 효과 또는 유발효과를 나타낸다.

2 카지노산업의 분류

카지노의 정의

카지노는 관광진흥법 제3조(관광사업의 종류)에 보면 "전문영업장을 갖추고 주사위·트럼프·슬롯머신 등 특정한 기구 등을 이용하여 우연의 결과에 따라 특정인에게 재산상의 이익을 주고 다른 참가자에게 손실을 주는 행위 등을 하는 업"으로 카지노에 대한 법적정의(定義)를 하고 있다. 카지노는 룰렛·카드게임 등 도박을 하는 공인오락장이며, 그 어원은 겜블링(gambling), 음악, 쇼(show), 댄스 등 오락시설을 갖춘 집회장이라는 의미의 이탈리아어 카사(Casa)에서 유래되었다고 한다. 카지노는 크게 테이블게임과 머신게임으로 구분되는데, 테이블 게임(table game)은 블랙잭(blackjack), 바카라(baccarat), 룰렛(roulette), 빅휠(big wheel), 식-보(sic-bo), 크랩스(craps) 등이 있고, 머신게임(machine game)은 슬롯(slot)머신, 비디오 포커(vedio poker), 멀티(multi)게임머신 등이 있으며, 테이블게임은 현금을 칩(chip)으로 교환하여 게임을 하고, 머신게임은 코인(coin)을 넣고 게임을 진행한다. 우리나라 관광진흥법상 인정된 게임은 블랙잭, 바카라, 룰렛, 다이스, 포커, 다이사이, 키노, 빅휠, 빠이까우, 판탄, 조커세븐, 라운드 크랩스, 트란타 콰란타, 프렌치 볼, 차카락, 빙고, 마작, 슬롯머신, 비디오게임, 카지노워 등 20종류로 한정하고 있다.

카지노산업의 분류

카지노산업의 분석자료는 한국은행에서 정기적으로 발표하고 있는 산업연관표의 기본부문 403부문표를 이용하여 분석한 자료로서 카지노산업의 경제적 파급효과를 분석하기 위해서 생산유발계수, 부가가치유발계수, 소득유발계수, 취업유발계수, 고용유발계수, 영향력·감응도계수, 외화가득률 등은 산업연관표의 비경쟁수입형 표인 국산거래표와 수입거래표를 이용하였다.

카지노산업과 연관산업인 관광산업의 분류 및 통합관련 이외의 산업은 산업연관표의 통합 대(對)분류인 20부문표의 기준을 따르며, 이는 산업의 분류 및 통합이 각종 관련 유발계수의 크기를 변화시키는 원인으로 작용하기 때문에 기존 한국은행에서 발표한 각종 유발계수와의 차이를 최소화하기 위한 것이다. 카지노산업은 현행 관광진흥법상 카지노업으로 분류되어 있으나, 산업연관표상에는 402기본부문 가운데 392기타오락서비스업으로 분류되어 있으므로 카지노산업의 경제적 파급효과분석을 위해 한국은행이 발표한 2005년 기준산업연관표의 403기본부문으로부터 카지노산업이 속해 있는 기타오락서비스부문(392)을 분리하였으며, 관광산업은 기존선행연구를 토대로 관광교통업, 소매업, 음식점업, 숙박업, 문화오락서비스업으로 각각 분리시켜 분석하였고, 각종 유발계수를 분석한 결과표는 한국은행 2005년 기준산업연관표 403기본부문을 카지노산업과 관광산업을 포함한 29통합분류표, 카지노산업과 관광산업의 세부산업 5개 부문을 포함한 33통합분류표를 각각 재작성하여 29통합분류를 기준으로 관광산업의 5개 부문을 추가하여 작성하여 보았다.

▶ 카지노산업 및 관련관광산업의 분류

구분	통합부문	2005년 기준산업연관표 403기본부문
카지노산업	카지노산업	392. 기타오락서비스
관광산업	소매업	322. 소매업
	음식점업	323. 일반음식점업
		324. 주점
		325. 기타음식점
	숙박업	326. 숙박
	관광교통	327. 철도여객운송
		329. 도로여객운송
		332. 연안 및 내륙 수상운송
		333. 외항운송
		334. 항공운송
		340. 기타운수관련서비스
	문화오락 서비스업	386. 문화서비스(국공립)
		387. 문화서비스(기타)
		388. 영화제작 및 배급
		389. 영화상영
		390. 연극·음악 및 기타예술
		391. 운동 및 경기관련서비스

註 : 한국은행 산업연관표 403기본부문을 기준으로 작성

자료 : 한국은행 (2010), 2005 산업연관표

카지노산업의 경제적 효과

카지노산업의 경제적 효과는 카지노 이용객이 해당산업인 카지노업이나 숙박업을 이용하면서 직접적인 효과를 미치고, 이 산업이 다시 농림수산업, 음식업 등에 파급효과를 미치며, 다시 이 산업이 다른 산업에 파급효과를 미치게 하는 것이다. 즉 최종 수요가 발생할 때 그 산업은 이를 충족시키기 위하여 다른 산업으로부터 원재료를 구입하게 되고, 이 산업은 원재료를 공급하기 위하여 또다른 산업으로부터 원재료를 구입하게 되며, 이러한 연쇄파급효과가 계속되는 것이다. 이러한 연쇄효과를 예를 들어 설명하면, 첫째 외래관광객이 한 호텔 카지노를 이용하면서 지출한 비용은 우선 그 호텔카지노의 수입이 되는데, 이를 직접효과 또는 1차 효과라고 한다. 둘째, 이 호텔카지노는 그 수입의 일부를 다른 산업으로부터 식자재나 공산품을 구입하는데 지출하며, 그 결과 이들 산업에 생산효과를 가져오게 되는데 이를 간접효과라고 한다. 또한 이 돈을 받은 산업은 다른 산업으로 원재료를 구입하기 위해 지출함에 따라 연쇄파급효과가 발생하게 된다.

이러한 연쇄파급효과는 그 돈이 수입(輸入)이나 세금 등으로 인해 그 경제내를 완전히 빠져나갈 때까지 계속된다. 셋째, 카지노수입의 지출은 여기에서 끝나지 않는다. 즉 호텔카지노 수입의 일부는 종업원의 급료로 지출될 것이고, 그 종업원은 봉급의 일부를 타 산업으로부터 식자재나 가전제품 등을 구입하는데 사용할 것이다. 즉 종업원 소득의 증가로 인해 소비가 증가되고, 소비의 증가는 다시 제조업 등 다른 산업의 생산활동을 증가시키게 되는데 이를 유발효과라고 한다. 여기서 간접효과와 유발효과를 합쳐서 2차효과라고 한다. 직・간접 및 유발효과를 통한 카지노산업의 경제적 효과는 매우 클 것으로 예상된다. 따라서 카지노산업의 경제적 파급효과를 산업연관모델을 이용하여 좀더 논리적이고 체계적으로 평가하는 작업은 매우 중요한 의미를 갖는다.

▶ 카지노산업의 경제적효과 흐름도

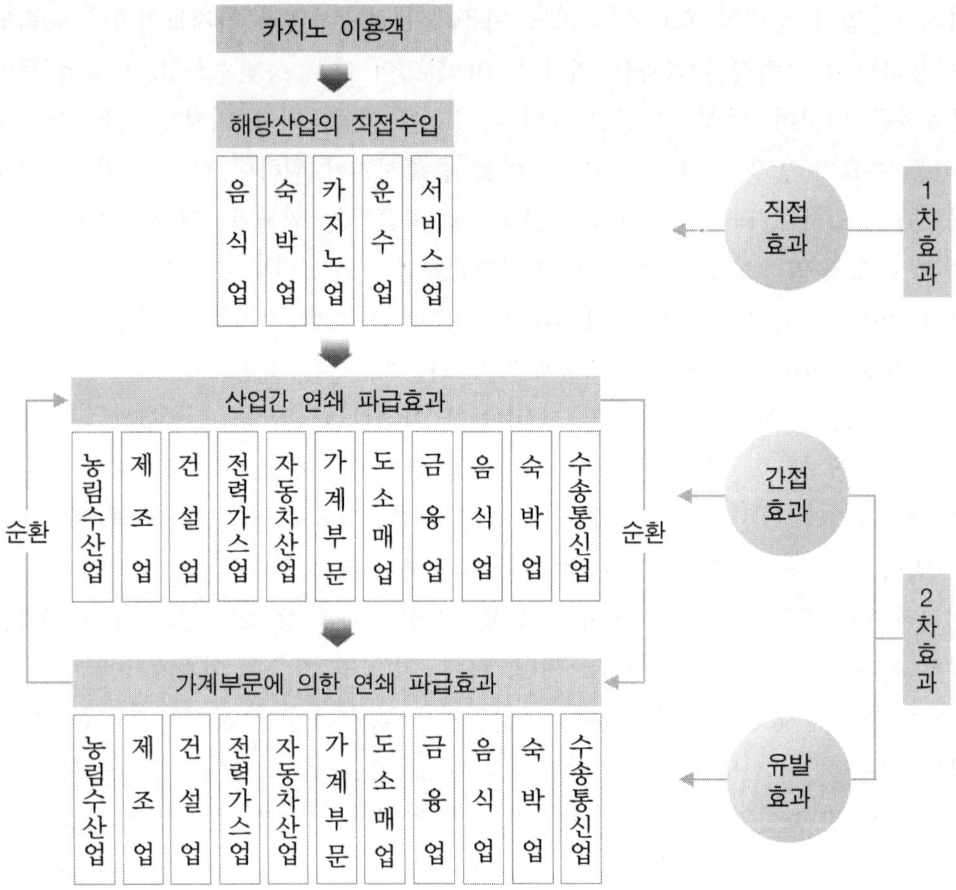

자료 : 이충기 외, 「카지노산업의 이해」, 2005.

3 유발계수 분석을 통한 카지노산업의 경제적 효과

산업별 유발계수 비교

- 생산유발계수

최종수요 1단위(백만원)가 발생하였을 때 해당 산업부문이 전체 산업에 파급시킨 직·간접 생산유발효과를 나타내는 생산유발계수는 전체산업의 평균 1.91382로 나타난다. 산업별로 살펴보면, 기타부문이 2.714238로 가장 높으며, 수송장비 2.464681, 금속제품 2.358842, 일반기계 2.340532, 제1차 금속제품 2.261166 등의 순으로 나타나고 있으며, 카지노산업의 생산유발계수는 1.640510으로 29개 부문 가운데 22위를 차지하였으며, 이는 전체산업을 하회(下廻)하는데, 이는 카지노산업이 서비스산업의 특성을 가지고 있어 생산유발계수는 높지 않게 나타나며, 관광산업의 생산유발계수는 1.761125로 18위를 차지하고 있다.

- 부가가치 유발계수

부가가치 유발효과는 최종수요 1단위가 발생했을 때, 각 산업부문이 이를 충족시키기 위하여 전 산업에 파급시킨 직·간접 부가가치 유발효과를 나타낸다. 부가가치 유발계수의 전 산업평균치는 0.751754이며, 부가가치 유발효과가 가장 높은 산업부문은 금융 및 보험이 0.943123이며, 다음으로 카지노산업이 0.92881로 2위를 차지하였고, 관광산업은 0.780655로 29개 부문 가운데 14위를 차지, 전 산업평균치에 비하여 다소 높게 나타나고 있다. 관광산업의 세부산업별 부문별로는 소매업이 0.912726으로 가장 높았으며, 다음으로 문화오락서비스 0.909229, 숙박 0.901314, 음식점 0.832234로 나타났다.

▶ 생산유발계수 / 부가가치유발계수

산업분류	생산		부가가치	
	계수	순위	계수	순위
농림수산품	1.747229	19	0.865169	8
광산품	1.734554	20	0.865068	9
음식료품	2.099771	7	0.778912	15
섬유 및 가죽제품	2.063542	9	0.693848	21
목재 및 종이제품	2.001687	15	0.641220	24
인쇄 및 복제	2.039990	12	0.812881	13
석유 및 석탄제품	1.140078	29	0.356854	29
화학제품	2.062636	10	0.586343	26
비금속광물제품	2.029912	13	0.75524	16
제1차 금속제품	2.261166	5	0.544819	28
금속제품	2.358842	3	0.720428	17
일반기계	2.340532	4	0.706673	20
전기 및 전자기기	1.846801	16	0.553210	27
정밀기기	2.049667	11	0.660452	22
수송장비	2.464681	2	0.651537	23
기타제조업제품	2.193694	6	0.709243	19
전력 · 가스 및 수도	1.458737	28	0.596055	25
건설	2.022947	14	0.814024	12
도매	1.603302	23	0.888625	6
운수	1.717516	21	0.822527	11
통신 및 방송	1.811182	17	0.868668	7
금융 및 보험	1.587314	24	0.943123	1
부동산 및 사업서비스	1.543540	27	0.928748	3
공공행정 및 국방	1.556740	26	0.890867	5
교육 및 보건	1.556920	25	0.899144	4
사회 및 기타서비스	2.092863	8	0.840939	10
기타	2.714238	1	0.716387	18

산업분류		생산유발계수	순위
관광산업		1.761125	18
	카지노업	1.640510	22
	소매업(쇼핑업)	1.718198	
	음식점업	2.074840	
	숙박업	1.568657	
	교통·통신업	1.511263	
	문화오락서비스업	1.727663	
산업분류		**부가가치유발계수**	**순위**
관광산업		0.780655	14
	카지노업	0.928816	2
	소매업(쇼핑업)	0.912726	
	음식점업	0.832234	
	숙박업	0.901214	
	교통·통신업	0.562722	
	문화오락서비스업	0.909229	

- 소득유발계수

소득유발계수는 각 산업에 대한 최종수요 1단위가 발생하였을 때, 각 산업이 이를 충족시키기 위해 전 산업에 파급시킨 직·간접 소득유발효과로 그 지역주민의 소득수준을 얼마나 증대시켰는지를 나타내는 계수이다. 소득유발계수의 전 산업평균은 0.31874로 나타났으며, 교육 및 보건이 0.636719로 가장 높게 나타났으며, 카지노산업은 0.269279로 29개 부문 가운데 22위를 차지하고 있다. 관광산업은 0.326220으로 29개 부문 가운데 14위를 차지하였으며, 세부산업부문별로는 문화오락서비스가 0.438513으로 나타났으며, 숙박 0.377480, 음식점 0.341967 순으로 나타났다.

- 취업유발계수

취업유발계수는 각 산업에 대한 최종수요 1단위가 발생하였을 때, 그 지역내의 취업기회를 얼마나 증대시키는가를 나타내는 계수이다. 취업유발계수의 전 산업평균은 0.016202로 나타났으며, 농림수산품이 0.051036으로 가장 높게 나타났고, 다음이 도매 0.030803, 사회 및 기타서비스 0.028564 순으로 나타내고 있고, 카지노산업은 0.018299로 29개 부문 가운데 9위를 차지하였으며, 전 산업평균에 비하여 높게 나타나 지역의 취업기회 증대에 기여도가 큰 것으로 나타내고 있다. 관광산업은 0.012203으로 나타났으며, 교통을 제외한 음식점 0.038848, 소매 0.030765, 문화오락서비스 0.018697의 세부산업부문의 취업유발계수가 평균보다 높게 보여주고 있다.

▶ 소득유발계수 / 취업유발계수

산업분류	소득		취업	
	계수	순위	계수	순위
농림수산품	0.154194	27	0.051036	1
광산품	0.329297	13	0.011054	21
음식료품	0.210114	25	0.024813	5
섬유 및 가죽제품	0.340341	11	0.017200	11
목재 및 종이제품	0.288546	20	0.012553	17
인쇄 및 복제	0.385680	6	0.017213	10
석유 및 석탄제품	0.037906	29	0.001036	29
화학제품	0.236352	23	0.008668	25
비금속광물제품	0.306288	19	0.011771	19
제1차 금속제품	0.177765	26	0.005366	27
금속제품	0.388173	12	0.013014	16
일반기계	0.344076	10	0.012368	18
전기 및 전자기기	0.224413	24	0.008391	26
정밀기기	0.316828	18	0.013923	15
수송장비	0.324434	15	0.010008	23
기타제조업제품	0.363820	7	0.016529	13
전력·가스 및 수도	0.149935	28	0.003638	28
건설	0.423000	4	0.016735	12
도매	0.401799	5	0.030803	2
운수	0.360623	9	0.021962	7
통신 및 방송	0.321246	17	0.009459	24
금융 및 보험	0.363262	8	0.010493	22
부동산 및 사업서비스	0.324011	16	0.011648	20
공공행정 및 국방	0.579378	2	0.014452	14
교육 및 보건	0.636719	1	0.020065	8
사회 및 기타서비스	0.423575	3	0.028564	3

▶ 관광산업 및 카지노업의 소득유발계수 / 취업유발계수

산업분류		소득유발계수	순위
관광산업		0.326220	14
	카지노업	0.269279	22
	소매	0.341967	
	음식점	0.321066	
	숙박	0.377480	
	교통	0.281549	
	문화오락서비스	0.438513	
산업분류		취업유발계수	순위
관광산업		0.026531	4
	카지노업	0.018299	9
	소매	0.030765	
	음식점	0.038848	
	숙박	0.028674	
	교통	0.012203	
	문화오락서비스	0.018697	

- 고용유발계수

고용유발계수는 각 산업에 대한 최종수요 1단위가 발생했을 때, 그 지역내의 고용기회를 얼마나 증대시키는가를 나타내는 계수이다. 고용유발계수의 전 산업평균은 0.010301로 나타났으며, 사회 및 기타서비스가 0.018000으로 가장 높게 나타났고, 다음이 교육 및 보건으로 0.17355로 나타나고 있으며, 카지노산업은 0.010970으로 29개 부문 가운데 13위를 차지하고 있으나 전체 산업평균보다 높게 나타나 지역의 고용창출효과가 높은 것으로 판단된다. 관광산업은 0.013465로 나타나 29개 부문 중에서 9위를 차지하였으며, 세부산업 부문별로는 숙박이 0.017124, 음식점이 0.016477, 그리고 도소매가 0.015545로 나타내고 있다.

▶ 고용유발계수 / 순간접세 유발계수 / 수입유발계수

번호	산업분류	고용		순간접세		수입	
		계수	순위	계수	순위	계수	순위
1	농림수산품	0.007243	24	0.058538	18	0.134831	8
2	광산품	0.008690	20	0.001913	29	0.134932	9
3	음식료품	0.008066	22	0.184454	3	0.221088	15
4	섬유 및 가죽제품	0.013245	7	0.089380	7	0.306152	21
5	목재 및 종이제품	0.009577	18	0.059232	17	0.358780	24
6	인쇄 및 복제	0.013106	8	0.083130	10	0.187119	13
7	석유 및 석탄제품	0.000785	29	0.241037	2	0.643146	29
8	화학제품	0.006763	26	0.065517	15	0.413657	26
9	비금속광물제품	0.009214	19	0.045484	22	0.264476	16
10	제1차 금속제품	0.004166	27	0.027111	26	0.455181	28
11	금속제품	0.010136	14	0.037340	23	0.279572	17
12	일반기계	0.010045	15	0.046368	21	0.293327	20
13	전기 및 전자기기	0.006929	25	0.036857	24	0.446790	27
14	정밀기기	0.011610	11	0.061560	16	0.339548	22
15	수송장비	0.008251	21	0.070419	13	0.348463	23
16	기타제조업제품	0.012264	10	0.078558	12	0.290657	19
17	전력 · 가스 및 수도	0.003182	28	0.051570	19	0.403945	25
18	건설	0.014911	4	0.104454	4	0.185976	12
19	도매	0.015215	3	0.036155	25	0.111374	6
20	운수	0.014770	5	0.049026	20	0.177473	11
21	통신 및 방송	0.007397	23	0.078750	11	0.131332	7
22	금융 및 보험	0.009616	17	0.066583	14	0.056877	1
23	부동산 및 사업서비스	0.009844	16	0.100550	5	0.071254	3
24	공공행정 및 국방	0.012885	9	0.022263	28	0.109132	5
25	교육 및 보건	0.017355	2	0.025467	27	0.100856	4
26	사회 및 기타서비스	0.018000	1	0.096312	6	0.159061	10
27	기타	0.011034	12	0.086975	9	0.283605	18

▶ 카지노 및 관광산업의 고용유발계수

산업분류		소득유발계수	순위
카지노산업		0.010970	13
관광산업		0.013465	6
	도소매	0.015545	
	음식점	0.016477	
	숙박	0.017124	
	교통	0.008715	
	문화오락서비스	0.011527	

• 순간접세 유발계수

재화와 용역의 생산, 판매, 사용에 대해 생산자에게 부과되는 각종 세금과 강제적 징수요금 및 총매익금을 포함하는 순간접세 유발계수는 전체산업평균이 0.078185로 나타내고 있다. 카지노산업은 순간접세 유발계수가 0.274355로 29개 부문 가운데 1위를 차지하고 있으며, 이는 카지노산업이 단위당 세금을 가장 많이 내고 있다는 것을 의미한다. 카지노산업 다음으로 석유 및 석탄제품이 0.241037이며, 음식료품 0.184454, 건설 0.104454, 부동산 및 서비스 0.100550 순으로 나타났으며, 관광산업은 0.088201로 전체산업 평균보다 높게 나타났고, 세부산업부문별로는 음식점이 0.165060, 문화오락서비스가 0.126806, 숙박이 0.100092로 나타내고 있다.

▶ 카지노 및 관광산업의 순간접세 유발계수

산업분류		순간접세 유발계수	순위
카지노산업		0.274355	1
관광산업		0.088021	8
	소매	0.044152	
	음식점	0.165060	
	숙박	0.100095	
	교통	0.037874	
	문화오락서비스	0.126806	

• 수입유발계수

수입유발계수는 최종수요가 1단위 발생했을 때, 각 산업부문이 이를 충족시키기 위해 전체산업에 파급시킨 직·간접 수입유발효과(누출효과)를 나타낸 것으로 타 유발계수와는 달리 수치가 낮을수록 좋은 것이며, 수입유발계수의 전체산업 평균은 0.248246으로 나타났으며, 카지노산업의 수입유발계수는 0.071184로 29개 부문 중 2위를 차지하였다. 이는 카지노산업이 수입의존도가 매우 낮다는 것을 의미하며, 관광산업은 0.219345로 전체산업 평균보다 낮게 나타났으며, 세부산업부문별로 소매가 0.087274, 문화오락서비스가 0.090771, 숙박이 0.098685 순으로 나타내고 있다.

▶ 카지노 및 관광산업의 수입유발계수

산업분류		수입유발계수	순위
카지노산업		0.071184	2
관광산업		0.219345	14
	소매	0.087274	
	음식점	0.167766	
	숙박	0.098685	
	교통	0.437278	
	문화오락서비스	0.912760	

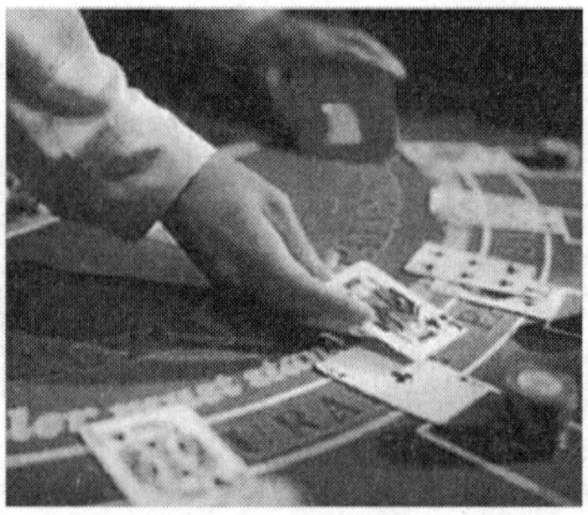

4 카지노산업의 산업 간 연관효과분석

영향력계수

영향력계수는 어떤 산업부문의 생산물에 대한 최종수요가 한 단위 발생할 때 이를 충족시키기 위하여 타 산업으로부터 원재료를 구입함에 따라 전체산업에 미친 영향을 나타내는 것이다(한국은행, 2009).

영향력계수는 후방연쇄효과라고 부르는데, 각 산업의 생산유발계수의 열(列)합계를 전체산업생산유발계수 열합계의 평균으로 나눈 값으로 생산유발계수가 클수록 영향력계수도 높게 나타난다. 카지노산업의 영향력계수는 0.85177로 29개 부문 중에서 22위를 차지하고 있으며, 카지노산업의 관련산업인 관광산업은 0.920199로 18위를 차지하고 있다.

▶ 카지노 및 관광산업의 영향력 계수

산업분류		영향력계수	순위
카지노산업		0.857177	22
관광산업		0.920199	18
	소매	0.907760	
	음식점	1.096182	
	숙박	0.828754	
	교통	0.798432	
	문화오락서비스	0.912760	

감응도계수

감응도계수는 한 산업부문의 생산물에 대한 최종수요가 1단위 발생할 때, 특정 산업이 받는 영향을 의미한다. 감응도계수는 전방연쇄효과라고 하며, 각 산업의 생산유발계수의 행(行)합계를 전체산업 생산유발계수의 행합계 평균으로 나누어 구한다(한국은행, 2009). 카지노산업의 경우 0.544995로 29개 부문 가운데 28위로 타 산업으로부터 받는 영향력이 상대적으로 매우 적은 것으로 나타나며, 카지노 관련 사업인 관광산업의 경우, 감응도계수가 1.637707로 29개 부문 중에서 4위로 나타나 타 산업으로부터 받는 영향력이 크다는 것을 알 수 있다.

▶ 카지노 및 관광산업의 감응도계수

산업분류		감응도계수	순위
카지노산업		0.544995	28
관광산업		1.637707	4
	소매	0.901562	
	음식점	1.013224	
	숙박	0.601306	
	교통	0.754320	
	문화오락서비스	0.656495	

▶ 영향력계수 / 감응도계수

산업분류	영향력		감응도	
	계수	순위	계수	순위
농림수산품	0.912938	19	0.937005	16
광산품	0.906315	20	0.605868	26
음식료품	1.097144	7	0.974178	14
섬유 및 가죽제품	1.078214	9	0.840927	19
목재 및 종이제품	1.045894	15	1.058751	9
인쇄 및 복제	1.065908	12	0.703787	21
석유 및 석탄제품	0.595698	29	1.351263	5
화학제품	1.077741	10	1.936767	2
비금속광물제품	1.060642	13	0.754296	20
제1차 금속제품	1.181474	5	1.993239	1
금속제품	1.232510	3	0.953491	15
일반기계	1.222943	4	0.890871	18
전기 및 전자기기	0.964965	16	1.028454	10
정밀기기	1.070964	11	0.594311	27
수송장비	1.287812	2	1.014175	11
기타제조업제품	1.146219	6	0.625244	23
전력 · 가스 및 수도	0.762199	28	1.085570	7
건설	1.057003	14	0.624348	24
도매	0.837736	23	0.986307	13
운수	0.897413	21	1.009518	12
통신 및 방송	0.946354	17	0.928632	17
금융 및 보험	0.829382	24	1.219831	6
부동산 및 사업서비스	0.806510	27	1.810200	3
공공행정 및 국방	0.813407	26	0.541986	29
교육 및 보건	0.813501	25	0.623845	25
사회 및 기타서비스	1.093534	8	0.64155	22
기타	1.418207	1	1.082979	8

카지노산업 및 관광산업과 수출산업의 계수 비교

- 생산유발계수

카지노산업, 관광산업, 수출산업과의 생산유발계수를 살펴보면 카지노산업의 경우에는 생산유발계수가 1.640510으로 나타나 승용차 2.697176, 자동차부품의 2.696702 등 보다 낮게 나타났지만, 여타 관광산업 1.640510, 경유 1.104092, 중유 1.127329, 그리고 직접회로(IC) 1.368446 등보다는 높게 나타내고 있다.

- 부가가치 유발계수

카지노산업, 관광산업, 수출산업과의 부가가치 유발계수를 비교해보면, 카지노산업의 경우에는 부가가치 유발계수가 0.92881로 나타내고 있다. 이와 같은 계수는 수출산업과 관광산업의 세 가지 부문에서 가장 높아 상대적으로 고부가가치 창출산업 임을 알 수 있다.

- 수입유발계수

카지노산업, 관광산업, 수출산업과의 수입유발계수를 비교해보면, 카지노산업의 경우에는 수입유발계수가 0.071184로 나타나 수출산업과 관광산업 가운데 가장 낮게 나타내고 있다. 이와 같은 계수는 수출산업과 관광산업의 세 가지 부문에서 누출효과가 가장 적은 산업임을 알 수 있다.

▶ 카지노산업, 관광산업 및 수출산업 생산유발계수 / 부가가치 유발계수 / 수입유발계수

	산업분류	생산유발계수	부가가치유발계수	수입유발계수
수출산업	직접회로(IC)	1.368446	0.526047	0.473953
	승용차	2.697176	0.689874	0.310126
	무선통신단말기	1.945245	0.502470	0.497530
	디지털표시장치	1.889126	0.560955	0.439045
	강철제선박	1.959451	0.598219	0.401781
	합성수지	2.203762	0.433780	0.566220
	자동차부분품	2.696702	0.697232	0.302768
	경유	1.104092	0.428238	0.571762
	석유화학중간제품	2.164219	0.379127	0.620873
	중유	1.127329	0.165833	0.834167
	관광산업	1.816345	0.815379	0.184629
	카지노산업	1.640510	0.928816	0.071184

카지노산업의 외화가득률 및 수출대체효과

- 외화가득률 분석

외화가득률은 각 부문의 수출액으로부터 이를 생산하기 위해 직·간접적으로 필요한 수입액 즉 수출에 대한 수입유발액을 공제한 후 이를 수출액으로 나누어 구한 값이다. 외화가득률은 보통 수출액에서 수출상품을 생산하는데 직접적으로 투입된 수입원자재액만을 공제하여 계산하나, 산업연관표를 이용할 경우 직접 투입된 수입원자재 뿐만 아니라 간접적으로 유발된 수입액까지 모두 공제하여 계산한다. 카지노산업은 외화가득률이 92.9%로 29개 부문 가운데 금융 및 보험 다음으로 2위를 차지, 이는 1달러 수출당 93센트가 외화획득액으로 국내에 남게 되고, 7센트만이 외국으로 유출된다고 볼 수 있다.

▶ 카지노 및 관광산업의 외화가득률

(단위 : 억원, %)

산업분류		수출액	수입유발액	외화가득률	순위
카지노산업		4,136	294	92.9	2
관광산업		283,285	62,137	78.1	4
	소매	1,370	120	91.3	
	음식점	15,296	2,566	83.2	
	숙박	12,061	1,190	90.1	
	교통	249,383	109,050	56.3	
	문화오락서비스	5,174	470	90.9	

▶ 산업별 외화가득률

(단위 : 억원, %)

산업분류	수출액	수입유발액	외화가득률	순위
농림수산품	5,443	734	86.5	8
광산품	584	79	86.5	9
음식료품	33,586	7,426	77.9	15
섬유 및 가죽제품	140,003	42,862	69.4	21
목재 및 종이제품	21,515	7,719	64.1	24
인쇄 및 복제	3,069	574	81.3	13
석유 및 석탄제품	185,940	119,587	35.7	29
화학제품	350,759	145,094	58.6	26
비금속광물제품	14,036	3,712	73.6	16
제1차 금속제품	191,443	87,141	54.5	28
금속제품	55,858	15,616	72.0	17
일반기계	174,208	51,100	70.7	20
전기 및 전자기기	1,075,576	480,557	55.3	27
정밀기기	39,073	13,267	66.0	22
수송장비	588,420	205,042	65.2	23
기타제조업제품	23,853	6,933	70.9	19
전력·가스 및 수도	629	254	59.6	25
건설	1,502	279	81.4	12
도매	105,275	11,725	88.9	6
운수	6,065	1,076	82.3	11
통신 및 방송	8,579	1,127	86.9	7
금융 및 보험	25,323	1,440	94.3	1
부동산 및 사업서비스	72,699	5,180	92.9	3
공공행정 및 국방	38	4	89.1	5
교육 및 보건	1,014	102	89.9	4
사회 및 기타서비스	5,709	908	84.1	10
기타	15,635	4,434	71.6	18

• 외국인 이용객 지출에 대한 수출대체효과

카지노산업의 외국인 이용객이 2008년 국내에서 지출한 총소비액은 7억 3,122만 달러이며, 1인당 소비액은 573달러이다. 카지노산업의 외화가득률인 92.9%를 적용한 총소비액은 6억 7,917만 달러이며, 1인당 소비액은 532달러로 추정된다. 카지노산업의 외국인 이용객 1명이 우리나라를 방문 시 외화수입액에 따른 주요 수출품목과의 대체효과는 반도체 363개, 승용차 0.05대, 휴대폰 4대, LCD 2개를 수출하는 효과가 있으며, 카지노의 총외화획득에 대한 수출효과는 반도체 4억 6,406만개, 승용차 6.3만대, 휴대폰 522만대, LCD 297만개의 효과를 나타내고 있고, 외화가득률을 적용한 카지노산업의 수출대체효과는 반도체 8억 1,936만개, 승용차 8.5만대, 휴대폰 96만대, LCD 492만대를 수출하여 외화획득한 효과와 동일하게 나타내고 있다. 2011년 기준 국내의 외국인 전용 카지노의 총외화획득액은 964,892천 US$, 총이용객수는 2,100,698명으로 1인당 소비액은 460 US$로 외화가득률 92%를 적용한 외화가득액은 887,701천 US$ 추산되며, 이는 자동차 85,389대(대당 수출가격 11,300 US$적용)를 수출한 대체효과와 동일하며, 카지노 외화수입을 자동차 수출가치와 카지노 방문이용객과 비교해 볼 때, 카지노 이용객 25명의 유치는 승용차 1대를 수출하는 효과와 동일하다고 볼 수 있다.

▶ 카지노산업의 수출대체효과 (2008년 기준)

(단위 : 억원, %)

구분		외화수입		외화가득액	
		1인당	총액	1인당	총액
품목	단가(달러) / 외화가득률	573U$	73,122만U$	532U$	67,930만U$
반도체	1.6 / 52.6%	363개	46,406만개	642개	81,936만개
승용차	11,600 / 69.0%	0.05대	6.3만대	0.07대	8.5만대
휴대폰	140 / 50.2%	4대	522만대	8대	965만대
LCD	246 / 56.1%	2대	297만대	4대	492만대

▶ 카지노산업의 외국인 이용객의 지출

구분	카지노외화수입		외화가득액		외국인이용객 (명)
연도	1인당 (U$)	총액 (만U$)	1인당 (U$)	총액 (만U$)	
2008년	573	73,122	532	67,917	1,276,772
2011년	460	96,489	427	88,770	2,100,698

2 이용객 지출에 의한 카지노산업의 경제적 효과

1 지출비용

카지노 외화수입

국내 외국인전용 카지노의 외화획득액을 살펴보면 1991년 처음 1억 달러를 달성한 이래 1994년 전년대비 44.8%의 증가율로 2억 달러를 넘어섰고, 2002년에는 한·일 월드컵 축구대회 개최로 15.1%가 증가하여 3억 달러를 돌파한 이후 매년 증가추세를 보이다가, 2008년 환율의 영향으로 약간 감소하다가 2009년 엔화 등 환율의 강세로 카지노 수입이 큰 폭으로 증가하였으며, 2011년 현재 9억 6,489만 달러의 외화수입을 보여주고 있다.

2000년에서 2009년까지 우리나라 관광외화수입 대비 카지노 외화수입의 연평균 점유율은 약 7.0%를 차지하고, 카지노 외화수입은 연평균 13%의 성장률을 보여주고 있다. 2009년 국적별 카지노 이용객을 살펴보면, 일본관광객이 전체의 47.6%로 가장 큰 시장이며, 다음으로는 중국(21.9%), 대만(5.0%)의 순으로 나타나고 있다. 또한 2009년 기준 카지노 이용객 1인당 평균 소비액은 470U$로, 같은 기간 전체 외래관광객 1인당 소비액 1,200U$의 39%를 차지하고 있다.

▶ 연도별 관광외화수입 대비 카지노외화수입

연도	관광외화수입 (만달러) [A]	카지노외화수입 (만달러) [B]	점유율 (%) [B/A]	연평균 성장률(%)
2000 E	6,811,300	298,778	4.4	18.7
2001 E	6,373,200	296,355	4.7	-0.8
2002 E	5,918,800	341,226	5.8	15.1
2003 E	5,343,400	332,142	6.2	-2.7
2004 E	6,053,100	378,576	6.3	14.0
2005 E	5,793,000	423,413	7.3	11.8
2006 E	5,759,800	503,325	8.7	18.9
2007 E	5,750,100	671,941	11.7	33.5
2008 E	9,719,100	598,940	6.2	-10.9
2009 E	9,387,100	788,020	8.4	31.6

▶ 관광외화 및 카지노외화 1인당 평균 소비액 비교

(단위 : US$)

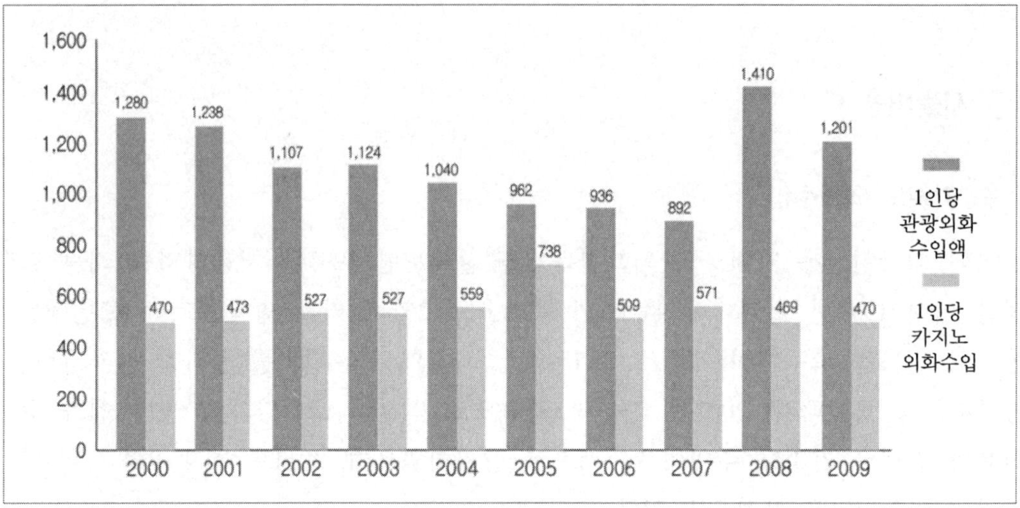

자료 : 한국카지노관광협회(2010)

2 경제적 파급효과

총괄

2008년 내·외국인 카지노 이용객의 지출에 대한 경제적 파급효과를 카지노산업 및 관련산업인 관광산업을 포함한 29개 통합분류표의 각종 유발계수를 이용하여 분석하여 보면, 카지노산업에 대한 직접 효과와 타 산업에서 유발되는 간접효과를 구분하여 작성하였으며, 카지노산업 이용객 지출에 대한 지출효과와 간접효과의 합이 총유발효과가 된다. 카지노산업 이용객의 지출에 따른 총생산유발효과는 2조 9,838억원이며, 총부가가치 유발효과는 1조 6,893억원, 그리고 총소득유발효과는 4,898억원이다. 또한 카지노산업 이용객 지출에 따른 총취업유발효과는 33,283명이며, 총고용유발효과는 19,953명으로 나타내고 있다. 그리고 카지노산업 이용객지출에 따른 총순간접세 유발효과는 4,990억원, 수입유발효과는 1,295억원으로 나타내고 있다. 2011년 외국인전용 카지노에서 획득한 외화가 경제에 투자되어 연관산업에 미치는 직·간접 및 유발생산파급효과는 11,690,424천 USD이고, 소득파급효과는 410,504 USD, 고용파급효과는 44,492명, 부가가치 파급액은 462,472US$로 나타내고 있다.

▶ 카지노산업 이용객 지출에 의한 파급효과 총괄표

구분	생산유발 효과 (억원)	부가가치 유발효과 (억원)	소득유발 효과 (억원)	취업유발 효과(명)	고용유발 효과(명)	순간접세 유발효과 (억원)	수입유발 효과 (억원)
총효과	2조9,838	1조6,893	4,898	33,283	19,953	4,990	1,295
간접효과	1조1,338	4,829	1,816	9,131	5,881	560	1,135
직접효과	1조8,500	1조2,064	3,082	24,152	14,072	4,430	160

생산유발효과

2008년 카지노산업의 이용객 지출액 1조 8,188억원에 대한 총생산유발효과는 2조 9,838억원이며, 이 가운데 카지노산업 자체의 직접 생산유발효과는 1조 8,500억원(62.0%), 카지노산업을 제외한 28부문의 산업에서 유발하는 간접효과는 1조 1,338억원(38.0%)으로 나타내고 있다. 외국인과 내국인으로 구분하여 살펴보면 외국인 이용객 지출에 의한 생산유발효과는 1조 2,351억원이며, 내국인 이용객 지출에 의한 생산유발효과는 1조 7,487억원으로 나타나 내국인에 의한 생산유발효과가보다 크게 나타나고 있다. 2011년 카지노산업의 이용객지출액 2조 2,579억원에 대한 총생산유발효과는 3조 7,041억원으로 카지노산업 자체의 직접생산유발효과는 2조 2,966억원, 카지노산업을 제외한 28부문의 산업에서 유발하는 간접효과는 1조 4,075억원으로 나타내고 있으며 2011년은 외국인과 내국인의 생산유발효과가 1조 5,213억원으로 비슷하게 나타나고 있고, 또한 2008년의 총생산유발효과보다 약 19.5% 파급효과가 있는 것으로 나타났다.

부가가치 유발효과

총부가가치유발금액은 1조 6,893억원이며, 이 가운데 카지노산업 자체의 직접부가가치유발효과는 1조 2,064억원(71.4%)이고, 카지노산업을 제외한 28부문의 산업에서 유발하는 간접효과는 4,829억원(28.6%)으로 나타내고 있으며, 총부가가치유발효과 1조 6,893억원 중 외국인과 내국인으로 구분하여 살펴보면, 외국인 이용객 지출에 의한 부가가치 유발효과는 6,993억원, 내국인 이용객 지출에 의한 부가가치 유발효과는 9,901억원으로 나타낸다. 2011년 기준 카지노산업의 총부가가치유발효과는 2조 971억원이고, 직접 부가가치 유발효과는 1조 4,973억원, 간접효과는 5,997억원이며, 외국인 이용객 지출에 의한 부가가치유발효과는 1조 486억원, 내국인 이용객 지출에 의한 부가가치유발효과는 1조 485억원이다. 그리고 부가가치유발효과도 2008년 대비 2011년은 약 19.5% 파급효과가 더 있는 것으로 나타내고 있다.

소득유발효과

총소득유발효과는 4,898억원이며, 이 가운데 카지노산업 자체의 직접소득유발효과는 3,082억원(62.9%)이며, 카지노산업을 제외한 28부문의 산업에서 유발하는 간접효과는 1,816억원(37.1%)으로 나타나고 있고, 총소득유발효과 4,898억원 중 외국인 내국인으로 구분하여 살펴보면, 외국인 이용객 지출에 의한 소득유발효과는 2,027억원, 내국인 이용객 지출에 의한 소득유발효과는 2,870억원으로 나타내고 있다. 2011년 기준 총소득유발효과는 7,365억원으로 카지노 자체의 직접소득유발효과는 4,633억원, 카지노산업을 제외한 28부문의 산업에서 유발하는 간접효과는 2,732억원으로 나타내고 있으며, 외국인 이용객 지출에 의한 소득유발효과는 3,683억원, 내국인 이용객에 의한 소득유발효과는 3,682억원이다.

취업유발효과

카지노산업 이용객 지출에 의한 총취업유발효과는 33,283명이며, 이 가운데 카지노산업 자체의 직접취업유발효과는 24,152명(72.6%)이며, 카지노산업을 제외한 28부문의 산업에서 유발하는 간접효과는 9,131명(28.4%)으로 나타내고 있으며, 총취업유발효과 33,283명 중 외국인과 내국인으로 구분하여 살펴보면, 외국인 이용객 지출에 의한 취업유발효과는 13,777명, 내국인 이용객 지출에 의한 취업유발효과는 19,506명으로 나타내고 있다. 2011년 기준 카지노산업의 취업유발효과를 살펴보면, 총취업유발효과는 41,318명으로 카지노 자체의 직접취업유발효과는 29,996명, 카지노산업을 제외한 28부문의 산업에서 유발하는 간접효과는 11,734명이고 외국인 이용객 지출에 의한 취업유발효과는 20,660명, 내국인 이용객 지출에 의한 취업유발효과는 20,658명이다.

고용유발효과

카지노산업 이용객 지출에 의한 총고용유발효과는 19,953명이며, 이 가운데 카지노산업 자체의 직접고용유발효과는 14,072명(70.5%)이며, 카지노산업을 제외한 28부문의 산업에서 유발하는 간접효과는 5,881명(29.5%)으로 나타내고 있다. 총고용유발효과 19,953명 중 외국인과 내국인으로 구분하여 살펴보면, 외국인 이용객 지출에 의한 고용유발효과는 8,259명, 내국인 이용객 지출에 의한 고용유발효과는 11,694명으로 나타나고 있다. 2011년 기준 카지노 이용객 지출에 의한 총고용유발효과는 24,770명으로 카지노산업 자체의 직접고용유발효과는 17,463명, 카지노산업을 제외한 28부문의 산업에서 유발하는 간접효과는 7,307명이고, 외국인 이용객 지출에 의한 고용유발효과는 12,386명, 내국인 이용객 지출에 의한 고용유발효과는 12,384명으로 2011년은 비슷한 고용유발효과를 보이고 있다.

순간접세 유발효과

카지노산업 이용객 지출에 의한 순간접세 유발효과는 4,990억원이며, 이 가운데 카지노산업 자체의 직접순간접세 유발효과는 4,430억원(88.8%)이며, 카지노산업을 제외한 28부문의 산업에서 유발하는 간접효과는 560억원(11.2%)으로 나타내고 있으며, 순간접세 유발효과 4,990억원 중 외국인과 내국인으로 살펴보면, 외국인 이용객 지출에 의한 순간접세 유발효과는 2,066억원, 내국인 이용객 지출에 의한 순간접세 유발효과는 2,924억원이다. 2011년 기준 카지노 이용객 지출에 의한 순간접세 유발효과는 6,195억원으로 카지노 자체의 직접 순간접세 유발효과는 5,502억원이고, 카지노산업을 제외한 28부문의 산업에서 유발하는 간접효과는 694억원이다. 이를 외국인과 내국인으로 구분하여 살펴보면, 외국인 이용객 지출에 의한 순간접세 유발효과는 3,098억원, 내국인 이용객 지출에 의한 순간접세 유발효과도 3,098억원을 보여주고 있다.

수입유발효과

카지노산업 이용객 지출에 의한 총수입유발효과는 1,295억원이며, 이 가운데 카지노산업 자체의 직접수입유발효과는 160억원(12.3%)이며, 카지노산업을 제외한 28부문의 산업에서 유발하는 간접효과는 1,135억원(87.7%)으로 나타내고 있으며, 총수입 1,295억원 중 외국인과 내국인으로 구분하여 살펴보면, 외국인 이용객 지출에 의한 수입유발효과는 536억원, 내국인 이용객 지출에 의한 수입유발효과는 759억원으로 나타내고 있다. 2011년 기준 순간접세 유발효과는 1,608억원으로 카지노의 직접수입유발효과는 198억원이고, 카지노산업을 제외한 산업에서 유발하는 수입유발 간접효과는 1,411억원이 된다. 또한 외국인 이용객 지출에 의한 수입유발효과는 804억원이고, 내국인 이용객 지출에 의한 수입유발효과도 804억원을 보여주고 있다.

3 카지노산업체의 경제적 가치

1 카지노업체 가치평가 개요

카지노업체의 평가기준은 사업성이며 이는 업체가 보유하고 있는 현금성 자산보다 경제적 가치를 창출할 수 있는 영업능력에 있으며, 이에 사업을 영위(營爲)할 수 있는 카지노 라이센스(business licence)가 해당업체의 총자산 가치로 평가하는 것이 카지노업계의 관례이다. 카지노 라이센스 즉 영업권(goodwill)의 경제적 가치창출에는 해당업체의 경쟁력으로 사업성공의 관건이 되는 고도의 전문인력과 고객유치능력을 가지고 있느냐가 가치판단의 기준이 되며, 그 요소에는 서비스의 질, 종업원의 직무능력, 영업시설, 해외판촉 및 광고 등을 예로 들 수 있으며, 위 모두 카지노의 상품으로 경제적 가치창출 활동의 일환으로 평가할 수 있다.

카지노산업체의 경제적 가치평가기준(appraisal standard) 에는 산업체의 배경 및 정체성, 재무구조건전성, 생산성 등을 전제로 평가함은 물론, 대상업체의 지리적·환경적 여건도 포함되지만, 카지노 라이센스의 핵심적 가치평가는 카지노사업의 영위(management)에서 나온 수입창출 즉 카지노 매출액의 규모에서 나온다고 볼 수 있다. 왜냐하면 매출규모는 카지노 상품판매의 총체이므로 매출액은 곧 라이센스의 가치는 물론 주요경쟁요소를 측정할 수 있는 사업타당성과도 연결되는 실제 카지노 수입금이기 때문이다.

2 카지노업체 가치평가 비교

국내의 카지노업체 17개 업체 중 강원랜드와 GKL 세븐럭카지노, 파라다이스 워커힐카지노 등 3개 업체가 주식시장에 상장된 상장업체인 바, 본장에서는 국내의 외국인전용 카지노 업체의 매출규모 1, 2위순인 공기업 GKL 세븐럭카지노와 동종업계 경영표준으로 인정받고 있는 파라다이스 워커힐카지노의 사업실적정보(금감원, 공시정보, 2012)를 바탕으로 이용객 수요예측, 수익전망 등의 지수를 산출하여 경제적 가치평가는 물론 경제적 파급효과까지 비교해본다.

GKL과 파라다이스의 재무구조 분석

- GKL 세븐럭카지노

GKL은 한국관광공사가 51%의 지분을 가진 공기업으로 지난 2004년 한국관광공사에 의해 설립됐으며, 2005년 외국인전용 카지노사업 허가를 취득했다. GKL은 2006년 1월 서울 강남(코엑스), 5월 서울 힐튼호텔 그리고 6월에 부산 롯데호텔점을 순차적으로 개장하였으며, 현재 3개의 사업장에 총 테이블게임 169대와 슬롯머신 332대를 운영하고 있다. 주요 고객은 일본국적으로 2011년 3분기 현재 46%를 차지하고 있으며, 최근 중국 관광객 여행수요 증가로 중국 국적 비중이 23%로 전년 동기대비 33% 증가했다.

GKL이 가진 장점은 바로 접근성이며 이는 서울 강남과 강북에서 가장 접근성이 좋다는 삼성동 코엑스와 서울역 앞 힐튼호텔에 자리잡고 있다는 것이고, 부산 사업장도 롯데호텔부산에 있어 접근성이 좋다. 또한 2011년 초 약점으로 여겨왔던 엔화가치도 강세를 나타내면서 일본국적 관광객의 비중이 높은 GKL

의 수혜가 전망되고 있으며, GKL은 설립초기인 2006년 매출액 및 영업이익이 각각 1,279억원, 35억원이었으나, 지난 2008년에는 각각 3,914억원, 843억원으로 신장되었다. 또한 2010년에는 매출액 5,285억원을 기록해 개장이래 최대 매출액을 달성하기도 했다. 2011년 3분기 누적 순매출액은 4,005억원으로 전년 동기대비 19% 증가하였다. GKL은 높은 영업수익성도 자랑하고 있으며, GKL의 최근 4년간의 상각전 영업이익(EBITDA) 마진율평균은 24%로 경쟁사인 파라다이스의 9%에 비해 크게 앞서고 있으며, 여기에 GKL은 2011년 3분기 현재 상각전 영업이익(EBITDA) 마진율을 31%로 끌어올렸다. GKL은 재무안전성도 우수한 것으로 평가받고 있다. 시설자금조달을 위해 은행권에서 대출받은 차입금 629억원을 영업을 통해 발생한 수익으로 2008년부터 지속적으로 갚아나가면서 차입금 의존도가 2011년 3분기 현재 6%에 불과하다. 1,000억원을 웃도는 현금성자산을 감안하면 사실상 무차입경영을 펼치는 셈으로 부채는 줄고 자기자본은 늘면서 GKL의 부채비율은 4년만에 186%에서 54%로 줄였다. 유동비율은 2009년 500% 넘긴 이후 꾸준히 500%대를 유지하고 있다.(프리미엄 경제신문 이투데이, 2012.1.)

▶ GKL의 유동비율 / 부채비율 비교

(단위 : %)

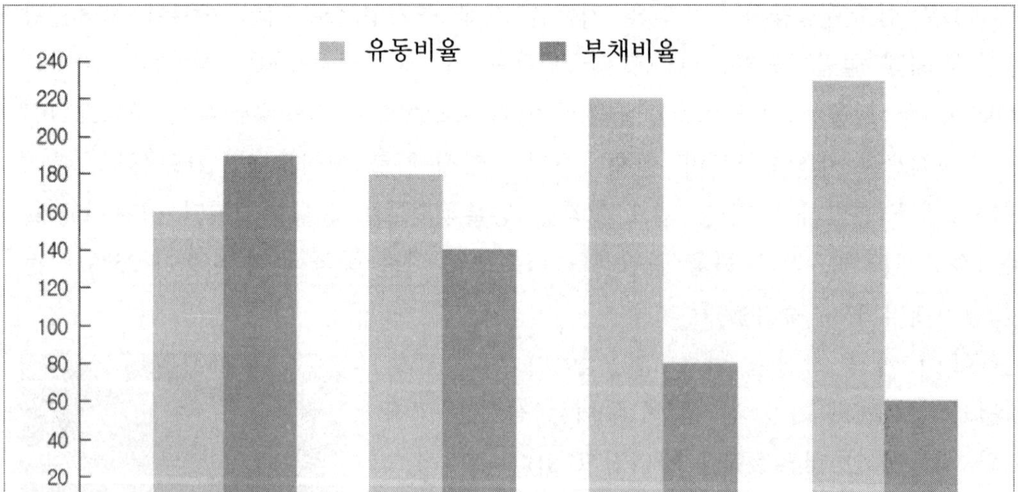

자료 : 금감원(2012)

▶ GKL의 재무구조표

(단위 : 억원, %)

구분	2008년	2009년	2010년	2011년(3Q)
매출액	3,914	4,888	5,285	4,064
영업이익	843	1,293	956	1,116
순이익	602	1,009	715	458
자산총계	2,310	3,386	3,349	3,169
자기자본	989	1,910	2,046	2,053
부채총계	1,321	1,476	1,303	1,116
유동자산	1,549	2,536	2,496	2,227
유동부채	855	1,136	1,077	1,037
차입금	568	433	317	193
매출액증가율	20.4	24.9	8.1	-
영업이익증가율	48.4	53.4	-26.1	-
순이익증가율	46.5	67.6	-29.1	-
총자산증가율	17.5	46.6	-1.1	-5.4
당기순이익률	15.4	20.6	13.5	11.3
ROA	26.1	29.8	21.3	14.5
ROE	60.9	52.8	34.9	22.3
부채비율	133.6	77.3	63.7	54.4
유동비율	181.2	223.2	231.8	214.8
자기자본비율	42.8	56.4	61.1	64.8
차입금의존도	24.6	13.1	9.5	6.1

• 파라다이스 워커힐카지노

파라다이스는 1972년 4월에 설립된 외국인전용 카지노업체로 2002년 11월 코스닥시장에 등록했다. 파라다이스는 국내 외국인전용 카지노시장의 45.5%를 점한 1위업체로 2005년까지 서울지역을 독점해왔다. 하지만 2006년 GKL의 세븐럭카지노가 서울에 개장해 경쟁체제로 전환, 독점성이 소멸되면서 영업실적이 2007년 1분기까지 부진했다. 연간 20%대의 영업이익률은 5~6%대로 급락하였으며, 독점영업시기에 2,500억원 수준의 순매출액을 기록하던 파라다이스는 2006년 경쟁자 진입으로 순매출액이 2,000억원 초반으로 떨어져 영업이익이 4분지 1로 줄었다. 그러나 2010년 3월부터 현금 '리베이트(rebate)'

제도를 도입해 경쟁사로 유출됐던 고객들의 재유치에 성공했다. 또한 고객기반을 정체되어 있는 일본 VIP에서 성장하는 중국 VIP 중심으로 변화시켜 2009년부터 성장성을 확보했다. 이에 매출액은 2007년 2,451억원에서 2009년 3,407억원, 2010년 4,516억원으로 증가했다. 파라다이스는 작년 3분기까지 23만 여명의 외국인 관광객을 유치해 국내 카지노업체의 총유치인원 대비 15.5%를 점유했다. 전체 입장객수 중 점유비율이 각각 19%와 61%를 차지하는 일본과 중국시장 공략을 최우선 순위에 두고 있으며, 최근 급증하고 있는 중국 관광객 유치에 적극적으로 대처하고 있다. 그밖에 인천광역시 인천국제공항 인근지역을 대상으로 무의 파라다이스 리조트 개발사업을 준비하고 있다. 파라다이스는 증권시장에서 실적을 겸비한 자산주로 손꼽히는 등 재무안정성이 뛰어난 것으로 평가받고 있다. 파라다이스는 2008년 하나은행에서 220억원의 차입금을 조달했으며 작년 3분기 기준 174억원으로 줄어 차입금의존도는 3%에 불과하다. 파라다이스는 1,440억원대의 현금성자산과 529억원의 단기금융상품, 1,706억원대의 투자부동산 등을 포함, 수천억원대의 자산을 갖고 있어 순차입금이 마이너스(−)상태다. 부채비율이 2007년 14%에서 작년 3분기 30%로 점진적인 증가세에 있으나, 이는 회사에서 관리가 가능한 수준이다. 2008년까지 800%대를 유지하던 유동비율은 2년새 1146%까지 증가했다.(프리미엄 경제신문, 이투데이. 2012.1.)

▶ 파라다이스 유동비율 / 부채비율 비교

(단위 : %)

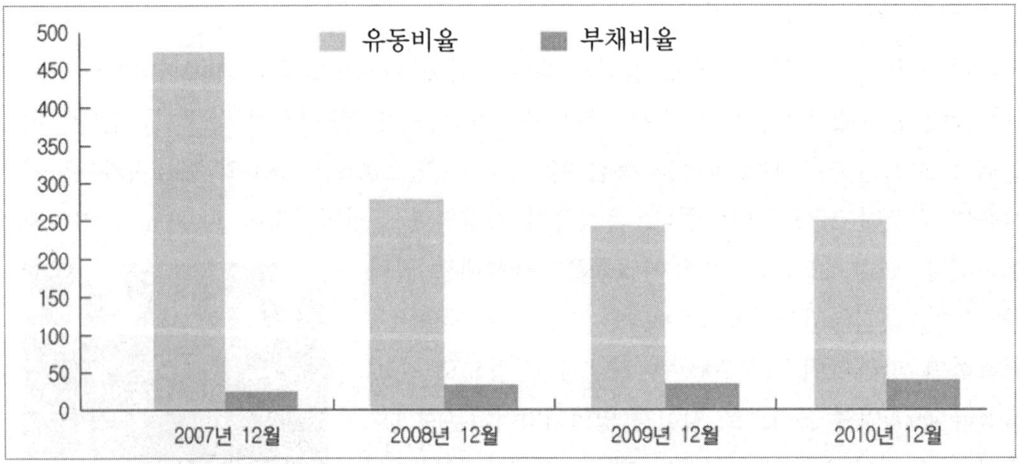

자료 : 금감원(2012)

▶ 파라다이스의 재무구조표

구분	2008년	2009년	2010년	2011년(3Q)
매출액	2,809	3,407	4,516	2,520
영업이익	180	284	334	390
순이익	229	313	402	163
자산총계	4,932	5,072	5,416	7,081
자기자본	3,996	4,141	4,380	5,436
부채총계	936	931	1,036	1,645
유동자산	2,014	1,873	2,082	2,289
유동부채	765	759	838	1,084
차입금	220	220	195	174
매출액증가율	14.6	21.3	32.6	-
영업이익증가율	11.8	57.8	17.6	-
순이익증가율	-0.9	36.7	28.4	-
총자산증가율	6.4	2.8	6.8	30.7
당기순이익률	8.2	9.2	8.9	6.5
ROA	4.6	6.2	7.4	2.3
ROE	5.7	7.6	9.2	3.0
부채비율	23.4	22.5	23.7	30.3
유동비율	263.3	246.8	248.4	211.2
자기자본비율	81.0	81.6	80.9	76.8
차입금의존도	4.5	4.3	3.6	2.5

자료 : 금감원(2012)

GKL과 파라다이스의 영업현황 및 수익전망

• GKL의 현황개요

GKL의 설립배경은 「관광진흥법」 제5조(허가와 신고)에 근거하여 "적극적인 외래관광객 유치와 외화획득을 통한 관광수지 개선, 일자리창출 및 카지노산업의 경쟁력제고"라는 2004년 정부의 신규 카지노 허용정책 발표를 배경으로 외래방문객이 집중되는 서울·부산지역의 카지노시장을 경쟁체제로 전환하고, 중장기적으로 경쟁력 및 투명성을 하겠다는 취지이다. 한편, 허가를 한국관광공사에 한정한 이유는 신규허가에 따른 투명성과 공익성을 확보함은 물론 일반영리기업에 대한 허가시 불필요한 특혜시비 등 신청·허가 과정상의 사회적 갈등을 완화하기 위한 조처임을 밝힌 바 있고, 이에 정부는 2004년 9월 한국관광공사에 서울·부산에 3개소의 카지노를 허가하였으며, 한국관광공사는 2005년 9월 자회사인 '그랜드 코리아레저(주)'를 설립하여 2006년 1월 서울 강남점, 5월 서울 힐튼점, 그리고 6월 부산롯데점을 순차적으로 개장하였다.(금감원, 공시자료, 2012)

▶ 영업장 현황

세븐럭 서울 강남점

- 소재지 : 서울특별시 강남구 삼성동 코엑스센터 컨벤션 별관
- 개장일 : 2006년 1월 27일
- 영업장 면적 : 5,380.1㎡ (1,630평)
- 게임시설 : 테이블게임 73대 / 슬롯머신게임 121대
- 주변환경
  - 교통, 관광, 첨단비즈니스의 중심지인 강남에 위치(COEX몰 · 컨벤션 · 면세점 · 롯데월드 · 봉은사 등)
  - 인근 4개의 특급호텔 (코엑스 인터컨티넨탈, 오크우드, 그랜드 인터컨티넨탈, 파크 하얏트 등)
- 특색 및 차별성
  - 동양적 이미지와 최첨단 설비의 한국형 카지노 이미지 추구
  - 도심권 외국인 관광객이 숙박, 관광, 쇼핑 등을 one-stop으로 해결되며, 신생카지노의 신선함 및 업그레이드 된 서비스 제공을 통한 고객만족도 제고

세븐럭 밀레니엄 서울 힐튼점

- 소재지 : 서울특별시 중구 남대문로 밀레니엄 서울 힐튼호텔
- 개장일 : 2006년 5월 26일
- 영업장 면적 : 2,812㎡ (851평)
- 게임시설 : 테이블게임 57대 / 슬롯머신게임 126대
- 주변환경
  - 명동, 남대문, 동대문 등 서울 최대 상권에 접근성 용이
  - 경복궁, 청계천, 인사동 등 서울의 관광명소와 인접
  - 인근 하이얏트, 롯데, 조선, 플라자 등 다수의 특급호텔이 근거리에 위치
- 특색 및 차별성
  - 세련된 라스베이거스식 카지노
  - 관광지, 역사유적, 쇼핑타운 등과 인접, 외국인 고객의 접근관리

세븐럭 부산 롯데점

- 소재지 : 부산광역시 부산진구 부전동 부산롯데호텔
- 개장일 : 2006년 6월 23일
- 영업장 면적 : 2,234㎡ (676평)
- 게임시설 : 테이블게임 47대 / 슬롯머신게임 80대
- 주변환경
  - 부산특급호텔 중 일본인 관광객의 50%가 롯데호텔에 투숙
  - 부산 상권의 최대 중심지인 서면에 위치(면세점, 각종 명품점 등)
  - 해운대, 범어사, 남포동, 자갈치시장 등 기존 관광인프라와 인접
- 특색 및 차별성 : 바다, 땅, 빛의 상징색감을 주 색조로 한 고급스런 분위기의 독창적 카지노로 서울과 달리 아름다운 해변이 인근에 위치하여 차별화된 관광인프라 구성

마케팅 전략

GKL은 고객의 기대수익에 따라 VIP와 Mass로 고객을 세분화하며, 이를 지역별로 재분류하고 있으며, 마케팅 본부는 VIP비중이 높은 일본 · 중국 · 국제 마케팅팀으로 크게 구분하여 운영하고 있으며, 일본의 경우 현지 사무소에 파견된 직원(마케터)을 통해 직접 모객활동을 하고 있는 반면, 중국의 경우 본토내에서의 카지노 모객행위가 어렵기 때문에 에이전시(전문모집인)를 통한 간접마케팅을 전개하고 있다. 또한 GKL은 카지노영업준칙 제52조(콤프비용의 범위)에 의거, 카지노 입장고객 중 카드발급고객에 한하여 숙박 · 운송 · 식음료 등 현물제공원칙으로 콤프(comp)를 운용하고 있으며, 고객의 게임실적에 따라 VIP고객등급을 세분화하여 회사가 정한 콤프 제공기준에 의해 제공하고 있다.

▶ 최근 2년간의 매출 / 국적별 이용객 현황 (2010~2011)

• 매출실적현황

구분	실적	
	2010년	2011년
순매출액	4,734억원	5,221억원
당기순이익	738억원	633억원
입장객	1,298천명	1,428천명

註 1) 순매출액은 문화체육관광부 보고용 매출로 전문모집인 보수(fee)를 제외한 것임.

註 2) 당기순이익은 IFRS기준임

• 국적별 입장객 및 점유율

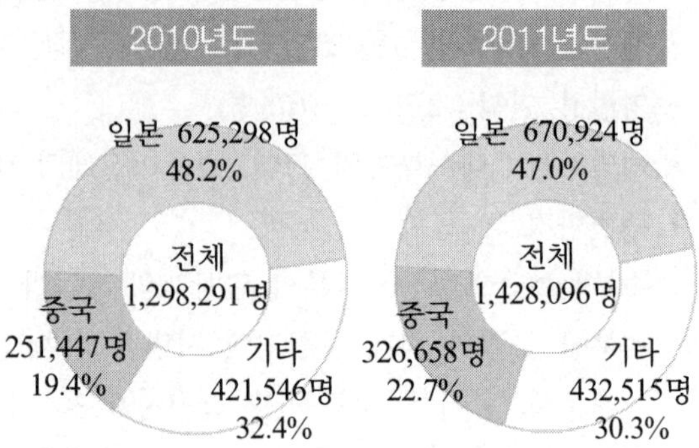

▶ 국내 외국인전용 카지노 대비 시장점유율

국내 외국인전용 카지노의 총매출액은 2009년도에 919,620백만원으로 GKL은 강남점이 24.1%, 힐튼호텔 19.4%, 부산롯데가 6.1%의 점유율을 보여 3개 영업장의 총 점유율은 50%를 차지하였으며, 2011년 총매출액은 1,128,924백만원에 강남점이 23.8%, 힐튼호텔 16.7%, 부산롯데 5.7%로 총 46%의 점유율을 보이고 있다. 파라다이스 워커힐 카지노는 2009년 28.7%에서 2011년 30.8%로 매출액 점유율이 소폭 상승하였고, 개별단위업장 점유율로 본다면 국내 외국인전용 카지노 시장의 1순위를 계속 유지하고 있다.

▶ GKL 3개 영업장의 시장점유율

(단위 : 백만원, %)

지역	영업장명	2011년		2010년		2009년	
		매출액	점유율	매출액	점유율	매출액	점유율
서울	세븐럭 서울강남	269,191	23.8	250,842	25.0	221,985	24.1
서울	세븐럭 힐튼호텔	188,912	16.7	166,437	16.6	178,116	19.4
부산	세븐럭 부산롯데	64,017	5.7	56,159	5.6	56,235	6.1
계		522,120	46.2	473,438	47.2	456,336	49.6

• GKL의 수익전망

▶ 이용객 수요예측

GKL 세븐럭카지노 이용객은 2006년 개장초기부터 497천명으로 국내 외국인전용 카지노 전체 이용객의 점유율 50.3%를 보여주어 카지노 신규시장의 성공적인 진입의 청신호를 보낸 후, 최근 5년 간(2007~2011) 연평균 18.3%의 높은 증가율로 2011년 현재 1,427천명(강남점 381천명, 힐튼점 847천명, 부산롯데점 199천명)으로 개장초기 2006년 대비 약 3배가량의 이용객이 신장되었으며, 이는 외국인전용 카지노 전체 이용객의 점유율 68%를 차지하고 있어 국내 카지노산업의 성장과 발전에 원동력이 되고 있다.

▶ GKL의 연도별 이용객 추이(2007~2011)

(단위 : 천명, %)

업장명	2007년		2008년		2009년		2010년		2011년		연평균 증감률
	입장객	증감	입장객	증감	입장객	증감	입장객	증감	입장객	증감	
서울강남	220	0	221	0	283	21.9	343	17.5	381	9.9	9.8
서울힐튼	441	49.2	524	15.8	709	26.1	775	8.5	847	8.5	21.6
부산롯데	115	53.0	132	12.8	161	18.0	180	10.5	199	9.5	20.7
계	776	35.9	877	11.5	1,153	23.9	1,298	11.1	1,427	9.0	18.2

자료 : 카지노협회 신고자료 (2012)

카지노사업의 성패는 이용객수 증감에 따라 좌우되므로 이용객의 수요예측은 해당 카지노의 미래가치를 측정하는 척도이기도 하다. GKL의 최근 5년간의 연평균 이용객수(입장객수)는 1,106명으로 이는 연평균 18.2%의 증가율을 가져온 것으로 나타났으며, 외국인전용 카지노 시장 5년간 연평균 증가율 11.6%보다 훨씬 높게 나타나 GKL카지노가 외국인 이용객 증가에 결정적인 기여를 하고 있음을 보여주고 있다. 이에 GKL의 이용객 수요예측은 시나리오별로 최근 3년간의 연평균 증가율 14.7%를 낙관적 예측, 2011년 기준 전년도대비 9.0%를 보수적 예측, 그리고 최근 3년간의 국내 외국인전용 카지노이용객 연평균 증가율 13.2%를 중도적 예측으로 산정하여 향후 5년간(2012~2016)의 이용객 수요를 예측 전망해 본다.

▶ 시나리오별 GKL의 이용객 수요예측(2012~2016)

(단위 : 천명)

2011년 12월말 기준	2012E	2013E	2014E	2015E	2016E
시나리오Ⅰ(보수적예측)	1,555	1,694	1,846	2,012	2,193
시나리오Ⅱ(중도적예측)	1,615	1,828	2,069	2,342	2,651
시나리오Ⅲ(낙관적예측)	1,636	1,876	2,151	2,467	2,829

위 시나리오별 이용객 수요예측을 살펴보면 시나리오Ⅰ(보수적예측)은 2012년 GKL 전체영업장 입장객은 1,555천명, 2016년에는 2,193천명에 달하는 것으로 추정되며, 시나리오Ⅱ는 중도적 관점의 예측으로 2012년 1,615천명의 입장객에서 2016년 2,651천명에 달하는 것으로 추정하였고, 시나리오Ⅲ는 낙관적 관점에서 본 예측으로 2012년 1,636천명에서 2016년 2,829천명에 도달하는 것으로 추정하여 전망하여 보았다.

▶ GKL의 매출액

서울의 세븐럭 강남점의 매출액은 2007년 154,876백만원에서 연평균 20.6%의 성장률로 2011년 269,191백만원을 기록했고, 세븐럭 힐튼점은 연평균 성장률 23.2%로 2007년 96,056백만원에서 2011년 188,912백만원의 매출규모를 보여주었으나, 2010년에는 전년도대비 성장률이 잠시 감소하기도 하였으나, 2007년 대비 2011년 현재 약 2배 규모로 성장하였다. 부산의 롯데점은 2007년 이후 연평균 25%씩 성장하여 2011년 522,120백만원을 기록하였으며, GKL 카지노의 전체매출액은 2007년 261,672백만원에서 연평균 22.9%씩 성장하여 2011년 현재 522,120백만원을 보여주고 있고, 이는 국내 외국인전용 카지노 전체매출액 1,128,923백만원의 점유율 46.2%를 차지하고 있다.

▶ GKL의 연도별 매출액 추이(2007~2011)

(단위 : 백만원, %)

업장명	2007년		2008년		2009년		2010년		2011년		연평균 성장률
	매출액	증감	매출액	증감	매출액	증감	매출액	증감	매출액	증감	
서울강남	154,876	51.9	185,549	16.5	221,985	16.4	250,842	11.5	269,151	6.8	20.6
서울힐튼	96,056	58.0	134,416	28.5	178,125	24.5	166,437	-6.5	188,912	11.9	23.2
부산롯데	32,422	66.8	43,375	25.4	56,234	22.6	56,158	-1.3	64,017	12.2	25.1
계	283,354	58.9	363,340	23.4	456,344	21.1	473,429	1.2	522,080	10.3	22.9

자료 : GKL의 카지노협회 신고자료(2012)

▶ GKL의 객단가 산출 및 매출액 / 영업이익 전망

카지노의 이용객 객단가(1인당 소비액)산출은 매출액÷이용객으로 2011년 기준 서울강남점의 객단가는 706천원, 서울힐튼점은 223천원, 부산롯데점은 322천원이고, GKL 3개소 영업점 전체 평균 1인당 소비액은 417천원이 된다. 이 소비액을 분석하여보면, 강남점이 객단가가 높은 것은 일본인 이용객이 주 고객으로 보이고, 힐튼점은 매스마케팅(mass marketing)에 의한 중국인 고객이 주류를 이루는 것으로 분석된다. 최근 5년간(2007년~2011년)의 서울강남점의 연평균 1인당 소비액은 752천원, 서울힐튼점은 232천원, 부산롯데점은 312천원을 보여주고 있다. 이에 시나리오별로 2011년 GKL 3개 영업점 평균 객단가 417천원을 시나리오Ⅰ(보수적)로, 최근 3년간의 평균 객단가 428천원을 시나리오Ⅱ(중도적)로, 그리고 최근 5년간의 평균 객단가 432천원을 시나리오Ⅲ(낙관적)의 객단가 금액으로 각각 산출하여 앞서 예측한 이용객수와 곱하는 방식(시나리오별 객단가×시나리오별 이용객수)으로 향후 5년간(2012년~2016년)의 GKL 카지노 전체의 매출액 추이를 전망하여보면, 시나리오Ⅰ은 2012년 648,435백만원에서 2016년 914,481백만원에 이르는 것으로 추정하였고, 시나리오Ⅱ는 2012년 691,220백만원에서 2016년 1,134,628백만원에 달하는 것으로 추정하였으며, 시나리오Ⅲ는 2012년 706,752백만원에서 2016년 1,222,128백만원에 도달하는 것으로 추정하여 매출액 규모를 전망하여 본다.

▶ 시나리오별 GKL의 매출액전망(2012~2016)

(단위 : 백만원)

2011년도 기준	2012년	2013년	2014년	2015년	2016년
시나리오Ⅰ(417천원)	648,435	706,398	769,782	839,004	914,481
시나리오Ⅱ(428천원)	691,220	782,384	885,532	1,002,376	1,134,628
시나리오Ⅲ(432천원)	706,752	810,432	929,232	1,065,744	1,222,128

위 시나리오를 GKL의 평균 카지노원가(노무비, 영업손실금, 고객운송, 숙식비) 구조비율을 45%, 평균 판관비(관리비, 관광진흥기금)구성을 32%로 지정하여 연도별 영업이익률 23%로 추정하여보면, 시나리오Ⅰ은 2012년 순영업이익금은 149,140백만원에서 약 29% 성장하여 2016년 210,330백만원이 되는 것으로 전망하여 보았고, 시나리오Ⅱ에서는 2012년 대비 39% 성장하여 2016년 260,964백만원에 이르는 것으로 추정하여 보았으며, 시나리오Ⅲ는 2012년 대비 2016년 영업이익은 약 42%신장하여 281,089백만원이 되는 것으로 추정하여 순영업이익을 전망하며, 이는 영업측면에서 본 GKL 세븐럭 카지노의 경제적 가치평가의 근거자료의 지표로 활용하기 위함이다.

▶ GKL 카지노 시나리오에 따른 연도별 영업이익전망(2012~2016)

(단위 : 백만원)

연도	시나리오별	매출액	카지노 원가	판관비	영업이익
2012년	시나리오Ⅰ	648,435	291,795	207,499	149,140
	시나리오Ⅱ	691,220	311,049	221,190	158,980
	시나리오Ⅲ	706,752	318,038	226,160	162,552
2013년	시나리오Ⅰ	706,398	317,879	226,047	162,471
	시나리오Ⅱ	782,384	352,072	250,362	179,948
	시나리오Ⅲ	810,432	354,694	259,338	186,399
2014년	시나리오Ⅰ	769,782	346,401	246,330	177,049
	시나리오Ⅱ	885,532	398,489	283,370	203,672
	시나리오Ⅲ	929,232	418,154	297,354	213,723
2015년	시나리오Ⅰ	839,004	377,551	268,481	192,970
	시나리오Ⅱ	1,002,376	451,068	320,760	230,546
	시나리오Ⅲ	1,065,744	479,584	341,038	245,121
2016년	시나리오Ⅰ	914,481	411,516	292,633	210,330
	시나리오Ⅱ	1,134,628	510,582	363,080	260,964
	시나리오Ⅲ	1,222,128	549,957	391,080	281,089

• 파라다이스 사업개요

국내 카지노산업은 고도의 전문인력과 고객유치 능력 등이 사업성공의 관건이므로 이러한 점이 시장진입에 장애요인이 될 수 있다. 경쟁수단으로는 서비스의 질, 종업원의 직무능력, 영업시설, 관련사업과의 업무제휴능력, 해외판촉 및 광고 등이 주요 요소로 꼽을 수 있다. 파라다이스는 1972년 4월 27일 설립된 이래로 카지노업이 국내 관광사업 중에서도 첨단의 관광사업으로 자리매김하는데 선도적 역할을 수행하여 왔으며, 동종업계의 경영표준으로 인정받고 있다. 파라다이스는 관광사업의 주요 핵심사업의 일환인 외국인전용 카지노업의 영위를 통하여 외화획득에 일조해 나가고 있다. 파라다이스는 창립 이래 현재까지 국내는 물론 말레이시아 겐팅카지노, 미국 마이애미 선상카지노 등 해외카지노 사업진출 경험으로 동 사업분야에서 국제경쟁력을 갖춘 국내 최대최고의 업체로 평가받고 있다. 카지노상품이 고객을 충족시키기 위해 고안된 물리적, 상징적 서비스의 총체라고 볼 때, 카지노의 주요 상품은 카지노시설(게이밍시설 포함), 딜러의 숙련도, 영업장의 분위기라고 볼 수 있다. 이 중 딜러의 숙련도는 전 세계적으로 우리나라가 높게 평가되고 있으며, 특히 파라다이스의 영업직원들은 직무능력이 우수한 것으로 알려져 있다. 이는 체계적이고 과학적인 교육훈련을 통한 영업력의 극대화와 지속적인 고객유치를 위한 적극적인 판촉활동에 기인하고 있다. 파라다이스는 동남아시아 지역 내 국가들과 경쟁에서 비교우위를 점유하기 위하여 일본과 동남아시아 내 주요 지역에 해외판촉사무소와 연락사무소를 운영중이며, 이를 통하여 신규시장의 개척은 물론 국제감각과 현지화된 마케팅 노하우를 축적하고 있다. 파라다이스는 과학적이고 체계적으로 고객을 관리하기 위하여 전산화된 고객관계관리(CRM)시스템을 도입하였으며, 이를 통하여 매출원가절감효과와 함께 유연한 대고객서비스가 제공될 수 있을 것으로 판단된다. 또한 향후 추진하고자 하는 사업은 인천 영종도 복합리조트 개발사업으로 지난 2011년 10월 인천국제공항 국제업무단지(IBC-1) 2단계 개발사업의 우선협상대상 대상자로 선정되어 복합리조트 설립을 추진하고 있다. 파라다이스 그룹은 33만 6천㎡(10만평) 규모의 사업부지에 약 6,621억원을 투자하여 우선 2016년까지 특1등급 호텔(500실), 외국인전용 카지노, 쇼핑몰, 오피스텔, 아트벨리(문화의 거리) 등

이 1단계로 들어설 예정이며, 이어 특2등급 호텔(250실), 공연전시장, 컨벤션센터, 스파, 업무단지 등이 2018년까지 건립될 예정이다. 이에 파라다이스는 2012년 5월 11일 이사회 결의로 전략적 출자자인 Sega Sammy Holdings와 합작투자계약을 체결함에 따라 합작회사인 "Paradise Sega Sammy(가칭)를 설립하고 2012년 9월 14일 인천공항공사와 실시협약(최종계약)을 체결한 바 있다.(금감원, 공시정보, 2012.)

영업장 현황

- 소재지 : 서울특별시 광진구 광장동 산21번지
- 개장일 : 1972. 4.27
- 영업장 면적 : 3,178.4㎡ (963평)
- 게임시설 : 테이블게임 총 89대(바카라 55대, 블랙잭 15대, 룰렛 7대, 포커 9대, 기타 3대 등) / 슬롯머신 140대
- 종사원수 : 855명 (2011. 4월말 기준)
- 판매 및 조건
  - VIP고객은 해외사무소 등을 통한 지역별로 구분된 마케팅으로 직접 유치
  - 고객의 등급별로 콤프(항공료 및 숙식비)를 제공, 하이롤러고객 모객
  - 일반관광객은 마일리지 제도, 광고・홍보활동 및 여행사와 연계 유치

마케팅 전략

파라다이스 워커힐카지노는 목표시장을 크게 일본, 동남아, 중국 등으로 세분화시켜 고객유치를 위한 전략을 수립하고 있어, 현재 해외사무소 판촉역량 강화 및 한・중・일 합동이벤트 등 다양한 이벤트 개최확대, 중국 연락사무소 개설 및 현지 매체홍보, 여행사의 체계적 관리, 패키지상품 개발, 머신게임 도입 등을 통해 외국관광객 유치에 총력을 기울이고 있는 등 체계적인 고객유치 전략을 수립하고 있다.

판매전략

- 판촉활동 강화에 따른 고객유치 확대
  - 해외 현지여행사 등 관광관련 기관과의 연계강화
  - 매 주말 다양한 먹거리 제공을 통한 방문동기강화(Happy Hour : 금요일, 토요일 저녁시간, 케밥, 만두 등 간식거리 제공)
  - 디너쇼, 게임대회 및 BMW, 명품시계 등 다양한 이벤트행사 개최
  - 해외 판촉강화 및 한국거주 중국교포 모객을 위한 마케팅 강화(모임후원 및 교통편 제공)
- 영업활동 및 시설개선
  - 딜러의 서비스향상을 위한 정기적인 교육(mistake 감소교육 및 외국어 학습능력 향상)
  - 영업장 시설확충 및 쾌적한 실내환경 조성
- 서비스 수준 극대화
  - WBC(World Best Casino in Service)구현을 통한 최상의 서비스제공
- 러시아, 카자흐스탄, 태국 등 신규시장 개척을 통한 고객창출
- 일본 문화개방에 따른 관광객 유치 극대화
- CRM을 통한 고객분석(휴면고객, 이탈고객 등, 고객분석작업을 통한 Target고객 선정)

▶ 최근 2년간의 매출액 / 이용객 / 점유율 현황(2010~2011)

파라다이스 워커힐카지노의 매출액은 2010년 296,192백만원에서 2011년 348,106백만원으로 약 15% 증가하여, 외국인전용 카지노 전체의 약 30.8%의 점유율을 보여주고 있고, 입장객은 2011년 기준 339,114명으로 전년도 대비 약 8% 감소하였으며, 외국인전용 전체입장객의 점유율도 전년도 대비 약 2.7% 떨어진 약 16.1%를 차지하고 있다.

▶ 파라다이스 워커힐카지노의 시장점유율(매출액 / 입장객)

년도	매출액(백만원)	점유율(%)	입장객(명)	점유율(%)
2010년	296,192	29.5	368,419	18.9%
2011년	348,106	31.2	339,114	16.1%

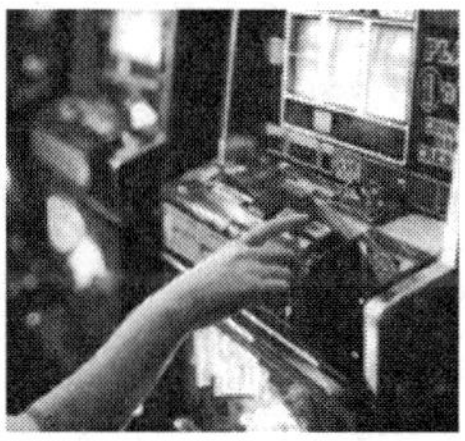

자료 : 금감원, 공시정보 (2012)

▶ 국적별 입장객수 및 점유율

한국을 중심으로 주변국가의 인구분포를 살펴볼 때, 2시간 비행거리 내에 약 6억 6천만명의 인구가 상주하고 있으며, 이는 마카오가 2시간 비행거리 이내에 상주인구가 약 7억 2천만명인 것을 감안하면 마카오와 유사한 인구통계적 입지조건을 갖추고 있다. 파라다이스의 목표시장은 크게 일본·중국·동남아 등으로 세분화하고 있는데, 2012년 1분기 현재 전체 입장객수 중 점유비율이 일본 14%, 중국 65%를 차지하고 있다. 한국을 방문하는 중국인 관광객은 2007년부터 2011년까지 연평균 20%씩 증가했으며, 2012년 1분기는 전년동기 대비 22.2% 증가하였다. 2008년 117만명 수준이었던 중국인 관광객은 2011년 222만명으로 3년만에 약 2배정도 성장을 보였으며, 파라다이스를 방문하는 중국인 이용객수도 계속적인 증가세를 보일 것으로 예상된다. 또한 파라다이스 워커힐카지노는 입장객수 이외에 테이블게임에 참여한 고객의 게임기록을 개인별로 관리함에 따라 게임고객수 자료를 고객유형별로 구분하여 산출하고 있다. 2012년 1분기 게임고객수는 작년 동기간 대비 9% 증가하였으며, 파라다이스 매출의 대부분을 차지하는 VIP고객수는 기여도가 큰 반면 VIP고객의 특성상 그 숫자는 큰 폭으로 증가하지 않아, 2012년 1분기 VIP 게임고객수는 전년 동기대비 1% 감소하였지만, 매스(mass)고객수는 11%의 높은 성장률을 보여주고 있다.

- 파라다이스 워커힐카지노의 수익전망

▶ 이용객 수요예측

파라다이스 워커힐카지노의 지난 5년간(2007년~2011년)의 입장객 추이를 연도별로 살펴보면, 2007년 153,333명에서 중국 관광객의 특수에 힘입어 2010년에는 368,419명으로 약 2.4배 가량 증가하였으나, 2011년에는 전년도와 비슷한 이용객수요를 보였지만, 2012년 1분기 현재 전년도 동기대비 22.2%의 증가율을 보이고 있어 증가세는 지속될 것으로 예측되며, 2011년 기준 현재 339,114명이 파라다이스 워커힐카지노를 입장하였다. 이는 최근 5년간 연평균 약 20%대의 성장률을 나타낸 것으로 외국인전용 카지노 전체 이용객의 연평균 점유율 16.7%를 차지하고 있다.

▶ 파라다이스 워커힐카지노 연도별 입장객수 추이(2007~2011)

구분	2007년	2008년	2009년	2010년	2011년	연평균
입장객(명)	153,333	198,617	291,538	368,419	339,114	270,204
증감률(%)	25.6	22.8	31.8	20.8	-2.8	19.6
점유율(%)	15.9	16.0	16.8	18.9	16.1	16.7

자료 : 카지노협회 신고자료(2012), 집필자 재구성

카지노사업 성패(成敗)는 입장객수(이용객수) 증감에 따라 좌우되므로 이용객의 수요예측은 해당 카지노의 미래가치를 측정하는 척도(尺度)이다. 워커힐카지노 최근 5년간의 연평균 이용객수 성장률은 19.6%로 나타났으며, 외국인전용 카지노시장의 이용객수 증가율 11.6%보다 훨씬 높게 나타나, 워커힐카지노의 고유브랜드와 마케팅 성향이 모객 또는 집객능력을 발휘해 외국인전용 카지노 이용객 증가에 절대적으로 기여하고 있음을 보여주고 있다. 이에 워커힐카지노의 이용객 수요예측은 시나리오별로 최근 5년간의 연평균 성장률 19.6%를 낙관적 예측으로 최근 3년간의 연평균 성장률 12.5%를 중도적 관점의 예측으로 그리고 외국인전용 카지노 전체 평균증가율 11.6%를 보수적 관점으로 예측하여 향후 5년간(2012~2016)의 워커힐카지노 이용객 수요를 예측 전망해 본다.

▶ 시나리오별 워커힐카지노의 연도별 이용객 수요예측(2012~2016)

(단위 : 명)

2011년 12월말 기준	2012년	2013년	2014년	2015년	2016년
시나리오Ⅰ(보수적)	378,451	422,351	471,343	526,018	587,036
시나리오Ⅱ(중도적)	381,150	428,837	482,441	542,274	610,117
시나리오Ⅲ(낙관적)	405,580	485,073	580,147	693,855	829,850

위 시나리오별 이용객 수요예측을 살펴보면, 시나리오Ⅰ, 보수적 관점에서의 예측은 2012년 워커힐카지노의 이용객은 378,451명에서 35.5% 신장하여 2016년 587,036명에 이르는 것으로 추정하여 보았으며, 시나리오Ⅱ는 중도적 관점에서의 예측으로 2012년 381,150명에서 37.5%의 증가율로 2016년 610,117명에 도달하는

것으로 추정하여 보았고, 시나리오Ⅲ는 낙관적 예측으로 2012년 405,580명에서 약 51% 증가하는 것으로 가정하여 2016년 829,850명에 도달하는 것으로 추정하여 전망하여 보았다.

▶ 워커힐카지노의 객단가 / 매출액 및 영업이익전망

워커힐카지노의 지난 5년간(2007~2011)의 매출액 현황을 살펴보면, 2007년 205,799백만 원에서 연평균 약 13.7%씩 성장하여 2011년 기준 현재 2007년 대비 약 1.7배 규모로 신장되었다. 카지노시장 점유율은 2006년 이전에는 우리나라 카지노시장의 리더로서 평균 45%의 시장점유율로 1위 자리를 유지하여 왔으나, GKL의 신규시장 진입으로 2007년 이후에는 연평균 30.5%의 외국인전용 카지노시장의 점유율을 보이고 있지만, 국내 16개 카지노 업체 중 단위영업장별로는 지속적으로 시장점유율 1위를 차지하고 있다.

▶ 워커힐카지노의 연도별 매출액 추이(2007~2011)

구분	2007년	2008년	2009년	2010년	2011년	연평균
매출액(백만원)	205,799	224,582	265,027	296,191	348,105	-
증감률(%)	19.5	8.4	15.2	10.5	14.9	13.7
점유율(%)	33.5	30.0	29.0	29.5	30.8	30.5

자료 : 카지노협회 신고자료(2012)

카지노의 이용객 객단가(1인당 소비액) 산출은 매출액≒이용객으로 워커힐카지노의 2011년 기준 객단가는 1,026천원이고, 최근 5년간(2007~2011)의 연평균 객단가는 1,042천원이며, 최근 3년간(2009~2011)의 평균 객단가는 912천원으로 산출된다. 객단가는 매출액 확장에 영향을 미치지만, 이용객 증감에 1인당 소비액의 증감과 함수관계가 있어 일반적으로 이용객이 증가하면 단가(unit cost)는 낮아지고, 이용이 감소하면 높아지는 경제적 시장논리가 적용되는 것이 통상적인 현상이지만, 매출액의 증대로 이루어지려면 이용객과 객단가가 동반 성장하는 것이 사업의 목표일 것이다.

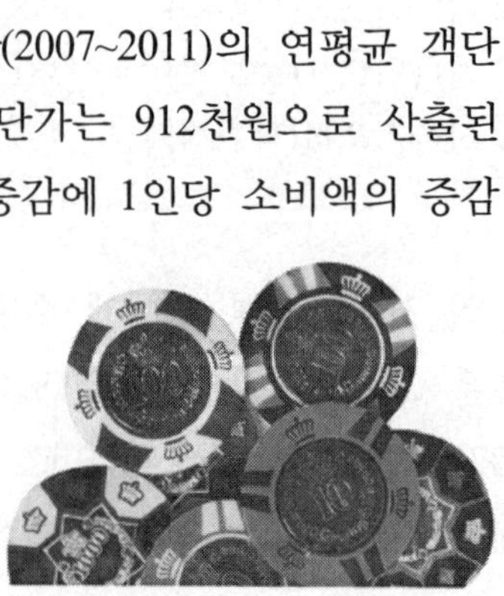

2011년 현재 외국인전용 카지노 전체 평균객단가는 약 537천원이고, 내국인출입 카지노인 강원랜드는 약 397천원, 수도권지역과 비교해 볼 때, 워커힐카지노의 이용객 1인당 소비액이 매우 높은 것은 VIP고객층이 여타 카지노업체보다 두텁게 형성되었음을 반증하는 것이다. 이에 시나리오(scenario)별로 시나리오Ⅰ은 보수적 관점으로 객단가를 912천으로 설정하고, 시나리오Ⅱ는 중도적인 관점으로 객단가를 1,026천원, 시나리오Ⅲ는 낙관적인 관점으로 1,042천원을 설정하고 앞서 예측한 이용객수와 곱하는 방식(시나리오별 객단가×시나리오별 이용객수)으로 향후 5년간(2012년~2017년)의 워커힐카지노의 매출액 추이를 추정, 전망해 본다. 시나리오Ⅰ은 2012년 345,147백만원에서 2016년 535,376백만원에 이르는 것으로 추정하여 전망하여 보았고, 시나리오Ⅱ는 2012년 391,059백만원에서 2016년 625,980백만원, 시나리오Ⅲ는 2012년 422,614백만원에서 2016년 864,703백만원에 도달하는 것으로 추정하여 워커힐카지노 매출액 규모를 전망하여 본다.

시나리오별 워커힐카지노의 매출액 전망(2012~2016)

(단위 : 백만원)

구분	(객단가)	2012년	2013년	2014년	2015년	2016년
시나리오Ⅰ	(912천원)	345,147	385,184	429,864	479,728	535,376
시나리오Ⅱ	(1,026천원)	391,059	439,986	494,984	556,373	625,980
시나리오Ⅲ	(1,042천원)	422,614	505,446	604,513	722,996	864,730

파라다이스 워커힐카지노의 요약수익정보(금감원 공시, 2012)에 따르면, 최근 2년간(2010~2011)의 영업이익률은 평균 15.7%로, 이는 경영구조상 카지노 원가비용이 다소 높게 구성된 것으로 보이므로 위 시나리오의 카지노 원가(노무비, 영업손실금, 고객운송·숙식비) 구성비율을 52%, 판관비(관리비, 관광진흥기금) 구성을 32%로 가정하여 연도별 영업이익률을 약 16%로 추정하여 보면, 시나리오Ⅱ 기준의 중도적 관점에서 워커힐카지노의 2012년 영업이익은 62,569백만원에서 37.5%의 증가율로 2016년 100,156백만원이 되는 것으로 추정하여 순영업이익을 전망하며, 아래의 표는 워커힐카지노의 영업측면에서 본 경제적 가치평가의 근거자료로 활용하기 위함이다.

▶ 시나리오에 따른 워커힐카지노의 연도별 영업이익전망(2012~2016)

(단위 : 백만원)

연도	시나리오별	매출액	카지노 원가	판관비	영업이익
2012년	시나리오Ⅰ	345,147	179,476	110,447	55,223
	시나리오Ⅱ	391,059	203,350	125,138	62,569
	시나리오Ⅲ	422,614	219,759	135,236	67,618
2013년	시나리오Ⅰ	385,184	200,467	123,258	61,629
	시나리오Ⅱ	439,986	228,792	140,795	70,397
	시나리오Ⅲ	505,446	262,831	161,742	80,871
2014년	시나리오Ⅰ	429,864	223,529	137,556	68,778
	시나리오Ⅱ	494,984	257,391	158,394	79,197
	시나리오Ⅲ	604,513	314,346	193,444	96,722
2015년	시나리오Ⅰ	479,728	249,458	153,512	76,756
	시나리오Ⅱ	556,373	283,313	178,039	89,020
	시나리오Ⅲ	722,996	375,957	231,358	115,679
2016년	시나리오Ⅰ	535,376	278,395	171,320	85,660
	시나리오Ⅱ	625,980	325,509	200,313	100,156
	시나리오Ⅲ	864,730	449,659	276,713	138,356

3 카지노산업체의 경제적 파급효과 분석

카지노산업은 외화가득률이 매우 높은 고부가가치 산업으로 2011년 국내의 외국인전용 카지노 총매출액은 약 9억 6천489US$이고, 총입장객수는 2,100,698명, 1인당 소비액은 약 460US$였으며, 외화가득률은 92%로 외화가득액은 8억 8천770US$가 된다. 이는 자동차 85,389대(대당 평균수출가격)를 수출한 것과 동일한 효과를 나타내며, 카지노 외화수입을 자동차 수출가치와 비교해볼 때 카지노 방문이용객 25명의 유치는 승용차 1대를 수출하는 것과 동일한 효과를 가짐으로 카지노 외화수입(收入)으로 인한 외화획득은 우리나라의 경상수지 적자개선에 기여하며 새로운 고용기회와 소득창출은 물론 조세(租稅)수입을 증가시키며, 지역경제를 활성화하는데 기여하고 있다. 이에 GKL 세븐럭카지노(강남점 · 힐튼 · 롯데)와 파라다이스 워커힐 카지노 수입으로 발생하는 1, 2차적 파급효과를 분석해보기로 한다.

GKL 세븐럭카지노

GKL카지노의 2011년 기준 총매출액은 4억 7천 4,654천 US$이고, 총입장객수는 1,428천명, 1인당 소비액은 약 379$이고 외화가득액은 440,953천 U$로 1차적으로 발생하는 GKL카지노수입을 반도체, 승용차, 휴대폰 등의 수출대체효과 가치와 비교할 때, 각각 275,595천개, 3만 9천대, 3,149천대의 수출과 동일한 효과이고, GKL입장객 약 29.8명 유치는 승용차 1대를 수출하는 효과를 가지게 되며, GKL카지노 수입으로 발생하는 2차적 효과는 앞서 산업연관분석을 통해 분석한 바와 같이 경제적 파급효과를 가진다고 하였다. 이에 이미 산출한 승수(유발계수)를 대입하여 GKL카지노 수입이 연관산업에 미치는 간접효과 및 유발효과를 살펴보면 다음과 같다.

▶ GKL카지노수입의 2차효과

구분	내용
생산파급효과	• 2011년 GKL카지노가 획득한 외화가 경제에 투자되어 연관산업에 미치는 직 · 간접 및 유발생산파급효과는 778,674천달러(한화 약 8,565억원)이다.(카지노산업의 생산승수는 1.640510)
부가가치파급효과	• 카지노산업의 부가가치승수(유발계수)는 카지노 이용객이 1달러 소비할 때마다 부가가치파급효과가 발생하는 것으로, 2011년 GKL카지노 수입으로 인한 부가가치 파급액은 440,863천 달러(한화 4,849억원)이다.(카지노산업의 부가가치 유발계수는 0.928816)
소득파급효과	• 소득유발계수는 직 · 간접 소득유발효과로 GKL카지노의 소득유발파급액은 127,822천달러(한화 1,406억원)로 이는 카지노 이용객이 1달러 소비할 때마다 소득파급효과가 발생하는 것이다.(카지노산업의 소득유발계수는 0.269279, 문화오락서비스의 소득승수는 0.438513)
취업파급효과	• GKL카지노의 2011년 직 · 간접 및 유발 취업파급효과는 9,552명으로 전산업 평균에 비하여 높게 나타나 지역의 취업기회 증대에 기여도가 큰 것으로 나타내고 있다.(카지노산업의 취업유발계수는 0.018299, 이는 카지노수입이 10억원일때마다 46명에 해당하는 고용창출효과가 발생한다)

순간접세파급효과	• 순간접세는 생산자에게 부과되는 각종 세금과 강제적 징수요금 및 총 매익금으로 2011년 GKL의 순간접세액은 143,246백만원으로 관련산업 29개 부문에서 1위를 차지하고 있는 카지노산업은 단위당 세금을 가장 많이 내고 있다는 의미이다.(카지노산업의 순간접세유발계수는 0.274355)
수입승수	• 수입유발계수는 여타 유발계수와는 달리 수치가 낮을수록 좋은 것으로 2011년 GKL의 수입파급액은 37,163백만원으로 수입의존도가 매우 낮다는 것을 의미한다.(카지노산업의 수입유발계수는 0.071184)

파라다이스 워커힐카지노

파라다이스 워커힐카지노의 2011년 기준 총 외화수입은 3억 1천 6,459천 달러, 입장객은 339,114명, 1인당 소비액은 932달러이고, 외화가득액은 293,990천 달러(가득률 92.9%)로 1차적으로 발생한 파라다이스 워커힐카지노 수입을 반도체, 승용차, 휴대폰 등의 수출대체효과 가치와 비교할 때, 반도체 1억 9,736만개(개당 1.6달러), 승용차 26,016대(대당 11,300달러), 휴대폰 2,238천대(대당 140달러)의 수출과 동일한 효과이고, 워커힐카지노 입장객 12.1명의 유치는 승용차 1대를 수출하는 효과를 가져오며, 워커힐카지노의 수입으로 발생하는 2차적 효과는 산업연관분석을 통하여 산출한 유발계수를 사용하여 워커힐카지노 수입이 연관산업에 미치는 간접, 유발 등의 경제적 파급효과를 살펴보면 다음과 같다.

▶ 워커힐카지노 수입의 2차효과

생산파급효과	• 2011년 기준 워커힐카지노가 획득한 외화수입이 경제에 투자되어 연관산업에 미치는 직·간접 및 유발 생산파급액은 519,154천달러(한화 약 5,710억원)로, 이는 카지노산업이 서비스산업의 특성을 가지고 있어 생산유발계수(생산승수)는 높지 않게 나타나고 있다.(카지노산업의 생산유발계수는 1.640510)
부가가치 파급효과	• 카지노이용객이 1달러 소비할 때마다 부가가치 파급효과가 발생하는 카지노산업의 부가가치유발계수에 의해, 2011년 워커힐카지노 수입으로 인한 부가가치파급액은 293, 932천달러(3,233억원)로서 카지노산업의 부가가치 유발효과는 관광산업부문에서 제일 높은 것은 물론, 전체산업 중에 2위를 차지하고 있다.(카지노산업의 부가가치 유발계수는 0.928816)

소득파급효과	• 소득유발승수는 직·간접 소득유발효과로 이는 지역주민의 소득증대를 얼마나 증대시켰는지를 나타내는 계수이기도 하다. 2011년 워커힐카지노의 수입으로 인한 소득유발파급액은 85,215천달러(한화 937억원)로 나타내고 있다.(카지노산업의 소득유발계수는 0.269279, 문화오락서비스의 소득승수는 0.438513)
취업 및 고용유발효과	• 취업유발계수와 고용유발계수는 최종수요 1단위(100만원당 고용자수로 나타냄)가 발생했을 때, 각 산업부문이 이를 충족시키기 위해 전체 산업부문에 파급시킨 직·간접 및 유발 취업·고용효과를 나타낸다. 2011년 워커힐카지노의 수입으로 인한 취업 및 고용파급효과는 각 각 5,790명, 3,471명으로 나타내고 있다.(카지노산업의 취업유발계수는 0.018299, 고용유발계수는 0.010970)
순간접세 파급효과	• 순간접세는 생산자에게 부과되는 각종 세금과 강제적 징수요금 및 총 매익금으로 2011년 워커힐카지노의 순간접세액은 955억원으로 상당히 높은 편으로 이는 카지노산업의 순간접세 유발효과가 관련 산업부문에서 1위를 차지하고 있어 단위당 세금을 가장 많이 내고 있다는 의미이다.(카지노산업의 순간접세 유발계수는 0.274355)
수입유발효과	• 수입유발계수는 여타 유발계수와는 달리 수치가 낮을수록 좋은 것으로 2011년 기준 워커힐카지노의 수입파급액은 24,779백만원으로 관련 산업부문보다 수입의존도가 매우 낮은 것으로 나타내고 있다. (카지노산업의 수입유발계수는 0.071184)

4 카지노산업체 관련 주식동향

죄악주(罪惡株)라 불리는 카지노주가

최근 들어 주식시장에서 속칭 '죄악의 주식'이라는 종목들이 주가상승률을 보이고 있다. 죄악주란 담배, 술, 도박, 무기 등의 업종으로 사회적으로 좋지 않은 이미지를 가진 업체와 그 업체의 주식을 의미하며, 국내 증시에서는 카지노업체인 파라다이스, GKL, 강원랜드, 주류생산업체 무학·롯데칠성, 담배제조업체 KT&G 등이 있으며, 국내의 경기악화는 이들 업체의 주가상승을 보이고 있어 2012년 8월 현재, 주류업체인 무학은 13.4% 상승, 롯데칠성·국순당도 각각 10.5%, 5.0% 올랐으며, KT&G도 4.6% 상승해 이 기간 코스피지수(KOSPI) 상승률이 1.9%를 웃돌았고, 카지노를 운영하는 파라다이스와 GKL의 주가도 각각 16.1%와 13.6% 상승하였다.

한국관광공사에 따르면 2012년 7월 현재, 2011년 같은 기간 대비 21.4% 증가한 810만명을 기록하였는데, 카지노업종은 우리나라로 해외관광객이 몰려들면서 주가가 상승한 측면이 있다. 특히 이 기간 카지노업체의 주요 수입원인 중국관광객은 무려 51.2% 증가하였고, 파라다이스와 GKL의 전체 드롭(drop)에서 중국인이 차지하는 비중은 각각 53%와 30% 정도이지만, 향후 '죄악주'의 주가는 업종과 실적에 따라 엇갈릴 수 있다고 전문가들은 전망하고 있다.

카지노업종인 파라다이스와 GKL은 해외관광객이 꾸준히 증가하면서 향후 실적도 좋아질 것이라 누구도 예상하고 있지만, 내국인 출입허용 카지노인 강원랜드는 다소 부진할 것으로 내다보고 있다. 실제로 강원랜드의 연초 주가등락률을 살펴보면, 12.1% 하락하였는데, 이는 강원랜드의 카지노게임시설 확대지연과 폐광지역 개발 및 관광진흥기금 등의 세금부담의 이유로 주가흐름이 좋지 않았다.

중국의 수혜주

폭증하는 중국인 관광객들에 대한 관심과 동반하여 주식시장에는 중국수혜주의 기대심리는 주가에 상당한 영향을 미치고 있다. 기존에는 중국 수출비중 또는 현지 진출기업이 주목받았다면, 이번에는 중국인관광객을 잡는 기업들이 수혜주로 이름을 올리고 있는 실정이다. 중국 경기는 당분간 회복되기 어려울 것이라 전망되지만, 현지 상황과 무관한 중국관광객을 자극하는 종목이 유망하다고 전문가들은 보고 있다.

▶ 2012년초 이후 중국 수혜주가 상승률

(단위 : %)

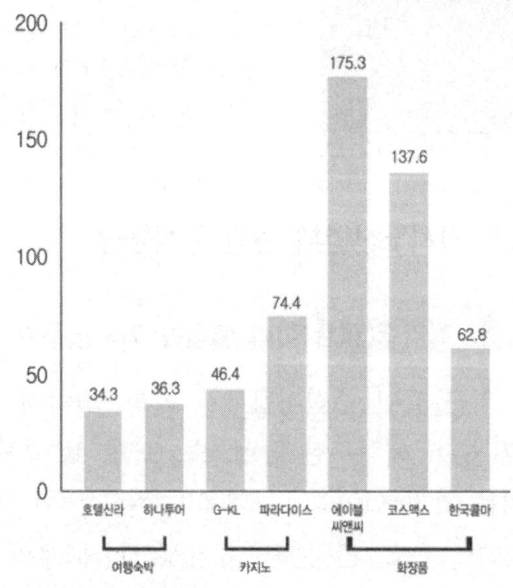

자료 : 조선경제, 2012

증권업계는 국내에 들어오는 중국관광객의 경우 중국의 경제상황과는 달리 움직인다고 분석하고 있으며, 이에 국내에 들어와 돈을 쏟아붓는 업종은 여행숙박, 화장품, 카지노 등이다. 파라다이스, GKL 등과 같은 카지노주는 2012년에 들어 각각 74.4%, 46.4%가 올랐고 호텔신라, 하나

투어 등도 34%~36% 정도 상승해 이 기간 동안 코스피지수 상승률(5.6%)을 크게 웃돌았으며, 증권업계는 하반기에도 이 업체들이 중국관광객들의 폭발적인 소비에 힘입어 실적이 크게 개선, 주가도 상승세를 이어갈 수 있다고 예상된다. 참고로 최근 중국 국가통계국이 발표한 중국선행지수 흐름(2012년 1월~7월)의 7월 경기선행지수는 98.8로 6개월 연속 하락세를 보이고 있다. 경기(景氣)선행지수는 향후 경기 국면을 보여주는 지표인데, 소비자 기대지수 하락, 부동산 등 실물지표 악화 등에 따라 꾸준히 내려가는 상황이다. 대우증권 수석 이코노미스트(economist)는 "중국의 선행지수가 8월에도 좋아질 가능성이 적고, 3분기 GDP(국내총생산) 증가율 역시 7분기 연속 하락세를 보일 가능성이 큰 만큼 증가율 역시 3분기에도 성장둔화는 이어질 것"이라고 전망하였다.(조선경제, 2012. 8. 기사인용)

'놀자株'의 코스닥 톱 10 진입

경기가 둔화되면서 코스닥시장에서 상승률이 눈부시다. 지난해 말 코스닥시장 시총순위 10위권에 속한 오락·문화는 관련주는 CJ E&M 단 한곳, 하지만 올 들어 카지노업체인 파라다이스와 연예기획사인 에스엠(SM엔터테인먼트)이 새롭게 시총 상위 10위권으로 진입했다. 코스닥지수는 지난해 말(500.2)과 비슷한 505.4를 2012. 9. 5일자로 기록했지만, 한국거래소가 집계한 코스닥시장의 오락문화업종 지수는 60.1% 상승했다. 종목별로는 살펴보면 파라다이스는 연초이후 83.3% 상승했으며, 코스닥시장 내 시총순위도 지난해 18위에서 4위로 뛰었고, 방송콘텐츠 사업을 하는 연예기획사인 SM엔터테인먼트와 YG엔터테인먼트는 올 들어 각각 39.0%, 73.9% 올랐다. 모바일게임 업체인 컴투스는 올 들어 177.7% 올랐고, 위메이드와 게임빌도 지난해 말보다 각각 48.4%, 47.3% 상승한 상태이다. 올 상반기 국내 오락·문화·통신 부문 소비는 지난해 같은 기간보다 늘어, 통계청이 발표한 2012년 2분기 가계동향자

▶ 게임 / 오락 관련업체의 주가상승률

(단위 : %)

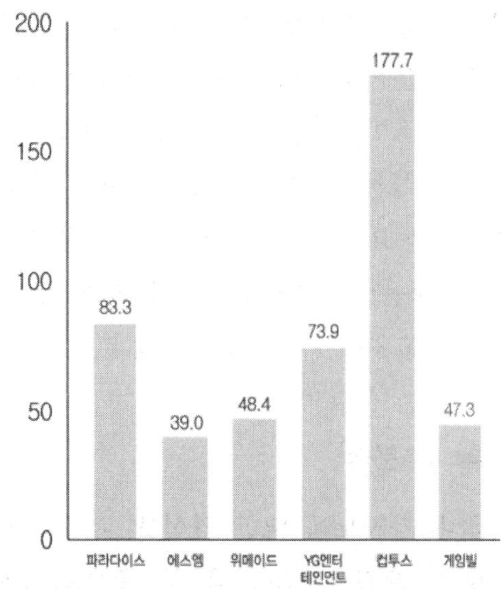

자료 : 조선경제, 2012

료를 보면, 올해 1분기와 2분기 실질소비지출은 각각 지난해보다 2.2%, 1.1% 증가했다. 이 기간 오락·문화 관련지출은 지난해 같은 기간보다 각각 5.9%, 6.8% 증가했으며, 통신관련지출액수도 각각 7.1%, 9.3%씩 증가했다. 국내 오락·문화 관련업체는 해외시장에서 한국음악과 드라마 등 문화상품이 인기가 있었던 요인이 작용한 것도 간과할 수 없다. 기획재정부 자료를 보면, 콘텐츠분야 수출액은 2011년 기준 약 41억 6천달러(약 4조 7,240억원)을 기록해 2008년(23억 2천만달러)보다 1배 가까이 늘었다. 정부는 2012년 9월 5일 '고부가 서비스분야 발전방향'을 발표해 소프트웨어·콘텐츠산업을 키우겠다고 밝혔다.

▶ 2011년 대비 2012년 국내 가구당 소득·소비 지출 증가율

(전년 동기대비 증가율, 단위 : %)

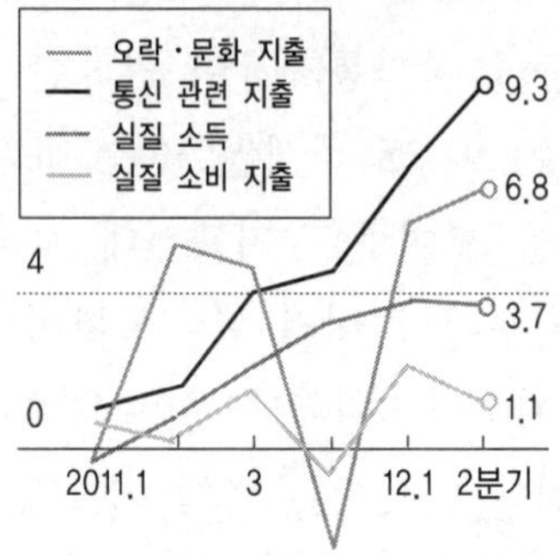

자료 : 통계청

5 국내 카지노업체의 잠재력 / 경쟁력과 문제점 분석

2010년 11월 한국카지노업 관광협회가 의뢰한 「일본, 대만 등 주변국 카지노개방이 우리나라에 미치는 영향연구」에 관한 연구보고서(이충기 교수 외)는 국내 카지노 경쟁력 강화방안을 분석하기 위해 내국인, 외국인(일본, 중국)을 대상으로 "중요도-만족도 분석(Importance-Performance Analysis : IPA)"을 수행하여 카지노고객을 위해 개선할 점이 무엇인지 파악(把握)하고자, 그리고 전문가 패널을 대상으로 카지노에 대한 속성들이 상대적으로 얼마나 중요한지를 "계층분석적 의사결정방법(Analytic Hierarchy Process : AHP)"으로 국내 카지노의 위상을 파악하고자, 연구한 보고서로 본장에서는 이 보고서를 인용하여 국내 카지노업체의 잠재력 및 경쟁력 그리고 문제점을 요약(要約)하여 분석해본다.

IPA분석

국내 카지노에 대한 인식을 파악하기 위해 내국인, 일본인, 중국·대만인을 대상으로 '중요도-만족도'를 두 축으로 하여 해당 속성(예 : 카지노 평가속성)의 상대

적 위치의 파악이 가능하도록 약점항목, 강점항목, 불필요한 강점, 저우선순위 등으로 평가하며, 25개 항목을 요인으로 카지노마케팅 · 인적서비스, 카지노게임시설, 카지노보상 · 대기시간, 실내분위기로 도출하였으며, 요인분석에는 요인적재값, 고유값, 총분산설명력, 신뢰계수 등을 요인을 도출하기 위한 통계방법으로 사용하였다.

▶ 내국인 - 강원랜드 방문객 (N = 523)

요인명	측정항목	요인 적재값	고유값	분산 설명력	신뢰 계수
카지노마케팅 · 인적 서비스	13. 언어소통	0.789	4.222	16.887	0.904
	11. 딜러의 숙련도	0.693			
	12. 신속한 서비스 응대	0.644			
	16. 보안 및 신변안전	0.630			
	17. 카지노업체의 명성도	0.554			
	10. 직원의 친절성	0.519			
	22. 게임정보/게임기록의 정확성	0.493			
	18. 크레딧 한도(VIP)	0.492			
	21. 고객관리	0.441			
	8. 일반룸과 VIP Room의 차별화	0.421			
카지노 게임시설	1. 카지노의 규모	0.748	3.700	14.799	0.840
	3. 슬롯머신의 종류 및 댓수	0.741			
	2. 테이블게임의 종류 및 댓수	0.723			
	4. 테이블 배치	0.717			
	9. 카지노 접근성	0.459			
카지노 보상 · 대기시간	19. 콤프(룸/식음료/항공권/VIP픽업)	0.767	3.051	12.205	0.849
	20. 마일리지	0.764			
	15. 식음료의 다양성	0.537			
	14. 영업장 내 대기시간	0.522			
부대시설	23. 쇼핑 및 공연장	0.788	2.674	10.694	0.792
	24. 테마 및 리조트 시설	0.772			
	25. 객실규모 / 타입 / 가격	0.642			
실내분위기	5. 금연구역 설치여부	0.677	2.058	8.233	0.734
	7. 실내의 쾌적성	0.570			
	6. 실내 조명 및 인테리어	0.556			

내국인 - 강원랜드 방문객(N = 523) IPA분석결과 약점항목은 카지노 보상 · 대기시간 요인중 마일리지 · 콤프, 영업장 내 대기시간, 식음료의 다양성 등의 측정항목에, 실내분위기 요인에는 금연구역설치 여부 및 실내의 쾌적성 항목, 그리고 부대시설 요인의 객실규모/타입/가격의 항목을 들 수 있다. 강점항목으로는 보안 및 신변안전, 언어소통, 딜러의 숙련도, 신속한 서비스 응대 등을 들 수 있고, 낮은 우선순위로 카지노의 규모, 테이블배치, 테이블게임 및 슬롯머신의 종류 및 댓수 등으로 나타났다.

▶ 외국인(일본인) - 외국인전용 카지노 방문객 (N = 159)

요인명	측정항목	요인 적재값	고유값	분산 설명력	신뢰 계수
카지노 보상 · 서비스	18. 콤프(항공료, 호텔, 음식 등)	0.745	3.561	18.741	0.857
	16. 카지노장 내 음식의 다양성	0.742			
	15. 개인화된(personal) 서비스	0.676			
	17. 마일리지	0.643			
	19. 카지노장 내 무료음료	0.578			
	13. 카지노 위치의 편리성	0.552			
	14. 신속한 서비스 응대	0.481			
	12. 게임기록의 정확성	0.467			
카지노 인적서비스	4. 직원(딜러 등)의 숙련도	0.768	3.287	17.299	0.828
	2. 바니의 외모	0.734			
	1. 딜러의 외모	0.734			
	3. 직원의 친절함	0.686			
	5. 실내의 청결함(cleanliness)	0.623			
카지노 정보 · 편의성	11. 게임정보 제공	0.744	2.698	14.199	0.774
	9. 배당금(payout)	0.719			
	10. 현금출납(cage)	0.544			
	8. 테이블(또는 슬롯머신)의자의 편안함	0.484			
실내환기	6. 실내금연	0.840	1.767	9.301	0.654
	7. 실내환기장치(ventilation)	0.589			

외국인전용 카지노 방문객 중 159명의 일본인을 대상으로 분석을 실시하였고(주 : 총분산설명력이 기준치에 비해 약간 미흡하나 적용에는 무리가 없음), 측정항목에는 내국인 일반인 조사에서는 25개의 카지노 평가지표를 사용하였으나, 일본인 조사를 위해서는 19개 지표를 사용하였던 바, 일본인의 IPA 분석결과, 카지노정보 · 편의성 요인의 약점항목으로 현금출납, 배당금(payout), 테이블의자 편안함 등에, 그리고 카지노 보상 · 서비스 요인의 카지노 위치의 편리성, 콤프, 개인화된 서비스 등에 약점을 보이고 있고, 강점항목으로는 직원의 친절함, 직원(딜러)의 숙련도, 또한 신속한 서비스 응대, 카지노장 내 무료음료 등을 들 수 있으며, 낮은 우선순위(low priority) 항목으로는 게임정보제공, 실내금연, 마일리지 등을 보여주고 있다.

▶ 외국인(중국인) - 외국인전용 카지노 방문객 (N = 152)

요인명	측정항목	요인 적재값	고유값	분산 설명력	신뢰 계수
카지노 인적서비스	1. 딜러의 외모	0.018	3.619	20.105	0.900
	2. 바니의 외모	0.763			
	4. 식원(딜러)의 숙련도	0.754			
	3. 직원의 친절함	0.723			
	5. 실내의 청결함	0.675			
카지노 마케팅 · 실내환기	9. 배당금	0.811	3.442	19.124	0.863
	10. 현금출납	0.767			
	7. 실내환기장치	0.751			
	8. 테이블(또는 슬롯머신)의자의 편안함	0.680			
	6. 실내금연	0.625			
카지노 정보 · 편의성	14. 신속한 서비스 응대	0.751	2.84	15.779	0.856
	13. 카지노 위치의 편리성	0.747			
	11. 게임정보제공	0.620			
	12. 게임기록의 정확성	0.596			
	16. 카지노장 내 음식의 다양성	0.595			
카지노 보상서비스	19. 카지노장 내 무료음료	0.875	2.677	14.872	0.809
	18. 콤프(항공료, 호텔, 음식 등)	0.811			
	17. 마일리지	0.618			

외국인전용 카지노 방문객 중 152명의 중국인을 대상으로 분석을 실시하였고(註 : 총분산설명력이 기준치에 비해 약간 미흡하나 적용에는 무리가 없음), 일본인 조사를 위해서는 19개의 지표를 사용하였으나, 중국인 조사를 위해서는 15개의 지표를 사용하였으며, 중국인 IPA분석결과 약점항목은 배당금, 카지노위치의 편리성 등으로 두드러지게 나타나지 않고, 카지노 인적서비스의 측정항목인 직원의 숙련도, 직원의 친절함, 실내의 청결함 등에, 그 밖에 콤프, 현금출납, 신속한 서비스 응대 등이 강점항목(keep up the good work)으로 나타나고 있으며, 낮은 우선순위로는 실내금연, 딜러의 외모, 게임정보제공 등을 나타냈다.

- IPA 분석시사점

내국인의 경우 국내 카지노는 '카지노 보상·대기시간', '부대시설', '실내분위기' 등이 취약하다고 인식되며, 일본인의 경우 '카지노 보상서비스', '카지노 정보·편의성'을 취약점으로 보았으며, 중국인의 경우도 '카지노 정보·편의성'이 취약함을 보였으나, '카지노 보상서비스'의 만족도가 상대적으로 높게 나타나 일본인과 차이가 있음을 보여주고 있다. 반면에 '카지노 인적서비스'와 '카지노 마케팅' 부문에 대해서는 응답자의 국적에 상관없이 국내 카지노가 상대적으로 강점을 지니고 있는 것으로 나타내고 있다. 내국인의 경우 외국인에 비해 '부대시설', '실내분위기' 등에 대한 불만이 높게 나타났으며, 일본인과 중국인 카지노 관광객은 선호속성에 일부 차이가 있다는 점에 주의가 필요하며, 일본인은 '카지노 보상서비스', '카지노 정보·편의성'에 불만을 보여주고 있으나, 중국인은 불만요소가 거의 없고(註 : 배당금, 국내 카지노 위치만 취약하게 봄), 전반적으로 일본인에 비해 카지노에 대한 만족도가 높은 것으로 나타내고 있다. 따라서 일본인과 중국인을 분리·운영하여 차별화된 서비스를 통한 각각의 만족도 제고방안에 대한 검토가 필요해 보인다.

AHP분석

국내 카지노에 대한 전반적인 평가 및 카지노를 구성하는 속성 간의 중요도, SWOT분석 등을 파악하기 위하여 33인의 전문가를 대상으로 조사하는 분석으로

AHP(Analytic Hierarchy Process)란 상충되는 다수의 기준하에서 의사결정문제를 해결하기 위한 분석의 틀을 제공하는 기법으로, 의사결정문제를 계층화하고 상위계층요소에 대한 직계하위계층 요소들의 가중치(상대적 중요도)를 쌍대비교((Pairwise Comparison)에 의해 추출하여, 궁극적으로 최하위계층에 있는 요소 또는 대안들의 가중치 또는 선호도를 도출하는 기법이다. AHP 분석을 통해 카지노를 평가하는 속성 중 어떤 속성이 더 중요하고, 어떤 속성이 상대적으로 덜 중요한지 알 수 있을 것이다.

- 1단계(계층구조의 설정)

국내 카지노를 평가하기 위해 카지노를 구성하는 속성을 기존 문헌과 전문가의 의견을 바탕으로 5차원, 12개 속성, 42개 지표로 카테고리(category)화하였다.

▶ 계층구조의 설정

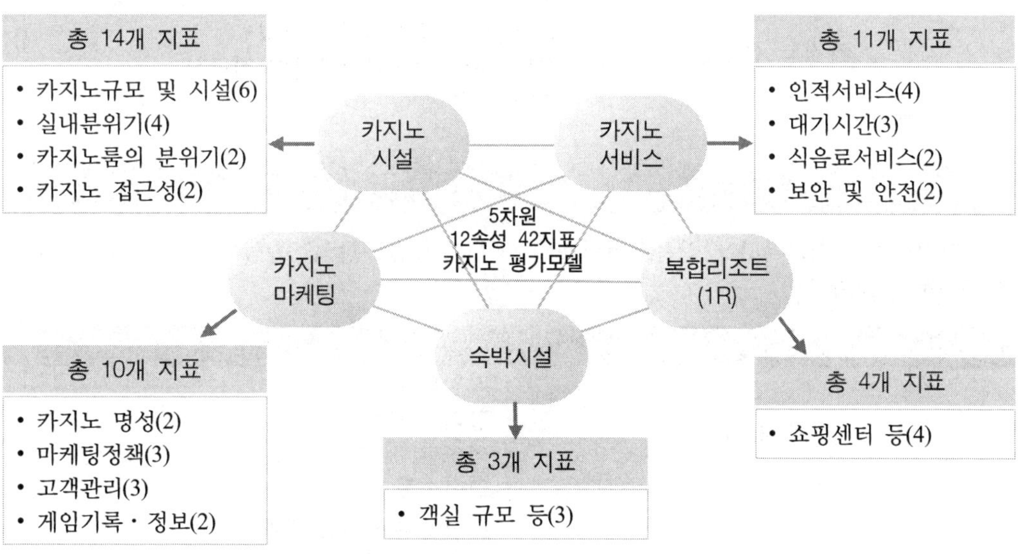

카지노 시설

카지노 규모 및 시설, 실내분위기, 카지노룸의 다양성 그리고 카지노 접근성 속성에 대해 14개 지표로 구성하여 보았다.

차원(대분류)	속성(중분류)	지표(세부항목)
카지노시설	카지노 규모 및 시설	• 카지노의 규모 • 테이블게임 대수 • 테이블게임 종류의 다양화 • 슬롯머신 대수 • 슬롯머신 종류의 다양화 • 테이블 배치
	실내분위기	• 금연구역 설치 여부 • 실내조명 • 실내의 쾌적성 • 실내 인테리어
	카지노룸의 다양성	• 일반룸 • VIP Room
	카지노 접근성	• 해외에서 한국까지의 접근성 • 국내에서 카지노업장까지의 접근성

카지노 서비스

'인적서비스', '대기시간', '식음료서비스', 그리고 '보안 · 안전' 속성에 대해 11개 지표로 구성하여 보았다.

차원(대분류)	속성(중분류)	지표(세부항목)
카지노 서비스	인적서비스	• 직원의 친절성 • 딜러의 숙련도 • 신속한 서비스 응대 • 언어소통
	대기시간	• 출납창구(cashier)대기시간 • 식음료장 대기시간 • 테이블 대기시간
	식음료 서비스	• 카지노장 내 음식의 다양성 • 카지노장 외 음식의 다양성
	보안 및 안전	• 신변안전(고객 · 직원) • 출입통제

복합리조트(Integrated Resort)와 숙박시설은 중분류는 별도로 구성하지 않았으며 복합리조트(IR)는 쇼핑센터, 공연장, 테마파크, 실내 스포츠시설 등의 4개 지표로 구성하였고, 숙박시설은 객실규모, 객실타입, 객실가격 등의 3개 지표로 구성하였으며, 또한 카지노 마케팅은 카지노명성, 마케팅정책, 고객관리, 게임기록·정보 등의 중분류로 총 10개 지표로 구성한 것이다.

- 2단계(평가항목의 쌍대비교)

계층구조를 통해 얻어진 하위 요소들이 직계상위 요소에 대해 얼마나 많은 영향을 미치는지 또는 얼마만큼의 중요성을 갖는지 평가하기 위해, 요소들 간에 1 : 1 비교를 실시하고 그 결과를 행렬화하는 과정이다.

▶ AHP 설문의 예시

A	← A가 더 중요																B가 더 중요 →	B
	절대중요		매우중요		중요		조금중요		동등		조금중요		중요		매우중요		절대중요	
카지노규모 및 시설	9	8	7	6	5	4	3	2	1	2	3	4	5	6	7	8	9	실내분위기
카지노규모 및 시설	9	8	7	6	5	4	3	2	1	2	3	4	5	6	7	8	9	카지노룸의 다양성
카지노규모 및 시설	9	8	7	6	5	4	3	2	1	2	3	4	5	6	7	8	9	카지노의 접근성
실내분위기	9	8	7	6	5	4	3	2	1	2	3	4	5	6	7	8	9	카지노룸의 다양성
실내분위기	9	8	7	6	5	4	3	2	1	2	3	4	5	6	7	8	9	카지노의 접근성
카지노룸의 다양성	9	8	7	6	5	4	3	2	1	2	3	4	5	6	7	8	9	카지노의 접근성

- 3단계(가중치의 추정 및 일관성 평가)

33명의 전문가 패널의 쌍대비교를 통해 얻어진 값은 기하평균을 이용하여 통합하였으며, 논리적인 일관성을 검증한 결과 모두 0.1 미만으로 유의한 것으로 나타나고 있다(註 : '카지노마케팅'이 가장 중요하고, '카지노시설', '카지노서비스'의 순으로 중요한 것으로 나타남).

▶ 전체 평가항목의 비율

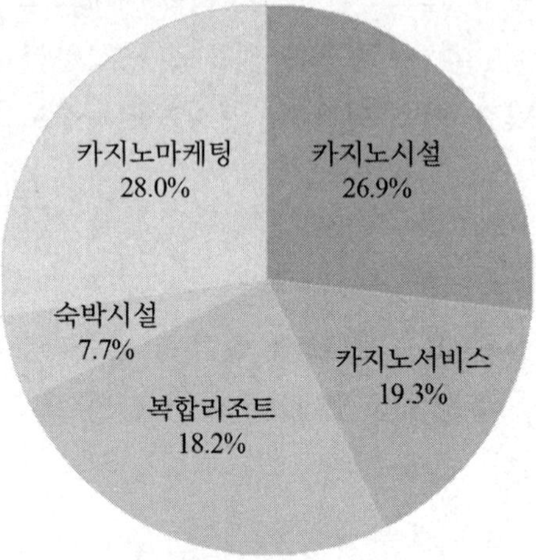

▶ 전체 평가항목의 가중치

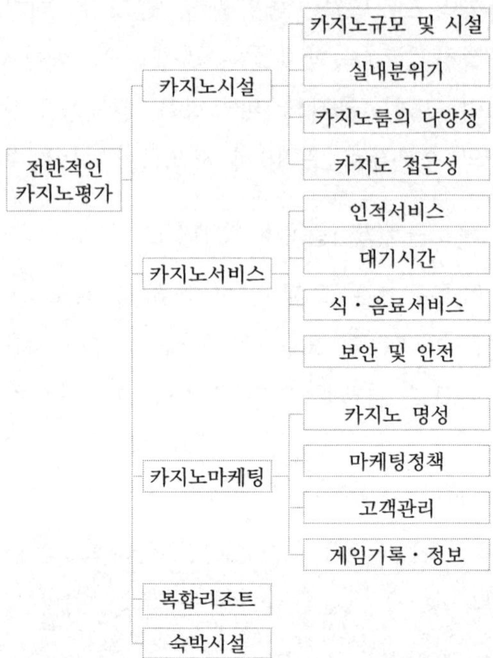

• 4단계(가중치의 종합)

하위계층에 있는 요소들의 통합가중치를 각 계층에서 도출된 요소들의 가중치와 종합하여 도출하였고(아래표의 숫자가 클수록 상대적 중요도 높음), 도출된 통합가중치는 의사결정의 궁극적인 목표를 달성함에 있어서 각 평가항목들이 어느 정도 영향을 미치는지 또는 어느 정도 중요성을 갖는지를 보여준다.

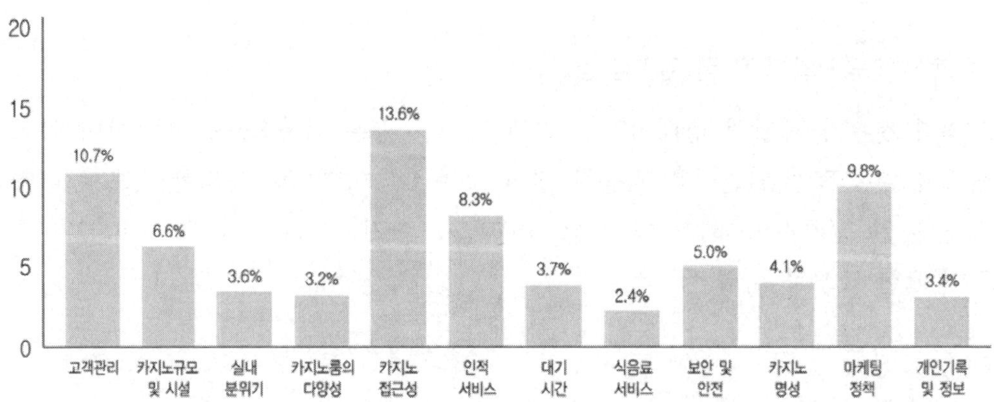

- AHP 분석시사점

5가지 차원에서 볼 때에는 '카지노마케팅', '카지노시설', '카지노서비스', '복합리조트(IR)', '숙박시설'의 순으로 중요한 것으로 나타났다. 즉 동일한 자원이 있다면 '카지노마케팅', '카지노시설' 등에 먼저 투자를 해야 한다는 것이 전문가의 종합적인 의견이다. 차원별 상대적 중요도를 12개 속성에 반영하여 살펴보면, '카지노 접근성'이 가장 중요하고, '고객관리', '마케팅정책', '인적서비스' 등이 중요한 요소임을 알 수 있다. 이는 국내 카지노의 기존 고객 및 신규고객을 확보함에 있어서 '카지노 접근성'이 충분히 고려되어야 한다는 점에 모든 전문가들이 공감하고 있음을 의미하며, 또한 '고객관리'나 '마케팅정책'과 같은 '카지노마케팅'이 충분히 이루어져야 함을 시사하고 있다.

SWOT 분석

전문가 조사(N = 33)를 바탕으로 SWOT분석을 수행하면 다음과 같다.

<table>
<tr><th>Strength</th><th>Weakness</th><th>시사점</th></tr>
<tr><td>• 직원과 딜러의 숙련도와 친절성
• 중국, 일본 고객의 접근성 우수
• 우수한 서비스 수준
• 높은 명성과 보안, 안전
• 우수한 관광자원</td><td>• 작은 규모
• 다양한 즐길거리 부족
• 국민들의 부정적 인식
• 정부의 소극적 정책과 내국인 규제
• VIP중심(고비용)
• 과당경쟁
• 단일시장(중국, 일본) 의존</td><td rowspan="3">• 접근성에 비해 시설 미흡
• 차별화된 서비스 제공 미흡
• 카지노 인식 부족</td></tr>
<tr><th>Opportunity</th><th>Threat</th></tr>
<tr><td>• 카지노에 대한 인식 향상
• 중국시장의 확대 및 비자완화
• 동북아 허브로서의 교통요지
• 한국의 확대된 관광위상
• 정부 카지노 정책의 변화
• MICE산업의 활성화
• 우수한 관광인재 보유</td><td>• 주변 국가의 카지노 도입
• 규제위주의 카지노정책
• NGO 등 카지노 반대여론
• 복합리조트(IR) 부재로 경쟁력 악화
• 온라인게임 증가
• 향상된 고객의 게임스킬
• 불안정한 국내외 경제사회 환경</td></tr>
</table>

• 갭(gap)분석 및 전략도출

	현재	미래방향
	접근성에 비해 시설미흡	시설효율성 제고와 IR검토
카지노시설 측면	• 작은 규모 • 주변국가의 카지노 도입 • 복합리조트(IR) 부재로 경쟁력 약화 • 중국, 일본고객의 접근성 우수 • 우수한 관광자원 • 동북아 허브로서의 교통요지	• 현 접근성 유지 및 개발 • 현 시설 최대활용 • 우수한 관광자원과 연계 • 복합리조트(IR) 개발 모색
	차별화된 서비스제공 미흡	서비스수행자원과 역량강화
카지노서비스 측면	• 다양한 즐길거리 부족 • VIP중심(고비용) • 온라인게임 증가 • 향상된 고객의 게임스킬 • 직원과 딜러의 숙련도와 친절성 • 우수한 서비스 수준 • 높은 명성과 보안, 안전 • 우수한 관광인재 보유 • MICE산업의 활성화	• 현 서비스수준 유지 • 다양하고 차별화된 서비스 개발 • 고객관리 능력배양
	카지노 인식부족	Push형 카지노 홍보체제 확립
카지노마케팅 & 정책측면	• 국민들의 부정적 인식 • 정부의 소극적 정책과 내국인 규제 • 과당경쟁 • 단일시장(중국, 일본) 의존 • 규제 위주의 카지노정책 • NGO 등 카지노 반대여론 • 불안정한 국내외 경제사회 환경 • 카지노에 대한 인식향상 • 중국시장의 확대 및 비자완화 • 한국의 확대된 관광위상 • 정부 카지노정책의 변화	• 카지노에 대한 긍정적 인식 확대 • 시장 다변화정책 모색 • 한국 카지노의 브랜드력 강화

• SWOT 분석시사점

현재 국내 카지노의 현상은 접근성에 비해 시설이 미흡하며, 인적서비스는 우수하나 차별화된 서비스 제공이 미약하고, 카지노에 대한 인식이 부정적이며, 정책적 뒷받침이 미약하다. 주변국의 카지노개장을 통제할 수단이 없는 상태에서는 우리나라 카지노의 자생적 경쟁력을 강화해야 할 것이다. 이를 위해 먼저 기존시설의 효율성을 높이고 복합리조트(IR) 개발대안을 검토해야 하며, 우수한 인적서비스를 기반으로 한 차별화된 마케팅전략(다양한 즐길거리, 관광과의 연계상품 등)의 개발이 필요하다. 또한 카지노에 대한 긍정적 인식 확산 및 정부정책의 변화를 유도하여 한국 카지노에 대한 브랜드력 강화가 필요한 시점이다.

카지노산업의 경쟁력 방안

과거에는 테이블게임 등 카지노 중심의 시설관리였으나, 향후에는 카지노 뿐만 아니라 테마파크, 컨벤션, 엔터테인먼트, 쇼핑 등이 통합된 복합리조트(IR) 개발로 대중 관광객 유치를 목표로 하는 것이 국제적인 추세이다. 이에 카지노산업의 경쟁력 방안으로 복합리조트(Integrated Resort) 카지노 개발로 테마 · 엔터테인먼트 · 쇼핑 기능을 가짐으로써 새로운 대중 관광객 시장을 창출하고, 가족여행객에게 볼거리와 즐길거리를 제공하며, 관광인프라 구축을 통한 외래관광객 유치와 연계부문에 대한 소비지출 및 체류기간을 연장할 수 있다. 또한 컨벤션센터와 연계하여 컨벤션 및 전시 참가자들은 회의뿐만 아니라 나이트라이프(night life)를 함께 즐기는 인센티브(incentive)성격이므로 복합리조트 카지노는 컨벤션 비즈니스를 활성하는데 기여할 수 있다. 라스베이거스(LasVegas)와 싱가포르(Singapore) 등은 복합리조트를 건설하여 컨벤션 비즈니스와 연결시켜 시너지효과를 높이고 있다.

▶ 복합리조트를 통한 국제경쟁력 강화

경쟁력 강화	세부내용
복합리조트(IR) 건설	• 복합리조트(카지노+호텔+컨벤션+테마파크+엔터테인먼트) 여건조성 • 투자자원으로 경쟁력 강화 • 특정지역보다 휴양지에 복합리조트 카지노 필요 • 다양한 엔터테인먼트
IR로 인한 국가경쟁력	• 대규모 투자유치 • 사회간접시설 확충을 통한 관광인프라 구축 • 연계산업에 대한 파급효과 • 직간접 고용창출 효과
IR로 인한 카지노산업 경쟁력	• 관광인프라 구축을 통한 외래관광객 유치 • 내국인의 국내여행 활성화 • 국가발전과 연계한 중장기 계획수립 • 국제 추세에 부응하는 국제경쟁력 강화 • 주변국 카지노 개방에 대한 대응책
IR로 인한 국민인식 제고	• 카지노산업에 대한 국민인식 제고방안 및 관광산업과의 연계를 통한 공감대 형성 • 대중관광객 유치를 통한 카지노 이미지개선 • 카지노산업의 순기능홍보 • 미디어나 교육프로그램을 통한 대중 홍보 • 사회공헌사업 활성화 • 사회부작용 최소화 노력

6 카지노산업 발전을 위한 정책적 지원방안

장애요소

전문가(33명) 조사결과(복수응답) 우리나라 카지노산업의 장애요소는 카지노산업에 대한 부정적 인식이 가장 높게 나타났다. 다음으로는 규제위주의 카지노정책, 외환관리문제, 중국관광객에 대한 비자문제, 관광진흥법의 카지노규제 등으로 나타나고 있으며, 그 밖에 내국인 출입제한, 카지노 영세성, 과당경쟁(제주도 등), 다양한 엔터테인먼트 부족 등으로 나타내고 있다.

▶ 장애요소 (세부내용)

구분	세부내용
카지노산업에 대한 부정적 인식	• 정부, 언론, 정치인, 국민
규제위주의 카지노산업정책	• 정부, 사감위, 외국환거래법, 관광진흥법 등
관광진흥법 규제	• 지나친 운영규제(강원랜드) • 테이블 수 제한 • 카지노 기자재의 개발소비세 부과 • 기금과다 • 관광기금의 불합리성(매출액 산정기준, 법규제약)
외국환거래법 문제	• 외국환거래법상 지참금의 불성실신고에 대한 처벌을 없애거나 약화시켜야 함 • 크레딧 한도, 법제적 장치가 부재 • 외국환거래법에 의한 고객 게임한도 제약 • 자금세탁방지법으로 인하여 하이롤러 고객감소 • 크레딧 회수기간이 6개월로 짧음
비자문제	• 중국인 관광객에 대한 비자문제
정부의 카지노산업에 대한 육성 및 정책 부재	• 도박중독증의 폐해만 우려하지 말고, 관광산업활성화의 중요 기여요소로 보지 않는 측면 • 전문가 부재(정부, 업계)
카지노 영세성	• 카지노 위주의 운영으로 대중관광객 유치의 어려움 • 호텔부속시설로 카지노영업장이 존재 • 일본 및 중국 연휴 시 객실부족으로 고객유치 어려움 (카지노는 호텔을 임차운영하기 때문임)
다양한 엔터테인먼트	• 공연 · 이벤트 등 볼거리와 즐길거리 부족 • Night Life 상품부재
내국인에 대한 출입 제한	• 내국인출입 카지노는 강원랜드 1곳이기 때문에 대기시간 증가 • 대규모 카지노 투자불가
과당경쟁유발	• 한정된 외국인고객을 대상으로 출혈경쟁영업 • 유치비용 과다 • 제주지역의 지역집중 및 과당경쟁으로 인한 고객불신 (카지노 부실경영과 카지노 라이센스 가거래, 탈세운영) 및 이미지 손상

개선방안

전문가 조사결과(복수응답), 우리나라 카지노산업의 개선 및 발전방안으로 복합리조트 개발을 1순위로 제시하였으며, 다음으로는 법률적 규제완화, 카지노산업에 대한 국민인식 제고, 카지노산업의 경쟁력 강화 순으로 나타났고, 그 밖에 개선방안으로는 중국인 관광객에 대한 비자완화, 외국환거래법 완화, 내국인 출입제한 완화, 카지노개별법 마련, 규제에서 산업으로의 육성 등을 포함한다.

▶ 개선방안 (세부내용)

구분	세부내용
규제에서 진흥정책으로 변경 및 카지노산업 육성책 마련	• 전문기구를 통한 카지노개발 모색 • 중소업체 통합 • 지주회사 설립 • 외국인전용 카지노에 대한 세제혜택
카지노에 대한 외국환 거래법 완화	• 크레딧한도 완화 및 고객 외환거래자율화 • 크레딧 운영에 대한 법제적장치 필요 • 크레딧한도 자율운용
중국인 관광객에 대한 비자허가요건 완화	• 중국인 관광객 단기종합사증 발급, 서류간소화제도 실시
카지노산업 육성을 위해 카지노산업법을 개별법으로 개편	• 영업준칙 및 영업규제 조항 완화 • 사업자 자율성 부여
일부 법률규제 강화	• 허가전매 허용폐지 • 국내 카지노의 합리적 구조조정 필요 • 내국인 입장시 처벌 • 교포 식별 신분증을 정부에서 발급하여 식별 이용하도록 조치 • 업체 간 과당경쟁 조정 • 카지노 딜러 라이센스 도입을 통한 정직성 및 능력인정 등
내국인 출입제한 완화 및 확대	• 일정조건 • 복합리조트(IR)와 연계 • 카드발급을 통한 기간과 금액 제한 • 내외국인 입장이 가능한 카지노 정책운영

구분	세부내용
카지노산업의 경쟁력 강화방안	• 법률개정, 시장개방 • 경쟁국에 대한 지속적 벤치마킹을 통한 카지노산업 경쟁력 강화 • 인적자원의 서비스 경쟁력 강화 • 일반 고객에 대한 콤프확대를 통한 고객유치
국민인식 제고방안 및 관광산업과의 연계를 통한 공감대 형성	• 카지노산업의 순기능홍보 • 국가발전과 연계한 중장기 계획수립 • 미디어나 교육프로그램을 통한 대중홍보 • 사회공헌사업 활성화, 사회적 부작용 최소화 노력
복합리조트(카지노+호텔+컨벤션+테마파크+엔터테인먼트) 여건조성	• 투자지원으로 경쟁력 강화 • 특정지역보다 휴양지에 복합리조트 카지노 필요 • 다양한 엔터테인먼트 제공

중국 고객 비자요건 완화(개선방안)

법무부에서 2010년 8월 1일부터 "중국인 관광객 단기종합사증발급 간소화제도"를 발표하여 비자문제에 대한 완전조치가 이루어져, 현재의 비자완화조치는 국내 카지노 시장에 있어서, 단체시장을 활성화시키는데 일조할 것으로 사료된다. 그러나 이러한 전향적인 조치에도 불구하고 국내 중국 VIP 시장 활성화를 위해서 몇 가지 사항들이 추가로 개선되어야 할 여지가 있다.

중국 복수비자 발급 시 일본 들 OECD 회원국 2회 이상 방문자의 경우 복수비자가 허용되고 있으나, 유독 한국의 경우는 OECD 회원국임에도 불구하고 2년 이내에 2회이상 방문한 자의 경우에도 복수비자 취득이 불가능하므로 현재 규정에는 우리나라에 최근 2년 이내에 4회 이상 방문하였거나, 통산 5회 이상 방문한 사람으로 규정하고 있으나, 이에 대한 방문 횟수규정의 완화조치가 요구되어진다. 심양의 경우는 비자소요기간이 4~5일이 소요되는 바, 현행 비자소요기간을 최대한 단축해서 운영하는 것이 필요하다. 카지노고객의 기본 방문패턴이 주말(금요일~일요일)임에 따라 비자발급소요시간이 길어짐에 따라 항공예약 및 객실예약이 불가능한 경우가 있기 때문이다. 제주의 경우 무비자 지역으로 지정된 후 2010년 상반기에만 전년동기 대비 약 99% 증가하였던 바, 이에 서울, 인천, 부산 등 주요 대도시 지역 무비자 특구지정이 바람직하다.

종합시사점

카지노산업의 발전방안

국제 위주 카지노정책	외국환거래법의 문제	중국인 관광객에 대한 비자문제	복합리조트(1R) 개발
법률적 규제완화	카지노에 대한 외국환거래법 완화	중국인 관광객 비자요건 완화	복합리조트(1R)
• 지나친 운영규제 및 테이블 수 제한 완화 • 카지노기자재의 개별 소비세 부과 완화 • 관광진흥기금의 합리적인 산정필요 (이익기준) • 영업준칙 및 영업규제조항 완화 • 사업자 자율성 부여	• 크레딧 한도완화를 위한 법적, 정책적 지원 • 이를 통한 VIP고객의 외환거래 자율화	• 중국인 관광객에 대한 복수비자 허용 • 입국비자 발급간소화 • 무사증제도 확대	• 국제적인 추세에 부응 • 내국인 및 일본관광객이 가장 선호하는 형태 • 대중관광객 유치를 통한 카지노 인식전환

제4장

국내외 경제동향

(경제이슈 기사 및 전문가분석 중심으로)

1 세계의 증시동향

세계경제는 2008년 9월 미국의 투자은행 '리먼브러더스' 파산(破産)으로 분수령을 맞았다. 2007년까지 장기호황 속에 사이좋게 사상 최고치를 기록했던 세계 각국 증시 역시 세계경제와 함께 한순간에 무너져내렸다. 그리고 벌써 4년이 되었다. 이에 증권전산이 가능한 65개국 70개 증시의 4년간 주가(stock prices) 움직임을 점검해보면, 4년 내내 지지부진한 채 아우성만 들렸던 실물경제와는 달리 세계증시는 대체로 '리먼이전'을 회복했지만 큰 변화를 겪고 있다. 지수 자체는 리먼사태 이전 수준을 넘어선 국가가 많지만, 아예 크게 내려앉은 국가도 많아 양극화 현상이 일어났다. 또 '자원국 스토리'와 'G2(미국과 중국)스토리'라는 두 가지의 신데렐라 스토리를 위주로 회복의 길을 달려오던 세계증시(證市)는 작년 이후 다시 한번 국가별 옥석가리기에 들어간 상태다.

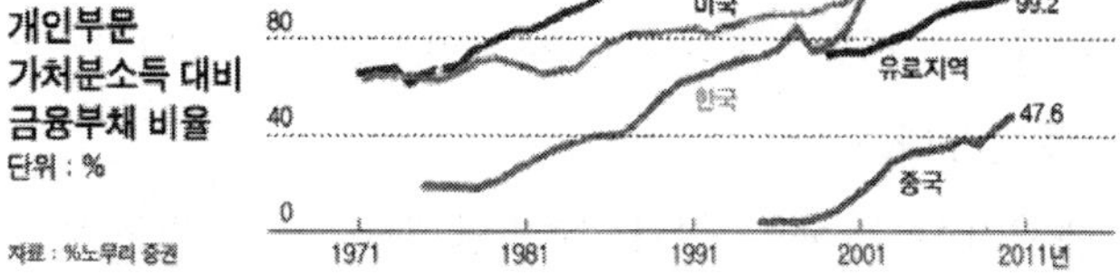

리먼브러더스 파산 이후 4년간(2008년 9월 15일~2012년 9월 7일) 주가가 가장 많이 상승(上昇)하였던 국가를 보면 '자원부국 스토리'와 'G2(미국

과 중국)스토리'라는 두 가지 논리(論理)를 배경으로 하고 있다. 세계경제를 이끌어오던 미국과 유럽, 일본 등 선진국이 모두 부진한 상황에서 각국이 시중에 자금을 쏟아내놓아 이들이 세계 신흥국으로 흘러들어갔는데, 이 과정에서 과연 어느 신흥국에 투자해야 할 것이냐를 제시해준 것이 바로 이 두 가지 논리이다. 자원부국(資源富國)스토리는 전 세계가 저성장국면에 들어간 상황에서 그나마 자원을 가진 나라들이 향후 성장에 유리할 것이라는 논리이고, G2스토리는 미국과 중국 두 거대 경제권에 인접해서 이들의 수혜를 볼 나라들에 투자(投資)하는 것이 좋다는 논리이다. 그러나 이 두 건(件)을 모두 충족하는 곳이 지역적으로 두 군데 있는데, 한 곳은 라틴아메리카(Latin America)이고 또 한 곳은 동남아시아(Southeast Asia)였다.

중・남美의 경우 리먼 파산 직후에는 풍부한 자원이 눈길을 끌었고, 그 이후에는 미국의 회복에 따라 수혜를 입을 수 있다는 논리가 나오면서 부상(浮上)하였다. "채굴 가능한 세계 석유매장량 1위로, 앞으로 200년 쓸 석유가 있다"고 주장한 베네수엘라(Venezuela)가 630%를 비롯, 페루(Peru)・멕시코(Mexico)・칠레(Chile)・아르헨티나(Argentina) 등이 리먼사태 이전보다 40%이상 올랐다. 동남아시아와 남아시아의 경우 역시 풍부한 자원을 가진데다 중국이 리먼쇼크 이후에도 상당기간 고성장을 계속하면서 주변국인 이들 역시 수혜를 볼 것이라는 논리가 등장했다. 스리랑카(SriLanka)의 133.4%의 경우는 2009년 내전 종식에 따른 주가상승요인이 크지만, 이외에도 인도네시아(Indonesia)가 129.7%로 상승률이 100% 넘었고, 필리핀(Philippine), 태국(Thailand), 말레이시아(Malaysia)와 남아시아의 파키스탄(Pakistan)이 50% 넘게 상승했다. 상승률이 30% 이상인 나라 중 이들을 제외하면 남는 것은 터키(Turkey)의 83.5%와 애플효과를 탄 미국 나스닥, 남아공 그리고 우리나라 코스피지수(30.6%) 정도다. 한국이 자원부국이 아니면서도 상위권에 이름을 올린 것은 대단히 특이하다. 한국은 2008년 리먼파산 직후에 바로 성장률과 경상수지 흑자(surplus)를 회복한데다 중국이 좋을 때에는 중국 관련주로, 미국이 회복할 때에는 미국 관련주로 꼽히면서 주가를 유지했다.

다만, 두 가지 성장스토리의 힘은 작년 이후 크게 약화되고 있다. 세계증시의 조정장 진입이 원인이다. 세계증시는 리먼브러더스 파산직후 2008년 말까지 급락했지만, 그 이후 반등을 시작, 2009년부터 2011년 상반기까지 2년 반 정도 상승세가 유지됐다.

세계자산 거품이 극에 달했던 2007년의 최고치를 리먼쇼크 이후에 뛰어넘은 나라가 15개국 내외인데, 이 중 상당수가 2011년 상반기에 최고점을 쳤으며, 그 이후 증시는 조정장으로 진입했다. 조정장을 만들어 낸 것은 미국 신용등급 강등과 유럽재정문제이지만, 기본적으로 주가(株價)가 부담스러운 수준으로 올라갔다는 점이다. 조정장으로 진입한 이후 리먼쇼크 후 4년차의 우등생 명부엔 이전 3년 동안과는 상당히 다른 얼굴들이 올라오고 있다. 일단은 '노르딕(북유럽) 스토리'가 눈에 띈다. 북구의 덴마크(Denmark) 45.9%, 노르웨이(Norway) 22.0%, 스웨덴(Sweden) 17.5%로 각각 이 기간 주가상승률 상위국에 이름을 올렸다. 노르딕스토리(Nordic story)는 이들이 유로화를 쓰지 않는 나라로 유로존 위기에서 벗어나 있고, 자원도 풍부해서 상대적으로 투자하기에 안전한 선진국이 되는 것이다. 이외에 유럽의 마지막 돈줄인 독일(Germany)이 주가상승 상위권이다. 2011년 정치적 격변을 겪은 이집트, 아일랜드 등의 증시가 반등하면서 상승률 상위에 이름을 올렸다. 조정장이 되면 성장주가가 모두 같이 올라가는 흐름은 사라지고, 실적이나 업종 대표종목으로 상승종목이 재편되는데 이 현상이 국제적으로 나타낸 셈이다.

세계증시는 이미 1년 이상 조정을 거쳤기 때문에 정상적인 상황이라면 얼마 후 본격 재상승을 노려볼 만도 하지만, 그다지 좋은 분위기는 아니다. 리먼파산 이후 세계경제는 4년 동안 저성장과 고실업에 고민해왔고, 부동산 역시 과거수준은 아닌데 주가만이 리먼파산 직전보다 높다는 것이 부담이다. 풀어놓은 자금이 언제라도 빠져나오기 좋은 주식에 몰리면서 일부 신흥국 증시에만 상대적인 거품을 만들었다는 논리도 가능하다. 이 때문에 세계경제가 본격적인 성장궤도에 들어가고, 각국이 풀었던 돈을 거두기 시작하면 증시가 오히려 위험을 맞을 수 있다는 것은 투자자들의 큰 부담이다. 앞으로도 좋은 경제지표가 나오면 오히려 주가가 하락하고 경제지표가 나빠지면(돈을 푸는) '정책호재'가 되는 역설적(逆說的)인 상황이 일어날 수 있을 것이다(조선경제, 경제이슈, 2012. 9. 11).

2 아시아 경제동향

아세안(ASEAN)인구 10년 내 10억명, 늘어나는 중산층.....

아세안이 세계경제의 새 성장대안으로 뜨고 있다. 아세안(ASEAN)은 6억명의 인구와 젊은 평균연령(30세), 가구당 2.8명의 높은 출산율, 풍부한 천연자원, 낮은 국가부채, 중산층 증가 같은 성장요건을 고루 갖추고 있다. 여기에 2015년까지 금융·노동·관세장벽을 철폐한 '아세안 경제포럼(AEC)'이 본격화하면 성장에 더 가속도가 붙을 것이라는 관측이 많다.

아세안국가들은 사실상 제로(zero)성장 중인 유럽·미국 등과 최근 성장중인 브릭스(BRICs)국가들과 달리 세계평균성장률보다 약 2% 포인트 높은 고성장을 계속하고 있다. 아시아 개발은행(ADB)은 올해 아시안의 평균성장률은 5.2%, 내년은 5.6%로 각각 전망하며, 또 2000년~2010년간 5.3%이던 연평균성장률이 2010년~2030년에는 연평균 5.6%로 높아질 것으로 예상되어, 독야청청(獨也青青)식으로 질주하는 형국이다.

성장주역은 인도네시아(Indonesia), 필리핀(Philippine), 태국(Thailand), 베트남(Vietnam), 싱가포르(Singapore) 등 6개국으로 특히 수출의존도가 낮고 내수시장이 튼튼한 인도네시아와 필리핀이 최근 가장 잘나가고 있고, 각각 2억 4000만명, 9500만명의 인구를 둔 두 나라는 관광산업과 해외근로자들의 본국송금까지 가세해 소득이 급증하고 있어, 인도네시아는 작년 6.5%에 이어 올해는 6.4% 성장할 것으로, 필리핀은 작년 3.7%에서 올해 4.8%로 성장률이 오를 것으로 아시아개발은행(ADB)은 전망하고 있다.

50년 독재정권에서 벗어나 최근 광범위한 개혁·개방에 착수한 미얀마는 '새로운 금광'으로 주목받고 있으며, 미얀마(Myanmar)는 지난해 자동차 수입을 대폭 확대했고, 내년부터 외국은행 영업허용을 검토하고 있으며, 변변한 신용카드 한 장 없던 6000만명의 미얀마인이 새 소비자(consumer)로 등장하게 된다는 것이다.

아세안 각국으로 외국인 직접투자 붐, 빈부격차·물가상승 등이 장애물

아세안의 매력은 세계 각국에서 밀려오는 외국인 직접투자(FDI)에서 증명된다. 2007년부터 지난해까지 인도네시아·베트남·말레이시아에 들어온 FDI는 연평균 각각 31%, 25%, 15%씩 증가하였으며, 이는 같은 기간 중국의 증가율 11%보다 훨씬 높으며, 더욱이 중국 내 근로자 임금상승이 계속되면서 세계 각국의 아세안 행(行)은 더 활발해질 것으로 보인다. 아세안 진출에 가장 적극적이고 활발한 국가는 일본으로 1970년대부터 아세안과 긴밀한 협력관계를 맺고 현지투자에 나서 상당부분의 제조업시장을 이미 장악하고 있으며, 동남아 지역에서 운행 중인 자동차의

80%는 일본 메이커들이 만든 것으로 2008년부터 2010년까지 아세안FDI에서는 일본이 1위(163억 달러), 뒤를 이어 미국(162억 달러), 중국(89억 달러)순이고, 한국은 4위를(67억 달러) 차지하고 있다.

아세안 주요국에 유입되는 외국인 직접 투자(FDI) 단위 : 억달러

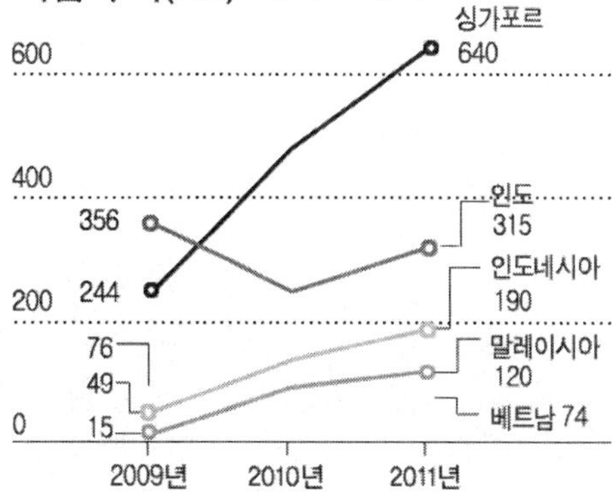

자료 : ADB

아세안은 높은 출산률로 인해 향후 10년안에 총인구가 10억명에 도달할 것으로 예상되므로 우리나라도 지금보다 더 전략적이며, 공격적인 투자진출이 절실한 상황이다. 관심은 아세안인이 지금같은 고도성장을 지속할 것인가 하는 점으로 이를 달성하려면 해결해야 할 과제가 많이 있어, 그 중 가장 큰 문제는 극심한 빈부격차로 필리핀의 경우 연간소득 1만 6천8백 페소(한화 약 46만원) 이하인 국민의 전체 인구의 26%(2009년 기준)로 4명 가운데 1명 이상이 극빈층이지만, 15대 가문은 전체 국부의 절반이상을 차지하고 있어 경제·사회적으로 불안정한 실정이다.

또한 고도성장에 따른 물가상승이 경제의 발목을 잡을 수 있으며, 고성장으로 통화가치가 상승하면서 아세안 개별국가의 수출경쟁력이 약화될 가능성도 있고, 중국과의 영토분쟁이나 발호하는 보호주의 움직임도 부담이 되기도 한다. 이 때문에 아세안이 침체기에 빠진 세계경제를 되살려 줄 구세주로 여기는 것은 지나친 기대일 수 있다는 지적도 나온다. 아시아 개발은행(ADB)의 분석에 따르면 세계경제의 GDP부분에서 아세안의 비중은 2.5%(2010년 기준)이며, 2030년에도 그 비중은 3.9% 정도에 그칠 전망이지만, 인도와 중국 경제의 비중은 같은 기간 각각 2.5%에서 5.3%로 9.1%에서 21.6%까지 팽창할 것으로 전망된다. 또한 아세안의 성장속도는 빨라도 전체 경제규모는 인도나 중국에 한참 못미칠 것이라는 분석이 있지만, 최근 중국과 인도의 성장둔화로 공기가 빠져나간 성장바퀴에 아세안이 다시 새 공기를 채워놓을 능력은 충분한 것으로 보여진다.

▶ 아시아 주요국 성장률(GDP기준) 전망

(단위 : %)

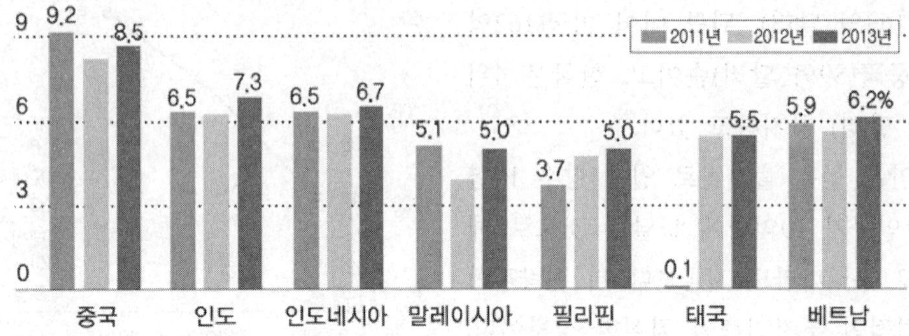

자료 : ADB

아세안(ASEAN)진출에 가장 성공한 글로벌기업은 일본 도요타자동차이다. 도요타는 50년 전인 1960년대 초부터 아세안을 단일거대시장으로 보고 전체를 아우르는 생산네트워크를 구축했다. 부품은 동남아 각국에서 만들고 최종 자동차조립은 태국이나 인도네시아 공장에서 하는 현지화를 완성한 것이다. 도요타는 당시 아세안 국민들의 소득을 고려해 일본이나 미국에서 만든 차량과 다른 저비용·저품질의 '동남아용 자동차'를 생산했다. 도요타는 현재 인도네시아와 태국 자동차시장의 50%정도를 각각 장악하고 있다. 아세안 각국은 도요타를 포함해 자국투자에 적극적인 일본기업들의 제도개선요구를 수용해 1980년대부터 현지 생산되는 외국기업 제품에 무관세 또는 저관세 혜택을 주고 있다. 이는 아세안지역 현지공장이 전무해 높은 관세를 부담하며 4%대 시장점유율에 머물고 있는 현대기아차와 대비된다. 한국기업 가운데는 2009년부터 베트남(Vietnam) 옌풍일대에 2곳의 공장을 세워 연간 2억대의 휴대폰 생산능력을 갖춘 삼성전자가 돋보인다. 삼성전자는 전체 휴대폰생산량의 절반을 베트남에서 처리한다. 그 결과 지난해 50억달러이던 삼성전자 베트남 법인의 수출액은 올해 100억달러에 이를 전망이다.

'정재완 대외경제연구원(KIEP) 연구위원'은 "아세안에서 성공하려면 아세안 10개국 전체를 상대로 장기적인 큰 그림을 그리는 동시에 10개국마다 천차만별인 문화적 차이를 정확히 꿰뚫고 현지화해야 한다"고 말했다. 일본보다 훨씬 후발주자인 한국이 아세안 점유를 확대하려면 미얀마·라오스 같은 미개척 시장진출은 강화하고 제조업 외에 지식기반서비스업 등으로 돌파하는 복합전략이 필요하다는 지적도 나온다. '이창용 아시아개발은행(ADB) 수석 이코노미스트'는 "아세안 국가들은 하나같이 한국기업의 훌륭한 기술과 선진경영 노하우를 전수받고 싶어한다"며 한국에서 넘쳐나는 유능한 인재들이 동남아로 진출한다면 청년실업해소는 물론 높은 부가가치를 창출할 수 있을 것이라고 말했다(이창용, 아시아개발은행 이코노미스트, 2012).

1 중국의 경제동향

경기둔화에 맥 못추는 중국증시(證市)

2012년 들어 중국증시가 맥을 추지 못하고 있으며, 9월 11일 상하이 종합지수는 2120.55로 거래를 마쳤던 바, 이는 지난 2009년 2월 이후 3년 7개월만에 가장 낮은 기록이다. 상하이 종합지수는 최근 6개월 사이에 13.1%가 내렸으며, 반면 미국의 다우지수 평균지수는 올 들어 8.5%가 올랐고, 프랑스 CAC40 지수는 11%, 독일의 DAX지수는 18.7%가 올랐으며, 일본의 닛케이 평균도 4.2% 상승하였고, 다른 중화권의 증시인 홍콩과 대만 증시도 각각 5%, 5.8% 올랐다. 다른 국가의 약진에도 유독 중국증시가 부진한 이유는 중기경기의 경기둔화세가 최근 들어 점차 뚜렷해지고 있기 때문이다. 중국 국가통계국이 밝힌 8월 산업생산은 지난해보다 8.9% 늘어나는데 그치며, 2009년 5월 이후 처음으로 9%를 밑돌았다. 최근 공개된 8월 PMI(구매자 관리지수)도 49.2로 9개월 연속 하락하며 경기위축 기준선인 50을 밑돌았다. 7월 수출 역시 지난해보다 1% 늘어나는데 그치면서 6개월만에 최저치를 기록했다. 불룸버그(Bloomberg)가 전 세계 투자전문가들을 대상으로 한 분기별 투자선호도 설문조사에 따르면 응답자 가운데 33%는 올해 중국경제가 경착륙할 것이라고 예측하였으나, 이 가운데 중국정부가 마땅한 부양책을 내놓지 않는 점도 중국증시에 악재로 작용하고 있으며, 현 중국지도부는 오는 10월 정권교체를 앞두고 안정적인 성장을 유지하는 정책을 펼치고 있다.

최근 6개월간 상하이 종합지수 흐름

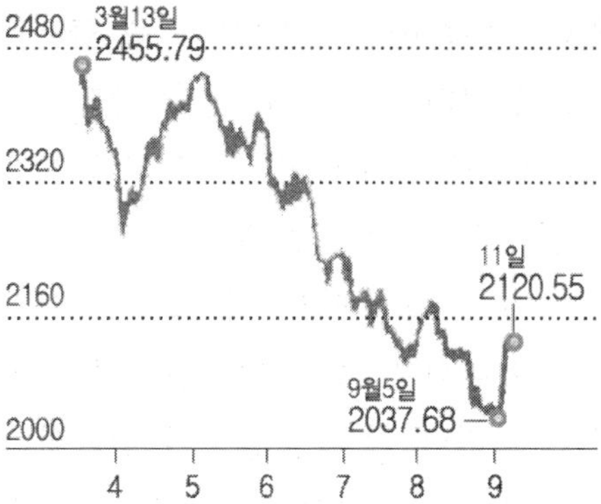

자료 : 상하이증권거래소

중국경제 경착륙의 우려

중국경제의 경착륙(硬着陸) 우려가 커지고 있다. 중국증시는 지난해 20% 넘게 떨어져 2009년 수준이 됐다. 기업구매담당자들의 태도, 수출, 소비 등에서 불안감이 엿보인다. 세계경제의 가장 강력한 엔진인 중국의 연료통이 비어가고 있다고 많은 사람이 걱정한다. 결론부터 말하자면 이런 걱정은 과장된 것이다. 물론 중국경제성장속도는 둔화했다. 그러나 경기둔화는 감내(endure)할 만한 수준이며, 가까운 미래에도 이런 상황이 유지될 것이지만 그래도 연착륙(軟着陸) 확률이 높다. 만약 중국이 경착륙(hard landing)을 하면 어떤 일이 일어날지는 2008년~2009년 상황에서 잘 드러났다.

중국의 GDP성장률은 2007년 2분기 14.8%로 정점(頂點)을 찍고, 2009년 1분기에 6.6%로 추락했다가 2009년에 10.5%의 연간 성장률을 기록했다. 이는 선진국 경기침체로 외부수요가 급감한 탓이었다. 중국의 수출과 내수가 동시에 줄면서 광동성에서만 2000만 개의 일자리가 사라졌으나, 이번 상황은 훨씬 낫다. 중국의 GDP성장률은 2010년 1분기 11.9%에서 2012년 2분기에 7.6%로 떨어졌을 뿐이다. 유로존의 해체 같은 사태를 제외한다면 세계무역이 올해 4% 성장할 것이라는 국제통화기금(IMF)의 추정은 합리적으로 보인다. 이는 1994년~2011년의 평균 성장률인 6.4%에는 못미쳐도, 2008년~2009년의 상황과는 거리가 멀다. 중국경제는 3년여 전보다 수출의존도가 줄었다. 그만큼 경착륙 가능성도 작다. 물론 중국경제는 다른 맞바람에 직면(直面)해 있다. 특히 과열된 주택시장을 냉각시키기 위한 조치가 그렇다. 그러나 최근 텐진 · 충칭 · 창사 등 주요 도시와 구이저우성, 광동성에서 진행중인 이른바 '사회주택'으로 불리는 저소득계층을 위한 주택건설투자가 하락분으로 상쇄되어, 3~4년 전과 달리 중앙정부는 현재 진행되고 있는 주택건설 투자 프로젝트의 융자에 더 큰 역할을 할 것이다.

일부 서방전문가들은 중국경제의 불균형이 너무 심해서 2009년처럼 반등하지 못할 것이라고 진단하며, 또 중국내 고정투자비중이 GDP의 50%에 가까워 또 다른 투자계획은 중국경제 붕괴라는 시나리오(senario)를 앞당길 뿐이라고 지적하고 있다. 그러나 이들은 중국이 현대화하는 가장 중요한 동력(動力)을 오판하고 있다. 중국 인구의 도시거주자 비율은 지난해에야 사상 처음 절반을 넘어 51.3%에 도달했다. 1980년 당시 이 비율은 20%였으며 OECD 분석에 따르면, 중국의 도시인구는 계속 급증해 2030년에는 지금보다 적어도 3억명이 더 늘어난다.

이 증가분만으로도 현재 미국인구와 맞먹는다. 농촌에서 도시로 이주하는 인원이 매년 150만~200만명이 되는데, 이는 폭발적인 경제성장을 낳는 원천이다. 상하이 푸둥지역이 좋은 예이다. 현재 이 지역 거주인구는 550만명이다. 건설 당시만 해도 '텅빈' 도시를 만드는 듯했으나, 1990년대 말 순식간에 꽉차버렸으며, 맥킨지(Mckinsey)는 "2010년 중국 내 125곳이던 인구 100만명 이상 도시가 2025년에는 220곳이 되고, 이중 23개 도시는 인구가 최소 500만명이 넘는 거대한 도시로 성장할 것"이라고 예측한 바 있지만, 추가적인 고정자산의 투자가 중국경제를 망칠 것이라고 말하는 전문가들은 이런 측면을 간과(overlook)하고 있다.

물론 중국지도부도 최근 30년 동안 작동해 온 중국의 개발모델이 한계에 봉착했음을 잘 알고 있기에 원자바오 총리는 2007년 전국 인민대표자대회 직후 불균형, 불안정, 부조화, 지속성 문제 등 4가지 과제를 제시했다. 2008년부터 미국과 유럽에서 터져나온 외부충격은 이 4가지 과제를 해결하는 구체적 실천을 촉구하고 있다. 외부수요에 과잉의존해서는 위기대응 능력이 떨어진다는 것이다. 중국은 이를 위해 제12차 5개년계획에 수요증진책을 넣어 '경제균형전략'을 시도하고 있다. 대규모 도시화 투자 및 건설은 이 전략의 핵심기둥이다. 도시의 일인당 국민소득은 농촌지역 평균의 3배가 넘는다. 도시화가 일자리창출로 연결되는 한, 근로소득과 소비자의 구매력은 향상될 것이다. 중국에서 도시화는 '가짜 성장'을 낳지는 않는다. 서방중앙은행과 달리, 중국의 인민은행은 충분한 실탄을 갖고 있다. 중국경제상황은 나머지 세계보다 훨씬 양호하며, 중국의 강력한 수출·내수 균형전략은 경착륙을 피하는 유효한 수단이 될 것이다(Stephen Roach, 미국 예일대 교수, 전 모건스탠리 아시아회장, 2012. 9.).

● '차이나리스크'의 영향

중국경제에 급브레이크가 걸리면서 경착륙(hard landing)할 것이라는 걱정이 점점 커지고 있다. 중국 국가통계국은 9월 제조업 구매관리지수(PMI)가 49.8을 기록해 두달 연속 기준치인 50을 밑돌았다고 발표했다. 8월 수출증가율은 2.7%에 그쳐 작년 같은 달의 24.5%에 크게 미치지 못했고, 소매판매액 증가율은 13.2%로 2008년 금융위기 이후 최저수준을 나타냈다. 중국의 성장률은 1분기 8.1%, 2분기 7.6%에 그치는 데 이어 3분기에는 더 떨어질 것으로 예상되며, 올해 성장률 목표치 7.5% 달성이 어려울 것이라는 전망도 나오고 있다. 세계 최대의 경공업제품 생산기지인 광동성 동관시 경제가 파산위기를 맞고 있다는 소식도 들린다.

중국경제가 어려워진 것은 최대수출시장인 유럽의 경기침체가 장기화한 탓으로 중국은 때마침 정권교체기를 맞아 주요 정책결정이 지연되고 있다. 철강 · 조선 등 과잉투자상태인 제조업분야를 구조조정하지 못한 채 세월을 보내는가 하면, 변변한 경기대책도 내놓지 못하고 있다. 중국경제가 세계경제의 새로운 불안요인으로 떠올라 아시아 주변국들이 타격을 받는데 그치지 않고 전 세계가 성장동력을 잃어가고 있다.

'차이나 리스크(China risk)'에 가장 취약한 국가는 한국이다. 우리나라의 대중국 수출의존도는 24%를 넘어 대만에 이어 세계에서 두 번째로 높다. 한국이 중국으로 수출하는 상품의 67%는 중국에서 재조립해 수출하거나 내수용으로 판매하는 중간재여서 중국경제가 침체되면 곧바로 우리수출은 줄어들 수밖에 없다. 금년 들어 8월말까지 중국에 대한 수출이 작년보다 2.4% 줄어들면서 전체수출도 1.5% 줄었다. 중국의 성장률이 1% 포인트 떨어지면 우리나라 성장률도 0.4% 포인트 낮아진다는 분석이다. 그렇지 않아도 저(低)성장 궤도에 접어든 한국경제가 내년엔 더 혹독한 몸살을 앓을 수 있다는 것이다. 새 정권이 들어서면 당장 중국발(發) 쇼크(shock)를 최소화할 수 있는 처방부터 서둘러야겠지만, 중 · 장기적으로 수출시장을 다변화하고 내수(domestic demand)시장을 키워 중국에 대한 지나친 의존을 낮출 수 있는 근본대책이 나와야 한다(조선일보 사설, 2012. 10. 3).

2 한 · 일 경제동향 비교

일본, GDP대비 국가부채비율 한국의 6배

경제개발이 본격화된 1960년대 이후 우리나라 경제의 본보기가 일본이었다. 제2차 세계대전 패전국이라는 상처투성이에서 세계 3대 경제대국으로 성장한 일본경제는 6 · 25전쟁의 폐허 속에서 경제성장의 기틀을 다져야 했던 우리 경제의 교과서였으며, '한강의 기적'으로 일컫는 관료주도형 압축성장이나, 중화학공업 위주의 경제성장 등 한국식 경제발전 모델의 원조 역시 일본이었다. 오늘날 우리나라가 세계 최고의 경쟁력을 가진 조선 · 철강 · 반도체산업도 대부분 일본에서 보고 배운 것이다.

2000년대에 접어들면서 삼성전자가 일본 최고인 소니(SONY)를 앞지르고, 조선 · 철강 · IT분야의 기업들이 일본기업들을 넘어서기도 했으나, 국가차원의 정면대결에서 일본을 누른 경험은 스포츠분야를 제외하곤 거의 없었다. 특히 냉정한 경쟁력 평가가 이뤄지는 경제분야에서는 '일본을 넘으려면 갈 길이 멀다'는 평가가 지배적이었으나, 이번 신용등급 역전은 일본에 처져있던 우리나라의 경제력이 이제 일본을 앞질러 갈 수 있다는 것을 보여주는 상징적인 사건이라 볼 수 있다. 두 나라의 신용등급 역전을 가른 근본적인 원인은 나라 빚이다. 국가신용등급이란 결국 부도내지 않고 빚을 갚을 능력을 말하는데, 빚이 많을수록 등급이 떨어질 수밖에 없다. 국제통화기금(IMF)에 따르면, 지난해 일본의 국내총생산(GDP) 대비 국가부채 비중은 229.8%에 달해 우리나라 34.1%의 6배가 넘는다.

피지의 한국 · 일본 신용등급 조정 현황

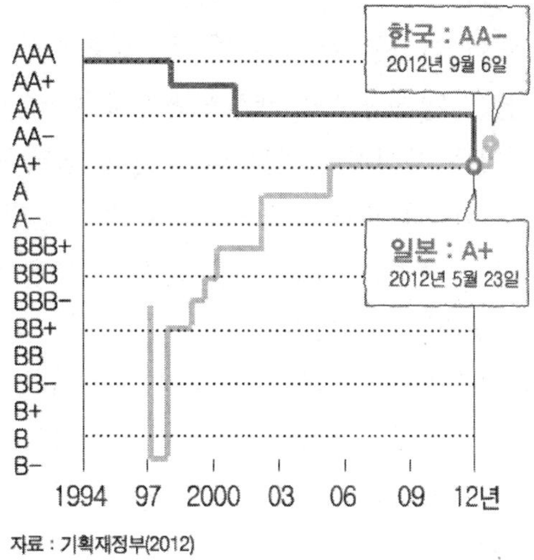

자료 : 기획재정부(2012)

일본 경상수지도 적자가능성, 한국 흑자기조 이어갈 듯

일본은 1990년대 이후 장기불황으로 기초경제체력이 바닥을 드러냈으며, 작년

대지진 이후에도 일본이 이렇다 할 부양책을 내지 못한 것은 일본의 위기극복능력이 그만큼 미약함을 시사하는 것으로 글로벌 금융위기 다음해인 2009년 한국은 0.3% 성장을 기록해 위기 속에서도 플러스 성장을 유지했지만 일본은 성장률이 -5.5%로 곤두박질 쳤고, 작년에도 역시 마이너스 0.9%에서 벗어나지 못했다. 혹자(或者)는 근본적으로 일본이 고령화에 따른 재정부담 증가와 경제활력 저하라는 변화에 대응하지 못했기 때문이라고도 한다. 한때 세계 최고였던 일본의 경상수지 흑자가 줄어든 것도 신용등급 역전의 한 원인이 됐으며, 지난해 일본의 경상수지 흑자는 8조엔에 채 못 미쳐 1996년 이래 가장 적었고, 금년에는 적자로 반전될 것이라는 전망이 우세하다. 그러나 우리나라는 방심은 금물이며, 신용등급 역전을 너무 확대 해석해서는 안 된다. 이는 대외신인도가 좋다는 의미일 뿐이고 우리나라 역시 고령화 · 저출산 문제를 정부재정을 풀어 해결하려고 했다간 한 순간에 '부실국가'로 전락될 수도 있다.

일본 1인당 GDP 한국의 2배, 경제규모 · 생산성우위 여전

한국과 일본의 신용등급이 역전되긴 했지만, 일본은 여전히 우리가 쉽게 넘볼 수 없는 경제강자다. 신용등급 역전은 우리나라가 일본보다 빚을 갚을 수 있는 변제력이 더 낫다는 의미일 뿐, 종합적인 경제력이 우월하다는 의미는 결코 아니며, 일본은 경제규모와 생산성면에서 여전히 월등한 차이로 우리나라보다 앞에 서 있는 것은 사실이다. 일본의 지난해 경제규모(GDP기준)는 5조 8690억 달러로 한국의 1조 1160억 달러에 5배가 넘는다. 1인당 국내총생산(GDP)도 한국은 2만 1500달러로 2만 달러를 겨우 넘긴 반면, 일본은 4만 4600달러로 여전히 우리의 2배가 넘는다. GDP는 한 나라의 경제적인 생산능력의 종합평가지표인데, 우리는 아직 일본의 맞수가 안 된다는 이야기다. 우리나라의 주력산업도 원천기술과 핵심부품의 상당부분을 일본에 의지하고 있으며, 이 때문에 우리나라는 여전히 일본과의 무역에서 적자신세를 못 벗어나고 있다. 지난해 우리나라는 일본과 무역에서 286억 달러의 적자를 봤고, 이같은 추세는 우리나라가 일본과 경제교류를 재개한 이래 줄곧 이어져왔다. 일본의 몰락은 소니(SONY)가 미국기업들을 제치고 글로벌 넘버원이 됐던 1992년 시작되어, 이때부터 단기불황과 장기저성장이라는 변화에 일본이 대처하지 못했기 때문이고, 현재 한국의 상황이 일본과 비슷하다는 평가가 있으나,

한일 간의 산업경쟁력과 생산성의 차이는 단기간에 역전되기 힘들 것으로 보인다고 전문가들은 논평하고 있다(오정은 고려대교수 · 김형주 LG연구원, 2012. 9.).

3 한국경제의 최근동향(종합)

세계 3대 신용평가사 모두 한국신용등급 격상

세계 3대 신용평가사 중 하나인 스탠더드(Standard) 국가신용등급을 기존 'A'에서 'A+'로 한 단계 높였다. A+는 S&P의 21개 등급 가운데 5번째로 높은 것이다. 다른 3대 평가사인 무디스(Moody's)와 피치(Fitch)도 각각 지난달 27일과 6일, 한국신용등급을 한 단계씩 올린 바 있다. 2011년 이후 신용등급 A이상 국가 가운데 3대 신용평가사 모두가 등급을 올린 나라는 한국이 유일하다. 그러나 S&P가 한국에 매긴 등급은 무디스와 피치에 비해서는 여전히 한 단계 낮은 것이고 피치 기준으로는 한국이 중국 · 일본보다 높으며, 무디스 기준으로는 3개국이 같다.

S&P는 등급상향조정의 가장 큰 이유로 북한리스크(risk) 감소를 꼽았으며, 북한의 권력승계과정이 아직까지 순조롭고 급작스러운 붕괴나 군사적 충돌이 일어날 위험이 줄었다고 판단한 것이다. 최종구 기획재정부 차관보는 "S&P가 가장 큰 관심을 나타낸 게 북한이 안정적인 통치기반을 유지할 수 있느냐였는데, 수시로 설명해 안심시켰다"고 말했다. 이와 함께 선진국과 비교하면 재정이 건전하고 기준금리가 높아 앞으로 추가부양정책을 할 수 있는 여력이 크고, 최근들어 대외부채상황이 양호해진 것도 이유로 거론된다. 기획재정부 관계자는 "S&P로부터 국가채무비율이 낮고, 지속적인 경상수지 흑자를 내고 있어 경제상황이 안정적이라는 평가를 들었다"고 설명했다. S&P는 "앞으로 한국이 강한 성장을 통해 일인당 소득이 올라가거나, 단기차입이 더욱 줄어 은행시스템이 강화되면 추가로 등급을 올릴 수 있다"고 밝혔다. 연이은 등급상향조정으로 기업이 금융기관의 등급연쇄상향, 해외자금조달비용 감소 등이 기대된다. 다만, 지나치게 많은 외국인 자금이 들어올 경우 환율하락에 따른 수출경쟁력 약화가 우려된다(조선경제, 2012. 9.15).

'슬로모션불황' 겪는 한국경제

한국경제가 이제껏 경험하지 못한 '슬로모션 형(slowmotion type)' 장기불황을 겪고 있다는 지적이 나오고 있다. 1997년 IMF외환위기나 2003년 카드사태와 같은 큰 충격이 없는데도 경제성장률이 연 3% 안팎으로 낮아지는 장기저장성 국면이 지속되고 있고, 파산위기에 처한 한계기업이 늘고 있다. 슬로모션 불황이 무서운 이유는 불황이 언제까지 이어질지, 얼마나 심각할지 예측하기가 힘들기 때문이다. 이팔성 우리금융지주회장은 "현재의 장기불황이 앞으로 5년간 지속될 경우 부실기업 급증으로 은행들의 안전도 장담할 수 없게 될 것"이라고 말했다.

최근 재계순위 31위인 웅진그룹 사태는 기업들이 처한 위기상황을 알려주는 또 한번의 신호탄이 됐다. 슬로모션 불황의 징후는 이미 경제지표 곳곳에서 쉽게 읽어낼 수 있다. 10월 4일 한국은행에 따르면, 글로벌 금융위기가 발생한 지난 2008년부터 지난해까지 우리 경제는 연평균 3.1% 성장했다. 우리 경제 역사상 가장 낮은 성장률이다. IMF외환위기 직후인 1998년부터 2002년까지 5년간 성장률 평균은 5%였고, 2003년 카드채사태 이후 5년간 성장률 평균은 4.3%였다. 최근 4년간 경제성장률이 연 4%를 밑돈 것이 3차례로 이 역시 사상 처음이다. 올해는 3% 성장도 힘들다는 게 경제연구기관의 대체적인 관측이다.

경제회복력도 눈에 띄게 둔화됐다. 우리 경제는 외환위기 직후인 1998년, －5.7%라는 마이너스(minus) 성장을 했지만, 이듬해인 1999년엔 10.7%의 고도성장을 하였고, 글로벌 금융위기 이후엔 성장률이 2008년 2.3%, 2009년 0.3%, 2010년 6.3%, 2011년 3.6%를 기록해 2010년을 제외하고는 잠재성장률 수준에도 미치지 못했다. 가계부채의 부실위험은 날로 커지고 있다. 국내은행의 가계대출 연체율은 8월말 기준으로 6년 만에 1%를 넘어섰고, 한국은행 조사에 따르면 국내은행 대출책임자들이 본 가계의 신용위험 지수(指數)는 2003년 카드사태 이후 가장 높은 수준을 기록하고 있다. 이미 2008년 글로벌 금융위기 당시의 위험도를 능가한다. 장기불황의 여파로 법원에 신청하는 기업도 늘고 있다. 서울중앙지방법원 파산부에 따르면, 올들어 8월말까지 파산을 신청한 기업은 총 163개로 집계됐다. 현재 추세대로라면 올해 200개를 넘어 글로벌 금융위기 직후인 2009년(193개) 기록을 깰 전망이다. 경제전문가들 사이에선 최근 우리경제가 20년 장기불황에 들어섰던 1990년대 초반의 일본과 유사하다는 분석도 내놓고 있다.

장기지속형 위기

최근 우리 경제가 겪는 '슬로모션 불황'은 이전과는 성격이 다른 위기다. 세계경제가 함께 불황에 빠졌다는 점이 가장 근본적인 차이다. 미국 경제회복은 더디고, 유럽은 여러 나라의 이해관계가 얽혀 유로존 재정위기 악몽이 언제 끝날지 모르며, 중국은 경착륙 가능성이 제기되고 있다. 성태윤 연세대교수는 "현재의 경기침체는 단순히 국내 경기순환상 침체가 아니다"라면서 "유럽 재정위기 등 전 세계적인 불황의 결과"라고 했다. 우리 경제가 과거 외환위기나 카드사태에서 빠르게 회복한 것은 수출이 경제회복을 견인해 준 덕인데, 슬로모션 불황속의 세계경제에선 이를 기대하기 어렵다는 말이 된다.

실제로 '코트라(KOTRA)' 조사에 따르면 올해 4분기 수출전망은 2010년 1분기 이후 가장 어두운 것으로 나타났고, 우리 경제의 수출증가율은 7월 이후 줄곧 전년 동월대비 마이너스를 기록중이다. 경제전문가들은 슬로모션 불황 또는 오래가는 지속형 불황에 대비하려면 경제체질 개선이 시급하다고 입을 모은다. LG경제연구원은 최근 "앞으로 불황이 5년간 더 지속되면 각 분야의 1~2등 기업만 살아남을 수 있기 때문에 반드시 1~2등 수준을 유지하거나, 1~2등으로 도약하는 전략을 세워야 한다"는 취지의 그룹내부 보고를 했다. 권순우 삼성경제연구소 경제정책실장은 "우리나라는 외환위기 이후 상시적인 기업구조 조정체제를 갖춰 대대적인 연쇄부실사태를 막을 수 있었지만, 세계경제가 계속 악화되면 버티기 힘들다"고 말했다.(조선경제, 경제이슈, 2012. 10. 5)

내우외환 한국경제

한국은행이 11일 올해 우리나라 성장률 전망치를 2.4%로 끌어내린 것은 시장에서 충격으로 받아들여졌다. 성장률 전망치 하향은 예견됐던 일이지만 지난 7월 전망치보다 무려 0.6% 포인트나 떨어뜨린 것은 올해 우리나라의 경제상황이 매우 심각하게 흘러가고 있다는 것을 통화당국이 인정한 것이다. 한국은행은 이 같은 상황이 내년에도 개선되지 않을 것으로 보고 있다. 내수와 수출의 동반부진이라는 내우외환(內憂外患)의 환경을 타개할 돌파구 마련이 쉽지 않기 때문이다.

한국은행이 전망한 올해 성장률 2.4%가 실제 현실이 된다면 1970년대 이후 역대 5번째로 낮은 기록이다. 제2차 오일쇼크로 우리 경제가 휘청했던 1980년(-

1.8%)과 IMF외환위기 직후인 1998년(-5.7%), 글로벌 금융위기 때인 2008년(2.3%)과 2009년(0.3%)의 기록이 이보다 아래 있을 뿐이다. 이번 불황의 특징은 기저효과를 기대할 수 없을 만큼 장기저성장 국면이 지속되고 있다는 것이다. 기저효과란 전년도 성장률이 낮으면 다음해 성장률이 상대적으로 높게 나타나는 현상을 말한다. 우리 경제가 마이너스 성장(-5.7%)을 기록한 1998년 이듬해인 1999년 10.7%의 고도성장을 기록한 것이나, 글로벌 금융위기 직후인 2009년 성장률이 0.3%까지 떨어졌다가 이듬해인 2010년 성장률이 6.3%로 높아진 것이 대표적 예다. 그러나 한국은행은 이번에 올해 성장률 전망에 2.4%로 낮추면서 내년 성장률 전망치 역시 잠재성장률에 못미치는 3.2%로 예측했다. LG 경제연구원은 "기저효과가 있는데도 내년 성장률이 잠재성장률에도 미치지 못한다는 것은 내년에도 경기가 반등하기 보다는 침체상황이 지속된다는 의미"라고 말했다.

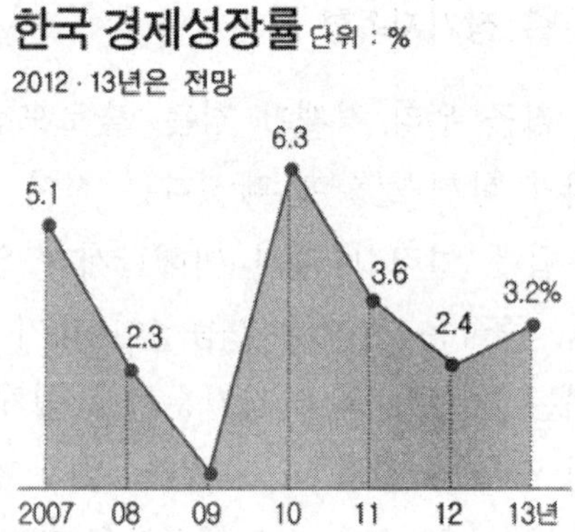

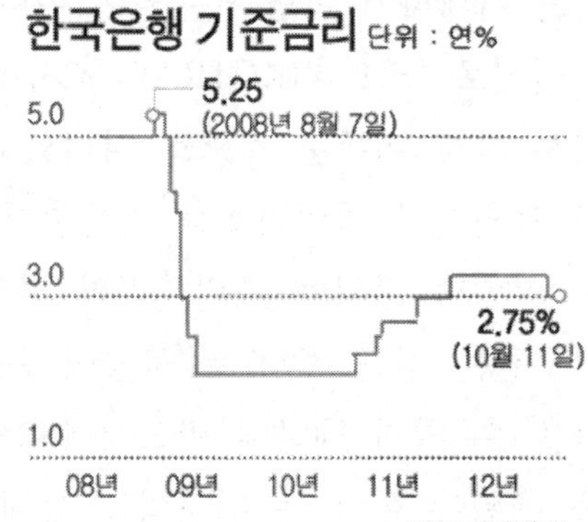

하반기 들어 우리 경제를 떠받치는 두 축인 내수와 수출은 동반부진에 빠져 있다. 900조원이 넘는 가계부채가 소비위축으로 이어지면서 8월 국내 백화점 매출은 1년 전보다 6.9% 감소했다. 2004년 11월 이후 7년 9개월 만에 가장 큰 감소폭이다. 할인점 매출 역시 4월부터 5개월 연속 감소세다. 광공업생산은 석 달째 전년 동월 대비 마이너스다. 특히 선행지표격인 설비투자는 8월에 13.9% 급감했다. 건설투자 역시 6.6% 감소로 돌아섰다. LG 경제연구원에 따르면, 우리 경제의 GDP 대비 투자율(건설투자+설비투자)은 외환위기 이전(1981~1997) 평균 34.2%에서 이후(1998~2011) 29.5%로 낮아졌고, 지난 2분기에는 글로벌 금융위기 이후 가장 낮은 수준인 27.7%로 떨어졌다.

우리 경제의 성장엔진이었던 수출은 지난 9월까지 3개월 연속 마이너스 행진을 이어가고 있다. 수출환경은 앞으로도 상당기간 어려울 것으로 전망된다. 삼성경제연구소는 "수출의존도가 높은 우리 경제는 세계경제상황에 연동할 수밖에 없는 천수답(天水畓)구조"라며 "장기저성장 국면에서는 기초체력이 중요한 만큼 인위적인 경기부양보다는 우리 경제의 부실을 털어내고 구조적 취약점을 보완하는 전략이 필요하다"고 말했다(조선경제 2012. 10.12).

한국경제, 축소균형의 수비전략으론 어렵다

한국경제가 장기침체의 늪에 빠질 우려가 커지고 있다. 경기회복 복원력이 급속히 악화되고 있다. 한국경제는 외환위기 이후 대개 연간으로 평균 4% 내외를 기준으로 등락을 해왔다. 전년 상반기 성장률이 낮으면 다음해 상반기 성장률은 다시 올라가는 기저효과가 반영된 '상저하고'의 경기흐름이 이어져 온 것이다. 글로벌 금융위기가 밀어닥친 2008년과 2009년에도 경기반등효과는 뚜렷했다. 하지만 2010년 상반기에 무려 8%대까지 치솟았던 국내경제 성장률이 이후 급속히 하락하는 경착륙 현상이 진행되고 있다. 작년 동기 대비 성장률이 2010년 상반기 8.1%에서 하반기에는 4.7%로 반토막 나더니 지난해에는 3%대로, 올해에는 2%대로 주저앉고 말았다. 국내경기의 탄력성이 급속히 약화되고 있는 것이다. 이런 하강상태가 지속된다면 2013년에는 성장률이 2%대 아래로 추락하게 되며, 투자와 수출 등 내·외수 성장엔진이 동시에 꺼지는 상황에서 대외경제여건을 조망해보면 이런 가능성을 완전 배제할 수만은 없다.

세계경제가 당분간 저성장기조를 유지할 것으로 예측되는 가운데, 주요국의 '자국경제살리기 전략'으로 산업보호주의가 확산돼 생존경쟁이 더욱 가열될 것으로 보이는 까닭이다. 국제통화기금(IMF) 등은 유럽의 재정위기 여파지속 등으로 내년에도 세계경제는 3%대의 낮은 성장세를 이어갈 것으로 내다본다. 다행히 한국경제의 의존도가 높은 미국과 중국경제가 점차 회복되는 양상(樣相)을 보일 것으로 전망되나, 이에 따르는 반사효과는 예전만 못할 공산이 크다. 미국은 경기회복을 위해 대대적인 금융완화정책을 추진하는 한편, 제조업의 영광을 되찾기 위해 안간힘을 쓰고 있다. 이 과정에서 대량의 달러살포로 인한 각국의 환률하락을 막기 위한 통화전쟁이 격화되고 세계시장에서는 특허분쟁과 통상마찰이 심화될 전망이다. 중국은 막강한 자금력을 가지고 경기부양책을 펼칠 것이나, 물가불안 등으로 이전처럼 높은 성장세로 돌아가기는 어렵다. 또 중국경제가 성장할수록 한·중 산업간 경쟁격화는 불가피해진다. 이런 와중에 한국경제에 대한 처방은 미국 월스트리트 저널이 지적하듯, '경제민주화'와 '복지확대'등에 치중하는 '축소균형의 수비전략'

에만 치중되고 있다. '미래를 향한 확대균형'의 새 성장 비전과 전략은 제시하지 못하고 성장후유증을 해소하는 과거문제에만 사로잡혀 있는 것이다.

세계경제의 낮은 성장세가 이어지고 시장쟁탈전이 더욱 가열되는 난기류에 직면한 한국경제가 추락하지 않으려면 수비 일변도에서 벗어나 새롭고 과감한 '공격전략'의 수립이 절실하다.

첫째, 한국경제의 최고강점인 제조업이 또다시 위기를 타개하는 선봉역할을 하도록 최대한 힘을 키워야 한다. 기존 제조업에 첨단기술이 융합하여 '제3의 제조업 혁명'이 전개되면서 선진국의 제조업 경쟁력은 다시금 소생할 움직임마저 보이고 있다. 선진국들이 기술우위를 바탕으로 새로운 표준과 특허를 설정하며 시장의 규율(게임룰)을 바꾸는 상황속에서 한국 제조업이 돌파력을 유지하기 위해서는, 불필요한 규제나 간섭은 철폐하고 연구개발과 국내투자 유인책을 확대하여 국내기업의 창의성과 헌신력을 최대한 높여야 한다. 대기업이거나 중소기업이든 모든 기업을 좁은 국내시장 울타리에 가두어 인위적으로 양육하려 해서는 안된다. 애플(Apple)과 같은 강대한 글로벌 기업에 맞서 이기도록 기업들의 경영자율성과 기업가정신을 최고조로 살려야 한다.

둘째, 한국경제의 규모확대에 부응하는 새 성장동력을 확보해야 한다. 이는 한국이 비교우위를 확보해 주변 아시아 국가들의 부유층까지 흡수할 수 있는 서비스산업을 집중육성하는 일이다. 국내최고 인재가 몰려 있고 세계적으로 수술능력을 인정받고 있는 의료산업, '강남스타일' 한방으로 지구촌을 열광케 하는 엄청난 잠재력을 지닌 문화산업, 중국 등에서 폭발적으로 방문객이 늘고 있는 관광산업, 저출산·고령화와 여성의 취업증가 등으로 필요성이 늘고 있는 사회복지 서비스업들이 한국이 당장 육성해 일자리를 늘릴 수 있는 유망업종이다. 이 역시 행정규제 중심의 구제도 틀을 걷어내는 일이 시급하다.

셋째, 새로운 수요개발과 지속적인 경제성장 기반을 확충하기 위해 국토균형발전을 실현하는 다양한 방안을 강구해야 한다. 한국의 수도권 집중도는 너무나 지나치다. 지역별 특성에 맞춰 교육과 산업 그리고 공공기관이 어우러져 함께 발전하며 지역별 격차를 해소하는 '공간 민주화'를 이루는 것은 한국경제의 질곡인 각종 양극화 문제를 해소하는 첩경이다. 남북한 격차해소를 위해 경협을 확대하는 것 역시 경쟁력 약화와 수요부진에 처한 국내산업에 활력소가 될 수 있다.

넷째, 제조업 경쟁력강화와 서비스업 육성 그리고 신규투자사업을 위해서는 금융과 재정이 제 역할을 다해야 한다. 국내은행과 자본시장을 선진화하여 자금중개 역할을 확대하고, 재정의 효율적 운용으로 경기활성화 기능을 극대화해야 한다. 마지막으로 동기부여만 되면 남녀노소 · 지역 · 계층 간 벽을 허물고 하나가 돼 폭발적인 에너지(energy)를 발산하는 국민의 '신바람 정서'를 살릴 수 있는 경제비전과 열정을 지닌 지도층의 존재도 한국경제가 재비상(soaring) 할 수 있는 필요충분조건 중 하나다(유병규, 현대경제연구원 전무, 2012.).

Part 2

카지노경제학의 이해

Understanding of Casino Economics

제1장

카지노시장의 경제론

과거에는 카지노가 관광산업의 분야 중에 일부로 인식되어 개별적인 관광시설 즉 게이밍시설 등 카지노시설에만 국한되어 왔으나, 카지노산업의 추세는 관광개발의 Core산업으로서 카지노를 중심으로 종합관광, 레저콤플렉스가 건설되는 경우가 대세이다. 이는 카지노뿐만 아니라 테마파크, 엔터테인먼트, 쇼핑 등이 융합된 복합리조트(Integrated Resort) 개발로 대중관광객을 유치하기 위함이고, 세계 카지노 산업시장의 마켓리더인 '마카오(Macau)'의 경우에도 'City of Entertainment'를 표방하며 카지노를 중심으로 종합엔터테인먼트 도시건설에 앞장서고 있다.

1 카지노상품의 개요

1 카지노의 생산과 소비

앞서 일반경제론에서 살펴보았듯이 경제학에서 재화(goods)와 서비스(services)라는 용어를 자주 사용하게 되는데, 재화는 음식, 의복, 책, 기계 등과 같이 사람에게 쓸모가 있는 유형의 물건을 말한다. 서비스는 용역이라고도 하는데 사람에게 쓸모가 있는 무형의 것으로 강의, 진료, 음악연주 등과 같이 인간으로부터 직접 나오는 용역과 전화, 항공운수 등과 같이 재화를 매개로 하여 이루어지는 간접용역이 있다.

재화(財貨)는 소비재(consumer goods)와 중간재(producer goods)로 구분되며, 다시 자유재(free goods)와 경제재(economic goods)로도 구분할 수 있다. 우리가 소비하는 거의 대부분의 재화는 경제재로서 이는 자원을 사용하여 생산(生産)되는 것이기 때문에 생산물(products) 또는 산출물(outputs)이라 부르기도 한다. 시장(市場)에서 사고파는 재화는 우리는 상품(commodities)이라고 부른다. 이와 같은 논리로 카지노산업의 소비재는 카지노의 게임에 참여한 이용객의 재화(소비액)를 들 수 있고, 경제재는 게임의 승산(odds)과 에드벤티지(advantege)에서 오는 재화와 무형재인 서비스(services)도 그 대상이 된다. 다만, 생산자가 소비하는 재화인 생산재는 카지노산업 특성상 그 생산(production)이라는 것이 소비자의 게이밍상품의 구매에 의해 발생되므로 생산자의 카지노상품(게이밍상품)의 판매원가(판관비)로 대체된다.

관광상품과 카지노상품

관광은 교통수단을 이용하여 거주지를 일정기간 동안 벗어나서 목적지에서 숙박하며, 식음료의 구매, 자연관광 감상 등 목적지에서의 위락행위가 이루어져야 관광(觀光)이라고 할 수 있다.[35] 이 가운데 어느 하나라도 구매되어지지 않는다면 관광이 성립될 수 없다. 즉 관광객을 위하여 교통 · 숙박 · 식음료 및 위락 등의 개별상품이 서로 조합을 이뤄 관광상품이 만들어지며, 이는 여러 개의 이질적인 상품이 합쳐져서 하나의 완전한 상품이 된다는 복합상품의 개념을 갖고 있다. 그러나 소비자 입장에서의 관광상품과 공급자 입장에서의 관광상품은 그 의미(意味)가 있다. 소비자 입장에서는 여러 개의 개별상품들이 완전 통합되어져 하나의 관광상품이 만들어지지만, 공급자의 입장에서는 관광상품을 구성하는 개별상품에 대한 최종 사용자의 성격이 관광상품의 분류기준이다. 이에 카지노상품(게이밍상품)이 관광객에게 판매(제공)되었다면 공급자 입장에서는 관광상품이 되지만, 카지노게이밍을 목적으로 판매 또는 제공되었다면 소비자 입장에서는 개별상품을 구매하였다고 보면 된다.

카지노재와 카지노상품

경제학에서 다루고 있는 재화(財貨)는 경제재가 분석의 대상이 된다. 왜냐하면

35) 최병길 · 김태보, 관광경제학(2009), p.19.

경제재는 생산요소가 투입된 재화이고 공급량에는 한계가 있으므로 카지노경제학에서 다루는 재화와 서비스 역시 경제재가 분석의 대상이 된다. 카지노상품도 기업이 이윤추구를 위하여 소비자(이용객)에 판매하는 상품이기 때문에 경제재에 해당된다. 카지노 이용객이 게이밍을 통해 충족하고자 하는 것이 바로 소비자상품에 해당된 즉 소비자상품은 카지노 이용객의 욕구충족 대상이 되는 것이며, 이런 의미에서 카지노재는 고객의 상품과 같은 개념(槪念)이고, 카지노재는 유형재인 재화는 물론 무형재인 서비스도 포함되어 있다. 시장에서 사고파는 재화와 서비스를 상품이라고 한다면 카지노상품은 카지노시장에서 거래되는 재화와 서비스를 의미하게 된다. 카지노상품이라는 용어는 공급자 상품의 개념과 같은 의미로 카지노게이밍(gaming) 공급자가 이윤을 목적으로 게임참여를 원하는 이용객에게 필요대상(게임시설 제공 및 게임의 승부)을 제공하는 상품을 말한다. 카지노를 이용하기 위해서 이용자는 화폐(카지노화폐)를 지급함은 물론 게임의 구조적 승산에 대한 엣지(edge)를 게임참여 또는 게임시설 이용대가로 지급해야 한다. 여기에 카지노상품의 특성은 반드시 소비자상품이나 생산자상품에 대가를 지급하는 것이 아니라 이용객(소비자)의 욕구충족을 위한 경제적 요인, 심리적 요인 그리고 자격요인, 결정요인에 따라 지급의 대상이 소비자와 생산자가 수시로 변동될 수 있어 이것이 카지노경제학을 이해하는데 혼돈을 가져오는 부분이다.

2 카지노상품의 특성

카지노상품이 카지노시장에서 거래되는 재화와 서비스라면, 카지노서비스재는 인적중심인가, 물적중심인가 하는 문제는 상당한 논란의 대상이 되고 있음은 사실이나, 필연적으로 서비스 제공에는 소비자의 직접참여가 있어야 하는 특성이 있다. 이에 카지노서비스 상품으로서 가지고 있는 특성은 다음과 같이 네 가지로 요약할 수 있다.

불가해성(Intangibility)

자동차회사와 같은 생산업체는 명백하게 물질적인 것을 생산하여 구매자가 자동차를 살 때 우선 시운전을 해볼 수 있지만, 카지노상품은 불가해한 경험(무형의 상품)과 같은 것이기에 구매하기 전에 볼 수 있거나, 만질 수 있거나 또는 느끼고 듣고 냄새를 맡을 수 없는 것들이다. 예를 들어 여행사로부터 휴일의 카지노예약을 한 상황에서는 그 상품을 사보거나 소비할 때까지는 생산의 질(quality)을 알 수가 없는 것이다. 이는 고객이 카지노업장을 떠날 때 영수증 외에 소비를 증명할 아무 것도 없다. Robert Lewise는 "서비스를 구매한 사람은 빈손으로 돌아갈지도 모르지만, 그들은 머릿속이 비어서 가는 것이 아니라 다른 사람과 함께 했던 추억을 가지고 가는 것이다" 라고 했다. 무형성(無形性)으로 인한 불확실성을 경감시키기 위해 구매자들은 서비스에 대한 신뢰와 자료들을 공급하는 확실한 증거를 찾게될 것이다. 그 카지노가 얼마나 잘 운영되고 있는지를 말해주는 것이다. 이는 다양하게 '눈에 보이는 것이 보이지 않는 질'을 알려주는 것이다.

불가분성(Inseparability)

카지노에서 고객과 접촉하는 종업원들도 상품의 일부이다. 딜러(dealer)가 무례하면 고객은 카지노를 떠날 것이며, 레스토랑의 음식이 특별할지라도 서빙하는 사람의 오만한 태도나 무뚝뚝한 서비스를 제공한다면, 고객(소비자)은 전체적인 경험을 중요하게 생각하지 않게 된다. 경험이 이러하다면 고객은 만족하지 못하여 다시 방문하지 않게 될 것이며, 다른 고객에게도 이러한 불만족스런 경험을 전하게 된다. 따라서 불가분성(不可分性) 역시 생산(게이밍영업)의 일부분인 것을 뜻하기도 하므로 초보게임자(소비자)가 패스(pass)를 해야 할 때, 카드를 들고 있음으로써 다른 게임자에게 핸드(hand)를 넘게 되는 결과를 가져오는 실수를 우려해, 블랙잭(blackjack) 게임을 두려워하고 미숙한 플레이로 다른 게임자로부터 비난을 받기도 한다. 따라서 초보게임자들에게는 그들의 플레이를 편안하게 해주어 자신감을 갖도록 할 뿐만 아니라, 그들이 저지를 수도 있는 실수도 게임테이블을 떠날 때에는 잊어버릴 수 있는 게임운영도 필요하며, 또한 다른 고객(소비자)의 불평을 만들어 내지 않도록 하는 전략(strategy)도 중요하다.

변이성(Variability)

카지노생산은 다양하게 변화한다. 카지노상품의 질(質)은 누가 · 언제 · 어디에서 공급하느냐에 달려 있어 변화에 여러 가지 요인(要因)이 있는 것이다. 이것은 카지노 생산과 질의 조절을 제한하는 소비가 동시에 이루어진다는 것이다. 또한 수요(demand)는 변수가 많아서 수요의 절정에 이르는 동안의 일정한 생산을 산출하기 어려우나, 생산(게이밍영업)의 일관성을 의미하는 서비스상품의 공급자와 소비자의 연결 정도는 서비스 제공자의 숙련과 교대시간에 대한 실행에 달려 있다. 예를 들면, 어떤 게임자가 멋진 시간을 즐기는데 갑자기 교체된다면 그 게임자는 더 이상 그리 멋진 시간을 가질 수 없는 것이다. 또한 초보 딜러는 개인적인 문제를 가지고 있을 수 있으며, 이는 서비스상품의 공급 또는 수요에 지장을 초래할 수도 있다. 따라서 카지노의 모든 종사자들은 게임자(소비자)의 사고방식을 긍정적인 방향으로 유도하도록 노력해야 한다. 그리고 변이성(變異性) 또는 서비스의 일관성 부족은 카지노산업에 있어서 소비자가 실망하게 되는 중요한 요인으로 볼 수 있다.

소멸성(Perishability)

카지노상품(commodity)은 저장이 불가능하다. 다른 산업제품의 경우 오늘 판매가 불가능하다면 보관해 두었다가 내일 판매할 수 있다. 식・음료제품이라면 냉장・냉동고에 보관해둘 수 있으며, 유효기간이 다가온다면 세일을 통해서 판매를 신장시킬 수 있다. 전자기기나 의류라면 창고에 보관해두었다가 수요가 늘어날 것이 예상되면 미리 상품을 제조해 둘 수 있다. 그러나 카지노상품은 저장이 전혀 불가능한 것은 물론이고, 수요가 늘어날 것이 예상 또는 진단되어도 미리 그 상품을 만들어서 저장하는 것이 불가능하다. 예를 들어 월요일부터 목요일까지 블랙잭 게임테이블을 찾은 고객이 없다고 그것을 금요일에 판매를 할 수 없다는 것이다. 그러나 그 게임테이블을 운영하지 않음으로 인한 소득의 손실(損失)은 영원한 것이다. 카지노경영에 있어 고객의 참가시간 즉 게임테이블의 가동률(稼動率)은 무엇보다 중요하므로 경영자가 소득을 증대하려면 수용능력과 수요(需要)를 잘 관리해야 한다.

3 카지노상품의 구성요소

카지노상품의 가격

가격(price)은 카지노에서 상품이나 용역에 부과되는 돈의 양(量)을 말한다. 그러나 보다 넓게 보면 상품을 소유하거나 서비스를 이용할 때 부과되는 소비자의 이득과 교환되는 가치를 통틀어 말하는 것이다. 따라서 카지노상품의 가격이란 카지노에서 즐거움을 얻음으로써 포기하는 그 어떤 것이라고 정의할 수 있으며, 그것은 카지노게임의 리미트(limit), 객실, 식・음료 등에 부과하는 재화(財貨) 즉 카지노재(경제재)를 지적하는 것이다. 카지노는 이용객들을 유인 또는 흡입하기도 하는데, 일반적인 경우 가격(價格)에 민감한 지역의 시장(market) 또는 단체관광객 등을 유치하기 위해서이고, 또한 우대고객에게는 무료로 음식과 음료를 제공하기도 한다. 따라서 다음과 같은 가격정책에 고려해야 할 사항이 있다.

첫째, 해당 시장의 가격에 얼마나 민감한지, 또는 어떤 가치를 창조하는지를 고려해야 하며, 경영자가 목표시장을 이해할 때 가격은 훨씬 효과적이 될 것이다. 둘째, 고객(소비자)은 상품의 질과 가격을 연관짓는 것이 일반적인 개념이므로, 가격에 대한 고려사항은 곧 카지노 이미지(image)가 될 것이다. 셋째, 카지노 비즈니스에 있어서의 가격은 복잡한 문제이므로 그 목표시장을 신중하게 고려, 항상 경제적인 논리 즉 실효성이 강조되어야 한다. 이와 같은 가격책정은 다음과 같은 참고내용을 '슬롯머신(slotmachine)'과 '테이블게임(table game)'의 가격제한에 적용한다.

- 슬롯머신(slotmachine)

슬롯비율(ratio)이 낮으면 가격은 높아지고 이용객들은 소비자비용을 인지(認知)하고 낮은 비율의 카지노는 피하게 되므로, 같은 금액으로 여러 번에 걸쳐 베팅할 수 있도록 하고 그 지급비율(당첨률)을 높여 고객을 유도한다.

- 테이블게임(table game)

테이블게임의 최소금액(minimum amount)은 이용객(소비자)이 지급해야 하는 가격이다. 따라서 이는 또다른 가격경쟁 및 기술이므로 고객을 끌어들이기 위해 무조건 가격제한을 낮게 책정할 것이 아니라 가격전략을 고안해야 하며, 이 경우 목표시장을 고려해야 한다.

유통(流通)

일반적으로 생산(生産)이란 명백한 상품이며, 유통의 경로는 공장에서 소비자로 이동시키는 것을 말한다. 카지노산업에서의 유통경로는 고객(소비자)을 카지노로 이동시키는 것을 말하며, 이는 카지노의 경제활동 중의 하나로 유통경로는 외부적인 것일 수도, 내부적인 것일 수도 있다. 내부적인 경로는 카지노 경영주와 자사·지점 등이 카지노에 의해 직접 컨트롤하는 경우를 들 수 있고, 외부적인 경로는 관광기업 또는 항공사의 파트너, 유람여행사 등을 들 수 있으며, 특히 유람여행 운영사업자는 고객을 광범위하게 가지고 있으며, 관광기업과 항공사 역시 대규모의 시장을 두고 있다. 위 두 가지 타입(type)은 모두 결국 더 나은 시장(market)을 겨냥한 카지노상품 판매경로인 것이다. 따라서 경제적 논리로 유통경로의 세 가지 구성요인은 비용·고객관리·정보통신으로 유통경로는 절대적으로 비용효율이 높아야 한다. 미국의 아틀랜틱시티(Atlantic City)의 카지노는 승률의 8~30%, 평균 16~20%를 보상하고 있다. 어떤 카지노는 유람여행사업자에게 승률에 웃도는 고비용을 지급함으로써 사업에 실패하는 원인이 되기도 하고, 또한 어떤 에이전시(agency)가 카지노를 위한 고객관리가 부실하다는 것은 비용의 조정에 문제가 있다는 것을 알 수 있다. 카지노 이용객들에게는 성의를 다하여 관리해야 하며, 자신들의 유통조직에 정보를 제공하여야 한다.

상품(commodity)

카지노상품(商品)이란 종업원들이 제공하는 서비스 수준을 비롯하여 식·음료, 슬롯머신의 형태(形態) 및 다양성있는 테이블게임시설, 그리고 카지노 분위기(atmosphere) 등도 포함된다. 카지노상품이 발전하려면 카지노가 지향하는 시장분야를 이해해야 한다. 여기에서 '시장(market)'이란 각 부문별 기능, 시설, 서비스 등 일체를 일컬으며 각 시장의 분야는 카지노상품의 특성에서 서로 다른 가치를 강조하게 될 것이다. 어떤 부문에서는 오락이 중요할 것이고, 또다른 곳에서는 그것이 그리 중요하지 않을 수도 있다. 또한 어떤 부문에서는 가수(singer)가 있는 편이 좋을 수도 있지만, 다른 쪽에서는 쇼(show)의 공연이 더 나을지도 모른다. 따라서 생산(productive)을 극대화하려면 고객을 이해하고, 그들에게 무엇이 더 값어치가 있는가를 알아야 한다. 카지노상품은 눈에 보이는 것, 아니 보이는 것에 관해 앞서 설명한 바 있다. 카지노상품은 종업원의 태도(attitude)와 카지노의 물질적 환경(material environment)을 판매촉진 요소로 눈에 보이도록 하는 것이 중요하며, 이는 카지노에 접근하는 고객을 잠정적 또는 상시 고객으로 확보해 줄 수도 있다.

- 서비스상품(종업원)

서비스 경영전문가 '리차드놀만(Richard Norman)'은 모든 서비스의 결정적 요소는 종사원(employee)의 혁신적 배치 내지 유기적인 활동 또는 인간의 심성 즉 인성(人性)에 초점을 맞추는 방식이라고 주장한다. 그는 후에 널리 보급된 SAS항공사의 '잰칼존(Jan Carlzon)'의 논리인 「진실의 순간」을 더욱 발전시켰다. 진실의 순간은 고객과 종업원이 대면하였을 때 창출 또는 창조된다. 이 순간에는 더 이상 기업이 개입할 일이 없다고 '놀만'은 토로(吐露)하였다. 그 순간은 자극적인 테크닉으로 업소가 고용한 서비스도구의 매체로 서비스 전달과정을 함께 창조(創造)해 가는 의뢰인의 행동이기 때문이라는 것이다. 이는 '놀만'이 투우사에게서 아이디어(idea)를 얻었는데, 투우장에서 소와 대면하고 있는 투우사의 순간을 묘사해 놓은 말이다. 오랜 훈련과 집중력에도 불구하고 투우사의 잘못된 움직임이나 소의 예기치 못한 행동이 참사(tragedy)를 불러올 수도 있는 것이다. 이처럼 종업원과 고객이 상관관계가 있을 때, 종업원의 부주의로 인한 실수, 또는 고객의 예기치 못한 요구에 대한 준비가 없다면 그 고객을 잃어버리는 손실을 가져올 수 있다는 논리이다.

카지노상품은 종업원이 상품 중의 하나인 특성이 있다. 카지노는 앞에서 언급한 「진실의 순간」을 잘 수행할 수 있는 인력자원이 꼭 필요하다. 일반적으로 카지노상품의 시장은 마케팅측면에서 외부시장을 관리하는 것으로 생각하지만, 카지노의 첫 번째 마케팅은 종업원에 대한 내부적인 관리이다. 카지노 경영주는 종업원이 곧 자신의 상품이라는 것, 그리고 그들이 충분한 가치를 제공한다는 사실을 분명히 인식해야 하며, 종업원들도 자신들이 일하고 있는 카지노와 자신들이 판매하는 상품을 좋아해야 한다는 것이다. 종업원이 그렇지 않은데 고객이 좋아하기란 불가능하기 때문이다. 외부의 마케팅은 고객을 카지노로 끌어들이지만, 종업원이 고객의 기대에 부응(副應)하려면 운영자(manager)는 종업원이 기꺼이 양질의 서비스를 제공할 수 있도록 그 절차와 기술을 개발 또는 개선하여야 하며, 내부의 컨셉을 서비스상품으로 만들어 내부 마케팅의 목표를 달성할 수 있도록 종업원의 기구조직 또는 경험수준을 확실하게 하는 다양한 업무절차 형태와 캠페인(campaign)을 통하여 고객을 의식하는 환경(environment)을 책임지게 하는 것이 카지노 경제론의 원리(principles)이다. 이 원리의 목적은 고객에게 만족을 가져다주는 종업원을 만드는 것으로 '크리스챤 그란루스(Chyristian Gronroose)'의 논리에 의하면 종업원은 내부시장(inter market)이라고 단정하고 이 개념은 서비스를 할 마음이 없는 것을 어떤 행동, 동기부여, 접근방법 등과 같은 매개(mediate)로 자극하여 고객을 적응시키는 행위이고, 활동의 다양성을 마케팅과 같은 조화된 방법으로 내부의 활동에 사용된다고 주장하였다.

2 카지노시장 규모분석

1 세계 카지노 공급현황

Casino City's Global Gaming Alamance, Casino City Press에 따르면, 2010년 현재 전 세계 카지노는 127개국에 5,648개소에 이르며 지구촌에 3분지 2에 해당하는 국가에서 카지노가 운영되고 있다. 대륙별 카지노 사업장 현황을 살펴보면, 북미지역 3개국에 2,041개소로 전 세계 카지노 수의 약 41%를 차지하여 가장 많은 카지노 수를 보유하고 있을 뿐 아니라 그 면적도 전 세계의 86.7%를 차지하

고 있다. 유럽은 39개 국가에 1,668개소로 세계 카지노 수의 약 30%를 차지하고 있으며 면적으로는 6%에 그쳐 카지노가 소규모로 운영되고 있음을 보여준다. 아시아는 한국을 포함하여 18개 국가에 127개소로 세계 카지노 수의 약 4.5%를 차지하고 있으며, 면적으로는 약 2%를 차지하고 있다. 그 밖에 중남미 15개국, 아프리카 28개국, 카리브해 15개국, 오세아니아 6개국, 중동 3개국에서 자국민의 외화유출 방지 및 경제활성화를 위하여 카지노산업이 활성화되어 있는 실정이다.

세계시장의 카지노게임시설 현황

세계시장의 게임테이블 및 슬롯머신 등의 게임시설의 현황을 살펴보면 2010년 기준 전 세계에 게임테이블은 40,677대가 있으며, 이 중 북미지역에 총 19,725대를 보유하고 있어 세계시장의 49.0% 점유율을 보여 세계 최대 보유지역이고, 다음이 유럽지역으로 게임테이블 보유대 수가 9,739대로 세계시장의 24.2%를 점유하고 있으며, 아시아지역은 총 4,251대의 게임테이블을 보유하고 있어 세계시장의 10.6%를 점유하고 있다. 또한 중남미지역이 게임테이블 2,237대로 세계시장에서 5.6%의 점유율을 보여 세계 3위의 게임테이블 보유지역이며, 카리브해, 아프리카 그리고 오세아니아 지역이 각각 1,300여 대의 게임테이블을 보유하여 3%대의 점유율을 보이고 있다. 아시아 최대 카지노시장인 마카오(Macau)의 경우에는 1,422대의 게임테이블을 보유하여 세계시장의 3.5%, 아시아시장의 33%를 차지하고 있으며, 카지노산업에 대한 대규모 투자가 지속적으로 증가하여 이제는 세계 카지노산업의 성장을 주도하고 있다.

슬롯머신(Slotmachine)의 세계시장 공급현황은 전 세계에 839,945대가 있으며, 이 중 북미지역이 671,524대를 보유하여 시장점유율 약 80%를 차지하고 있으며, 유럽지역은 68,794대를 보유하여 시장점유율 8.2%를 차지하고 있다. 아프리카는 26,071대, 중남미지역은 23,231대로 각각 3.1%, 2.8%의 시장점유율을 차지하고 있으며, 카리브해도 18,793대로 시장

점유율 2.2%를 차지하고 있는 등 아세아 및 오세아니아지역을 제외하고는 모두 2%대의 시장점유율을 보이고 있다. 반면, 아시아지역은 총 15,310대로 시장점유율 1.8%를 나타내고 있으나, 마카오의 카지노산업에 대한 지속적인 투자로 시장점유율은 상승할 것으로 보이며, 또한 아시아 최대 카지노시장인 마카오(Macau)의 경우에는 2,206대로 세계시장 점유율이 0.3%이나 아시아시장에서는 약 14.4%의 점유율을 보이고 있다.

▶ 세계카지노 게임시설 현황

지역	게임테이블(대)	점유율(%)	슬롯머신(대)	점유율(%)
북미	19,725	49.0	671,524	79.9
유럽	9,739	24.2	68,794	8.2
중남미	2,237	5.6	23,321	2.8
카리브해	1,363	3.4	18,793	2.2
중동	206	0.5	810	0.1
아시아	4,251	10.6	15,310	1.8
아프리카	1,380	3.4	26,071	3.1
오세아니아	1,376	3.4	13,949	1.7

자료 : Casino City Global Alamance(Casino City Press, 2010)

2 세계 카지노산업 규모

매출 규모

Global Entertainment and Media Outlook: 2008-2012(Price Waterhouse Coopers, 2008)에 따르면 전 세계 카지노 매출액 규모는 2008년 기준 110,097백만US$(한화 약 129조원)로, 전년도 대비 약 4.6% 성장하였다. 지역별로는 아메리카지역이 약 644억US$로 전 세계 매출액의 59.3%를 차지하였고, 다음으로 유럽지역이 약 209억US$, 아시아지역이 약 178억US$, 그 밖에 중동 및 아프리카는 약 19억US$, 오세아니아가 약 30억US$의 매출규모를 차지하였으며, 대륙별 시장점유율은 지난 5년간(2004~2008) 큰 변화를 보이지 않고 일정한 수준을 유지하고는 있지만, 아메리카・유럽대륙은 2007년 대비 2008년은 소폭 하락하였으나 아시아는 소폭 상승하였음을 보여주고 있다. 대륙별 시장점유율 1위는 아메리카, 2위는 유럽, 3위는 아시아, 4위는 오세아니아, 5위는 중동, 아프리카 순으로 지난 5년간 가장 많은 성장을 한 지역은 아시아지역으로 2004년 시장점유율이 9.5%에서 2008년 16.5%로 7.0%의 성장세를 보이고 있으며, 아메리카는 같은 기간 동안 －4.2%, 유럽은 －0.8%, 오세아니아는 －0.75%의 하락세를 보였으나, Global Gaming Outlook(Price Waterhouse Coopers, 2011)에 따르면 지난 5년간(2006~2010) 전 세계 카지노 매출은 연평균 9.2% 성장한 것으로 나타났으며, 특히 아시아지역이 성장률 18.3%로 가장 높았고 라틴아메리카 8.1%, 미국이 5.0%의 성장률을 보여주었다.

또한 PWC(Price Waterhouse Coopers, 2010) 보고서에 따르면 2014년 전 세계 카지노시장은 약 1,568억US$(한화 약 172조원) 규모로 성장할 것으로 전망하며, 이는 5년간(2010~2014)의 연평균 성장률(CAGR: Compound Annual Growth Rate) 9.3%에 해당된다. 미국은 이 시기에 약 3.6%의 성장률로 약 683억US$ 규모에 이를 것으로 전망되며 아시아・태평양 카지노시장 중 가장 높은 성장성을 보여, 향후 카지노산업의 성장을 리드할 것으로 전망하고 있다.

▶ 세계 카지노산업시장 매출규모의 추이 및 전망

(단위 : 백만US$)

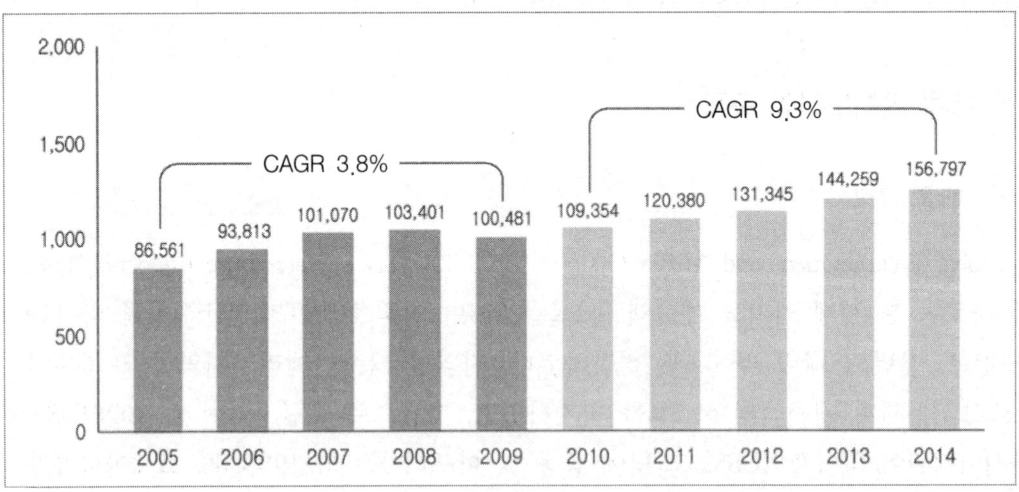

자료 : PWC-The Outlook for the Global Casino & Online Gaming Market to 2014.

3 아시아카지노산업 규모

매출규모 및 시장점유율, 성장률

Global Entertainment and Media Outlook : 2012~2014(PWC 2010)에 따르면 아시아카지노 시장의 규모는 2009년 약 191억US$에서 2010년 약 295억US$(한화 약 32조원)로 전년 대비 36%의 폭팔적인 성장으로 세계시장의 점유율 27%를 차지하고 있다. 이는 세계 어느 대륙보다 빠른 성장이며, 특히 마카오(Macau)의 경우에는 지난 2005년 약 57억 US$에서 2009년 약 149억US$로 2.6배 신장하여 카지노시장의 성장을 이끌고 있다. 또한 싱가포르의 경우, 2010년 개장 첫 해에 약 27억US$의 매출을 기록해 한국을 제치고 아시아 2위 자리를 차지하였으며, 한국은 2005년 약 16억US$에서 2010년 약 24억US$로 성장하여 2010년 기준 8.2%의 아시아카지노 시장 점유율을 보이고 있다. 말레이시아와 필리핀은 각각 약 7.4억US$와 약 4.6억US$의 시장에서 2010년 9.2억US$와 6.0억US$ 규모의 시장으로 성장하였다.

아시아카지노 성장률은 2005년~2010년까지 연평균 19.1% 크게 성장하여 왔으며, 이러한 성장은 마카오와 한국의 높은 성장에 기인(起因)하였는데, 마카오는 지난 5년간(2006~2010) 연평균 약 26.2%씩 성장하였고, 한국은 약 7.0%씩 성장하여 왔으며, 말레이시아 4.9%, 필리핀 11.3%, 베트남은 12.6%씩 성장을 가져왔다.

Global Entertainment and Media Outlook : 2010~2014(PWC 2010)에 따르면 아시아카지노 산업시장 성장률은 2005년~2010년까지 연평균 20%로 성장한 이후 향후 5년간(2010~2014)은 CAGR 21%로 고속성장하여 2014년도에는 아시아카지노 시장 매출규모가 약 596억US$(한화 약 65.5조원)에 도달하는 것으로 전망하였다. 또한 마카오가 연평균 성장률이 24.7%, 한국 7.0%, 싱가포르 22.1%, 말레이시아, 필리핀 각각 4.4%, 5.4% 성장하는 것으로 전망하였다.

▶ 아시아카지노시장 연도별 매출액 추이 및 전망(2005년~2014년)

(단위 : 백만US$)

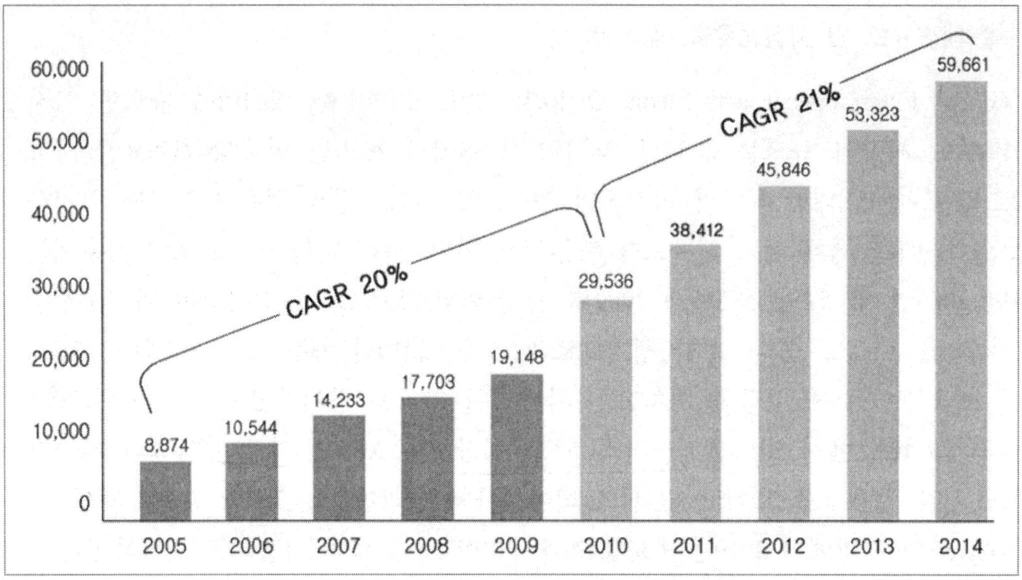

자료 : Global Entertainment and Media Outlook : 2010~2014(PWC 2010)

아시아 주요 국가별 카지노시장 동향

• 마카오(Macau)

마카오는 2002년 정부가 카지노영업권 추가를 발표하면서 라스베이거스의 대규모 자본이 본격적으로 유입(流入)되기 시작한 후, Sands Macau(2006), Venetian Macau (2007), MGM Grand Macau(2007) 등이 차례로 마카오에 입성하면서 아시아 제1의 카지노대국이 되었으며, 마카오카지노 영업장은 2004년 14개소에서 2011년 총 34개소로 증가하였으며, 게임테이블은 총 5,302대, 슬롯머신 총 16,056대로 운영 중이다.

2001년 이후 비약적으로 성장하여 외래관광객은 2005년 1,000만명을 돌파하였고 연평균 22.2%씩 성장하여 2011년 기준 약 2,800만명을 유치 관광대국으로 발전, 세계적인 관광도시로 변모하고 있다. 또한 마카오는 2006년 미국의 라스베이거스 매출액을 넘어섰고, 2008년에는

네바다주 전체 매출액을 추월한 이래 2011년 매출액은 한화 38조 5,000억원으로 이는 전년 동기 대비 42.2% 증가한 매출규모로 마카오는 세계 제1위의 카지노대국으로 부상하였다.

이와 같은 폭발적인 신장은 중국정부 지원과 중국 본토의 방문객에 기인하는데, 2010년 1,322만명, 2011년 1,616만명이 방문하여 마카오 전체 외래관광객의 58%의 점유율을 보이고 있고, 향후 마카오는 2015년까지 ‘타이파섬’과 ‘콜로안섬’ 사이의 매립지에 총 150억 달러(한화 16.5조원)를 투자해 종합휴양지를 건립할 계획으로 방문객은 지속적으로 증가할 것으로 예측된다. 다음으로 2011년 기준 홍콩이 30%, 대만 5%, 일본 1.6%, 한국 1.3%(33만명), 기타 9%순으로 방문객 점유율을 보여주었다.

▶ 마카오 / 네바다 / 라스베이거스와 매출액 추이비교

(단위 : 백만US$)

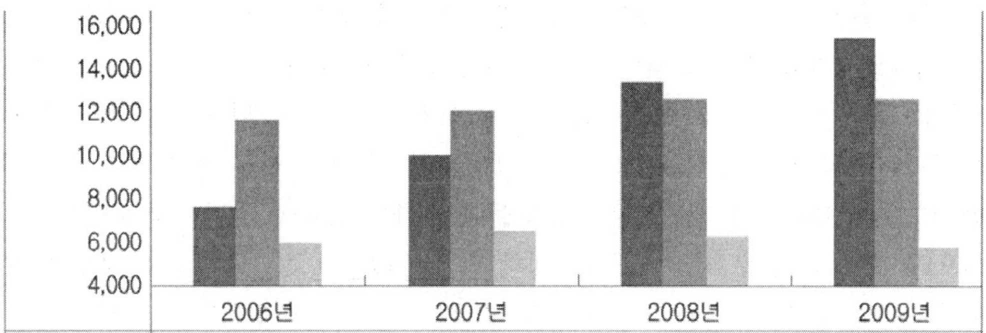

	2006년	2007년	2008년	2009년
Macau	7,750	10,373	13,591	14,915
Nevada	11,599	12,849	12,622	10,393
LasVegas	6,126	6,828	6,689	5,550

자료 : Nevada Gaming Control Board, (USA) G.I&C.B Macao SAR.

2011년 기준 마카오의 GDP는 약 326억USD이고 관광수입은 약 305억USD로 이는 마카오 GDP의 94%에 해당되며, 세수는 약 40%인 117억6400만USD를 징수하였으며, 이는 정부 세수입의 80%에 해당된다. 마카오는 2011년 기준 1인당 국민소득은 5만 1400USD로 12년간 무상교육을 실시하는 복지정책을 실시하고 있고, 2012년에는 전 주민에게 $100을 보너스로 지급하기도 하였다.

그러나 마카오는 도박 및 기타 레저산업이 GDP에서 차지하는 비중이 50%에 육박하는 등 경제가 도박산업을 주축으로 성장하였던 바, 이에 따라 불평등한 소득재분배, 전반적 소득수준에 맞지 않는 물가상승(부동산 포함) 등의 부작용을 초래한다는 비판여론이 형성되어, 최근 마카오정부는 이에 대한 해소를 위해 적극적으로 나서고 있다. 2008년 4월 카지노산업 제한정책의 일환으로 향후 신규 카지노개발 및 기존사업장의 슬롯머신 및 게임테이블 추가를 불허하겠다는 입장을 표명한 바 있다. 또한 과도한 본토(mainland)자금의 마카오 유입을 우려, 중국정부는 본토인들의 마카오 방문을 제한하기 시작하면서 카지노에 전적으로 의존하고 있던 마카오경제가 흔들리고 있다. 중국은 본토인들이 개별적으로 마카오를 방문할 수 있는 횟수를 2008년 6월 1일부터 한 달에 1회, 7월 1일부터는 두 달에 1회로 제한하기 시작하였고, 2008년 9월부터는 홍콩입국허가만 받으면 홍콩을 거쳐 마카오를 방문할 수 있도록 되어 있던 규정을 수정해 마카오 방문을 위한 별도 비자를 받도록 강제(强制)하고 있다. 또한, 카지노산업의 주요 고객인 광동성 주민들이 단체관광을 제외하고 개별적으로 마카오를 방문할 수 있는 횟수를 2008년 6월 1일부터 한 달에 1회, 7월 1일부터는 두 달에 1회로 제한하는 조치를 취했으며, 10월 1일부터는 석 달에 1회로 제한한 바 있다. 비자발급 제한으로 본토인들의 마카오 방문이 급격하게 줄어들면서 마카오의 카지노수입은 지난해 동기 대비 약 36%(9월~12월)가 감소할 것으로 예측된다. 반면, 필리핀과 한국의 카지노로 중국본토인들이 원정도박을 오게 되면서 한국의 외국인전용 카지노업체에 호재(好材)로 작용할 것으로 분석된다.

- 싱가포르(Singapore)

‘도덕국가’라는 별칭이 붙을 정도로 보수적이던 싱가포르는 관광산업이 침체되자 2005년 카지노 산업을 허용하며 위기돌파에 나섰다. “고유의 문화가 사라지고 범죄가 만연할 것”이라는 반대론이 거셌지만, 국제적인 도시가 되려면 카지노가 필요하다는 경제적인 논리로 밀여붙여 2010년 싱가포르 마리나베이와 센토사섬에 카지노를 갖춘 초대형 복합리조트(Integrated Resort) 2곳이 개장했고, 싱가포르 경제와 동남아시아 관광산업을 끌어올릴 정도로 급성장했다. 마리나베이샌즈리조트(Marina Bay Sands)는 바다를 메워 조성한 11만 9000㎡의 매립지에 55층 호텔 3개동(객실 2,516실)과 컨벤션센터, 쇼핑몰, 레스토랑, 극장, 전시관 등이 들어가 있는 비즈니스형 복합리조트로 호텔 옥상에 마련된 축구장 4배 크기의 수영장은 세계적인 명소로 떠올랐다.

센토사섬에 지은 리조트월드센토사(Resort World Sentosa)는 49만m^2 면적에 호텔 6개동과 카지노, 레크리에이션시설, 컨벤션, 쇼핑, 엔터테인먼트 그리고 동남아 최초의 유명 테마파크 유니버샬스튜디오(20만m^2)를 유치한 가족형 복합리조트이다. 마리나베이샌즈(MBS)와 리조트월드센토사(RWS)의 카지노게임시설은 게임테이블 총 994대와 슬롯머신 총 2,500대를 운영하고 있으며, 2010년 개장 첫 해에 총 43억US$(한화 약 4조 9000억원)의 매출을 올렸고, 리조트 개장 이후 싱가포르 관광객 수는 20.2% 증가했으며, 당시 전 세계적인 경기침체 속에서도 싱가포르의 GDP(국내총생산) 성장률은 14.5%를 기록하였고, 싱가포르 정부의 세수(稅收)도 7.75% 증가했다.

▶ 싱가포르 MSB와 RWS 개장 이후의 변화

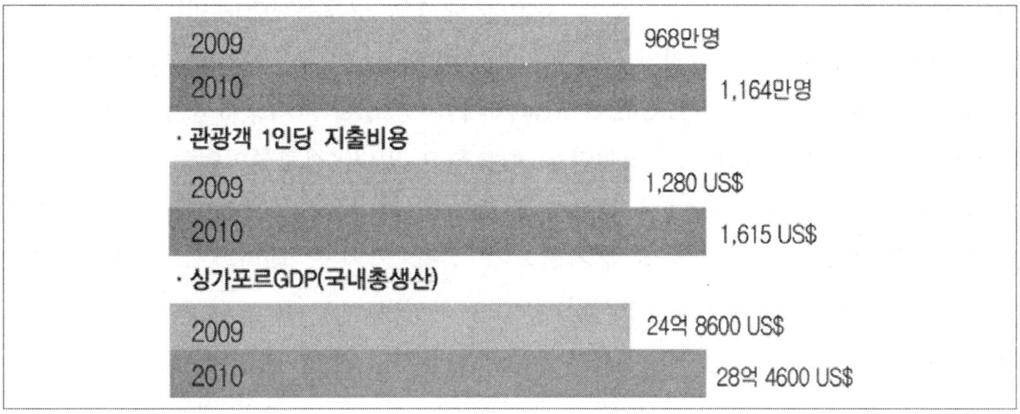

자료 : 대한국토 · 도시계획학회

- 필리핀(Philippine)

필리핀은 2001년 카지노시장 규모는 약 280백만 US$에서 2007년 약 500백만US$로 연평균 약 12.0%의 높은 성장세를 보이고 있으며, 2003년 매출액은 350백만US$로 2002년 대비 소폭 감소하였으나, 2004년에 약 370만US$로 오르면서 다시 성장세를 나타내고 있다. 이러한 추세가 지속되면 2010년경

에는 1.167백만US$의 매출로 아시아시장의 5.4%를 점유할 것으로 예상된다. 1997년 카지노를 공식적으로 허가하여 국영기업인 PAGCOR사가 마닐라(Manila), 세부(Cebu) 등의 주요 관광지에 14개소의 카지노를 직접 운영하고 있으며, 외국인투자자에 의해 2개의 카지노가 운영 중이다. 필리핀 중앙정부는 불공정한 관행과 사기도박 등의 이미지(image)를 만회하기 위해 총 150억 달러 규모의 카지노개발 프로젝트를 발표한 바 있으며, 필리핀의 카지노산업은 지속적으로 성장하고 있으나, 2008년에 PAGCOR면허가 만료될 예정이고 직영카지노의 경우 제한적인 자금과 시설만을 보유하고 있어 추가적인 개발에 어려움을 겪고 있으나, 필리핀도 복합리조트 개발에 나서 '리조트월드마닐라(Resort World Manila)'가 완공단계이고, 마닐라 해안매립지에도 4개의 카지노를 포함한 '엔터테인먼트시티' 건설을 추진하고 있다.

- 말레이시아(Malaysia)

말레이시아는 아시아·태평양 지역에서 4번째로 큰 카지노시장으로 지난 5년간(2006~2010) 연평균 4.4%씩 성장하여 2010년 매출액 규모는 920백만US$이었으나, 2014년에는 약 1,089백만 달러가 될 것으로 전망하고 있다. 말레이시아는 1972년 겐팅하이랜드리조트(Genting Highland Resort)에 처음으로 카지노사업을 허가한 이후 지금까지 1개 사업체의 독점영업만을 허용하고 있다. 겐팅하이랜드리조트는 해발 1,800m에 위치하며, 지상에서 정상까지 25㎞를 가야 하는 세계에서 가장 높은 곳에 위치한 리조트로, 14만평의 부지면적에 호텔, 카지노, 테마파크, 컨벤션센터, 골프장을 비롯한 스포츠시설, 극장식당 등으로 구성되어 있고, 특히 고원지대에 위치한다는 장점을 살려 정상까지 100여대의 케이블카를 운행 중이며, 라스베이거스 카지노 규모의 대규모 원형 카지노업장과 인터내셔널 카지노룸이 회원제로 운영되고 있다. 겐팅하이랜드리조트는 지속적 성장으로 이슬람교도를 제외한 내국인 출입이 가능하며, 일반국민을 대상으로 대대적인 홍보전략을 추진하는 등 공격적 경영을 시도하고 있으며, 현재 겐팅하이랜드리조트는 지속적 성장으로 말레이시아 카지노산업의 매출은 증가세를 보이고 있지만, 마카오의 성장과 싱가포르의 시장진입 등 대외변화로 인하여 향후 소폭 둔화될 것으로 예상된다.

4 국내 카지노산업시장

외국인전용 카지노

• 개요

국내 카지노산업은 1960년대 이후 정부의 경제개발 재원의 확보라는 명제(命題)를 해결하고 카지노업 허용을 통해 외래 관광객 유치와 외화수입 확대를 위한 관광산업발전의 일환(link)으로 도입하였다. 현행 「관광진흥법」에 의거한 카지노업은 내국인 출입을 허용하지 않는 것을 기본으로 하고 있는데, 예외적으로 「폐광지역개발 지원에 관한 특별법」에 의거하여 폐광지역의 경제활성화를 위해 강원도 정선에 내국인 출입이 가능한 카지노를 허가한 바 있다. 1967년 인천 올림포스호텔 카지노를 시작으로 1968년 주한외국인 및 외국인관광객 전용의 오락시설로 국내에서 가장 규모가 큰 워커힐호텔카지노가 서울에서 개장되었고, 1970년대에 들어 4개소가 추가 신설되었으며, 1980년대 들어 2개소가 추가, 1990년대에는 5개소가 신설되면서 전국적으로 13개 업체가 운영되었다. 2000년대 들어서 3곳이 더 개장하면서 외국인전용카지노는 16개소에 달하지만, 규모면에서 마카오, 싱가포르 등 경쟁국의 대형 카지노에 크게 못미치는 수준으로, 세계적인 카지노 추세는 리조트 형태의 카지노로 가고 있으나, 우리나라는 호텔에 부속된 단순한 영업형태로 영세성을 벗어나지 못하고 있는 실정이다. 국내 카지노산업의 외국인전용 카지노 게임시설은 게임테이블 총 620대, 슬롯머신 총 854대이고 16개 업소의 종사원은 2010년 현재 4,630명으로 운영 중이다.

▶ 국내 외국인전용 카지노 산업체 현황

지역	산업체명	영업장 면적 (㎡)	게임테이블 (대)	머신게임 (대)	종사원 (명)
서울	파라다이스 워커힐카지노	3,178.4	90	130	555
	세븐럭카지노 서울강남점	6,059.85	69	121	1,363
	세븐럭카지노 서울힐튼점	2,811.9	59	131	472
부산	세븐럭카지노 부산롯데점	2,234.5	35	80	262
	파라다이스카지노부산	2,284.5	35	42	249
인천	골든게이트카지노	1,311.57	33	33	272
강원	알펜시아카지노	547.9	17	40	30
대구	인터불고대구카지노	3,473.37	63	50	103
제주	라마다프라자카지노	2,539.1	30	22	149
	신라호텔카지노	1,953.6	21	30	109
	파라다이스그랜드카지노	2,756.7	28	62	130
	로얄팔레스카지노	1,353.18	18	15	98
	롯데호텔 제주카지노	1,205.4	41	48	148
	엘베가스 제주카지노	1,026.6	27	16	158
	하얏트호텔카지노	803.3	19	10	74
	골든비치카지노	823.9	26	24	131

자료 : 문화체육관광부(2010), 관광동향에 관한 연차보고서 참조.

- 매출규모

현재 외국인전용 카지노는 총 16개소(수도권 4개소, 내륙권 4개소, 제주권 8개소)가 운영 중이며, 이 16개 업체의 매출규모는 2004년 4,341억원에서 2011년 1조 1290억원으로 약 2.8배 신장되었으며, 이는 2004년 이후 2011년까지 CAGR(Compound Annual Growth Rate) 9.5%의 성장률을 보이고 있다. 외국인전용 카지노는 IMF 관리체제의 영향으로 1996년 전년대비 −7.2%, 1997년 −8.5%, 1998년 −16.5%까지 추락하였으나, 2004년에야 4000억원대의 매출규모를 회복하였고, 특히 2007년에는 동양적 분위기에 최첨단설비를 갖춘 강남코엑스센터점의 세븐럭카지노, 라스베이거스를 테마로 한 세븐럭밀레니엄 서울힐튼점, 그리고 해변이 인근에 위치한 세븐럭 부산롯데점 등 GKL 3사의 시장진입으로 인해 7,588억원의 매출로 전년대비 31.2%의 획기적인 성장률을 보였으며, 2007년 이후 2011년 현재 연평균성장률 12.8%를 보여주고 있다.

외국인전용 카지노의 권역별 시장매출규모를 살펴보면 수도권(4개업체)은 2007년 4,736억원에서 GKL세븐럭카지노의 신규시장 진입 후 비약적인 매출신장에 힘입어 연평균성장률 16.7%로 2011년 8,807억원의 매출규모는 1.8배의 신장을 가져온 것으로 국내 외국인전용 카지노시장의 78%를 점유하고 있다. 내륙권(4개 업체)의 경우에도 GKL세븐럭카지노의 부산 진출에 힘입어 2007년 769억원의 매출규모에서 연평균 15.0%씩 성장하여 2011년에는 1468억원의 매출규모를 보여 약 2배의 매출신장을 가져왔으며, 이는 국내 외국인전용 카지노 시장점유율 13.0%에 해당된다. 제주권(8개 업체)의 경우 2004년 이후 급격한 매출액 하락세를 보이다가 2008년 이후 다소 회복세를 보이기는 하였으나, 최근 5년간(2007~2011)의 평균성장률은 6.5%%로 타역권에 비해 성장속도가 둔화된 것으로 보이고, 국내시장 점유율도 2011년 현재 약 9%를 보이고 있어, 특단의 조치가 없는 한 수도권, 내륙권과는 매출격차의 폭이 더 커질 것으로 예상된다.

▶ 국내카지노 연도별 / 권역별 매출액 추이비교(2007~2011년)

(단위 : 억원)

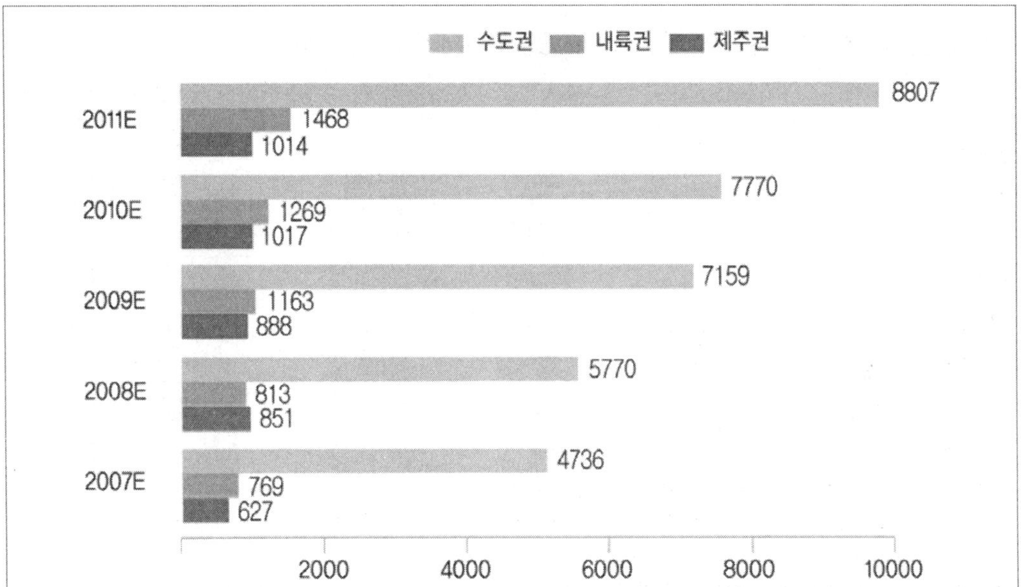

자료 : 한국카지노업관광협회(2012), 집필자 재구성

- 카지노 이용객 수

외국인전용 카지노의 이용객 수는 1992년도 이후 2004년도까지 60만명을 유지하다 2005년에 전년대비 -15.2%로 하락하였으나, 2006년 41.9%의 폭발적인 증가율로 100만명을 돌파한 이후, 5년간(2007~2011년) 연평균 증감률 11%씩 증가하여 2007년 1,176만명에서 2011년 2,100만명으로 증가하였다. 국적별 이용객 동향을 살펴보면 일본인의 비중이 가장 높지만 점차 감소하고 있는 추세이고, 반면 중국과 대만의 이용객 비중이 증가하고 있다. 일본인 카지노 이용객은 2011년 기준 전년동기 대비 이용객이 5% 증가하여 40%를 차지하여 가장 높은 비중을 이어가고 있고, 중국인 카지노 이용객은 20% 증가하여 전체 33% 비중을 차지하고 있으나, 소득향상에 따른 해외여행 수요 및 엔터테인먼트 욕구 등과 같은 요인으로 한국을 찾는 관광객 대비 카지노 이용객 수는 지속적으로 늘어날 것으로 전망된다. 반면, 최근 복합리조트단지로 성공한 싱가포르, 세계 카지노시장을 흡수하고 있는 마카오, 필리핀, 호주 등 주변국가에서 기존 한국 방문 카지노 이용객을 유입하고 있고, 일본의 카지노마저 합병화될 경우 중요 수요층인 일본이용객을 잃게 되어 자칫 국내 카지노 업체들의 경영수지가 악화될 수 있다는 전망도 조심스럽게 제시해 본다.

▶ 외국인전용 카지노 연도별 이용객 및 증감률 추이(2007년~2011년)

(단위 : 천명, %)

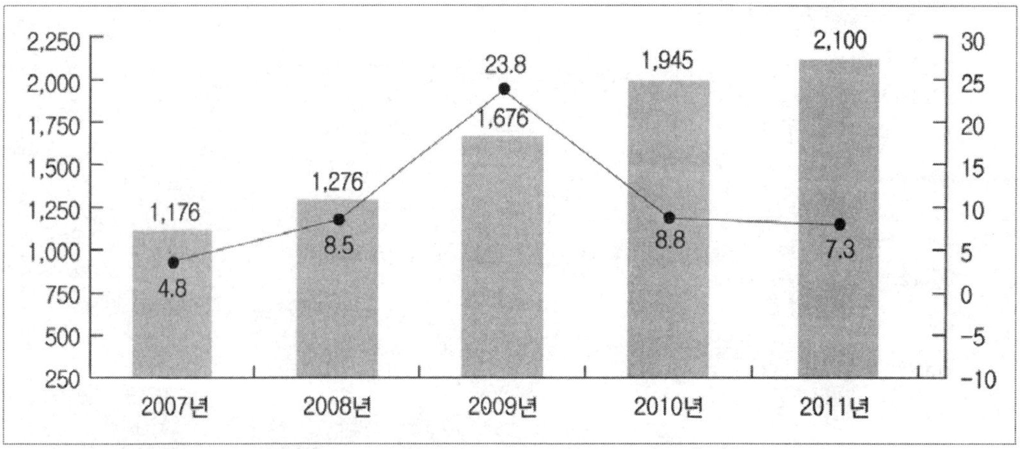

자료 : 한국카지노업관광협회(2012), 집필자 재구성

내국인출입 카지노

- 강원랜드 카지노리조트 시설개요

1998년 강원도 남부 폐광지역의 경제회생과 국내 관광산업의 활성화를 위해 설립되어 카지노를 주된 영업으로 하며, 관광호텔, 콘도미니엄, 스키장, 테마파크 등이 함께 조성된 카지노 리조트를 개발하였다. 국내에서 유일하게 내국인 출입이 가능한 카지노로 스몰 카지노를 2000년 10월에 1차 개장한 후, 메인호텔과 카지노를 2003년 3월에 개장하였다. '메인카지노(Main Casino)'는 게임테이블 132대, 슬롯머신 960대를 보유하고 있으며, 가족단위 방문객을 수용하기 위해 퍼블릭골프장, 골프텔, 테마파크, 스키장, 콘도미니엄을 개장하는 등 카지노리조트로서의 모습을 갖추고 있다. 「폐광지역지원특별법」에 따른 카지노업의 허가는 3년의 허가기간을 정하여 허가할 수 있는데, 이 법은 2005년 12월 31일까지 효력을 가지는 한시법으로 되어 있었으나(동법 부칙 제2조), 그 시한을 10년간 연장하여 2015년 12월 31일까지 효력을 갖도록 하였던 것을 다시 10년간 연장하여 2025년 12월 31일까지 효력을 갖도록 하였다.

- 매출규모

내국인출입 카지노인 강원랜드는 2004년 7,367억원의 매출규모로 2003년(메인카지노 개장연도) 대비 10.9%의 증가율을 보이나, 2005년과 2006년에 비슷한 매출추이를 보인 후 2007년은 전년 대비 17.3%의 급증률로 매출규모가 신장되었으며, 2008년 매출규모가 약 1조원대를 돌파하여 2011년 현재 1조 1289억원의 매출규모를 보여주고 있다. 이는 2003년 메인카지노 개장 이후, 연평균 6.3%씩 성장하였음을 나타내고 있고, 약 2배의 매출규모를 보이고 있으나, 2010년 대비 -10.1의 성장률로 보아 강원랜드 카지노는 영업장 면적 및 게임시설 확대 등의 개선이 없는 한 성장의 한계를 보여주고 있다.

영업장별 매출비중은 2003년 메인카지노 개장시에는 일반영업장과 회원영업장의 매출이 50대 50의 균형을 이루었으나, 2007년 기준 영업장별 매출비중은 일반영업장이 63.8%, 회원영업장 36.2%의 균형을 보인 이후, 2011년 현재는 그 편차(偏差)는 고착화된 듯 회원영업장의 매출비중은 30%대를 유지하고 있다.

게임종류별 매출비중은 2001년(개장원년) 테이블게임 66.5%, 머신게임 33.5%의 매출비중을 차지하였으나, 2003년 메인카지노의 테이블게임시설 확대에 따라 매출

액이 10% 이상 증가한 반면, 머신게임은 10%이상 감소하는 것으로 시작, 2007년 테이블게임 매출비중은 83.7%로 증가하였고, 머신게임 매출비중이 16.7%로 감소한 이래 2011년 현재 이러한 매출비중 패턴(pattern)은 계속되고 있다.

- 이용객 수

강원랜드의 이용객 수 규모는 2001년 원년 개장 이후 연평균 20.6%씩 증가하였으며, 2003년 메인카지노 개장으로 인해 더욱 많은 이용객이 방문하였고, 현재 강원랜드는 유일한 내국인출입 허용의 카지노로 많은 내국인들이 방문하고 있는데, 이는 한국인의 카지노 이용규모(해외카지노 이용 포함) 중 강원랜드가 67.6%(2007년 기준)를 차지하는 것을 통해 간접적으로 확인할 수 있다 2007년 총 이용객 수는 2,452천명으로 전년 대비 26.7%로 증가한 이후 2009년에는 300만명을 돌파하는 등 최근 5년간(2007년~2011년) 10%씩 증가하여 2011년에는 2,983천명이 방문하였으나, 이는 전년도 대비 -3.4% 감소한 이용객 수로 성장이 둔화 또는 정체되고 있음을 보여주고 있다. 또한 외국인 이용객 수는 연평균 1.2%에 머물러 내국인 이용객이 98%를 차지하며, 2010년 기준 1일 평균 입장객은 8,587명, 1일 평균 매출액은 3,491백만원으로 2003년 개장 이후 각각 2배씩 증가한 것으로 나타내고 있다.

▶ 강원랜드 입장객 수(2003~2011)

(단위 : 천명, %)

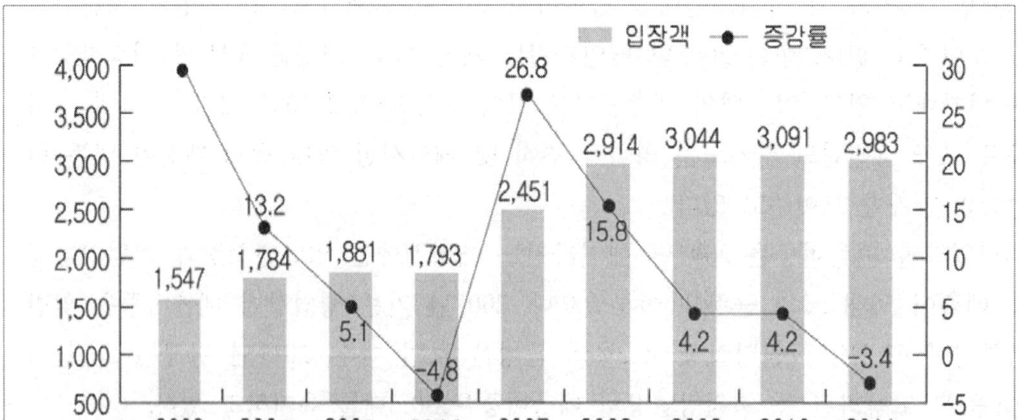

자료 : 한국카지노관광협회(2012), 집필자 재구성

국내 카지노산업의 시장전망

Global Entertainment Media Outlook : 2010~2014(PWC 2010)에 따르면 국내 카지노산업의 시장규모는 약 24억US$의 매출을 예상하였고, 2014년에는 약 33억US$에 이르는 것으로 전망하였으며, 이와 같은 전망은 2010년 4.5%의 한 자릿수 성장률을 거친 뒤, 2011년 10.2%, 2012년 10.8%, 2013년 8.2% 각각 성장하여 2014년도에는 7.6% 성장하여 33.6억US$의 시장규모가 될 것으로 전망하였다. 그러나 국내 카지노산업의 실제성장의 규모는 2004년 기준 2011년 현재 연평균 성장률 10%를 보이고 있어, 2012년 약 21.5억US$, 2014년 약 26억US$ 규모의 시장으로 성장될 것이라는 또다른 연구보고서가 있다. 이 보고서에 따르면 이와 같은 성장은 외국인전용 카지노는 중국시장에 힘입어 성장의 주축을 이룰 것이고, 강원랜드 카지노는 앞서 분석한 바와 같이 성장이 둔화될 것이라고 추정하고 있다. 국내 카지노산업의 매출액 규모를 US$로 환산(환률 : 1달러당 1,163원)하고 7년간(2005~2011) CAGR 10%를 적용하여 3년간(2012~2014)의 매출액 규모를 수정, PWC보고서와 비교한 바, 기준연도인 2005년에 2.8억US$, 2011년은 6.7억US$, 추정전망 말미의 2014년도에는 7.7억US$를 보이고 있다. 이에 가장 큰 요인은 글로벌 경제지표에 따른 환율변동 및 누적편차에 기인한다고 볼 수 있다.

▶ 국내 카지노산업 매출전망 추이비교(2005~2014)

(단위 : 백만US$)

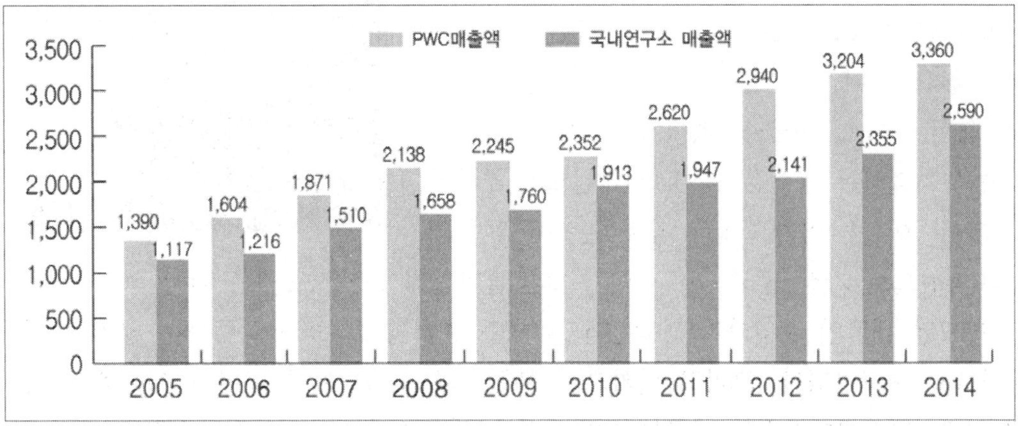

자료 : 한국카지노업관광협회, 연구자 재구성(2012)

내국인의 해외카지노 이용실태 및 지출액

• 해외카지노를 방문한 내국인

(사)한국관광개발연구원의 내국인 해외카지노 이용실태조사(2008.3)에 의하면 카지노국가 중 마카오 · 미국 · 필리핀 등 주요 3개국의 한국인 관광객 수 추이는 2007년 약 1,102천명으로 2006년에 비해 다소 감소하였으나, 2003년 대비 연평균 5.4%씩 증가한 수치라고 발표하였다. 2007년 기준 국가별 한국인 방문객을 살펴보면 미국이 568,149명으로 가장 많은 카지노 이용객이 방문하였으며, 다음으로 필리핀이 312,318명, 마카오가 221,092명 방문하였다. 마카오를 방문한 한국인 방문객은 연평균 56.5%씩 증가하였는데, 이는 Sands Macau 및 Wynn Macau, Ventian Macau 등 대규모 카지노리조트 조성에 따른 집객력의 증가 때문이라고 분석되며, 필리핀은 인접 거리에 위치하여 용이한 접근성을 보유하고 2003년부터 매년 6.3% 증가하고 있다. 또한 미국은 먼 이동거리 · 비자제도 · 라스베이거스 내의 한국인 신용대출 금지 및 반입보유액한도 등의 제약으로 연평균 0.9% 감소하며, 2007년에는 568,149명으로 나타났지만, 비자면제 프로그램이 도입되면 증가추세를 보일 것으로 예상하였다.

• 해외카지노 이용 내국인 관광지출액

(사)한국관광개발연구원의 내국인의 해외카지노 이용실태조사(2008.3)에 따르면, 2007년 기준 내국인의 해외 카지노 지출 총 게이밍금액은 4,321억원으로 추정되는데, 내국인이 가장 많이 방문하는 주요 3국인 마카오, 미국라스베이거스, 필리핀의 카지노에서 지출하는 금액은 약 3,400억원으로 추정하고 있다. 이 중 마카오에서 지출하는 금액이 약 2,200억원으로 가장 많고 라스베이거스와 필리핀에서의 지출액은 각각 600억원으로 2007년 내국인 출입카지노(강원랜드) 매출 총액의 31~38%에 준하는 금액에 해당된다고 보고하였다. 그리고 마카오는 복합카지노 리조트를 추가로 개장할 예정에 있고, 라스베이거스도 대규모 개발사업을 진행중에 있으며, 싱가포르도 복합카지노 리조트를 건설 중에 있어 향후 지출액 규모는 더욱 증가할 것으로 보인다고

전망하였다. 그리고 향후 내국인 이용객이 세계 카지노 국가에서 지출할 게이밍 금액을 추정하였는데, 2011년에 5,686억원으로 증가될 것으로 예측하였다. 이는 2007년보다 31.6%가 증가한 수치이다. 또한 내국인의 해외카지노 이용에 따라 지출되는 항공료, 숙박비, 식음료비, 쇼핑비 등 관광활동 관련 지출비용은 2007년 기준 약 6,192억원으로 추정, 따라서 관광지출액 비율이 동일하게 지속된다고 가정하면 2011년 해외카지노를 이용하는 내국인의 관광지출액은 약 8,418억원에 이를 것으로 추정하였으며, 향후 주변국가의 카지노 개발계획 수립에 따른 합법화가 진행되고 있는 상황에서 내국인의 해외카지노 이용관련 관광지출은 지속적으로 증가할 것으로 전망하였다. 또다른 보고서(한국카지노업관광협회, 내국인의 해외카지노 이용실태조사, 2008)에 따르면 우리나라 관광객이 해외 카지노 이용에 따른 연도별 관광비용지출액이 2007년 1조 1천억원, 2008년 1조 2천억원, 2009년 1조 3천억원, 그리고 2010년에는 1조 4천억원이 지출된다고 예상하였으나, 이러한 수치는 마카오의 신규 카지노리조트의 개장 및 싱가포르의 신규 카지노리조트 개장을 고려하지 않은 것으로 이보다는 훨씬 많은 금액을 해외 카지노에 지출할 것으로 예상된다.

한국 카지노의 산업성

카지노산업이 1930년대 미국 네바다주에서 합법화되어 상업카지노의 발전계기의 발판으로 1960년대~1990년대 확산·발전기로 보고 2005년까지는 격동기, 2006년 이후는 부흥기로 본다면 한국의 카지노산업은 1960년대 말 도입한 이래 45년, 약 반세기가 되는 동안 독과점구조(monopoly&oligololy)로 성장해 온 탓에 글로벌 시대를 맞이하여 국제적 경쟁력에 뒤진 건 사실이고, 특히 한국의 카지노산업이 현재까지 규제정책 일변도를 벗어나지 못하여 카지노산업 발전에 장애(障碍)가 있었던 것도 사실이다. 이에 2006년 공기업 카지노인 GKL설립 이후, 국내 카지노기업의 경쟁구도가 자연스럽게 형성되어, 산업성(産業性)을 담보로 본격적인 시장경쟁체제로의 전환으로 주식(株式)시장에까지 진출하게 되었으며, 이제 카지노산업도 지식산업의 반열에 올랐지만, 국가경쟁력을 뒷받침할 만한 세계 카지노산업의 동향 및 정보력에는 카지노가 없는 이웃 일본에 뒤지는 후진성(법·제도관리문제)을 면치 못해 해외투자를 어떻게 수용하고, 풀어갈는지 귀추가 주목되고, 향후 카지노산업은 경쟁력 측면에서 대형화, 엔터테인먼트화 즉 복합리조트화하는 것만이 대안이 될 수 있다고 본다. 최근 카지노저널(Casino Jounal)의 이슈는, 마카오(Macau)와 싱가포르(Singapore)의 카지노산업은 투자규모와 잠재적 수익성으로 인해 당연히 전문가와 언론인들의 가장 큰 관심사이지만, 그 정도 시장은 아니더라도 "아시아 지역에는 'Sleeping Giant(잠자는 거인)'가 있으며 그 국가는 바로 한국이다"라고 흥미있는 관심으로 촌평(寸評)한 적이 있다. 그리고 "한국의 국내시장이 완전 개방되지 않은 상황에서 외국인 카지노시장의 성장동력을 추진하기 위한 한 가지 방법은 MICE시장과 연계한 경우 여행 Package가 대안으로 문제는 한국이 많은 장점도 있지만, 외국인들의 당연 휴양지가 되지 못한다는 것이다" 라고 지적하면서, 그 예로 비싼 물가와 기후는 겨울에 춥고, 여름은 숨막힐 정도로 습하다는 지적과 카지노시장이 내국인에게 개방되지 않는 한, 지금의 일본과 중국시장의 수요는 어떠한 시장변화가 올는지 예측할 수 없으므로 최악의 경우, 불과 몇 년 만에 투자수입의 상당 부문 손실을 입게 될 것이고, 특히 일본이 합법화된다면 더욱 그렇게 될 것이므로 현재 투자 협상중인 해외업체의 투자조건도 내국인시장 개방을 요구하는 것이라고 논평(論評)하였다.

일본 카지노개장으로 인한 국내에 미치는 영향

(사)한국카지노업관광협회가 경희대학교 관광개발연구소(총괄책임연구원 : 이충기)에 의뢰한 「일본 · 대만 등 주변국 카지노 개방이 우리나라에 미치는 영향 연구」의 용역보고서(2010.11)에 따르면 우리나라 주요 표적시장인 일본이 최근에는 재정난을 극복하고 지역경제를 활성하기 위한 수단으로 카지노에 대한 합법화를 적극 추진하고 있으며, 일본 정부가 검토중인 기본방침은 첫째, G8국을 포함한 세계 120개국 이상이 이미 카지노를 합법화하여 대중오락산업으로 발전시키고 있고, 둘째, 엄청난 수익금이 암시장이나 해외로 유출되므로 카지노를 국가에서 관리 · 감독한다면 수익금을 지역경제로 환원할 수 있다는 것과, 셋째, 세수증대와 고용창출로 관광산업과 일본경제를 활성화할 수 있다는 경제적 논리를 앞세워 추진하고 있다고 한다. 이에 일본 카지노 개장 시 이탈고객(내국인) 및 감소고객(외국인), 그리

고 누출액(내국인) 및 감소액(외국인) 등 국내 카지노산업에 미치는 영향을 살펴보기로 한다.

• 이탈고객 및 감소고객

경희대학교 관광개발연구소(2010.11)에 따르면 일본 카지노 개장시 내국인 이탈고객은 비관적인 경우 연간 210만명(참고 강원랜드 연간 이용객 약 300만명), 보수적인 경우 약 89만명이고, 외국인 감소고객은 비관적인 경우는 연간 약 15만 7천명(참고 : 국내 외국인전용 카지노이용객 약 210만명), 보수적인 경우 약 8만 4천명으로 추정된다.

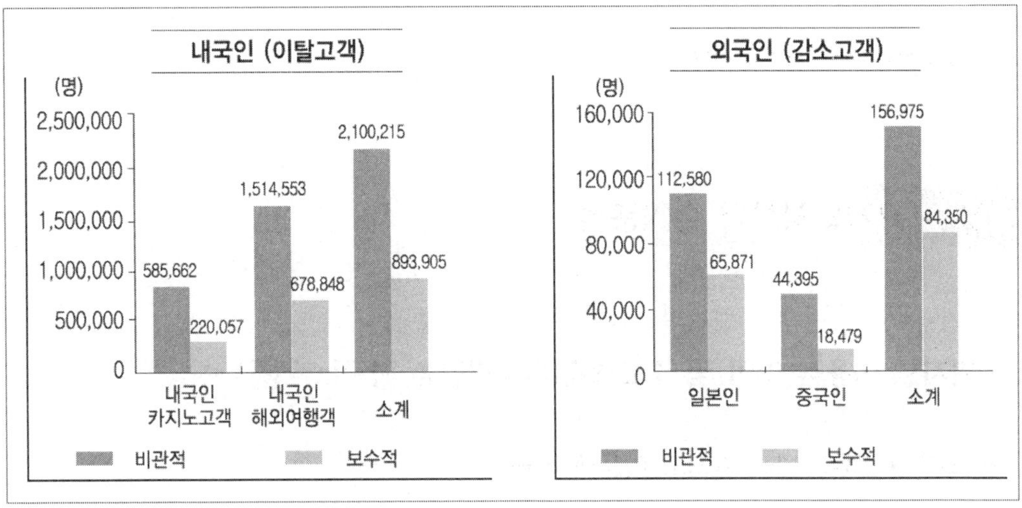

자료 : 경희대학교 관광개발연구소(2010)

• 누출액 및 감소액

일본 카지노 개장 시 내국인의 유출금액은 비관적인 경우, 연간 7,815억원(참고 : 강원랜드 연간매출액 약 1조 1천억원), 보수적인 경우 연간 약 3,086억원으로 추정되며, 외국인 감소액은 비관적인 경우 연간 약 1,933억원(참고 : 국내 외국인 전용 카지노 매출액 약 1조 1천억원), 보수적인 경우 약 1,014억원으로 추정된다.

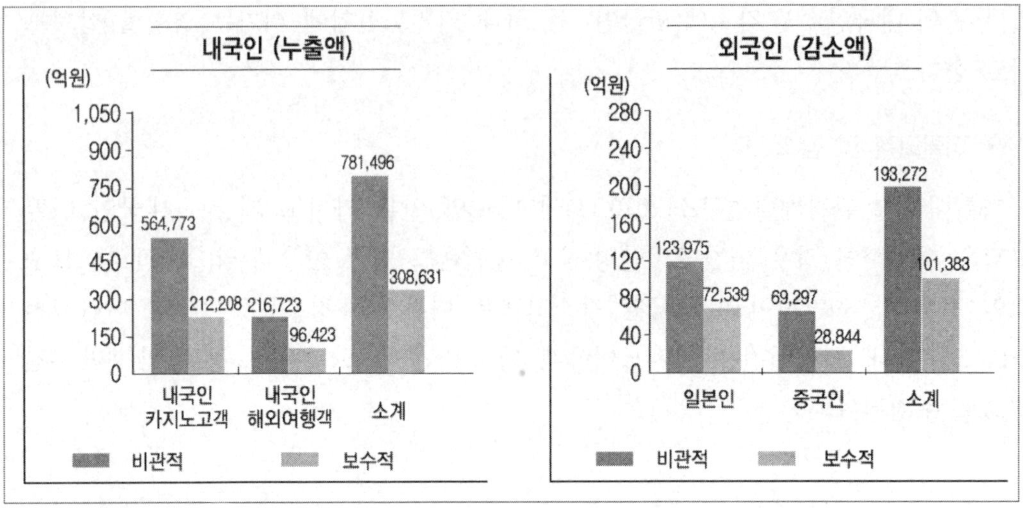

자료 : 경희대학교 관광개발연구소(2010)

3 카지노시장의 손익분석

1 카지노 이용객 추이 및 수요예측(외국인전용 카지노 기준)

외래관광객수 대비 카지노 이용객 비율

경제학 측면에서 수요(demand)란 소비자가 어떤 특정 재화를 일정한 기간에 일정한 값으로 구매하고자 하는 욕구를 말한다. 따라서 카지노 수요란 소비자로서 카지노재를 일정한 기간에 일정한 값으로 구매하고자 하는 욕구라 할 수 있고 카지노는 목적관광의 소비자로서 해당 카지노를 방문하고자 하는 욕구를 카지노 수요로 본다. 따라서 카지노 수요의 소비자는 카지노 이용객으로 이용객의 참여요구가 카지노시장이 형성된다는 논리이다. 국제관광지가 외래관광객을 위한 시설이나 교통 및 정보체계 등에서 개선이 이루어져 외래관광객 수가 증가하였다면, 이는 잠재수요가 현실화된 것이며 이에 따른 카지노시장의 잠재수요도 동반한다고 볼 수 있다. 다만, 수요량은 외래관광객의 증가와 일치한다고 볼 수 없다. 과거 1991년부터 2005년까지의 외래관광객수와 카지노 이용객 수와의 상관관계 분석을 위해 '회귀분석'을 실시한 결과 결정계수인 R^2 값이 0.019로 두 변수 간에 상관관계가 없는 것으로 나타났으며, 이러한 결과에 대한 원인을 분석하면, 한국의 카지노고객 대다수가 초청고객 위주로 구성되어 있기 때문인 것으로 해석할 수 있으나, 공공 카지노 3개소가 개설된 2006년 이후에는 R^2값이 0.186으로 여전히 유의성을 확보하기에는 부족한 수치이지만 결정계수 값이 다소 높아졌는데, 이는 공공카지노가 기존 외국인 전용 카지노와는 달리 대중마케팅을 강화하여 인바운드 관광시장을 활성화하는데 어느 정도 기여한 것으로 판단된다.

- 국내카지노 이용객 추이(외국인전용 카지노 기준)

국내 카지노 이용객 비율을 살펴보면 2001년에는 전년대비 1.4% 감소하였으나 2002년 한・일 월드컵 축구대회를 계기로 3.3% 증가하였고, 2006년에는 전년대비 72.3%의 폭발적인 증가가 있었는데, 이는 신규카지노 3개소의 대중마케팅 강화에 기인한 것으로 보이며, 2007년에는 카지노 이용객 수가 100만명을 돌파한 후 2010년에는 전년도 대비 16.1% 증가하였으며, 이용객 수는 1,945천명으로 우리나라 전체 외래관광객 수의 22.1%를 차지하였고 2011년 현재 200만명을 돌파하여 2,100천명을 기록하였다.

▶ 외래관광객 대비 카지노 이용객 수 / 점유율 / 성장률 추이(2001년~2010년)

(단위 : 명, %)

연도	외래관광객(A)	카지노이용객(B)	외래관광객 대비점유율(B / A)	연평균 성장률
2001	5,174,204	626,851	12.1	-1.4
2002	5,347,468	647,722	12.1	3.3
2003	4,752,762	630,474	13.3	-2.7
2004	5,818,138	677,145	11.6	7.4
2005	6,022,752	574,094	9.5	-15.2
2006	6,155,047	877,894	16.1	72.3
2007	6,448,240	1,176,338	18.2	19.0
2008	6,890,841	1,276,772	18.5	8.5
2009	7,817,533	1,676,207	21.4	31.3
2010	8,798,000	1,945,819	22.1	16.1

자료 : 한국관광공사, 문화체육관광부 카지노 통계(2011)

• 국내카지노 이용객 수요예측

카지노 매출은 연이용객 수×객단가로 산출되므로 순수관광목적 외래관광객 수 대비 카지노 이용객 비율 현황을 기준으로 이용객 수를 추정하여 시나리오별 카지노의이용객 수요를 예측하는 것이 일반적인 산출기법이다. 한국의 순수관광목적의 총 외래관광객 수는 최근 10년간(2002~2011) 연평균 6%의 성장률을 가져왔으며, 외래 관광객 대비 카지노 대비 점유율은 평균 15.5%를 차지하였고, 카지노 이용객의 연평균 성장률은 14.7%를 보여주었다. 또한 최근 5년간(2007~2011) 외래관광객은 연평균 성장률은 7%, 카지노 이용객의 평균점유율 19.3%, 카지노이용객의 평균증감률은 16.5%이고, 최근 3년간(2009~2011)의 외래관광객은 연평균 증가율은 9.8%, 카지노 이용객 점유율은 20.7% 그리고 카지노 이용객 증감률은 평균 18.2%이다. 이에 본장에서는 카지노 이용객의 성장률로만 시나리오를 설계하는 방법으로 최근 10년 간의 연평균 성장률 14.7%를 보수적 예측으로, 최근 5년간 연평균 성장률 16.5%를 중도적 예측으로, 그리고 최근 3년 간의 이용객 평균 증가율 18.6%를 낙관적 예측으로, 그리고 최근 3년간의 이용객 평균증가율 18.6%를 낙관적 예측으로 각각 시나리오의 지표율로 사용하여 2011년도 이용객을 기준으로 향후 5년간(2012~2016)의 카지노 이용객 수요를 시나리오(scenario)별로 추정하여 본다.

▶ 시나리오별 향후 5년 간의 카지노 이용객 추이(2012년~2016년)

(단위 : 천명)

시나리오별	2012E	2013E	2014E	2015E	2016E
보수적예측(14.7%)	2,394	2,746	3,149	3,612	4,142
중도적예측(16.5%)	2,446	2,849	3,319	3,866	4,504
낙관적예측(18.2%)	2,482	2,933	3,466	4,096	4,841

위 카지노 이용객 수요예측을 분석하여 보면 보수적 예측에서는 카지노 이용객이 2012년의 2,394천명에서 2016년에는 42.2% 신장하여 4,142천명에 이를 것으로 추정하였고, 중도적 관점에서의 예측으로는 2012년 2,446천명에서 45.7% 증가하여 4,504천 명에 달하는 것으로 예상하였으며, 낙관적 예측으로는 2012년 2,482천명에

서 2016년 48.7% 신장하여 카지노 이용객이 4,841명에 이를 것으로 추정하여 보았다. 또한 2010년도 기준 국적별 카지노 입장객 현황을 살펴보면 일본인이 789,993명으로 외국인전용 카지노 이용객의 점유율 41.1%를 차지하였고, 다음으로 중국인이 585,163명으로 점유율 30.1%를 보였으며, 대만인이 91,808명으로 4.7%, 기타 국가가 24.1%로 469,855명이 카지노를 이용하였다.

2 카지노 매출액

카지노 매출액의 정의

카지노 매출액은 카지노 상품의 생산자 판매금액이며, 카지노 수요의 소비금액이기도 하고 카지노 수입금이 되기도 한다. 따라서 카지노 산업의 경제적 효과를 분석하기 위해서 이용객의 소비액이 정확하게 집계되어야 하고, 이는 카지노시장의 규모를 측정할 수 있는 지표를 산출할 수 있어 눈에 보이지 않는 카지노산업의 실체를 경제적으로 분석할 수 있는 중요한 자료가 된다. 카지노영업준칙 제7장 제86조에 따르면 총매출이라 함은 카지노 영업과 관련하여 고객으로 수입(收入)한 금액에서 고객에게 지급한 총 금액을 공제(控除)한 금액이라고 정의하고 있으며, 이는 곧 카지노 수입금에 해당된다. 고객으로부터 수입한 총금액이라 함은 카지노 고객에게 현금 · 수표 · 유가증권 등을 칩스로 교환하여 준 금액과 크레딧(credit)중 현금으로 상환(interchange)된 금액을 말한다. 반면에 고객에게 지급한 총금액이라 함은 카지노 고객에게 칩스(chips)를 현금으로 교환(交換)하여 준 총금액을 말하며, 매출액은 일일단위로 결산(決算)한다. 그리고 카지노 고객으로부터 수입한 총금액이 카지노 고객에게 지급한 총금액을 초과한 경우에는 별지서식의 매출액 현황에 이를 카지노 수입금으로 처리한다.

반면에 카지노 고객에게 지급한 총금액이 카지노 고객으로부터 수입한 총금액을 초과하는 경우에는 이를 카지노 손실금으로 표기 처리한다.

- 국내 카지노매출액(외국인전용 카지노기준) 및 객단가산출

국내 외국인전용 카지노의 매출액은 2002년, 전년도 대비 6.5% 증가한 4,093억원의 매출규모를 보인 이래 2005년까지 4천억원대의 규모를 유지하다 2006년 GKL의 신규카지노시장 진입으로 5천억원대를 돌파한 여세로 2007년에는 전년대비 31.2%의 성장률로 7천억원대 돌파, 2008년 8천억원대로 계속 증가하여 2011년에는 CAGR (Compound Annual Growth Rate) 11.3%씩 성장하여 1조 1290억원의 매출규모를 나타냈다.

▶ 국내 외국인전용 카지노의 연도별 매출액 / 증감률 / 객단가 추이 (2002년~2011년)

연도	카지노매출액(억원)	증감률(%)	객단가(천원)
2002년	4,093	6.5	632
2003년	3,985	-2.6	632
2004년	4,341	8.1	640
2005년	4,870	12.1	848
2006년	5,783	18.7	584
2007년	7,588	31.2	645
2008년	8,409	10.8	658
2009년	8,812	4.8	525
2010년	9,638	9.4	495
2011년	11,290	14.6	537

자료 : 한국카지노업관광협회(2012), 집필자 재구성

객단가(1인당 소비액)는 연매출액≒연이용객수의 공식으로 대입하면 2002년은 632천원, 가장 소비액이 높았던 연도는 2005년 848천원이었고 가장 소비액이 낮았던 연도는 2010년 495천원이었으며, 10년간(2002~2011) 연평균 1인당 소비액은 620천원이 된다. 객단가와 이용객수와 약간의 함수관계가 있으므로, 이용객 수가 많을수록 객단가가 낮아지고, 이용객 수가 적더라도 객단가가 높을 수도 있지만, 가장 바람직한 것은 이용객 수 증가에 객단가 가격은 일정하게 유지할 수 있어야 경제적인 실효성이 있다.

외국인전용 카지노매출액 전망

위 10년간(2002~2011) 연평균 소비액 620천원을 앞서 제시하였던 시나리오별 카지노 이용객 수요예측의 이용객 수에 대입하여 향후 5년간(2012~2016)의 국내 카지노의 매출액을 전망하여 보면, 보수적 관점의 전망은 2012년 1조 4842억원에서 2016년 2조 5680억원에 이를 것이라 추정하였고 중도적 관점의 전망은 2012년 1조 5165억원, 2016년에는 2조 7924억원, 낙관적 관점으로는 2012년 1조 5388억원에서 2016년 3조 42억원에 도달하는 것으로 추정하여 전망하여 보았다.

▶ 시나리오별 향후 5년간의 매출액 추이 전망(2012년~2016년)

(단위 : 억원)

시나리오별 (1인당 소비액 620천원 기준)	2012E	2013E	2014E	2015E	2016E
보수적전망	14,842	17,025	19,523	22,394	25,680
중도적전망	15,165	17,663	20,577	23,969	27,924
낙관적전망	15,388	18,184	21,489	25,395	30,014

3 카지노 손익종합

카지노산업의 영업실태

국내의 대표적인 외국인전용 카지노 P그룹의 계열 3사(서울 W, 부산 P, 제주 G) 카지노의 2003년~2005년 3년간의 영업실적 현황을 살펴보면, 서울W-카지노의 3년간 평균 총 매출액은 2,601억원이고 영업이익은 520억원, 경상이익은 719억원, 당기순이익이 평균 약 496억원으로 영업이익률이 20.2%로 비교적 안정적인 매출구조를 유지하고 있다. 부산의 P-카지노는 매출원가율이 82.2%로 높은 편이지만 영업이익률이 52%로 지속적인 흑자는 유지하고 있는 편이다. 제주 G-카지노의 3년간 평균 매출액은 약 235억원, 영업이익은 -43억원, 경상이익은 약 -48억원으로 연간 평균 약 24억원 정도의 손실을 기록하였으며, 이는 매출원가가 매출액을 초과한 상태로 영업손실이 15.5%가 된 것이다.

▶ 국내의 대표적인 외국인 전용 카지노인 P그룹의 3사 영업실적 현황 2003년~2005년(3년간 평균)

(단위 : 백만원)

업소명	총매출액	영업이익	경상이익	당기순이익
서울 W-카지노	260,196	52,089	71,989	49,695
부산 P-카지노	52,269	6,447	23,414	29,419
제주 G-카지노	23,538	-4,322	-4,885	-4,281

자료 : 고택운 외 공저, 「최신카지노산업관리론」(2011). p.172.

권역별 카지노의 비용 및 원가구조

• 카지노 비용

외국인전용 카지노 비용을 권역별(수도권, 내륙권, 제주권)로 구분하여 2003년에 2005년의 3년간 평균비용을 매출원가와 판관비 항목으로 구분하여 살펴보면, 수도권의 평균 총매출액은 약 2,720억원으로 매출원가 약 1,879억원+판관비 291억원의 비용을 공제하면 영업이익은 연평균 549억원이 되며, 내륙권을 매출원가+판관비 약 638억원으로 34억원의 영업이익이 발생하였으나, 제주권은 1,114억원의 총매출액에 매출원가+판관비가 약 1,288억원으로 약 173원의 손실이 발생하였다.

▶ 권역별 카지노 비용

(단위 : 억원)

구분	총매출액	매출원가	판관비	영업이익(손실)
수도권	2,720.93	1,879.76	291.68	549.49
내륙권	666.84	548.10	90.20	34.38
제주권	1,114.85	1,123.01	165.19	-173.35

자료 : 고택운 외 공저, 「최신카지노산업관리론」(2011), p.172.

카지노 원가구조 분석

국내 외국인전용 카지노의 매출액을 100%로 봤을 때, 매출원가, 판관비, 영업손익의 비율(ratio)을 구하였으며, 연도별 특성을 배제하기 위해 3년 평균치를 기준으로 비교하여 보았다. 수도권 카지노의 경우 타지역에 비해 매우 안정적인 매출구조를 유지하고 있고(매출원가율 : 69.1%, 영업이익률 : 20.2%), 내륙권의 경우 매출원가율이 82.8%이며 5.2%의 영업이익을 보이고 있다. 반면, 제주지역 카지노의 경우 매출원가가 매출액을 초과하는 매출 총 손실상태이며 2005년 당기 순손실액은 약 200억원이 발생되었다.

▶ 권역별 카지노 매출액 대비 주요 재무비율

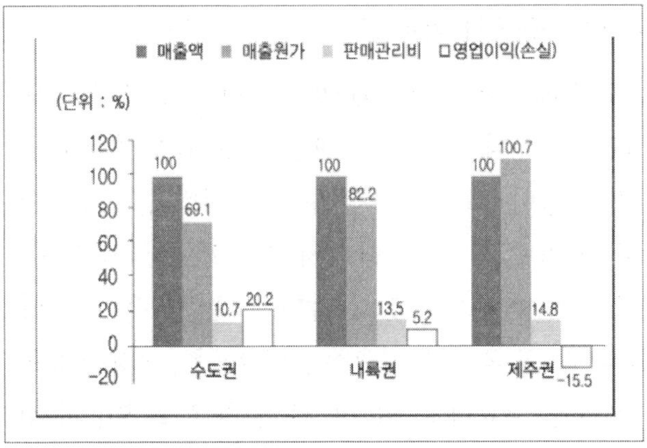

수도권
- 안정적인 매출구조
- 매출원가율 69.1%
- 영업이익률 20.2%

내륙권
- 매출원가율 82.2%
- 영업이익률 5.2%

제주권
- 매출총손실(약200억원)
- 매출원가율 100.7%
- 영업손실 15.7%

자료 : 고택운 외 공저, 「최신카지노산업관리론」(2011). p.173.

註 : a. 매출액을 100%로 보았을 때 매출원가, 판관비, 영업손익의 비율을 구성한 것임.
b. 타부분 매출비중이 큰 인천과 부산 카지노의 경우 매출비율에 따른 판관비를 계산함.
c. 매출원가 = 카지노원가(손실금, 고객운송비, 고객숙식비) + 노무비(카지노종사원급여) + 경비(판촉비, 관광진흥기금, 임차료 등)

▶ 권역별 카지노의 원가구조 및 구성비율(2005년 기준)

(단위 : 백만원)

항목		수도권		내륙권		제주권	
		금액	비율	금액	비율	금액	비율
매출액		303,034	100%	64,655	100%	98,647	100%
매출원가		213,551	70%	5,964	85%	101,804	103%
변동비	카지노손실금	14,952	5%	9,599	16%	12,231	12%
	콤프경비등	67,772	22%	18,712	30%	44,861	46%
	기금 및 세금	29,982	10%	4,801	8%	6,638	7%
	소계	112,706	37%	33,112	54%	63,730	65%
고정비	노무비	57,003	19%	8,973	15%	14,189	14%
	임차료	11,315	4%	4,149	7%	9,602	10%
	기타경비	32,527	11%	5,730	9%	14,283	15%
	소계	100,845	33%	18,852	31%	38,073	39%

註 : a. 제주도 7개 업체의 매출액 및 비용부분을 합산하여 분석함(휴업중인 하얏트 제외)
b. 휴업중인 호텔설악파크와 2006년 재개장한 경주 힐튼호텔 카지노는 분석에서 제외함
c. 단기적으로 변동이 불가능한 노무비 및 임차료 기타 비용의 경우 고정비로 간주하였으며, 콤프비용 및 세금, 분담금, 손실금은 변동비로 간주하였음.

해외 카지노와 원가구성 비교

• 미국의 네바다 / 라스베이거스와 국내의 수도권과 비교

해외의 미국 네바다주의 카지노와 라스베이거스 스트립(strip)지역과 한국의 수도권지역 카지노와 원가구성 비율을 비교해 볼 때, 전체적인 매출원가(카지노원가) 구성은 라스베이거스와는 비슷한 변동비, 고정비 모두 비슷한 수준의 경비이고 네바다주의 카지노보다는 다소 높은 것으로 보여주고 있다. 아래의 분석표는 국내의 수도권지역 4개 업체 원가구성비율을 합산하여 분석하였고, 카지노 손실금은 미국의 자료에는 수입과 손실비용을 표시하지 않아 국내의 평균손실치 8%를 적용하였으며, 임차료는 라스베이거스의 경우 호텔을 소유하고 있으므로 임차료 포션(potion)이 없어 국내 임차료 비율인 5%를 적용하였다. 또한 콤프(comp)비용 성격을 가지고 있는 항목은 재구성하였고, 세금 및 분담금은 손익계산서 상관없이 실질부담금 및 세금 크기로 계산하였다. 그리고 단기적으로 변동이 불가능한 노무비 및 임차료, 기타 비용의 경우 고정비로 간주, 콤프 및 세금, 분담금, 손실금은 변동비로 간주하여 비교하여 보았다.

▶ 라스베이거스 및 국내 수도권 카지노와 원가구성 비율비교

구분		Las Vegas Strip Area	Nevada	국내외 수도권
매출액		100%	100%	100%
매출원가		69%	64%	70%
변동비	카지노손실금	8%	8%	5%
	Complimentary Express	21%	18%	22%
	Gaming Taxes &Licence	8%	8%	10%
	Sub total	37%	34%	37%
고정비	Payroll	19%	16%	19%
	임차료	5%	5%	4%
	other Expenses	9%	8%	11%
	Sub total	32%	30%	33%

자료 : Nevada Gaming Control Board 자료, 카지노협회 내부자료.

- 카지노산업의 수익모델(원가구성)

카지노수입금은 앞서 언급한 바와 같이 카지노 입장객에 1인당 소비액을 곱하여 산출하며, 매출원가비율은 2011년 강원랜드 카지노의 매출원가 비율은 62%를 차지하였고 워커힐카지노는 84.3%, 세븐럭 74%를 나타냈고, 해외사례 중 라스베이거스 매출원가구성비는 69%, 네바다주는 64%로 국내와는 달리 호텔을 소유하여 고정비용이 낮고, 내국인 이용객 점유율이 높으므로 원가구성비가 낮으므로 영업이익률이 높은 편이다. 다음의 차트(chart)는 수익성을 제고(提高)하기 위한 추정 P&L 차트이므로 비용추정 매출원가 구성비율을 70%로 가정하고, 카지노 원가항목의 손실금을 8%, 고객운송·숙식비를 14%, 노무비 18%로 추정하였으며, 판매관리비 안에 관광진흥기금을 포함시켜 30%로 계상, 산출하여 추정하였다. 이는 강원랜드의 매출총이익률 38%보다는 적지만, 외국인전용카지노 평균 영업이익률 약 25%보다는 높게 추정하여 카지노 비용추정 수익모델로 제시한다.

▶ 카지노비용추정수익모델(P&L chart)

(외국인전용카지노기준)

항목	산출근거	구성비율
카지노수입금	이용객×객단가(1인당 소비액)	100%
매출원가	카지노원가+판관비	70%
카지노원가	노무비+영업손실금+고객운송·숙식비	40%
노무비	직원수×평균연봉	
영업손실금	카지노수입금의 8%	
고객운송비	카지노수입금에 손실금을 제외한 7%	
고객숙식비	영업직접경비를 제외한 경비의 7%	
판매관리비	관리비+제세금+기금	30%
관리비	시설유지비, 판매비, 고정비(임차료) 포함	
관광진흥기금	매출액 100억 초과금 10%+4억 6천만원	
매출총이익	카지노수입금－매출원가	30%
법인세 / 기타비용	과표의 1억원 초과분의 28%+1억 6백만원	
당기순이익	매출총이익－법인세－기타비용	

자료 : 고택운 외 공저, 「최신카지노산업관리론」(2011), p.183 참조하여 집필자 재구성

제2장

카지노회계관리와 경제론

기업의 경영활동에는 재무활동과 투자활동 및 영업활동이 있다. 기업의 경영활동은 기업의 목적을 달성하기 위하여 상호 관련성을 갖고 이루어진다. 기업은 영업활동을 통하여 상품이나 제품을 판매하고, 이로 인하여 각종 수익과 비용이 발생하게 되어 이익이 생기게 된다. 이러한 경영활동의 내용의 결과는 결국 대차대조표와 손익계산서 및 현금흐름표와 같은 재무제표를 통하여 알 수 있게 된다. 이렇게 볼 때 재무제표에 담긴 회계정보들은 결국 기업의 경영활동에 대한 내용들로서 경영활동을 비교적 간략히 요약하여 전달해주고 있음을 알 수 있으며, 이를 통하여 다양한 이해관계자들과 의사소통을 하기 위한 수단으로 이용된다. 그래서 회계정보를 바로 '기업의 언어(the language of business)'라고 한다.[36)]

1 회계의 일반적인 개념

이제까지 우리는 회계정보에 기업에 모든 경영활동의 내용과 그 결과들이 요약

36) Hermanson, R. H. Edward, J. D&Masher, M.W(1998), 「Accounting : A Business Perspective」 N.Y : The McGraw-Hill Co, Inc. p.12.

(要約)되어 있다는 것을 알았다. 또한 회계정보는 기업을 이해하기 위해서 반드시 알아야 할 언어(言語)라는 것도 알았다. 그러나 이러한 회계정보는 사실 수십년간에 걸쳐서 경제적 환경과 환경의 변화와 사회적 필요에 따라 그 역할이 꾸준히 변해왔다. 본 장(章)에서는 이러한 회계정보가 어떤 목적을 가지고 발전해 왔으며, 회계정보에 담겨 있는 기본적인 개념들에는 어떤 것들이 있고, 그러한 개념들과 회계실무가 어떻게 연결되어 있는가를 살펴보고자 한다. 회계정보는 기업의 언어로서 그 역할이 점차 중대되고 중요시되고 있다.

따라서 그 바탕을 이루는 기본적인 개념과 이론들에 대하여 이해하는 것이 매우 중요하다. 이러한 기본적인 이론들을 이해함으로써 회계정보를 보다 폭넓게 활용할 수 있는 바탕이 되며, 더 나아가 카지노기업의 한 구성원으로서 직무를 수행해 나갈 때, 보다 효과적이고 합리적인 의사결정을 내릴 수 있을 것이다. 즉 카지노 기업의 목적과 목적달성의 정도를 평가해 주는 회계정보에 대한 충분한 이해가 이루어져야 고객에게 보다 높은 차원의 서비스를 제공할 수 있을 뿐더러 효과적인 의사결정을 얻어낼 수 있게 된다[37].

I 회계의 의의와 목적

회계의 의의

회계(accounting)의 의미는 원래 '셈을 한다', '계산을 한다'는 말과 같이 단순히 장부를 처리하는 기능으로만 인식되어 왔다. 그러나 오늘날과 같이 국민경제에서 기업이 차지하는 비중이 높아지고, 기업과 이해관계자가 많아지면서 회계의 역할 역시 막중해졌다. 우선 기업 내부적으로는 경영의사결정과 경영통제를 위한 정보를 제공하고 있다. 그리고 외부적으로는 기업과 관련된 많은 이해관계자들에게 기업의 재산상태와 경영성과에 관한 정보를 제공하는 역할수행한다.

이와 같이 회계는 단순히 계산을 한다는 의미에서부터 기업내외의 많은 이해관계자들에게 기업경영과 관련된 다양한 정보를 제공하는 역할에 이르기까지 경제환경의 변화에 따라 그 목적이나 기능 또한 꾸준히 변화되어 왔다. 그래서 회계에

---

37) Moncarz, E.S. & Perto Carrero. N.J.(2002)「Accounting for the Hospitality Industry」, N.J.: prentice Hall, INC. pp.13~14.

대한 정의나 목적을 한마디로 단언(assert)하기는 매우 어렵다. 다만, 회계학 역시 시대와 경제적 환경의 변화에 따라 변화하는 실용학문의 하나이다. 따라서 시대의 변화에 따라 회계전문기관에서 발표된 일반적인 견해를 중심으로 살펴보면 회계의 역할과 정의를 보다 정확하게 이해할 수 있을 것이다. 이와 같이 회계의 정의를 시대적 변화에 따라 살펴봄으로써 우리는 경제사회에서 회계의 역할이 어떻게 발전해 왔는가를 알 수 있게 된다[38].

▶ 회계의 정의에 대한 변화

연대	발표기관	주요내용
1940년대	미국공인회계사회	• 회계는 적어도 부분적으로나마 재무적(財務的) 성격을 가지는 거래나 사건을 의미가 있는 방법으로 화폐단위에 의하여 기록(recording), 분류(classifying), 요약(summarizing)하고 그 결과를 해석하는 기술이다.
1960년대	미국회계학회	• 회계란 정보이용자가 합리적인 판단이나 의사결정을 할 수 있도록 경제적 정보들을 식별하고 측정(measuring)하여 전달(communicating)하는 과정이다.
1970년대	미국공인회계사회	• 회계는 서비스 활동이다. 그 기능은 여러 가지 대안 중에서 합리적인 선택하여야 경우 경제적 의사결정에 유용하도록 재무적인 성격을 갖고 있는 계량적 정보들을 경제적 실체(economic entities)에서 제공하는 것이다.

기본적으로 회계는 기업경영과 관련된 경제적 거래(economical transaction)들은 기록・분류・요약하고 해석하는 기술(art)을 바탕으로 이루어진 하나의 정보시스템이라는 점이다. 또한, 정보시스템인 회계는 정보이용자가 합리적인 판단과 경제적 의사결정을 할 수 있도록 기업경영에 관한 계량적 정보를 측정・전달하는 하나의 서비스활동이라는 것이다. 이와 같이 회계정보는 기업경영에 대해 알려주는 매우 중요한 정보이다. 그래서 카지노 기업을 포함한 모든 기업의 구성원들에게 회계정

38) 유철, 「호텔회계의 이해」, 2012. 백산출판사, p.63.

보에 대한 이해가 매우 중요하다. 이러한 이해를 바탕으로 고객에게 보다 높은 차원의 서비스를 제공할 수 있을 뿐더러 효과적인 의사결정을 도출해 낼 수 있기 때문이다[39].

회계의 목적 및 분류

전통적으로 회계(會計)는 기업의 소유주로부터 기업운영을 위임(委任)받은 경영자가 기업의 경영성과 재산상태를 소유주(所有主)에게 보고하는 것으로 인식되어 왔다. 다시 말하면 전통적인 회계의 목적은 경영자들이 '수탁책임(stewardship)'을 이행하고 있다는 것을 소유주에게 보고하기 위한 것으로 인식되었다는 것이다. 현대적 관점에서는 좀더 넓은 의미로 해석하고 있는데, 그 유용성(有用性)을 강조하고 있다는데 특징이 있다. 현대에는 기업을 둘러싼 많은 이해관계가 존재하고 있는데, 회계는 기업의 회계정보 이용자들에게 그들의 경제적 의사결정에 '유용한 정보(useful information)'를 제공하는 것을 목적(目的)으로 하고 있다[40].

1966년 미국회계학회(AAA)가 발표한 기초적 회계이론에 관한 보고서에는 첫째, 회계정보에는 기업경영과 관련된 계획의 수립과 통제가 효과적으로 이루어 질 수 있는 내용을 담아야 하고, 둘째, 회계정보에는 경영자가 기업의 한정된 자원을 얼마나 효과적으로 관리하였으며, 셋째, 더 나아가 사회발전에 얼마나 기여했는가를 판단할 수 있는 내용이 포함되어야 한다는 세 가지를 제시하였다. 미국 회계학회가 제시한 이와 같은 '회계목적'에 대하여 1978년 미국의 재무회계기준위원회(FASB)에서는 보다 광범위하면서도 구체적인 회계목적을 제시하였다. 즉 회계는 첫째, 투자 및 신용결정에 유용한 정보제공, 둘째, 현금흐름의 전망을 평가하는데 유용정보를 제공, 셋째, 기업의 자원과 이들 자원에 대한 청구권 및 자원의 변화에 대한 정보를 제공해야 한다는 것이다. 이러한 관점은 결국 회계의 목적이 기업의 이해관계자들이 합리적인 의사결정을 할 수 있도록 유용한 정보를 제공하는 것임을 의미한다고 할 수 있다. 한편, 우리나라 「기업회계기준」 제21조에서는 재무보고의 목적을 "재무보고는 현재 및 잠재투자자와 채권자가 합리적인 의사결정을 하는데 유용한 정보를 제공하는 것을 목적으로 하며, 재무제표는 재무보고의 핵심적인 수단

39) 이수로, 「기초회계」, 2005, 신영사, p.18.
40) 이수로, 「기초회계」, 2005, 신영사, p.18.

이다. 투자자와 채권자의 의사결정에 유용한 정보란 기업의 미래현금흐름의 크기, 시기 및 불확실성을 예측하는데 도움을 주는 정보를 말하며, 더 구체적으로는 기업의 재무상태, 경영성과, 이익잉여금처분(또는 결손금처리)내역, 현금흐름 및 자본변동에 관한 정보를 말한다"라고 정의하고 있다[41]. 회계는 회계정보 이용자가 누구인지, 또는 보고목적에 따라 재무회계, 관리회계 및 세무회계로 분류된다. 재무회계(financial accounting)는 투자자를 비롯한 기업 외부의 정보이용자에게 유용한 정보를 제공하는 것을 목적으로 하는 회계이다. 기업 외부의 정보이용자는 다양한 집단으로 구성되는데, 재무회계에서는 정보이용자의 공통적인 요구를 수용하는 일반목적의 재무보고서인 재무제표를 통해 정보를 제공하게 된다. 관리회계(managerial accounting)는 기업 내부의 정부이용자인 경영자에게 유용한 정보를 제공하는 것을 목적으로 하는 회계이다. 한편, 기업은 관련법규에 따라 세무신고를 하게 되는데, 이와 관련된 회계를 세무회계(tax accounting)라 한다.

2 재무제표

회계는 회계정보 이용자들의 경제적 의사결정에 유용한 정보를 제공하는 것을 목적으로 하고 있으며, 이러한 목적을 수행하기 위해서 작성되는 보고서가 '재무제표(financial statements)'이다. 즉 재무제표(財務諸表)란 기업과 관련된 이해관계자들에게 특정 회계기간 동안 기업의 경영활동을 간략하게 요약한 회계보고서로써 특정시점에서의 재무상태(자산, 부채, 자본의 변화내역)와 일정기간의 경영성과(수익과 비용의 발생내역)를 요약한 표라고 할 수 있다. 한국회계기준원에서 2006년 2월 6일 공시한 「기업회계기준서」 제21호 '재무제표의 작성과 표시 Ⅰ'에서는 재무제표로 대차대조표, 손익계산서, 이익잉여금처분계산서(또는 결손금처리계산서), 현금흐름표, 자본변동표를 말하고 있으며, 주석을 포함시키고 있다. 자본변동표는 자본의 크기와 그 변동에 관한 정보를 제공하는 재무보고서로서, 자본을 구성하고 있는 자본금, 자본잉여금, 자본조정, 이익잉여금(또는 결손금)의 변동에 대한 포괄적인 정보를 제공하고 있다.

재무제표는 공통적이고도 일반적인 정보가 일정한 형태로 재무보고를 할 수 있도

---

41) 류철, 「호텔호텔의 이해」, 2012, 백산출판사, p.66.

록 기준을 마련할 필요가 있어 우리나라를 비롯해 세계 모든 국가에서는 회계실무에서 재무제표를 작성하여 보고할 때 기준이 될 수 있는 일반원칙을 정하고 있다. 이러한 원칙을 '일반적으로 인정된 회계원칙(GAAP: Generally Accepted Accounting Principles)이라고 한다.

GAAP의 특성

- GAAP는 기업이 회계행위를 할 때 준수해야 하는 행위의 지침이다. 그래서 실무에서 수행하고 있는 회계업무는 GAAP에서 제시하고 있는 방법에 근거하여 처리하여야만 한다.
- GAAP는 모든 기업에 적용이 가능하고, 다양한 이해관계자들의 요구에 부응할 수 있도록 보편타당해야 한다. 회계정보 이용자들은 각자의 이해관계에 따라 요구하는 정보의 내용이 다를 수 있다. 그러나 회계담당자가 각기 다른 정보욕구를 모두 반영할 수 없다. 따라서 일반적이고 보편타당하다고 인정되는 정보를 중심으로 실무에 반영하게 된다.
- 따라서 GAAP는 다양한 이해관계자들의 요구를 조정하는 타협적인 성격을 갖는다.
- GAAP는 변화하지 않는 것이 아니라, 사회환경의 변화와 경제발전에 따라 변화한다. 원칙이나 기준은 사회적 요구에 따라 변화하게 된다. GAAP도 사회적・경제적 환경의 요구를 반영하기 위하여 변화한다.

대차대조표(B / S : Balance Sheet)

대차대조표는 특정시점에 기업이 소유하고 있는 자산, 부채, 자본의 내용을 구성항목별로 정리하여 작성한 보고서이다. 일정시점의 재무상태, 즉 작성시점에 기업이 소유하고 있는 자산의 상태와 그 자산이 존재하게 된 원천(源泉)을 나타내주기 때문에 재무상태표(statement of financial postion)라고도 한다. 모든 기업은 반드시 1년에 한 번씩 대차대조표를 작성하여야 하며, 필요에 따라서는 월말, 분기말(분기보고서) 혹은 반기말(반기보고서)에 작성하기도 하고, 대차대조표 등식은 다음과 같다.

자산(Assets) = 부채(Liabilities) + 자본(Owners' Equity)

- 자산(Assets)

자산은 과거의 거래나 사건의 결과로 특정실체에 의해 획득되었거나 통제되고 있는 미래의 경제적 효익을 의미한다. 여기에는 기업이 가지고 있는 현금, 재고자산, 토지 등과 같은 각종 유형의 자산과 매출채권, 대여금, 미수금 등과 같은 채권 및 무형의 권리 등이 포함된다.

자산(資産)은 이용가능한 자원의 유동성의 정도에 따라 크게 유동자산과 고정자산으로 구분된다. '유동자산(current assets)'이란 1년 이내에 현금으로 전환되거나 판매 또는 소비될 것이 합리적으로 예상되는 자산을 말한다. 여기에는 현금예금, 상품 등과 같이 일반적인 상거래에서 순환적으로 발생하는 자산과 비순환적이지만 대차대조표일로부터 1년 이내에 현금화할 수 있는 자산을 포함한다. 유동자산은 현금화의 용이성에 따라 당좌자산과 재고자산으로 분류된다.

▶ 자산의 분류

유동자산	당좌자산	• 현금 및 현금성자산, 매출채권, 단기대여금, 선급금, 미수금 등과 같이 판매과정을 거치지 않고 현금화가 가능한 자산
	재고자산	• 상품, 제품, 반제품, 재고품, 원재료, 저장품 등과 같이 판매과정을 거침으로써 현금화가 가능한 자산
비유동자산	투자자산	• 장기성예금, 투자유가증권, 장기대여금 등과 같이 장기적인 이윤이나 타사를 지배할 목적으로 유휴자금을 소유하고 있는 자산
	유형자산	• 토지, 건물, 기계장치, 차량운반구 등과 같이 영업활동을 위하여 장기적으로 보유하고 있는 유형의 자산(tangible assets)
	무형자산	• 영업권, 산업재산권, 창업비 등과 같이 영업을 위하여 장기적으로 보유하고 있는 물적 실체가 없는 무형의 자산(intangible assets)
	기타 비유동자산	• 이연법인세자산, 임차보증금, 장기매출채권 등과 같이 투자자산, 무형자산에 속하지 않는 비유동자산

• 부채(Liabilities)

기업은 자기가 출자한 자기자본만을 가지고 영업을 하는 것은 아니다. 기업이 영업활동을 하다보면 외부로부터 자금을 빌려오는 경우도 있고, 상품을 외상으로 매입하게 되어 채무(債務)를 지게 되는 경우도 있다. 부채(liabilities)란 특정기업이 과거의 거래나 사건의 결과로 미래에 자산이나 용역을 다른 기업에게 이전해야 하는 채무나 의무를 의미한다. 부채도 자산과 마찬가지로 회계이론 및 실무상으로 장부에 기입되기 위해서는 화폐금액으로 표시할 수 있어야 한다. 부채의 분류도 자산의 경우와 마찬가지로 1년 기준에 따라 결산일로부터 1년 이내에 상환기간이 도래하는 유동부채(current liabilities)와 1년 이후에 상환의무가 도래하는 비유동부채(non-current liabilities)로 분류된다.

▶ 부채의 분류

분류	구분	주요내용
유동부채	매입채무	• 일반적 상거래에 발생한 외상매입금과 지급어음
	단기차입금	• 금융기관이나 외부인으로부터 현금을 차입한 것으로 1년 이내에 상환할 의무가 있는 채무
	미지급금	• 일반적 상거래 이외에서 발생한 채무, 예를 들면, 비품을 구입하고 그 대금을 지급하지 않은 경우에는 일반적 상거래가 아니기 때문에 매입채무가 아닌 미지급금이 된다.
	미지급비용	• 당기에 발생된 비용으로서 지급되지 아니한 것
비유동부채	사채	• 1년 이후에 상환되는 사채의 가액
	장기차입금	• 금융기관이나 외부인으로부터 현금을 차입한 것으로 1년 이후에 상환할 의미가 있는 채무
	장기성 매입채무	• 유동부채에 속하지 아니하는 일반적 상거래에서 발생한 장기의 외상매입금이나 매입채무

• 자본(Stockholder's Equity)

자본이란 개념은 여러 가지 의미로 사용되고 있지만, 회계에서 자본은 기업이 소유하고 있는 자산에 대한 소유주의지분(owner's equity)을 의미한다. 즉 자본은 기업주 자신이 영업활동을 위하여 출자한 출자액과 기업이 영업활동의 결과로 벌어들인 이익 중에서 외부로 유출시키지 않고 사내에 유보시킨 유보이익의 합계액을 말한다. 한편, 자본은 기업이 소유하고 있는 자산총액에서 부채총액을 차감한 잔액, 즉 잔여지분(residual interest)으로도 나타낼 수 있는데, 이를 등식으로 나타내면 자본등식이라 한다.

자산총액 – 부채총액 = 자본총액

▶ 자본의 분류

구분	주요내용
자본금 (Capital stock)	• 자본금은 기업의 출자자가 기업에 출자한 금액으로 원칙적으로 회사에 영구히 남아 기업활동의 기초가 되는 것이다. 주식회사의 경우 자본금은 발행주식수에 주식의 액면금액을 곱한 금액이 된다. 자본금은 보통자본금과 우선자본금으로 구분하여 표시하도록 되어 있다. 이러한 이유는 보통주와 우선주는 배당금 지급 및 청산 시의 권리가 서로 다르기 때문임.
자본잉여금 (Capital Surplus)	• 자본잉여금(Capital Surplus)은 자본거래에서 발생하는 잉여금으로 주식발행초과금과 기타자본잉여금으로 구분된다. 주식발행초과금이란 주식발행시 액면가액을 초과하여 불입된 금액을 말함.
자본조정 (Capital Adjustment)	• 자본조정(Capital adjustment)이란 자본금, 자본잉여금 및 이익잉여금 중 어느 항목에도 속하지 않는 임시적 성격의 자본항목으로 자본에 가산 혹은 차감하는 형식으로 표시된다. 기본 조정에는 주식할인발행차금, 출자전환채무, 감자차손 등이 있음.
기타포괄 손익누계액	• 기본조정항목의 일종으로 매도가능증권평가손익, 파생상품평가손익 등과 같이 자본조정에 영향을 미치는 항목들을 의미함
이익잉여금 (Earned Surplus)	• 이익잉여금(Earned surplus)은 영업활동에서 발생된 순이익 중 주주에게 배당금을 지급하고 남은 부분을 의미하는 것으로 이익준비금, 임의적립금, 차기이월이익잉여금(또는 차기이월결손금) 등이 있다. 이것은 이익잉여금처분(혹은 결손금처분)의 결과를 나타낸 금액을 말함.

대차대조표의 작성기준

대차대조표는 다음의 작성기준에 따라 작성해야 한다. 첫 번째, 구분표시기준으로 자산은 유동자산과 비유동자산으로 구분하고, 부채는 유동부채와 비유동부채로 구분하며, 자본은 자본금, 자본잉여금, 이익잉여금, 자본조정으로 구분한다. 두 번째는 총액표시기준으로 자본, 부채, 자본은 총액으로 기재함을 원칙으로 하고, 자산항목과 부채 또는 자산항목을 상계함으로써 그 전부 또는 일부를 대차대조표에서 제외해서는 안된다. 세 번째는 1년을 기준으로 작성한다. 유동자산과 비유동자산의 구분, 유동부채와 비유동부채의 구분은 1년을 기준으로 하여 구분하는 것이다. 네 번째는 유동성배열을 기준으로 작성하는 것으로 대차대조표에 기재하는 자산과 부채의 항목 중 현금전환이 높은 순서대로 기재하여야 한다. '유동성(liquidty)'이란 현금으로의 전환가능성을 말하는데 자산과 부채의 항목 중 현금전환 가능성이 높은 순서대로 배열한다. 따라서 자사의 경우에는 유동자산 중 현금, 단기금융상품, 매출채권, 재고자산 등의 순서대로 배열(配列)하고, 다음에 비유동자산을 기재한다. 부채의 경우에는 유동부채 중 매입채무, 단기차입금 등의 순으로 배열하고 다음에 비유동부채를 기재한다. 다섯 번째는 잉여금구분기준으로 자본거래에서 발생한 자본잉여금과 손익거래에서 발생한 이익잉여금은 혼동하여 표시해서는 안된다. 여섯 번째는 미결산 항목의 금지기준으로 가지급금 또는 미수금 등의 미결산 항목은 대차대조표에 표시는 안되며, 그 내용을 나타내는 적절한 과목으로 표시해야 한다. 대조계정 등의 비망계정은 대차대조표에 자산 또는 부채항목으로 표시해서는 안된다.

3 손익계산서

손익계산서의 개요

손익계산서(income statement)는 일정기간 동안의 기업의 경영성과를 나타내는 재무제표이다. 여기서 경영성과는 일정기간 동안에 기업이 경영활동을 수행한 결과 즉 순이익 혹은 순손실과 같은 순손익으로 나타낸다. 따라서 손익계산서에는 항상 회계기간 시작부터 끝까지라는 기간이 표시된다. 손익계산서에는 수익과 비용에 관한 내용이 표시되는데, 수익에서 비용을 차감한 당기순이익(손실)을 통해 기업의 경영성과를 판단하게 된다. 수익(revenues)을 기업이 일정기간 동안 고객에게 재화를 판매하거나 용역을 제공하고 그 대가로 획득한 현금 또는 수취채권을 말한다. 수익이 발생하게 되면 그만큼 자본(이익잉여금)은 수익항목으로는 매출액, 용역수익, 이자수익, 임대료 등이 있다.

비용(expenses)은 기업이 일정기간 동안 수익을 얻기 위하여 소비된 재화 및 용역의 원가를 말한다. 비용이 발생하게 되면 그만큼 자본(이익잉여금)은 감소하게 된다. 정보이용자는 일정기간 동안 기업이 벌어들인 수익 뿐만 아니라 이 수익을 얻기 위하여 투입한 비용의 크기를 알고자 할 것이다. 따라서 손익계산서 상에는 경영활동의 결과로 얻은 수익과 그 원인이 되는 비용을 대응시키는 형식으로 표시하게 된다. 이를 '수익 · 비용대응의 원칙'이라고 한다. 비용항목으로는 매출원가, 급료, 이자비용, 임차료, 감가상각비, 대손상각비 등이 있다. 모든 기업의 경영성과는 반드시 이익(profit)의 크기로 압축된다. 순이익이란 기업이 일정기간 동안 벌어들인 수익(revenue)과 그 수익을 얻기 위하여 지출한 비용(expenses) 사이의 차이를 의미한다. 이러한 과정을 산식으로 나타낸 것이 손익계산서 등식(income statement fomula)이라고 할 수 있다.

당기순이익(손실) = 수익(Revenue) − 비용(Expenses)

수익과 비용의 인식

- 현금주의(Cash basis)

현금주의는 현금의 수입과 지출을 수익 및 비용을 인식기준으로 삼는 방법이다. 즉 현금의 수입이 있을 때 수익을 인식하고, 현금이 지출되었을 때 비용을 인식하는 방법이다. 현금주의에서는 상품을 현금으로 판매한 경우에는 현금수입액 만큼 수익으로 인식하지만, 상품을 외상으로 판매한 경우에는 현금수입액이 없으므로 수익을 전혀 인식하지 않게 된다. 현금주의는 수익 및 비용이 발생한 경우에도 현금수입 또는 지출이 없으면 수익 및 비용으로 인식하지 않으므로 기업의 경영성과를 왜곡시킬 수 있다.

따라서 일반적으로 인정된 회계원칙에서는 현금주의를 인정하지 않고 있다. 다만, 현금주의 회계는 적용하기가 간편하기 때문에 소규모의 기업에서는 아직 현금주의를 채택하고 있는 경우가 있다.

- 발생주의(Accrual basis)

발생주의는 현금의 수입 및 지출과 관계없이 수익 및 비용이 실제 발생했느냐를 기준으로 인식하는 방법이다. 발생주의에서는 수익은 실현주의에 따라 인식하고, 비용은 관련수익에 대응시키는 방법으로 인식하게 된다.

▶ 수익의 인식

발생주의에서는 상품을 판매하거나 용역을 제공한 경우에는 그 대가를 현금으로 받든 외상으로 하든 관계없이 수익으로 인식하는 방법이다. 즉 발생주의에서 수익은 현금의 수수와 관계없이 수익이 실현된 기간에 인식하게 되는데, 이를 수익의 "실현주의 원칙(realization principles)"이라 한다. 실현주의 원칙에는 다음의 두 가지 조언이 충족된 시점을 수익이 실현된 시점으로 본다. ① 현금 또는 현금에 대한 청구권이 생겼을 때, ② 수익창출과정이 완료되었을 때이다.

▶ 수익의 인식사례

사례 : 상품 1백만원을 판매하고 이 중 60만원은 현금으로 받고, 나머지는 외상으로 한 경우

첫째, 상품을 판매하고 현금 60만원 및 현금에 대한 청구권 40만원이 생겼으므로 수익 1백만원은 인식할 수 있는 첫 번째 조건이 충족된다.

둘째, 수익창출과정이 완료되었다는 것은 판매할 상품을 구입하여 보유하고 있다가 인도할 수 있는 과정이 완료되어 있음을 의미한다. 즉 상품을 인도할 수 있는 충분한 사전작업이 완료된 상태를 말한다. 따라서 상품이 판매되었다는 것은 이러한 수익창출과정이 완료된 것으로 보는 것이 일반적이므로 두 번째 조건도 충족하게 된다.

따라서 위 사례의 경우 발생주의에 따른 수입금액은 ₩1,000,000이 되며, 현금주의에 따른 수입금액은 ₩600,000이 된다. 일반적으로 위의 두 가지 조건이 충족되는 시점은 판매시점이다. 따라서 발생주의 기준에서 수익은 '판매시점(at the point of sale)'에 인식하는 것을 일반적인 수익의 인식기준으로 삼고 있다.

▶ 비용의 인식

비용은 발생주의에 따라 발생한 기간에 적당하게 배분되도록 처리한다. 또한, 비용은 관련수익이 인식되는 기간의 수익에 대응시켜 인식한다. 앞의 사례에서 상품 1백만원을 판매하기 위하여 상품원가 등 관련비용이 70만원이 발생하였다고 하자. 이 경우 상품판매대금 1백만원을 수익으로 인식하면서 동일한 기간에 70만 원의 비용도 수익에 대응시켜 인식하게 된다. 이처럼 비용은 관련수익이 보고되는 동일기간에 대응시켜 보고하게 되는데, 이를 '수익·비용 대응의 원칙(Watching

Principles)'이라고 한다.

손익계산서 작성

• 손익계산서의 양식

손익계산서의 양식도 대차대조표와 마찬가지로 크게는 머리말과 본문으로 구성된다. 머리말에는 ① 손익계산서라는 보고서의 명칭, ② 회사의 명칭, ③ 회계기간, ④ 보고통화 및 금액단위 등의 4가지가 표시된다. 그리고 본문은 손익계산서 등식에서 살펴본 바와 같이 기본적으로 수익, 비용, 순이익(순손실)의 세 가지 기본요소로 구성된다. 여기서 수익과 비용은 앞에서 설명한 바와 같이 발생원천에 따라 대응하여 표기한다. 즉 매출액과 매출원가, 영업외 수익과 영업외 비용, 특별이익과 특별손실을 같은 원천이기 때문에 대응하여 나타낸다. 손익계산서의 양식은 크게 두 가지로 계정식과 보고식이 있으며, 계정식은 손익계산서를 왼쪽과 오른쪽으로 구분하여, 왼쪽에는 비용을 오른쪽은 수익(收益)을 보고하는 방법이다. 보고식은 손익계산서 위에서 수익을 먼저 보고하고 이어서 비용(費用)을 보고한 다음 그 차액을 당기순이익(손실)으로 기록하는 방법이다. 우리나라의 기업회계기준에서는 반드시 보고식으로만 손익계산서를 작성하도록 규정하고 있다.

계정식

손익계산서

년 월 일부터 년 월 일 까지

○○주식회사 (단위 : 백만원)

비용	수익
당기순이익	

보고식

손익계산서

년 월 일부터 년 월 일 까지

○○주식회사 (단위 : 백만원)

수익

비용

당기순이익

• 손익계산서의 구성요소

손익계산서(incomes statement)는 수익, 비용, 이익의 형태로 구성된다. 수익과 비용은 그 발생원천에 따라 구분하여 표시한다. 이익은 수익항목과 이와 관련되는 비용항목을 대응 표시함으로 단계별로 산출된다.

▶ 손익계산서의 기본구조

구분	구성요소항목	기본구조내용
수익 Revenue	매출액	• 매출액은 기업의 중심적인 영업활동에서 발생한 수익을 말함. 상품판매회사의 경우는 상품의 판매액이 이에 해당하며, 용역회사의 경우에는 용역 제공의 대가로 받는 금액을 말함
	영업외수익과 차익	• 영업외 수익은 기업의 중심적인 영업활동이 아니면서 경상적·반복적인 활동에서 발생한 수익을 말한다. 이자수익, 배당금수익, 임대료, 단기매매증권평가차익, 유형자산처분이익 등이 이에 해당함.
	특별이익	• 특별이익은 기업의 중심적인 영업활동이 아니면서 비경상적·비반복적인 활동에서 발생한 수익을 말한다. 채무면제이익, 보험차익, 자산수증이익 등이 이에 해당한다.
비용 Expenses	매출원가	• 판매된 상품의 취득원가 또는 제공된 용역의 원가를 말하며, 매출원가는 상품을 판매하거나 용역을 제공하는 과정에서 발생한 비용이다. 따라서 손익계산서 상에는 매출액에 직접 대응시켜 매출액 바로 다음에 매출원가를 기록하게 됨.
	판매비와 관리비	• 상품의 판매활동 및 기업의 관리활동에서 발생하는 비용을 말하며, 판매 및 관리사원의 급여, 임차료, 감가상각비, 광고선전비, 상품이나 건물의 보험료 등이 이에 해당함
	영업외비용과 차손	• 영업외 비용은 기업의 중심적인 영업활동이 아니면서 경상적·반복적인 활동에서 발생한 비용을 말하며, 이자비용, 단기매매증권평가차손, 유형자산처분차손 등이 이에 해당함.
	특별손실	• 특별손실은 기업의 중심적인 영업활동과 관련이 없으면서, 비경상적·비반복적인 활동에서 발생한 비용을 말하며, 재해손실 등이 해당.
이익 Income	매출총이익	• 매출액에서 판매된 상품의 원가인 매출원가를 차감하여 계산함 매출총이익=매출액－매출원가
	영업이익	• 매출총이익에서 판매활동 및 관리활동에서 발생하는 비용인 판매비와 관리비를 차감하여 계산함 영업이익=매출총이익－판매비와관리비
	법인세비용차감전 경상이익	• 영업이익에 영업외수익을 더하고 영업외비용을 차감하여 계산함 법인세비용차감전경상이익=영업이익+영업외수익과차익－영업외비용과차손
	경상이익	• 법인세비용차감 경상이익에서 경상손익법인세 비용을 차감하여 계산 경상이익=법인세비용차감전경상이익－경상손익법인세비용
	당기순이익	• 경상이익에 특별손익을 가감하여 계산함. 당기순이익은 기업이 주주에게 지급하는 배당금의 원천이기 때문에 투자자들이 가장 중요시하는 이익임. 당기순이익=경상이익±특별손익
주당이익	주당경상손익 주당순손익	• 주식한주당 청구할 수 있는 당해 기간 동안의 순이익금액을 말하며, 기업회계기준에서 주당 경상손익과 주당 순손익을 손익계산서의 본문에 표시하고, 그 산출근거를 주석으로 기재하도록 요구하고 있음.

순손익 계산방법

- 자본비교법

자본비교법이란 기말자본에서 기초자본을 차감하여 당기순손익을 계산하는 방법으로

당기순이익(순손실)=기말자본－기초자본

의 등식이 성립된다. 만일 당기중에 소유주의 투자, 소유주에 대한 배당 등이 있을 경우에는, 소유주의 투자액은 차감하고 소유주에 대한 배당은 합산하여 당기순손익을 계산한다. 즉 기초자본±소유주에 대한 배당+당기순이익=기말자본이므로

당기순이익=기말자본－기초자본－소유주의 투자+소유주에 대한 배당

과 같이 계산된다.

- 손익법

손익법은 일정기간 발생한 수익에서 비용을 차감하여 당기순손익을 계산하는 방법이다.

당기순이익(순손실)=수익－비용

4 분석지표

성장성에 관한 지표

기업의 자산, 자본 등 경영규모와 기업활동의 성과가 당해연도 중 전년에 비하여 얼마나 증가하였는가를 나타내는 지표로서 기업의 경쟁력이나 미래의 수익창출 능력을 간접적으로 나타낸다.

▶ 증가율 산출등식

구분	산출등식	주요내용
총자산 증가율	$\frac{\text{당기말총자산}}{\text{전기말총자산}} \times 100 - 100$	• 기업에 투하 운용된 총자산이 당해 연도에 얼마나 증가하였는가를 나타내는 비율로서 기업의 전체적인 성장척도를 측정하는 지표임
유형자산 증가율	$\frac{\text{당기말유형자산}}{\text{전기말유형자산}} \times 100 - 100$	• 토지, 건물, 기계 등의 유형자산에 대한 투자가 당해 연도에 얼마만큼 활발하게 이루어졌는가를 나타내는 지표(指標)임. 다만, 재산재평가에 의한 증가는 실질적인 증가를 동반하지 않기 때문에 동 지표 사용에 있어 주의가 필요함.
유동자산 증가율	$\frac{\text{당기말유동자산}}{\text{전기말유동자산}} \times 100 - 100$	• 기업의 경상적인 영업활동을 위하여 소유하는 유동자산이 당해 연도에 얼마나 증가되었는가를 나타내는 지표이다.
재고자산 증가율	$\frac{\text{당기말재고자산}}{\text{전기말재고자산}} \times 100 - 100$	• 기업이 판매 또는 제조를 목적으로 보유하는 상품, 제품, 원재료, 재공품 등의 재고자산이 당해 연도에 얼마나 증가되었는가를 나타내는 지표임.
자기자본 증가율	$\frac{\text{당기말자기자본}}{\text{전기말자기자본}} \times 100 - 100$	• 내부유보 또는 유상증자 등을 통하여 자기자본이 당해 연도에 얼마나 증가하였는가를 나타내는 지표임
매출액 증가율	$\frac{\text{당기매출액}}{\text{전기매출액}} \times 100 - 100$	• 전년도 매출액에 대한 당해 연도 매출액의 증가율로서 기업의 외형적 신장세를 판단하는 대표적인 지표임. 경쟁기업보다 빠른 매출액 증가율은 결국 시장점유율의 증가를 의미하므로 경쟁력 변화를 나타내는 척도의 하나가 된다.

손익의 관계비율

일정기간 동안의 기업의 경영성과를 측정하는 비율로서 투자하는 자본 또는 자산, 매출 수준에 상응하여 창출한 이익의 정도를 나타내므로 자산이용의 효율성, 이익창출능력 등에 대한 평가는 물론 영업성과를 요인별로 분석, 검토하기 위한 지표(indicator)로 이용된다. 수익성 분석은 자산이익률, 매출액 이익률, 매출액 대비원가율 등을 검토대상으로 하고 있다. 참고로 재량(stock)개념의 대차대조표 항목과 유량(flow)개념의 손익계산서 항목을 동시에 고려하는 혼합비율의 경우 대차대조표 항목을 기초잔액과 기말잔액을 평균하여 사용한다.

▶ 손익률 산출등식

구분	산출등식	주요내용
총자산경상 이익률	$\frac{\text{경상이익}}{\text{총자산}}\times 100$ 매출액경상이익률×총자산회전율 $\frac{\text{경상이익}}{\text{총자산}}=\frac{\text{경상이익}}{\text{매출액}}\times\frac{\text{매출액}}{\text{총자산}}$	• 기업이 소유하고 있는 총자산운용의 효율성을 나타내는 지표로서 경상이익의 총자산에 대한 비율로서 측정함 • 한편, 이 비율의 변동요인을 구체적으로 파악하기 위해서는 이 지표를 좌측의 방법으로 분해할 수 있으며, • 예를 들어 매출액 경상이익률은 높으나 총자산회전율이 낮은 경우, 판매마진(margin)은 높았으나 기업의 판매활동이 부진하였음을 나타냄.
총자산 순이익률 (ROI)	$\frac{\text{당기순이익}}{\text{총 자 산}}\times 100$	• 당기순이익의 총자산에 대한 비율로서 경영에 투하된 총자산의 최종성과를 나타내는 비율임. 총자본순이익률이라고 하며, 기업의 계획과 실적간 차이분석을 통한 경영활동 평가 또는 경영전략 수립 등에 많이 사용됨.
기업경상 이익률	$\frac{\text{경상이익}+\text{이자비용}}{\text{총 자 본}}\times 100$	• 자금원천(源泉)에 관계없이 기업에 투하된 총 자본이 얼마나 효율적으로 운용되었는가를 나타내는 지표로서 경상이익에서 차입금에 대한 이자비용을 차감하기 전에 금액을 총자본과 대비한 것임. 따라서 기업가의 경영능력을 측정하는 지표로 이용되고 있음.
기업순이익률	$\frac{\text{당기순이익}+\text{이자비용}}{\text{총 자 본}}\times 100$	• 당기순이익과 이자비용의 합계액을 총자본과 대비한 비율로서 기업에 투하된 총 자본의 종합적인 최종성과를 나타내는 비율임.
자기자본 경상이익률	• $\frac{\text{경상이익}}{\text{자기자본}}\times 100$ • 매출액경상이익률×자기자본회전율 • $\frac{\text{경상이익}}{\text{자기자본}}=\frac{\text{경상이익}}{\text{매출액}}\times\frac{\text{매출액}}{\text{자기자본}}$	• 경상이익의 자기자본에 대한 비율로서 출자자 또는 투자자들이 투하자본에 대한 수익성을 측정하는데 중요한 지표로 이용됨. • 자기자본 경상이익률은 좌편의 산출방식과 같이 매출액 경상이익률과 자기자본율로 나누어 검토할 수 있음.
자기자본 순이익률	$\frac{\text{당기순이익}}{\text{자기자본}}\times 100$	• 자기자본에 대한 당기순이익의 비율을 나타내는 지표로서 ROE(return on equity)로 널리 알려져 있다. 자본조달 특성에 따라 동일한 자산구성 하에서도 서로 상이한 결과를 나타내므로 자본구성과의 관계도 동시에 고려해야 함.

구분	산출등식	주요내용
자본금경상 이익률	$자기자본순이익률 = \frac{경상이익}{자기자본} \times 100$	• 기업활동의 기초가 되는 납입자본금에 대한 경상이익의 비율이다. 앞에서 설명한 자기자본 경상이익률 산출을 위한 자기자본에는 납입자본금 외에도 잉여금을 포함하고 있으므로 출자의 지분에 상응하는 정확한 이익률의 산정이 어려움. 따라서 자본금 경상이익률은 이에 대한 보조지표로 널리 이용되고 있음.
자본금 순이익률	$\frac{당기순이익}{자본금} \times 100$	• 자본금에 대한 당기순이익의 비율로서 기업의 배당능력 판단을 위한 기초자료를 중요시되고 있어 투자가들의 투자결정시에 참고지표로 널리 이용되고 있음
매출액 경상이익률	$\frac{경상이익}{매출액} \times 100$	• 기업경영활동의 성과를 총괄적으로 표시하는 대표적인 지표로 매출액 영업이익률과의 괴리가 크게 나는 경우, 영업외 수익이나 비용, 특히 차입금이나 외화자산부채 등의 변화를 동시에 살펴보아야 함. 매출액 경상이익률은 높을수록 우수하나 일반적으로 산업평균 등과 비교하여 수익성의 적정여부를 평가함.
매출액 순이익률	$\frac{당기순이익}{매출액} \times 100$	• 매출액에 대한 당기순이익의 비율을 나타내는 지표임
매출액 영업이익률	· $\frac{영업이익}{매출액} \times 100$ · 매출액영업이익률 = (영업효율성) $\frac{매출총이익}{매출액} \times \frac{영업이익}{매출총이익}$ (생산효율성) (관리효율성)	• 기업의 주된 영업활동에 의한 성과를 판단하기 위한 지표로서 제조 및 판매활동과 직접관계가 없는 영업외 손익을 제외한 순수한 영업이익만을 매출액과 대비한 것으로 영업효율성을 나타내는 지표임. • 이 비율의 변동요인을 구체적으로 파악하기 위해서는 좌측의 등식과 같이 구분하여 볼 수 있으며, 좌측의 구분에 의해 매출액 영업이익률의 변화가 어느 부문 활동의 효율성 변화에 기인하는지 파악이 가능함.
매출원가 대 매출액	$\frac{매출원가}{매출액} \times 100$	• 매출액 중 매출원가가 차지하는 비중을 나타내는 비율로서 기업원가율 또는 '마진율'을 측정하는 지표임
변동비 대 매출액	$\frac{변동비}{매출액} \times 100$	• 변동비는 조업도의 변동에 비례하여 발생하는 비용이므로 이 비율이 지나치게 낮은 것은 조업도가 낮거나 또는 설비가 지나치게 많음을 의미하고 반대로 과도하게 높은 것을 고정설비의 부족을 의미한다. 따라서 이 비율은 적정 조업도 및 투자설비규모의 판단에 중요한 지표가 된다. 일반적으로 재료비, 외주가공비 등은 변동비로 분류됨.

구분	산출등식	주요내용
고정비 대 매출액	$\frac{\text{고정비}}{\text{매출액}} \times 100$	• 고정비는 조업도에 관계없이 일정하게 발생하는 비용으로서 이 비율이 높으면 조업도가 상대적으로 낮은 것을 의미하고, 경기불황시에는 매출액 감소에도 불구하고 고정비 지출은 줄지 않아, 이 비율이 전반적으로 높아지는 경향이 있다. 일반적인 감가상각비, 보험료, 임차료, 이자비용 등을 고정비로 분류함.
연구개발비 대 매출액	$\frac{\text{연구개발비}}{\text{매출액}} \times 100$ ※ 연구개발비=대차대조표상의 개발비 증가액+손익계산서상의 경상개발비 · 연구비 · 개발상각액+제조원가명세서상의 경상개발비 등	• 신제품개발 등과 같은 기업의 연구활동과 관련하여 얼마만큼의 비용을 지출하였는가를 나타내는 비율임
인건비 대 매출액	$\frac{\text{인건비}}{\text{매출액}} \times 100$	• 매출액에서 재료비가 차지하는 비중을 나타내는 노무관리 및 인건비 결정에 이용된다.
재료비 대 매출액	$\frac{\text{재료비}}{\text{매출액}} \times 100$	• 매출액에서 재료비가 차지하는 비중을 나타내는 지표로서 원재료 이용의 효율성을 측정하는데 이용된다.
순외환손익 대 매출액	$\frac{\text{외환차익} + \text{외화환산이익} - \text{외화차손} - \text{외화환손실}}{\text{매출액}} \times 100$	• 환율변화에 따라 발생한 순손익이 매출액과 비교하여 어느 정도인가를 파악하기 위한 지표이다.
EBIT 대 매출액	$\frac{\text{경상이익} + \text{이자비용}}{\text{매축액}} \times 100$	• 이자 및 법인세 차감전 순이익(EBIT)은 기업의 경영성과를 평가하는데 있어서 타인자금을 사용하는 기업이 금융비용발생으로 타인자금을 사용하지 않는 기업보다 수익성이 낮게 평가되는 것을 방지하기 위해 도입된 개념이다. 즉 EBIT는 경상이익에 금융비용을 더해 산출되므로 자금조달방법에 관계없이 수익성을 측정.
EBITDA 대 매출액	$\frac{\text{경상이익} + \text{이자비용} - \text{감가상각비} + \text{무형자산상각비}}{\text{매출액}} \times 10$	• 이자 및 법인세 차감전 순이익에 감가상각비와 무형자산 상각비를 더하여 산출된다. 회계상의 순이익의 금융비용이나 감가상각비 등 영업 외적 요인이나 회계처리방식 차이에 의해 영향을 받는데 비해 EBIT와 EBITDA는 이러한 영향이 배제된 경영성과를 측정할 수 있어 수익성 판단지표로 유용하게 쓰인다.
감가상각률	$\frac{\text{감가상각비}}{\text{유형자산} + \text{무형자산} - (\text{건설중인 자산} + \text{토지}) + \text{감가상각비}} \times 100$	• 비상각자산 즉 토지, 건설중인 자산을 제외한 나머지 유 · 무형자산에 대하여 당기에 어느 정도 감가상각비를 계상하였는가를 나타내는 비율로서 이 비율이 높으면, 유 · 무형자산에 대한 재투자 비용회수 빠름을 의미함.

구분	산출등식	주요내용
금융비용 대 부채	$\frac{\text{이자비용}}{\text{부채}} \times 100$	• 기업의 부채에는 차입금과 같이 이자를 부담하는 이자부채와 매입채무, 선수금, 충당금과 같이 이자를 부담하지 않는 비이자부채가 있다. 금융비용 대 부채비율은 이러한 비이자부채를 포함한 총부채에 대한 금융비율을 말한다. 여기서 금융비용이란 이자비용(어음할인료 포함)을 말한다.
차입금 평균 이자율	$\frac{\text{이자비용}}{\text{회사채} + \text{장·단기차입금}} \times 100$	• 회사채, 금융기관 차입금 및 사채 등과 같은 이자부채에 대한 금융비용의 비율로서 차입금에 대한 평균이자율이라고 할 수 있음.
금융비용 대 총비용	$\frac{\text{이자비용}}{\text{매출원가} + \text{판관비} + \text{영업외비용} + \text{특별손실}} \times 100$	• 총비용 중 금융비용이 차지하는 비중을 나타내는 것으로서 차입금 의존도와 밀접한 관계가 있음.
금융비용 대 매출액	$\frac{\text{이자비용}}{\text{매출액}} \times 100$	• 매출액 중 금융비용이 차지하는 비중을 나타내는데, 이 비용은 기업이 부담하고 있는 금융비용의 수준을 나타내고 있는 대표적인 지표로서 금융비용 부담률이라고도 함. 금융비용은 조업도와 관계없이 차입금에 대한 대가로서 지급되는 고정비 성격의 항목이므로 기업경영의 장기적 안정성을 확보하기 위해서는 이 비율을 낮추는 것이 중요함.
이자보상비율	$\frac{\text{영업이익}}{\text{이자비용}} \times 100$	• 이자보상비율은 이자지급에 필요한 수익을 창출할수 있는 능력을 측정하기 위한 지표로 이자부담능력을 판단하는 데 유용한 지표임.
손익분기점률	· $\frac{\text{손익분기점에서매출액}}{\text{매출액}} \times 100$ 손익분기점에서매출액 = · $\frac{\text{고정비} - \text{영업외비용}}{1 - \frac{\text{변동비}}{\text{매출액}}}$ ※ 1. 변동비=총비용-고정비-특별손실 2. 고정비=판매비와관리비+노무비의 1/2+제조경비-외주가공비+영업외비용+재조정중의고정비 3. 재고조정중의고정비=(매출원가-당기총제조비용)×(노무비의 1/2+제조경비-외주가공비)÷당기총제조비용	• 손익분기점이란 일정기간의 매출액과 총영업비용이 일치하여 이익이나 손실이 발생하지 않는 점으로 매출량 또는 매출액으로 나타낼 수 있음. 매출액이 손익분기점을 초과할 경우에는 이익이 발생하고, 손익분기점에 미달할 경우에는 손실이 발생함. 손익분기점률이란 손익분기점에서의 매출액과 이미 실현된 매출액과의 비율임. 일반적으로 이 비율이 낮을수록 영업활동의 채산성이 좋지 않음을 나타냄. 손익분기점 분석이란 비용 및 이익의 상호변동관계를 분석하고, 이로부터 매출계획 및 이익계획을 수립하는 것으로 다만 기업경영분석에서의 손익분기점 분석은 경상이익을 기준으로 함.

구분	산출등식	주요내용
사내보유율	$\frac{\text{사내유보}}{\text{처분전이익잉여금} + \text{임의적립금이입액}} \times 100$ ※ 사내유보=당기에 처분된 이익준비금+기타법정적립금+임의적립금+기타이익잉여금+처분액+차기이월이익잉여금	• 기업의 미처분 이익잉여금 중 사내유보분의 비중을 표시하는 비율로, 당기에 이룩한 경영성과 중에서 사내유보된 비율을 나타내는 '플로우(flow)' 개념이다.
배당률	$\frac{\text{배당금}}{\text{자본금}} \times 100$	• 주식발행총액(납입자본금)에 대한 배당금 지급액의 비율로서 투자자에 대한 배당수준을 나타내는 지표임. 투자자에게는 수익률에 해당하는 것이 되므로 투자결정에 중요한 지표로 이용되고 있음.
배당성향	$\frac{\text{배당금}}{\text{당기순이익}} \times 100$	• 기업이 당기순익 중 어느 정도를 배당금으로 지급하였는가를 나타내는 지표로 '사외배당률(payout ratio)'이라고도 함. 기업의 배당률만으로 배당금 지급능력의 크기를 알 수 없기 때문에 배당률의 보조지표로 이용된다.

자산/부채/자본의 관계비율

자산과 부채 및 자본의 관계비율은 대차대조표 각 항목간의 관계를 설명하는 징래비율로서 단기재무 지급능력인 유동성과 경기대응 능력인 안정성을 측성하는 지표이다.

▶ 자산 · 부채 · 자본관계율 산출등식

구분	산출등식	주요내용
자기자본비율	$\frac{\text{자기자본}}{\text{총자본}} \times 100$	• 자기자본율은 총자본 중에서 자기자본이 차지하는 비중을 나타내는 대표적인 재무구조 지표임. 자기자본은 금융비용을 부담하지 않고, 기업이 운용할 수 있는 자본이므로 이 비율이 높을수록 기업의 안정성이 높다고 할 수 있음.
유동비율	$\frac{\text{유동자산}}{\text{유동부채}} \times 100$	• 유동비율은 유동부채에 대한 유동자산의 비율 즉 단기채무에 충당할 수 있는 유동성자산이 얼마나 되는가를 나타내는 비율로서 여신 취급 시 수신자의 단기 지급능력을 판단하는 대표적인 지표로 이용되어 '은행가비율(banker's ratio)'이라고도 함. 이 비율이 높을수록 기업의 단기지급 능력은 양호함.

구분	산출등식	주요내용
당좌비율	$\frac{\text{당좌재산}}{\text{유동부채}}\times 100$	• 유동부채에 대한 당좌자산의 비율로서 유동자산 중 현금화되는 속도가 늦고, 현금화의 불확실성이 높은 재고자산 등을 제외시킨 당좌자산을 유동부채에 대응시킴으로써 단기채무에 대한 기업의 지급능력을 파악하는데 사용됨. '산성시험비율' 또는 '신속비율'이라고 하는 이 비율은 기업의 유동성 분석을 위한 보조지표로 사용되고 있음.
현금비율	$\frac{\text{현금과 예치}}{\text{유동부채}}\times 100$	• 유동부채에 대한 현금과 예금의 비율로서 당좌자산 중 현금과 현금 등 가물 및 단기금융상품 등으로 유동부채를 상환할 수 있는 초단기 채무지급능력을 파악하는 지표임.
고정비율	$\frac{\text{고정자산}}{\text{자기자산}}\times 100$	• 기업자산의 고정화 위험을 측정하는 대표적인 비율로서 운영기간이 비교적 장기에 속하는 고정자산을 얼마나 자기자본으로 충당하였는가를 나타내는 지표임. 동 비율은 고정자산 투자는 상환기간이 없는 자기자본으로 충당하는 것이 안전하다는 이론적 관점에서 재무안정성 분석지표의 하나로 사용함.
부채비율	$\frac{\text{부채}}{\text{자기자본}}\times 100$	• 타인자본과 자기자본간의 관계를 나타내는 대표적인 재무구조 지표로서 일반적으로 동 비율이 낮을수록 재무구조가 건전하다고 판단됨. 이와 같은 입장은 여신자 측에서 채권회수의 안정성만을 고려한 것이며, 기업경영의 측면에서는 단기적 채무변제의 압박을 받지 않는 한 투자수익률이 이자율을 상회하며, 타인자본을 계속하는 것이 유리할 수 있음.
유동 부채비율	$\frac{\text{유동부채}}{\text{자기자본}}\times 100$	• 자기자본에 대한 유동부채의 비율로서 자본구성의 안정성을 측정하는 보조지표임. 이 비율이 100%를 초과할 경우 자본구성의 안정은 물론 재무유동성도 불안정한 상태에 있음을 의미함.
차입금 의존도	$\frac{\text{장·단기차입금회사채}}{\text{총자본}}\times 100$	• 총자본 중 외부에서 조달한 차입금 비중을 나타내는 지표임. 차입금 의존도가 높은 기업일수록 금융비용 부담이 가중되어 수익성이 저하되고 안정성도 낮아지게 됨.
차입금 대 매출액	$\frac{\text{차입금}}{\text{매출액}}\times 100$	• 차입금 규모가 매출액과 비교하여 어느 정도인가를 나타내는 지표로 차입금의 상대적인 크기를 나타냄.
매출채권 대 매입채무	$\frac{\text{매출채권}}{\text{매입채무}}\times 100$	• 기업간 신용관계를 나타내는 매출채권과 매입채무를 대비시킨 것으로 기업의 자금관리에 중요한 지표로 이용됨. 이 비율이 높을수록 기업의 유동비율은 높게 나타나지만 매출채권의 과다한 보유는 오히려 자금사정의 악화를 초래하는 요인이 될 수도 있음.

자산/부채/자본의 회전율

자산·부채·자본의 회전율은 기업에 투자된 자본이 기간 중 얼마나 활발하게 운용되었는가를 나타내는 비율로서 활동성분석이라고도 한다. 기업은 수익증대를 목적으로 투입된 자본을 끊임없이 회전시키는데, 이에 따른 성과는 매출액으로 대표될 수 있다. 따라서 회전율을 측정하는 기본 항목은 매출액이며, 기업의 활동성은 매출액과 각 자산·부채·자산항목에 대한 회전배수를 측정한다.

▶ 자산·부채·자본회전율 산출등식

구분	산출등식	주요내용
총자산 회전율	$= \frac{\text{매출액}}{\text{총자산}}$	• 총자산이 1년동안 몇 번 회전하였는가를 나타내는 비율로서 기업에 투하한 총자산의 운용효율을 총괄적으로 표시하는 지표임
자기자본 회전율	$= \frac{\text{매출액}}{\text{자본금}}$	• 자기자본의 회전속도 즉 자기자본 이용의 효율성을 측정하는 지표임
자본금 회전율	$= \frac{\text{매출액}}{\text{자본금}}$	• 납입자본금의 회전속도 즉 자본금 이용의 효율성을 나타내는 지표임
경영자산 회전율	$= \frac{\text{매출액}}{\text{총자산} - (\text{건설중인자산} + \text{투자자산})}$	• 영업활동에 직접 투입활동되고 있는 경영자산의 효율성을 평가하는 데 이용되는 지표임
고정자산 회전율	$= \frac{\text{매출액}}{\text{고정자산}}$	• 고정자산의 이용정도를 나타내는 지표로서 자본의 고정화 상태를 판단하는 수단이 되며 유동성 분석에 있어서도 유용한 보조지표로 이용될 수 있음
유형자산 회전율	$= \frac{\text{매출액}}{\text{유형자산}}$	• 유형자산의 이용정도를 나타내는 지표로서 기업이 보유하고 있는 설비자산의 적정여부를 판단하는 데 유용함. 이 비율이 높으면 고정자산의 유지를 위하여 지출되는 상각비, 보험료, 수선비 등의 고정비가 제품 단위당 체감적으로 배분되어 원가절감이 효율적으로 이루어지고 있음을 나타냄. 그러나 영업규모에 비해 설비투자가 부진한 경우에도 동 비율이 높게 나타날 수 있으므로 해석에 유의하여야 함.
재고자산 회전율	$= \frac{\text{매출액}}{\text{재고자산}}$	• 매출액을 재고자산으로 나눈 것으로서 재고자산의 회전속도를 재고자산이 당좌자산으로 변화하는 속도를 나타냄. 일반적으로 이 비율이 높을수록 상품의 재고손실 방지 및 보험료, 보관료의 절약 등 재고자산의 관리가 효율적으로 이루어지고 있음을 나타냄. 그러나 재고를 정상적인 영업활동에 필요한 적정수준 이하로 유지하여 수요변동에 적절히 대처하지 못하는 경우에도 동 비율은 높게 나타나므로 해석에 유의하여야 함.
상(제)품 회전율	$= \frac{\text{매출액}}{\text{상(제)품}}$	• 상(제)품에 투하된 자금의 회전속도, 즉 상품이 일정기간 동안 몇 번 당좌자산으로 전환하였는가를 나타내는 지표임
매출채권 회전율	$= \frac{\text{매출액}}{\text{매출채권}}$	• 매출채권의 현금화 속도를 측정하는 비율로서 이 비율이 높을수록 매출채권의 현금화 속도가 빠르다는 것을 의미함
매입채무 회전율	$= \frac{\text{매출액}}{\text{매입채무}}$	• 기업의 부채 중에서도 특히 매입채무가 원활히 결제되고 있는가의 여부, 즉 지급능력의 상태를 나타내는 지표임

2 카지노회계의 기본개념

1 카지노회계의 개요

카지노회계의 독특한 목적들은 세 가지로 설명될 수 있다. 첫 번째, 자산의 유출(流出) 또는 도난을 방지하기 위한 내부의 관리기능이고, 두 번째는 모든 수입에 대한 정확한 보고를 하기 위한 기능이며, 세 번째는 경영의사결정에 필요하고 믿을 만한 자료를 제공하는 역할로서 수입의 원천인 게이밍 영업의 통화흐름을 관리하는 것이다. 또한 앞서와 같은 목적 이외에도 전통적인 고유의 업무인 재무보고서 작성도 포함된다. 우선 위의 세 가지 목적을 살펴보면 카지노회계의 첫 번째이자 최우선 관건은 카지노 자산(資産)에 대한 최대한의 관리기능을 보장하는 것이다. 왜냐하면 카지노는 타시장과는 달리 매우 유동적인 분위기에서 운영되고, 거의 모든 거래가 현금 또는 대체통화(chips)로 이루어지므로, 자산의 관리측면에서 볼 때 어떤 회계구조에서도 최우선의 관심사임에는 틀림없다.

카지노회계의 두 번째 관건은 카지노 거래계정(transaction)이 올바르게 보고되는 것을 확인하는 것이다. 이는 테이블 게임의 수입이 정해져 있는 시간에 계산되므로 거래액이 정확하게 보고·확인되지 않는다면, 백화점이 현금등록기 없이 운영되는 것과 마찬가지가 된다. 카지노회계의 관건 중 마지막이라고 할 수 있는 부문은 경영에서 사용되는 정보들을 제공할 회계에 관한 다양한 기록을 유지·관리하는 것으로, 이것은 사용한도, 즉 제경비에 비례하는 영업이익금의 반대급부를 계량하는 것도 포함된다. 한 예로 신용대여 발행체계(marker control system)라는 것이 있는데, 이는 발부된 카드(card)란의 금액을 기록할 뿐만 아니라, 다양한 고객들의 베팅(betting)한 양, 게임시간 등을 기록하여 고객을 관리한다. 다른 예는 특정한 콤프(comp) 고객을 위하여 사용한 전체비용과 정킷(junket)들을 위한 단체관광의 전체비용을 그들이 게임에 사용한 비용의 양과 비교해서 서비스의 양(量)과 질(質)을 결정해 주는 것으로 카지노산업은 그 서비스의 특성 때문에 회계관련 업무는 다른 기업에 비하여 그다지 알려지지 않았다고 볼 수 있다[42].

카지노의 재무구조 및 수입의 흐름

카지노는 현금이나 현금과 동등한 가치를 가진 것만 통화(通貨)되어 운영되는데, 아래의 카지노수입(casino income)을 살펴보면 카지노의 재무구조와 그 수입의 흐름을 알 수 있다. 카지노의 회계절차는 약간의 예외를 제외하고는 호텔과 카지노가 같이 있는 경우, 모든 수입은 카지노 케이지(cage)로 통하게 되어 있다. 왜냐하면 전체 조직은 재정적 창구의 일원화로 카지노 내의 현금거래는 케이지에서 만나는 통화관리시스템이기 때문이다.

▶ 해외카지노호텔재무구조조직도

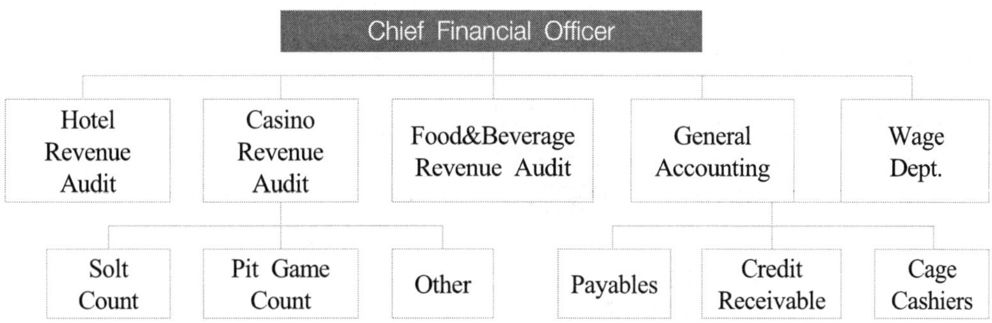

▶ 해외카지노 호텔전체 수입흐름도

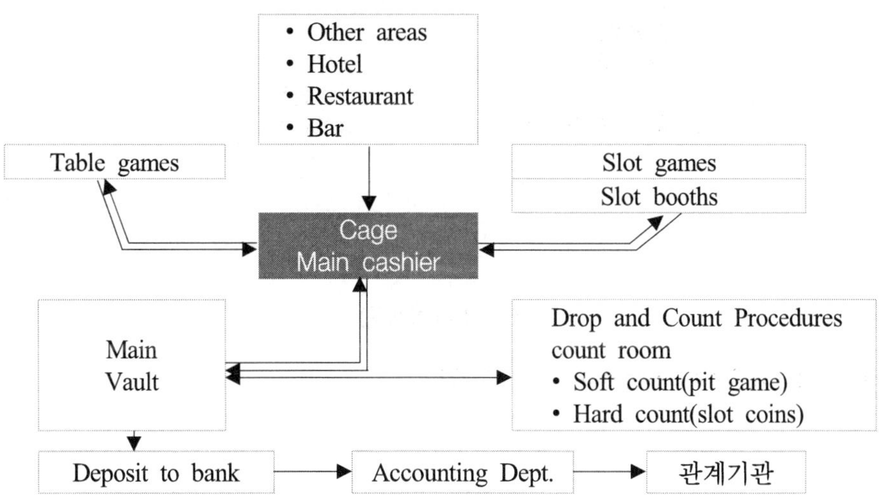

자료 : 고택운 외, '최신카지노산업관리론', p.682 인용.

42) 고택운 외, 「최신카지노산업관리론」, 2011, 백산출판사, p.682.

앞 그림의 재무구조 조직도와 수입의 흐름원리도 살펴보면, 카지노와 호텔의 수입을 동시에 계정하는 해외카지노호텔의 재무구조이다. 우리나라에서는 카지노와 호텔이 각각 독립된 법인회계 방식을 채택하고 있는 바, 회계의 구조적 기능이 해외 카지노와 비교하여 차이가 있음을 알 수 있다. 그러나 카지노의 수입부문 중 테이블게임 수입과 머신게임의 수입흐름은 해외 카지노와 유사하다. 다음의 국내 카지노 게임 수입흐름도를 살펴보면 카지노의 수입흐름은 독특한 면을 가진 요소로 구성되었고 다양한 수입의 흐름(flow)으로 고도의 전문성을 요구하므로 카지노 내부통제시스템(internal control system)은 각자의 카지노에 적합한 모델을 개발하여 발전시키는 것이 바람직하다.

▶ 국내카지노게임수입흐름도

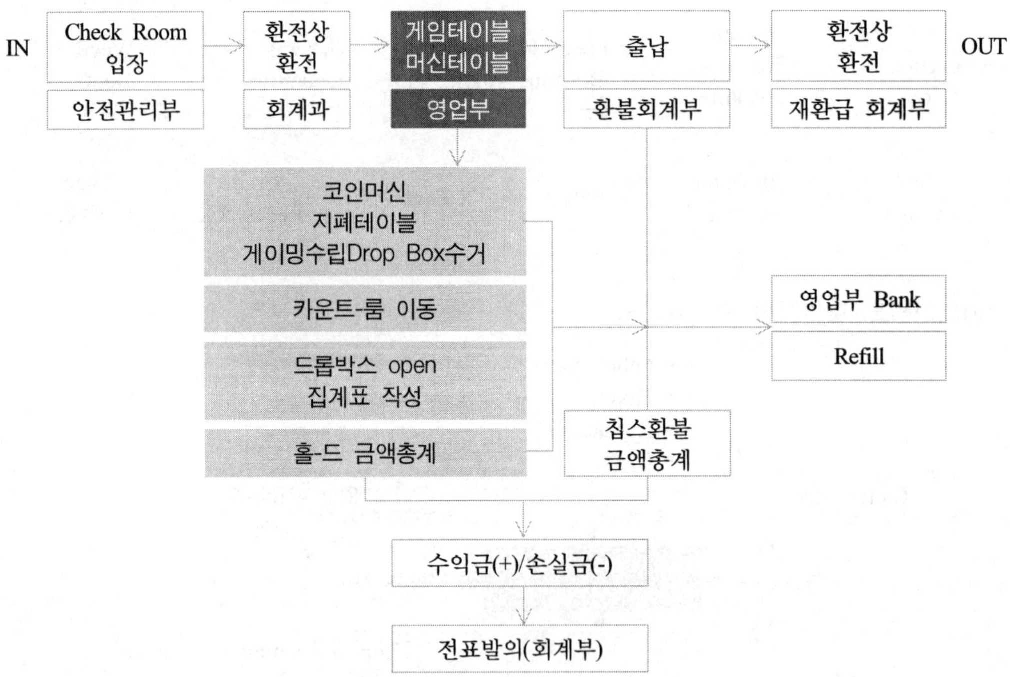

자료 : 고택운 외, '최신카지노산업관리론', p.683 인용.

2 카지노 케이지업무론

카지노 케이지업무의 개요

카지노 케이지(cage)는 카지노의 심장, 운영의 중심, 중추적 신경조직이라고 불리며 실질적으로 그러하다. 카지노의 케이지 캐셔(cashier)는 카지노의 매일 운영에 있어 중요한 역할을 제공하고 있으며, 케이지의 업무역할은 다음과 같다. 첫째로 케이지는 카지노 재원(財源)의 저장소로 금고(金庫)의 역할을 한다. 이는 매일 수백, 수천만 달러를 관리・감독・보관의 책임이 포함되는 것으로 통화(currency), 칩스(chips), 코인(coin), 고객의 마커(marker) 등 재원의 보관에 관련된 업무처리가 지속적으로 케이지로, 그리고 다시 케이지로 순환(circulation)된다. 이러한 많은 업무의 정확한 거래(去來)의 보고는 카지노 운영에 있어 가장 중요하다. 두 번째, 케이지는 카지노의 피트(pit)와 피트 지역의 커뮤니케이션(communication) 및 서비스를 연계하는 역할을 한다. 이러한 서비스들은 다양한 게임테이블에 칩스의 필(fill)과 크레딧(credit)을 제공, 고객의 신용상태를 포함한 정보의 제공, 원만한 운영을 도와주는 게임의 재무구조목록(tabulation) 등 적절한 정보를 카지노 경영자에게 지속적으로 제공하는 것을 말한다. 세 번째, 케이지는 무수한대 고객업무를 처리한다는 것이다. 칩스와 출금(칩스는 통화로 거래됨)의 처리, 개인수표 페이롤(payroll)과 여행자 수표를 현금으로 환전, 고객마커(marker)자금의 인수, 재원보관소업무의 처리, 카지노 케이지의 일상업무가 된다.

네 번째, 케이지는 카지노의 모든 부서(部署)들과 연결되어 있다는 것이다. 이는 회계부서로서의 키(key) 양식의 전달을 포함하여 모든 자금이 필요한 부서, 즉 바(bar)・뱅크(bank)・레스토랑(restaurant) 등에의 자금전달, 카지노피트(pit)의 지원, 다른 필요한 업무처리 뿐만 아니라 필(fill)과 크레딧(credit)과 관련 시큐리티(security)와의 연계하는 업무 그리고 슬롯부문에 있어 슬롯필(slot fill)을 제공하고 필요한 코인(coin)과 인원교대 등 슬롯부서를 지원한다.

다섯 번째, 케이지는 내부관리절차로 카지노의 자금을 안전하게 관리한다. 필요한 업무들의 유지・준비・관리의 역할을 하며, 전문적으로 완벽하게 처리해야 할 필요가 있는 회계적인 업무와 부수적인 업무가 케이지에 의해 수행된다[43].

카지노케이지의 외형적 구조 및 출입통제

• 외형적 구조(Physical Structure)

카지노케이지는 카지노 주위에 손님들의 출입구로부터 멀리 떨어진 곳에 위치하는 것이 통상적이다. 이렇게 하는 이유는 불순한 자(者)들로부터 금품강탈의 기회를 최소화하는 것이다. 사람이 배치되어 있는 케이지 박스(카운터)는 범죄(도난 및 강탈)의 가능성이 최소인 곳에 위치하는 것은 심리적으로도 카지노 후미에 위치하는 또 다른 이유가 있다면, 케이지 창구에서 환전을 한 다음에도 손님은 카지노의 길이만큼 출구를 향하여 걸어야 하며(고객의 동선), 걷는 동안 그 손님은 '마지막으로 슬롯 한 번 더 당기기' 또는 '최종으로 테이블에서의 게임' 등에 유혹당하게 된다. 따라서 케이지는 실제로 피트(pit) 또는 게임테이블에 될수록 가까이 위치하여 있다. 그 밖에 카지노 케이지 창구는 외형적인 구조로 창구의 업무기능이 존재할 수 있도록 다양하게 디자인(design)되었다. 어느 것은 금속막대에 의해 보호되고, 다른 것은 손님들에게 서브할 수 있는 작은 창구만을 갖고 있는 깨지지 않는 유리인 'plex'를 갖고 있기도 한다. 작은 케이지의 운영은 두 개의 손님창구와 부대시설로 카지노 슬롯직원들을 보호하는 창구가 하나 더 있다. 규모가 큰 카지노 시설 운영업체는 그 요구량에 따라 많은 서비스 창구를 제공하기도 한다.

• 케이지의 출입통제(Accessability)

케이지의 출입은 정식으로 허가된 직원에 의해 제한된 출입으로서 최대의 보호를 받아야 한다. 제한된 출입문의 시스템은 출입자들을 즉시 알아볼 수 있도록 캐셔들에게 제공되는 좋은 통제성 요소로 이용되어야 하며, 많은 케이지의 출입문들은 케이지 안의 캐셔들 또는 케이지 부근의 박스에 인접한 보안관리자들이 활동할 수 있게 전기부좌 시스템에 의해 개·폐되며 출입규정은 비밀출구 또는 입구를 엄격하게 통제하고 케이지로의 접근은 오직 허가된 직원으로만 제한하며, 보안관리자들은 케이지에 용무가 있는 인가받지 않은 사람을 에스코트(escort)해야 한다.

케이지의 시설배치 및 장비와 특정시설

카지노 케이지는 다양한 장비(equipment), 업무용 기기, 파일 캐비넷, 금고, 귀중품

43) 고택운 외, 「최신카지노산업관리론」, (2011), 백산출판사, p.684.

보관박스, 카지노 칩스 및 통화에 관한 모든 종류의 경화에 대한 재산목록을 가지고 있으며, 케이지의 레이아웃(layout)은 다음의 내용을 포함하지만 한정하지는 않는다. 또한 케이지의 업무와 관련된 장비목록들의 이해와 숙지는 적절한 케이지 업무수행에 대단히 중요하다. 그 밖에 특정한 지역 또는 룸·사무실들도 케이지 구역의 한 부분으로 인정된다. 이러한 시설(施設)들이 얼마나 광범위한가 혹은 복잡한지는 카지노 규모, 재무구조, 운영자금 등에 따라 가용할 수 있는 공간에 달려 있다.

- 케이지 내부의 시설배치(Cage Layout)

구분	내용
• 캐셔의 창구	손님에게 각종 서비스를 제공하는 데 사용되며, 캐셔(cashier)의 창구(counter)란 캐셔의 은행 또는 영업자금으로 알려진 다양한 통화의 경화를 유지하는 방막으로서 제공되어진다. 많은 캐셔의 업무에 금고(金庫)에 의해 지원되는 영업의 시작자금 또는 준비자금이 제공된다. 또한 모든 업무는 동등가치의 등가물로 교환(칩스를 현금으로, 자기앞 수표 및 페이롤(payroll), 여행자수표의 환전)하는 장소이므로 현금지출영수에 의한 카지노부서의 출납현황과 자금(money)은 항상 그 근무조의 마지막에는 균형을 이루어야 한다. 캐셔들은 이러한 자금의 저장량에 관하여 책임이 있다.
• 서비스창구	카지노 업무의 복합성과 운영 그리고 경영구조의 크기에 따라 서비스 창구는 다양하게 이용된다. 예를 들면, 서비스 창구는 독립적으로 카지노 피트(pit)에 칩스필(fill)과 크레딧(credit)을 할 목적으로 이용할 수 있으며 칩스뱅크(chips bank), 바뱅크(bar bank), 프론트뱅크(front bank)로 활용하는 목적으로도 유용하다. 규모가 큰 카지노는 서비스 창구를 독점적으로 바카라피트(bacarrat pit)의 고객들의 마커업무를 수행하는 목적으로 유지하며, 작은 카지노는 고객업무처리를 배제하고 다양한 카지노 서비스를 제공하는 창구로만 이용하기도 한다.
• 워크카운터 (Work Counter)	여러 개의 워크카운터는 케이지의 옆이나 후미에 배치되어, 서비스 창구로부터 멀리 위치하도록 되어 있으며, 업무시간에 필요한 양식이나 갖가지 서류를 준비하여 캐셔들에 제공하는 장소를 말한다.
• 저장캐비넷 (Storage Cabinets)	워킹카운터의 상단이나 하단 또는 다른 벽을 이용하여 케이지의 비품과 카지노의 양식을 보관하고 관리하기 위한 캐비넷과 잠금장치가 있는 서랍구획이다. 카지노는 케이지에 중요한 문서의 저장과 안전의 책임을 맡기며, 그 내용은 수금되어 장부에서 지워진 고객의 마커와 반환된 고객의 수표, 지급된 고객의 마커, 예금되거나 수금되기를 기다리는 고객의 수표 등이 있으며, 자물쇠로 엄중히 보관하여야 하고 정식인가가 필요한 품목들을 반드시 잠겨진 구획에 보관되어야 함.
• 감시카메라 (Surveillance Camera)	케이지의 내부구조에서 중요한 장소에 위치하고 있다. 또한 이 시스템은 필요성 여부에 따라 총지배인, 카지노지배인, 케이지지배인, 보안책임자 사무실을 감시할 수 있는 천장에 고정된 카메라를 설치하기도 한다. 감시시스템은 날짜와 시간을 명시할 수 있고, 다시 돌릴 수 있는 기능을 제공하고 24시간 운용된다.
• 경보시스템	보통 캐셔의 창구의 바닥에 위치하고 대부분은 발로 작동하도록 만들어졌으며, 무소음의 경보시스템이고, 캐셔들은 강도의 발생에 대비하여 케이지 업무의 절차뿐만 아니라 이것의 사용을 숙지해야 한다.

• 케이지의 장비(Equipment)

• Adding Machine	계산기 기능으로 게임서류, 현금목록 관리기록 등을 위한 목적으로 사용되는 업무용 기기(器機)로서 사용능력이 필요하다.
• Money Processing System	카지노 운영체계에서는 되도록 이러한 장비의 이용을 케이지 안에서만 하며, 카지노 안에 코인체인지가 없을 경우에는 슬롯 이용자로 하여금 코인체인부스(booth) 역할을 수행하는 케이지를 이용하게 할 수밖에 없다. 이 업무는 다양한 코인들(100원 · 500원)을 분류, 계산 · 합산을 한다.
• Phone System	보통 두 세계의 벽에 고정된 기기(phone)가 필요하다. 수화기를 들어 올리거나 목표버튼(다이알은 불필요)을 누르는 것이 용이하여, 전화를 건 사람을 즉시 다른 지역 카지노 피트(pit)센터, 크레딧(credit)매니저 사무실, 케이지 사무실 등에 연결할 수 있는 시스템이다.
• Time and Date Stamp Machine	각종양식, 슬립페이퍼, 서류 등을 기계에 집어넣으면, 사무처리의 날짜와 시간을 자동으로 찍어준다. 이는 통상적인 규칙으로 카지노로부터 받은 모든 양식, 슬립(slip), 고객에게 지급된 수표, 마커(marker)들을 날짜와 시간이 찍혀, 이를 증명 대조할 수 있는 안전관리기기를 말한다.
• Lock Box(Fill/Credit Slip Receptcle)	기계는 보통 필/크레딧(fill/credit) 슬립을 담고 서비스 카운터에 위치한 이것은 정리된 상태로 기계 안에서 사본을 유지하며, 일련의 넘버 순서로 원본과 사본 슬립을 제공한다. 슬립(slip)을 교체하거나 꺼내는 목적으로 락박스(lock box)에의 접근은 카지노 내부관리 규정에 의해 지명된 키(key)서명자가 관리하는 것이 원칙이다.
• Safe Deposit Boxes	카지노에 현금이나 귀중품의 보관을 원하는 사람들에게 서비스를 제공하는 편의시설이다. 손님의 안전저장 박스의 사용은 케이지에 의하여 운영되는 자료기록에 등록이 되어야 하며, 세프티 박스(safety box)를 여는 것은 은행에서 필요로 하는 것 같은 방법으로 데이터 카드를 작성하고 고객의 서명을 받음으로써 이루어진다.
• Marker and Rcc Files	알파벳 순으로 정리하는 파일로 카지노로 돌아오고 수금되는 수표와 마커 손님의 서류를 포함한 봉투를 말한다.
• Floor Safe	일반적이지는 않지만 카지노는 예비로 저장하는 품목 또는 발행되지 않은 카지노 칩스나 현금의 초과분, 보고되어야 하는 케이지 양식 등 극도의 안전을 요구하는 몇몇 품목들의 보관을 위해 'Floor Safe'를 특별히 이용하기도 한다.
• Key board or Key panel	케이지는 많은 종류의 'Sensitive'열쇠들을 소유 · 발행 · 관리의 책임을 진다. 이것들은 음료저장창고, 드롭박스캐비넷, 드롭박스, 슬롯머신, 게임테이블의 칩스락카버, 현금등록회계감사테입 등을 여는데 사용하는 열쇠들이다.
• Paging System	카지노는 캐셔들로 하여금 공개호출 시스템의 사용에 익숙하기를 원하며 케이지 안에 부착된 그 시스템은 보안관계자를 부르거나, 슬롯머신의 잭팟에 대한 방송 또는 카지노 다른 지역에 보고서를 제출하도록 하거나, 심지어는 쇼룸(Show room)의 좌석 안내에도 이용되며, 큰 운영체에서는 PBX부서가 이러한 역할을 맡는다.
• Phone Switch board	호출시스템과 함께 케이지의 스위치보드를 운영, 특히 카지노에서 걸려오는 전화에 대한 책임도 맡고 있지만, 이는 PBX부서가 관장하는 것이 적절하다.

• 케이지의 기타구역

구분	주요내용
• Coin Room(hard count)	이 룸(room)의 존재는 카지노의 필수부대시설로 대부분 케이지와 근접한 곳 또는 내부 안에 위치하면서 코인룸(coin room)은 케이지 매니지 혹은 코인룸 매니저에 의해 감독된다. 이 룸 안에는 무게를 다는 머신 코인의 계산기, 분리기, 코인포장기 등을 사용하여 코인드롭(계산·분리·보고·포장·슬롯부서의 영수증 등)의 수거, 슬롯부서의 코인발행, 박스의 교환과 회전, 케이지로 코인발행, 케이지의 코인계산·분리기로부터 계량된 코인제거와 확인을 포함한다.
• Count Room(soft count)	카지노는 테이블드롭(drop)을 관리하는 곳으로 카운트 팀은 게임테이블의 드롭박스(drop box)를 오픈, 내용물을 분리·계산·결과를 보고하는 회계감사 역할을 수행하며 작은 카지노에서는 카운트 팀에서 계산되어진 모든 현금은 특정의 캐셔에 의해서 직접 확인되어지고 케이지 재원으로 상계되지만, 큰 카지노에서는 벌트매니저(vault mgr)또는 메인뱅크캐셔(main bank cashier)만이 이 업무를 관장한다.
• Main Vault	벌트 매니저(vault manager)와 고용된 벌트캐셔(vault cashier)의 감독 하에 주요 은행업무가 이루어진다. 모든 운영자금을 케이지와 다른 카지노 부서에 공급하고 또한 각 부문의 수입원으로부터 자금을 공급받는다. 요약해서 '메인벌트(main vault)'는 카지노 재원의 수로(水路)역할을 한다.
• Storage Area for Game Drop Box	최대의 보안이 필요하고 그 시프트(shift) 마지막에 게임테이블로 옮겨진 드롭박스를 보관하도록 특별하게 디자인된 방이나 구역이다. 엄격한 통제 및 운영과 내부관리 절차로 이 지역에의 접근은 안전관리를 위해 절대적으로 필요하다.
• Micellaneous Office	케이지시설구조는 케이지매니저(cage manager), 크레딧매니저(credit manager), 컬렉션매니저(collection manager), 벌트매니저(vault manager)를 위한 사무실을 포함한 구조여야 한다.

3 카지노게이밍 회계관리

게이밍의 회계처리 개요

카지노 게이밍의 기본이론인 드롭(drop), 윈(win), 홀드율(hold percentage)를 정의하기 전에 카지노와 게임자 간에 발생하는 회계상의 금전거래(transaction)에 대해

살펴볼 필요가 있다. 게임자는 테이블에 앉아 게임을 시작하기 전에 현금을 제시하면, 딜러는 그 현금을 카운트 한 다음 그 금액에 해당하는 액면가의 칩스로 교환하여주고, 그 현금은 드롭박스(drop box)에 넣는다. 게임을 종료한 게임자는 남은 칩스를 케이지에서 다시 현금화한다. 이 때 게임자가 케이지 안에서 교환금액이 처음 테이블에서 금액보다 많으면 윈(win)이 되는 것이고, 적으면 로스(loss)가 되는 것이다. 따라서 드롭(drop)과 윈(win)은 카지노와 게임자 사이에서 일어나는 금전의 이동을 나타내는 것이다. 시프트(shift)가 계속되는 동안 특정테이블은 칩스(chips)가 부족하여 뱅크로부터 칩스를 더 가져올 수도 있고, 또는 칩스가 많아 뱅크로 보내질 수도 있다. 이렇게 테이블로 칩스를 가져오는 경우를 칩스필(chips fill)이라 하고, 반대로 칩스를 테이블에서 뱅커로 가져가는 경우를 칩스크레딧(chips credit) 또는 칩스콜렉션(chips collection)이라고 하며, 회계상으로 칩스 필(fill)이 많으면 카지노의 수익이 떨어지고 있는 상황이고 칩스 크레딧(credit)이 많으면, 카지노의 수입이 증가하고 있다는 정황이다[44].

- 드롭(Drop)

드롭(drop)이란 테이블게임의 드롭박스 안에 있는 현금 또는 현금등가물(cash equivalents) 즉 현찰·수표·유가증권 등 카지노가 승인한 법적등가물과 마커(marker)를 모두 합한 금액이다. 다시 말하면 게임자가 카지노를 상대로 게이밍에 참여할 목적으로 칩(chip)과 교환한 금액이다. 이는 실제 게임에 참가한 금액과는 게이밍 회계처리상 차이가 있을 수 있다. 이렇게 테이블에서 수거한 드롭박스의 금액을 근거로 이용하여 시프트(shift)별 게이밍 윈(gaming win)을 산출할 수 있다. 국내 카지노는 일반적으로 하루에 한 번 드롭박스를 수거하지만, 미국의 경우에는 매 시프트마다 수거(收去)를 한다. 드롭액은 카지노의 신용대여 및 마케팅(판촉) 정책에 따라 크기가 달라질 수 있다. 그러므로 드롭(drop)은 경제학 측면에서 특정 카지노의 신용대여정책 및 판촉기법을 분석할 때 유용하다.

- 윈(Win)

카지노 입장(하우스)에서 볼 때 '윈(win)'이란 단어 그대로 게임자로부터 이긴 돈

44) 고택운 외,「최신카지노산업관리론」, (2011), 백산출판사, p.691.

(gain money)을 뜻하며, 일반기업에서의 순매출과 같은 개념이다. 짧은 시간이 아닌 긴 시간(long-term)을 두고 카지노는 게임확률(승산)에 의해 드롭의 일정비율을 위닝하게 된다. '윈(win)'은 게임확률 또는 승산(勝算)에 의해 결정되지만, 카지노에서 고객의 게임스킬(skill) 또는 행운 등을 인위적(human work)으로 조절할 수 없는 관계로 짧은 시간 동안에는 크게 변동될 수 있다. 그러므로 회계적 측면으로 볼 때, 윈(win)금액 기준으로 카지노 영업상태를 판단하는 것은 성급하다. 하지만 영업회계 관리기준으로 드롭이 많으면 '윈'이 많아진다는 카지노의 정석인 바, 경제적 논리로 카지노는 위닝을 극대화하기보다 드롭금액을 극대화하는 것에 경영목표를 두어야 한다. 특정 테이블의 윈(win) 산출방법은 다음과 같다.

> 윈(win)=드롭(현찰, 수표, 마커 등의 드롭박스 총액)−테이블칩스차액(테이블오픈필+리필−크레딧−테이블클로즈 총액)

- 홀드(Hold)

'홀드(hold)'는 총드롭액 중 카지노가 위닝(winning)한 금액이 차지하는 비율을 말한다. 카지노는 특정비율 즉 일반적으로 15%~20%의 홀드율을 기대할 수 있지만, 중요한 것은 게임종류, 게임방법 등에 따라 크게 달라질 수 있으므로 홀드율이 높다고 영업을 잘했다거나, 낮다고 영업을 잘못했다고 판단하는 것은 무리가 있다. 홀드율에 영향을 미치는 커다란 윈(win) 또는 로스(loss)는 일시적인 것일 수 있기 때문이다. 그러나 특정테이블의 홀드율이 계속 낮으면 원인이 무엇인지 분석할 필요가 있다. 홀드율(hold percentage)이 낮은 이유는 고객이 큰 금액으로 이겼을 경우도 있지만, 딜러와 고객이 공모(共謀)하여 부정한 행위를 하거나, 전문 카드 카운터에 의해 큰 금액의 손실을 본 경우도 있기 때문이다. 홀드율의 산출방법은 다음과 같다.

> 홀드율(hold percentage)=윈(win)÷드롭(drop)

예를 들어 특정일의 드롭총액이 USD 십만불이고, 그 중 카지노 업소가 이긴 돈이 USD 만오천불이면, 홀드율은 15%($15,000÷$100,000)이다.

게이밍 회계 관련 용어해설

- 캐시(Cash) : 현금(지폐 또는 동전)
- 현금등가물(Cash Equivalents) : 여행자수표, 자기앞수표, 또는 카지노가 승인한 법적 등가물
- 클로저(Closer) : 시프트(Shift) 종료시 게이밍 테이블의 칩스트레이에 있는 모든 칩스의 액면가 총액
- 컴플리먼터리 서비스(Complementary Service) : 카지노의 무료 서비스로 객실, 식음료, 여행 및 기타 무료로 제공되는 서비스와 품목 또는 카지노가 제삼자에게 지급하는 서비스료를 말한다.
- 마커(Marker) : 카지노가 발행한 일정한 양식에 고객의 가입과 서명함으로써 뱅크(bank)인출이 가능한 환전 증서
- 커스터머데포짓(Customer Deposit) : 고객예치금 즉 게임에 참여하기 위해 일정액의 현금, 현금등가물, 게이밍칩스 또는 플라크를 케이지(cage)에 보관하는 것을 말한다.
- 드롭박스(Drop Box) : 현금과 슬립전표를 넣도록 게이밍테이블에 부착된 철제용기
- 필(Fill) : 칩스뱅커로부터 가져와 게임테이블에 분배되는 게이밍칩스, 코인, 플라크 등을 기록하는데 사용되는 양식으로 이는 분배절차를 뜻하기도 한다.
- 퍼린칩스(Foreign chips) : 타 카지노에서 사용하는 머니칩, 고객이 교환을 원하면 정해진 액수까지 같은 액면가의 하우스머니칩으로 교환해주고 받은 칩을 드롭박스에 투입한다.
- 게이밍칩스, 플라크, 토큰(Gaming chips/Plaques/Tokens) : 카지노가 국제규격에 준하여 발행한 통화 즉 현금환전매체를 말한다.
- 인컴페티블 펑션(Incompatible Function) : 회계관리의 목적으로 특정인 또는 특정부서가 정상적인 업무과정에 있어 잘못이나 부정행위를 저지르거나 숨길 수 없도록 견제하는 기능을 말하며, 이에 특정한 부서는 겸직할 수 없도록 지정한다(예 : 캐시뱅크와 칩스뱅크).
- 정킷(Junket) : 게임을 목적으로 방문하는 단체관광객을 말하며, 이는 사전에 카지노와 조건협의로 고객을 위한 접대, 숙박, 음식, 교통편의 등을 제공할 수 있다.
- 시프트시트(Shift Sheet) : 매 시프트 교대시 그에 따른 각각의 게임들에 대한 win/lose의 계산기록이다.
- 오프너(Opener) : 각 게이밍 테이블마다, 교대시간 시작시점에 테이블칩스 총 금액을 기록한 3장의 인벤토리 중 1장의 사본.
- 페이아웃(Payout) : 지급을 말하며, 테이블 게임 및 슬롯머신에서 고객이 이긴 금액을 지급하는 것을 말한다.

- 피트(Pit) : 카지노가 정한 구역에 게이밍 테이블의 배열로 에워싼 카지노의 영업구역으로 그 안에서는 카지노 직원이, 구역 바깥에서는 고객에게 게임을 진행하게 된다.
- 오더 포 필(Order for fill) : 필(fill)의 준비를 승인하는데 사용되는 서식(필신청서)
- 오더 포 크레딧(Order for credit) : 게이밍 칩 · 코인 · 플라크 등을 게임테이블로부터 캐셔케이지로 옮기기 위한 크레딧 슬립(slip)을 피트관리자가 작성하는 메뉴얼 크레딧 시스템의 서식(크레딧 신청서)
- 필/크레딧(Fill/Credit) : 피트매니저의 결정에 따른 신청결과로 칩뱅크에서 발생되는 양식을 수반하여 게임테이블에서 케이지로 또는 케이지에서 게임테이블로 옮기기 위한 파일시스템의 일환으로 사용된다.
- 리턴드체크(Returned Check) : 은행으로부터 반환된 부도수표
- 시큐리티(Security) : 카지노가 고용한 카지노지역의 보안 및 경비를 담당하는 보위업무담당자.
- 시프트(Shift) : 케이지캐셔, 슬롯머신, 테이블게임의 진행을 감독 · 운영하는 종업원(staff)들과 이전의 종업원들과 일정한 시각에 정규적으로 교체근무하는 시기로, 이때 카지노의 규정에 준해 게이밍 테이블에 부착된 모든 드롭박스들은 카운트룸으로 운반하고 다른 빈 드롭박스를 게이밍테이블에 부착한다.
- 시그내처(Signature) : 사이너(signer)의 이니셜(initial)과 라스트 네임이 기본적으로 기록되어야 한다(카지노에 등록된 서명)
- 테이블게임드롭(Table Game Drop) : 드롭박스에서 수거한 통화 · 코인의 총액과 마커체크, 커스터머디포지트위드럴(고객예치금 인출)의 결과를 대장에 기록한 금액의 총계를 말한다.
- 테이블게임 윈/로스(Table Game Win/Loss) : 게임에서 고객에게 이겨 얻은 캐시, 플라크, 게이밍칩의 총액에서 고객에게 잃은 게이밍칩, 플라크, 캐시의 총액을 공제한 것이다. 테이블 게임의 득 · 손실은 캐시의 총액과 클로저에 기록된 금액 그리고 드롭박스에서 수거한 크레딧, 마커체크, CDW에 기록된 액수의 총합을 더하고, 오프너에 기록된 액수와 드롭박스에서 수거한 필에 기록된 액수의 총합을 뺌으로서 결정된다.
- 테이블인벤토리슬립(Table Inventory Slip) : 게이밍테이블에서 게이밍칩, 코인플라크 등의 재고를 기록하는데 사용하는 양식 또는 서식을 말한다.

- 핸들(Handle) : 게이밍에 건 금액(Wagered)의 합계(gross amount)를 말한다. 게이밍과 관련하여 카지노 회계에서 사용하는 핸들의 동의어는 게임에 진 금액전체(gross wagering), 총베팅금액(gross amount bet), 총거래액(money staked) 등이 있다.
- 드롭(Drop) : 게임자의 게임자금(bankroll)으로 카지노 회계에서는 수입항목으로 재정하며, 드롭은 현금을 칩스로 교환한 것 또는 카지노를 상대로 게임에 건 현금금액 및 현금등가물을 의미한다.

※ '드롭(drop)'과 '핸들(handle)'의 차이점을 살펴보면, 드롭은 게임자의 최초게임자금 그 자체이고 핸들은 게임에 베팅하였던 금액의 총합계로서, 예를 들면 한 개의 칩(chip)이 게임에 사용되어 그 칩이 이기거나 지게될 때까지 여러 번에 걸쳐 베팅이 이루어진다. 이런 경우 각각의 베팅금액은 누적해서 핸들금액으로 계산되는 반면, 최초의 드롭금액은 그대로 변하지 않는다.

▸ 총겜블링수입(Gross Gambling Revenue) : 핸들에서 게임자에게 돌아간 지급금 또는 시상금을 공제한 금액의 합계를 말한다. 동의어로는 윈(win)금액, 테이크아웃(take out), 보유금(retention) 및 순수입(net receipts) 등이 있다. 운영자의 회계관리측면에서 볼 때, GGR은 게임자로부터 집합적으로 돈을 인출한 것으로 상업적 게임의 운영자에게 양도된 것이다. GGR은 겜블링산업의 원천(源泉)이자 정부의 과세표준이 된다.

▸ 테이크아웃비율(Take-out Percentage) : 핸들 대비 승률 및 겜블링 수입비율을 말한다. 머신게임은 회계상 테이크아웃 비율이 정확한 편으로 알려져 있다. 그러나 테이블게임에선 핸들이 아닌 드롭을 대비하여 승률을 계산한다.

▸ 홀드비율(Hold Percentage) : 테이블게임에서 홀드비율은 드롭대비 승률(rations of win)을 나타낸다. 테이블게임은 드롭대비 12%~20%이며, 초기의 아트란틱시티(Atlantic City)의 경우 또는 최근 폭스우드(Foxwoods)와 같이 독점시장에서는 비율의 범위가 25%까지 나타내고 있다.

※ 네바다와 아트랜틱 시티의 룰렛게임은 5.26%, 크랩스게임의 '돈패스라인'은 1.4%, 바카라게임은 대략 1%에서 1.2%의 하우스 기댓값이 있지만, 홀드비율과 하우스 어드벤티지(house advantage)또는 게이밍에 대한 기대가치(expected value)는 드롭대비가 아닌 핸들대비 비율로 나타낸다.

▸ 핸들, 드롭 및 윈의 액션(Handle, Drop and Win in Action) : 게임자 1명이 100달러로 1불짜리 칩수를 100개 구입하여 1%의 카지노 어드벤티지(기대값)를 가지고 테이블게임에서 한 번에 한 개씩 베팅하는 기능을 가정한다면, 어떤 베팅은 이기고, 어떤 베팅은 지기도 한다. 100달러라는 드롭자산의 전액을 잃기 위해서는 수학적 통계로는 통상적으로 핸들금액이 10,000달러가 되도록 게임을 해야 한다. 그렇지만 평균적으로 게임자들은 이 포인트까지 게임을 유지하려 하지 않는다. 앞서 언급한 바와 같이 테이블 게임은 통상적으로 드롭(drop) 또는 게임자의 자금(player's bankroll)의 12%에서 20%의 승률을 가지고 있으며, 이는 100달러의 최초 드롭에서 카지노 수입이 12달러에서 20달러 사이가 된다는 뜻이다.

4 카지노 신용대여

신용대여의 정의

신용대여를 제공하는 목적은 신용도가 높은 상용고객에게 게임욕구를 충족시키고, 게임유도를 통해 영업의 활성화 및 카지노수익을 증대시키는 데 있다. 신용대여(loan)는 통상적인 상법에 준하기는 하나, 여타 금융권에서 제공하는 신용대출(advance money)과는 성격이 다르며, 대출이자 없이 칩스로만 제공하며 게임이 종료되면 상환하도록 되어 있다. 신용대여는 중요한 마케팅 수단 또는 도구(instrument)로 미국에서는 활발하게 이용되고 있으나, 국내에서는 법적인 제한(업체별 총액, 1인당 총액 설정)으로 인해 부분적으로 이용되고 있는 실정이다[45].

신용대여의 종류

- 크레딧라인(Credit Line)

카지노업체가 특정고객의 신용에 따라 칩스를 외상으로 대여(貸與)해주는 것으로 적게는 1천달러에서 2천만달러까지 설정되어 있다. 고객이 신용대여라인을 신청할 때에는 아래와 같은 신청서를 작성하게 되며, 담당부서는 고객의 신용도, 은행잔고, 게임기록 등의 조사를 카지노 신용조사 전문기관인 '센트럴 크레딧(central credit)'사에 의뢰하여 결정한다[46]. 신용대출라인에는 다음과 같은 종류가 있다.

① 영속성(Permanent)신용대여 : 신용대여 사용과 상환이 만족스러울 경우 재방문시에도 유효한 영원한 신용대출라인을 말한다.

② 1회성(TTO : this triponly) : 1회성 신용대출금액으로 다음번 방문시에는 유효하지 않는다.

- 프론트머니(Front Money)

현금을 소지하고 온 고객이 게임을 목적으로 카지노 케이지(cage)에 입금시키는 것으로 어느 게임테이블에서나 입금액만큼 자유롭게 인출하여 게임할 수 있다. 게

45) 고택운 외, 「최신카지노산업관리론」, 2011, 백산출판사, p.696.
46) 이충기 외, 「카지노산업의 이해」, 1999, 일신사, p.169.

임기록이 없는 고객이 신용대출라인을 제공받을 수 있는 방법의 하나로 많은 카지노에서는 개인의 신용도 조사 후 프론트 머니만큼 신용대출라인을 제공하기도 한다. 이 때 제공되는 신용대출은 1회성(TTO)이다.

신용대여의 신청 및 제공

신용대여를 원하는 고객은 신청서를 작성하여 제출한다. 신청서(application)에 기재하는 내용은 여러 가지이며 카지노마다 다르지만, 반드시 포함되는 내용 중 가장 중요한 것은 신청인 이름으로 수표를 발행할 수 있는 은행계정이 개설되어 있어야 한다는 점이다. 카지노는 신청인의 은행계좌를 조사하며, 조사내용은 ① 계정개설시기(최소한 1년 이상), ② 평균잔고 및 현재 잔고(최소 6개월간 신청액보다 많은 잔고), ③ 본인계좌 여부(본인 단독으로 인출 가능한지 여부), ④ 부도수표 발행여부 등이다. 이러한 조사가 끝나면 게이밍 신용조사기관인 센트랄크레딧사(社)에 의뢰하여 타 카지노에 신용대출라인이 있는지 등을 조사하여 큰 문제점이 없으면 제공된다. 이렇게 신용대여 제공이 결정되면 고객은 카지노 케이지나 게임테이블에서 신용대여 라인 한도까지 칩(chip)을 빌려서 게임을 할 수 있다.

미국의 대형 카지노의 경우 신용대여는 총 드롭액의 20% 정도를 차지할 정도로 많이 제공되며, 개인별 한도액도 카지노 측에서 고객이 충분한 상환능력이 있다고 결정하면 거의 무제한으로 제공된다. 반면, 우리나라의 경우는 카지노법인별, 개인별 한도액을 법으로 정해 운영하고 있어 양질의 고객에게 신용대출을 제공하는 데 많은 어려움이 있다.

신용대여금 회수(Credit Collection)

- 법적효력

1982년까지는 라스베이거스조차 신용대출금의 회수가 불법이었으나, 1983년 법률제정으로 합법화되었으며, 그 후 신용대출은 합법적으로 회수(回收)가 가능하게 되었다. 아트랜틱시티(Atlantic City)의 경우 1978년 최초의 카지노가 개설됨과 동시에 신용대출금의 회수(withdrawal)를 합법화하여 오늘날에 이르고 있다. 최근에도 아트란틱시티에서 수백만달러를 잃은 미식축구 전 구단주가 신용대출금 상환을 요구하는 카지노를 상대로 소송을 제기하여 상환을 면해보려 했지만, 법원은 신용대출금 전액을 갚아야 한다는 패소판결을 내렸다.

• 회수율

신용대출금액에 따라 다르지만, 30일 이내에 상환이 일반적이다. 고객 및 신용대출금액에 따라 크게 다르지만, 일반적으로 30일 이내에 상환하지 않으면 1차 통지서를 발송하고, 발송 후 30일 내 응답이 없을 경우 2차 통지서를 발송한다. 2차 통지 후 15일 이내 상환하지 않을 경우 법적인 절차를 밟아 회수에 나선다. 법적 회수에 들어가면 고객의 기록이 게이밍 조사기관에 보내져 신용불량고객으로 블랙리스트(black list)에 오르게 되며, 다시는 카지노에서 신용대출을 제공받을 수 없게 되며, 원금뿐만 아니라 18% 정도의 이자도 함께 지급하게 된다.

3 카지노회계부문의 조직개념

1 카지노회계부문의 조직개요

카지노 회계부문 조직의 원칙은 일반적인 조직원리(原理)와 같아 많은 정보들이 조직 안에서 경영기능, 조직관리, 조직기구에 효율적으로 이용되며, 조직구성원의 원칙과 기술을 계열기능, 구성원의 직무, 조직구조, 전략, 목표 등의 주제로 유용하게 사용된다. 따라서 종사원들은 물론 관리자・경영자들은 조직기능의 원칙들만 이해할 것이 아니고, 효과적인 조직으로 발전시키기 위한 현실적 훈련도 필요하다. 웹스터(Webster) 사전의 조직(organization)의 사전적 정의는 “서비스와 같은 것의 가치들 안에 있는 형식들이 정돈된 것, 즉 개인들의 어떠한 일을 위하여 구조적으로 결합된 것”이라고 정의하였다. 따라서 목표를 위한 기본조직을 간단하게 정의한다면 “공통된 목표의 달성을 위하여 한 그룹의 사람들이 함께 일하는 것이다”라고 표현할 수 있다. 이에 공통된 목표를 달성하기 위해서는 첫째, 카지노는 그들 고유의 특별한 운영구성원들에게 최선을 다할 수 있는 조직구조로 발전시켜야 한다. 이 때 자신이 아니면 될 수 없다는 생각은 금물이며, 자신의 계획에 유동성을 가져서 상황에 대처할 수 있도록 한다. 둘째, 수행되어야 하는 업무분석 능력과 문서화된 업무의 설명서와 명세서 등 모든 분야에서 책임지고 접근할 수 있는 운영 현실에 기본이 되는 조직구조의 개발을 포함한 조직계획이 있어야 한다. 셋째, 다음의 기본원칙을 고수한다. 조직에서 각 위치에 대한 책임을 명확히 하고, 책임에 대하여 충분히 전달하여야 하고, 개인들에게 일을 수행할 수 있는 권한을 주되, 그들의 성과에 책임을 지게 한다.

미국 네바다주 게임통제위원회 규정(회계부문 조직구성)

미국 네바다 게임위원회(Nevada Gaming Commission)의 게임통제위원회(State Gaming Control Board)의 규정 6200, Internal Control #4에서 카지노사업자를 위한 최소한의 절차를 확정하였으며, 그 내부통제의 시스템 특징을 직무책임의 적절한 분산을 제공하는 조직의 계획, 그리고 재산・채무・총수입・총지출에 대하여 합당한 회계통제를 하기에 적당한 권한부여와 기록절차시스템, 각 부서의 업무와 직무의 수행에 필요한 철저한 훈련 및 책임있는 양질의 요원을 양성하는 사항을 요구하고 있다. 네바다주(州) 카지노의 내부적 통제시스템의 합리성을 발전시키기 위한 노력에 있어 게임통제위원회의 회계감사부에서는 내부통제에 관한 설문조사표를 이용, 조직과 체제의 타당성을 다음과 같은 항목을 라이센스(license) 신청자에게 요구하고 있다.

네바다(Nevada) 카지노는 철저한 조직원칙을 준수할 뿐 아니라, 그 원칙이 운영구조를 결정하도록 하기 위해 다음에 열거된 게임통제위원회 규정을 따라야 한다는 것이 의무이다.

License 신청자에 대한 앙케이트 조사문항

① 면허자는 내부통제의 수행시스템에 있어서 조직차트표를 포함하고 있는가?
② 조직차트표는 게임과 그 부분에 관계된 부서를 모두 포함하고 있는가?
③ 시스템은 조직차트에서 각 지위의 업무설명을 포함하고 있는가?
④ 업무의 수칙설명은 아래와 같은 사항이 지적되고 있는가?
- 직위
- 업무와 책임
- 권한과 관리능력
- 금고, 케이지캐셔, 슬롯, 드롭박스, 크레딧기록 등이 있는 제한된 구역에의 출입
- Comp, Credit, Key 관리 등에의 서명능력

⑤ 위의 ④에서 설명된 것 같이 업무에 대한 설명서들이 적당하게 제공될 수 있도록 문서화되었는가?
- 임무와 권한분산
- 조직에서 한 부서 이상에의 접근제한

⑥ 만일 중요한 경영임원진이 그 조직에서 한 부서 이상의 출입이 가능하다면 통제를 공모하는 일을 제한할 수 있는가?
⑦ 보안부서는 다른 무엇보다도 카지노 부서의 경영진에 있는가?
⑧ Cage와 Credit 부문은 카지노부서의 경영진에 있는가?

2 카지노회계부문의 조직관리(네바다주 사례)

카지노회계관리에 관하여 네바다 공인회계사협회의 게임산업운영위원회는 내부통제문제를 연구보고서를 통하여 다음과 같은 결론을 제시한 바 있다. 그 주요 내용은 부서들과 임무의 분산을 위하여 위원회는 회계부와 캐셔조직을 분리하여 카지노 재산의 부정한 횡령이나 편취 등을 예방하는 데 노력하여야 한다고 권고하였으며, 일반적인 규칙에 의하여 카지노 재산의 회계에 대한 책임은 회계부서에 위임(委任)되어야 한다고 했다. 더욱이 한 그룹에 의하여 통제되는 재산은 다른 그룹에 의하여 통제되는 재산과 확실히 구분한 기록이 각 그룹의 책임과 임무를 보여줄 수 있도록 숙지되어야 한다고 규정하였다. 위원회는 크레딧(credit)과 콜렉션(collection) 그리고 케이지캐셔(cage cashier)가 교대로 치프캐셔(chief cashier)에 보고하고, 다시 시프트(shift) 책임자에게 보고하는 4개의 팀으로 구성하는 조직모델을 제시하였다. 그 모델의 각 팀의 임무와 책임은 다음과 같다.

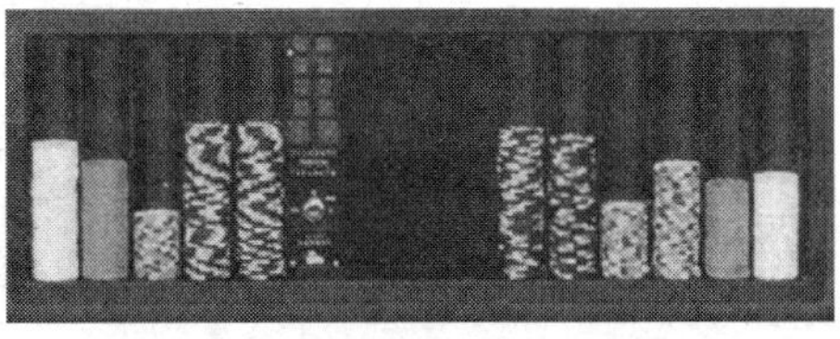

케이지 부서의 보고라인 및 책무

- 보고라인 및 보고사항

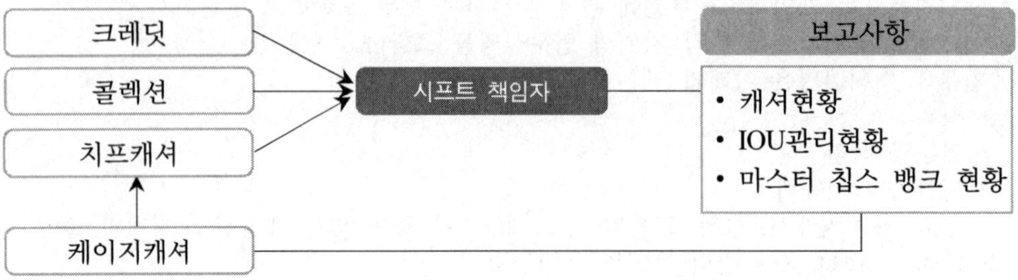

- 케이지 조직의 책무

구분	직무내용
캐셔의 팀장/ 시프트 책임자	• 케이지에 있는 재산의 종합적인 통제(control)에 대한 책임이 있으며 약식 차용증서와 마스터 칩스구역을 대표할 수 있도록 지명된 자가 부재중일 경우 그 권한을 대신하기도 한다.
크레딧/콜렉션팀	• 새로운 크레딧(credit) 발생의 승인에 관계하고 체납된 IOU의 수금에 관계된 모든 문제에 대하여 중요한 책임이 있다.
캐셔 (Cashier)	• 정액산출한 자금을 운영하고, 손님들과 케이지에 연결되는 다른 부서들과 연계하여 조절과 기록에 관한 책임이 있다. 이러한 상호작용은 IOU에 대한 지급 또는 수금, 개인수표와 여행자수표의 교환, 예치금의 접수와 반환 등을 포함한다. 기록업무를 전담하는 캐셔는 손님들에게 칩스를 교환해 줄 수 없으며, 게임테이블의 모든 칩스와 그 원본은 캐셔에 의해 기록이 되고 IOU의 보관자에 의해 승인을 받아야 한다.
IOU관리자	• 케이지에 전달된 지급되지 않은 IOU를 접수하고 관리한다. IOU관리자는 캐셔에 의하여 접수된 지급금에 관하여 통보를 받게 된다. IOU관리자는 사용되지 않은 IOU · 칩스 · 현금에의 접근이 불가능하며 IOU관리자는 연(延)수표와 반환된 수표에 대하여 IOU와 똑같이 접수하고 관리할 수 있다.
캐시뱅크캐셔 Cash Bank Cashier	• 매니지먼트(management)에 의해 위임된 시니어 캐셔(senior cashier)는 캐시뱅크의 비축금 유지에 책임이 있다. 이러한 뱅크는 칩스가 캐시뱅크에 임시적으로 보관되는 동안에는 피트(pit)에 지급될 수 없으며, 피트에 있는 모든 필(fill)들은 마스터 칩스 뱅크에 의해 처리되어야 한다.
칩스뱅크캐셔 Chips Bank Cashier	• 마스터칩스뱅크는 피트(pit)에서 필(fill)을 발행하고 초과분이 있을 때 칩스를 돌려받는다. 마스터칩스뱅크를 경유해서 캐셔로부터 전달된 칩스를 받거나 책임을 갖는다.

케이지 시프트의 책무

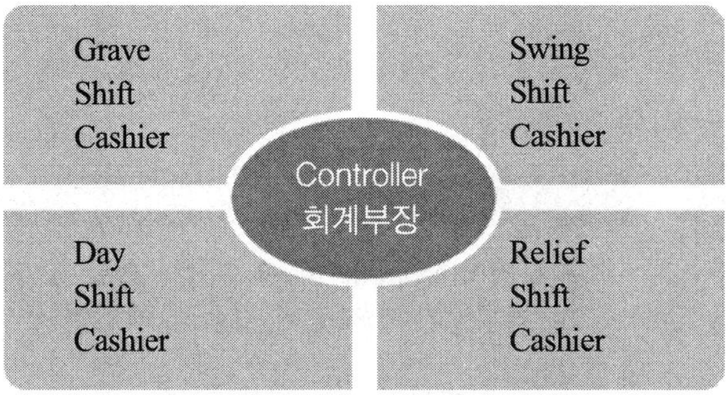

위 그림은 지나치게 단순한 구조로 컨트롤러(controller)는 케이지 운영에 있어서 기초적인 책임을 맡고 있으며, 시프트별 2명 이상의 케이지 캐셔들은 해당 시프트의 임무와 책임이 있으며, 이 캐셔(cashier)들은 교대로 근무시간 동안에 요구된 임무의 수행에 책임이 있다. 케이지뱅크롤(cage bankroll)에 대한 책임, 피트의 요구에 의한 필/크레딧(fill/credit)업무, 손님마커의 처리, 창구의 대고객서비스, 필요한 케이지문서의 작성, 카지노의 다른 부서와 연계업무 등을 수행하며, 작은 카지노라면 위 업무를 요약하여 카지노케이지에 고용된 캐셔(cashier)들이 이 업무를 모두 해야 한다.

- 케이지의 조직 및 구성원의 책무

▶ 케이지의 구성원 조직도

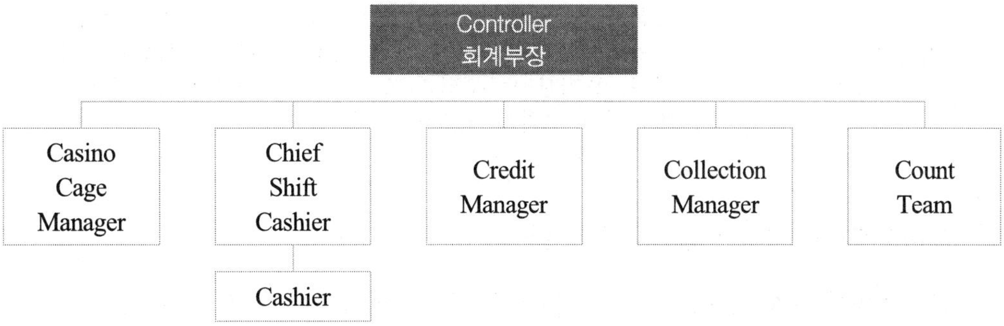

위 그림의 구조에 알맞은 구성원의 기본적인 임무와 책임은 아래와 같으며, 카지노가 계속해서 성장하고 확대됨에 따라 부가적으로 케이지의 책임과 직무가 발생하게 된다. 예를 들어, 케이지금고 또는 메인뱅크(main bank)는 벌트(vault)나 캐

셔가 교대로 담당하고 벌트매니저(vault manager)에 의하여 감독되는 등 책무의 관장이 필요하다.

▶ 케이지 구성원의 명칭 및 업무관장

구성원명칭	주요업무관장내용
카지노케이지매니저 Casino Cage Manager	• 컨트롤러(controller)에게 직접적으로 보고하며, 모든 케이지 업무절차의 직접적 감독의 책임이 있다.
치프캐셔 Chief Cashier	• 카지노 케이지 매니저에게 보고하며, 특정시프트 동안에 모든 케이지 운영의 책임이 있다.
캐셔 Cashier	• 치프시프트캐셔(chief shift cashier)에게 직접적으로 책임하에 있는 캐셔들로서 다음과 같은 업무와 책임을 부여받는다. 윈도우 캐셔(window cashier)는 대고객 또는 직원들과 직접적으로 대면하여 업무를 하는 캐셔로서 카지노 피트(pit)와 연계된 필/크레딧(fill/credit) 준비, 마커손님의 서류작성 및 정리, 게임수입에 관한 요약서 작성 등의 업무에 책임이 있다.
크레딧매니저 Credit Manager	• 컨트롤러에게 직접 보고하며, 손님의 크레딧 관련 업무에 책임이 있다.
콜렉션매니저 Collection Manager	• 컨트롤러에게 보고하며, 손님의 게임 채무수금의 감시와 그 영향에 대한 책임이 있다. 많은 조직차트는 이러한 감시적 영역 내에서만 임무를 구분하여 준다는 것을 인지해야 한다.
카운트 팀 Count Team	• 카운트 팀은 3명 이상으로 구성되는 것이 통상적이며, 컨트롤러에게 직접적으로 보고하고, 카지노피트(pit)와 바카라와 포커부서로부터의 드롭박스를 접수·카운트·문서화하여 보고하는 책임이 있다.

케이지캐셔의 업무와 영업회계 관련부서

앞에서 설명한 바와 같이 카지노 케이지는 큰 운영업체이든, 작은 운영업체이든 간에 카지노의 모든 부서들과 연계를 가져야 한다. 따라서 케이지 캐셔는 기초적인 카지노 구조를 이해하는 것과 다양한 카지노 부서들의 업무와 책임에 익숙해지는 것은 매우 중요하다. 이에 워킹-시프트(working-shift) 동안에 임명된 캐셔는 다음과 같은 업무를 근본적으로 처리한다.

▶ 케이지캐셔의 관련부서 연계업무내용

관련부서	연관업무내용
테이블 게이밍 부서 Table Gaming Dept.	• 카지노피트(pit)의 테이블 칩스 필/크레딧(fill/credit)의 준비, 손님의 크레딧 처리를 위한 증서교부의 접수와 준비, 테이블을 오픈(open)하는 딜러와 클로즈close)하는 딜러를 '마스터게임리포트(master game report)'에 보고하고, 손님의 데이터를 위한 정보를 제공한다.
슬롯머신 게임부서 Slot Machine Dept.	• 슬롯필(slot fill)의 준비와 발행요구에 제시된 문제를 포함해서 잭팟(jackpot)자금의 관리, 요구된 코인을 플로어체인지퍼슨(floor change person)에게 공급한다.
식·음료부서 Food & Beverage Dept.	• 바(bar)와 레스토랑(restaurant)의 뱅크를 발행하고 받아들인다. 뱅크롤(bankroll) 책임자에게 바와 식당의 수입을 보고한다.
회계부서 Accounting Dept.	• 세부감사와 회계관리를 위하여 요구된 케이지 문서를 회계담당부서에 보내고 준비한다.
보안부서 Security Dept.	• 기밀에 해당하는 키(sensitive keys)의 발행과 관리의 보조, 필과 크레딧 처리 중에 보안요원들과의 협력, 케이지 안전에 필요한 방법을 공조하여 구축한다.

위의 업무내용만으로 살펴보면, 카지노 케이지(cage) 뿐만 아니라, 카지노는 다양한 방법에 의하여 조직이 구성될 수 있다. 종사원들의 구성에 관계없이 경영자의 중요 목적은 책임과 임무의 명확한 구분과 명령이 신속·정확히 하달되는 조직의 구조를 만들어야 한다. 다음의 해외 카지노 전체조직도(회계부서 및 케이지와 연계된 조직구성)를 살펴보면, 특히 컨트롤러의 역할과 카지노 총지배인(general manager)의 지배력을 볼 수 있다.

▶ 해외 카지노의 회계관리와 연계된 구성원 조직도

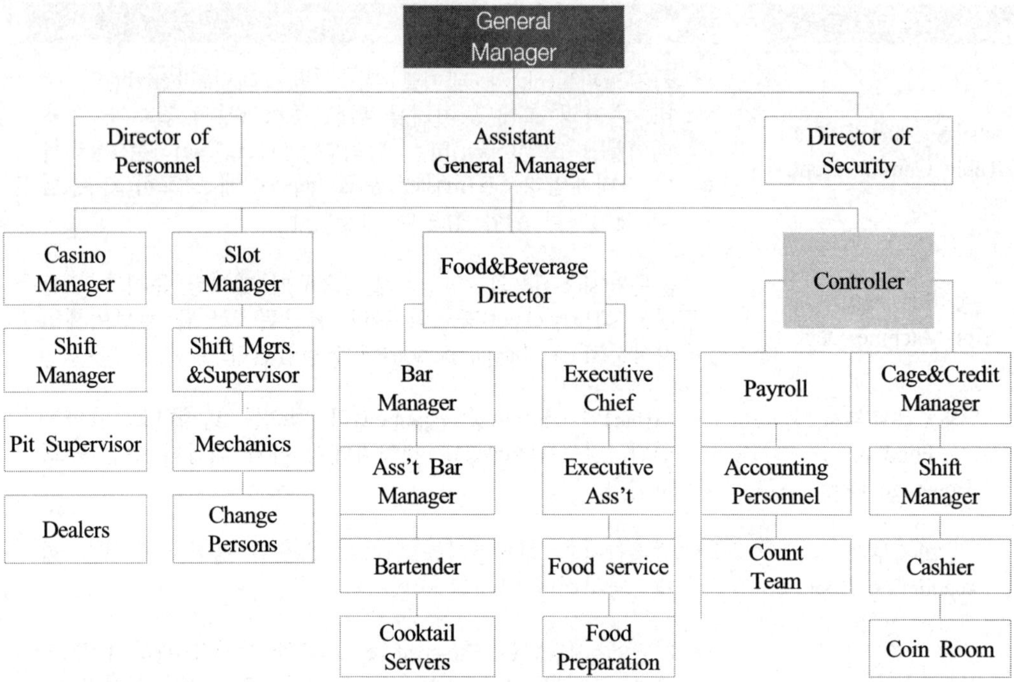

4 카지노회계관리 내부통제기준

1 국내 카지노의 회계관리제도

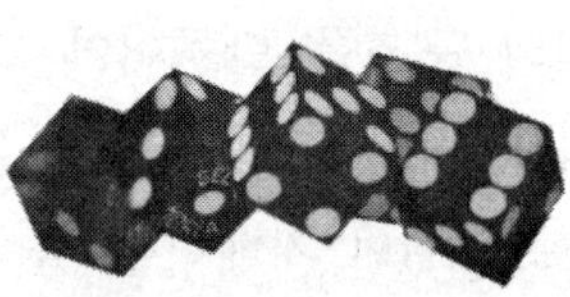

카지노영업준칙의 회계업무에 관한 규정

국내 카지노사업 영업준칙에는 영업활동 및 효율적인 회계관련 내부통제를 위하여 출납부서 및 전산전문요원을 두도록 하고 있으며, 이사회를 구성토록 하고, 이사회는 카지노 영업활동과 내부통제에 대한 최종적인 권한과 책임을 지도록 하였다. 이에 국내카지노 영업준칙 중 회계업무에 관한 규정을 요약하여 보았다.

- 출납부서의 직무(제2장 「기구조직」의 제9조)

출납부서는 영업 및 회계와 관련하여 게임테이블의 영업을 위한 칩스의 공급 및 회수, 카운트룸(count room)의 운영 및 관리, 그리고 영업과 관련된 현금・수표・유가증권의 거래 및 보관, 기타 출납운영과 관련된 업무를 수행한다고 규정하였으며, 또한 카지노사업자는 출납부서의 조직을 칩스관리, 카운트룸 운영 기타 출납관련 업무를 업무별로 분리하여 운영하는 것을 원칙으로 한다고 규정하였다.

- 시설기준(제3장 「영업시설」의 제17조, 제19조, 제20조, 제21조)

시설기준을 관광진흥법 시행규칙 제8조의3의 규정에 정한 시설로 1개소 이상의 출납창구, 카운트룸, 폐쇄회로 설비를 카지노사업자는 원활한 영업활동과 효과적인 내부통제를 위하여 시설을 갖추어야 한다고 규정하면서, 출납창구의 시설기준은 현금・칩스의 기록문서가 통과할 수 있도록 개봉된 창구를 설치하여야 하며, 출납장면은 녹화할 수 있도록 CCTV을 설치하여야 하고, 출입문 내부에 잠금장치를 설치하여야 한다. 환전소의 설치기준을 제19조의 규정을 준용하고, 또한 카지노업자가 필요한 경우 환전업무와 출납업무를 동일한 장소에서 수행할 수 있게 하였다. 카운트룸 설치기준을 ① 출입문은 1개이어야 한다. ② 출입문에는 잠금장치가 있어야 한다. ③ 바닥까지 보이는 투명한 재질로 제작된 계산대를 갖추어야 한다. ④ 계산장면을 녹화할 수 있도록 CCTV를 설치해야 한다. ⑤ 드롭박스를 안전하게 보관할 수 있는 공간을 확보해야 한다는 설치기준(standard)을 규정하였다.

- 환전(제5장 「영업절차」의 제41조)

카지노에서 환전가능한 외화는 국제통용화폐에 한하고, 카지노환전상에서의 환율 적용은 관련법령에 따르며, 환전시 행정절차와 전표관리에 관해서는 외국환 규정에 의한다고 규정하였다.

- 칩스수불(제5장 「영업절차」의 제44조)

영업부서와 칩스관리부서에 칩스이동이 발생할 경우에는 별지 제11호서식의 칩스전표 2부를 작성하여 부본은 테이블의 드롭박스(drop box)에 투입하고 원본은 칩스관리부서에서 이를 보관해야 한다. 위의 칩스전표에는 ① 칩스전표 발행일시, ② 게임종목 및 테이블 번호, ③ 액면가별 칩스 수량 등을 기재하여야 하고, 칩스전표상의 금액과 실제 칩스금액을 확인하기 위하여 영업부서 직원 2명 이상과 칩스 관리직원이 공동으로 서명해야 한다. 또한 칩스전표를 잘못 발행한 경우에는 'void(무효)'라고 영문으로 표시하고 책임자가 서명한 후 폐기해야 한다.

• 고객캐시인 및 재환전(제5장 「영업절차」의 제46조)

칩스(chips)를 고객이 요청할 경우 즉시 현금으로 교환하여야 하며, 현금과 교환된 칩스를 칩스관리부서에 반납하고자 할 경우에는 제44조의 규정을 준용한다. 출납에서는 칩스교환 요구고객의 게임참가 및 크레딧 제공여부를 확인할 수 있으며, 게임에 참가하지 않았건, 크레딧을 상환하지 않은 고객에 대하여는 현금교환을 지연 또는 거부할 수 있다. 재환전시의 환전절차와 전표관리에 대해서는 외국환 관리규정에 의한다.

• 드롭박스의 열쇠관리 및 계산절차/계산요원의 복장 및 준수사항(제5장 「영업절차」의 제48조, 제50조, 제51조)

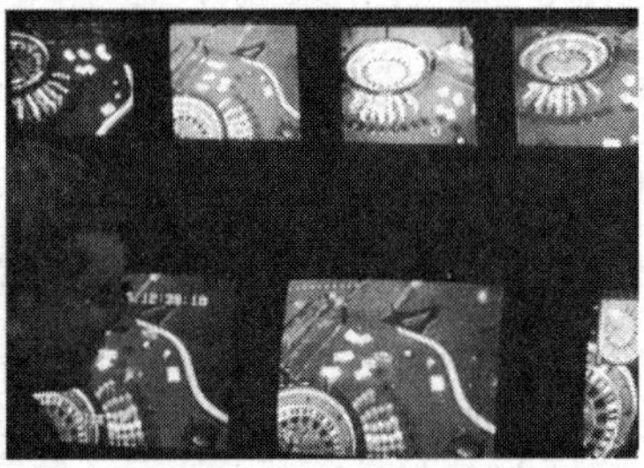

테이블에서 드롭박스를 제거하는 열쇠(key)는 영업부서와 독립된 부서에서 관리해야 하며, 드롭박스 개봉열쇠는 계산요원(count team)만이 취급할 수 있고, 드롭박스 제거열쇠와 드롭박스 개봉열쇠를 동일인이 관리하여서는 안된다. 드롭박스 계산절차를 드롭박스는 일정한 시간을 정하여 실시하여야 하고, 계산을 하기 위하여 카운트룸을 출입할 경우에는 계산요원 전원이 참석해야 한다. 드롭박스의 계산은 카운트 룸에서만 이루어져야 하고, 계산에는 최소한 3명의 직원이 참여해야 하며, 1명은 화폐 등의 캐시금액을 계산하고, 다른 1명은 집계표 작성, 다른 1명은 감독하는 방법으로 업무를 분장해야 한다. 또한 카운트룸으로 운반된 드롭박스는 게임종류별, 테이블별로 순서대로 하나씩 개봉하여야 하며, 드롭박스를 개봉하면 투명한 테이블에 내용물을 쏟아 내용물의 잔류 여부를 감독자에게 확인시킨 다음 현금·수표·유가증권 등으로 분리하여 계산하여야 한다. 화폐의 계산은 화폐 단위별로 계산하여 테이블 번호별로 드롭액을 작성하여야 하며, 각 테이블별로 작성된 드롭액을 집계하여 별지 제12호서식인 일일집계표를 작성하고, 계산에 참여한 전원이 서명해야 한다. 또한 계산내용을 수정할 때도 그 절차는 동일하다. 계산요원 중 감독자는 계산시작 전에 폐쇄회로 감시부서(surveillance room)에 시작을 알려야 한다.

이 경우 서베일런스 요원은 계산과정을 날짜와 시간이 나타나도록 녹화되어야 한다. 계산요원은 주머니가 없는 복장을 착용하여야 하고, 계산요원은 수첩이나 용기를 지닐 수 없으며, 계산요원이 테이블에서 손을 치울 때에는 양 손을 펼쳐서 카운트 룸 내의 모든 사람과 CCTV에 반드시 확인시켜야 한다. 또한 계산원은 계산이 종료될 때까지는 휴식시간과 긴급상황 외에는 계산대를 떠나서는 안된다.

• 머신게임시설기준(제6장 「머신게임」의 제54조, 제55조)

머신게임을 운영하는 카지노사업자는 원활한 영업활동과 효율적인 내부통제를 위하여 ① 잔돈교환소, ② 중앙금고, ③ 코인카운트실(포장실), ④ 폐쇄회로 시설을 갖추어야 한다. 그리고 위의 시설 중 교환소는 출납창구와 중앙금고는 테이블게임 칩스뱅크(chips bank)와 코인카운트룸은 테이블게임 카운트룸(count room)과 병행하여 사용할 수 있다. 잔돈교환소의 설치기준은 고객의 이용이 편리하고, 보안성을 고려하여 다음의 기준이 적합하게 설치되어야 한다고 규정하였다. ① 윗면이 개봉된 부스(booth)형이어야 하고, 밀폐된 면의 상단부는 투명한 제질로 설치하여야 한다. ② 지폐, 코인(토큰), 문서 등이 통과할 수 있도록 개봉된 창구를 설치하여야 한다. ③ 출입문 내부에 잠금장치를 하여야 한다. ④ 지폐, 코인, 문서 등의 교환장면은 녹화할 수 있도록 폐쇄회로 CCTV 설치가 가능하여야 한다. 그리고 카지노사업자는 고객의 편의를 도모하기 위하여 잔돈교환소의 책임자에 이동식, 잔돈교환원, 잔돈교환머신 등을 운영할 수 있다.

• 호퍼에 코인을 넣는 절차(제6장 「머신게임」의 제63조)

호퍼(hopper)에 코인(coin)을 넣을 때에는 다음 절차를 따라야 한다. ① 호퍼에 코인을 넣을 필요가 있을 때에는 잔돈교환원(change person)이 이 사실을 근무조 책임자에 알려야 하며, ② 통보받은 근무조 책임자는 기계를 열고 이를 확인해야 한다. ③ 근무조 책임자는 잭팟(jackpot), 필(fill) 지급 티켓을 작성하여 체인지퍼슨과 함께 서명한 후 이를 금고 회계원에게 제출해야 한다.

④ 금고회계원은 잭팟, 필지급티켓이 정당히 작성되었는지를 확인하고 서명한 후 이를 근무조 책임자에게 코인을 전달한다. ⑤ 근무조 책임자는 체인지퍼슨이 보는 앞에서 그 금액을 호퍼(hopper)에 넣고 기계 내부에 있는 영업일지에 그 내용을 기록하여야 한다.

• 잭팟의 지급절차(제6장 「머신게임」의 제64조)

카지노사업자는 고객이 머신기구에 의하여 자동적으로 지급되지 않은 배당금의 한도를 정하게 되고, 이에 당첨되었을 경우의 배당금은 다음의 절차에 따라 지급하여야 한다. ① 고객으로부터 연락을 받은 체인지퍼슨은 이 사실을 근무조 책임자에게 알려야 한다. ② 근무조 책임자는 체인지퍼슨(change person)과 함께 릴(reel)의 조합과 플레이한 코인의 숫자 등을 조사한 후 배당금과 일치 여부를 확인하여야 한다. ③ 근무조 책임자는 잭팟 페이아웃 티켓(jackpot payout ticket)을 작성, 서명하고 이를 뱅커캐셔에게 제출하여야 한다. ④ 뱅커캐셔(bank cashier)는 잭팟 · 필지급티켓이 정당하게 작성되었고, 필요한 직원의 서명이 있는지를 확인한 후 그 자신도 잭팟 · 필지급 티켓에 서명하고 해당되는 금액을 근무조 책임자에게 지급하여야 한다. ⑤ 체인지퍼슨은 뱅크캐셔로부터 받은 금액이 맞는지를 확인하고 '잭팟 필 페이아웃 필(jackpot fill payout ticket)'에 서명한 후 고객에게 지급하여야 한다. 또한 누적식(progressive) 배당금을 지급하고자 할 경우에는 머신게임 운영책임자 및 카지노 총지배인에게 이를 사전통보한 후 고객에게 배당금을 지급하여야 한다.

• 잭팟/필 지급티켓 작성요령(제6장 「머신게임」의 제65조)

'잭팟 · 필 페이아웃티켓(jackpot payout fill ticket)'을 일련번호가 기재된 양식에 다음 사항을 기록할 수 있도록 3부를 작성하되, 원본은 뱅크캐셔가 출납부서에 제출하고, 사본 1부는 드롭박스에 넣어야 하며, 또다른 사본 1부는 근무조 책임자가 머신게임 운영책임자에게 제출하여야 한다. ① 일시, ② 머신기기 번호와 베팅단위, ③ 지급되어야 하거나 호퍼(hopper)에 넣어야 하는 금액, ④ 게임결과(reel의 symbol, card의 종류 및 무늬 등), ⑤ 직원의 성명 및 서명 등이다.

• 잔돈교환소의 관리/지폐 · 코인의 내부교환요령(제6장 「머신게임」의 제66조, 제67조)

잔돈교환소(booth)는 항상 체인지퍼슨(change person)이 상주하거나 잠금상태로 있어야 하며, 매 근무조가 교대할 때마다 뱅크캐셔는 교대 전후 체인퍼슨의 입회하에 부스에서 지급된 돈을 계산하여 잔고대조표를 작성하여야 한다. 잔고대조표에는 다음 사항을 기록하여 체인지퍼슨과 뱅크캐셔가 서명해야 한다. ① 일시, ② 지폐 · 코인의 실제금액, ③ 잔돈교환소의 근무조 교대시의 시재액, ④ 직원성명 및 서명 등을 기록해야 한다.

지폐 · 코인의 내부교환요령은 근무조 책임자나 뱅크캐셔에 의한 모든 지폐 또는 코인(토큰)의 교환거래들은 뱅크캐셔의 직접적인 관리하에 있는 교환전표로 작성해야 하고, 교환전표는 체인지퍼슨에게 매입이나 교환을 요청하기 위해 쓰이며 ① 일시, ② 각 단위금액별로 뱅크로 되돌린 화폐의 금액 및 출금액, ③ 각 단위금액별로 요구되어진 코인(토큰)의 금액 및 봉금액, ④ 직원의 생명 및 서명 등의 사항을 기록하여야 한다.

• 계산 및 포장절차(제6장 「머신게임」의 제70조)

카운트팀(count team)은 다음과 같은 역할을 수행하는 최소 3명으로 구성하되, 요원 갑과 요원 을은 머신게임부서와 독립된 사람이어야 한다. ① 요원 갑 : 책임자 역할 및 계산한 금액 기록, ② 요원 을 : 실제계산작업 수행, ③ 요원병 : 관찰 및 확인업무 수행을 하며, 계산을 일정한 시간을 정하여 하되, 다음의 절차에 따라 하여야 한다. ① 계산요원의 복장 및 준수사항은 제51조의 규정을 준수하고, ②모든 드롭(drop)을 마치고 카운트(포장)실로 옮겨진 후에 계산은 출납부서에서 정한 시간에 시작한다. 계산요원 3명 이상이 입회하기 전까지는 계산을 시작할 수 있다. ③ 드롭 · 계산 · 포장하는 동안 카운트(포장)실의 출입은 일체 통제하여야 하며, ④ 코인(토큰) 카운터기를 사용할 경우에는 계산하기 전에 뱅크캐셔에 의해 다른 코인(토큰)으로 시험테스트를 하여야 한다. ⑤ 요원 갑은 머신 고유번호를 드롭보고서에 기록하여야 하며, ⑥ 코인(토큰)을 전부 계산한 후에 이를 화폐가액으로 산정하여 각 드롭보고서에 기재하여야 한다. ⑦ 요원 갑은 계산 및 포장절차가 정확히 이행되었는지를 확인하고 관련서류는 출납부서에 제출하여야 한다.

• 출납부서의 확인/머신게임의 매출액/테이블게임과 함께 운영하는 사업자의 총매출 산정방법(제6장 「머신게임」의 제71조, 제74조, 제75조)

출납부서는 계산이 종료된 후 다음 사항을 확인하여야 한다. ① 잭팟·필 지급 티켓 원본과 사본의 모든 내용과 서명 등이 일치하는지 여부, ② 잭팟·필 지급 티켓의 합계가 드롭보고서와 일치하는지 여부, ③ 계산금액에 오류가 없는지 또는 화폐금액으로의 환산이 정확한지 여부, ④ 미터기에 의해 판독한 금액과 실제 계산한 금액과의 차이 등이다. 머신게임의 매출액이라 함은 고객이 머신기구에 투입한 총금액에서 머신기구를 통하여 고객에게 지급된 총금액 및 머신기구를 통하지 않고 별도로 지불된 총금액을 공제한 금액을 말한다. 테이블게임과 머신게임을 함께 운영하는 카지노사업자의 기금 부과를 위한 총매출액 산정은 제74조와 제87조의 규정에 의하여 산출한 매출액을 합한 금액을 말하며, 보고할 때에는 테이블게임 매출액과 머신게임 매출액의 내역을 각각 별도로 작성, 이를 합산하여 보고하여야 한다.

• 회계연도/회계기준(제7장 「회계제도」의 제82조, 제83조)

카지노사업자의 회계연도는 매년 1월 1일에 시작하여 12월 31일 종료한다. 카지노사업자는 카지노 영업장의 수입 및 비용과 관련된 모든 거래를 기업회계기준에 적합하도록 기록을 유지하여야 한다.

• 회계기록/외부감사(제7장 「회계제도」의 제84조, 제85조)

회계기록은 복식부기이여야 하고, 다음의 사업과 관련된 증빙서류는 5년간 유지·보관해야 한다. ① 매출액, 카지노수입금, 카지노손실금에 관한 사항, ② 카지노수입금 불산입관련사항, ③ 테이블별 영업수입(드롭)에 관한 사항, ④ 콤프 관련사항, ⑤ 크레딧관련사항, ⑥ 알선수수료 및 계약게임 관련사항, ⑦ 환전 및 재환전 관련사항, ⑧ 기타 영업 및 회계에 관한 사항, 카지노사업자는 재무제표를 작성하여 외부감사인에 의해 회계감사를 받아야 한다.

• 매출액산정(제7장 「회계제도」의 제86조)

총매출이라 함은 카지노영업과 관련하여 고객으로부터 수입한 총금액에서 고객에게 지급한 총금액을 공제한 금액을 말한다. 고객으로부터 수입한 총금액이라 함은 카지노 고객에게 현금·수표·유가증권 등을 칩스로 교환하여 준 금액과 크레딧 중 현금으로 상환된 금액을 말하며, 고객에게 지급한 총금액이라 함은 카지노 고객에게 칩스를 현금으로 교환하여 준 총금액을 말한다. 매출액은 일일단위로 결산하여 카지노 고객으로부터 수입한 총금액이 카지노 고객에게 지급한 총 금액을 초과한 경우에는 별지 13호서식의 매출액 현황에 이를 카지노 수입금으로 표기처리하고 카지노 고객에게 지급한 총금액이 카지노 고객으로부터 수입한 총 금액을 초과하는 경우에는 이를 카지노 손실금으로 표기처리하여야 한다. 그리고 계약 게임과 관련하여 카지노 고객 및 전문 모집인에게 지급하는 대가는 게임이 종료된 후 영업장 내에서 칩스로 지급하여야 하며 동 대가는 카지노 고객에게 지급한 총금액에 산입한다.

- 기금부과를 위한 총매출액 산정방법/카지노 수입금불산입
  (제7장 「회계제도」의 제87조, 제88조)

기금부과를 위한 해당 회계연도의 총매출이라 함은 제86조의 규정에 의한 카지노 수입금 계정의 총금액에서 카지노 손실금 계정의 총금액을 공제한 금액을 말한다. 카지노 고객이 제공한 현금·수표·유가증권 등이 위조로 판명되어 회수불가능한 경우와 부도로 인하여 회수불가능한 경우에는 이를 총수입에 산입하지 아니한다.

- 콤프비용의 범위/콤프비용 증빙서류(제7장 「회계제도」의 제89조·제90조)

카지노사업자가 카지노 고객에게 제공할 수 있는 콤프의 범위는 ① 고객운송을 목적으로 지급하는 경우, ② 고객숙박을 목적으로 지급하는 경우, ③ 고객 식음료 제공을 목적으로 지급하는 경우, ④ 기타 고객 편의제공을 목적으로 지급하는 경우로 규정한다. 카지노사업자가 카지노 고객에게 콤프를 제공할 때에는 다음과 같은 증빙서류를 구비하여야 한다. ① 콤프 인증서, ② 수혜자의 여권사본, ③ 항공권복사본, 숙식영수증 등 콤프비용 제공 증빙서류

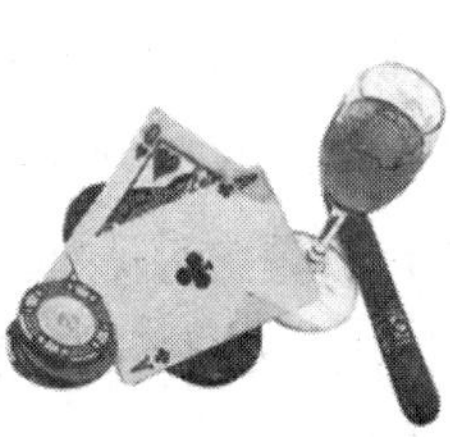

• 크레딧제공 / 크레딧한도 / 크레딧상환 / 크레딧의대손처리
(제7장 「회계제도」의 제91조, 제92조, 제93조)

카지노사업자는 카지노게임 참가자에게 크레딧을 제공할 수 있다. 이 경우 다음과 같은 사항이 기록된 크레딧 전표를 발행하여야 하며, 별지 14호서식의 크레딧 내역서에 크레딧 제공 및 상황관련 기록을 유지해야 한다. ① 제공일시, ② 금액, ③ 제공자의 성명 및 서명, ④ 제공받은 자의 성명 · 주소 또는 전화번호 및 서명 등이다. 또한 크레딧 전표는 원 · 부본을 작성하여 크레딧 발행부서에 안전하게 보관한다.

그리고 크레딧 전표는 일련번호를 부여하여 순서대로 발행하며, 잘못 발행한 전표는 'void'라고 영문으로 표시하고, 책임자가 서명한 후 폐기하여야 한다. 카지노사업자가 카지노게임 참가자에게 제공하는 크레딧의 한도는 외국환 법령이 정하는 바에 의한다. 카지노사업자는 크레딧을 제공받은 자에게 크레딧을 회수하기 전에는 칩스를 현금으로 교환해 줄 수 없으며, 크레딧이 상환될 때에는 상환 즉시 크레딧 장부에 기록해야 하고, 크레딧의 원 · 부본에 'void'라고 표시한 후 원본은 크레딧을 제공받은 고객에게 교부하고 부본은 크레딧 발행부서에서 보관한다.

• 예치금의 보관(제7장 「회계제도」의 제95조)

카지노 고객이 현금 · 칩스 등을 카지노 영업장에 일시 보관해 두고자 요청할 경우, 카지노 사업자는 예치금 보관 중에 ① 예치일시, ② 예치금액, ③ 고객의 성명, ④ 담당자 성명 및 서명 등의 사항을 기록하여야 하며, 예치금 보관증은 원 · 부본을 작성하여 부본은 카지노 고객이 보관하고, 원본은 예치금 담당부서에서 보관한다.

• 예치금의 인출/예치금 보관증의 파기/예치금의 일부인출
(제7장 「회계제도」의 제96조, 제97조, 제98조)

카지노고객이 예치금 인출을 요구할 때에는 카지노사업자는 원본과 부본의 일치여부를 확인한 후 즉시 인출하여야 한다. 카지노 고객이 예치금을 인출하였을 경우, 또는 잘못 발행한 경우에 카지노사업자는 예치금 보관증을 파기해야 한다(카지노 고객이 예치금의 일부만 인출한 경우에도 제95조 내지 제97조의 규정을 준용한다).

카지노 영업회계에 관한 서식

칩스 종류

별지서식 제7호

칩스요령 (사진부착)	입고현황			
	입고일	입고량	비고	확인

재고현황							
연월일	출입고량	파손	유동	현재고	비고	뱅크확인	확인

칩스전표

별지서식 제11호

게임종류(테이블No.) : 일자 :

시간 : 근무조 :

칩스종류	칩스수량	금액	확 인	
			부서명	성명 및 서명
합계				

※ 칩스불출시 전표와 칩스회수시 전표는 컬러, 발생사유 명기 등의 방법으로 구분하여야 함.

매출액현황(원)

별지서식 제13호

일자	매출액 (A-B)	카지노 수입금(A)	카지노 손실금(B)	누적액
총 매출액				

알선수수료내역서

별지서식 제15호

알선 일자	알선업자 성명	알선업자 주소	알선인원 (국적)	알선 수수료
총 매출액				

일일집계표

별지서식 제12호

테이블 번호	현금	수표	유가증권 등 기타	계	비고
합계					

게임계약내역서

별지서식 제16호

게임 일자	전문모집인 성명 (주소 및 전화번호)	고객수 (국적)	매출액	지불 내역	지불 금액
합계					

※ 게임종류별, 테이블번호 순서대로 기재하고 각 종류별로 소계를 표시한 다음 맨 마지막 란에 합계금액을 표시한다.

※ 비고란에는 수정내용 등의 특기사항을 표시한다.

※ 자체실정에 맞는 계산요원 및 감독자의 서명란을 만들어 사용한다.

▶ 크레딧내역서(월별) 별지서식 제14호

제공내역				상환내역				
일자	제공자 성명	제공받은자의성명 (주소 및 전화번호)	금액	제공일자	상환일자	상환자 성명	제공받은 금액	상환금액

2 카지노 통계

카지노의 보고/통계의 실태 및 문제점

현행실태	• 현재 카지노사업자들의 카지노 관련 보고체계(회계업무 포함)를 살펴보면, 「관광진흥법 시행규칙」에 의거하여 월별로 각 카지노업체에서는 앞서 제시한 서면으로 된 보고양식을 작성하여 카지노협회에 제공하면, 협회는 제출된 자료를 정리하여, 문화체육관광부에 보고하고, 문화체육관광부에서 최종 확인 후 매년 카지노통계를 홈페이지 상에 공개하고 있음. • 카지노통계라고 보고되는 내용을 살펴보면, 각 사업자에 대한 기본개요 정도인 사업장 규모와 자산규모, 게임시설 현황 등이 있으며, 운영과 관련된 사항으로는 입장객 수, 매출액, 홀드율 정도만 포함되어 있는 실정임.
문제점	• 국내 관광관련 협회들이 대부분 영세한 규모로 운영되고 있듯이, 한국 카지노업관광협회 역시 영세한 규모로 운영되고 있는데, 카지노사업자들이 보고하는 월별 자료를 취합하고 정리하는 데 불필요한 노동력을 낭비하고 있음. • 인력의 부족으로 인해 전산화가 되지 않은 과거의 자료들은 전혀 데이터화가 이루어지지 않고 있으며, 서면양식으로 제출된 자료를 다시 입력함으로써 자료입력시 오류가 발생할 가능성이 충분히 존재함. • 또한 월별보고로 보고기간이 길어짐으로써 기초자료의 조작가능성이 충분히 존재하며, 서면으로 작성되어 수작업으로 통계자료가 만들어지므로 통계자료의 투명성과 공신력 확보가 어렵다. 그리고 월별보고만 의무화되어 있어 일별 세부자료의 입수가 불가능하므로 급변하는 관광환경에 신속하게 대응하기에 어려움이 있는 것이 문제임.

자료 : 한국카지노업관광협회, 「카지노산업 중장기 발전방안 연구」, (2007), TDI, pp.Ⅷ-47.

카지노통계 인프라여건 분석(벤치마킹사례)

카지노통계인프라구축과 문제점을 개선하기 위해서 벤치마킹(bench marking)할 수 있는 좋은 사례로 영화산업을 예로 들 수 있다. 영화산업 역시 내부적으로 끊임없이 제기되어 오던 문제점이 극장과 배급사의 입장객수 부풀리기였으며, 누구도 신뢰하지 않은 입장객 수에 영화산업 전체가 신뢰를 잃게 되면서 영화관 입장권 통합전산망 구축사업은 투명한 한국영화산업의 통계자료를 확보하고, 한국영화시장의 유통구조를 개선하기 위해 진행되고 있는 사업으로, 전국 영화관의 입장권 발행정보를 온라인으로 실시간 집계 · 처리하는 시스템이다. 영화관 입장권 통합전산망 구축으로 인해 정확한 통계자료를 토대로 정부가 다양한 영화산업 지원책을 마련할 수 있을 것으로 기대되며, 영화제작, 투자, 배급사들도 투자수익을 예측이 가능하여 보다 예측이 가능한 제작에 나설 수 있다는 것이다. 따라서 국내 카지노산업의 규모는 작지만 카지노는 무엇보다도 대내 · 외적으로 투명성을 강조해야 하는 산업이기 때문에, 통합전산망구축이 필요하며 분석적인 마케팅활동을 위해서도 반드시 실시되어야 할 것으로 생각된다.

카지노통합전산망 구축

현재 공공(公共)에서 운영하는 카지노는 자체적으로 CMS(Casino Managing System)을 구축하여 운영하고 있는데, 이를 국내 전체 카지노로 확대하여 한국카지노 전체 통계를 관리하는 통합전산시스템을 구축하는 것이 필요하다. 현재 각 카지노사업자가 서면양식 작성 후 협회에 제출하는 방식을 대신하여 사업자별로 회원번호를 배당받아 통제시스템에 직접 로그인하여 자료를 입력하는 형식으로 변경하여야 하며, 사업자의 영업상 비밀을 제외한 모든 자료를 입력하여 가능한 많은 자료를 공개하는 것이 바람직하다. 미국 네바다주의 경우, State Gaming Control Board는 네바다주에서 영업하고 있는 모든 게임시설에 대한 위닝금액(winning amount)의 월별자료를 공개하고 있으며, 조세대상 매출액도 공개하고 있다. 또한 매년 카운티(county)별(라스베이거스 스트립은 별도)로 동일한 카운티(행정구역)에 속한 카지노 사업자의 영업관련 사항을 통합한 대차대조표, 손익계산서, 부서별직원수, 객실가동률 등의 자료를 공개하고 있으며, 해당 자료를 활용하여 일평균 객실당 영업장(pit), 슬롯머신 그리고 F&B 매출액 및 매출액에서 콤프비가 차지하는 비율 등 다양한 정보를 누구든지 상시 열람 또는 다운로드가 가능하게 되어 있다.

카지노 통합전산망 구축에 따른 기대효과

카지노 통합전산망 구축에 따른 기대효과는 크게 3가지로 볼 수 있다. 첫째, 현재 소규모의 인원으로 운영되는 한국카지노업관광협회의 업무 중 많은 부분을 차지하는 통계자료 정리임무를 전산화하여 업무의 효율성을 증대시킴으로써 한국 카지노의 홍보 마케팅 및 업계대상 교육프로그램 개발에 더 많은 역량을 투입할 수 있을 것으로 기대된다. 둘째, 일별로 각종 통계자료를 입력시켜 통계자료의 조작가능성을 미연에 방지함으로써 자료의 정확성 및 신뢰도를 향상시켜 국민들 뿐만 아니라 대외적으로 한국카지노의 위상 및 이미지(image)를 격상시킬 수 있을 것이다. 셋째, 일별로 세부적인 정보를 입력함으로써 시장변화를 신속하게 감지(感知)할 수 있고, 마케팅 계획과 실행을 효과적으로 통제할 수 있어 데이터에 입각한 분석적 마케팅을 활성화시킬 수 있다.

국내의 GKL 세븐럭카지노 CMS

- 프레임워크와 웹(web)을 기반으로 프로그램되는 등 최첨단 IT 기술을 활용한 카지노 전산시스템이다.
- 외국고객이 현지에서 국내로 입국하는 일정을 시작으로 카지노에서의 게임실적, 성향, 마일리지, 게임중인 테이블 등은 물론 선호하는 음료·식사 등 CRM 시스템과 완벽하게 연결돼 있는 것이 특징으로 되어 있다.

3 카지노영업회계제도

카지노관련 특별소비세(특별소비세법 제1조 제2항 및 제3조 제5항에 규정됨)

특별소비세법상 카지노 기구 및 카지노 입장행위는 과세대상으로 규정되어 있는데, 특히 카지노관련 물품의 공급시에는 물품가격의 100분의 20이 과세(課稅)되어 기타의 사치성 물품보다 중과세되고 있는 실정이다. 현재 입장행위에 대한 과세는 특별소비세법 제3조 제5항에 규정되어 있으나, 동법 제19조 제2항 및 동법시행령 제1조에 의해서 외국인의 경우 면세가 되고 있다. 입장행위에 대한 특별소비세 적용의 경우 지난 1997년까지 외국인에 대해서 특별소비세를 부과하였으나, 카지노업은 외화획득산업이며 외국인에 대한 과세는 특별소비세법의 목적에 부합하지 않는다는 판단에 따라 면세가 되었다. 그러나 카지노 장비(equipment)의 공급에 대해서는 외국인전용 카지노 이용객이 외국인에 한정됨에도 불구하고 20%의 특별소비세가 부과되는 등 관련 세제의 개편이 요구된다.

카지노 관련 특별소비세 항목

제1조제2항 「특별소비세부과물품」 투전기 · 오락용 사행기구 기타 오락용품에 대하여는 물품가격의 100분의 20의 세율을 적용한다.

제3조제5항 「입장행위에 대한 과세장소」 카지노 1인 1회의 입장에 대하여 5만원('폐광지역개발 지원에 관한 특별법' 제11조의 규정에 의하여 허가를 받은 카지노의 경우에는 1인 1회의 입장에 대하여 3천5백원). 다만, 외국인에 대하여는 1인 1회의 입장에 대하여 2천원을 부과한다.

제19조제2항 「입장행위의 면세」 외국인 또는 대통령령이 정하는 해외거주국민이 「폐광지역개발 자원에 관한 특별법」 제11조의 규정에 의하여 허가를 받은 카지노에 입장하는 경우이다.

제19조제2항의시행령제1조별표2 「과세장소의 종류」 카지노는 다만 「관광진흥법」 제5조의 규정에 의하여 허가를 받은 외국인전용의 카지노로서 외국인('해외이주법' 제2조의 규정에 의한 해외 이주자를 포함한다)이 입장의 경우를 제외한다.

여신전문금융업법(신용카드의 결제대상)

- 카지노칩스구입(신용카드)

카지노는 초청고객 위주의 영업특성상 최대한의 고객편의를 제공하고 있으며, 외국인전용 카지노의 경우에는 외국인의 편의를 위하여 환전업무까지 부대업무로 영위하고 있으며('외국환거래법' 규정에 이한 환전영업자임), 초청고객 대부분은 취미로 도박을 하는 부유한 계층으로서 고객관리를 위하여 법에 저촉되지 않는 한도 내에서 최상급의 무료숙박 및 항공 등의 콤프서비스를 제공하고 있다. 또한 현금반출을 제한하는 각국의 상황을 감안하여 고객의 요구에 따라 고객의 신용한도에 맞게 크레딧(외상게임)을 제공하거나 신용카드를 사용하여 카지노칩스(chips)를 구매할 수 있도록 하는 등 최대한의 편의를 허용하고 있었으나, 지난 2006년 6월 칩스는 '물품'이나 '용역'이 아니므로 신용카드로 구입할 수 없다는 재정경제부의 유권해석이 나와 외국인전용 카지노사업자들의 대고객서비스에 커다란 영향을 미치고 있는 것으로 판단된다. 재경부의 유권해석은 현행 '카지노업 영업준칙'상 칩스의 정의와 '여신전문금융업법'상 신용카드 결제대상 내용을 종합하여 내려진 결과이다. 현재 문화체육관광부 고시인 카지노영업준칙(제2004-4호) 제3조(정의) 제3호에서 '칩스'라 함은 '카지노에서 사용되는 현금 대용 화폐'를 말한다고 정의하고 있으며, 여신전문금융업법 시행규칙 제2조(신용카드의 결제대상)에서는 신용카드 결제대상을 물품의 구입 또는 상품권의 구입대금으로 한정하고 있다.

따라서 재정경제부(현 기획재정부)는 두 가지 법령을 종합하여 칩스가 현금대용 화폐로 정의되어 있기 때문에 물품이나 용역으로 볼 수 없으므로 신용카드로 칩스를 구매할 수 없다는 유권해석을 내린 것으로 보인다. 그러나 칩스는 카지노에서 영업편의를 위하여 베팅액과 게임의 결과물을 나타내는 보조수단으로 사용되었고, 게임을 신속하고 원활히 진행하여야 하는 딜러에게는 배팅계산 및 잔액환불, 게임 결과의 파악을 용이하게 해주며, 고객에게는 계산상 오류발생 우려를 불식시키기 위하여 고안된 것으로 카지노산업의 이익에 크게 기여하는 도구이다. 또한 칩스는 당해 카지노에서만 게임용으로 사용되고 수표・어음 등과 같은 금융자산(화폐)으로 볼 수 없다. 따라서 카지노업 영업준칙(제2004-4호) 제3조 제3호에서 카지노 칩스를 현금대용 화폐로 정의한다는 뜻은 경제적 금융자산으로서의 칩스를 의미하는 것이 아니라, 금액으로 표시된 게임도구라는 의미가 된다.

• 문제점 및 개선방안

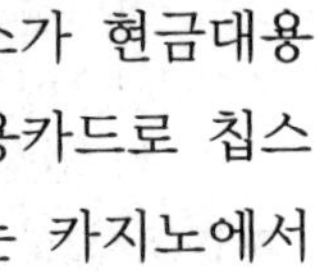

신용카드로 카지노칩스를 구매할 수 없다는 재경부(현 기획재정부)의 유권해석은 외국인전용 카지노에 다음과 같은 문제점을 야기

시킬 수 있다. 첫째, 주변 경쟁국에서는 신용카드의 카지노 칩스 교환사용이 허용되고 있을 뿐만 아니라, VISA카드사의 규정에도(Category 7995) 카지노칩스를 신용카드로 구매가능한 물품으로 명문화되고 있기 때문에, 세계적으로 통용되는 신용카드의 이용을 거부할 경우 고객과의 분쟁 발생의 소지가 있으며, 고객의 재방문율이 저하될 가능성도 높다. 둘째, 초청고객 위주의 영업특성과 각국의 현금반출 제한 등으로 크레딧(신용대여)을 제공하고는 있으나, 미회수의 위험이 많아 대다수 카지노에서는 크레딧 제공을 꺼려하여 고객으로 하여금 가급적 신용카드 사용을 유도하고 있는 형편인 바, 재경부(현 기획재정부)의 유권해석으로 인해 미회수 위험성을 안고 크레딧을 제공하거나, 미회수 위험 때문에 매출을 포기해야 하는 상황이 발생할 수 있다. 특히, 외국인전용 카지노의 경우 대부분의 업체가 신용카드 가맹점으로 등록된 상태로 적게는 10%, 많게는 30% 정도가 신용카드매출로 추정되고 있어 신용카드 사용이 금지될 경우 매출손실이 예상되며, 그에 따라 관광진흥개발기금 납부액도 감소할 것으로 판단된다. 셋째, 대외무역법 시행령(대통령령제19848호, 2006.3.10.) 제2조「정의」 제10조의2호및제2조의2「용역의범죄」 제1호아목에서는 관광진흥법상의 카지노업이 '외화획득용역'사업으로 규정되어 있기 때문에, 법체계의 견지에서도 대외무역법 시행령에서 카지노가 '용역사업'으로 규정된 내용이 관광진흥법 시행규칙 제33조의 위임규정에 따라 문화체육관광부장관이 고시한(2004.7.2 문화관광부고시 제2004-4호) 카지노업영업준칙상 칩스의 '현금대용화폐'규정에 우선되어야 할 것으로 판단된다. 따라서 재경부의 유권해석은 카지노업 영업준칙상 칩스에 대한 정의를 단순 해석한 것으로 판단되기 때문에, 카지노 칩스는 카지노 게임(게임용역의 제공)을 진행하기 위한 도구에 불과하다는 사실을 감안하여 칩스(chips)에 대한 정의를 수정할 필요가 있다47).

- 외국환거래규정의 여건분석

최근 카지노시장의 동향을 살펴보면, 라스베이거스의 거대자본이 유입된 마카오(Macau)를 필두로 동아시아지역의 카지노시장은 매우 급속히 성장하고 있으며, 영업경쟁은 더욱 심화되고

47) 한국카지노업관광협회,「카지노산업중장기발전방안연구」(2007), TDI, pp.Ⅷ-61.

있다. 국내 외국인전용 카지노의 경우, 2006년 서울 및 부산에 3개소가 추가로 개장되면서 고객유치경쟁이 치열해지고 있으므로, 이러한 국·내외 상황을 고려해 볼 때, 주변국의 주요 카지노업체에 대항하여 VIP고객을 유치하기 위해서는 영업방식의 개선이 필요하나, 현실적으로 국내 외국환거래규정의 제약으로 인해 국제적으로 보편화된 영업방식으로 라스베이거스 카지노의 일본영업소의 사례를 제시하여 보면, ① VIP고객이 현지사무소에 금액을 예치하고 라스베이거스를 간다, ② 카지노는 예치된 금액의 범위 내에서 VIP고객에게 칩스를 지급한다, ③ 현지 사무소에서 게임결과를 통보하면, ④ 이긴 고객에게는 해당 금액을 추가로 지급하고, 진 고객에게는 해당액을 차감한 후 지급하며, ⑤ 남은 외화는 정기적으로 국내에 송금하는 영업방식이다. 그러나 현재 외국환거래규정에 따르면 비거주자에게 외화의 영수는 가능하나 지급은 할 수 없으므로 현 상황에서는 위에 설명한 내용처럼 국제적으로 통용되는 방식을 사용할 수 없다. VIP고객 유치를 위해 외국환거래규정을 개정하는 방법으로는 ① 외국환은행을 통하지 아니하는 지급과 ② 거주자와 비거주간 지급 및 영수에 관한 다자간 상계 등 2가지를 생각해 볼 수 있는데, 외국환은행을 통하지 아니하는 자급의 경우 일명 '환치기'의 수단으로 악용될 가능성이 크기 때문에 거주자와 비거주자 간의 지급 및 영수에 관한 다자간 상계를 허용하는 방법이 현실적인 대안이 될 수 있다. 실제로 라스베이거스의 모 카지노의 경우 일본사무소에서 VIP 고객으로부터 금액을 예치받을 때, 4장의 예치증서를 발급해서 1장은 현지사무소가 보관하고 1장은 카지노, 1장은 라스베이거스 게이밍위원회에 제출하며, 나머지 1장은 고객이 보관하도록 한다. 그리고 고객이 카지노를 떠날 때, 카지노에서 고객이 소유한 칩을 환산하여 예치금의 변동 후, 잔액에 대한 증서를 고객에게 발급하고, 고객은 일본에 귀국한 뒤 현지 사무소에 증서를 제출하고 예치금을 반환 받는 시스템을 보유하고 있다. 한국도 이와 같이 라스베이거스 카지노의 시스템을 도입하여 고객예치금의 증감에 대한 철저한 사전·사후관리를 실시한다면, 불법외환거래의 가능성을 사전에 차단할 수 있을 것이다. 이에 외국환 거래규정에 '거주자와 비거주간 지급 및 영수에 관한 다자간 상계'에 관한 규정을 명문화하고, 상기 거래를 재정경제부장관 또는 한국은행 총재의 허가 또는 신고사항으로 규정하여 당국의 통제가 가능하도록 하며, 거래의 성적을 고려하여 사전에 범위를 정해 허가 또는 신고를 받은 후 매월 또는 정기적으로 이에 관한 입증서류(예치증서 등)를 첨부하게 하여 사후관리를 실시한다면, 외국인전용 카지노의 VIP고객 유치확대 및 영업환경 개선에 도움이 될 뿐만 아니라, 외국환거래에 대한 투명성 역시 확보할 수 있을 것이다.

4 카지노 영업규제 및 영업장 환경

영업규제 관련조항

카지노에 대한 정부규제의 근본취지는 카지노의 합법화 및 상업화로 인한 부정적인 사회적 영향 내지는 비용억제를 목적으로 실행되며, 현재 카지노에 부과하는 주요 규제유형은 상당부분 영업활동 규제로 대표되고 있으며, 이는 회계제도에 지대한 영향을 미치고 있다. 한국의 현행 카지노 관련 법은 관광진흥법상에 존재하므로 종합법적인 성격을 갖고 있어 카지노 영업과 관련된 세부적인 조항은 포함되어 있지 않았다. 외국의 경우 카지노 관련법이 독립법령으로 다루어져 허가규제, 영업규제, 수요규제 등 세부 영업규제까지는 포괄적이고 면밀하게 명시되어 있음을 볼 때, 국내에서도 카지노산업의 부작용 방지와 지역발전 기여의 논리를 위해서는 카지노 관련 진입규제사항, 영업규제사항, 수요규제사항, 회계관련사항 등은 전문적으로 다룰 수 있는 전문법령의 제정이 필요하다. 다음은 국내 및 해외의 영업규제(회계관련)조항이다.

국내카지노영업규제관련조항

① 관광진흥법 제25조「카지노업의 영업종류 및 영업방법 등」
- 카지노업의 영업종류
- 영업방법 및 배당금에 관한 신고 및 변경신고

② 관광진흥법 시행규칙 제35조「카지노업의 영업종류」
- 블랙잭 · 룰렛 · 바카라 · 다이스 · 포커 등 20개 규정

③ 관광진흥법 제27조「카지노사업자 등의 준수사항」
- 카지노사업자의 준수사항
  - 법령에 위반되는 기구설치 및 사용

- 규정에 의하지 않는 영업종류, 영업방법 및 배당금 지급행위

④ 관광진흥법 시행규칙 제36조「카지노업의 영업준칙」

- 카지노영업준칙(제36조 관련)
  - 필요한 조직과 인력 1일 8시간 이상 영업
  - 게임기구 등 머신게임 영업준칙
  - 회계기록, 콤프이용, 크레딧 제공, 예치금 인출, 알선수수료, 계약게임 등에 관한 기록 유지
  - 게임규칙에 따른 게임 진행

- 폐광지역 카지노사업자의 영업규칙(제36조 단서관련)
  - 회원영업장과 일반영업장의 구분과 주류 판매금지
  - 영업시간/최고한도액/머신게임의 대수 출입자제한, 자금대여 금지
  - 폐쇄회로 CCTV의 설치
  - 이용자의 비밀보장 및 관련자료 공개 금지
  - 사고에 대해 즉시 문화체육관광부장관에게 보고
  - 회원영업장 운영 및 영업방법은 내규로 정하되 문화체육관광부장관의 승인 필요

해외카지노 영업규제 관련 조항

지역		베팅리미트	영업시간	게임시설규모
동남아	필리핀	• 관계법령 또는 규제사항 없음	• 관계법령 없이 지역별로 다르게 운영하나 특정 공휴일에는 반드시 휴장해야 함.	• 관계법령 또는 규제사항 없음
	말레이시아	• 관계법령 또는 규제사항 없음	• 24시간, 365일 영업	• 테이블 대수에 대한 규제는 없으나 카지노업 면허를 분기별로 갱신하여야 함
호주	퀸스랜드주	• 카지노업체의 자율에 맡기나 게임별 리미트를 테이블에 명기	• 수상에게 영업시간을 승인받아 운영	• 테이블대수에 대한 규제는 없으나 영업가능한 게임 종류를 명기
	뉴사우스 웨일즈 주	• 일반 영업장 미니멈 AUD $5.00, VIP룸은 AUD$5,000 ~$50,000	• 24시간 365일 영업	• 테이블대수에 대한 규제는 없으나 영업 가능한 게임 종류를 명기
미국	네바다주	• 카노를 제외한 모든 게임의 베팅리미트를 카지노 업체 자율에 맡김	• 영업시간에 대한 규제사항은 없으며 대부분의 카지노가 24시간 영업	• 테이블 대수에 대한 규제사항은 없으나 Non- restricted와 Restricted로 구분
	캘리포니아주	• 주법상 베팅리포트에 제한 없음	• 규제사항은 없음	• 규제사항 없음
	루이지애나주	• 카지노 업체 자율에 맡김	• 카지노 업체 자율에 맡김	• 해당규제사항은 없으나 업장규모가 약 2,810평 이상이어야 한다고 명기
	콜로라도주	• 최고금액 5달러로 제한	• 오전 10시부터 새벽 2시까지 영업 가능. 단, 특정일의 휴무규정은 없음.	• 테이블 대수에 대한 규제는 없으나 입장 전체 면적의 35% 이상, 또는 단일층의 50% 이상을 게임 용도로 사용할 수 있음.

※ 자료 : Price Waterhouse Coopers, TDI

내국인출입 카지노 영업장 환경(베팅금액 한도 중심)

해외카지노의 경우 카지노게임의 설치 대수 및 베팅한도액에 대한 규정은 국가에 따라서 정부에서 법적으로 제한하는 경우가 있으나, 대부분의 카지노 국가에서는 설치 대수에 대한 규정을 사업자 자율에 맡기는 경우가 많으며, 베팅금액 상·하한선 결정권한을 카지노사업자의 자율적 권한으로 이양하는 경우가 대부분이다. 그러나 국내 내국인출입 카지노사업자의 경우 일반영업장 테이블 게임의 배팅한도액을 1인당 1회 10만원 이하로 규정하고 있으며, 일반영업장 전체 테이블의 1/2 범위 내에서 1인당 1회 30만원 이하로 정할 수 있도록 규정되어 있다. 이와 같이 일반영업장 전체 테이블 게임의 50%에 한해서 베팅한도액을 차별화시키는 규정은 이용객의 고액베팅 기회를 줄여서 사행심을 최소화하려는데 목적이 있지만, 테이블게임 베팅한도액이 10만원 이하 50%, 30만원 이하 50%로 이원화되어 고액베팅 테이블에 대한 이용객들의 자리 매점매석 및 대리베팅으로 인한 팁(tip)요구 등의 질서문란행위가 발생함으로써 영업장 환경의 질(質)을 저하시키는 요인으로 작용하고 있다. 이러한 영업장의 무질서한 환경(environment)은 도심지 및 주거지역 또는 온라인 상에서 불법적인 도박장이 생겨나는 빌미를 제공할 가능성이 많으며, 레저 목적으로 게임을 즐기기 위해 방문한 고객의 불만을 야기(惹起)시켜 재방문을 낮추는 결과를 초래하고 있다. 또한 스키장 개장과 함께 중화권 관광객의 겨울철 방문이 집중될 것으로 예상되는데, 카지노영업장 환경의 무질서함으로 인해 카지노뿐만 아니라 한국에 대한 부정적 이미지가 각인되어 결국 한국 관광에 대한 불만족으로 이어져 재방문을 유도하기 어려워질 수도 있다. 따라서 영업장 내 환경개선을 통하여 비합법적 겜블 참여자를 제도권 내로 흡수하고, 레저·관광목적으로 방문하는 내·외국인의 만족도를 제고(提高)시켜 재방문을 증대시킬 필요가 있다. 이를 위해서는 최대 베팅한도액(maximum betting limitamount)을 정하고, 한도(限度)내에서는 사업자가 자율적으로 조정할 수 있게 하는 탄력적인 운영개선 방안을 모색함과 동시에 영업장 내 불법행위 및 질서문란행위를 관리·감독하는 요원을 상주시킬 필요가 있다.

▶ 아시아주변국 카지노의 일반영업장 베팅리미트(Betting Limit)

국가	카지노	Betting Limit		원화환산	비고
		Min	Max		
필리핀	PAGCOR	100PHP	50,000PHP	₩2,000~ ₩1,000,000	1PHP(페소) =₩20
마카오	Lisboa	100 patacas	500,000 patacas	₩12,000~ ₩60,000,000	1Patacas =₩120
말레이시아	Genting	20 MYP	5,000MYP	₩5,400~ ₩1,350,000	1MYR(링깃) =₩270

※ 자료 : Price Waterhouse Coopers, 2007, TDI

해외카지노 조세(租稅)제도 비교(라스베이거스 및 아시아 주변국가)

<table>
<tr><th>지역</th><th>구분</th><th>조세내용</th></tr>
<tr><td rowspan="4">라스베이거스</td><td>• 종류</td><td>• 게임허가요금, 세금, 기타 위원회가 부과하는 요금 등이 있음</td></tr>
<tr><td>• 슬롯머신허가제</td><td>• 슬롯머신 · 대수를 기준으로 한 대당 연간 250달러 부과하는 슬롯머신 허가를 시행중임</td></tr>
<tr><td>• 월별 GGR에 대한 누진세</td><td>• 월별 총 매출액에 대한 누진세 부과로
- ~US$50,000까지 : GGR의 3.5%
- US$50,000~US$134,000까지 : GGR의 4.5%
- US$134,000초과시 : GGR의 6.75%</td></tr>
<tr><td>• 기타세금</td><td>• 카지노 엔터테인먼트와 관련된 식음료, 상품, 입장료 등에 대해 매출액의 10%를 세금으로 징수하고 있음.</td></tr>
<tr><td rowspan="4">마카오
(Macau)</td><td>• 정부 조세수입 중 게임세 비중</td><td>• 2005년도 기준으로 정부의 총 조세 수입 중 약 76%를 차지함</td></tr>
<tr><td>• 세금종류</td><td>• 특별게임세(special gaiming tax) : 총 매출액의 35%를 월별로 부과함
• 프리미엄고정세(premium-fixed) : 연간 30milior MOP (한화 약 37억원)을 부과함
• 프리미엄변동세(premiun-variable) : 테이블 수와 슬롯머신 수에 따라 변동될 수 있는 세금(월별납입)
<table>
<tr><th>VIP테이블</th><th>일반테이블(Mass)</th><th>슬롯머신</th></tr>
<tr><td>300,000MOP</td><td>150,000MOP</td><td>1,000MOP</td></tr>
<tr><td>1년/테이블1대당</td><td>1년/테이블1대당</td><td>1년/1대당</td></tr>
</table></td></tr>
<tr><td>• 마카오재단 기금출연</td><td>• 총 매출액의 1.6%를 부과함(월별납입)</td></tr>
<tr><td>• 사회기반시설/관광 치안을 위한 세금 (정부)</td><td>• 총 매출의 1.4%(STD사) 또는 2.4%(기타업체)를 부과함(월별납입)
※ 세금비율 STDM사가 수십년간 마카오에 공헌한 업적을 고려하여 타업체와 차별화하여 책정한 것임</td></tr>
</table>

지역	구분	조세내용
말레이시아 (Malaysia)	• 조세	• 법인세 외에 게이밍텍스(gaming tax)로 카지노 매출액의 25%를 부과함
	• 수익금환원	• 스포츠단체를 협찬해주고, 각종 자선기관에 기금을 전달해주며, 교육 및 리서치 기관에 자금을 지원해주며, 장애아동 및 불우한 어린이들을 정규적으로 리조트에 초청하여 숙박 및 시설을 무료로 제공해줌
필리핀 (Phillippine)	• 프랜차이즈텍스 Franchise Tax	• 영업수익의 5%로 내수수입국(Bureau of Internal Revenue)에 납부함(2005년 기준, 약US$20백만)
	• 정부지분	• Franchise Tax 5%를 제(除)한 나머지 영업수익의 95% 중 50%로 재무성에 납부함(2005년 기준, 약 US$185백만)
	• 필리핀 스포츠위원회 지분	• Franchise Tax와 정부지분을 제(除)한 금액에서 5%를 국가스포츠개발프로그램을 위한 재원(財源)조달을 위해 분배됨
	• 대통령사회기금	• 위의 사가지 종류의 세금을 납부한 후 잔액은 대통령의 선결프로젝트의 재원조달을 위한 사회기금으로 사용됨
	• Annual Report 발행	• 카지노수입 및 지출내역의 대국민공개방식을 통하여 PAGCOR의 성과, 수입 및 지출내역 등을 포함한 연례보고서
	• 정기간행물배포	• PAGCOR의 수입성과와 수입용도를 담은 정기간행물로 대개 필리핀 국내신문에 발행됨.

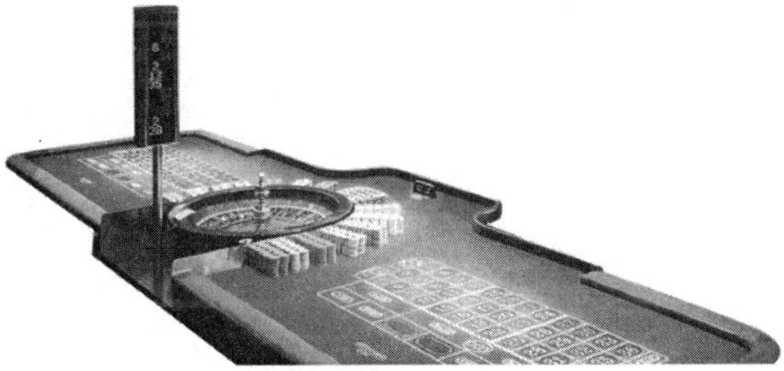

제3장

카지노게이밍의 경제수리학

(카지노게임이론 중심)

2012년 노벨 경제학상 수상자로 '엘빈 E 로스(Roth · 61)' 하버드대 교수와 '로이드 S 섀플리(Shapley · 89)' 로스앤젤레스 캘리포니아 주립대(UCLA) 명예교수가 공동 선정됐다고 스웨덴 왕립과학원이 2012.10.15일 밝혔다. 여기에 주목할 만한 대목은 로스트교수와 새플리교수는 경제학 분야 중 게임이론의 대표적 학자로서 게임이론을 바탕으로 경제문제를 다루어 경제학자라기보다는 철학자 · 수학자에 가깝다고 논평하고 있다. 또한 로스교수는 2010년 미의회브리핑에서 「경제학을 통한 좀더 나은 삶」이라는 주제로 브리핑을 하면서 "시장은 단지 상품만을 위한 것이 아니라 기회를 위해 존재하는 것이라고" 역설한 바 있으며, 스웨덴 왕립과학원도 "올해 경제학상은 가장 핵심적인 경제문제, 즉 다른 주체들과 어떻게 하면 잘 연결할 수 있는지에 관한 것"이라고 설명했다. 이에 본 장에서는 카지노산업의 주체인 게이밍(gaming)의 논리 즉 게임이론의 수리경제학(mathematical economics)에 관하여 살펴보기로 한다.

1 게이밍 수리경제학의 개요

카지노산업은 관광경제학의 영역(category)으로 분류되어 관광의 공급이 경제·경영행위의 대상으로 이윤을 추구하는 목적으로 제공되는 관광상품의 공급 중 카지노상품은 관광객의 욕구 또는 일반인의 심리적 욕구의 대상으로 경제학의 관점에서 볼 때 사회적 규제에 따른 수요와 공급의 경제활동은 한계수익을 발생하고 있으나, 시장경쟁체제 안에 카지노산업을 맡겨놓는다면 엄청난 소비자의 수요를 불러일으킬 수 있어, 카지노산업은 국가가 수요를 통제하고 공급을 인위적으로 조절하는 데는 카지노게이밍의 수학적인 확률에 의한 수익을 들 수 있다. 다시 말하면 카지노는 생산요소의 가격에 생산비용이 전혀 발생하지 않고, 오로지 게이밍이라는 도구(instrument)의 매개역활로 수익만 발생하면서 소비자들의 도박/오락욕구를 충족하기 위한 대가를 치룬다는 것이다. 이에 카지노게임을 수리(數理)경제학 측면에서 살펴볼 필요가 있다.

1 카지노수익의 개념

하우스어드벤티지의 개요

카지노산업이 시작되기 전부터 사람들은 자신의 이익을 위해 여러 방법으로 게임을 예측(豫測)하는 것을 시도해 왔다. 그로 인해 최근의 게임은 상업적으로 계획되어 왔다. 초기의 주안점은 사람들의 속임수로부터 오로지 이익을 보호하는 것뿐이었다. 북-메이커(book maker)[48]들은 주사위를 굴리는 것 같은 게임은 진실된 승산(odds)의 기회가 있는 게임이란 것을 깨닫고, 진실된 승산보다 낮은 승률의 게임을 제공하였다. 그러나 사람들은 자신들을 속인다는 것을 알게 되었고, 이러한 이유에서 교회나 정부에서 게임산업의 발전을 제한하는 제도를 만들게 되었다.

48) 북-메이커(book maker) : 카지노 또는 겜블링 게이밍에서 한게임이 여러 가지 벳(bet)을 하여, 손실의 수치와 동등하게 이기는 금액의 수치를 총금액으로 균형을 시도하는 사람을 말한다(고택운, 카지노실무용어해설, 백산출판사, 2007, p.38).

게임산업에 영향을 준 규칙의 변화에 의한 게이밍(gaming)을 북메이커(book maker) 또는 카지노 경영주(owner)들은 자신들이 만든 게임이 고객들에게 정당해야 하고, 일시에 돈을 루스(lose)하게 하는 것이 아닌 조금씩 루스하게 하는 것이 중요하다는 것을 깨닫게 되었으며, 이에 생성(生成)한 것이 오늘날 우리에게 잘 알려진 크랩스(craps), 블랙잭(black jack), 바카라(baccarat), 룰렛(roulette) 게임이고 이는 카지노 게임의 이용객 증가에 한 몫을 하였다.

규칙의 변화는 게임자와 하우스 양자(兩者) 모두에게 어드벤티지(advantage)를 주었지만, 하우스는 비용이 들어가는 서비스를 제공하기 때문에 고객보다 더 많은 승률(勝率)이 요구된다. 여타의 서비스산업도 사업주는 그들의 서비스를 통한 콤프(comp) 비용을 부과시킨다. 이러한 맥락에서 카지노도 서비스에 대한 비용만 부과시키는 것이 아니라, 하우스의 이윤(profit)도 부과시켜야 하나, 카지노가 제공하는 상품과 서비스는 제품이 아니므로 오로지 게임의 기회와 하우스 어드벤티지(house advantage)의 이익에 기대할 수밖에 없다.

- 하우스 어드벤티지의 성격

블랙잭 게임에 이길 확률은 게임자의 스킬(skill)에 따라 평균 0.4%~4%의 변동률을 보이며, 이에 따르는 H/A(house advantage)는 평균 1.4%이다. 미국식 룰렛(roulette)은 5.26%, 그리고 바카라(baccarat) 게임의 뱅커사이드(banker side)는 하우스어드벤티지(H/A)가 1.19%이다. 완벽한 전략으로 블랙잭 게임을 했을 때, 다른 게임보다 블랙잭 게임은 게임자에게 승률(勝率)이 높고 하우스가 이기기 전에 200번의 베팅(betting)을 할 수 있다[49].

모든 핸드를 사용하는 블랙잭 테이블에서 하우스가 어느 벳(게임자의 벳)을 이기려면 논리적(論理的)으로 4시간이라는 시간이 필요하다. 그러나 이 논리는 고객이 완벽한 전략을 가진 것을 전제(前提)로 한 승률인 바, 모든 고객은 완벽한 전략을 가질 수 없고, 베팅 사이즈가 다르므로 승률의 변동은 하우스(카지노)에 유리하게 적용될 수밖에 없다. 승률의 변동으로 하우스에 유리하게 작용하도록 카지노는 다양한 게임방법과 베팅의 형태를 제공한다. 만약 크랩스(craps) 게임에서 베트

49) 고택운, 「카지노게이밍수리학」, 백산출판사, 2009, p.23.

(bet)의 형태가 '패스(pass)'와 '돈패스(don't pass)'에만 '풀더블 아스(full double odds)'를 더하는 룰만 있다면 H/A는 5% 감소한다. 따라스 크랩스 게임이 가지는 승률은 줄어들고 블랙잭보다는 빨리 끝나는 게임이 될 것이다. 그러나 크랩스에는 여러 가지 베트(bets)의 형식과 방법이 있으며, 게임승률 범위는 1.5%에서 1.7%가 되므로 크랩스 게임자는 점수를 만들려고 노력하고, 더 많은 베트를 만들려고 시도(attempt)한다면 이것이 바로 하우스가 얻을 수 있는 높은 금액의 게임수단인 것이다.

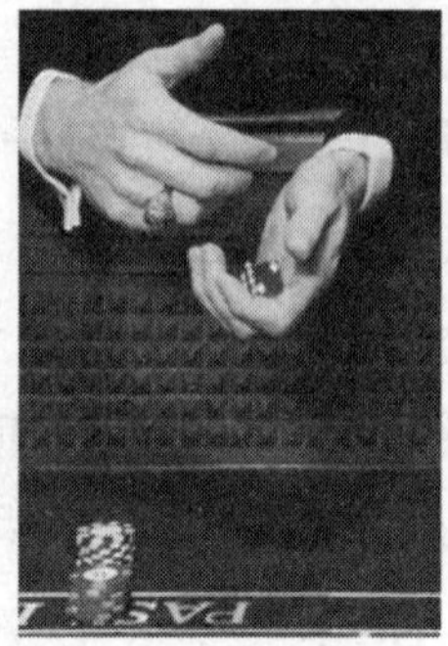

- 하우스어드벤티지의 승산

진행 중인 게임에서 분명히 누군가는 위닝(winning)할 것이고 누군가는 루징(losing) 할 것이다. 이론(理論)이 실제상황과는 다소 다르다 하더라도 모든 게임이 길게 되면 앞에서 언급한 바와 같은 결과를 얻을 것이다. 이는 확률을 예상하기 어렵고 확률이 게임의 승률에 따르기 때문이다. 확실한 것은 하우스가 대부분의 게임에 승리한다는 것이다. 하우스 어드벤티지(H/A)에 대한 과정에 예를 들어 10%의 승률을 가진 슬롯머신은 이론적으로 $1 슬롯머신에서 10%의 승률이라면, 하우스가 10%, 나머지 90%는 고객에게 다시 돌려준다는 의미이다. 그러나 실제로 슬롯머신의 릴(reel)은 랜덤(random)으로 회전하다가 정지하게 되어 있는 바, 일정하게 지속되는 것은 아니므로 '잭팟(jackpot)'은 수백만 번 중의 하나가 맞아야 가능하다는 것이다. 여기에 승률(勝率)과 승산(勝算)의 차이가 있다. H/A의 효과는 게임결정 숫자(게임수)와 밀접한 관계가 있다. 결정(決定)이란 고객의 베트가 이기거나, 지거나, 비기거나 하는 한게임의 분석을 의미하며 블랙잭 테이블에서 딜러가 고객에게 지급하는 것은 바로 결정에 의해 행하여지는 것이다. 매 시간 각 게임의 결정 횟수는 다양하다. 블랙잭 게임은 시간당 약 60회, 크랩스테이블은 약 50회의 결정이 나며, 룰렛은 40회, 바카라는 60회 정도이다. 이는 게임에서 게임 참가인원, 베팅핸드의 횟수, 그리고 딜러의 딜링 속도(pace)에 의해 결정된다. 이 등식은 다음과 같다.

하우스 어드벤티지(house advantage) × 게임의 수(1시간 결정수) = 결과

2 카지노게임의 확률

카지노게임의 어드벤티지

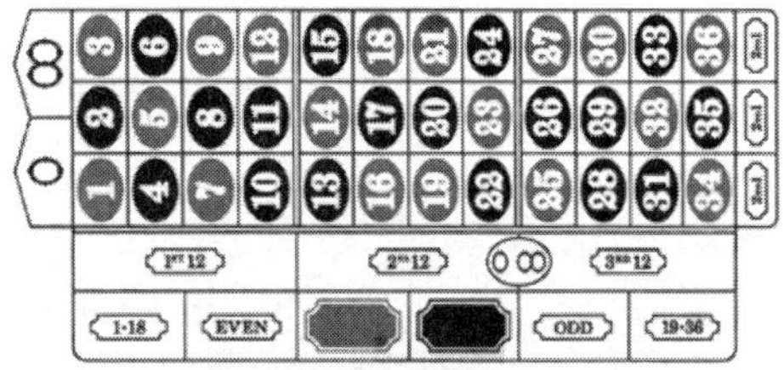

카지노는 단순히 요행을 바라고 배팅을 하는 오락이 아니라 철저하게 확률에 의해 수행되는 게임의 일종이므로, 카지노게임은 단순이 아니며 사행(射倖) 즉 '요행의 노림'으로 풀이되는 사행산업과는 그 성격이 다르다. 도박은 순전히 요행이나, 카지노는 확률에 의존하여 분석하고 추리하는 능력을 요구하는 게임이다. 일반적으로 카지노게임은 게임에서 승리하는 확률이 고정되어 있는 랜덤확률게임과 확률이 게이머에 따라 변동하는 비랜덤(non-random) 확률게임으로 구분된다. 룰렛(roulette), 바카라(baccarat), 다이사이(taisai), 빅휠(big wheel), 그리고 슬롯머신은 랜덤 확률게임에 속하며, 블랙잭이 대표적인 비랜덤 확률게임이다. 가장 기본적인 게임인 룰렛에 하나의 번호를 베팅하는 경우, 당첨 가능한 모든 경우의 숫자는 38개로 베팅한 넘버가 당첨될 확률은 1/38이고 로스(loss)될 확률은 37/38, 만약 베팅한 번호가 당첨되면 원금의 35배를 지급하므로 룰렛 한 넘버 베팅의 기댓값을 1/38 * 35 + 37/38 * -1 = -0.0526이 된다. 즉 게임자는 5.26% 정도 손실을 보며, 카지노 업소의 승률우위(favor)는 5.26%이다. 바카라의 경우 뱅커(banker)에 배팅할 경우 승률은 0.506825 * 0.95 + 0.493175 * -1 = 0.011629이며, 플레이어(player)에 베팅할 경우 0.506825 * -1 + 0.493175 * 1 = -0.01365, 즉 승률은 뱅커의 경우 1.16%, 플레이어의 경우 1.36%이다. 블랙잭의 경우에는 기본전략(basic strategy)에 충실하게 게임을 수행할 경우 1덱(deck)에서 카지노가 0.62%의 우위를 가지나, 선행카드를 고려하면서 게임을 수행하면 1덱 게임에서 게임자에게 0.1%의 우위가 존재한다.

▶ 카지노게임의 배당액 비교 (랜덤확률)

게임의 종류	베팅종류		배당배수(원금포함)	확 률
룰렛 Roulette	Inside Bets	single No. bet	36배	1/38
		two No. bet	18배	2/38
		three No. bet	12배	3/38
		four No. bet	9배	4/38
		five No. bet	7배	5/38
		six No. bet	6배	6/38
	Outside Bets	colum/dozen bet	2배	18/38
		odd or even	2배	18/38
		red or black	2배	18/38
		low or high	2배	19/38
크랩스 Craps	Proposition Bet	7	5배	0/36
		11	15배	2/36
		any craps(2,3,11)	8배	4/36
		2 or 12	30배	1/36
	Field Bet	3, 4, 9, 10, 11	1배	5/36
		2, 12	2배	2/36
	Number Bet	4, 10	2배	3/36
		5, 9	1.5배	4/36
		6, 8	6 to 5	5/36
	Hardway Bet	2・2, 5・5	8배	2/36
		3・3, 4・4	10배	2/36
다이사이 Tai Sai	3 or 38		151배	1/216
	4 or 17		51배	3/216
	5 or 16		31배	6/216
	6 or 15		19배	10/216
	7 or 14		14배	15/216
	8 or 13		9배	21/216
	9 or 12		7배	25/216
	10 or 11		7배	30/216
	small or big		2배	105/216
	odd or even		2배	105/216
빅휠 Big Wheel	1		2배	24/54
	2		3배	15/24
	5		6배	7/54
	10		11배	4/54
	20		21배	2/54
	Joker		41배	1/54
	mega		41배	1/54
바카라 Baccarat	Player		2배	49.3175%
	Banker		1.95배	50.6825%

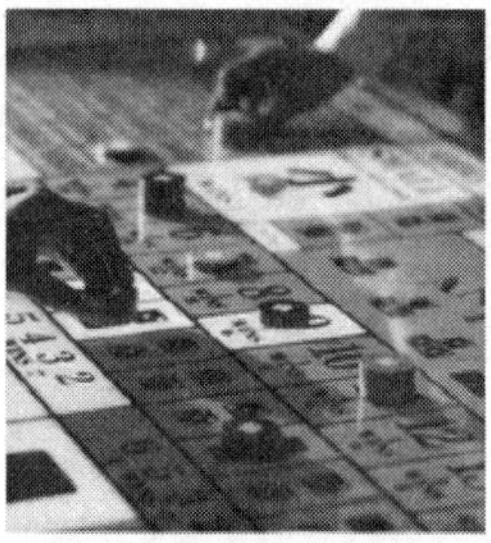

2 게이밍 수리학개론

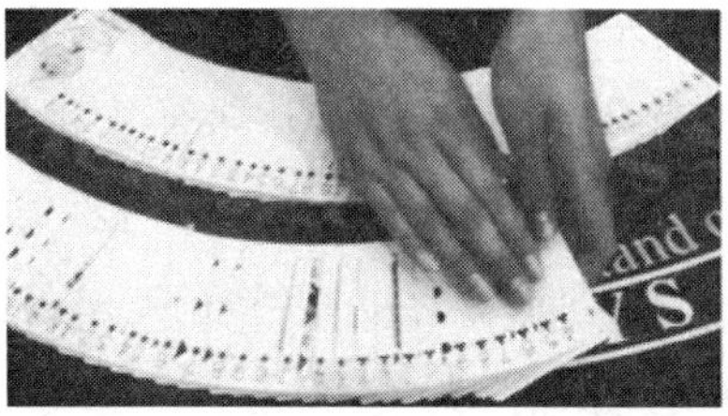

카지노 카드게임은 슬롯머신(slotmachine), 룰렛(roulette), 크랩스(craps)와 같은 카지노게임과는 상당히 다른 바카라와 블랙잭 같은 게임을 말한다. 이러한 게임은 독자적(獨自的)인 시도의 진행방법에 있는 것이 아니라, 미리 준비된 카드로 핸드(hand)에 차례대로 일어나는 승산(勝算)의 영향이 미치도록 게이밍이 이루어진다. 블랙잭게임의 기회를 가지는 것으로 고려한다면, 한 라운드에 사용된 카드는 따로 놓으며 연속되는 라운드는 팩(pack)을 점점 비우면서 딜링된다. 사용되지 않은 카드가 남아 있더라도, 일찌감치 또는 라운드를 완성하기 부족하다면, 통상 카지노의 재량(裁量)으로 그 카드는 그라운드 종료 전에 리-셔플(re-shuffle)되어진다.

블랙잭 게임상에 무엇을 조기(早期)에 탐색해야 하는지는 게임자에게 총체적인 어드밴티지(advantage)를 제공하는 팩(pack)의 종반상황에 답이 있다. 이는 25년 동안에 무수히 실시한 인터뷰(interview)로 확인된 사실이다. 어느 면(面)의 넘버가 '핫(hot)'이냐, '콜드(cold)'이냐를 결정하는 순서의 크랩스(craps)게임에서 지나간 판정의 기록을 유지하여 참고하는 것은 잠시라도 어리석은 생각이다. 왜냐하면 그 주사위(dice)는 기억의 범위(scope)가 없기 때문이다. 그러나 카드게임에서는 모드 핸드를 가진 후에 그 카드가 리-셔플되지 않는 한, 어느 곳에 플레이된 카드를 추적하는 능력은 게임자에게 유익할 수 있는 기댓값을 가질 수 있는 지식(知識)과 상관관계가 있다. 그러나 게임된 카드의 추적을 유지하는 능력은 특별한 게임장소에서 단독으로 보장되는 성공적인 겜블링이 되는 것만은 아니다. 이것은 부분적인 역할분담의 책임을 가지고 게임의 형식, 베팅의 조건 등을 고려한 바카라(baccarat)게임의 유용성을 시험하게 될 것이다. 본장의 블랙잭게임 시스템은 카지노 속임수행위를 간파(detect)하는데 유용한 수리경제학 측면의 통계적인 방법을 해석하게 될 것이고, 본장의 주제(issue)는 진지하게 게임하는 사람은 물론 수리경제학에 미치는 영향에 대한 연구에 대단히 중요하다. 왜냐하면 속임수행위의 발생은 기본전략의 사용과 카드카운팅을 통하여 얻은 게임자의 작은 이익은 물론 카지노(하우스)의 이익도 서서히 손상(損傷)시킬 수 있기 때문이다.[50]

1 게이밍의 확률계산 개요

게임테이블에서 행운을 잡으려는 노력을 결심하는 카지노 고객이 있고, 만만치 않은 상대자와 맞서, 경마레이스(racetrack)에 대결하여 돈을 거는 경마게임자가 있다고 가정해 본다. 카지노는 모든 벳에 제공되는 어드벤티지를 가지기를 바라며, 경마에서는 '패리-무추얼(pari-mutuel)' 즉 이긴 말에 건 사람들에게 수수료를 공제(共濟)하고 건돈 전부를 돌려주는 방법으로 모든 베트에 확실하게 17%~25%를 공제한다. 카지노에 입장하자마자 곧 게임자는 여러 가지 중요한 결심을 해야 한다. 그 첫 번째 행동이 어느 게임을 플레이할 것인지를 결정하는 것이다. 선택을 결정한 후에도 대부분의 게임에 추가로 제공되는 옵션(option)으로, 룰렛게임에서 개개의 넘버(individual number) 또는 이븐머니(even money)에 베트를 하는 플레이를 할 것인지, 블랙잭게임에서 8s에 히트(hit), 스탠드(stand) 또는 그 페어를 스플릿(split) 할 것인지, 크랩스게임에서 패스라인(passline bet) 또는 원-롤 프로포지션(one-roll proposition)에 베트할 것인지 등을 결정해야 할 것이다. 경마게임자는 능숙하게 선택한 넘버로 제공되어진다. 그는 통상 12마리의 말에 여섯 개의 트랙과 대면하게 되어 있다. 그는 이국적인 정서 또는 '기믹(gimmick)의' 웨이저로 말의 넘버를 특별히 연결하는 방식, 형태, 순위 등으로 하나 또는 그 이상의 일등 말을 맞추는 게임을 할 수 있다. 최대한의 보상과 최소한의 손실을 얻으려 한다면, 이러한 선택들은 모두 '라이트(right)'라는 정답을 가지고 있다. 이 모든 것은 적어도 부분적으로 수학적인 이론(mathematical theory)을 사용하는 것을 통하여 해결할 수 있다. 이상적인 게임자는 게임의 이면에 있는 수학적인 기본이해를 가지고 있거나 또는 그가 재정적으로 살아남거나 실제로 이익을 가질 수 있는 게임을 플레이할 수 있어야 한다.

여기에는 게임자가 유리함을 가지는 상황이 있기 때문이다. 공통적인 사례로 이러한 과정은 카지노 블랙잭게임에도 있다. 그 게임은 카지노대응책(countermeasure)으로 당연히 치러야 할 힘든 문제가 되어 왔다. 그러나 블랙잭은 아직 세련된 게

50) 고택운, 「카지노게이밍수리학」, (2009), 백산출판사, p.9.

임자를 위해 유리할 수밖에 없다. 거기에는 다른 여러 가지 유리할 수 있는 게임의 요소가 있고, 이는 곧 리더(reader)로서 발견할 수 있을 것이다. 기본확률을 잘 안다는 것은, 게임을 예상하여 분명하게 알아채고 경계하는 갬블러로 인정될 것이고, 이러한 방법을 개발하는 게임자들은 어디에고 존재하고 있다. 이는 수학적인 광범위한 지식(knowledge)이 요구되는 것이 아니다. 우리 주위에 대단한 포커게임자들의 몇몇은 대학에 다닌 적도 없지만, 좋은 포커핸드를 만드는 센스(sense)를 가지고 있고, 최고의 핸드를 가지는 기회를 가지는 방법이 무엇인지를 모든 카드가 딜링된 후에 알고 있을 것이다.

2 수학적인 기댓값(Mathematical Expectation)

수학적인 기댓값의 개념을 'Edward O. Thorp' 박사가 이미 발표한 내용을 근거로 참조하였고, 이러한 원리(principles)는 다음의 내용을 이해하는데 중심이 된다. '공평한 코인(50% 대 50%의 앞면과 뒷면을 만들어 내는 것으로 추정)'을 가지고 순간적인 코인던지기게임(toss game)을 예측하여 보자. 베트(bets)하는 기회를 양쪽 모두에게 주는 것으로 가정하고, 이어지는 플립(flip)이 앞면(head)이라면, 이겼을 경우 그 지급은 이븐머니(even money)가 될 것이다(이는 $1은 돌려주고 부가로 $1의 이익을 받음). 이에 대한 수학적인 기댓값의 공식은 다음과 같다.

$$(0.5)(1)+(0.5)(-1)=0$$

어떤 게임에 어떤 베트(bet)의 수학적인 기댓값은 윈/루스의 확률과 각각의 가능성을 곱하고 이 두 가지 형식을 더하기 하는 계산이다. 이와 같은 표본(example)의 게임플레이에는 아무 이득이 없는 것으로 나타났다. 이것은 유리함 또는 불리함이 없는 어느 게임자의 플레이가 정당한 게임인 것을 전제로 계산한 것이다. 다음은 지급을 3/2로 변화를 주는 값($1 베트에 추가로 $1.50의 이득)으로 변화를 주면, 그 기대치의 값은 아래와 같은 공식으로 100번의 이러한 게임은 $25의 절대적인 기댓값을 주게 될 것이다.

$$(0.5)(1.50)+(0.5)(-1)=+0.25$$

위 두 가지 예제는 일반적으로 단순하게 인정하는 한 예로 소개한 것이지만, 이러한 타입의 분석은 문제의 값을 구하는데 필요한 것이다. 룰렛게임(roulette game)의 '다른벳(dozens bet)'을 대입하여 $1베트에 대한 기댓값을 산출하는 공식은 다음과 같이 성립된다.

$$(12/38)(2)+(26/38)(-1)=-0.0526$$

또 다른 사례로 블랙잭 4-덱 게임에서 첫 번째 핸드에 게임자가 $12을 베트하고 그가 6과 5를 가졌으며 딜러의 페이스-업(face up)카드를 'Ace'를 가졌다고 가정하여보면, 딜러는 '인슈런스(insurance)'를 원할 것인지를 게임자에게 물을 것이다. 이것은 $6를 분리시키는 것이다. 딜러의 홀-카드(hole card)가 '10점 가치'카드이면, $12가 지급되지만, 그 $6(인슈런스 베트)은 다른 방법으로 지급한다. 4-덱 팩 전체는 64장의 10점카드와 144장의 10점 아닌 카드를 가지고 있다. 당연히 카드덱은 '무작위(random)' 셔플되어지며(이 뜻은 카드의 모든 순서가 균일한 것으로 증명함), 딜러의 홀-카드가 있는 205장의 보여지지 않은 카드는 각각 그 기회가 동등하다는 것이다. 그러므로 게임자의 기댓값은 다음과 같이 공식을 성립할 수 있으며, 또는 약 -$0.38이 되며, 그 게임자는 인슈런스를 가지려 하지 않을 것이다.

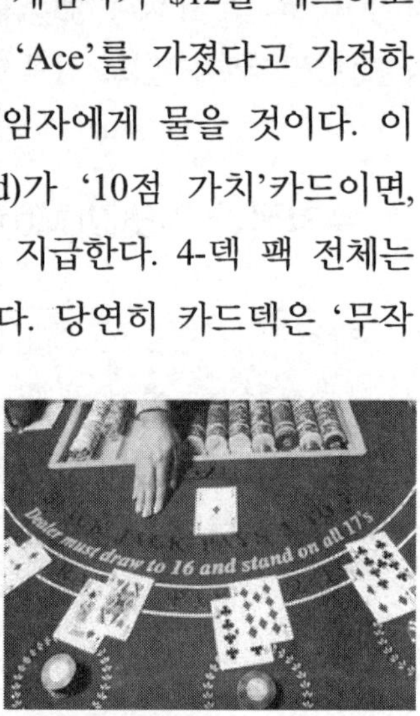

$$(64/205)(12)+(141/205)(-6)=-78/205$$

룰렛게임에서 베팅 총금액의 차이는 기댓값의 차이도 가져온다. 그러나 총금액의 베트비율만큼 게임자의 기댓값은 항상 동등한 수치가 된다. 레드컬러(red color)벳인 경우 이 등식은 18/38－20/38=－2/38=－1/19 또는 약 －5.26%이다. 그러므로 아메리칸더블제로(American double zero)룰렛에서의 레드칼러벳이 어떤 사이즈라도 －1/19이거나, 벳의 총금액에 약 －5.26%가 된다. 그만큼 레드칼러의 어떤 사이즈벳에 대한 기댓값도 되므로 －5.26%로 곱한다. 한 가지 예외(5넘버벳)를 가지고 모든 아메리칸더블제로 룰렛벳은 매유니트벳(unit bet)마다, 이와 같은 기댓값을 가진다.

게임자의 기댓값은 단위마다 단순하여 게임자가 불리한 것(disadvantage)으로 여겨지고 있다. 게임자의 루스(lose)는 하우스의 윈(win)이므로 하우스어드벤티지(house advantage) 또는 게임자에 의해 단위마다 하우스기댓값이 +5.26%가 되도록 한다. 게임자의 기댓값에 대하여 유용한 기본적인 요소는 다음과 같은 것이 있다. 이것은 연속적인 베트(bet)에 대한 기댓값은 개별적인 베트에 대한 기댓값의 총계이다. 만약 칼러벳(color bet)에 $1을 베트하고 나서 $2, 그리고나서 $4을 베트하였다면, 그 기댓값은 －$2/38 또는 약 $4/38, 그리고 －$8/38이다. 따라서 토탈기댓값은 －$14/38 또는 약 $0.37이다. 그러므로 시리즈(serise)벳의 각각의 기댓값은 베트금액의 －5.26%이고, 전체 시리즈 기댓값은 모든벳 총계의 －5.26%이다. 이것은 목적이 없는 '스테이킹 시스템(staking system)'이 근본적인 이유 중의 하나가 되었지만, 부정적인(negative) 기댓값의 베트시리즈는 부정적인 기댓값을 갖지 않으면 안 된다.

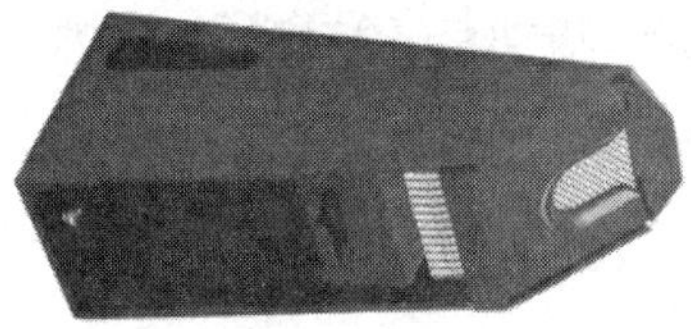

3 순환시험(Repeated Trial)

기댓값은 베트가 평균적으로 이익 또는 손실로 가는 금액을 말한다. 그렇지만 이는 실제적인 시험에서 발생하는 기댓값으로부터 변동을 해석하는 것은 아니다. 본 장(章)에서는 이미 언급한 적정한 사례를 보기로 들어 시리즈의 길이를 0의 기댓값을 가진다. 이와 같은 시리즈에 그것은 앞쪽에 뒤에 있을 가능성이 있다. 이익 또는 손실의 합계는 $\sqrt{N}$으로 표기하고, 기댓값으로부터 평균편차(deviation)를 가지는 것을 보여줄 수 있다. 이를 D=T－E로 가정한다면, T는 실제수익 또는 손실과 편차의 차익이며, 그리고 E는 기대치의 수익 또는 손실을 말한다. 그러므로 100번의 베트에 대한 평균기대값이 E=O로 대입하면 약 $10이다(실제로 찬스가 68%이면, 기본의 $10범위 내가 될 것이고, 약 98%라면 기본의 $20범위 내가 될 것이다). 이는 [표 2-1]에 어떻게 계산되었는지 보여주고 있다. 예를 들면, [표 2-1]의 Coin Matching Example에서 라스트라인(last line)이 제시하는 의미는 매번 $1이 있는 곳에 1백만번의 코인게임이 있다면, 수익 또는 손실의 기대치는 제로(zero)라

는 뜻이다. 그러나 평균치로서 앞쪽 또는 뒤에 약 $1,000있을 것이고, 실제로 시간대의 68% 주위에 +$1,000와 －$1,000 사이에 있을 것이다(백만번의 $1벳에 대하여 그 편차 D는 대략적으로 제로와 표준편차 $1,000의 평균치와 함께 정상적인 확률분포를 가진 것이다).

또한 시리즈의 베트 합계를 '액션(action)'이라 부르고 A로 표기한다. 백만번 $1벳의 한 시리즈의 액션은 $1,000,000달러, 그러나 D/A(도표의 가로 5번째)는 0.001로 액션의 퍼센티지만큼 기댓값은 대단히 적다. 그리고 68%의 시간대에 T/A는 액션결과의 퍼센티지만큼 제로의 결과와 가장 근사치인 기댓값으로 -0.001과 +0.001 중간이다. D의 평균사이즈, 기대치로부터의 편차결과인 E, 등은 일반대중의 소신과는 반대로 증가되는 것에 주의한다. 그렇지만, 그 편차의 퍼센티지의 평균사이즈, D/A, 제로로 가는 경향, 그리고 '평균의 법칙(law of average)'의 정확한 전환을 가지고 일치하게 하는 것도 유의한다.

[표 2-1] Coin Matching Example

(단위 : 억원)

베트의 수 N(A=$N)	기댓값E	D평균사이즈 약 $\sqrt{N}$	시간대의 68% T의 중간치	D/A의 평균size	시간대의 68% T/A의 중간치
100	0	10	10~10	0.1	0.1~0.1
10,000	0	100	100~100	0.01	0.01~0.01
1,00,000	0	1,000	1,000~1,000	0.001	0.001~0.001

미국식 룰렛(roulette)의 레드칼러 $1베트에 대하여, 다음 [표 2-2]에 나타난 결과에 따르면, 표의 하단에 가로로 펼쳐진 T/A가 최종으로, 마감되어 보여주고 있으며, E/A=-0.0526이다. 이것으로 '롱타임(long time)' 플레이를 한다면, 액션의 총계가 약 5.26%루스(lose)할 것이라고 [표 2-2]는 보여주고 있다. 표의 가로 4번째 라인(line) 역시 적게 나타나 있고, 실험한 수치만큼 앞쪽의 승산이 적다. 실제로 플레이가 계속되는 만큼, 제로에서 앞쪽으로 가는 게임승산은 기댓값의 반대로 보여줄 수도 있다. 액션(action)의 개념을 사용하여 유명한 '평균의 법칙(law of averages)'을 분석하여 본다면, 이 말은 개략적으로 베트의 장기 시리즈로 만들어진 것과 액션(A)과

이익과 손실의 합계(T) 둘 다 기록한 T/A의 분수와 대략적으로 동등하다.

많은 사람들은 이러한 법칙을 잘못 이해하고 있다. 그들의 생각으로 E와 T 사이의 차이를 더 넓게 가지는 경향이 있다. 그런데 보통게임자는 아마도 백만번의 $1베트를 만들기를 원하지 않을 것이지만, 카지노는 이러한 경우를 수없이 보아왔을 것이다. 카지노의 관점에서는 한 게임자가 모든 베트를 만들든가 또는 게임자들이 시리즈(series)를 가지든가 그것은 문제가 되지 않는다. 양쪽 경우 '롱런(long run)'안에 수익이 발생하게 되고, 액션의 5.26%에 아주 가깝게 접근하게 될 것이다. 많은 게임자들과 함께 1백만번의 베트를 각각 만드는 것은 아마도 행운(lucky)과 윈(win)이 되지만, 이는 일반적으로 기대치 금액보다 더 많이 루스(lose)하는 다른 사람에 의해 보상받는 것이다. 사례를 들어, 만약 10,000명의 게임자가 각각 100번의 $1베트를 만들어 플레이(play)를 가졌다면, [표 2-2]가 제시하는 것은 시간대의 약 68%의 결과는 +$4.74와 －$15.26 사이(between)가 될 것이다.

[표 2-2] Roulette Example

N(A=$N)	E	D~ $\sqrt{N}$	시간대의 68% T의 중간치	D/A~1/ $\sqrt{N}$	시간대의 68% T/A의 중간치
100	-$5.26	10	+$4.74~-$15.26	0.1	+0.0474~-0.1526
10,000	-$526.00	100	+$426.00~-$626.00	0.01	+0.0426~-0.0626
1,000,000	-$52.631.00	1000	+$51.631.00~-$53.631.00	0.001	+0.0516~-0.0536

시간대의 약 16%에 게임자가 $4.74보다 더 윈(win)하면 '럭키(lucky)'한 것이고, 시간대의 약 16%인 $15.26보다 더 루스(lose)한 것은 '언럭키(unlucky)'한 것이지만, 게임자들이 예측(predict) 또는 수의 군(群)을 제어(control)할 수 있는 것은 아니다. 더 복잡한 베트의 순서도 '평균의 법칙'과 동등하게 적용된다. 실례를 들면, 룰렛의 '레드컬러(red color)' $10을 베트한다고 가정하고(E=-0.53), 바카라의 '플레이어 핸드(player hand)'에 $100베트(E=$1.06), 그리고 10점으로 간주하는 카드가 있는 싱글덱(single deck)블랙잭게임의 한핸드에 $10을 베트(E=+$0.90)한다고 가정하여 합계 E는 $0.53~$1.06+$0.90=-$0.69가 되며, 합계 A는 $10+$100+$10=$120이 된다. 만약 여

러분이 장기시리즈의 베트와 E와 A뿐만 아니라 수익과 손실 각각 하나를 위하여 기록을 만들어보면 코인매치(coin match) 표본 [2-1]과 룰렛표본 [2-2]은 틀림없이 E/A에서 T/A로 가는 경향이 있으므로 제로에서 D/A분수로 향한다.

이에 의견(opinion)을 제시한다면, 지나치거나, 말로 나타내거나, 일상적으로 여러분의 토탈액션(total action)의 퍼센트와 같은 여러분의 토탈루스(total lose)는 여러분의 액션퍼센트만큼 여러분의 토탈 기댓값에 대단히 밀착되는 경향이 있을 것이다. 만약 여러분이 즐거운 겜블링 라이프(gambling life)를 원하다면, 분명한 기댓값을 가진 베트를 만들어야 한다. 여러분은 할 수 있으므로 첫 번째, 근사치만큼 기댓값의 금액안에 이익을 가지고 여러분의 계산값을 생각하면 된다. 역설적으로 각각의 분명한 기댓값을 가진 베트는 기댓값의 금액 안에 이익을 가지고, 여러분의 계산값을 인정하는 사고(thought)를 가져도 무방하다. 만약 여러분이 세금(tax)으로만 생각한다면 여러분은 무일푼이 될 것이고, 만약 여러분이 수금(collection)하는 것이라 인정한다면 여러분은 부자가 될 수 있다[51].

3 카드게임의 수리학

1 블랙잭(Blackjack)

'블랙잭(blackjack)' 또는 '트웬티-원(twenty one)'은 세계를 통하여 플레이되는 카드게임이다. 미국 내의 카지노들은 일반적으로 그 게임으로부터 대략 1조달러 가량의 수익을 올리는 것으로 여실히 보여주고 있다. 오늘날 공채증서를 발행하는 15%의 가격/수입의 비율을 가지는 것처럼 미국의 블랙잭게임 운영은 약 15조달러 법인과 비교해도 무방하다. 딜러의 무작위(randomly) 카드셔플로 시작하여 게임자가 베팅하면 카드가 분배된다. 카드덱의

51) Edwardo O. Thorp, 「The Mathematics of Gambling」, (1984), GTI p.10.

수량은 본장의 연구내용에 영향을 미치는 사안은 아니지만, 일반적으로 싱글덱, 2덱, 4덱, 6덱 또는 8덱 등을 사용하며 테이블미니멈(minimum)과 맥시멈(maximum)을 허용하고 있다. 게임자의 핸드는 그들의 베팅(betting)을 가진 후에 딜링되어진다.

각각의 게임자들은 그의 핸드를 발전시키기 위하여 전략선택을 기술적으로 사용한다. 마지막으로 딜러는 선택의 여지가 없는 어떤 고정된 규칙에 적용하여, 자신의 핸드상황에 따라 플레이하도록 되어 있고, 베팅도 정산(settle)된다.

무작위로 셔플된 덱을 완성하는 것부터 플레이가 시작되는 상황에 대략적으로 최선의 전략을 갖는 방법을, 즉 가장 커다란 기댓값을 돌려받는 전략을 1956년 Baldwin, Cantey, Maisel 그리고 Mc Dermott에 의해 첫 번째로 제시되었다. 조금 변경한 블랙잭게임의 룰(rules)이긴 하지만, 게임자가 '볼드윈그룹'의 대표적인 전략을 따르는 것으로, +0.10%의 아주 작은 우세함을 가진다고 하였다. 그러나 뒤따른 분석으로 '볼드윈그룹'의 연구결과는 보수적수치 －0.62%예증하였으며 이는 분석을 만들어낸 사람들을 낙담시켰다.

이러한 수학적인 결과는 일찍부터 카드전문가에 의해 일반적으로 추천된 주관적인 전략과는 매우 다른 것으로 뚜렷하게 대비되며, 그리고 2~3%의 게임자의 불리함이 결합되었다. 본장에서는 기본전략을 완성하는 덱을 상대하여 베스트전략을 불러일으켜 본다.

1965년 확성되었으며 거의 '볼드윈(Baldwin)'그룹의 전략과 일치하는 것으로 게임자가 1덱을 상대로 +0.13, 4덱을 상대로 －0.53의 유리함을 가지는 것으로 하였다. 만약 그 게임이 셔플이 완성된 덱으로부터 나온 게임에 사용된 카드를 인용하여 제자리에 돌리지 않고, 실험에 의지하여 견본으로 사용하였다. 이것은 대부분의 게임자들에게 보여주는데 필요한 것이거나, 또는 다음 라운드를 위해 베팅하기 이전의 라운드플레이에 주어져 사용되었던 모든 카드를 말한다. 팩(pack)으로부터 보이지 않는 일정한 카드를 게임자는 기초적으로 최상의 전략과 기댓값이 일치하게 반복하여 다시 계산하는 방법을 알 수 있다(다양한 카드카운팅 절차를 위한 전략, 기대수치 등은 컴퓨터의 도움과 함께 확률적 이론으로 직접 결정하였고, 그 결과는 독자적인 Monte Carlo 계산법에 의해 재입증되었다[52]).

52) 고택운・양일용, 「카지노게이밍수리학」, (2009), 백산출판사, p.18.

블랙잭게임의 하우스엣지(House Edge)

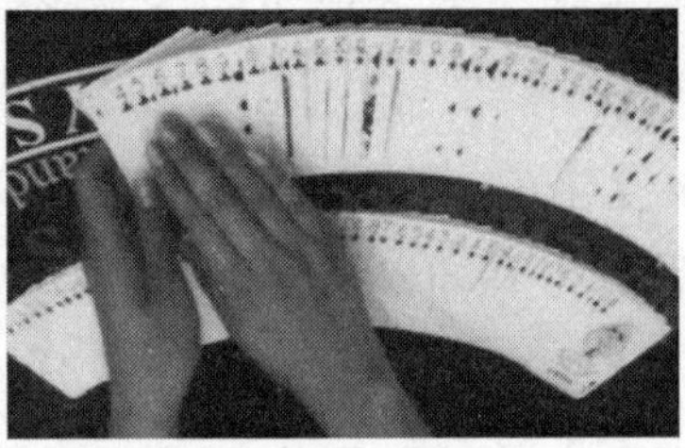

블랙잭시스템으로 전략을 연구하기 이전에 기본적인 문제를 분석해볼 필요가 있다. "블랙잭게임은 왜 하우스(카지노)가 이기는가?" 단순한 질문처럼 보이지만 카지노 실무자 중 누구라도 정확한 대답을 하지 못한다. 그러나 "겜블링은 왜 하우스가 이기는가"라는 질문에 어느 정도 대답할 수 있는 실무자가 있을 것이다. 위 질문에는 확실한 세 가지 대답이 있다.

첫째, 겜블링게임들은 게임자에게 상응하는 지급보다 적은 금액이 리턴(return)된다. 예를 들어 룰렛휠(roulette wheel)은 38번호로 되어 있으나, 만약 17번에 1유니트베트를 하고 위닝넘버가 되었다면, 그 지급은 35배수와 원금을 합하여 36/1이 된다. 타당한 지급배수는 38/1이 되어야 하나, 하우스는 게임자 즉 경제수리학적으로 소비자에게 2유니트를 적게 주어 그만큼의 이익을 가진다.

둘째, 다른 게임에서는 모든 위닝벳(winning)에 커미션이 지급된다. 예를 들어 크랩스게임(craps game)에서 모든 위닝의 가치가 있는 베트의 웨이저(적절한 승산과 함께 일치하게 지급한 것)는 5%의 커미션을 부담시킨다.

셋째, 하우스는 게임자의 결정과 이전의 결과에 의존을 기본으로 하는 다양한 변수의 게임이다. 커미션(commission) 또는 수학적으로 적게 주는 겜블링에서의 에지(edge)는 '하우스어드벤티지(house advantage)'로 공식적으로 더 알려져 있다. 하우스(카지노)의 위닝은 게임자에 의해 베팅되어진 모든 현금의 퍼센티지(percentage)로 언급된다. 다른 게임의 H/A퍼센티지의 목록은 다음과 같다.

> **Casino House Advantage**
>
> - 바카라게임(Baccarat Game)의 뱅커(Banker) －1.17%
> - 크랩스게임(Craps Game)의 패스라인(Pass Line) －1.414%
> - 커노게임(Keno Game)의 킹티켓(King Ticket) －25.0%
> - 룰렛게임(Roulette Game)의 0 wheel －2.76%, 0.00 wheel －5.26%
> - 블랙잭게임(Blackjack Game) －????%

수학적 확률로 알려진 근거로 위의 H/A퍼센티지를 결정할 수 있으나, 왜 블랙잭게임은 다른 것인지, H/A결정관련 세 번째 대답을 살펴보면 문제는 이미 제시되었다. 그러므로 블랙잭게임에 대한 H/A를 즉시 확정할 수 없는 두 가지 이유는 아래와 같은 사실에 근거하였음을 알 수 있다.

첫 번째, 블랙잭게임은 자주적인 결과를 시도하는데 주제(motif)가 있는 것이 아니다. 블랙잭게임은 52장의 카드로 딜링되어졌다 해서 매핸드 후에 리셔플(reshuffle)되는 것은 아니다 이것은 크랩스, 룰렛 그리고 키노게임과 같이 관련지어 자주적인 시도라면 의존적인 시도(dependent trials)에 주제가 있다. 자주적인 시도의 예를 들면, 크랩스게임에서 확실히 분명해진다. 만약 게임자가 '12'를 롤(roll) 하였다면, 이는 결합할 수 있는 36번 중의 하나가 결합(combination)한 것이다. 그러나 이것은 게임자가 또하나의 '12'를 굴리기 전에 다른 36번의 주사위를 굴려야 한다는 뜻이 아니다. 블랙잭게임에서는 딜러의 첫 라운드에서 4장의 에이스(싱글덱게임)가 나왔다면, 블랙잭은 딜러가 리-셔플하기 전에는 그 이후의 라운드가 만들어질 기회는 전무인 것이다. 이뜻은 이전의 카드가 소모되면 이후 라운드에는 기회가 없다는 것이다. 두 번째, 게임자들은 그들 자신의 플레잉전략을 결정한다. 핸드를 어떻게 진행할지는 게임자의 전략이므로, 그 변수(매개수)를 주시하여야 한다. 이 정보는 우리에게 게임자가 전략규정(strategy rules)을 만들어 사용하는지, 카드를 새로 셔플을 하였을 때, 또는 딜링된 카드에서 그의 첫 결정을 언제 하는지, 이는 해결해야 할 H/A문제를 분석하는 시기를 알려준다. 블랙잭게임에서 H/A의 가치를 결정하는 시도에 관해 시사한다면, 새로 셔플된 싱글덱으로 딜링된 어느 핸드에서 하우스가 사용하는 똑같은 전략을 사용하는 게임자를 이해하는 데서 시작된다. 이 경우 게임자는 스플릿, 더블다운 할 수 없는 모든 '17'에는 스탠드온(stand on)하고, 모든 '16'에는 히트(hit)하는 전략으로 하우스를 모방(mimic)한다는 것이다.

게임자의 딜러전략모방(Mimics)

딜러는 약 28% 버스트(bust)한다. 수학적으로 딜러는 약 28.36% 정도 버스트 되는 것으로 결정지을 수 있다.

물론 만약 게임자가 딜러의 고정된 규칙(17점 이상은 스탠드, 16점 이하는 히트)을 모방 또는 흉내를 내면 그도 역시 28%버스트 한다. 그러나 가장 주목해야 할 중요한 사실은 블랙잭게임은 어떻게 하우스를 위해 윈(win)이 만들어지는가에 있다. 게임자의 28%는 딜러의 28% 이전에 또는 시간대의 8%가 먼저 버스트한다. 만약 게임자가 먼저 버스트하면 딜러의 핸드는 마지막 결과에 어떠한 영향도 없으므로 카지노가 게임자보다 이점을 가지는 이유다. 이 뜻은 모방(mimic)하는 게임에 대해 8%의 H/A를 추가하는 요인을 가졌다는 것이다.

게임자는 '블랙잭(A+any10)'이란 보너스를 가진다. 대략적으로 매21번핸드에 한번 조합(combine)한다는 블랙잭보너스는 3/2배수로 지급되며 이는 약 2.5%정도 H/A를 감소시키며, 하우스에 최종결과를 5.5%로 유도한다. 그러나 확실하게 딜러의 전략을 모방하는 게임자는 그리 많지 않다. 그래서 블랙잭게임은 진실된 하우스어드벤티지는 우리의 예측보다 많을 수도 적을 수도 있다는 추측을 남긴다.

우리가 풀어야 할 다음 문제는 게임자가 모방하는 전략(mimic strategy)과 하우스어드벤티지(house advantage)를 감소시키는 것을 개선할 수 있느냐는 것이다. 게임자가 만들 수 있는 4가지의 다른 변화를 시험하여 모방게임자를 넘어서 만들어진 이익을 설명해보면, 게임자가 그의 전략을 변화시키면 다음과 같은 영향이 있다.

게임자의 전략변화에 따른 영향

- 스티프(stiff) vs. 스티프(stiff)에 적절한 스탠드 ······ 3.2% 이익
  (게임자 핸드 12~16 vs 딜러의 엄-카드 2~6)
- 적절한 더블다운(double down properly) ······ 1.6% 이익
- 소프트핸드의 적절한 히트(hitting soft hands properly) ······ 0.35% 이익
- 타당성 있는 스플릿(splitting proper combination) ······ 0.4% 이익

전체 5.5% 이익

적절한 기본전략(basic strategy)을 사용함으로써, 게임자는 모방(模倣)하는 전략보다 5.5% 이득을 더 얻을 수 있고, 하우스 어드벤티지는 아무것도 없도록 감소시킨다. 그러면 어떻게 이 계산이 성립되었는가, 이 계산으로는 분명히 하우스 어드

벤티지가 블랙잭게임에서 제로(zero)임을 나타낸다. 그러나 많은 게임자들은 블랙잭게임의 진행전략이 다르며 서로 그 전략을 모른다. 이에 게임자의 서로 다른 스타일에 대한 하우스 어드벤티지는 최악과 최선을 가지고 영향을 미친다. 따라서 게임자의 플레이가 최악(worst)인 경우 하우스 어드벤티지는 15%이고, 모방(mimic)은 5.5%, 보통(average)은 1.4%, 그리고 기본전략을 사용한 게임자는 0%(even)를 만든다. 워스트(worst)게임자에 관하여 'Peter Griffin'의 저서 「The Theory of Blackjack」에 저술한 내용을 인용하면 'Griffin'은 인슈런스를 포함한 그들의 페이버(favor)를 무시하고, 딜러의 하이카드쇼윙(high card showing)에 대하여 모든 스티프(stiff)는 스탠드하며, 딜러의 스몰카드쇼윙(small card showing)에 대하여서는 모든 스티프를 히팅하고, 결코 더블다운 하지 않으며, 적당하지 않은 스플릿팅, 그리고 어떤 소프트핸드에도 히트하여 실패하는 등 신중하지 못한 것처럼 보여 하우스에 15%엣지(edge)보다 더 많이 주어 파멸을 초래하는 사람을 세계에서 최악의 플레이어(worst player)라고 언급하였다.

하우스룰(House Rules)의 변화에 따른 H/A

1960년대 초반 'Edward O. Throp' 박사는 저서 「Beat the Dealer」에서 블랙잭 게임은 재정적(monetary)으로 성공할 가능성이 높은 지식을 많이 가진 사람이 할 수 있는 게임이라고 저술하였다. 그러나 게임에 참여하는 사람들의 생각을 통하여 블랙잭 게임은 카지노를 지배하는 대중적인 게임이 되었고, 또한 게임자가 유리하도록 실제로 증가시켰다. 'Throp'의 저서로 블랙잭 게임의 하우스 어드벤티지를 결정지는 영향은 과도기를 걸쳐 블랙잭 게임에 큰 변화를 가져왔다.

하우스룰의 차별로 변경되는 House Advantage

- 딜러히트소프트17(Dealer hit soft 17) ········ +0.20%H/A
- 10.11에서만 더블(Double on 10 and 11 only) ········ +0.25%H/A
- 에이쓰스의 리-스플릿(Re-split Aces) ········ − 0.04%H/A
- 스플릿 후에 더블다운(DD/after Split) ········ − 0.14%H/A
- 블랙잭 이븐머니지불(Blackjack pays even money) ········ +2.10%H/A
- 블랙잭 지불 2 to 1(Blackjack pays 2 to 1) ········ − 2.30%H/A
- 싱글덱(Single Deck) ········ No Advantage
- 2-덱(Two Decks) ········ +0.32%H/A
- 4-덱(Four Decks) ········ +0.48%H/A
- 6-덱(Six Decks) ········ +0.54%H/A
- 8-덱(Eight Decks) ········ +0.58%H/A
- 무한대덱(Infinite Decks) ········ +0.60%H/A

위에서 살펴볼 수 있듯이 하우스 룰의 차별은 카지노의 하우스 어드벤티지에 영향을 준다. 각 룰(each rule)과 추가되는 카드 덱의 수는 기본전략을 게임자를 대비(對比)하여 일정한 카지노의 하우스 어드벤티지를 결정하려 할 때 고려되어야 한다. 예를 들어 Dessert Inn Hotel&Casino는 블랙잭 게임에 '스플릿 후에 더블다운(doubledown after split)'이 가능하도록 하고 카드 6덱을 사용한다. 다음은 게임자의 기본전략에 하우스 어드벤티지는 다음과 같다.

- 6-덱(Six deck) ········ +0.54%
- 스플릿 후에 더블다운(DD/after splitting) ········ − 0.14%

- 하우스 어드벤티지(House Advantage)···+0.40%

기본전략을 사용하는 것으로 위의 예에서 보여주는 것처럼, 게임자는 하우스를 상대하여 전체적으로 그대로 불리함을 가지고 있을 것이다. 이런 경우는 덱의 수량증가로 0에서 약 1/2% 가량 올려 가진 것이다. 덱의 수량증가를 2덱으로 카지노의해 사용하였다는 것은 H/A 상에 막대한 영향을 가지게 될 것이다. 다음의 Maxim Hotel&Casino의 2덱(double deck)게임을 살펴본다.

- 2-덱(Two deck) ········ +0.32%

- 하우스 어드벤티지(House advantage) ········ +0.32%

비록 'Maxim'에서는 덱의 수를 보다 증가시켰지만, 룰(rule)을 변화없이 사용하여 1%의 1/3로 H/A가 증가되었다. 공통적인 룰의 변화는 모두 싱글덱에서 덱(deck)을 더 추가하는 것으로 가장 커다란 증가요소로 여기고 있다. 싱글덱과 더블덱 사이의 하우스 어드벤티지를 비교할 때 더블덱과 무한덱의 수량 사이에 아주 커다란 차이가 있다는 것을 여러분은 주목해야 할 것이다. 그것은 2덱과 슈(멀티덱) 사이의 차이보다 1덱과 2덱 사이의 차이가 하우스 어드벤티지가 훨씬 크다는 것을 생각하면 놀랄 정도이다. 룰의 변화가 결합(結合)되어졌을 때, 역시 H/A의 큰 요소로 작용한다. 다음의 사례는 싱글덱 게임의 항목으로 Reno의 Harold's Culb에서 제공된 것이다.

• 싱글덱(Single deck) ·································	Even
• 히트소프트(Hit soft 17) ····························	+0.20
• 10, 11에서만 더블(Double 10-11 only) ··············	+0.25
• 하우스 어드벤티지(House Advantage) ················	+0.45

소프트 17에서 스탠딩 대신에 히트하고 8, 9 혹은 어떤 소프트 토털에서 더블다운을 허락하지 않은 하우스의 컴비네이션(combination)은 2-덱 게임을 사용하는 Maxim보다 Harold's Club이 더 강한 하우스 어드벤티지를 가지며 Desert Inn의 6-덱 게임과 비교해서 동등한 하우스 어드벤티지를 갖는다. 더블링의 제한과 소프트 17에서의 히트는 Reno, Lake Taho, 그리고 Nevada 지역 공동체에서는 공통적인 룰(rule)이다. 네바다의 멀티플 덱(multiple deck)게임은 라스베이거스 외곽지역의 기본 전략 게임자들에 의해 하우스에 1%의 3/4 정도의 어드벤티지로 시작하는 하우스에 주어진다. 모든 전략에 변화 없이도 하우스엣지(edge)가 제공된다. 수년 전에 Caesars Palace 카지노는 게임자의 어드벤티지를 계산하여 싱글덱(single deck) 게임을 제공하였다.

• 싱글덱(Single deck)	Even
• 에이쓰스 리스플릿(Re-split Aces)	− 0.04%
• 스플릿 후에 더블(Double after split)	− 0.14%
• 서렌더(Surrender)	− 0.02%
• 하우스 어드벤티지(House Advantage)	− 0.20%

에이쓰스 리-스플릿, 서렌더 그리고 스플릿 후 더블은 게임자에게 어드벤티지가 있다 이러한 변화의 추가에 의해 기본전략 게임자는 근소한 어드벤티지를 실감하려는 것이다. 지난 몇 년간 'Caesars Palace'는 이 게임을 길지 않게 실행하는 것으로 결정하고, 특별한 행사에만 고객에게 제공되었다.

라스베이거스 다운타운(downtown)에 있는 'Horseshoe Club'에서는 연례적으로 게임자를 위하여 보다 나은 게임을 제공하였다. 어느 해 '홀-슈 클럽'의 경영주 'Benny Binion'은 게임자가 5달러 또는 그보다 적은 베팅을 할 때, 모든 블랙잭에 2/1 배수를 적용하여 지불하는 보너스(bonus)를 제공하였다. 블랙잭 보너스는 크리스마스 전주(前週)에 개최하였고, 이는 그의 단골고객에게 감사의 인사를 하는 Benny의 방식이었다. 대부분의 게임자들은 불운하게도 Binion의 'Holiday Spirit'어드벤티지를 1년에 한 번, 오로지 보너스기간 동안만 수혜를 받았다. 1989년 전설적인 인물 'Benny Binion'이 운명을 달리한 이래, Horseshoe Club에서 그 관대함은 사라져버렸다.

• 싱글덱(Single deck) ···························	Even
• 히트소프트 17(Hit soft 17) ···························	+0.20%
• 에이쓰스 리스플릿(Re-split Aces) ···························	− 0.04%
• 블랙잭 지불 2배(2 to 1 on Blackjacks) ···········	− 2.30%
• 하우스 어드벤티지(House Advantage) ·············	− 2.14%

하우스 어드벤티지 vs. 홀드 퍼센티지

통상적으로 경제적인 수리학 논점에서 사람들은 많은 의문점을 가지고 있으리라 생각된다. 만약 약 1~1.5% 정도의 불리함을 가진 고객이 게임을 진행하는 데 어떻게 카지노는 15~20%의 어드벤티지를 가지는가의 의문의 대답은 '하우스 어드벤티지(house advantabe)와 홀드 퍼센티지(hold percentage)를 혼동하지 말라'고 충고하고 싶다. 하우스 어드벤티지는 카지노경제학적인 이론상 각각의 베팅된 금액에 대한 마진(margin)수익, 즉 위닝퍼센티지(winning percentage)이다. 홀드 퍼센티지는 머니박스(money box) 속에 드롭되어 카지노가 보유한 머니(money)의 퍼센티지이다. 홀드 퍼센티지의 결정은 실제로 이긴 총금액과 드롭된 총금액으로 나누기를 하여야 한다.

원(win)≒드롭(drop)=홀드 퍼센티지(hold percentage)

과거 실무자들은 홀드 퍼센티지를 어떻게 운영하느냐를 가지고 지표(indicator)로 사용하여 왔다. 만약 카지노가 20%의 H/P를 가졌다면 만족할 만한 수준이나, 이보다 적게 되면, 변화를 가져와야 한다. 그러나 소수의 실무자들은 '홀드 퍼센티지'는 대단히 무너지기 쉽고, 변경되어질 수도, 부풀려질 수도 있으며, 잘못 해석하여 잘못 이해되어질 수도 있는 것으로 알고 있다. 실무자들은 '드롭(drop)'이나 또는 결산표(statement of accounts)의 최종결과보다 홀드 퍼센티지를 더 중요시하였다. 홀드 퍼센티지로 월별지출비용과 비교하여, 만약 카지노의 결산이익이 가벼운 청구서도 결재할 수 없다면, 20%의 홀드율을 가진 카지노라도 건실한 비즈니스를 하였다고 볼 수 없다. 다음의 두 가지 사례로 왜 홀드 퍼센티지가 경제적 논리로 사실적 상황에 반영되지 않는지 살펴본다.

사례 : A). 다운타운사례

본 사례는 경험한 사실을 이용하여 이야기식으로 서술하여 본다. 본 저자가 라스베이거스(LasVegas)의 작은 카지노에서 야간근무를 하고 있을 때였다. 우리가 새벽 두 시에 일자리에 왔을 때, 블랙잭 게임을 하는 게임자는 아무도 없었다. 우리는 지루한 밤을 오랫동안 계산을 가지고 정산하여 보았다. 밤 동안에 10명의 게임자가 테이블에서 플레이(play)를 하였다. 각 게임자는 정확히 동등한 기회를 가지고 각 게임자는 $100어치의 칩스를 구매하여 $5짜리 20개를 받았다. 그리고나서 각 게임자는 $5 짜리로 두 곳의 베트를 만들었고, 그들은 로스트(lost)하였으며, 그리고 게임지는 남아 있는 그들의 칩스를 케이지(cage)에서 환전하여 나갔다. 시프트가 끝났고, 한번 베팅에 이긴 사람이 아무도 없는 것으로 알고 집으로 돌아갔다. 다음날 우리가 출근하였을 때 카지노 매니저는 왜 10%만 홀드율을 가졌느냐고, 불편한 심기를 보였다. 우리는 테이블에 있는 모든 베트(bet)를 이겼다.

$1,000(drop)≒$100(win)=10%(hold percentage)

왜냐하면 게임자가 그들이 구매한 칩스금액의 10%만 베팅(betting)하였으므로 10%보다 더 가질 수 있는 방법은 없다. 그러나 실무자 대부분의 생각은 정반대이다. 만약 우리가 첫 번째 2곳의 웨이저(wager)를 위닝(winning) 대신 하우스가 루스(lose)하였다면, 게임자들은 좀더 오랫동안 머물렀을 것이며, 그들이 구매한 것보다 게임을 더 했을 것이라고 생각한다.

사례 : B). $5 칩스사용 게임자 사례

B)사례는 본 저자가 라스베이거스 스트립에 있는 카지노에서 일할 때이다. 우리가 스포츠와 칵테일 웨이트리스에 관하여 이야기하는 것처럼, 우리는 블랙잭테이블에 접근하여 $100어치 칩스를 구매한 것을 알려준다. 그 딜러는 $5짜리 칩스로 $100어치를 컷아웃(cut out)하여 테이블을 가로질러 게임자에게 밀어준다. 그 게임자는 한 핸드에 $5 웨이저(wager)로 시작하여, 더블다운과 스플릿 상황동안을 제외하고 결코 그의 웨이저를 높이지도 낮추지도 않았다. 바로 이 점에 관하여 우리는 진지하게 토론(discussion)에 들어가 보았다. 한 핸드에 $5를 웨이저링하고 이론적으로 그가 구매한 칩스의 20%를 손해보기 전에 그 테이블에 이 게임자가 얼마나 머무를 것인가를 산출하여 본다. 딜러가 한 시간에 60 핸드를 게임자에게 딜링하면, 게임자는 매번 베팅한 금액의 2%를 하우스에 준다고 한다면 그 산출내용은 다음과 같다.

평균베트 $5×60핸드×H/A의 2%=시간당 윈(win)의 기대치
$300×0.2=$6.00

이 뜻은 게임자가 카지노의 이론적 홀드율 20% 를 실현하기 전까지 3시간 이상($20÷시간당 $=3.33시간) 그의 좌석에 머무를 수 있다는 계산이다. 그러나 이 사례를 조금 수정하여 만약 딜러가 한 시간에 90핸드를 결정할 수 있다면 어떻게 달라지는가 살펴볼 필요가 있다.

시간당 90핸드×평균 $5베트×H/A의 2%=$9.00

왜냐하면 딜러가 속도를 향상시키므로 게임자는 두 시간 넘게 테이블에 있을 수 있다. 이것은 한 시간에 더 많은 핸드를 각 딜러가 딜링을 하면, 더 높은 홀드 퍼센티지를 가질 수 있다는 믿음을 유도한다. 그러면 시나리오(scenario)를 한 번 더 바꾸어, 게임자가 Desert Inn에서 6덱-슈(six-deck shoe)에 대해 기본전략으로 게임하였다고 가정하여, $100에서 홀드 20%를 얻는데 필요한 시간이 어떻게 되어지는가를 살펴보면,

시간당 90핸드×평균 $5베트×퍼센트의 4/10(0.04)=$1.80

대략 11시간이다. 기본전략을 가진 게임자에게는 3시간 게임 후에야 오로지 5%의 이론적 홀드(theroretical hold)를 실현시키게 될 것이다. 그렇다면 카지노 산업체들은 기본전략(basic strategy)을 모르는 많은 게임자들에게 정말로 고마울 수밖에 없다.

2 블랙잭 게임의 기본전략

블랙잭 게임의 기본전략(basic strategy of blackjack)을 스터디(study)하기 전에 우

선 게임자의 입장에서 접근해야 한다. 앞서 설명한 바와 같이 블랙잭 게임자가 실행할 수 있는 전략이지, 하우스가 실행할 수 있는 전략이 아니기 때문이다. 다만, 하우스는 전략을 방어할 수 있는 옵션(option)을 제공하고 게임이 가진 수학적 어드벤티지(mathematices advantage)를 유지하는 것이다. 그러므로 수학적인 원리로 블랙잭 게임의 구조적 기능을 분석하면서 게임자의 측면에서 전략을 구사할 수 있도록 본 장에 제시하여 보았다. 기본전략에는 감각적으로 자신있게 결정을 할 수 없는 상황에서 수학적인 확률지식으로 딜러가 어떤 상황의 핸드를 제공하더라도 정확한 플레이를 전개할 수 있다는 것이다.

루징전략(Losing Strategies)

블랙잭 플레이에 대해 일반적으로 알려진 2가지 '루징전략(losing strategy)'이 있다. 그 하나는 '노-버스트(no bust)'전략이다. 이는 핸드를 개선하려는 라운드에 버스팅(busting)을 너무 많이 갖지 않는 것으로, 게임자는 '노-버스트'에 접근하기 전에 딜러의 버스트 가능성을 먼저 관찰해야 한다. 아래의 [표 3-1]은 다양한 핸드가 치로 히팅할 때 버스팅의 확률(probability of busting)을 보여준다. 가장 낮은 핸드의 가치 12의 버스팅 확률은 거의 31%를 가지고 있다. '노-버스트' 전략 플레이 문제는 얼마 안가 게임자금(bankroll)이 점차 감소되는 것으로 쉽게 알 수 있게 된다. 여러분이 게임에서 각각 윈(win)과 딜러의 버스트가 있었음에도 불구하고, 돈을 꾸준히 루스(lose)하였다면, 그 이유는 낮은 가치의 핸드에 항상 스탠드 하는 것을 정당화하기에는 딜러가 충분한 버스트를 자주 하지 않는다는 것이다. 다음의 [표 3-2]를 살펴보면 딜러는 누적계수 값의 30%보다 적게 버스트 되며 핸드의 72% 가깝게 스탠드 핸드를 성공시킨다.

▶ [표 3-1] 버스트의 확률

핸드의 가치	히트하면 버스트되는 %
21	100
20	92
19	85
18	77
17	69
16	62
15	58
14	56
13	39
12	31
11이하	0

▶ [표 3-2] 딜러최종핸드의 확률

딜러의 파이날 핸드가치	%	누적계수(%)
Natural 21	4.83	4.83
21(3장 이상의 카드)	7.36	12.19
20	17.86	29.77
19	13.48	43.25
18	13.81	57.06
17	14.59	71.64
bust	28.36	100.00

▶ [표 3-3] 2장카드 카운트 빈도율

2장카드 카운트	빈도수(%)
• Natural 21	4.8
• Hard standing (17~20)	30.3
• Decision hands (12~16)	38.7
• No-bust	26.5
	100.0

이제 또 다른 [표 3-3]을 살펴보자. 만약 '노-버스트(no-bust)' 전략으로 플레이하였다면, 2장의 카드 핸드의 61.3%는 스스로 플레이된다. 그것은 내추럴 21, 하드스탠딩 17~20, 또는 버스트의 위험이 없는 히팅이다. 핸드의 38.7%는 12~16 가치로서 딜러가 버스트되지 않는 한 루스(lose)될 것이다. 딜러는 결과의 71.6% 버스트 하지 않으므로 '노-버스트' 전략은 장기간 27.7%를 루스한다. 그리고 이러한 핸드 11.0%만 윈(win)하게 된다. 이것은 혼자하는 핸드의 범주(category)에 대하여 딜러의 어드벤티지는 16.7%이다. 낮은 수치상(low values)의 스탠드에 의하여 윈(win) 할 수는 없다. 가장 높은 핸드상에 스탠드하려는 시도에 의해 딜러를 이기는 것조차 안 될 수 있다. 딜러핸드확률도표가 보여주는 모든 핸드상에 각각 18이 있더라도 장기간 플레이는 딜러에게 루스(lose)된다는 것이다. 그 계산을 살펴보면 19의 수치 또는 누적계수의 43.25%의 값을 가지고 게임자를 이기게 될 것이고, 17의 수치 또는 42.94%의 버스트 확률을 가지고 루스하게 된다. 다른 핸드의 13.81%는 무승부가 될 것이다. 계수 18을 가지고는 핸드의 0.31% (43.25% -42.94%)가 루징된다는 것이다. 딜러를 이기려면 19 또는 이상으로 일치(consistent)하는 확률의 핸드를 가져야

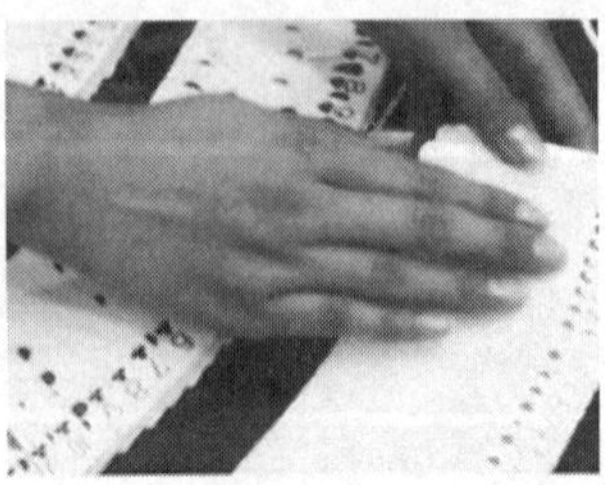

한다.

'노-버스트' 전략은 18이 보장되지 않았을 때에는 이득을 바랄 수 없다. 왜냐하면 거기에는 내추럴(natural)에 3 to 2를 지급하는 것과 같은 하우스에 토탈 어드벤티지는 5%에서 8% 사이가 된다고 'Throp' 교수에 의해 수학적인 논리로 증명된 바 있다. 다만, 어떻게 정확히 'Throp'교수의 이론(理論)에 대한 접근노력을 할 것인지, 그리고 빠르게 소멸(disappears)되는 자금(bankroll)은 어떻게 관리할 것인지는 게임자의 결심에 달려 있다. 블랙잭 게임의 접근에는 논리적으로 타당성이 있는 것처럼 보이는 두 번째 전략은 '딜러-모방(mimic)'에 있다. 만약 그것이 딜러를 위하여 유익한 전략이라면, 그것은 게임자에게도 유익하다고 추론(推論)할 수 있다.

이는 어떤 '파이날 핸드(final hand)'의 값을 가지고 있는 딜러의 핸드와 동등한 승산(勝算)으로, 그 게임은 이븐(even)으로 나타날 수 있다. 반면에 문제는 게임자와 딜러가 버스트를 가진 상태에서 어떻게 취급되느냐에 있다. 게임자가 버스트 일 때 항상 지며, 딜러는 게임자가 버스트를 갖지 않았을 때에만 버스트 상에 루스(lose)하고, 그 시간에 양쪽 다 버스트이면 딜러가 윈(win)한다. 이는 게임자가 먼저 히트 또는 스탠드를 하기 때문에 딜러를 모방하는(mimicking) 전략은 불리함을 결코 벗어날 수 없다. 'Throp'박사에 의해 계산된 '딜러-미믹'전략을 가진 하우스 어드벤티지는 '노-버스트'전략과 유사한 5.7%이고, 'Peter Griffin'은 5.5%로 발표한 바 있다.

기본전략의 개발개요

기본전략(basic strategy)이란 이미 플레이 된 카드의 트랙(track)에 따르지 않고 산출하여 가장 정도가 높은 베팅을 준비하는 플레잉 시스템(system of playing)을 사용하는 것이다. 그것은 3년 동안 각고의 노력으로 열심히 계산기를 두드린 Baldwin, Cantey, Maisel, 그리고 Mc Dermott의 역할로 이와 같은 전략을 연구하였다. 앞서 소개한 바와 같이 그들의 작업은 'Thorp'박사의 수학적 원리에 흥미를 가졌고, MIT의 컴퓨터 사용을 통하여 진일보시켰다. IBM의 'Julian Braun'은 후에 'Throp'의 「Beat the Dealer」 개정판에 그의 계산법으로 정밀하게 보완하는 것으로 'Thorp'의 논리를 더욱 더 견고하게 조력(助力)하였으며, 이러한 연구결과는 기본전략의 결정을 결심하는 2가지 방법을 보여주는 것으로 계산법(calculation)과 시뮬레이션(simulation)이 있다. 'Baldwin'과 그 일행이 만든 계산방법을 사용하려면, 대단히 부지런해야 할 것이다. 정확한 플레이의 전략을 결정하면, 확률의 계산으로 딜링된 카드의 결합을 가능한 한 모두 고려하여 그 핸드를 윈(win), 루스(lose), 또는 푸시(push)로 할 것인지를 결심해야 한다는 것이다.

특히 4명의 오리지날 연구원들이 A, 2, A, 2, 7, A, A, 6 등의 카드를 차례대로 가진 딜러의 핸드에 대해 확률을 계산하였는지, 어떤지는 의문이 가지만, 이러한 핸드를 가진다는 것은 희귀하지만 이것은 현실적으로 존재하며, 드물게 나타나는 결합에 정확한 결과를 줄이는 역할을 한다. 이러한 이유에 대하여 'Braun'은 게임자와 딜러핸드가 결합하여 만들어지는 모든 가능성의 상호작용에 대한 사이클(cycle)을 통하여 프로그램(program)을 만들었다. 그 프로그램이 개발되긴 하였지만 연구한 결과는 복잡하였다. 그러나 한 번에 개발된 프로그램은 컴퓨터 사용에 의해 완전한 조합을 분석하여 기본전략을 확실한 결심으로 가져가는 간단한 일로 개발되었다. 실제로 이것은 기본전략을 결심하려는 노력으로 블랙잭핸드를 수백만 번 플레잉(playing)해 보는 것보다 훨씬 빠르다. 또한 'Braun'은 카운트시스템의 실행을 평가하는 시뮬레이션 프로그램을 병행하여 연구하여 왔다. 시뮬레이션(simulation)에서 컴퓨터는 스스로 일정치 않게 된 결과의 기록으로 핸드에 '딜(deal)'하였다. 매 초마다 계산을 수백만 번 실행하여, 핸드의 거대한 수량을 컴퓨터에 '플레이드(played)' 된 것으로 입력되었고, 시간당 총계의 단위를 기록하였다. 본 장(chapter)의 모든 기본전략 시스템의 개발은 정확한 계산의 실행을 결정하려고 적어도 백만 번 이상 모의실험을 가진 자료이다. 이것을 연구한 첫 번째 결과의 하나는 적어도 많은 갬블러(gambler)들이 경험으로 예측한 것을 수학적(mathematical)으로 확인한다는 것이다. 게임자의 어드벤티지는 딜러의 '페이스-업카드(face-up card)'에 의존한다는 것이다. 다음의 [표 3-4]는 딜러의 페이스-업 카드가 각각 버스트 될 가능성과 정확한 기본전략을 가지고 대응하는 게임자 어드벤티지의 확률을 보여준다.

오른편 도표에서 보여준 바와 같이 딜러는 5에서 버스트할 가능성이 가장 높게, 게임자는 6의 업-카드를 가졌을 때 가장 커다란 어드벤티지를 가졌다. 그 수치는 멀티플덱(multiple deck)과 룰(rule)의 변동에만 오로지 근소한 차이가 있다. 기본전략은 딜러의 업-카드가 무엇이냐에 따라 블랙잭 게임에서 게임자가 받을 수 있는 핸드플레이를 어떻게 전개하느냐를 보여주는 것이다. 이 전략은 다음과 같은 3가지 사례를 인용하여 여러분의 이해를 돕도록 'lose less', 'win more' 그리고 'win instead of lose'로 구분하여 설명한다.

[표 3-4] 게임자 어드벤티지vs.딜러의 업-카드

딜러 업-카드	딜러bust(%)	기본전략을가진 P/A(%)
2	35.30	9.8
3	37.56	13.4
4	40.28	18.0
5	42.89	23.2
6	42.0	23.9
7	25.99	14.3
8	23.86	5.4
9	23.34	− 4.3
10, J, Q, K	21.43	− 16.9
A	11.63	− 35.0
Overall	28.36	0.0

[표 3-5] 기본전 략사례 I 은 작은 손실(lose less)을 가지려는 기본전략 상황이다. 모든 핸드에 $1.00의 기본적인 웨이저(Wager)로 싱글덱 게임(Single deck game)을 가진다고 가정하였다. 게임자가 A, 7을 가지고 딜러-미믹 전략을 따른다면 스탠드할 것이고, 딜러는 10점 카드가 업-카드로 게임자를 이길 수 있는 확률 18%로 플레이하는 바, 게임자가 루스(lose)할 것이라는 것이다. 이 의미는 게임자 웨이저 $1.00은 이러한 상황에서는 장기간 $0.18씩 루스한다는 뜻이다. 따라서 게임자 A, 7에 딜러 업-카드 10인 경우에 스탠드(stand)하면 18%의 루스 확률을 가지나, 히트(hit)하면 14%의 루스확률을 가지므로 기대치 손실을 $0.04 줄일 수 있다. 그러므로 이런 상황에서는 '히트(hit)' 전략을 사용한다는 것이다.

[표 3-5] 기본전략 사례 I : Lose Less

P' Hand	D' card	Decision	Amount Wagerred	P/Win %	D/Win %	Net %	Net Result
A, 7	10	Stand	$1.00	41	59	-18	-$0.18
A, 7	10	Hit	$1.00	43	57	-14	-$0.14

Hit gain=$0.04

기본전략 사례Ⅱ는 루저(loser) 전략의 한 방법만 가지고 할 수 있는 것과는 달리 위닝이 얼마나 우세하는가를 보여준다. 다시 게임자가 A, 7을 가지고 딜러가 6의 업-카드를 가졌다면, 게임자에 대해 가장 좋은 가능성이 있는 상황이 만들어진 것이다. 만약 게임자가 딜러 미믹전략(노-버스트 포함)에 따라 스탠드하였다면 게임자는 보다 많은 26%로 윈(win)할 수 있는 기대치의 값 $0.26을 손해 볼 것이다. 만약에 더블(double)을 하였다면, 네트 윈(net win) 확률은 19%로 줄어드나 베팅금액은 $2.00 증가되므로 이 플레이의 기댓값은 윈퍼센티지(win percentage)×더블웨이저(double wager)이다. 즉 0.19%×$2.00=$0.38 순이득은 기본전략 'win More'를 사용하여 더블링(doubling)하면 $0.12가 된다.

▶ [표 3-6] 기본전략 사례Ⅱ : Win More

P' Hand	D' card	Decision	Amount Wagerred	P/Win %	D/Win %	Net Win %	Net Result
A, 7	6	Stand	$1.00	63	37	26	-$0.26
A, 7	6	Double	$2.00	59.5	40.5	19	-$0.38

Double gain $0.12

[표 3-7] 기본전략 Ⅲ는 동일한 상황에서 루징상황을 우세하게 만들어 위닝(winning)하는 것이다. '노-버스트' 전략에 따르면 31%의 버스트 찬스를 피해서 6, 6을 가지고 또 스탠드할 것이며, 이러한 상황의 결과에 대한 기댓값은 $0.15루스이다. 그러나 만약에 6, 6의 페어(pair)를 스플릿하고 아울러 2핸드 플레잉(playing)에 의해 최초 벳에 더블링(doubling)하면 각 핸드상에 2%의 근소한 어드벤티지가 있다. 동등한 웨이저로 더블링된 2%는 $0.04 가치의 기댓값이 되며, 이에 스플릿팅(splitting) 대비 스탠딩(standing)은 '스플릿'에 $0.19의 비중이 더 있다.

▶ [표 3-7] 기본전략 사례Ⅲ : Win Instead of Lose

P' Hand	D' card	Decision	Amount Wagerred	P/Win %	D/Win %	Net Win %	Net Result
6, 6	4	Stand	$1.00	42.5	57.5	-1.5	-$0.5
6, 6	4	split	$2.00	51	51	2	-$0.04

Split gain $0.19

기본전략의 구성

위에서 3가지 사례를 살펴본 바와 같이 정확한 기본전략 결정은 딜러의 업-카드 크기에 대비하여 개개의 게임자 핸드로 평가하여 만들어진다. 전체적으로 기본전략은 딜러 업-카드의 모든 10(J, Q, K포함) 카드를 상대하여 각자의 가능성 있는 핸드를 위해 적절한 플레이 결정을 보여주는 것이다. 부연설명을 하면, 그것은 인슈런스(insurance)와 같은 사이드 벳을 만드는 데 적절한 지침이 되고, 허용하는 스플릿 상의 더블다운, 또는 서렌더와 같은 카지노 옵션-룰(option rule)에 대비하여 전략변화를 시킬 수 있다는 것이다.

기본전략옵션(Basic Strategy Option)

- 하드히팅과 스탠딩(에이스 또는 페어가 없는 핸드)
  Hand hitting and standing(handle with no Aces of pairs)
- 소프트 히팅과 스탠딩(에이스가 포함된 핸드)
  Soft hitting and standing(handle containing on Ace)
- 하드더블링(노-에이스, 노-페어스)
  Hard doubling(no Aces, no pairs)
- 소프트 더블링(한장의 에이스를 가진 핸드)
  Soft doubling(handle containing on Ace)
- 페어스플릿팅
  Pair spliting
- 페어스플릿팅 후에 허용되는 더블링
  Pair Splitting where doubling is allowed after splitting
- 인슈런스/서렌더
  Insurance/Surrender

다음은 위의 옵션-룰(option rules)을 가지고 자주 사용하는 것을 보여주는 도표로서, 첫 번째 두 장의 카드(initial two card)에서 마주치게 될 것이다. 단순하게 보여주기 위하여 본 장에서는 2장의 카드에서 나타나는 모든 빈도율(frequency percentage)을 기록하였고, 도표의 결정은 다른 방법으로 알려져 있는 어떤 핸드를 제외하고 나타내었다. 단순 히팅과 스탠딩은 딜링되어진 카드 2장 다음의 세 번째 카드(additional card)에 대한 의사표시이고, 페어스프릿팀과 하드더블링은 모든 가능성 있는 핸드의 합계 100%에 벗어나는 라운드이다. 또한 서렌더와 100% 추가금액을 가산한 더블링은 포함하지 않는다. 왜냐하면 그것은 다른 항목에 이중으로 중복되기 때문이며, 인슈런스 역시 토탈카운트 하지 않는다. 그것은 '사이드 벳(side bet)'이기 때문이다.

- 기본전략에 따른 플레이 기준과 옵션

아래의 도표 또한 기본전략의 여러 가지 부분을 스터디(study)하는데 관련된 확률을 보여주고 있다. 그 계산은 라스베이거스룰(딜러 17스탠드, 노서렌더)로 플레이 된 싱글덱 게임에서 산출한 것이다. 2.45%의 게임자 어드벤티지(P/A)는 하드와 소프트 두 핸드에 구성된 계수이며, 페어스플릿팅에 대한 1.31%의 빈도율은 더블링이 허용되든, 아니든 적용하고 핸드의 수는 단지 전략의 변화만 있을 뿐, 똑같이 머무르는 스플릿이 될 수 있다.

여러 가지 전략이 있는 게임목록에서의 결과는 위의 도표가 항목을 설명하여 보여준다. 플레이의 기준(standard)과 옵션(option)을 스터디하는 순서는 기본적으로 자주 일어날 수 있는 전략에 의존하며, 게임자의 수익성을 우선하여 그리고 여유를 가지고 스터디하라고 충고하고 싶다. 예를 들면 인슈런스(insurance)는 기본전략이기는 하지만 만족할 만한 추가 어드벤티지가 없고 모든 사람이 카지노 플레이에 사용할 수 있도록 손쉽게 배우므로 돈을 세이브(save) 할 수 있다.

[표 3-8] Initial 2-card의 기본전략

기본전략	빈도수(%)	P/A(%)
• Hitting & Standing - 페어가 아닌 하드핸드 - 소프트핸드	 53.1 14.5	 2.45
• Doubling - 페어가 아닌 하드핸드 - 소프트핸드(A, 2~A, 9 다 딜러 6 이하)	 19.3 3.7	 1.59 0.14
• Pair Splitting - 스플릿 후에 허용된 더블링	 13.1	0.46 0.10
• Insurance	14.9	0.00
• Surrender Allowed - 허용된 얼리서렌더	3.6 13.4	0.06 0.62

• 기본전략을 가진 플레이어의 누적(accumulate) 이율

플레이를 계획하는 사람들은 각자 정확한 히팅과 스탠딩 전략을 익혀야 할 것이다. 이것들은 순간적으로 가져야 하고 하우스 어드벤티지를 절반으로 줄일 수 있다. 소수의 핸드보다 더 많은 플레이를 한 번에 하려는 게임자 역시 간단한 하드 더블링 전략을 익혀야 할 것이다. 이것도 7가지 이상의 요소에 의해 추가로 어드벤티지를 줄이는 것이다. 종종 게임자를 위해 페어-스플릿팅 목록에서 최초의 2장 카드의 룰을 익히는 데 거의 이익도 손해도 없는 게임을 지시하기도 한다. 만약에 좀더 진지한 플레이를 계획하거나 또는 'Hi-Opt 1'을 사용하기 바란다면 완전한 도표의 세트(set)를 익혀야 할 것이다.

[표 3-9] Initial 2-card의 기본전략

기본전략	빈도수(%)	P/A(%)
• House Advantage	-6.97	-6.97
• Blackjack Pays 3 to 2	2.33	-4.64
• Common rules		
- Correct hitting&Standing	2.4	-2.19
- Hard doubling	1.59	-0.60
- Insurance	0.00	-0.60
- Pair-Splitting	0.46	-0.14
- Soft doubling	0.14	0.00
• Options	0.10	+0.10
- Pair splitting(double allowed after split)	0.06	+0.16
- Surrender/Early surrender	0.62	+0.88

기본전략의 정해(正解)

• 스탠딩과 히팅(Standing&Hitting)

[표 3-10]의 도표는 어떤 핸드, 논-페어핸드를 가졌을 때, 히트하여 버스트로 갈지라도 히팅 또는 스탠딩에 대하여 적절한 전략으로 보여진다. 도표 전체는 간소한 룰(rules)로 요약되어졌고 2장의 카드에서 자주 일어나는 순서로 목록화하였다.

① 게임자 12에서 16 vs. 딜러 7 이상은 항상 히트(23.1%)
② 게임자 17 또는 이상이면 항상 스탠드(15.7%)
③ 게임자 12에서 16 vs. 딜러 6 혹은 이하에는 스탠드(13.1%)
④ 게임자 12 vs. 딜러 2, 3은 히트(12%)

딜러 업-카드와 6과 7 사이의 목록 구분은 대단히 중요하다 아래의 도표에서 보여주는 바와 같이 딜러 버스트 확률은 6업과 7업 사이를 경계로 확연한 차이를 보이고 있음을 볼 수 있다. 모든 도표에 이 지역을 표시하였으나, 특히 ④항의 목록은 유의해야 한다.

▶ [표 3-10] 4덱 하드스탠딩과 히팅

게임자의 하드핸드	딜러의 Up-Card									
	2	3	4	5	6	7	8	9	10	A
17 혹은 그 이상	S	S	S	S	S	S	S	S	S	S
16	S	S	S	S	S	H	H	H	H	H
15	S	S	S	S	S	H	H	H	H	H
14	S	S	S	S	S	H	H	H	H	H
13	S	S	S	S	S	H	H	H	H	H
12	H	H	S	S	S	H	H	H	H	H

※S=Standing, H=Hit

[표 3-11]은 2장 또는 이상의 카드를 가진 어떤 소프트핸드(soft hand)를 가졌을 때, 히팅 혹은 스탠딩에 대한 전략을 준다. 그러나 어떤 2장의 카드는 더블링이 되지 않는다. 이 도표는 3가지 룰로 요약되고, 자주 일어나는 2장의 카드 순서로 목록되었다.

① 소프트 19 혹은 그 이상은 스탠드(7.2%)
② 소프트 17 혹은 그 이하는 히트(6.0%)
③ 게임자 소프트 18 vs. 딜러 8 혹은 그 이하는 스탠드, 게임자 소프트 18 vs. 딜러 9, 10, A는 히트(1.3%)

▶ [표 3-11] 4덱 하드스탠딩과 히팅

게임자의 하드핸드	딜러의 Up-Card									
	2	3	4	5	6	7	8	9	10	A
19 혹은 이상	S	S	S	S	S	S	S	S	S	S
18	S	S	S	S	S	S	S	H	H	H
17 혹은 이상	H	H	H	H	H	H	H	H	H	H

※S=Standing, H=Hit

룰의 ③항은 히트 또는 스탠드로 둘 다 변형할 수 있음을 기억하고, 어느 쪽이든 가장 여유가 있다. 그러면 이제 모든 기본 히팅과 스탠드 결정을 어떻게 만드는지 알아야 할 것이다. 만약 혼자서 이러한 두 가지 도표에 의해 플레이한다면 게임자는 카지노가 가진 어드벤티지보다 더 가져 할 것이다. 플레이를 하려면 블랙잭 게임에서 정확한 플레이의 지식으로 이것을 시작할 때까지는 다른 게임자의 방법을 먼저 관측한다.

- 하드더블링(Hard Doubling)

▶ [표 3-12] 4덱 하드 더블링

게임자의 하드핸드	딜러의 Up-Card									
	2	3	4	5	6	7	8	9	10	A
11	D	D	D	D	D	D	D	D	D	H
10	D	D	D	D	D	D	D	D	H	H
9	H	D	D	D	D	H	H	H	H	H
8 혹은 이하	H	H	H	H	H	H	H	H	H	H

※D=Doubling, H=Hit

스포츠 이벤트의 관점으로 블랙잭 게임을 생각한다면 하드 더블링은 압도하는(break) 어드벤티지를 가지고 있을 때 딜러의 업-카드 가치가 상대적으로 적으면 게임자의 위닝을 증가시키는 전략이다. 다음은 가장 중요한 하드더블링(hard doubling)의 게임자 결정에 대하여 적절한 플레이 전략을 위의 도표에 묘사하였다. 세계적으로 카지노들은 대부분 2장의 카드를 핸드에만 더블을 허용한다. 그래서 자주 일어나는 퍼센티지는 완전하게 정확한 것으로, 도표는 다음과 같은 룰에 의해 요약

(要約)된 것이다.

① 8 혹은 그 이하는 항상 히트(7.2%)
② 게임자 11 vs. 딜러 10 혹은 그 이하는 더블(4.8%)
③ 게임자 10 vs. 딜러 9 이하는 더블, 게임자 10 vs. 딜러 10, A는 히트(3.6%)
④ 게임자 9 vs. 딜러 3~6은 더블, 게임자 9 vs. 딜러 2와 7~A는 히트(3.6%)

- 인슈런스(Insurance)

앞서 언급한 바와 같이 인슈런스 벳은 보험을 드는 것이 아닌, 잘못 불려진 명칭(名稱)이라 했다. 그것은 딜러의 에이스 업-카드(ace-up card)의 다운카운트가 10 가치의 카드인지 아닌지를 확인하는, 오로지 사이드 벳(side bets)일 뿐이다. 기본전략은 이러한 플레이에 대해 단순하다. 인슈런스는 게임자에게 평균적으로 '삭커벳(sucker bet)'이다. 스마트한 게임자는 만약에 내추럴 21을 가졌다면 루스(lose) 하지 않을 것이다. 예를 들면 2달러 베트를 가졌다면, 1달러의 인슈런스 벳을 만들 수 있다. 만약 딜러가 내추럴을 가졌다면 정상적인 2달러벳은 루스(lose)되나, 1달러 인슈런스 벳은 2배(2 to 1)로 지급되어 오리지날 2달러를 돌려받는다. 만약 딜러가 내추럴(natural)을 가지고 있지 않다면 1달러의 인슈런스 벳만 루스한다. 여기에서 문제의 요점은 딜러가 베팅금액의 손실이 우려되는 그의 에이스카드의 다운카드가 10-카드를 자주 가지느냐가 문제이다. 그 대답은 '노(no)'라고 할 수 있다. 만약 어떤 카드를 의식적으로 무시하는 플레이를 한다는 것은 딜러가 10점 가치 다운카드를 가질 수 있는 확률을 정확히 카운트할 수 있다는 것이다. 카드 한 덱은 52장의 카드가 있고, 10의 가치를 가지는 카드는 16장이다. 그러므로 36장의 카드는 10의 가치가 없는(non-10s) 카드이다. 딜러의 A 그리고 게임자의 A, 10 등의 3장은 볼 수 있는 카드이다. 그러므로 덱 안의 49장은 보이지 않은 카드로, 이는 15장의 10점 카드와 34장의 10점이 아닌 카드가 있다는 것이다. 이러한 상황을 장기간의 결과로 정리하면,

딜러 15 핸드 10점 다운카드×\$2.00 pay off	=	\$30.00(won)
딜러 34 핸드는 논-10점 다운카드×\$1.00 bet lose	=	\$34.00(lost)
		\$ 4.00 net loss

어떠한 인슈런스 벳을 만들기 원할 때에는 그 카드를 트랙킹(tracking)할 수도 있지만, 인슈런스 벳이 웨이저 확률로 게임자에 대해 충분히 증명할 수 있는 개연성이 있는지는 다시 연구하기로 하고, 여기에서 지적하는 것은 더 이상 H/A를 줄이는 요소를 가지고 있지 않다는 것이다.

- 페어스플릿팅(Pair Splitting)

[표 3-8]에서 설명한 바와 같이 페어스플릿 후에 더블링을 마스터하는 것에 기본 전략의 가장 중요한 기회이다. 다음은 도표에서 보여주는 적당한 스플릿팅 전략을 가산하면 단 1퍼센트(percent)의 소수점이라도 줄일 수 있다. [표 3-13]에 요약한 룰은 자주 일어나는 빈도수를 가지고 목록화 한 것이다.

▶ [표 3-13] 4덱 페어스플릿팅

게임자의 하드핸드	딜러의 Up-Card									
	2	3	4	5	6	7	8	9	10	A
A, A	Sp	Sp	Sp	Sp	Sp	Sp	Sp	Sp	Sp	Sp
10, 10	S	S	S	S	S	S	S	S	S	S
9, 9	Sp	Sp	Sp	Sp	Sp	S	Sp	Sp	Sp	Sp
8, 8	Sp	Sp	Sp	Sp	Sp	Sp	Sp	Sp	Sp	Sp
7, 7	Sp	Sp	Sp	Sp	Sp	Sp	H	H	H	H
6, 6	H	Sp	Sp	Sp	Sp	H	H	H	H	H
5, 5	D	D	D	D	D	D	D	D	H	H
4, 4	H	H	Sp	Sp	Sp	Sp	H	H	H	H
3, 3	H	H	Sp	Sp	Sp	Sp	H	H	H	H
2, 2	H	H	Sp	Sp	Sp	Sp	H	H	H	H

※ S=Stand, H=Hit, D=Double, Sp=Split

① (10, 10), (5, 5), (4, 4)에는 네버스플릿(10.0%)

② (A, A) 그리고 (8, 8)에서는 항상 스플릿(0.9%)

③ (2, 2)와 (3, 3) vs. 딜러 4~7은 스플릿하고 (2, 2)와 (3, 3) vs. 딜러 2, 3, 8~A에서는 히트(0.9%)

④ (9, 9) vs. 딜러 2~6, 8과 9에서는 스플릿하고, (9, 9) vs. 딜러 7, 10과 A에서는 히트(0.9%)

⑤ (6, 6) vs. 딜러 3~6은 스플릿, (6, 6) vs. 딜러 2, 7~A 는 히트(0.5%)
⑥ (7, 7) vs. 딜러 7 혹은 이하에는 스플릿하고, (7, 7) vs. 딜러 8 혹은 이상에는 히트(0.5%)

모든 기본전략 게임자는 페어스플릿팅(pair splitting)의 첫 번째 두 장의 카드 룰(1st 2-card rules)을 통하여 익숙해져야 할 것이다. 예를 들면 '에이쓰스 스플릿'이 비록 한 장의 추가 카드를 받는다 할지라도 '11s'의 강력한 세트 안에, 만약 가장 낮은 2 또는 12 점이 될 수도 있지만, '에이쓰스 스플릿(aces split)'을 하였을 때에는 40% 이상의 어드벤티지를 게임자에게 제공한다. 전체적인 기본전략을 가지는 것으로 각각 정확한 플레이로 조금 더 윈(win)하는데 도움이 되어야 한다.

- 소프트더블링(Soft Doubling)

만약 카지노가 허용한다면, 에이스가 포함된 일정한 이니시얼 2-카드 핸드상에 더블링 다운에 의해 역시 하우스 어드벤티지를 줄일 수 있다. 이것은 오로지 딜러가 6 혹은 이하의 업카드르 보여주었을 때만 유익(beneficial)하다. 소프트 2-카드전략에 대한 전략으로 이미 검토한 것은 더블링 하지 않으며, 소프트 더블링 결정을 요약한 룰(rules)은 우측의 도표와 같다.

[표 3-14] 4덱 소프트 더블링

게임자의 소프트핸드	딜러의 Up-Card				
	2	3	4	5	6
A, 8 또는 이상	S	D	D	D	D
A, 7	S	D	D	D	D
A, 6	H	H	D	D	D
A, 5	H	H	D	D	D
A, 4	H	H	D	D	D
A, 3	H	H	H	D	D
A, 2	H	H	H	D	D

※ S=Stand, H=Hit, D=Double

① A, 8 과 A, 9 는 스탠드(1.0%)
② A, 6 과 A, 7 vs. 딜러 3~6은 더블(0.9%)
③ A, 4 와 A, 5 vs. 딜러 4~6은 더블(0.9%)
④ A, 2 와 A, 3 vs. 딜러 5, 6은 더블(0.9%)

비록 소프트 더블링은 $0.14의 적은 추가 어드벤티지를 얻긴 하지만, 위 도표로 경비(expensive)의 부담 없이 전형적인 라스베이거스 스트립의 싱글덱 게임을 즐겼다고 생각하면 된다.

- 스플릿 후에 더블링이 허용된 경우

만약에 스플릿을 가진 후에 핸드의 양쪽에 모두 더블다운이 허용되었다면, 대략 0.10% 이상의 어드벤티지를 가지게 될 것이다. 이러한 룰(rules)은 이전에 보여준 것보다 더 자주 스플릿을 묘사하여 만든 것이다. 우측의 도표사례는 더욱 자유로운 스플릿 전략이고, 실제로 이러한 두 가지 전략은 대단히 유사하므로 룰의 요약은 다시 목록하지 않았다. 대신에 두 가지 전략의 비교는 이탤릭체(italics)로 강조하여 아래와 같이 요약하였다.

페어스플릿팅 후에 더블링이 허용되어진다면, ① 2, 2 와 3, 3 vs. 2, 3에서는 스플릿 ② 4, 4 vs. 딜러 5, 6은 스플릿 ③ 6, 6 vs. 딜러 2에서 스플릿 ④ 7, 7 vs. 딜러 8에서 스플릿. 이러한 핸드는 분리하여 플레이되어진 것으로 어떤 더블링 결정을 가지고 각 핸드에 적용된 것 같이 기본 전략에 따라서 만들어진다.

[표 3-15] 더블링이 허용된 4덱 페어스플릿팅

게임자의 하드핸드	딜러의 Up-Card									
	2	3	4	5	6	7	8	9	10	A
A, A	*sp*	*sp*	*sp*	*sp*	*sp*	*sp*	*sp*	*sp*	*sp*	*sp*
10, 10	s	s	s	s	s	s	s	s	s	s
9, 9	*sp*	*sp*	*sp*	*sp*	*sp*	s	*sp*	*sp*	s	s
8, 8	*sp*	*sp*	*sp*	*sp*	*sp*	*sp*	*sp*	*sp*	*sp*	*sp*
7, 7	*sp*	*sp*	*sp*	*sp*	*sp*	*sp*	H	H	H	H
6, 6	H	*sp*	*sp*	*sp*	*sp*	H	H	H	H	H
5, 5	D	D	D	D	D	D	D	D	H	H
4, 4	H	H	H	H	H	H	H	H	H	H
3, 3	H	H	*sp*	*sp*	*sp*	*sp*	H	H	H	H
2, 2	H	H	*sp*	*sp*	*sp*	*sp*	H	H	H	H

※ S=Stand, H=Hit, D=Double, sp=split

- 서렌더(surrender)

만약 카지노가 허용하는 서렌더 플레이에 참여할 의사가 있다면(핸드를 던져 베트의 반을 표기하는 옵션), 2장의 카드에 핸드에 대해 우측의 도표에 따라 이익이 되는(profitable) 결정을 만들 수 있다. 3장의 카드에서 서렌더 플레이는 없다. 왜냐하면 대부분이 카지노는 오로지 이니셜 2장의 카드(initial 2 card)상에서만 서렌

▶ [표 3-16] 4덱 서렌더

딜러 Up-Card	Surrender Holding	P/A 누적 (%)
Ace	9, 7 과 10, 6	0.5
10	9, 7 과 10, 6 9, 6 과 10, 5	3.7
9	9, 7 과 10, 6	0.5

▶ [표 3-17] 멀티덱 얼리서렌더

딜러 Up-Card	Surrender
Ace	모든하드 5~7 모든하드 12~17
10	모든하드 14~16

더를 허용하기 때문이다. 3장 또는 그 이상의 카드에 대한 서렌더 기본전략은 대단히 복잡하고 기억하는 노력의 가치로는 너무 적은 결과가 수반된다. 위와 같이 묘사된 서렌더 플레이에 새로운 변화(variation)가 있는데 '얼리 서렌더(early surrender)'라는 것이다. 이것은 핸드를 포기하기에 더 자유스러운 서렌더 가치의 허용으로 딜러가 '바텀 카드(botton card)'를 보거나 또는 '홀-카드(hole card)'가 딜링되기 앞서 오리지날 벳(original bets)의 반을 루스(lose)하는 것이다. 예를 들면 LasVegas에서는 딜러가 내추럴 21를 가지고 있지 않다는 것만 결정된다면 서렌더를 해도 무방하다. 얼리서렌더는 Atlantic City에서도 제공되어지고 있다. 위의 도표는 멀티플-덱(multiple deck) 게임에 대한 정확한 멀티-서렌더 전략을 보여준다. 4덱 게임에서 이 전략을 따른다면 추가로 0.62%를 게임자에게 제공한다. 이것은 0.54%로 하우스에 고정된 4덱 어드벤티지를 지워버릴 것이고 게임자에게는 0.08%의 근소한 이익의 기대치를 줄 것이다.

하우스 어드벤티지 추산

컴퓨터작업으로 정리한 총계를 가지고 정확히 얼마나 유리한지 알고 있더라도, 그것은 게임 안에 매번 변동되는 플레이에 달려 있으며, 거기에는 하우스 승산(odds)에 장기간 영향이 미치는 블랙잭의 공통적인 룰에 변동(variation)의 수치가 있다. 다음의 [표 3-18]는 이러한 각 변동의 변화를 퍼센티지로 제공한다.

- 룰 변동의 영향(effect of rules variation)

[표 3-15]는 딜러가 17점 상에 스탠딩(standing)을 가진 싱글덱 게임에서 소프트 또는 하드 핸드의 더블링, 페어스플릿팅 후에는 더블링이 없는 것으로 그리고 노-서렌더 등의 기본전략 플레이를 기반으로 추산하였다. 이러한 상황에서 게임자의

어드벤티지는 정확히 제로(zero)가 되나, 멀티플덱 사용시에는 부정적 영향에 주의해야 한다. 2덱 또는 4덱 게임은 게임자에게 가장 불리한 변동이 두 가지 있다. 다른 공통된 변화는 최종 어드벤티지에 작은 차이를 만들고 있다. 서렌더와 스플릿 후에 더블링을 가진 싱글덱 게임을 제공하는 라스베이거스 다운타운(LasVegas downtown)의 카지노 샘플에 대하여 게임자 어드벤티지(player advantage)를 결정하는 계산법을 살펴보기로 한다. 따라서 H/A는 P/A의 반대로 작용함으로 이를 근거로 H/A도 추산할 수 있다.

[표 3-18] 변동되는 룰이 게임자에게 미치는 영향(라스베이거스 사례)

전형적인 LasVegas strip룰의 변동	기본전략을 가진 P/A(%)
• Early surrender-4 decks	+0.62
• Double on any number of cards	+0.20
• Double on any three cards	+0.19
• Six card bonus-4 decks/1 decks	+0.17/+0.10
• Drawing any number of cards to split Aces	+0.14
• Doubling allowed after pair splitting	+0.10
• Surrender-4 decks/1 decks	+0.06 / +0.02
• Dealer wins ties	−9.00
• No doubling on 10	−0.56
• 4 decks or more decks	−0.54
• Two decks	−0.38
• Dealer hits soft 17	−0.20
• No doubling on 9	−0.14
• No soft doubling	−0.14
• No decks hole card	−0.13
• No resplit of pairs	−0.05
• Cheating dealer	−100.00

위 도표의 변동율에 대입한 라스베이거스 '다운타운(downtown)'의 게임자 어드벤티지의 샘플을 추산하면;

- 기본싱글덱게임(Basic single deck game) ································ 0.00%
- 딜러히트소프트 17(Dealer hits soft 17) ································ −0.20%
- 서렌더(Surrender) ································ +0.02%
- 스플릿 후의 더블(Double after Split) ································ +0.10%

게임자의 어드벤티지(P/A) ································ −0.08%

또한 이 샘플로 라스베이거스 '스트립' 카지노의 게임자 어드벤티지(P/A)의 승산을 추산하면;

- 기본싱글덱게임(Basic single deck game) 0.00%
- 2덱(Two decks) .... −0.38%
- 얼리 서렌더(Early surrender) .... +0.10%

게임자의 어드벤티지(P/A) .... −0.28%

아트랜틱 시티(Atlantic City)에서는 실제로 하우스(house)를 넘는 어드벤티지로 약간 폭이 넓게 추산하여 보면;

- 기본싱글덱게임(Basic single deck game) 0.00%
- 4 덱(Four decks) .... −0.54%
- 얼리 서렌더(Early surrender) .... +0.62%
- 스플릿 후에 더블(Double after split) .... +0.10%

게임자의 어드벤티지(P/A) .... +0.18%

위 도표의 변동률에 의하면 일반적으로 카지노 어드벤티지는 게임자가 기본 전략에 따라 플레이 하였을 경우 좀처럼 1%가 넘지 않는 것을 알 수 있다.

3 바카라(Baccarat)

세계의 여러 지역에서 '하이-스테이크(high stakes)'를 위하여 플레이 되어지는 겜블링게임으로 잘 알려진 '시멩디퍼(chemin defer)'와 '바카라' 게임이다. 바카라는 A.D.1190년경 프랑스를 통하여 소개되어졌고, 원래는 이탈리언의 카드게임에서 유래되었다고 전해지고 있으며, 두 가지 형태로 발전되어 왔다. 그 중 하나는 '바카라(baccarat)'[53]라 불리우고, 또 다른 하나는 '시멩디퍼(chemin defer)[54]'라고 불리운다. 이러한 두 게임 사이에 가장 큰 기본적인 차이는 단지 영국버전 바카라는 3핸드로 딜링되어진다는 것이고, 네바다식 버전인 '차임미(chimmy)'는 2핸드로 딜링되어진다는 것이다.

그 카드는 각 앞 면의 가치 그대로 Ace(1점)부터 9까지 있고, 10, J, Q, K의 각 카드 점수는 0(zero)로 간주한다. 핸드는 카드의 10단위를 생각하는 것으로 평가한다. 다시 말하면 오로지 계산된 합계의 마지막 아라비아 숫자(digit)로만 값을 구한다. 게임의 목적은 처음 두 장의 카드가 8점 또는 9점에 가깝게 만들어졌거나, 또는 처음 두 장의 카드에 8 또는 9를 갖지 못하였다면, 대부분 3장의 카드를 가지고 가능한 9점에 가깝게 만든 후에 높은 핸드가 윈(win)하게 된다.

'바카라'와 '시멩디퍼'의 게임은 1830년부터 '프라이베트게임(private game)'뿐만 아니라 전 유럽에 걸쳐 유명한 카지노에 대중적인 게임이 되었다. 오늘날 이러한 게임 중의 하나 또는 둘 다 잘 알려진 지역은 London, France남부, Riviera, Germany 그리고 Unite States 등의 국가가 있다. '시펭디퍼' 방식의 게임은 '네바다 바카라'라고 불리우며, 1958년 이래 네바다의 소수 카지노에서 운영되어져 왔다. 그 룰(rules)은 3핸드 게임의 구성과 구조가 유사하나 견고함을 가졌으며, 본 장에서는 'William E. Walden'의 문헌에 대부분 집중하여 '네바다 바카라' 중심으로 연구하였고, 이 기술(記述)은 바카라와 시멩디퍼는 블랙잭 또는 21-게임과 여러 가지 유사점을 가지고 독창적으로 관찰력에 의존하는 흥미있는 게임임을 입증하였다. 그 요소는 21-게임에 대한 실제적인 위닝전략을 인용하는 것으로 암시(暗示)하였을지라도 바카라와 시멩디퍼를 위한 실제적인 위닝전략이 되는 것에 있다. 21-게임상황에 대조하면, 게임의 주요 부분 즉 '뱅커(banker)'와 '플레이어(player)'의 배트머니에 대하여 통용되는 실제적인 위닝전략(winning strategies)이 없다는 것을 알 수 있다.

룰과 절차(Rules and Procedures)

네바다(Nevada) 바카라게임의 시작은, 8덱의 카드로 셔플하고 조커(joker)는 끝나는 부분에 앞면에 놓여진다. 그 카드들은 '슈(shoe)'라고 불리우는 목제 또는 아크릴로 된 딜링박스 안에 넣는다. 첫 번째 카드는 노출시키고, 그 카드의 가치를 공

53) 영국에서는 바카라를 'en banque'라고도 불렀다.
54) 영국과 네바다에서는 'baccarat-chemin de fer'라고 불렸다.

표하며, 페이스(face) 카드는 10점으로 카운트된다. 그리고 나서 카드의 수치만큼 '디스카디드(discarded)' 즉 버닝시킨다. 테이블은 12개의 좌석을 가졌고 고객과 '실즈(shills)'의 구성원에 의해 점유되어진다. '실즈(shills)'는 고객을 유도하거나 또는 자극하는 플레이를 하며, 순서가 오면 게임자인체 가장하며 머니를 베팅하는 하우스의 고용인이다. 이 테이블에서는 차별 없이 '게임자(player)'로 간주한다. 네바다 바카라 게임에서는 두 가지 종류의 기본적인 베트가 있으며 '뱅커(banker)'와 '플레이어(player)'라고 부른다.

어떤 게임자는 플레이의 시작 또는 '쿠프(coup)'가 있기 전에 이러한 벳사이드의 둘 중 어느 한 쪽을 선택하여 만들 수 있다. 게이밍이 시작되면 게임자들은 둘로 나뉘어 단 하나를 선택한다. 하나는 뱅커로, 또 하나는 플레이어로 바카라 게임테이블의 레이아웃에 베팅플레이스(betting place)가 프린트되어 있다. 그 좌석에는 1번부터 12번 또는 10번까지 시계방향으로 넘버가 매겨져 있다(main baccarat 테이블 기준). 어떤 넘버를 점유하고 있는 게임자가 있다는 것은 그가 거부하지 않는 한, 최초의 '뱅커'이다. 이런 경우의 기회는 누군가 수락할 때까지 테이블 주위를 시계방향으로 통과한다. '플레이어 사이드'는 '뱅커사이드' 이외의 게임자가 선택하는 것이 일반적이다.

'플레이어사이드' 상에 베트가 없는 경우, 그 이유에 대해 알리지 않는다. 게임이 진행될 때, 그 테이블에 '실즈(shills)'가 있다면 그들은 통상적으로 '플레이어사이드'에 베팅하게 된다. 뱅커는 슈와 딜링을 '뱅커벳'이 루스(lose)하지 않는 한 계속 유지하며, '플레이어 벳'이 윈(win)하였을 때, 그 슈(shoe)는 오른쪽 게임자에게 이동된다. 이 게임자가 지금부터 '뱅커'가 된다. 만약 쿠프(coup)가 타이(tie)라면 그 게임자에게는 원하는 어떤 형태로 그들의 베트를 변경하는 것을 허용하고, 그 뱅커가 그대로 다른 쿠프를 상대로 딜링을 한다. 쿠프가 일어나면 '뱅커'와 '플레이어'에 두 장의

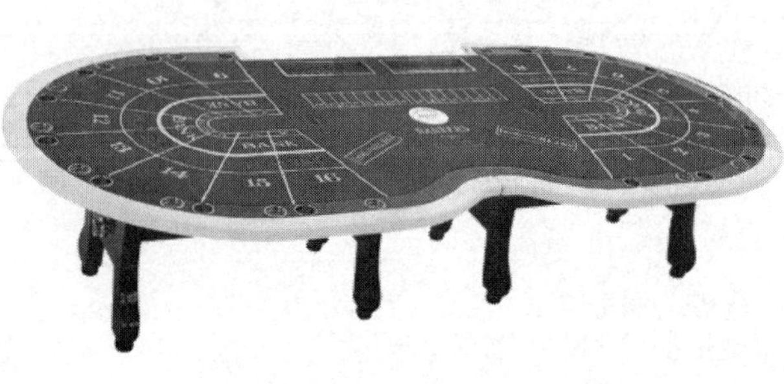

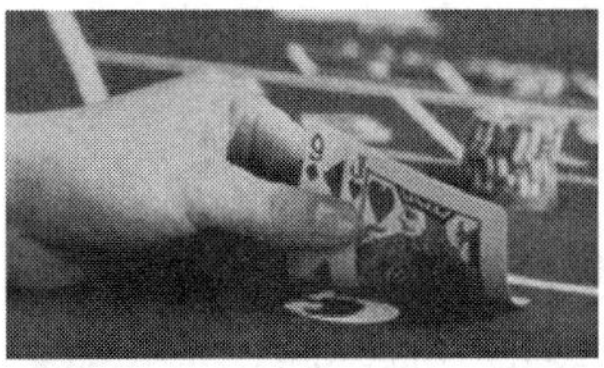

카드가 각각 딜링된다(바카라 게임 딜링의 curatior 방식). 위에서 언급한 바와 같이 그 카드는 A부터 9까지의 값은 그들의 앞면가치에 있고, 10과 페이스카드의 값은 각각 0점으로 하되, 합계되 마지막 숫자만 유효하다. '뱅커'와 '플레이어'가 각각 2장의 카드를 받은 후에, '그루피어(croupier)'에게 그들의 핸드를 펼친다. 만약 어느 쪽이든지 2장의 카드 합이 8 또는 9에 필적한다면 '내추럴 8' 또는 '내추럴 9'으로 표현하며, 모든 베트는 한 번에 정산(精算)된다. 만약 '플레이어' 또는 '뱅커' 둘 다 어느 쪽도 내추럴을 가지고 있지 않다면 '플레이어'와 '뱅커'는 [표 3-3-1]의 룰-세트(the set of rules)에 따라 드로우(draw) 또는 스탠드(stand)한다. 높은 핸드가 이기며 만약 핸드가 대등하다면, 타이(tie)로서 머니는 교환하는 핸드는 없으나 다음에 게임자들이 원하는 방식으로 그들의 벳을 자유롭게 바꿀 수 있다. 만약 조커(joker)에 도달하였고, 쿠프(coup)가 완성되어진 플레이였다면, 그 슈는 끝나고 그 카드는 리셔플(reshuffle)이 된다.

▶ [표 3-3-1] 바카라게임 룰-세트

Player having		
0~5	draw a card	
6~7	stands	
8~9	turn card over	
Banker having	draw when The Player draws	does not draw when The Player draws
0, 1, 2	none, 0-9	
3	none, 0-7, 9	8
4	none, 2-7	0, 1, 8, 9
5	none, 4-7	0, 3, 8, 9
6	6, 7	none, 0-5, 8, 9
7	stands	stands
8, 9	turns card over	turns cards over

달리 표현하면, 게임종료로 그 쿠프(coup)는 먼저 플레이로 끝난 것이다. 따라서 그 슈(shoe)는 마지막이고, 카드는 리-셔플되는 것이다. 그러나 카지노는 쿠프(베트)와 어떤 시간과의 사이에서 리-셔플을 하기도 한다.

메인벳스(Main Bets)

바카라 게임에서 하우스를 상대하여 두 가지 종류의 '메인벳(main bet)'이 만들어 질 수 있다. 게임자는 '뱅커(banker)' 또는 '플레이어(player)' 둘 중에 어느 쪽이라도 선택하여 베팅(betting)을 할 수 있다. 위닝벳(winning bets)이 '플레이어'이면 이븐머니로 지급되며 '뱅커'가 위닝벳이면 총 금액의 0.95로 지불된다. 그 5%는 세금이 부과된 것으로, 달리 설명하면 이는 이븐머니(even money)지급에서 가져오는 '비고리시(vigorish)'이다.

완성된 8덱에 대하여 '뱅커'의 위닝확률(winning probability)은 0.458597이고 '타이(tie)'가 될 확률은 0.095156이다. 이러한 수치계산의 기초 아이디어는 6장의 카드순서와 성질이 다른 모든 가능성을 고려한 것이다. 각 순서에 대한 결과는 컴퓨터로 계산하였고, 이는 컴퓨터란 수열(數列)의 확률이 일치하는 적절한 기록을 모은 것이다. 다수(多數)는 짧게 줄였고, 계산은 단순하고 간략화하였다. 하우스 어드벤티지(수학적 기댓값에 대한 유사물로 어드벤티지 사용)에 대한 '플레이어'는 1.2351%이고, 하우스 어드벤티지에 대한 '뱅커'는 0.458597×5%의 등식으로 1.2351% 또는 1.0579%이며, 2.2930%로 하는 곳에서 '뱅커'의 위닝에 하우스텍스(house tax)의 영향이 있다. 만약 타이(tie)가 실험으로 계산되지 않는다면, 하우스 어드벤티지(house advantage)를 주어서 '뱅커'를 상대하여 1.1692% 그리고 '플레이어'를 상대하여 1.3650%가 되며 이러한 상황에서 하우스 택스 영향이 있는 '뱅커'는 2.5341%가 된다.

본 장에서는 슈(shoe)의 구성이 비정상인지 아닌지를 결정하려고 도전하여 보았다. 딜링된 어느 사이드의 연속된 베팅으로 '뱅커'와 '플레이어' 베트가 하우스 이익을 압도하기에 충분한 어느 곳에 기댓값 안의 변동을 높여 주는 것이다. 이것은 종종 일어나지만 변동은 실제적인 위닝전략의 기본으로 자주 일어나기에 충분하지도, 아주 만족스러운 것도 아니다. 이 것은 두 가지 방법으로 결정하여 보았다. 첫 번째는 단일수치의 카드 수량에 변화를 주는 것이었으나, 그 결과는 부정적이었다. 두 번째로 라스트-덱(last deck)을 이상적으로 분석할 수 있는지 여부를 조사하였던 바(예 : 게임자가 컴퓨터에서 지시한 정보 내용을 받아도 좋은지 여부), 시간대의 어느 쪽도 중요한 부분의 베트를 평가할 수 있는 정도의 게임자 어드벤티지(player advantage)가 있었다.

13장의 카드를 각자 29세트로 준비하고, 각 세트는 완성된 8덱에서 무작위로 받아진 것을 선택하였다. 58장의 두 가지 실증에서만 근소하고 절대적인 기댓값이 있었다. 적어도 '플레이어'는 3.2%의 우위를 가졌고, '뱅커'는 0.1% 우위를 가졌다. 여기에서 제시하는 것은 너무나 장황하고 복잡한 논증(論證)에 의한 것으로 플레이 되지 않은 카드를 줄이는 수량으로 '뱅크'와 '플레이어'가 전개되는 조건부 기댓값을 설명하여 분류하는 확률을 다음과 같이 실험(experiment)하였다.

[표 3-3-2]의 각 타입의 베트는 유리함이 아주 적은 것으로 나타나고 있으며, 게임에 사용하지 않은 카드 13장이 넘어 증가되는 수량만큼 보다 적은 유리함이 있고, 사용되지 않은 카드(unplayed cards) 13장 이하로 줄어드는 수량만큼 반대로 발생한다.

[표 3-3-2] 바카라(Eight Decks)

Subtractone Card of Value	Change in Player Bet	Advantage of Banker Bet	Relative Point Values(Banker)	An Appraximate Point Count
0	-0.002%	+0.002%	2	0
1	-0.004%	+0.004%	4	1
2	-0.005%	+0.005%	5	1
3	-0.007%	+0.007%	7	1
4	-0.012%	+0.012%	11※	2
5	+0.008%	-0.008%	-8	-1
6	+0.011%	-0.011%	-11	-2
7	+0.008%	-0.008%	-8	-1
8	+0.005%	-0.005%	-5	-1
9	+0.003%	-0.003%	-3	0

Note : ※ 독단적으로 팩(pack) 안에 점수 합계가 0이므로 12에서 11로 축소하였음.

실제의 '미니멈(minimum)'은 한 카지노 안에서만 8장에서 17장으로 그 밖의 카지노에서는 20장 이상에서 관찰되었다 이론적 미니멈은 16장이 버닝되어져 카드가 없는 경우를 말한다. 따라서 플레이되지 않은 13장의 카드는 결정적인 증명을 나타내는 것처럼 보이나, 컴퓨터 머신과 함께한 완벽한 게임일지라도 네바다 게임에 대한 위닝전략 가능성에 실제로 도움이 되지 않는다. 왜 그런지 살펴보려고 Walden에 의해 정립된 블랙잭 게임의 이론과 위의 [표 3-3-2]를 수반하여 고려하였다. 이러한 도표에서 바카라 팩(pack)의 8덱에서 어떤 카드를 단 한 장 제거하여 그 영향이 있음을 우리는 볼 수 있었다. 이는 블랙잭의 이론에서 개발된 논리적(logical) 진행으로 비교적 접근하기 쉬운 '포인트 카운트 시스템(point count system)'을 가지고 바카라의 포인트카운트 시스템이 얼마나 강력할 것인지 비교하여 볼 필요가 있다. 이것을 실행하려고 '뱅커벳의 어드벤티지 변화(change in advantage of banker bets)'라고 불려진 RMS(root mean square) 가치를 계산하여 본다. 이것은 숫자들의 각 제곱으로 하는데 거기에는 4배만큼 동수가 있기 때문에 4배로 0(zero) 가치에 대해 제곱으로 카운팅한다. 그리고 나서 이러한 제곱을 덧셈하고 13으로 나누며 루트제곱(square root)을 가진다. 그 결가 제곱평균 또는 RMS 가치는 0.0064%이다. 그 측정은 완전한 팩에 대하여 시작을 기초로 한 가치로부터 얼마나 빠르게 그 덱을 이동하느냐에 있다.

주어진 등급(13등급으로 되어 있음)의 카드 한 장을 사용한다는 것은 총계 32/413 -31/415 그리고 동등한 0.0222를 통해 이것들은 얼마든지 13등급의 분수로 변화된다. 만약 우리가 덱(deck)의 구성변화만큼 시작의 가치에서 이동하였다면, 얼마나 빠르게 측정하느냐에 따라 0.0288을 얻게 될 것이고, 이러한 가치를 통하여 RMS 가치로 나누기 하게 될 것이다. 이제부터 블랙잭 상황과 함께 위 논리와 비교하여 연구해보기로 한다. 블랙잭 게임에 대한 [표 3-3-3]는 블랙잭에서 얼마나 빠르게 어드벤티지의 변화를 가지느냐의 방법은 같은 것으로 간주할 수 있다. 'Peter Griffin'의 저서 「Theory of Blackjack Revised」 44p의 도표에는 0.467% RMS의 가치를 얻는 것으로 되어 있다. 한 장의 카드를 드로우(draw)할 때, 4/52-3/51 또는 0.0181의 싱글랭크(한 등급) 분수에 해당하는 변화가 있었으며, 이러한 가치에 RMS 비율은 0.258%이다. 만약 바카라(baccart)에 일치하는 결과에 의해 이러한 수치를 나눈다면 8.97을 얻게 되고, 어느 것이라도 블랙잭의 '트루카운트(true count)'로 게임자의 유리함 또는 불리함을 바카라에서 블랙잭과 마찬가지로 빠르게 9배수로 이동하는 다양한 변화가 있는 것으로 나타난다. 1덱 블랙잭 계산과 8덱 바카라 계산이 비교될 수 있으므로 한 덱을 조정하여 '분수 안에 변화(change in fraction)'를 통하여 그 RMS 가치를 나눈다는 것은 아니다. 본 장에서 제시한 샘플로 본다면 8-덱 블랙잭 일람표를 대신하여 9배수에 관한 최종비율(final rate)을 가지려는 것이다. 바카라에서 8덱으로 1%보다 더 불리함을 가지고 시작한 것을 보게 된다. 8-덱 팩과 1% 불리함을 가진 블랙잭 게임을 생각하면, 블랙잭-덱을 통하여 계속되는 플레이를 상상해 본다.

블랙잭-덱어드벤티지는 -1%의 출발수준이기는 하지만, 대단히 드문 경우이나 +8%의 어드벤티지가 9%로 상승되기도 한다. 블랙잭에 이러한 어드벤티지가 일어날 때마다 바카라도 이와 같은 이동에 1/9를 가지는 대략적인 빈도수(frequency)가 될 것이다. 그 뜻은 0% 어드벤티지에서 －1% 어드벤티지로 또는 뱅커벳에 대한 '이븐(even)'을 깨뜨렸다는 의미이다. 뱅커와 플레이어 두 종류의 베트를 한 경우에, 플레이어벳 또한 이븐을 깨뜨리거나, 좋은 경우도 있을 수 있다.

결론적으로 블랙잭 8-덱 안에 8%의 '엣지(edge)'를 가지려는 기대를 할 때마다, 바카라 8덱에 약 2배로 '이븐(even)'을 깨뜨리거나 보다 좋은 것으로 기대하여도 좋다.

[표 3-3-3] One-Deck Blackjack

Subtract one Card of Value	Change in Advantage of Player
A	－0.61%
2	0.38%
3	0.44%
4	0.55%
5	0.68%
6	0.46%
7	0.28%
8	－0.00%
9	－0.18%
0	0.51%

타이베트(The Tie Bet)

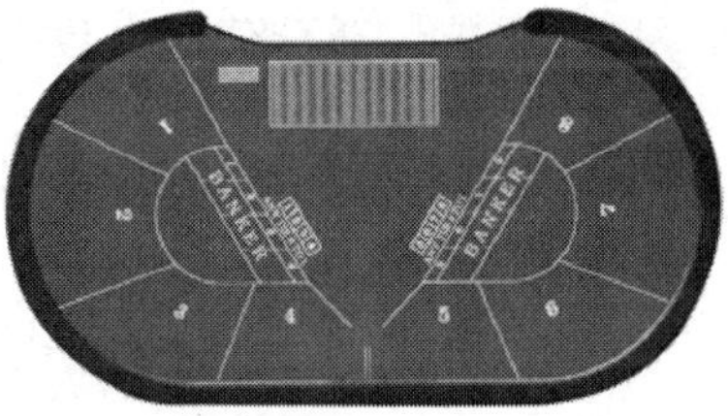

바카라 게임에서 '플레이어' 또는 '뱅커' 핸드의 웨이저(wager)에 추가되는 것으로 카지노가 '타이(tie)'라는 베트를 제공한다. '뱅커'와 '플레이어' 핸드의 결과는 총액은 같으나 베트의 총액은 9배가 되지만, 다시 설명하면 그 베트는 '로스트(lost)'된다고 볼 수 있다. 타이(tie)의 확률은 9.5156%이고, 베트(bet)의 기댓값은 그러므로 -4.884%이다. 아무리 분명하더라도 타이의 확률과 아울러 기댓값은 플레이되지 않은 카드의 부분집합(subset)상에 의존한다. 예를 들면, 극단적이고 일어날 듯하지 않은 결과에 10점-가치덱이 잔여덱에 독단적으로 구성되었고, 타이의 확률은 1과 9의 기댓값으로 대등하다. 따라서 카드카운팅 전략은 잠재적으로 유리함이 있다.

컴퓨터 시뮬레이션(computer simulation)을 사용하며, 서로 다른 사이즈의 무작위

부분집합(random subsets)으로 완성한 416장 카드(8덱)의 팩으로부터 선정하였다. 그 결과 돈을 만드는 전망으로부터 어긋나게 하였다. 이는 사용한 카드의 완전한 지식과 함께 발생한 곳에서 얻어지는 어드벤티지는 팩(pack)의 맨 끝에 제한되어 있고, 일반적으로 넓지 못하다는 데 이유가 있음을 알 수 있다. 실제로 도움이 되는 카드 카운팅 전략은 가장 마지막에 그리고 가장 위험한 곳에 남아 있는 26장의 카드와 함께 셔플링하는 덱(deck)을 분명히 고려하지 않는 것이다.

바카라의 수학적 분해

바카라(baccarat)는 수학적(mathematical)으로 분석되어질 수 있는지, 카지노의 바카라와 블랙잭 게임간(between)에 두드러진 유사점은 두 게임 모두 통상적으로 '리셔플(reshuffle)'하지 않은 카드의 덱으로 딜링된다는 것이다. 그러므로 겜블러의 승산은 핸드에서 핸드로 변화하는 순간(momentary)에 직면하게 된다. 따라서 블랙잭에서 알려진 웨이저(wager)를 증가시키는 연출에 의하여 활용하는 것으로 종종 알맞은 상황으로 몰아가기도 한다. 1982년 3월에 발행한 「Gambling Times」지에 따르면 '뱅커와 플레이어' 양 사이드 혹은 '타이벳(tie bet)'을 위한 대단히 적극적인 기대치를 가진 확실한 6장 카드의 부분집합(바카라 핸드가 리셔플 없이 확실히 끝날 수 있는 카드의 가장 적은 수)을 보여주었다. 이 항목에 'Joel Friedman'의 반론에 의해 얼마나 자주 베트(bet)에 동의하는지, 얼마나 많이 운용함으로서 얻어졌는지, 정확히 결정한 8-덱 바카라 슈(shoe)의 모든 가능한 부분집합을 분석하였던 바, Joel의 처음 작업은 객관적이지 않은 것으로 나타났다. 왜냐하면 부분집합의 합계가

$$\left[{416 \atop 6}\right] = 6,942,219,827,088 \text{이고}$$

각 6카드의 부분집합 $\left[{6 \atop 2}\right] \times \left[{4 \atop 2}\right] \times 2 = 180$가지의 가능한 방법으로 찾아야 하기 때문이다. 'Joel'은 부분집합 수(무늬와 관계없는 카드 1덱의 계산과 10, J, Q, K 사이의 구별을 근거하여)의 차이를 분류하는 주의깊은 노력으로 크기와 양을 5005개 모형으로 축소하였다. 그의 계산은 검증되었고, 정확성을 인정받아 학술지에 발표하게 되었다. 타이-벳에 대한 계수는 1982년 여름 「The Experts」라는 블랙잭 홍보지(誌)의 초판에 유명한 저서 「Beat the Dealer」의 저자 Edward O. Thorp 박사와 IBM의 컴퓨터 전문가인 Jullian H. Braun은 함께 고안한 10점 카드 카운트 시스템을

발표한 적이 있으며 이는 현재까지도 그들의 기본원리를 인용하고 있다. Dartmouth 대학의 John Keneny와 Laurie Snell은 수가 많은 덱의 시작에 대한 영향 및 계산법의 접근으로 제자리로 돌아오는 원리와 일치하게 하였고, Thorp와 Walden은 각 카드의 이동으로 야기되는 변환의 계산에 들어갔다. 그리고 장시간 존재하지 않은 '내추럴 8'과 '내추럴 9' 베트를 이용한 효과적인 카운팅전략을 연구하여 왔다.

▶ [표 3-3-4] 바카라 6-카드 부분집합

Wager	Chance it is Favorable	Average Expectation when Favorable(%)	Expection per hand Played(%)
Player	0.150967	3.20	0.4831
Bank	0.270441	3.26	0.8818
Tie	0.339027	72.83	24.6909

Thorp는 「Fundamental Theory of Card Counting」의 논문과 '실질적인 카드 카운팅 시스템은 가능하지 않다'는 그의 논증을 마치고 시뮬레이션(simulation)을 한정하여 인용하였다. 그리고 현재 통용되고 있는 바카라셔플절차인 6-카드부분집합(subsets)을 이해한다는 것은 환상적으로 공상이지 결코 현실감을 주는 것이 아니라고 하였다. 셔플 과정(shuffle procedure)이 엄격하게 통제되는 뉴-저지(NewJersy)에서는 10점카드 부분집합이 15번 슈(shoe)에 한 번 정도로 나타난다. 네바다(Nevada)에서의 가능성은 더욱 더 희박하다고 할 수 있다. 다음의 데이터로 양 편으로 나누어 플레이 되지 않은 카드의 수량으로 변동의 기회가 어떻게 빠르게 나타나는지 도표로 예를 들었다. 8-덱슈에 남아있는 카드의 다양한 숫자들은 이 전에 블랙잭 게임에서와 유사한 바카라 데이터(data)를 제공한다. '플레이어'와 '뱅커' 베트는 거의 대등하게 가장 일차적인 라인(line)으로 예측산정하여 결합시켰다.

▶ [표 3-3-5] 바카라 6- 카드 부분집합

Player&Bank rate			Tie Bet	
카드의 수량	상관계수	기회(%)	상관계수	기회(%)
6	0.301	0.36(0.16)	0.22	4.69(0.33)
10	0.64	0.24(0.07)	0.35	2.98(0.08)
13	0.74	0.12(0.04)	0.50	1.11(0.04)
16	0.78	0.09(0.02)	0.52	0.61(0.02)
26	0.89	0.03(0.04)	0.73	0.08(0.03)
52			0.85	
104			0.96	
208			0.98	

[표 3-5-5]는 모든 6-카드 부분집합을 분석한 것으로 데이터의 나머지도 부분집합으로 가정하였다. 10과 13 카드의 사이즈는 2,000, 16사이즈의 1,000, 26사이즈의 500 그리고 다른 것은 각각 200, 왼쪽의 52장의 카드로는 단지 유리한 베트로 갈 수 있고, 0.7%의 플레이어 기댓값은 이 표준차의 한계범위를 넘어 웨이저(wager)로서 어드벤티지가 없다. 2000으로 가정된 부분집합일지라도 변하기 쉬운 타이벳(tie bet)에 대한 다소 신뢰할 수 없는 부분이 있지만, 그 논리는 명백한 성(城)을 쌓았으며 이는 'Thorp'의 주장을 지원하게 되는 것이다. 남아 있는 10점 카드로서(가장 극단적인 낙관치로 가정) 우리는 웨이저의 3.22%를 얻는 것을 기대할 수 있다.

어드벤티지(advantage)가 아주 적을지라도 나타나는 유리한 상황을 만드는 것이 기본적인 카운팅의 개념이다. 16카드는 0.7%로 떨어지고 20카드는 약 0.11%이다. 이 수준을 넘어서는 실제 노력할 이유와 가치도 없다. 그러나 모범적인 모델의 슈(shoe)라도 아트랜틱시티(Atlantic City)에서조차 정확한 10점 카드가 남아 있는대로 웨이저를 좀처럼 제공하지 않으며 신중하게 실험한 기회의 평균을 참조한다.

만약 ① 상충하는 바카라의 부분집합을 위하여 계산된 정확한 기대치에 유용한 컴퓨터를 가졌고, ② 어느 정도 슈(shoe)가 좋아질 때에는 언제든지 고액을 베팅할 수 있는 자금(資金)을 가졌다고 가정한다면, 베팅자금은 한 슈에 ₩200,000 정도의 이익이 있을 것으로 추산된다는 것이다. 이는 바카라 한 슈의 진행시간이 2시간 이상 걸리며 위에서 언급한 확률승산을 마스트(master)한 전제하에 과학적으로 하는 것보다 더 좋은 방법은 없을 것으로 보인다. 매슈(per shoe)에 어느 벳보다 평균적으로 더 있을 것 같지 않은 베트에 요행수를 노린다는 것은 흥미로울 수는 있지만, 만약 1%의 불리한 샘플(컴퓨터에 의해 가장 나쁜 벳을 선정)로 가정하여 25만원씩 80회를 베트하였다면, 스스로의 오만이 모든 이익을 잠식시키는 결과가 될 것이다.

얼티미트 포인트 카운트(Ultimate Point Count)

지금부터 복잡한 산술(arithmetic)의 필요성을 '얼티미트 포인트 카운트(Ultimate Point Count)'를 사용하여 게임테이블 위의 종이와 연필을 쉽게 버리게 하였다. 다음은 'Peter A. Griffin'이 개발한 시스템으로, 그는 서부해안의 이름없는 대학의 수학교수 출신으로 주요 저서로는 「Beat the Dealer」, 「The Memory of Blackjack」 등이 있다. 그는 위 저서 출판 이후 네바다(Nevada)의 카지노 보스(boss)들의 테러와 숱한 위협을 당해 치밀하게 변장하고 신분을 감추고 있으나 백만장자로 부를 쌓았다는 소문도, 그의 일대기를 영화화 한다는 루머도 있다. 'Peter A. Griffin'이 개발한 시스템은 이미 언급한 'Thorp와 Walden'의 8덱 바카라 슈의 다양한 베트에 대한 고객의 기대치를 한수 더 연장한 시스템이다. 어떻게 이 숫자를 사용할 것인가, 다른 블랙잭 게임의 포인트 카운트 시스템(Point count system)과 유사하다.

▶ [표 3-3-6] 얼트미트 포인트 카운트 가치

(단위 : %)

Denomination	Player	Banker Bet	Tie Bet
A	1.86	1.82	5.37
2	−2.25	2.28	−9.93
3	−2.79	2.69	−8.88
4	−4.96	4.80	−12.13
5	3.49	−3.43	−10.97
6	4.69	−4.70	−48.12
7	3.39	−3.44	−45.29
8	2.21	−2.08	27.15
9	1.04	−0.96	17.68
10, J, Q, K	−0.74	0.78	21.28
Full Shoe	−1.23508	−1.05791	−14.3596

그러면 뱅커벳을 모니터(monitor)한다고 가정해보자. '런닝카운트'를 제로(zero)로 '슈(shoe)'를 시작한 다음 런닝카운트 수명을 유지하는 관측된(observed cards)에 대하여 포인트 값을 더하기 하는 것이다. 자연적으로 만약 값(value)의 가치에 반대에 있다면, '덧셈(add)'의 뜻은 '뺄셈(subtrack)'이 된다. 어떤 타입에 뱅커벳의 순간적인 기대치를 산정한다는 것은 그 순간 슈 안에 남아 있는 게임에 사용하지 않은 카드, 즉 관측되지 않은 카드의 수를 런닝카운트(running count)에 의해 나누기 하는 것이다. 전체 덱의 기대치인 －1.05791%를 표준으로 맞추어 종결몫으로 사용한다. 예를 들면 슈(shoe)의 첫 번째 핸드아웃이 플레이어 3과 4, 벵커 9와 10을 사용하여 가정한다면, 런닝카운트는 2.69+4.80-0.96+0.78=7.31이다. 이 때 확신하는 카운트를 가졌다고 해서 뱅크벳에 뛰어들어서는 안 된다. 오히려 남은 카드의 수를 나누는 것이다. 416-4=412 따라서 '뱅커의 기대치'는;

$$-1.0579+7.31 \div 412 = -1.04016\%$$

가 되는 것이다 .그러므로 그 슈(shoe)는 카운트를 위해 전혀 준비가 되지 않은 것이다. 마찬가지로 '플레이벳'의 산출도;

$$-1.23508+(-4.96+1.04-0.74)+412=-14.3160\%$$

가 된다 그리고 '타이(tie)'는

$$-14.3596+(-8.88-12.13+17.68+21.28) \div 412=-14.3160\%$$

가 된다. 412장의 카드 부분집합(subset)이 베트(bet)에 대한 실지계산은 뱅커 －1.04016%, 플레이어 －1.25316%, 타이 －14.3160%로 차별화하여 큰 부분집합으로 '얼티미트카운트(ultimate count)'가 정확하게 증명할 것이다.

[표 3-3-7]은 다른 측면에서의 시드로 다양한 사이즈의 싱글부문집합(single subset)과 부분집합으로 기록된 카드만큼 잘 결합되어진 플레이어 기대치를 컴퓨터가 추출하였으며 모든 기대치는 %로 나타내었다. [표 3-3-7]의 샘플(sample) 결과 중 아닌 것은 '얼티미트 포인트 카운트'가 불리한 웨이저(wager)를 받아들이도록 판단을 그르치게 한다. 기대치 변화의 방향(정상적인 풀-슈의 구성)은 비록 타이(tie)에 대하여는 항상 그렇지는 않지만, 모든 플레이어와 뱅커벳에 대해 정확하게 일체감을 주었다.

그러나 이 연구에서 가장 중요한 것은 평가할 수 있는 크기를 그 슈의 카드를 모두 소진(消盡)하여 가장 끝에 가까워졌을 때 산출할 수 있도록 하는 것이다. '얼티미트 포인트 카운트(Ultimate point count)' 값은 무익한 바카라 슈의 카운팅다운을 간파하도록 제공하는 것이다. 예를 들어 카드의 이동으로 플레이어 벳의 기대치를 가장 높이는 5, 6과 7이 있다. 슈(shoe)에서 처음 96장의 카드가 나왔는데, 32장이 5, 6, 7이었다면 놀랄 만한 추측이 아닌가, 그렇다고 포인트 카운트가 플레이어에 대한 어드밴티지를 암시하는 것은 아니다;

$$-1.2350+32(3.49+4.69+3.39)\div 320=-0.078\%$$

실제로 포인트 카운트를 놓친 상황이라도 정확한 계산으로 실지 기대치 값은 +0.016%이다. 그렇지만 일백만원 웨이저로 단지 ₩16,000의 이익이 기대되어진다는 것은 거의 웨이저의 가치가 아닐 것이다. 이것은 또한 포인트 카운트가 어떻게 되는 것인가 잘 설명하고 있는 것이다. 실제 측정값이 1.251%이더라도 어드벤티지 변화는 오히려 1.157%의 작은 이익의 베트로 잘못가는 경향도 있다. 그리고 물론 바카라에서 나타나는 어드벤티지의 대부분은 아주 적다.

[표 3-3-7] 다양한 사이즈의 싱글부분 집합

Card Left of each Denomination	Number of Remaining Card				
	312	208	104	52	26
A	24	15	12	6	3
2	22	22	4	4	2
3	26	18	9	0	2
4	23	18	3	4	1
5	25	15	6	5	3
6	22	14	11	6	3
7	19	14	8	3	2
8	23	15	9	9	3
9	26	14	11	3	3
0	102	63	31	12	4
Player	−1.159	−0.98	−1.48	−1.69	−1.94
(estimate)	(−1.159)	(−0.99)	(−1.59)	(−1.81)	(−1.91)
Banker	−1.137	−1.30	−0.82	−0.61	−0.36
(estimate)	(−1.137)	(−1.30)	(−0.72)	(−0.50)	(−0.40)
Tie	−15.91	−14.3	−13.7	−12.2	−10.4
(estimate)	(−15.83)	(−14.4)	(−14.8)	(−14.7)	(−11.2)

Note : 이러한 포인트 카운트(point count)를 사용하여 이해하려는 실험은 그 계산이 부착되어진 평가서를 재연하려고 노력해야 할 것이며, 각 등급에 움직일 수 있는 카드의 수는 32~10이 아닌 카드의 나머지이고, 128~10인 카드의 나머지이다.

4 휠게임의 수리학

아메리칸 룰렛휠(싱글넘버의 지급은 35배에 주목) 상에 38개의 동등한 사이즈로 공간을 고찰하고 깨여질 수 없는 승산이다 라고 결론지으려면 광범위한 수학적 배경이 요구되는 것은 아니다. 연속되는 '스핀(spin)'에서 나오는 넘버가 가진 1/38의 찬스와 함께 35배를 지급하며, 그것은 －5.26%로 게임자의 기댓값에 자주 인용되어 쉽게 계산하도록 되어 있다. 그 밖의 휠(wheel)에 대한 승산(odds)은 특별히 '퍼천 휠(wheel of fortune)'게임이 게임자를 상대하여 더 많은 '이븐(even)'으로 나타나고 있다 룰렛휠(roulette wheel)을 이길 수 없는 확률은 휠의 완벽한 기계적인 장치를 근거로 하였다. 이러한 결론이 사실이라고 생각하는 것은 그 볼(ball)이 각 포켓(pocket)에 도착하는 찬스를 대등하게 가진다는 것이다.

「Casino Gambler Guide」의 저자 'Allan Wilson'도 이것은 진실일지도, 아닐지도 모른다고 논평(論評)한 바 있으나, '바이어스드 휠(biased wheel)'의 존재에 대하여 공정하고 설득력 있는 증거를 제시하였다. 즉 하우스 어드벤티지를 압도하는 것은 충분히 한쪽으로 기울어진 휠이라 하였다. 휠(wheel)은 아주 완벽한 기계적인 운동으로, 다음 넘버를 예측하는 물리적 법칙(the laws of physical)을 응용하는 것으로 연상하든, 아니든 이러한 게임을 룰렛(roulette) 또는 퍼천휠(fortune whee)이라 한다. 일정치 않은(random) 불확실성의 예측으로 정확하게 예측되어질 수 있다고 보는 것에는 오로지 볼(ball)이 머무르는 장소 또는 휠(wheel)의 마지막 위치 주위에 걸쳐 불확실성을 최소화하는 작업에 물리적 법칙의 지식이 수반되어야 한다는 전제 조건이 있다. 물론 정확한 예측을 얻는 것이 불가능한 것 만은 아니다. 그러나 이것을 수익을 보장하는 데 필요한 행위로서 절대적인 것은 아니다.

'Marvin Karline'는 그의 저서 「Psyching Out Vegas」에서 다음과 같이 지적하였다. "그 볼이 떨어지는 휠의 반쪽(half)을 예측하여 간단하게 할 수 있다는 것은 이러한 엄청난 이익을 게임자에게 정확하게 주는 상태일 것이다. 그가 호화로운 'shandeliers'로 가서 할 수 있을 것이며……중략, 그것을 만든다." 다음의 본문을 룰렛과 퍼천휠의 두 가지 게임이 카지노 환경에 위와 같은 전략에 연구되는 일이 발생할 수 있는 어떤 어려움도 검토하였고, 그 휠을 분석하는 접근 가망성도 연구하여 보았다[55].

1 룰렛(Roulette)

본 장은 'Edward O. Thorp' 박사[56]의 저서 「The Mathematics of Gambling」의 '룰렛(roulette)'편을 인용하여 수리학적 논리를 번역한 것이다. 따라서 서술식으로 나열한 본 장의 내용주석에서 '나는'이라는 1인칭 표현은 'Thorp'박사를 지칭하는 것임을 주지(主旨)하기 바란다.

우리는 공통적인 자산(資産)에 관한 대화는 서슴없이 환상적으로 돈을 쉽게 버는 방향으로 돌렸다. 우리는 룰렛-휠(roulette wheel)을 깨뜨리는 방법이 있을지 모른다는 주제로 깊이 생각하기 시작하였다 나를 포함한 그룹은 수학이 전공인 Mel Resenteld 그리고 Andy Bruckner(당시 U.C. Snate Barbara교수), Tom Scott, 그리고 공학전공 Rick Rushell 등이었다. 정확히 누가 무엇을 이야기하였는지, 그것은 틀림없이 연내까지 연구가 어렵다고 여긴 후에, 우리는 '수학적인 시스템(mathematical systems)'은 불가능한 것으로 인정하고 논의를 시작하였다. 이것은 통상적인 조건 아래에서는 불가능한 것이라는 것을 후에 제시하게 된다(논리적 추론으로 이러한 의문점의 해답을 찾는 실체가 존재함). 그것은 게임자에게 유리한 승산을 바꾸기에 불충분한 '휠(wheel)'인지, 어떤지, 의심스럽게 여기는 단기적인 '브레인스토밍(brainstorming)'의 단계였다. 그룹 안에 자신있게 '알고 있다(know)'라고 나에게 말한 사람은 그 휠이 완전한 보석과 같은 장식인 것이 틀림없는 기계장치로 조심스

---

55) 고택운 · 양일용 「카지게이밍수리학」, 2009, 백산출판사, p.87.

56) Edward O. Thorp 박사의 프로필
UCLA, UC, MIT, NMSU 등의 대학교에서 재무학/수학 교수로서 30년 동안 겜블링에 관한 연구를 해왔고, 특히 '위닝겜블링시스템'을 과학적 근거로 개발하여 치부의 꿈을 공식적으로 이루었으며, 그의 생애 첫 번째 연구의 주제는 '룰렛휠'이었고, 이어서 블랙잭의 기본전략 5-카운트, 10-카운트 등 카운트 전략을 개발한 바 있다. 주요 저서로 「Beat the Dealer」, 1962, 「Blackjack Revolution」, 1966, 「Beat the Market」 1967 등이 있으며, 현재 수천억달러의 재산을 이룬 자산가로서 그의 학술적 논리는 겜블링 수학의 원조가 되고 있다.

럽고 안정되게 유지된 것이라 하였다. 그러나 그것은 잘못된 것이다. 휠(wheel)은 간혹 불완전할 만큼의 상태가 되므로 승산(勝算)은 깨여질 수 있다. 나는 겜블링 또는 카지노 휠과 함께 한 경험이 없다. 그래서 나는 룰렛휠의 기계적인 부분을 인정하기도 하였으며, 이는 기계적으로 완벽함은 물리학적으로는 예측할 수 있다는 뜻이기도 하기에 나는 그들에게 두 가지 방법을 모두 가질 수 없다고 주장하였다.

만약 이러한 휠(wheel)이 아주 불완전하다면 승산은 우리가 깰 수 있으므로 충분히 바꿀 수 있고, 만약 이러한 '휠(wheel)'이 아주 완전하다면 우리는 어디에 볼(ball)이 도착할 것인지, 대략적으로 예측할 수 있다. 그들의 논의가 담담하고 진지하게 그리고 정밀하게 진행하는 동안 갑자기 행성처럼 보여지는 룰렛볼이 선회하는 곳이 바로 예측할 수 있는 통로인 것을 마음 속으로 반복적인 경험을 통하여 발견하고 나는 직관적으로 'click'하였다. 그 그룹을 의식하지 않고 긴 여정의 각고 끝에 첫 번째 단계를 가져왔고, 어느 시점에 나는 블랙잭의 옵션마켓(option market) 등과 같은 위닝시스템(winning system)을 발견하였으나, 이는 나의 개인재산권으로 장기간 축적하려는 의도에서 시작한 것은 결코 아니며, 실제적으로 '예측(prediction)'을 원칙(본질) 안에서 보면 거리가 먼 방법이라고 일관되게 주장한 바 있다. 나의 그룹 멤버들은 지나친 기우로, 과학적인 스토리텔링으로 예기치 않은 실제의 결과를 이론적인 시각($E = MC^2$)으로부터 빠른 도약을 가져온 것이라고 의견을 제시했다.

운동의 분석(Analyzing the Motion)

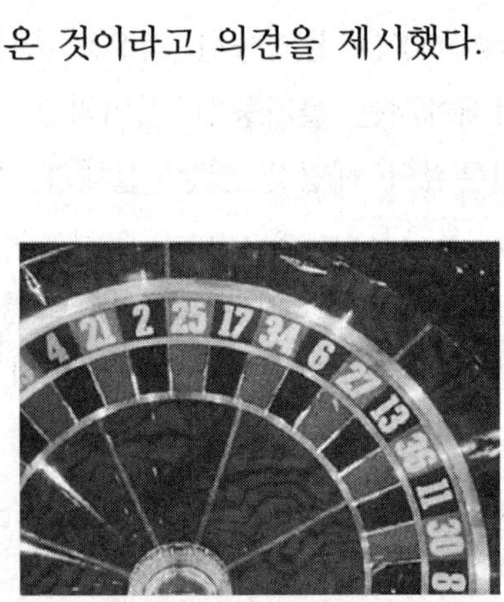

본 장에서는 앞서 'Thorp' 박사가 연구한 '휠의 구조'를 바탕으로 '볼(ball)'의 다양한 운동을 분리하여 '로터(roter)' 부분의 상태를 각각 개별적으로 분석하여 본다. 첫 번째, 볼은 '그루피어(croupier)'에 의해 돌려진다는 것이다. 그것은 중앙을 향한 트랙(track)으로 떨어지기 전에 충분히 감속될 때까지 회전 축 상에 수평적인 트랙의 궤도를 돌고 있다. 첫 번째의 추정에 그 휠은 완벽한 수준을 (A)로 하고 그리고 볼의 속력이 떨어져 볼트랙에서 벗어나기 전까지 얼마나 많이 회전에 의존하고 있는가를 (B)로 한다.

▶ [그림 4-1-1] Thorp의 풀-사이즈 휠의 분석

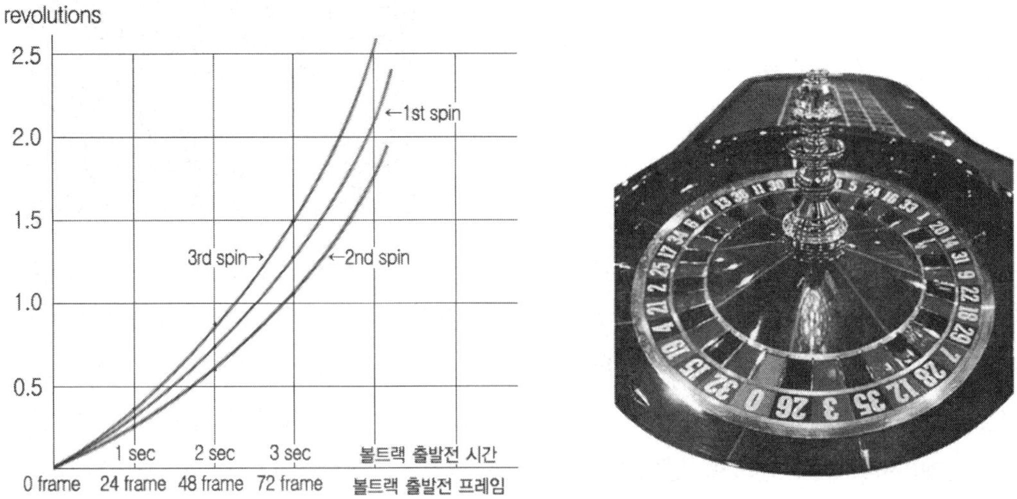

[그림 4-1-1]을 참조하여 (B)의 의미는 동등한 곡선을 나타내는 것이며, 회전축에 있는 볼(ball)의 어느 회전시간을 잰다면, 얼마나 많은 회전을 하는가와 트랙에서 그 볼이 벗어날 때까지 얼마나 시간이 걸렸는가를 말하는 것이다. 만약 이러한 가설이 빈약한 것으로 정리되었다면, 우리는 그 분석에 일부 변경을 시도해야 할 것이다.

두 번째, 다음의 분석은 그 볼의 시간대로부터 볼이 돌아가는 궤도 부분의 '로터(roter)'에서 회전축으로 가로질러 트랙에서 벗어날 때까지이다. 만약 그 휠(wheel)이 완전한 수준이고, 방해물이 없다면, 그것은 그럴듯하게 보이지만, 이것은 시간의 동등한 총계를 항상 가질 수 있다는 것이다(휠은 자주 기울어지고, 이러한 현상은 분석에 영향을 미칠 수 있으며, 결국은 어드벤티지 총계산출을 어렵게 하기도 한다). 그러나 휠 안에는 '카누(canoe)', 모양의 방해물 즉 '볼스톱스(ball stops)'가 보울(bowl) 안에 사이즈, 수량 그리고 휠의 섹션에 다양하게 배열되어 있다.

평균치로 본다면 아마도 그 시간대의 반(半)은 '볼스톱스(ball stops)'가 그 볼에 영향을 미칠 것이다. 때때로 '로터(roter)' 안에 갑자기 볼이 아래로 부딪쳐 곧바로 머무르는 현상의 이유는 전형적인 '수직 디플렉터(vertical deflector)'가 있기 때문으로(볼이 통과하는 곳에 대체적으로 수직으로 부착되었음), 볼의 통과를 '지연(stretch out)', 또는 평균적으로 늦게 도착하도록, 또는 좀더 스쳐지나가는 각도에서 로터에 들어가도록 하는데 목적이 있다. 이것에는 전형적인 '수평디플렉터(horizotal deflector)'

도 있다(볼이 통과하는 곳에 대체적으로 평행으로 부착되었음).

세 번째, 분석으로는 '로터(roter)'를 고정시켜 놓은 것으로 생각하고(사실은 아니지만), 첫 번째 상황으로 '비트(beat)'하여 본다. 그 이유로 고정시켜 놓은 로터를 제압할 수 없다면 여러분은 더 복잡하게 움직이는 로터는 이길 수 없다. 이곳에는 '프렛(fret)'에 의해 그 볼이 적당히 '스팟터(spatter)'가 되는 것이다. 그 볼은 종종 프렛(fret)을 히트하고, 수개의 포켓을 바운드(bound)하며 또는 반대로 되돌아가 부딪치기도 한다. 또한, 그 볼은 움직이지 않고 멈추어지기도 하며, 가끔 그 볼은 로터의 가장자리의 포켓 안쪽 고리에 부딪쳐 뒤편으로 떨어지기 전에는 회전의 움직임 대부분은 튀어나가게 될 것이다. 그러므로 만약 우리가 로터의 어느 곳에 그 볼이 들어가려는지 알고 있다 할지라도 프렛에서 튕겨지는 원인이 있으므로 그 볼이 어디에서 마지막 멈출 것인지에 대한 불확실성을 고려할 수 있어야 한다.

이 부분을 여러분에게 강조하는 것은 볼이 시간대에 도달하려는 어느 포켓을 예측하기에 앞서 그 휠(wheel)이 조잡하여 불완전하거나, 부정직하지 않는 한 믿을 수 있는 물리적인 방법으로는 가능성이 없기 때문이다. 그 룰렛 방법을 만드는 것에 불가능한 일을 게임자들에게 정확한 포켓 넘버를 어디에서고, 예보(forecast)하여 주는 것으로 '허니문머신(honeymoon machine)'을 그 움직임에 사용하는 것이다. 그것은 또한 성공할 수 있는 물리적 예측(physical prediction)을 최종적으로 그 볼(ball)이 들어가는 휠의 어느 영역(sector)이 어드벤티지를 가지고 있는지, 대부분 에보할 수 있다.

네 번째, 이제부터는 '로터(roter)'의 운동을 추측해 보는 것이다. 통상적으로 볼과 로터는 반대방향으로 회전하며, 로터의 상대적인 그 볼(ball)의 속력은 가속이 붙어있다. 우리는 항상 이러한 상태를 사실이라고 간주하여야 한다는 것은 룰렛게임에서 볼과 로터가 같은 방향으로 회전하는 것은 카지노에서 들은 적도, 결코 본 적도 없었기 때문이다. 만약 이것이 행해졌다면 볼과 로터의 회전상관관계가 고정시켜 놓은 로터(roter)보다 훨씬 적은 예측을 가지게 될 것이다. 움직이고 있는 로터는 볼이 튕겨지는 총계를 증가시키고 더 나아가 확률을 감소시킨다. 이는 로터의 속력에 따라 변화하면서 이후 복잡성까지 부가된다. 로터의 속력은 대단히 천

천히 변화하므로 그것은 로터의 어느 부분에 높은 정확성을 가지는 예측가능성이 있는지는 그 볼이 스타터(stator)를 출발하는 예측되어진 시간과 장소에서 찾아보기로 한다. 그러면 지금부터 우리는 어떤 간소화된 버전(version)을 통하여 첫 번째 시도로 안내개요와 함께 우리가 만든 어떤 변형설명과 카지노 경험을 묘사할 것이다. 먼저 트랙상의 볼의 운동을 파트 1로 간주하고, 설계의 함수관계는 $X_{(t)}$로 여기에서 X는 남아있는 회전의 수량과 대비하여 t는 남아있는 시간을 대입하는 것으로 이론적으로는 대단히 복잡하다. 첫 번째 문제의 해결열쇠 하나는 트랙을 출발하려는 그 볼을 '스타터(stator)' 상에 언제, 어디에서 출발하느냐를 예측하는 것이다. 이러한 문제는 한 번에 포착하여야 한다는 것이 '키-포인트(key-point)'이며, 그 밖에 정말 중요한 것은 계속되는 로터 속력을 알아내는 것이다. 로터의 속력(rotor velocity)은 우리의 육안으로 볼 수 있는 정도로서 예측 상태를 기억에 감안하여 측정하는 것이 용이할 것이다. 그리고 볼(ball)의 일회전 시간을 측정하는 방법을 찾아보았다. 만약 시간이 짧았다면, 그 볼은 빠르고 길게 회전을 가지게 될 것이고, 시간이 길었다면 그 볼은 느리고 트랙에서 곧바로 떨어지게 될 것이다. 이 운동을 스타터(stator)상의 '마크(mark)'와 대조하여 통과된 그 볼을 마이크로 스위치에 맞추는 것으로 전자시계를 사용하는 것이다. 이에 대한 공식은 시간을 t_1, 회전으로 가는 것을 x_1으로 (실제로 카지노 휠 상에 '마크'로 이용할 수 있는 소재는 많이 있음) 대입하고, 두 번째는 마크와 대조하여 그 볼이 통과되었을 때 전자시계를 멈추고 스위치를 다시 맞추는 방법이다. 그 기획은 1회전($x_1 - x_0 = 1$)에 대한 시간 $t_1 - t_2$로 측정하였다[57].

영상실험(Movie Experiments)

함수관계 $x_{(t)}$를 사용한 이러한 그림사례는 실제로 있는 것이 아니다. 그 함수관계 $x_{(t)}$는 1959년 Thorp박사가 '1/2 사이즈 휠'로 이미 묘사한 것과 유사하게 '영상실험(movie experiments)'에 의해 결정지을 수 있었다. 현재는 이런 실험을 하려고

57) 고택운・양일용, 「카지노게이밍수리학」, 2009, 백산출판사, p.97.

▶ [그림 4-1-2] 함수관계 $x_{(t)}$의 그래프

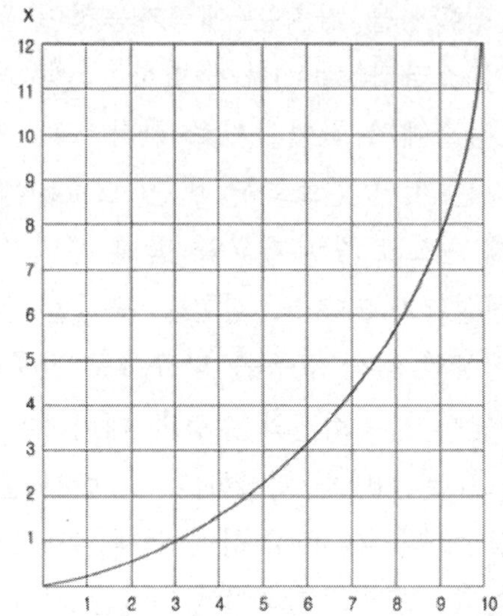

'풀-사이즈(full size)'룰렛 휠을 가지고, 100분지 1초 또는 그 이상으로 정확하게 기록할 수 있는 광범위한 시계 그리고 비디오 또는 영상카메라를 준비하였다. 그리고 나서 괘도를 선회하는 볼(ball)의 영상을 녹화 또는 촬영하였다. 그 구도(frame)에 연속적으로 t와 $x_{(t)}$에 대해 값을 주었더니 [그림 4-1-2]와 같이 $x_{(t)}$는 곡선을 가지는 그래프(graph)가 될 수 있었다.

여러 차례의 영상은 서로 다른 스핀(spin)에서 다양한 곡선 $x_{(t)}$가 얼마든지 만들어질 수 있다. 이것은 불확실한 T를 결정하는 오차의 근거이며, 이 부분은 다음에 검토하기로 하고, 이러한 $x_{(t)}$의 오차는 시간대의 오차만큼 같은 방법을 이론적으로 기억장치에 입력시킬 수 있다. 그것들은 각각 예측된 $x_0(T)$의 값에 어떤 불확실성이 원인이 된다. 영상실험에서의 데이터가 고속촬영으로 동시성을 가진 카메라(camera) 구도라면 개선되어질 여지가 있으므로 볼과 스톱워치의 운동을 흐릿하게 촬영하기보다 정지시키는 것이다. 만약 이용하기에 적절한 스톱워치가 아니라면, 질적으로 우수한 축음기 턴 테이블을 대신 사용할 수도 있다.

이러한 회전을 균일한 속도가 있는 곳까지 스트로브(strobe)를 가지고 턴테이블(turntable)에 대하여 입증할 수 있다. 그러면 견고한 종이 원반에 동등한 작은 단위를 가장자리에 표시한 것을 가져보자. 이러한 단위의 숫자는 읽기에 편해야 한다. 다음에는 원반 위에 확실한 '포인터(pointer)'를 가볍게 고정시켜 놓는다. 그 원반이 회전할 때 여러분은 정확히 스톱워치를 가진 손과 시선이 고정되어 있어야 한다. 만약 여러분이 자기(磁氣)가 있는 그래프종이 원반을 사용한다면 거기에는 균등한 360각도율로 마크(mark)되었을 것이며 331/3 r.p.m에서 각 마크는 1/200sec이고 45 r.p.m에서 각 마크는 1/270sec이다. 그리고 78 r.p.m은 각 마크가 1/468sec이다. 12인치 원반 위에 360마크가 별개의 1인치마다 10분지 1의 사이를 두었으므로 추가마크로 사용될 수 있거나, 그 영상은 간격을 나누는 것으로 간단하게 읽을 수 있다. 균등함을 가진 원반의 기록테스트는 '스포크(spokes)'로 일정한 간격을 유

지하였고, 이는 턴테이블 시험을 위해 '스트로브(strobe)'와 함께 사용할 목적으로 이용할 수 있고, 또한 사용할 수 있다[58].

타이밍의 오차(Timing Errors)

'Shannon과 Thorp박사'는 시계의 정지도 시작과 마찬가지로 '스트로브 플래시(strobe flash)'에 측정된 기호 'T'로 측정된 스위치를 사용하였다. 그들은 두 가지의 순간 스위치를 눌러 그 볼의 화면을 정지시키는 방법으로 스트로브 플래시와 표시등을 발견하였다. 이것은 그 볼을 마크와 대조 없이 어느 정도 보는 것에 참조할 여지가 있다. 그들은 볼의 움직임이 얼마나 빠를지 대략적으로 알고 있을 때부터, 그 스위치를 일찍 또는 늦게 누르는 타임의 조절에 관하여 말할 수 있었다. 이것은 스톱워치에 기록된 정확한 시간으로 가능하게 되며, 그 때문에 훨씬 더 정확한 데이터를 만들 수 있었다. 또한 그들은 타이밍(timing)이 조금 더 정확하게 만드는 방법을 시각에 대한 피드백(feedback)으로부터 연구하였다. 여기에서 사례를 들어보면 휠(wheel)의 트랙이 직경 25인치였다고 가정하고, 볼의 직경 3/4인치와 T, 일회전에 대한 시간은 0.8초라고 가정해보자. 그렇다면 그 트랙의 길이는 78.54인치이고, 볼 직경의 98.17배이다. 만약 그 볼 중심이 스트로브 플래시 때 마크(mark)와 대조되는 것으로부터 1직경 벗어난다면 '타이밍에러'는 약 T의 1/98.17 또는 약 8/1.000초이다. 스위치를 처음 눌렀을 때와 두 번째 눌렀을 때 오치가 이것 중의 하나가 될 수 있다. 이러한 실행으로 볼 직경의 1배 또는 약 8/1.000초의 전형적인(루트자승) 사이즈로 각자의 '에러(errors)'를 줄일 수 있다 오차의 이론에 따라 그 두 가지 오차는 $\sqrt{2/1.000}$ 또는 약 11.2/1.000초의 대표적인 사이즈(루트자승) 함께 가지게 된다. 이러한 오차들은 카지노 플레이어에서 관측할 수 없는 것으로 보일 것이므로 오차에 대하여 정확할 수는 없을 것이다 그 비판적인 질문은 이것들이 예측하는 데 얼마나 영향이 미칠 것인지는 좀 더 연구해 볼 필요가 있다[59].

58) Edward O. Thorp, 「The mathematics of Gambling」, 1984, Gambling Times Incorperated, p.56.
59) Edward O. Thorp, 「The Mathematices of Gambling」, 1984, Gambling Times Incorporated, p.58.

카지노의 단순대응(A Simple Casino Countermeasure)

잠재적인 위닝벳(winning bet)을 놓기 전에 그 볼과 로터의 타임을 가져야 하는 작업을 하려는 방법에 대하여 분명하게 하여야 할 것이다(가장 일찍이 하는 베트는 평균적 루징을 가지므로 오로지 위장만 한다). 그러므로 카지노는 그 볼이 출발한 후에 베트를 하는 시간을 계속해서 허용하는 것이 절대로 필요한 것이다. 이는 Monte Carlo, Nevada, PuertoRico, Nice, Venice 그리고 London 등 세계를 걸쳐 모든 룰렛-휠을 관찰해 온 결과이다. 그 실행은 일반적으로 언제나 그런 것은 아니지만, 그 볼이 트랙에서 거의 벗어나 떨어지려고 할 때까지(going down) 허용되는 베트(bet)로 가져왔다. 이것은 보다 더 길어 길어지는 것이 필요하여진다. 다시 한 번 조심한다 할지라도 이러한 방법을 에방하려고 모든 카지노는 필요한 조치로 볼이 회전하면 즉시 베팅(betting)을 허용하지 않는다. 단순하고 완전한 대응책은 시스템의 '아킬레스 힐(Achilless heel)'로서 주된 원인은 필요한 수단이 노력의 합계로 결코 만들어지는 것이 아니다(카지노 플레이 시스템을 사용하는 사람은 카지노가 발견하지 못하여, 대응책을 사용하지 않는다고 주장하고 있지만, 게임자가 진정으로 주의하지 않는다면 카지노에 간파되는 것으로 예상된다). '볼타임 오차(the ball timing errors)'는 시간과 트랙에서 출발하는 볼의 장소 등 양쪽에서 예측되는 오차에 기인한다. '스타터(stator)'가 '로터(rotor)' 안으로 그 볼이 하강하는 나선형으로 진로가 항상 같은 시간과 위치라 할지라도, 이것은 그대로 그 볼이 언제, 어디서, 로터에 들어가는지를 예측하는 것이 오차(誤差)를 초래하게 된다.

오차의 분석(Error Analysis)

다음은 볼(ball)의 최종 위치의 예측 안에 오차에 대한 원인을 목록화하여 다음과 같이 분석하여 보았다.

E1 : 로터타이밍(rotor-timing)-1.4 포켓을 예시하여 사용한다.

E2 : 볼타이밍(ball timing)-5.5 포켓을 예시하여 사용한다.

E3 : 로터(rotor)상의 볼의 진로편차는 오차 사이즈는 모르므로 x로 대입.

E4 : 볼의 진로, 스타터(stator)에 하강-종류와 위치로 변화를 주는 '디플렉터(deflector)'로 편차를 유발하는 목적으로 7포켓을 예시하여 사용한다.

E5 : 로터(rotor)상의 이동거리편차-프렛(separator)과 포켓 사이에 튕겨지는(spatterig) 볼에서 오는 일차적인 정당한 오차와 아울러 종종 포켓의 외곽(outside)로터의 림(rim)을 따라 아주 오랫동안 진로를 가지는 볼에 대하여 6포켓을 예시하여 사용한다.

E6 : 기울어진 휠(tilted wheel)-이 부분에 대하여 아직 발견하지 못하였다.

예증목적을 위하여 대략적인 오차를 추정하여 정상적인 확률 분배에 따라 준수하였으며, 그 다음에 여러 가지 오차합계의 표준오차(대표적인 사이즈)를 모든 오차의 제곱 총계의 루트 자승으로 하였다. 예를 들면 나름대로 '포켓(pocket)'단위를 사용하여 오차 E4+E5가진 대표적 사이즈 $\sqrt{(6^2+7^2} = \sqrt{85} = 9.2$포켓으로 결합하였다. 이제 타이밍 오차를 계산하여 보면 :

$$E_1 + E_2 + E_4 + E_5$$

를 가진 대표적인 사이즈 $\sqrt{1.4^2+5.5^2+6^2+7^2} = \sqrt{117.21} = 10.8$포켓

그러므로 이 사례의 타이밍 오차(timing errors)를 근거로 하여 :

10.8-9.2 또는 1.6 포켓이 된다.

물론 E_3 는 아직 가산하지 않았으나 만약 x의 크기가 충분하다면 그것은 모든 것이 손실로 귀결될 것이다. '스타터(stator)' 상에 궤도를 가지는 운동을 하는 그 볼의 변화 가능성을 측정하는데 어려움이 있다. 왜냐하면 휠(whee)의 외벽(outer wall)에 접촉하여 잃어버린 그 볼의 포인트가 얼마나 정확한가를 표현한다는 것에 매우 어렵다는 것을 발견하였기 때문이다. 이에 실험실의 경험과 카지노에서 약간의 변화가 있는 궤도의 관찰 등 양쪽 다 연구하였다. 한 번은 술취한 '베터(bettor)'가 흡연을 하다가 트랙 위에 재(ash)를 떨어뜨렸다. 이것은 제거하기 힘들며 그것은 볼과 트랙에 퍼질 것이고, 곧바로 볼의 작용을 바꾸어 버릴 것이다. 또한 손가락에서 나오는 '스킨오일(skin oil)'은 볼과 트랙에 선회하는 움직임에 영향을 미치는 것으로 보이는 것은 느리게 힘을 없애기 때문이다. 만약 그루피어(croupier)가 그 볼이 굴대모양(axial)의 스핀을 가졌다면(테니스 또는 핑퐁의 느낌) 그것은 궤도에너지(orbit energy)로 전환된 것으로, 이러한 변칙 스핀에너지(abnormal spin energy)가 되기 전에 그 트랙 주위를 여러 차례 회전을 가지게 될 것이다. 또 다른 영향력으로 그

볼을 노-스핀(no spin) 또는 백스핀(back spin)을 가지고 출발할 수 있을지 모른다. 그것은 스핀 전에 궤도활동을 동시에 가지려고 잠시 미끄러지도록 하는 것이다.

어드벤티지 대비 에러(Advantage versus Error)

분명하게 현저한 오차(誤差)는 어드벤티지를 적게 한다. 본 대목에서는 오차예측 합계를 E로 가정하고 정상적으로 분배하였다. 그리고 나서 E의 작용으로 기댓값의 손실과 이익을 도표로 구성하여 보았다. [표 4-1-1]은 최상의 포켓상의 베트와 역시 최상의 '8로 나눈 억탄트(octant)'상의 베트에 대한 결과를 제시하는 것이다. 최상의 '억탄트'는 5개의 포켓을 1세트로 하고 최상의 포켓 각 사이에 도표가 보여주는 그 예측의 오차가 정상적으로 분배되었을 때 전형적인 오차예보(표준편차)를 16포켓 이하로 하여야 하고, 어드벤티지를 가지려는 '베터(better)'에 대한 순서이기도 하다. 이것은 16/38이고, 약 0.42회전이다.

▶ [표 4-1-1] 전형적인 오차와 Pocket/Octant의 어드벤티지 비율

대표적인 오차E (포켓의 NO.)	최상의 베트어드벤티지(%)		대표적인 오차E (포켓의 NO.)	최상의 베트어드벤티지(%)	
	Pocket	Octant		Pocket	Octant
0	3500.00	620.00	16	0.46	0.30
1	1278.53	611.06	17	−1.62	−1.72
2	610.69	467.86	18	−3.01	−3.07
3	376.52	328.65	19	−3.90	−3.94
4	258.12	236.98	20	−4.46	−4.49
5	186.76	175.71	21	−4.81	−4.82
6	139.09	132.62	22	−5.01	−5.02
7	105.00	100.89	23	−5.13	−5.13
8	79.41	76.65	24	−5.19	−5.19
9	59.54	57.60	25	−5.23	−5.23
10	43.77	42.38	26	−5.24	−5.25
11	31.19	30.18	27	−5.25	−5.25
12	21.24	20.52	28	−5.26	−5.26
13	13.54	13.03	29	−5.26	−5.26
14	7.73	7.37	30	−5.26	−5.26
15	3.47	3.24	00	−5.26	−5.26

위 도표는 최상의 포켓(pocket)과 최상의 억탄트(octant)상의 베트에 대한 양쪽의 일정한 값이다. 최상의 '억탄트'를 4포켓으로 포함시킨 이래 완전한 최상은 아니며 어드벤티지는 주어진 오차 E보다 얼마간 적게 나타나고 있다.

킴멜의 논리와 딜러(Kimmel's and Dealer's)

'Stephen Kimmel'은 하루에 8시간, 1년에 50주 동안 일하는 룰렛딜러에 대하여 정규적인 방법과 습관적으로 볼과 로터를 스핀하는 성향에 대해 조사・연구하여 발표하였다. 이것은 정확한 예측을 가능하게 만들려는데 목적이 있었으며, 10개의 포켓상의 벳스(bets)를 50% 이상의 찬스를 성공할 수 있다고 주장하였다.

그의 견해는 1979년 12월 초 「Gambling Times」지의 'Roulette and Randomness' 편에 기고(起稿)하여 발표되었다. 이에 따른 'Kimmel'의 접근방법을 분석하여본다면, 여기에는 세 가지 중요한 조건이 있고, 딜러의 표시(signature)를 규칙적인 어드밴티지를 가지려는 게임자를 위한 플레이를 통하여 대략 하는 것으로 변함없이 존속하여야 한다는 것이다. 이러한 조건들은 첫째, 로터의 속도가 스핀(spin)과 볼(ball)이 각 시간대에 대체적으로 같아야 할 것이고, 둘째, 스핀하는 볼은 각 시간대에 회전하는 같은 넘버로 대략적으로 만들어져야 할 것이고, 셋째, 딜러가 그 볼을 출발시킬 때 로터의 처음 위치는 각 타임이 대체적으로 같아야 할 것이다. 이러한 세 가지 조건이 Kimmel의 논리에 언급하지 않았다는 것이 결정적이다.

사례를 들어 로터의 속력이 각 타임에 정확히 대등하고, 딜러가 스핀된 볼의 회전거리가 정확히 같다고 가정하여 그 볼이 정확히 8회전 스핀되었고, 이 시간대에 로터(rotor)는 4회전 한다고 한 단계 더 추측해보자. 이렇게 주어진 가설(assume)로 그 볼은 출발하였던 어느 지점을 지나 약 12회전에 도착하게 된다는 것이다. 만약 '넘버13'에서 딜러가 스타트하는 것으로 그 볼을 통과시켰다면, 그 볼은 12번 회전 후에 로터의 스피닝과 상대적인 관계를 가지고 대략적으로 '넘버13'에 도착한다는 논리이다. 만약 딜러가 출발지점을 오픈하고 로터스피닝 상에 어느 넘버도 의식하지 않고, 볼을 스타트 하였다면 그 볼은 12번 회전 후에 임의대로 로터에 떨어질 것이다. 이러한 경우 로터의 속력은 절대적으로 고정되어 있고, 볼 회전의 수가 일정하더라도 거기에는 예측할 수 있는 것이 아무것도 없게 된다. 이는 로터의 속력 또는 볼의 회전 수에 대한 변동은 무작위의 결과를 더 한층 보장하게 될 것이다. 'Kimmel'은 볼의 스타트 지점에 대한 변화를 검토하지 않았기 때문에 그의 방법은 믿을 수 없다고 결론지었다.

룰렛의 통계분석에는 최상의 접근방법이 있다. 딜러를 관찰하고, 볼이 출발될 때 까지의 시간으로부터 스타터(startor)상에 만든 회전수를 로터와 교차하여 카운트 하는 것이며, 회전수가 얼마나 일정한지 주시(注視)해야 한다. 여러분의 관측결과에 평균 회전수를 약간의 일정한 플러스(plus) 오차 관계를 두는 것으로 규정된 통제를 할 수 있다. 그 다음에 로터 회전수 카운트는 그 볼이 스타터 상에 머무르고 있는 시간대 동안 만드는 것이다. 이것은 여러분이 두 번째 오차관계를 플러스 하여, 로터회전의 수(數)에 대해 또 다른 평균치를 주어야 할 것이다. 최종적으로 그것은 '로터'와 '스타터' 사이의 '디바이더(divider)'가 교차된 곳을 가진 후에 로터 사이에 그 볼의 이동이 얼마나 멀리 떨어졌는지 카운트하는 것이다. 여러분은 회전의 어떤 평균 수량 또는 오차관계를 플러스한 포켓으로서 이러한 결과를 요약할 수 있다. 이러한 작업에 접근하는 순서로 17포켓보다 적은 오차 정도의 제곱합계의 자승루트가 필요하다. [표 4-1-1]에 나타난 입증은 회복(return)하는 어떤 비율을 보여주는 것으로 오차제곱 평균치의 루트(root mean square errors)로 변화를 주는 것이다. 위의 표가 설명하는 것은 17포켓보다 적은 루트 평균 자승(r, m, s)의 오차일 때만 분명히 회복할 가능성이 있다. 다음에는 그 방법을 개선하여 잘될 것 같지 않은 '루트 평균 오차 제곱'으로 17포켓보다 적게 하고나서 여러분은 '윈(win)'하는 기회를 가지는 것이다. 그 볼이 휠 상에 어디에 떨어질 것인지를 예측하기 위한 시작포인트로서 그 볼이 출발되어졌을 때, 로터의 위치를 사용한 상태가 문제의 열쇠이다.

예를 들면 5포켓의 R, M, S의 오차를 가진 그 볼은 일정하게 8번 회전시키는 딜러가 있다고 가정해 보고, 또한 6포켓의 R, M, S 오차와 함께 4회전 로터운동이 이러한 시간대에 내내 있는 것으로 가정해 본다. 그리고 8포켓의 R, M, S 오차와 함께 13포켓을 이용하여 그 볼을 일단 로터 위에서 그대로 진행하는 것으로 가정한다면, 이러한 가설(假說)의 제시로 그 볼은 출발위치로부터 8회전+4회전+13포켓 이동할 것으로 또는 13포켓을 지나는 지점으로 여러분은 예측할 수 있다. 이에

R, M, S의 오차는 $\sqrt{(5^2+6^2+8^{2)}}$ 이다. 이것은 11, 12포켓으로 충분히 17포켓보다 적게 요구되어진 오차범위 내로 정리된다. 이러한 경우에는 예측시스템을 작용해야 할 것이다. 그러나 이것은 데이터(data)에 집중하였을 때 발견할 것이며, 각 단계의 오차는 이러한 사례를 사용하여 본 장에서는 실물크기만큼 여러 번 실물을 가진 것이다. 그 볼의 스핀에 대한 회전의 수량 안에 딜러의 오차를 관찰한 것으로 아주 일관성있게 가진 딜러에 대하여는 약 20포켓이다. 그것은 한 가지를 일관되게 적은 수를 가지고 훨씬 크게 한 것이다.

그 로터의 속도는 'Kimmel'이 하려는 것과 같이 거의 일정한 것이 아니다. 그것은 속력을 다시 세우려고 소수의 스핀에 매번 특별히 속도를 갑자기 늘리는 딜러의 시도 때문이다. 그로부터 사이드 위에 볼을 빗나가게 만든 '디플렉터(deflector)'는 결과에 무작위(randomness)를 고려할 수 있도록 추가한 것으로 '프렛(frets)' 또는 '스페이서(spacers)'와 '포켓(pocket)' 사이에 있다. 그 결론은 어떤 딜러가 17포켓보다 적게 R, M, S오차에 기인하여 예측할 수 있다는 것에 믿고 싶지 않다고 Thorp박사는 주장한 바 있으며, 그는 기꺼이 반대되는 증명을 시험하였지만, 그는 누구라도 지금까지 그것을 산출할 수 있다면 의외로 생각할 수 있다고 다음과 같이 피력하면서 「만약 딜러가 의무적으로 회전의 수량을 고정적으로 하여 그 볼을 스피닝(spinning)하는 것을 실행하였다면, 그리고 전동기(motor)를 사용한 것처럼 일정한 속도로 로터가 스핀되었다면, 그리고 바로 출발한 그 볼과 마주보고 있는 넘버의 어느 곳을 결정하는 훌륭한 방법을 알고 있다면, 겨우 작은 예측의 어드벤티지를 얻을 가능성이 있을지 모른다」라고 말하였다. 본 대목을 마감하면서 딜러는 '시그네처(signature)'의 전략으로 카지노의 완전한 대응책(countermeasure)인양 그 전략의 수행을 가장하고 있음을 여러분은 주목해야 한다. 실행되는 전략은 첫째, 카지노는 딜러가 그 볼을 스핀(spin)하기 전에 베팅을 정지시키고, 둘째, 딜러는 그 볼을 회전시켰을 때에는 그 휠(wheel)에서 시선이 벗어나거나 그의 시선을 돌리므로(레이아웃을 주시하기 위하여 스타트(start) 되어진 그 볼이 들어가는 로터(rotor)상의 어느 넘버를 알지 못한다는 것이다. 그러므로 위에서 설명하였던 근거로, 그 결과는 완벽한 무작위(perfectly random)임을 알 수 있다[60].

60) 고택운・양일용, 「카지노게이밍수리학」, 2009, 백산출판사, pp.103~105.

2 퍼천휠(The Wheel of Fortune)

앞에서 물리적 예측을 근거로 한 룰렛(roulette)게임의 위닝(winning)에 대한 시스템을 언급한 바 있다. 그 시스템은 MIT공대의 Claude Shannon과 Edward O. Thorp박사와 함께 1961년에서 1962년에 걸쳐 공동연구한 업적이다. 이러한 연구의 부차적인 결과로 '퍼천휠(wheel of fortune)'의 물리적 예측에 대하여 동일한 성격의 시스템이 있었다. 이에 1964년 3월 27일 'Life Magazine'의 블랙잭 카드-카운팅 편에 이 내용을 「Beating the wheel of Fortune with the Big Toe」라는 표제를 가지고 발표한 적이 있다.

1981년 10월 'Caesars Tahoe'에서 개최된 제15회 연차 「Gambling and Risk Taking」 회의에 참석하는 동안 'Thorp박사'는 '시저스'의 '퍼천휠'에 대한 데이터를 수집하였고 그들의 휠이 같은 방법으로 연구한 대로 예측될 수 있는지 실험해 보기를 원하였다. CASIOC-80으로 관찰하여 1/100초의 시간대에 나타나는 것을 '디지털 스톱워치(digital stopwatch)로 체크하는 것이다. 그는 휠(wheel)의 1회전 시간을 위 도구로 사용하여 그것이 얼마나 많은 회전을 가졌는지 기록하여 [표 4-2-1]에 그 데이터를 수집하여 기록하였다. 그 휠(wheel)은 어떻게 예측할 수(predictable)있는지 살펴보기로 한다. 우선 수학적 곡선(mathematical curve)을 찾아 이러한 데이터 포인터에 최상으로 일치시키는 것이다. 곡선 A는 완전히 회전된 것으로 A=121.545 그리고 B=-2.11153가 있는 동력 B로 A×T=R이 된다. 그 방정식에 T는 한 번 회전을 만드는 휠에 대한 시간이고, R은 그것이 이동하고 나서 추가로 회전되는 수량이다. 직감적으로 만약 T가 짧다면, 그 휠은 빠르게 한 번의 회전이 있었다는 것이고, 그것은 장기간으로 갈 것이고, R은 회전이 많아질 것이며, 만약 T가 길어진다면 그 휠은 느릴 것이고 곧 정지될 것이므로 R은 회전이 적게 될 것이다. '페그(pegs)'의 '로우데이터(raw data)'는 도표의 세 번째 란(欄)안에, 자체로 표기하며, 그 휠(wheel)은 지급의 넘버를 분리하는 '페그'를 가지고 있어 그 휠이 회전할 때, 페그는 구부러져 통과할 수 있도록 되어 있어, 휠을 점차로 천천히 가도록 작용하며, 그 휠이 정지하였을 때 위닝넘버는 패그와 플랩퍼(flapper) 가운데 함께 있을 때이다. 가로의 '로우 데이터(raw data)'는 관찰목록 No.1에 3.5+22p가 일어난다. 이

뜻은 그 휠이 3.5회전 플러스 22페그 또는 그 이상의 넘버로 이동되었다는 것이다. 휠 안에 54개의 넘버가 있을 때 그것은 3.5+22/54 또는 3.907회전으로 갔음으로 이는 가로 4번째 목록인 '십진법(demical)'의 상황으로 보여준다. 예측의 P값으로 방정식을 만들어 보면 '에러(error)'P-R은 실제 일어난 어떤 값을 제한 예측된 총계이다. 엄격히 말하자면 데이터에 일치하는 것만이 예측을 불러낸다. 정확히 예측 일치하는 점근은 데이터(data)가 좀더 많이 포함될수록 좀더 면밀하게 일치된다. 그렇지만 거기에는 정확한 일치와 실제상으로 대입한 등식(equation) 사이에는 일반적으로 차이가 있다.

[표 4-2-1] 카지노 퍼천휠 데이터(시저스타호)

Observation Number	Time T	Further Raw Data	Reve R Demical	Prediction P	Error P-R	Error In 'Pegs'	Expected Time E	Time Difference T-E(sec)
1	5.11	3.5+22p	3.907	3.856	− 0.051	− 2.8	5.08	+0.03
2	5.33	3.5-2p	3.463	3.527	+0.064	3.5	5.38	− 0.05
3	5.09	4-6p	3.889	3.889	0.000	0.0	5.09	0.00
4	4.83	4+15p	4.278	4.345	0.067	3.6	4.87	− 0.04
5	5.87	3-9p	2.833	2.876	0.043	2.3	5.91	− 0.04
6	5.67	3+10p	3.185	3.095	− 0.090	− 4.9	5.59	+0.08
7	7.14	2-6p	1.889	1.901	0.012	0.6	7.16	− 0.02
8	5.78	3+3p	3.056	2.972	− 0.084	− 4.5	5.70	0.08
9	4.66	4.5+8p	4.648	4.687	0.039	2.1	4.68	− 0.02
10	5.16	4-9p	3.833	3.778	− 0.055	− 3.0	5.12	0.04
11	6.37	2.5-9p	2.333	2.419	0.086	4.6	6.48	− 0.11
12	6.93	2+3p	2.056	2.204	− 0.032	− 1.7	6.88	0.05

뉴-데이터(new-data)는 정확하게 일치하는 미지의 수로 약간 다르게 주위에 밀집하는 경향이 있으므로 그것은 이러한 여분의 총계 때문에 그 데이터가 실제와 일치하는 것에서 벗어나는 경향일 것이다. 그러므로 우리는 [표 4-2-1]의 데이터와 마찬가지로 완전하지 않은 등식으로 예측되어진 유망한 데이터를 기대하게 된다. '에러(error)'P-R은 0.0587회전 또는 3.2 넘버의 표준편차(전형적인 사이즈)를 가졌으며, 정확한 곡선위치(곡선의 표준편차)도 포함된 것으로 평균적으로 0.0169회전 또는 0.9넘버이다. 이것을 고려하여 최대 플러스와 가로(column) 안에 반대의 가치를 계산하였고, '페그(pegs)'의 오차제시도 그 예측은 항상 5개의 '페그'를 포함시키거나 또는 실제 결과의 위치일 것이다.

▶ [표 4-2-2] 휠상의 넘버배열

2	1	40A	2	1	2
1	2	1	10	1	5
1	2	1	20	1	2
1	5	2	1	10	1
2	5	1	2	1	40B
1	2	1	5	2	1
10	1	5	1	2	1
20	1	2	1	5	2
1	10	1	2	5	1

▶ [표 4-2-3] 하우스엣지

Number	House	Edge
1	6/54	11.1%
2	9/51	16.7%
5	12/54	22.2%
10	10/54	18.5%
40A	13/54	24.1%
40B	13/54	24.1%

[표 4-2-2]는 휠(wheel)상의 넘버들을 실제로 배열한 것을 보여준다. 이 목록은 순서대로 나열하였으며 시계방향으로 여러분은 보면 된다. 각각의 넘버에 베트 단위당 이익(profit)을 가지게 된다. 그러므로 게임자가 2라는 숫자 위에 각자 $1을 베팅하였다면, $2을 윈(win)하게 된다는 듯이다. 40A로 표시된 넘버는 '시저스(caesars)'로 불리며, 대부분의 카지노의 로고를 '심벌(symbol)'로 40배를 지급하며, 40B로 표시된 넘버는 '클레오'라고 부르며, 또한 40배로 지불한다. 그것들 중의 하나의 벳이 다른 하나로 나왔다면 윈(win)이 되지 않는다. [표 4-2-3]에서 '1(ones)'로 표시된 숫자가 24개 있다. 그러므로 54개의 넘버가 동시에 나온다면 'one'은 54단위 벳에 6단위벳의 손실에 대하여 24번 윈(win)하고 30번 루스(lose)하거나 또는 -6/54=-1/9=11.1%의 손실비율 기댓값이 된다.

이는 [표 4-2-3]에 같은 종류의 계산법으로 제시하였다. 예측을 하지 않는 게임자를 위하여 하우스엣지(house edge)는 어마어마한 것으로 이러한 게임은 기피하게 된다. 지금부터 게임자 어드벤티지를 어떻게 예측할 수 있는지 알아보기로 한다. 최종 휠(wheel)의 위치를 예측된 위치의 5개 넘버를 항상 포함시키는 것으로 가정한다면, 11개의 넘버를 한 조각(strip)으로 어떤 예측을 위하여 40A 주위로 집중하는 것으로 40A상에 베팅하는 것이다. 이에 40A에 11번의 베트를 놓으면 40-10=30유니트의 이득(gain)을 위하여 그들 중의 하나를(win) 한다는 것이다. 그 검토의 방법은 40B를 위해서도 동등하게 한다. 각각 20개를 둘러싼 11개 넘버조각의 둘 중 어느 쪽이던지 어떤 예측을 위하여 모든 22개 넘버에 20개 벳을 하는 것이다. 22개 넘버의 벳은 20개 유니트(unit)를 두 번 이기는 기대를 가질 수 있고 20유니트의 네트게인(net gain)에 대해 20번에 한 번 지는 것이다. 이것은 54-44 또는 10의 상태로 예측되어지는 것으로 입장을 가진다. 이것은 10 위치의 나머지 세트 4-10s가 있다. 이러한 상태의 하나가 각 10번 베트를 한다고 가정하자. 그것은 4번에 10단위를 윈(win)하고 40-6=34유니트 네트게인(net gain)에 대하여 6번에 1단위를 루스(lose)한다는 것으로 추측하면 그럴듯하게 생각될 것이다. 실제로 이러한 사례안에 10s가 있을 때 넘버를 예측하든지 또는 예측된 범위의 위치 하나를 포함하든지 둘 중의 하나를 지금까지 좋은 것에 기대하는 것이다.

최종적으로 54단위 안에 40A로부터 네트 30단위로 베트(bet)하고, 40B로부터 30단위, 2-20s에서는 20유니트, 그리고 4-10s에서 34유니트로 114단위/54단위의 토탈 또는 211%의 수익비율을 갖는다. 그것은 타이밍의 진행과 예측할 수 있는 능력을 이용하는 방법의 두 가지를 개선하면 가능성이 있다고 볼 수 있다. 이것은 개선의 결과를 가지는 것이다.

5 게이밍자금 관리

카지노경제수리학의 '백미(白眉)'는 아마도 게이밍자금 관리 즉 '돈의 관리(money management)'일 것이다 경제적 논리로만 본다면, 게이밍에 참여한다는 것은 수익을 내기 위해 자본금을 가지고 정상적인 경제활동을 하는 것이고, 수많은 게임자들의 카지노 수요(소비자)는 공급자의 실물경제에 영향을 미치게 할 것이고, 이는 지역 또는 국가에까지 경제적 파급효과가 있다고 이미 앞서 설명한 바 있다. 이 모든 단초는 게임자의 베팅(betting)에서 시작된다. 최근에는 돈의 관리(money management)와 베트사이징(bet sizing)에 더욱더 무게를 두고 있으며, 그것은 아마도 수리경제학에 근거를 두고 있다고 볼 수 있다.

만약 게임자가 유리한 베팅상황을 발견하였다 할지라도 그의 웨이저(wager)를 어떻게 결정하느냐에 따라 성공 또는 실패가 달려 있다. 최종적으로 그것은 갬블러의 실행상의 '손익계산(botton line)'이 판정한다. '웨이저(wager)'에 대하여 우호적 또는 관심사와 연관하여 유리한 상황을 묘사하는 것은 물론 즐거운 일이지만, "얼마나 많은 돈을 여러분은 이러한 상황에서 만들 수 있겠는가?" 라는 다음의 질문에도 정말 같을 수 있을는지 의문이다. 갬블러(gamgler)에 대한 문제는 '상충(conflicting)' 또는 '혼동(confusing)'되는 돈의 관리상, 다수의 충고에 있거나 또는 잘못된 단순한 기록을 근거로 하기 때문이다. 이에 본 장에서는 100가지 타입(type)으로 '룰렛'에서는 하우스 엣지(edgy)를 압도하도록 기획하였고, '크랩스'에서는 하나의 벳 사이즈를 단독으로 교묘하게 다루도록 기반을 두었다.

본 장은 게임자의 입장에서 유리한 게임을 발견하자는 것(예 : 하나의 명확한 기대치 제공)이고 그 논점은 자연적인 발생인 것으로 이것을 분명한 기댓값을 이용하여 자본총액을 한정하여 어떻게 최선으로 사용하느냐에 있다고 본다. 너무 무모한 웨이저(wager)로 유리할 수 있는 베트(bet)만 만들 수 있음에도 불구하고 게임자는 그의 전체자금을 위험에 빠지게 할 수 있다. 이는 갬블러를 몰락(ruin)으로 내모는 길인 것으로 공통적으로 알려진 사실이다. 다른 한 편으로 지나치게 보수적(conservatively) 베팅을 하는 게임자는 그의 자본금을 축적하는 기회를 심하게 제한받게 된다는 것이다. 게임자를 위해 다행스럽게도 여기에는 유리한 게임관련 방안을 '수학적 이론(mathematical theory)'으로 대안으로 제시하여 보았다[61].

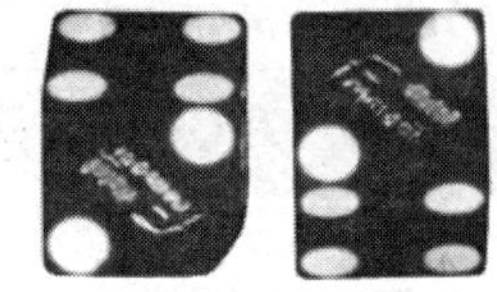

1 수학적 시스템(Mathematical System)

분명한 기대치를 이용한 상황을 위해 최상의 전략을 찾아보기 전에 수학적인 시스템을 창조한 평가를 가지려고 시간과 노력을 들여야 할 것이다. 그러므로 본 장에서는 실례(example)로, '룰렛'을 사용하였고, '크랩스'와 '퍼천휠'을 동등하게 그 원리(原理)를 적용하였다. '수학적 시스템(mathematical systal)'에 의한다는 것은 다음 정보에 의해서만 사용하여 만드는 벳을 게임자가 결정하는 시스템을 뜻한다.

61) 고택운 · 양일용, 「카지노게이밍수리학」, 2009, 백산출판사, p.113.

• 이전의 스핀(spin)에 나온 넘버들의 기록
• 위와 같은 기록이 만약 스핀상에 있었다면, 그가 만든 벳스(bets)의 기록

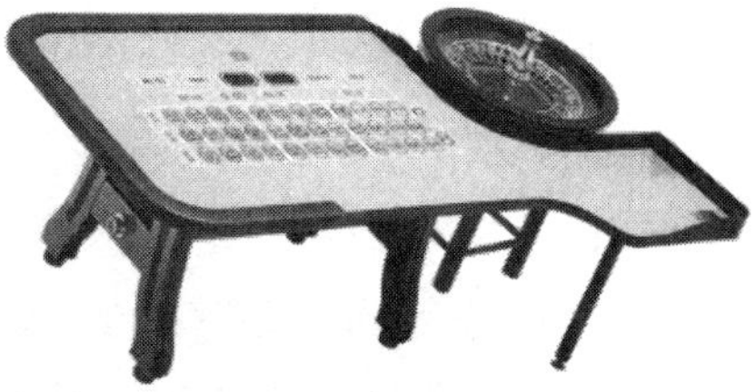

우리는 여기에서 가정하는 것은 게임자가 벳이 있을 경우, 그에 대한 모든 넘버가 휠(whee)의 각 스핀에 동등하게 나올 수 있다는 것으로 전제하였다. 이 뜻은 '바이어스된(biased)'휠 또는 물리적 예측방법을 사용하지 않았다는 것이다. '룰렛(roulette)'은 깨어질 수 없는 겜블링게임의 원형(prototype)으로 오랫동안 지켜왔다. 그것은 무작위 넘버의 세트로부터 각각 정밀한 실험의 하나를 산출하여 독자적 실험 과정을 걸쳐 순리적으로 간주된 것이다. 게임자는 무작위 넘버(random number)의 특별한 부분집합에 돈을 걸 수도 있으며(예 : 다즌, 이븐, 개별넘버 등등), 선택한 집합의 넘버가 나왔다면 위닝(winning)되는 것이다. 게임자는 여러 가지 집합모형상의 베팅을 할 수도 있고 각각의 베트는 다른 것에 관련없이 정산된다. 시스템의 논리를 집중하려고 표준적인 '아메리칸 휠(American wheel)'로 고찰(考察)해보기로 한다.

이것은 38개의 넘버를 가졌고, 즉 0.00. 1, 2, …36 등이 있다. 수학자의 가설(assumption)로 이러한 넘버들은 각각 '볼(ball)'과 '휠(wheel)'의 어떤 스핀상에 나타나기 이전에는 균등한 것처럼 그럴듯하게 보인다. 그 휠을 신중하게 기댓값에 미치도록 제작업체에 의해 균형이 맞추어졌을 것이며, 그것들은 카지노에 의해 시간대별로 체크되어질 것이고, 사용의 신호가 보여주었을 때는 아마도 원래의 상태로 되돌아갔다는 것이다. 만약 그 휠(wheel)이 다른 것보다 더 유리하게 어떤 넘버에 불규칙함을 가졌으며, 만약 게임자가 알지 못하였고, 그 시스템을 이용하도록 구상되지 않았더라도, 수학적인 추론은-모든 넘버에 나타나는 것이 적당한 균등인 것으로 가설로 정하였고-게임자의 시스템에 대하여 정확한 결론을 주는 것이다.

더블링-업 시스템(The Doubling-up system)

가설의 또 하나는 수학적인 시스템을 적절히 평가하려고 만들어진 것이 틀림없다. 이에 우리는 허용할 수 있는 가장 작은 하우스 벳을 $1로 하고, 허용할 수 있는 가장 커다란 하우스 벳을 $1,000로 역시 가정해야 한다. 카지노들은 '더블링-업'

의 수학적인 시스템을 단순하게 정지시키는 순서로 '멕시멈-벳'을 고정시키는 것이 필요하다. 왜 그런지는 보다시피 멕시멈 없는 카지노를 발견하였다고 생각해보자. '레드(red)' 지분이 1대1로, 이븐머니이고, 우리의 베트금액이 $1,000로 가정해본다. 만약 우리가 루스(lose)하였다면, 더블로 두 번째 순서로 $2,000을 베트하게 된다. 만약 윈(win)하였다면, 우리는 2회전에 네트 $1,000을 이기게 된다. 만약 두 번째 벳을 루스하였다면, 다시 더블(double)하여 세 번째는 $4,000을 베트하게 된다. 1차, 2차에서 $3,000을 로스트(lost)하였고, 세 번째의 $4,000에서 윈(win) 하였다면, 세 번째 사이클(cycle)에서 $1,000을 이기게 된다.

우리는 각 로스(lose)후에 우리의 벳에 더블링(doubling)을 계속하여 보았다. 최종적으로 우리가 윈(win) 하였을 때, 우리는 순이익 $1,000을 얻게 되는 것이다. 우리는 이러한 $1,000을 안전하게 따로 두고 '레드'상에 $1,000의 베트를 가지고 우리가 이길 때까지 새로운 사이클의 더블링으로 시작되었다. 각각 완성된 사이클을 또다른 $1,000을 윈(win)하는 [표 5-1-1]은 이러한 '사이클(cycle)'의 사례를 표기한 것이다. 카지노 리미트(limit)가 없는 베트로 간주한 [표 5-1-1]의 '더블링 시스템(doubling system)'을 사용하려면 얼마든지 베팅이 허용되어질 수 있어야만 '아이디어(idea)' 사례를 우리는 사용하게 될 것이다.

만약 초기에 10여 차례의 사이클(cycle)로 손실을 가졌다는 것, 11회차에 게임자의 벳이 그의 최초의 벳에 1,024배수가 된다는 것을 주목하면, 어떻게 보느냐에 따라 터무니 없는 시스템이 되어질 수도 있다. 이에 최초의 벳은 $1,000였으므로 그 베트금액은 $1,024,000이 된다. 물론 찬스는 적게 일어날 것이다. 마지막 가로줄은 0.9984의 찬스를 보여주고 있고, 사이클의 마지막 또는 10회차로 가기 전부터 여기서부터 11번째 벳으로 결코 만들어진 것이 아니다. 그러므로 11회차에 도달하는 찬스는 단지 1-0.9984=0.0016 또는 0.16% 또는 613번에 한 번 있는 확률이다. 그러나 '더블링-업' 시스템을 오랫동안 계속해서 사용하여 30번 연속으로 손실을 가졌다면, 그 게임자는 31번째에 약 일경(京)달러의 베트가 가정되어진다. 이것은 뉴욕증권시장의 시가총액에 해당되며, 36번째상의 베트는 무려 34경(thrillion)이 된다 (이것은 세계 순익재산을 넘는 천문학적인 금액으로 미국에 유통되고 있는 달러는 약 6경달러(dollar)이고, 세계적으로는 약 30경달러로 추정함).

[표 5-1-1] 더블링시스템(doubling system)의 수학적 사이클

turn	amout bet	total profit if cycle ends on this turn	chance cycle ends on or before this turn	
			exact	decimal appromimation
1	\$1,000	\$1,000	$1-(20/38)$	0.4732
2	\$2,000	\$1,000	$1-(20/38)^2$	0.7230
3	\$4,000	\$1,000	$1-(20/38)^3$	0.8542
4	\$8,000	\$1,000	$1-(20/38)^4$	0.9233
5	\$16,000	\$1,000	$1-(20/38)^5$	0.9566
6	\$32,000	\$1,000	$1-(20/38)^6$	0.9787
7	\$64,000	\$1,000	$1-(20/38)^7$	0.9888
8	\$128,000	\$1,000	$1-(20/38)^8$	0.9941
9	\$256,000	\$1,000	$1-(20/38)^9$	0.9969
10	\$512,000	\$1,000	$1-(20/38)^{10}$	0.9984
11	\$1,024,000	\$1,000	$1-(20/38)^{11}$	0.9991
31	$\$1,000\times 2^{30}$ 또는 약 1경	\$1,000	$1-(20/38)^{31}$	0.999,999,999,7
36	$\$1,000\times 2^{35}$ 또는 약 34경	\$1,000	$1-(20/38)^{36}$	0.999,999,999,9
100	about $\$6\times 10^{32}$	\$1,000	$1-(20/38)^{100}$	-
7	$\$1,000\times 2^{n-1}$	\$1,000	$1-(20/38)^{n}$	-

게임자는 제한되지 않은 '크레딧(credit)'을 가지고 출발하는 것부터 예정할 것이며, 무리하게 나타낸 이후 그는 확실한 지불을 가지는 것은 결국 윈(win)하여야 한다는 것이다. 그러나 카지노는 현실적으로 이러한 상황을 채택하지 않는다. 카지노는 하우스의 제한 금액을 가지며(특별한 상황 아래 때로는 증가할 수 있음), 그리고 크레딧을 한정시키므로 '확실한 위닝시스템(sure-fire winning syste)'으로 결코 사용되지 못한다. 그러나 게임자들은 많은 세월 실제의 카지노 플레이(play)에 '더블링-업 시스템'을 조절하여 사용해 왔으며, 이는 [표 5-1-2]가 그 사례를 보여주고 있다. 여기에서는 '레드칼러(red color)'에 게임자가 \$1 베팅하는 것으로 출발하여 윈(win) 할 때까지 그 베트에 더블링을 계속하는 것이다.

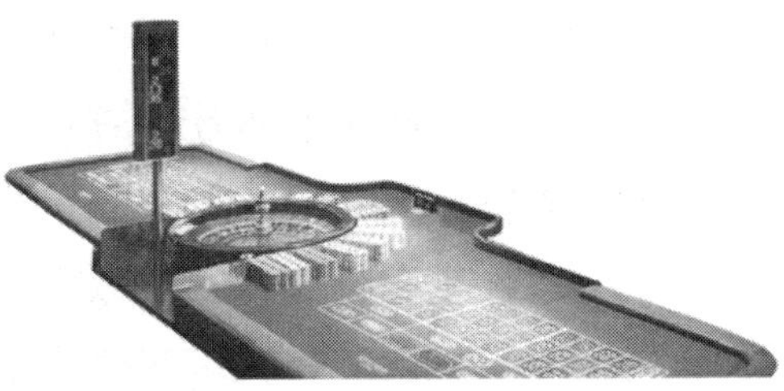

▶ [표 5-1-2] Red Color Bet의 $1 더블링-업 시스템

turn	amount bet	total$ loses before bet	net profit if cycle ends This turn	exact	chance of this result decimal Approximation
1	1	0	1	18/38	0.4737
2	2	1	1	20/38×18/38	0.2493
3	4	3	1	$(20/38)^2 \times 18/38$	0.1312
4	8	7	1	$(20/38)^3 \times 18/38$	0.0691
5	16	15	1	$(20/38)^4 \times 18/38$	0.0368
6	3	31	1	$(20/38)^5 \times 18/38$	0.0191
7	64	63	1	$(20/38)^6 \times 18/38$	0.0101
8	128	128	1	$(20/38)^7 \times 18/38$	0.0053
9	256	155	1	$(20/38)^8 \times 18/38$	0.002789
10	512	511	1	$(20/38)^9 \times 18/38$	0.001468
11	1,000	1023	-23	$(20/38)^{10} \times 18/38$	0.00077
			-023	$(20/38)^{11} \times 18/38$	0.000858

이는 컬러벳의 '레드(red)'상의 $1 벳을 가지고 사이클(cycle)을 상대하여 출발한다는 것이다. 각 사이클은 표에서 나타난 것처럼 $1의 이익을 만들어내며, 이는 연속적으로 10번의 손실을 가졌다면, 사이클의 11번째는 $1,024의 베팅금액을 원하게 된다. 하우스는 '리미트(limit)'를 보호하고 게임자가 그의 11번째를 손실하였다면 그 이상은 더블링을 저지시킨다. [표 5-1-2]를 살펴보면, 만약 게임자가 9번 또는 보다 적은 수로 손실을 가진 후에 윈(win)하였다면, 그는 $1을 이기는 것으로 그 사이클을 성공적으로 완성한 것이다.

그러나 만약 그가 10번을 연속적으로 루스(lose)하였다면, 그는 11번째 차례에 오로지 $1,000을 베팅할 수 있다. 만약 그가 이기게 되면 그는 그 사이클에서 단지 $23의 손실을 가지게 되지만, 만약에 11번째에도 손실을 보았다면 그 사이클상에 $2,023의 손실을 가지는 위험한 재난을 맞을 것이다. 물론 사이클(cycle) 11번째에 도착하는 확률은 약 613번에 1번인 것으로, 확률론에서는 분석하고 있다. 다음은 이러한 시스템이 어떠한 장점이 있는지, 또는 11번째 손실의 확률이 그것을 파산시키는지, '레드'상의 '하우스 퍼센티지 어드벤티지(house percentage advantage)'가 더블링-업 시스템에 의해서 조금도 변화되지 않는다는 것을 찾아보려고 한다. 사실적으로, 11번째의 실패는 사이클 당 $1 위닝을 가진 게임자의 높은 찬스에 대

하여 카지노의 엄격한 배상으로 보면 된다. 이 부분은 '컴퓨터 계산(computer)'에 의해 보여주고 있어, 어쩌면 정말로 놀랄 만한 일이지만, 이것은 역시 모든 수학적 시스템에 대하여 진실이고, 어려운 문제도 없으며, 그것들은 모든 것을 포함하여 언제나 발견되어질 수 있는 것이다.

지금까지 이러한 시스템의 넘버는 무한정(infinite)하게 있으며, 이는 '컴퓨테-이션'으로 증명할 수 없다(시간대의 무한한 총계는 컴퓨테이션의 무한한 수치를 요구함). 그 대신 수학자(mathematician)의 입장에서는 논리학에 의해(필연적인 논리의 주장과 원리를 함께한 기하학적 도형정리와 입증 등) 어떤 장점이 있는 무한정 넘버의 시스템으로 보여줄 수 있다. 본 장(章)에서는 그것을 논리적(論理的)인 것보다는 더 쉽게 설명해 보았다. 예를 들어 '룰렛(roulette)'을 위한 시스템의 무한한 넘버가 있음을 보여주려면, 모든 시스템의 끝이 없는 목록을 제시하여야 하나, 여기에서는 다음과 같이 한 종류로 되어 있다(항상 레드상의 베트).

- System 1 : 레드상에 $1베트를 하고, 레드가 나왔다면, 다시 1번으로 돌아가고 만약 나오지 않았다면, 다시 1번으로 돌아가 $2벳을 함.
- System 2 : 레드상에 $1베트를 하고, 레드가 나왔다면, 다시 2번으로 항상 돌아가고 만약 나오지 않았다면, 2번으로 돌아가 $2벳을 함.

이와 같이 시스템 3번, 4번, 5번…등으로 계속 이어가는 것으로 이것이 관심있는 시스템의 목록이라고 주장하고 싶지는 않지만, '더블링-업 시스템'이 하우스의 엣지를 변경하지 못한다 할지라도 어떤 즐거움을 위해 훌륭한 역할을 할 수 있다.

여러분이 연인과 데이트를 즐기러 'LasVegas'를 갔다고 가정해보자, 저녁시간이 가까웠고, 여러분이 아무 생각없이 두 사람의 저녁식사 비용을 30달러면 된다고 혼자말로 무심코 지껄였다면, 여기에서 식사를 무료로 하는 방법을 룰렛게임테이블을 통해 30달러를 버는 것은 잠깐이면 된다. 만약 여러분의 포켓 안에 $2,100을 가지고 있고, '레드벳(red bet)'의 하우스 리미트가 $1에서 $1,000이라면 여러분은 '더블링-업(doubling up)'시스템을 사용할 수 있다. 여러분은 연속으로 11번의 손실을 시종 갖지 않는 30사이클의 완성이 필요하다. 이는 저녁식사비로 합계 30달러를 위해서 매 사이클보다 1달러를 윈(win)하게 될 것이다. 그렇다면 이러한 형태는 얼마나 안전한가, 확률은 어떻게 되는지, [표 5-1-1]에서는 최종 10회전 이하의 사이클 찬스에 의해 그 결과는 윈(win), 0.9984로 설명하고 있다. 그 승산을 여러분이 30회를 연이어 한다면, 0.9984^{30} 또는 0.9522가 되므로 95% 이상 성공할 가능성이 있다는 것이다. 만약 여러분이 가장 낮게 $10 또는 $20정도로 책정한다면, 성공의 기회는 각각 98.38%와 96.79%가 될 것이나, 조심하지 않으면 안 된다. 여러분이 만약 실패한다면, $2,023만큼의 손실을 보기 때문이다. 실패의 위험을 결정하는 주요한 요소(factor)는 하우스의 '미니멈 벳(minimum bet)'가 레드(red)의 '맥시멈벳(maximum bet)'에 대한 비율에 있다.

도표의 사례는 1,000의 비율에 대하여 $1분지의 $1,000로 대신하여 $2분지 $500을 '베팅리미트'를 가정한다면, 500/2=250의 비율로서 $2벳을 가지는 사이클(cycle)로 스타트하면 우리는 8번 손실 후에 9번째 스핀에는 하우스 리미트와 부디치게 되어 있다. [표 5-1-2]를 적용하여 살펴보면, 2번째, 3번째 그리고 4번째 가로줄의 모든 숫자의 더블은 $2벳이라고 볼 수 없으며($1벳으로 스타트했기 때문임), 8번 회전의 마지막 사이클 찬스는 현재 0.9941이다(표 5-1-1의 최종 가로줄 적용). 따라서 $30을 윈(win)하여 15사이클의 완성이 필요하며, 이는 어느 쪽의 찬스이고 0.9941^{15} 또는 0.9152이다. 만약 여러분이 가장 좋은 승산(odds)을 가지고 룰렛게임에서 이러한 확률을 시도하였다면, 성공을 확대하는 찬스에서는 싱글제로의 '유럽피언스타일(European style)'로 표현된다.

'더블링-업(doubling up)' 시스템은 '마팅겔(martingales)'이라고 종종 불리는 시스템의 종류 중의 하나이다. 용어(term)의 출처는 American Heritage Dictionary로 New College Edition이며, 가장 유익한 지식을 주는 총서이다. 그 단어의 어원은 남부 프랑스의 프로방스 지역에 'Martigues'의 마을 이름에서 발전된 것으로, 거주자들의 독특한 행동에서 기인하였고, 프랑스 전문가 의견으로는 호되게 조롱당하고 말았다. 그들의 이상야릇한 행동에는 더블링-업 시스템과 함께 겜블링에 과거로부터 바지끈을 졸라매는 것 같은 일이 포함되었다. 더블링-업 시스템을 사용하는 것으로는 'al la martigalo', 'in the martigues manner' 'in a ridiculous manner' 등등이 있다. 대중적인 수학적 시스템으로 '트리플링-업(tripling up)'을 들 수 있는데, 이는 1, 3, 9, 27 등으로 이어지는 게임장의 베트로서 윈

(win)할 때까지, 더블링-업 하는 것처럼 반복하는 것이다. 이것은 윈(win)을 빠르게 하지만, 고통도 빠르게 진행된다. 만약 여러분이 수학적 시스템(mathmatical system)에 관하여 좀더 지식을 갖기 원한다면 다음과 같은 저서를 추천해 본다.

Russell T. Barnhart의 저서 「Casino Gambling, When You win Why You Lose」으로 'Barnhart'는 숙달된 마술사로 오랫동안 겜블링에 관하여 학생들을 지도하였고, 그는 전세계를 통하여 광범위하게 겜블(gamble)을 하여 왔으므로 그의 주제인 이론과 실무 모두에 정통한다고 평가할 수 있으며, 그 저서의 내용은 현재의 휠(wheel)로부터 50,000번의 스핀(spin)의 데이터를 가지고 수학적인' 스테킹(staking) 시스템의 연구와 분석으로 만들어진 것이다.

Allan Wilson의 걸작 「Casino Gambler's Guide」는 시스템에 사용하는 도구(material)와 그들의 오류(fallacies)를 고려할 수 있도록 기술하였고, 특히 그는 '바이어스드(biased)' 된 룰렛 휠의 취급에 관하여 기록하였다.

Richard Epstein의 문제관련 논문 「The theory of Gambling and Statistial Logic, Revised」에서도 주제 안에 길잡이가 되는 목표가 있다고 하였으나, 그것을 이해하기에는 대학 수준의 수학적 배경이 요구된다. 그러나 그것은 게임과 겜블링의 전반적인 문제를 작업한 출판물로 가장 간단하게 참조할 수 있는 것이며, 일반적인 독자들조차, 그 서적을 통하여 띄엄띄엄 읽는 것으로 많은 지식을 수집할 수 있다. 그러면 더블링-업(doubling up) 시스템과 같은 수학적인 시스템은 왜 카지노 퍼센티지를 줄일 수 없는지를 설명하여 보기로 한다.

더블링-업의 문제(The Problem with Doubling Up)

수학적인 시스템의 사례로 룰렛(roulette)을 선택하여 그 이유를 든 것이 승산(odds)과 확률(probabilities)의 이해를 쉽게 하기 위함이다. 이른바 '균등의 법칙(laws of average)'이라 불리는 정확한 설명의 하나는 베트 시리즈인 '롱(long)'으로 여러분에게 이러한 베트의 기댓값 총계에 관하여서는 이익(gain) 또는 손실(lose)로 가는 경향이 있을 것이다. 이 뜻은 '배드 벳(bad bet)'의 시리즈는 역시 '배드(bad)'이고 도움이 되지 않은 시스템이다.

더블링-업 시스템으로 이러한 아이디어(idea)를 응용하여, 사이클(cycle) 하나에 대하여 게임자의 기댓값을 계산해 보자. 복잡하게 보이지만 간단한 벳으로 완성하는 사이클로 생각하며 [표 5-1-2]를 참조해 본다. 5번째 가로에는 #1, #2 등등의 차

레에서 사이클의 결과에 확률을 주었으며, 4번째 가로에는 이와 같은 상태로 각각의 이익 또는 손실을 나타내고 있다. 가로 5번째에 기입(記入)에 일치하는 것에 가로 4번째에 기입한 것을 곱한다. 그러면 그 산입한 공식결과는 다음과 같이 성립된다 :

$\$1\times18/38+\$1\times20/38\times18/38+\cdots+\$1\times(20/38)^{9}\times18/38-\$23\times(20/38)^{10}\times18/38-\$23\times(20/38)^{10}\times18/38-\$2023\times(20/38)^{11}$ 으로 그것을 단순화하여 $1-24\times(20/38)^{10}-2000\times(20/38)^{11}-1\text{-}0.0391\cdots\text{-}1.1768\cdots=\$0.7560266578\cdots$아울러 베터(bettor)에 손실값은 매 사이클당 약 −$0.76이 된다.

그러면 [표 5-1-2]를 참조하여, 만약에 #1회전의 사이클의 결과를 살펴보면, 모든 벳의 합계는 $1이고, 그것이 #2회전의 결과라면, 모든 베트의 합계는 $1+$2가 되며, 그것이 #3회전이라면 그 합계금액은 $1+$2+$3+$4 등등이 되며, 만약 #11번의 사이클 결과라면 베트의 토탈금액은 $2,023이 된다(가로 2항과 3항을 추가하여, 어떤 회전 결과의 값을 그대로 한다). 그리고 나서 가로 5항의 승산으로 나누고 베트의 합계금액을 곱하여 값을 구하는 공식은 :

$\$1\times18/38+\$2\times(20/38)\times(18/38)+\$4\times(20/38)^{2}\times(18/38)+\cdots+\$512\times(20/38)^{9}\times(18/38)+\$2013\times(20/38)^{10}\times(18/38)+\$2023\times(20/38)^{11}$ 으로 그것을 간소화하여 $\$2\times(18/38)\times(((40/38)^{10}-1)/(40/38-1))+\$2024\times(20/38)^{10}-\$1=\$14.3645065$. 만약에 매 사이클당 평균 벳에 의해 손실의 기대치로 나눈다면 $-\$0.756\cdots\div\$14.36\cdots$정확히 1/19 또는 −5.26%의 값을 구하게 된다.

이러한 계산법은 지루하며, 그리고 각 항목의 시스템이 차이가 있으므로 다시 확인해야 하며, 또한 겜블링 시스템의 숫자는 '무한정(infinite)'이므로, 계산으로는 모든 것을 결코 체크할 수 없다. 분명한 것은 이것이 겜블링시스템을 이해하는 방법은 아닐 것이다. 정확한 방법은 겜블링시스팀을 '카버(cover)'하는 일반적인 수학적 이론을 개발하는 것이다. 우선 어떻게 작업(work)이 진행되었는지 살펴볼 필요가 있고, 우리는 만들어진 모든 벳이 합산되도록 일일이 열거된 벳의 세트에 '액션(action)'의 범위를 한정하는 것이다. 여기에서 주목할 만한 점은 '액션시간대'의 게임자 벳의 총계에 '하우스엣지(house edge)'가 있고, 게임자의 이익 또는 손실의 기댓값이 된다는 것이다.

예를 들면, 만약 '블랙잭(black jack)'에서 매 핸드당 $10을 베트하고, 10시간을 플레이 한다면, 시간당 100핸드를 베팅하였고, $10 벳을 1,000번 만든 것으로 그곳

에는 '액션(action)'의 가치는 $10,000인 것이다. 만약 게임자가 블랙잭 게임에 서투르고, 카지노에 3%의 엣지를 주었다면, 그 게임자의 손실 기댓값은 $10,000×3%=$300가 되는 것이다. 이러한 게임자의 실제 손실은 아마도 다소 많을 수도, 다소 적을 수도 있다. 만약 네바다(Nevada) 카지노의 블랙잭 게임에서 연 매출 4억불의 총금액과 게임자에 대한 카지노 '엣지(edgy)'가 최초 웨이저(initial wager)의 2%라면, 연토탈액션을 (A)로 결정할 수 있다. 따라서. 0.02A=$400,000,000이므로 A=$20billion이 된다. 그러므로 이러한 결산을 통해 네바다 블랙잭 게임에서 매년 만들어진 베트의 가치는 $20billion으로 평가될 것이다 그 2%의 숫자계산이 실질적인지는 몰라도 우리는 통계학상의 샘플(sample)을 조사하여 만드는 것으로 진실된 계산의 아이디어를 공정하고 정확하게 얻게 될 것이다. 만약 그 계산을 4%로 대체한다면 A=$10billion이고, 1%를 가졌다면, A=연40billion이 된다.

시스템평가를 위한 가이드라인(Guidelines for Evaluating System)

보장 가치가 없는 시스템의 조건

i. 게임 안에 각각의 개별 벳(individual bet)은 부정적 기댓값을 가졌다(이것은 베트의 어떤 시리즈를 만드는 부정적 기댓값을 가진다).

ii. 어떤 가능성 있는 게임의 사이즈에 최대 리미트(maximum limit)가 있다(이러한 룰(rules)이 시스템은 검토된 노-리미트 더블링-업 시스템(no, limit doubling up system)과 같음).

iii. 어떤 게임자의 플레이 결과는 게임의 다른 게임자의 플레이의 결과에 '영향(influence)'을 미치지 않는다(이와 같이 룰렛 게임에서, 찬스는 미래의 모든 스핀과 각 넘버의 모두에 동등하게 있을 것으로 추정하고, 지나간 스핀의 결과는 고려하지 않음).

iv. 미니멈(minimum)은 어떤 베트에 대하여 사이즈를 허용한다(이것은 수학적인 증명(proof) 안에 기술적인 단계가 필요함. 대부분의 사람들은 이와 같은 미니멈(minimum) 즉, 가장 적은 통화단위의 어떤 배수의 승인을 요구하고 있음. 미국에서 허용된 '미니멈 벳은 1/100(cent)', 독일에서는 '마르크의 1/100(페니히)'임).

일반적인 원칙을 거의 모든 겜블링 게임에 적용하는 것으로 검토하였던 바, 시스템을 적용하였을 때, 게임자에게 '어드벤티지'가 있다고 볼 수 없는 것으로 평가되므로 이러한 시스템을 거부하는 데 도움이 되려고, 보장(guarante)가치가 없는 시스템의 조건들을 제시하여 보았다.

다음과 같은 조건 아래 수학적인 요소는 분명히 있으나, 모든 가능성 있는 겜블링 시스템은 다음과 같은 방법으로는 아무런 가치가 없다 :

1. 어떤 벳의 시리즈(series)는 부정적인 기댓값을 가졌다.
2. 이러한 기댓값(expectation)은 각자의 부정적인 기댓값을 요약한 것이다.
3. 만약 게임자가 베트(bet)를 계속한다면, 그의 액션합계(total action)에 의하여 나누어진 손실합계(total loss)로 마감하려 할 것이고, 그리고 그의 액션합계에 의하여 나누어진 손실로 기대된 것으로 마감하려 할 것이다.
4. 만약 게임자가 거의 일정한 벳으로 게임을 계속한다면 그는 :
   a. 루저(loser)가 되고,
   b. 결국에 영원히 루저로 머무르며, 그리고 결코 다시는 이븐(even)을 깨뜨리지 못하며,
   c. 마침내 뱅크롤(bankroll)은 총체적으로 루스(lose)하고, 그것이 얼마나 큰 손실이었는지는 문제가 되지 않는다.

위의 이러한 평가결과가 얼마나 가치가 있는지, 아이디어(idea)를 여러분에게 제공하려고, 가치없는 시스템의 '오점(spotting)'에 관한 것이다. 본 대목은 어쩌면 게임자에게는 어드벤티지를 제공하지 않을 수도 있는 시스템의 어떤 견본(example)이다 :

1. 이미 알려진 룰렛게임시스템(roulette game system)으로 다음의 두 가지 타입(type)은 제외한다. ① 바이어스 된(biased) 휠로 아마 위반된 어느 곳의 조건(condtion)안에 넘버들은 길이가 동등하지 않으므로 어떤 특정넘버의 베트에만 절대적인 기댓값을 가질 수도 있다. ② 물리적(physical) 예측방법으로 어느 곳의 위치와 볼의 속도(velocity) 그리고 로터(rotor)는 결과를 예측하는 데 사용된다.
2. 이미 알려진 모든 크랩스 게입(craps game)은 부정적인 주사위 또는 주사위의 물리적 '조정(control)' 어느 쪽을 사용하는 가능성을 제외한다.
3. 키노(keno), 슬롯(slots) 그리고 척-어-럭(chuck a luck)의 게이밍에 대한 시스템은 사례에 앞서, 1978년 Gambling Time에 의해 발간된 「Gambling Systems That win」이라는 저서를 참고하기로 한다. 저서에 수록된 14가지의 시스템 중에 8가지를 한 번에 적용하는 결과를 제시하여 본다(저서 원본은 블랙잭1, 경마시스템 4, 바스켓볼 시스템, 기타 시스템 6으로 구성).

「Gambling System That Win」에 다른 8가지 시스템의 내용을 살펴보면, 크랩스 시스템 4, 바카라시스템 1, 룰렛시스템 2, 키노시스템 1의 종류가 있다. 앞서 언급한 '보장가치가 없는 시스템의 조건' ⅰ항부터 ⅳ항을 통한 조건(condition) 모든 8가지 시스템에 '위닝시스템(winning system)'이 없는 것은 아니나, 그들 중의 어떤 것도 하우스의 엣지(edge)를 조금이라도 감소시키는 것도 아니다. 그렇지만 그것들은 즐기는 수준이 될 것이다. 또한 키노(keno), 크랩스(craps), 그리고 룰렛(roulette)과 같은 게임에서, 기댓값은 어디에서고 한 게임에서 다른 게임으로, 또한 한 타입의 벳에서 다른 벳의 타입으로 변경되기도 하고 베트의 어떤 방법은 다른 어떤 방법으로 다른 것에 비해 제법 재치있게 보이기도 한다. 루스(lose)를 각오한 사람들을 위하여 좀더 천천히 루스하기를 원한다면, 이러한 시스템을 흥미있게 될 것이다. 대부분의 경우에, 기본 정보는 게임 안의 다양한 베트의 목록과 그것들의 기댓값에 있다. 그 때 여러분이 플레이 하여야 한다면 적어도 반대의 기댓값을 가지고 오로지 베트를 선택하여야 하나, 복잡(complexities)하고, 그리고 위와 같은 상형문자(hieroglyphics)같은 시스템이 필수적인 것은 아니다. 여러분과 함께 왜 ⅳ항의 조건이 필요한지를 알아보는 재미를 즐겨보기로 한다. 우선 거기에는 노-리미트 벳으로 룰렛게임의 '레드(red)'에 플레잉(playing) 하는 것으로 첫 번째 금액을 $1,000로 가정하여 본다면, $1,000을 윈(win)하는 찬스(chance) 18/38이고, $1,000을 루스(lose) 하는 찬스는 20/38이다.

따라서 현재의 실정으로 두 번째 벳은 $0.90, 세 번째 벳은 $0.09, 다섯 번째 벳은 0.0009 등등으로 추정된다. 그러면 두 번째 상의 모든 벳의 합계는 $0.99999… =$1.00이 된다. 이러한 벳을 수익 또는 손실의 합계에 중간에 있다. 즉 －$1.00과 +1.00을 말하며, 모든 액션 합계금액은 $1,000+$1=$1,001이 된다. 만약 첫 번째 벳에 윈(win)하였다면, 위닝 합계(T)는 항상 $999와 $1001의 중간이 될 것이다. 이것은 확률(probability) 18/38을 가지고 일어난 것이다. 그러므로 위에서 언급한 4-a, 4-b 그리고 4-c로는 부족하게 결정된다. 또한 액션금액은 $1,001이므로 T/A는 항상 $999/$1,001과 $1,001/$1,001의 중간에 있다. 그러나 기댓값 수익인 (E)는 반대이므로 E/A는 0보다 적다. 그러므로 첫 번째 베트에서 윈(win)한다면, T/A는 최종치를 가지려는 것과 E/A를 마감하려는 경향에 있는 것이 아니므로 세 가지 역시 실패한 결정이다.

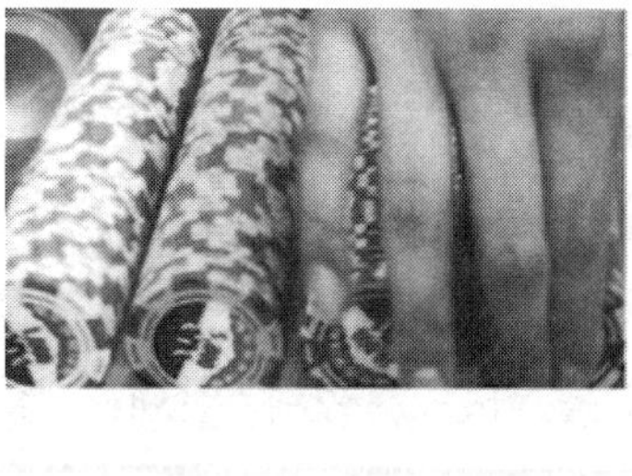

2 최상의 베팅(Optimal Betting)

게임자가 부정적(negative) 기댓값을 가지고 있을 때, 최상의 자금관리 전략을 논의한다는 것은 다소간 터무니 없다(ridiculous)고 볼 수 있다. 앞서 설명한 바와 같이 강제된(enforoced) 카지노 '맥시멈과 미니멈 웨이저'를 가지고, 자금의 조종(manipulation)을 통하여 분명한 기댓값 상태에서 반대의 기댓값으로 전환하는 방법은 없다. 그러나 어떤 훌륭한 자금관리 계획의 설명을 이러한 상황의 웨이저(wager)로 뜻하는 것은 아니다.

게임자들은 부정적 기대, 즉 반대의 값과 직면하였을 때에는 겜블링 게임을 위해서는 다른 게임장소를 찾으려 할 것이고, 또는 부정적 기대가 매우 적은 곳에서는 호전될 것을 기대하여 무의미한 금액의 벳으로 '오락(entertainment)' 수준의 기대한 손실로 그들의 마음에서 지워버리는 전략을 가지기도 한다.

겜블러(gambler)들은 유리한 상황을 발견하여 '긍정적 기댓값(positive expectation)'을 가지고 웨이저링(wagering)을 계속 플레잉하고자 하나, 그는 제한된 재정적 자금(bankrolling money)의 공급에 어떻게 최선을 다 하느냐는 문제에 직면(直面)하게 될 것이다. 현존하는 룰(rules)과 형식(formula)은 베트를 결정하는 데 어느 정도 사용할 수 있다. 만약 여러분이 그 방식에 동의한다는 전제하에 룰과 이득을 설명한다면 이해할 수 있을 것이다. 이는 '아이디어(idea)'를 교차하여 더 좋은 것을 얻으려고, 간단한 실례를 숙고하여 강조해 본다.

여러분이 이 코인(coin)의 각 토스(toss)가 있는 곳에 앞면상에 어떤 금액의 베트를 허용하여, 부유한 상대를 만났고, 그리고 양면을 알고 있는 것으로 가정하여 본다면, 앞면의 찬스는 1/2보다 더 큰 어떤 넘버 P가 있다. 만약 여러분의 베트가 '이븐머니(even money)'로 지급된다면, 그 때는 엣지를 가지게 된다. 이를 바로 대입하면 P=0.52이므로 여러분의 벳은 윈(win) 52%와 루스(lose) 48%로 향하고 있다. 이것은 약 1.5%가 있는 '10-카운트'비율일 때의 블랙잭 게임상황과 유사하다. 또한 여러분의 뱅크롤(bankroll)이 단지 $200이 있다는 것으로 가정해 보자. 얼마나 베팅을 할 수 있는지, 여러분이 안전하고 틀림없는 플레이를 하고자, 각 타임에 '원센트(one cent)' 벳을 하는 것이다. 그 방법은 사실상 $200을 항상 루징하는 찬스(chance)가 없도록 하는 것이며, 끝내지 않으려는 것이다. 그러나 기댓값의 수익은 유니트(unit)

0.04 또는 베트(bet) 0.04센트가 된다. 한 시간에 100번의 1센트벳은 시간당 4센트를 윈(win)하는 기댓값을 가진다. 그것은 거의 가치있는 플레잉(playing)이라고 볼 수 없다.

지금부터 여러분의 '전체 뱅크롤(whole bankroll)'의 베트가 극단적(extreme)으로 어떤 점이 다른지 살펴보기로 한다. 여러분이 비록 적은 금액일지라도 베팅을 한 이상 여러분의 기대치는 첫 번째 벳에서는 $4이 된다. 여러분이 만약 윈(win)한다면 이제 $200을 가지는 것으로 간주한 다음, 2번째 벳의 기대치는 $8로 다시 시작하는 방식으로 매번 기대치를 크게 키워 이익을 증대하는 베팅(betting)을 만드는 것이다. 그러나 만약 한 번이라도 루스(lose)가 있다면, 이러한 베팅전략은 무너지게 될 것이다. 다수의 회전(turn)이 있은 후에, 회전이 20번이라면, 확률을 가진 20번을 던져 이겼다는 것이다. 이는 $0.52^{20}=0.000002090$이고 $104,857,600, 의 행운을 가지거나 또는 확률 0.999997910으로 한 번의 로스트(lost)가 아무것도 없게 된다는 계산도 산출된다. 총체적으로 '토스(tosses)'가 증가하는 수량만큼 확률(probability)은 일회성 또는 객관성으로 손상되어질 수도 있다. 따라서 이렇게 모든 것을 베팅하는 전략을 그다지 흥미없는 것으로 만들어가고 있다. 겜블링의 확률과 베트(bet)가 있는 곳의 '지급(payoff)'은 동등하므로, 그것을 예상하기에 적당한 것으로 보이지만 '최선(best)'의 전략은 항상 각 회전에 '뱅크롤(bankroll)'의 베팅을 동등하게 나누기하는 것이 필요할 것이다. 그러나 무엇으로 이것을 나누기 하는가, 그 답은 P-(1-P)=0.52-0.48=0.04bet이거나, 각 시간대 뱅크롤의 4%이다.

따라서 여러분이 첫 번째에 $4을 베트하여 윈(win)하였다면 이는 $104이 되고, 두 번째는 벳의 0.04×$104=$4.16이 베트의 값이 된다. 만약 첫 번째에서 로스트(lost)하였다면 $96이 되므로, 0.04×$96=$3.84는 두 번째 벳의 값이 되어 각각의 회전(turn)에는 뱅크롤의 4%의 벳이 계속된다. 이것은 각각의 시도에 뱅크롤의 4%를 가지는 '투자전략(investing strategy)'과 'OGGP(optimal geometric growth portfolio)'처럼 투자범위를 구별하여 남아있는 현금 안에서 억제하는 전략이 있다. 「Beat the Dealer」라는 저서를 살펴보면, 어떤 특정한 시간적인 기간을 블랙잭 게임에 적용한 부분이 있다. 이것을 연구한 수학자의 이름으로 '켈리시스템(Kelly system)'이라 호

칭하였으며, 또한 고정된 소액베팅으로는 그것이 최초적인 것으로 참조하였다.

그렇다면 왜 '켈리시스템'을 신용할 수 있는지, 그 첫 번째는 손상(ruin)의 찬스가 '최소화(small)'에 있다는 것이다. 실제로 '머니(money)'를 얼마든지 나눌 수 있고(실제의 코인과 현금 대신 장부를 사용하거나 또는 골드 또는 실버와 같은 귀금속을 사용한다면 어느쪽이고 사용할 수 있음), 베팅 모두(everything bet)를 결코 하지 않는 시스템이라면, 비록 항상 루스(lose)일지라도 손상의 찬스는 제로(zero)가 되기 때문에, 각각의 베팅 후에는 어느 정도 그대로 남겨두게 될 것이다.

'켈리시스템(Kelly system)'은 이러한 특징을 가졌다. 물론 실제로 코인, 현금 또는 칩스가 일반적으로 사용되고 있고, 거기에는 '미니멈 벳 사이즈(minimum bet size)'도 있다. 그러므로 매우 불운한 벳의 시리즈를 가지고도 결국에는 적게 남겨두므로, 시스템이 요구하는 그 뱅크롤에 더 많은 베트를 가질 수 있다. 비슷한 사례를 들면, 만약 미니멈 벳이 $1이고, $25 이하에서 한 번에 베팅하는 것과 미니멈이 단지 1센트에 25센트를 한 번에 베팅하여 뱅크롤이 떨어지는 것과는 비교과 된다는 것이다. 그러나 계속되는 불운이 있는 경우에는 켈리시스템이 결정적으로 유효할 수 있다.

'켈리시스템(Kelly system)' 성격의 두 번째 설명은 동등한 게임상에 자금관리 시스템 베팅으로 차이를 나타내는 누군가가 있다면, 아마도 그의 뱅크롤 합계보다는 빠르게 커진다는 데 있다. 실제, 무한대(indifinitely)로 계속되는 게임에서는 여러분의 뱅크롤은 미리 배당된 배수를 초과하려는 경향이 있을 것이다.

'켈리시스템(Kelly system)' 성격의 세 번째는 적어도 평균시간대의 위닝 수준을 특별히 명시하고, 그 수준에 도달하려는 경향이 있다는 것이다. 예를 들어, 블랙잭(black-jack)에서 카드 카운터로 위닝(winning)한다고 가정하면, 여러분은 $400에서 $40,000로 뱅크롤을 올려 진행하기를 원하게 된다. 핸드의 수량은 '켈리시스템(Kelly system)'을 사용하여 평균치의 플레이를 가질 수 있고, 자금관리의 시스템 사용을 가능한 최소화에 밀접하게 된다는 것이다. 다시 요약하면, '켈리시스템'은 상대적으로 안전하고, 여러분에게 더 많은 이익을 주는 경향이 있고, 짧은 시간 안에 여러분의 목표를 달성하는 데 도움이 된다는 것이다.

블랙잭자금관리(Blackjack Money Management)

'켈리시스템(Kelly system)'은 여러분이 어드벤티지를 가지고 있지 않은 베트(bet)를 위해 필요한 것이다. 그러므로 그 시스템은 크랩스(craps), 키노(keno), 그리고 슬롯머신(slot machines)과 같은 게임을 피하여 설명하여 보기로 한다. 만약 여러분이 '블랙잭'에서 수익을 얻으려는 지식과 스킬(skill)을 가지려 한다면, 이익의 평가를 최대한 활용하려고 '켈리시스템'을 사용할 수 있다.

'블랙잭(blackjack)' 상황은 '코인토스(cointoss)'게임보다 훨씬 복합성이 있다. 왜냐하면 한 단위의 최초벳에 지급수단이 딜러 또는 게임자의 블랙잭 인슈런스, 더블다운, 페어스플릿팅, 그리고 서렌더 등과 같은 옵션(option)에 정당한 변화를 광범위하게 가질 수 있고, 게임자가 핸드에서 핸드를 변경하는 것이 유리함 또는 불리함을 가졌기 때문이다. 그러나 우리는 약간의 적은 변형을 만드는 것으로 블랙잭을 '코인토스' 결과를 적용할 수 있다. 우선 첫 번째로, 4%로 계산된 것을 분수(fraction)로 고정한 최선의 '코인토스' 샘플을 인용하여 '켈리시스템'에 대한 전반적인 수학적 공식은 다음과 같다.

어떤 유리한 겜블링 상황 또는 투자에 최대값 E1n(1+E)를 구하는 공식은 뱅크롤의 나누기이며 어디에고 E는 기댓값이며 1n은 보통 logarithm(e=2.71827……을 기초로 하여)이다. 이러한 1n의 작용은 모든 핸드의 계산법으로 이용할 수 있다. 코인토싱의 경우에 최선의 분수로 어느 곳이고 $f^{※}$을 부호로 대입하여 $f^{※}=2p-1$에 의한 유리함 위해 주어진 것이고, p는 한 번의 토스상에 성공의 찬스로 $f^{※}=0$ 만약 p=1/2, 즉 다시 말하면 게임은 어느 쪽이고 공정하거나 또는 여러분이 불리하게 작용한다는 뜻이다. 부호 $f^{※}=2p-1$는 매 유니트 벳당 기대이익이 동시에 일어난다는 것이다. 블랙잭에서 기대하는 이익은 핸드에서 핸드로 변경된다. 만약 우리가 변화하는 p를 가지고 코인토스처럼 계속적인 핸드로 간주한다면, 카드카운터로 보여 줄 때는 언제나 $f^{※}=2p-1$베트일 것이며, 그 덱은 유리할 것이고, 덱이 불리함이 있을 때의 베트는 제로(zero)가 될 것이다.

'어스턴-타입(Uston type)'팀은 불리한 상황에 이러한 제로베팅의 전형에 접근하여 플레이한다. 여러분 역시 카드-덱(card deck)을 카운팅하는 것으로 이것을 종종 얻을 수 있고, 오리지날 베팅을 하기 전에 유리할 수 있는 덱(deck)이 될 때까지 기다릴 수도 있다. 그러나 불리한 상황에서 '제로벳'이 실용적이 아니므로 적은 베트일수록 신중히 판단한다. 이것을 가장 적은 것으로 간주한다는 것은 유리한 전체적인 어드벤티지에 '경감(water down)'이 없는 곳의 '소모(drain)' 또는 '택스(tax)'와 같이, 약간의 불리한 벳을 말한다. 이것은 감소한(reduced) 어드벤티지에 대한 계량(compensate)으로 $f^{※}$는 위에서 계산한 2p-1보다 전체적으로 약간 더 적은 스몰러(smaller)가 된다. 스몰(small)의 또다른 효과로는 약간의 불리한 벳은 크기가 작은 손상의 찬스로 증가시키려는 데 있다는 것이다. 블랙잭(blackjack)에서 가장 중요한 $f^{※}$으로의 '수정(correction)'은 지불의 변화성(variability)을 크게 하는 것으로 되어 있는 '코인토싱(cointossing)'에 대하여 계산한 것이다. 'Peter Griffin'은 R, M, S(root mean square) 방식의 지불로 '원-유니트(one unit) 블랙잭 벳은 약 1.13으로 계산하였다. 그것을 동원하였을 때 $f^{※}$은 약 (2p-1)/1.27 또는 0.79배의 어드벤티지로 수정되었을 것이다. 이는 스몰의 '드레인(drain)' 때문에 0.75의 미미한 차이가 있는 것이며, 불리한 벳과 정확한 룰과는 거리가 있다 :

> 블랙잭(blackjack)에서 유리한 상황을 위해서는 약 3/4퍼센트 어드벤티지로 동등한 뱅크롤의 퍼센트로 베트를 하기 전에는 '켈리시스템(Kelly system)'이 적절하다. 예를 들면 $400의 뱅크롤에 1퍼센트의 어드벤티지를 가지면, $400의 1%의 3/4벳 또는 $3이 된다.

룰렛에 대한 켈리시스템(The Kelly System for Roulette)

일반적으로 룰렛게임에서 하우스는 엣지(edge)를 가지고 있으므로 '돈벳(don't bet)'이라고 켈리시스템에서 설명하고 있지만, 본 장에서는 룰렛에서의 물리적 예측을 '전자장치(electronic device)'의 도움과 함께 방법이 어디에 있는지 'Shannon과 Thorp'의 연구를 인용하여 기술하였고, 가장 유리한 싱글넘버상에 대체로 44퍼센트의 엣지를 가졌음을 알게 되었다. p=0.04의 승률(win probability)에 일치하고, 그 베트의 3.5배의 지불을 가지며, 그리고 그 벳의 루징(losing)은 1-p=0.96의 확률이 있다. 그것을 집합하면 $f^{※}=e/A, e=(A+1)p-1>0$으로 게임자의 매 유니트 벳 또는 어드벤티지의 기대이익이 되며, 여기에서 A=35, p=0.4 그리고 e=0.44이다. 코

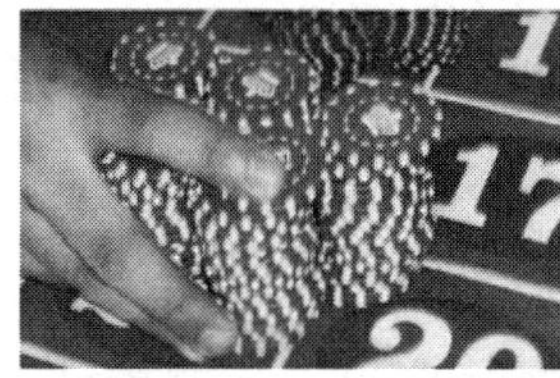

인토스의 예로는 A=1, p=0.52, 그리고 e=0.04가 된다. 고정된 베팅을 f로 나누기를 사용하여, 성공의 '증가비율(growth rate)'은 G(f)=p1n(1+Af)+(1-p)1n(1-f)가 된다. 나중에 N벳은 돈의 양 만큼 대체적으로 값[N G(f)]배수를 가지게 될 것이고, 어디에고 '값(exp.)'은 지수(exponential)가 작용을 하며, 또한 대부분이 포켓계산기가 답을 주었다.

룰렛(roulette)의 싱글넘버를 예를 들면 핸드계산기를 사용하여 $G(f^{※})=0.04\ 1n(1+35f^{※})+0.96\ 1n(1-f^{※})=0.4\ 1n(1.44)+0.96\ 1n(0.98743)=0.04\times0.36464+0.96\times(-0.01265)=0.1459-0.1215=0.0244$가 된다. 1,000베트에 계속하여 여러분의 뱅크롤이 움직이기 시작하면 대체적으로 값[2.44]=11.47배를 가지게 될 것이다. $f^{※}$의 스몰가치를 주목하여 본다면, 그것은 각각의 벳에 손실이 매우 높은 위험이 있기 때문에 뱅크롤(bankroll)을 크게 나누는 벳은 너무 위험하게 만든다. 다양성 있는 어드벤티지를 보여주려고, 가장 유리한 넘버 다섯 개를 둘러싸는 벳으로 배분하는 것을 대신하여 가정하고, 실제로 카지노 안의 게임처럼 시도하였다. 만약 이러한 넘버 중에 하나가 나왔다면, 베트 총계의 (35-4)/5으로 총계와 동등하게 윈(win)이 되지만, 아무 넘버도 나오지 않았다면 그 벳은 루스(lose)가 된다.

따라서 다른 4개의 넘버는 A=31/5=6.2로 가장 좋은 넘버가 아닌 이상 유리함이 전혀 없다. 그렇지만 변이성(diversification)의 사례에서 5가지 방법의 추측은 대등한 0.44 어드벤티지를 가졌으며 이는 p=0.20에 일치한다. 그때 $f^{※}=0.44/6.2=0.07097$이므로 여러분 뱅크롤의 약 7퍼센트이고 $G(f^{※})=0.20\ 1n(1+6.2f^{※})+0.80\ 1n(1-f^{※})=0.01404$가 된다. 이것의 성장비율은 싱글넘버에 대하여 약 5.75배이다. 따라서 1,000벳 후에는 여러분의 뱅크롤에 일어나는 것은 대략적으로 약 1.25백만배가 될 것이다. 이와 같이 변이성에 강한 힘이 있다. 최상의 '켈리(Kelly)'분수 $f^{※}$의 베팅으로부터 벗어나는 값은 무엇인가? 그것을 집합하여 블랙잭과 같은 베트의 지불에 대하여 어느 쪽이고 '코인토싱(coin tossing)'에 의하여 접근할 수 있으며, 그 '실행손실(performance loss)'은 여러날 동안의 시리즈 플레이에 있는 것은 아니다. 그러나 룰렛이 예제(example)에 대하여 '켈리시스템'으로부터 적당하게 벗어나는 실행손실로 고려해야 할 것이다[62].

62) 고택운 · 양일용, 「카지노게이밍수리학」, 2009, 백산출판사, pp.133~134.

3 수학적인 게이밍보호 견해

게임보호(Game Protecting)의 컨셉

게임보호란 여러 가지 서로 다른 견해(opnion)가 표출되는 게임산업의 대표적 관심사 중의 하나이다. '과대평가(overate)하고 있다' 또는 '게임자체에서 해결해야 한다'는 견해에서부터 '결정적인 것은 경제수익에 직결되는 아주 중요한 요인(要因)이다'라는 주장에 이르기까지 아주 다양한 견해(見解)를 듣게 된다.

피트(pit) 또는 서베일런스(surveillance) 근무자에게 게임보호에 대한 의견을 물어보면 거의 대부분 치터스(cheaters), 카드카운터(card counter) 또는 게임보호 절차에 관한 부문만 언급하는 것을 듣게 된다. 그러나 게임보호의 개요는 절도(theft), 숙련된 교묘한 플레이, 그리고 게임절차의 선택으로부터 수학적인 게이밍원리(原理)를 보호하는데 있으며, 이는 실제로 게임산업에 많은 영향을 미치고 있음을 알아야 된다. 흔히 들어온 '카드카운터는 카지노 블랙잭게임에 상당한 위협이 된다'라는 주장은 사실이 아닌 해묵은 이야기다. 지난 30년 동안 '카드카운팅'은 게임산업이 극복(克服)해야 하는 카지노의 기능적 어려움으로 작용하여 왔으나, 예상외로 합법적인 게임으로 세계로 확산되면서 블랙잭게임을 세계에서 가장 대중적인 카지노카드게임으로 선호(選好)하게 되었다. '치터(cheater)'로 인해 빠져나간 손실금액은 엄청난 규모로 꾸준히 발생하고 있다. 그러나 실제 객관적으으로 살펴본다면, 치터에 의한 직접적인 손실은 통제(統制)할 수 있는 수준이라고 할 수 있다. 대부분의 부정행위(scaming)는 소액의 돈 문제로 보잘것없는 신분에서 발생되며, 규모가 크고 염려가 되는 점은 대부분 내부소행이지만, 그리 많지는 않다. 어찌되었던 '치터'들은 적은 수이기는 하나 그들이 살아남는 만만치 않은 저항으로 전보다 더 교활해지고 있다. 이때 게임보호 입장에서 현대의 감시장비, 게임보호절차, 슬롯의 기교화, 고객의 검증시스템, 페이스-업 슈 게임(face-up shoe game), 로우-프로필 휠(low-profile wheel), 그리고 셔플머신(shuffle machine) 등과 같은 여러 가지 수단과 도구들이 개발되어 보다 철저한 감시 및 관리감독에 사용하게 되었다. 개념적으로(conceptional) 게임보호란 부정행위가 게이밍수학적(mathe matical) 논리를 위협하여 게이밍운영에 저해(沮害)가 된다면 게이밍산업 자체가 스스

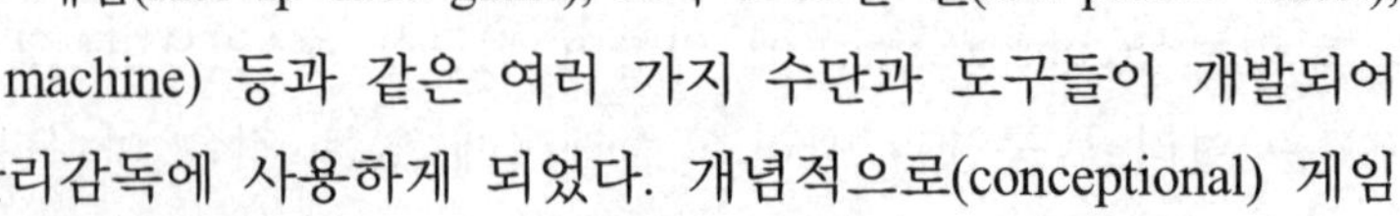

로 부정행위에 대해 방어하도록 조치를 취해야 하는 것이라 하겠다. 단순한 생각이지만 게임보호의 범위가 보다 넓어져야 한다고 여겨진다. 이를테면 어드벤티지 플레이어(advantage player), 즉 새로운 형태의 지능적이고 교묘하면서도 합법적인 게임자들과 같은 경우도 치터들이나 카드카운터보다 더 테이블게임 운영에는 더 큰위협(intimidation)이 되기 때문이다[63].

절차(Procedures)

테이블게임에서 수익(收益)을 창출하는데 방해가 되는 가장 큰 요인(element) 중의 하나는 바로 게임산업체의 스스로에 있다. 즉 게임보호에 관한 어떤 부가적(附加的) 조치도 없이 안전의식조차 잘못된 채, '생산성(productivity)'만 저해하는 그런 구태의연한 절차를 수행하는 카지노가 경제적 측면에서 볼 때 가장 경비를 많이 지출하는 실수를 자행하는 결과를 가지게 된다. 어떤 절차는 웨이저의 '핸들(handle)'이 치터들이나 카드카운터에 의해 위협을 받고 있다고 우려되는 경우 게임을 느리게 진행하는 경향이 있다. '카운터프로덕티브(counter productive)'라는 표현은 역효과를 낳는 카운터를 생성한다는 아주 색다른 의미를 가지고 있다. 예를 들어 2분 이상 소요되는 과정을 5~6분의 시간을 소비한다면, 결국 평균 이용객수, 베팅규모 그리고 테이블의 점유율을 감안하여 볼 때 엄청난 손실을 초래(招來)할 수 있다.

여러분은 블랙잭게임에서 속임수 없이 연중 365일 내내 시간당, 영업매출을 증가시킬 수 있는 요인은 무엇인지 알고 있을 것이다. 이는 딜링핸드가 많을수록 이익(profit)이 많다는 것은 이제 비밀이 아니다. 따라서 블랙잭게임에서는 '셔플시간'을 단축시키는 방법 이외는 더 좋은 방법은 없다. 그러나 생산성(生産性)을 고려하지 않고 오로지 조심과 안전에만 비중을 두게 되면 실제 이익극대화를 훼손할 우려가 있음을 알아야 한다. 최고의 게임자가 꼼

63) 본장은 국제게이밍자문위원회(International Specialist)의 회장인 'Steve Forte'가 게이밍저널에 기고한 보고서를 인용한 것으로 'Steve Forte'는 딜러부터 매니저까지 폭넓은 경험을 가진 게이밍 분석가로 또는 컨설턴트로서 게임보호 관련 많은 저서를 집필한 바 있음.

짝하지 못할 정도의 뛰어난 '멀티-덱셔플(multi-deckshuffle)'절차라는 것은 거의 없다고 보아야 한다. 어떤 셔플은 다른 셔플보다 좋다라고 인정되는 부분이 있기는 하지만, 사실논리 즉 수학적으로 딜러의 '랜덤니스(randomness)'셔플은 어디에도 존재하지 않는다는 것이다. '셔플트랙킹(shuffle tracking)'은 셔플과정에서 카드를 육안(肉眼)으로 읽거나 또는 추적해가는 전략의 하나이다. 이러한 전략은 모든 동종업체의 딜레마, 즉 멀티플-덱셔플에 충분한 시간을 할애할 수 없는 어려움을 교묘히 이용한다는 전략이기도 하다.

한편, 재미있는 사실은 시간을 늘려서 셔플을 하였더라도 반드시 좋은 셔플이 나오지 않는다는 것이다. 딜러가 카드 4덱을 2스텍으로 나누고 35매 정도를 양손으로 리플링(reffling)한다고 가정하여 본다. 이때 '셔플트랙커(shuffle tracker)가 리플하기 전에 35매(grab)의 카드가치를 예측하였다면, 딜러가 1,000번을 리플한다해도 별 차이가 없다. 또한 같은 그랩(grab)에서는 스트립 및 커팅을 추가해도 이러한 설정값으로는 아무 변화도 주지 못한다. 나아가 시간을 늘린 셔플이 '플레이어드벤티지(play advantage)'를 감소시킬 수 있다고 믿는다고 해도 시간을 소비하는 셔플절차가 정당화될 수 있을는지는 또다른 멀티-텍셔플 사례의 마지막 단계에서 찾아보기로 한다. '브릿지(bridge)'상태 즉 카드를 겹쳐올려 떠밀어져 있는 상태로 이 단계는 '슈퍼바이저(supervisor)'가 셔플이 철저하게 수행되었는지를 확인하는 단계로서 일단 확인을 받으면, 바로 그 순간 딜러는 카드덱 전체를 돌려 네모반듯하게 어렌지(arrange)한다.

이 단계는 또한 셔플이 제대로 되었는지를 확인하는 '체크포인트(check point)'가 되어, 딜러와 고객이 협작하는 속임수(딜러의 거짓셔플, 미리 셔플된 덱으로 바꿔치기, 전문게임자가 추적하기 쉬운 어설픈셔플 등등)를 줄이기 위한 예방책이 된다. 그러나 이러한 확인절차가 속임수예방에 정말로 큰 보탬이 될 수 있다는 의견에는 반대의 의견도 있을 수도 있다고 생각된다. 노련한 '치터(cheater)'는 카드 10~15장 정도의 '스몰슬러그(small slugs)'는 기계적인 업무를 수행하는 특히 철저하지 못한 게임운영 능력을 지닌 전형적인 슈퍼바이저의 눈에는 거의 감지(感知)할 수 없을 것이다. '노-셔플(no, shuffle)'은 한편 슈퍼바이저를 산만하게 하여 셔플감시를 소홀하게 한 틈을 이용하는 속임수이다.

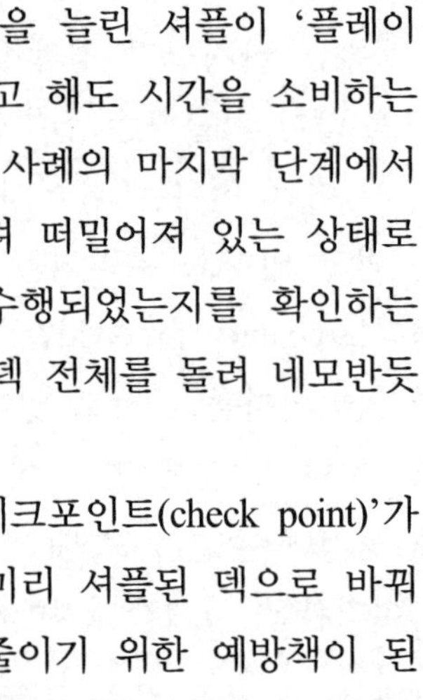

슈퍼바이저가 테이블관리 또는 접객업무에 치중할 경우, 일반적인 확인과정을 입으로만 확인하고, 육안으로 확인하지 못하고 간과하는 경우를 노련한 치터들은 이때를 노리게 되는데, 이것은 교묘한 심리적 술책(psyclological ploy)으로서 의혹의 시선(視線)을 효과적으로 분산시킬 수 있는 타임을 이용하는 것이다. 또한 블랙잭게임 테이블에서 가장 악질적(inferior)인 속임수인 '콜드덱(cold deck)'도 슈퍼바이저의 확인과정 직후에 자행된다. 그렇지만 최종적으로 '굿셔플(good shuffe)'을 눈으로 확인된다고 해서 반드시 '셔플트랙커'로부터 안전한 것만은 아니다. 연속적인 트레킹의 경우 카드가 연속적으로 차례대로 나와 쉽게 기억할 수 있는 상황이라면, 그런 경우는 카드가 셔플되지 않은 상태이므로 트레킹이 더욱 용이하다. 어떤 책임자는 슈퍼바이저의 확인하는 과정을 이용하여, 셔플의 상태를 살펴본다. 이런 경우, 실제 확인과정이 속임수를 촉진(促進)시키는 결과가 되기도 하며, 안전하게 보존하는 이득이 어떻게 될는지는 제외하더라도, 가장 심각하게 우려되는 점은 생산성의 손실이 될 것이다. 이러한 절차는 셔플당 약 10~15초가 소요되어 그만큼 게임을 지연시키게 된다. 이에 따르는 지연시간을 모두 합치면 연간 매출 및 잠재소득의 상당부분을 잠식하게 된다. 이것은 '서베일런스시스템(surveillance system)'이 광범위하게 펼쳐져 속임수에 대한 방어장비가 갖추어져 있는 규모가 큰 카지노의 경우 극명하게 드러난다.

[그림 5-3-1] Surveillance System

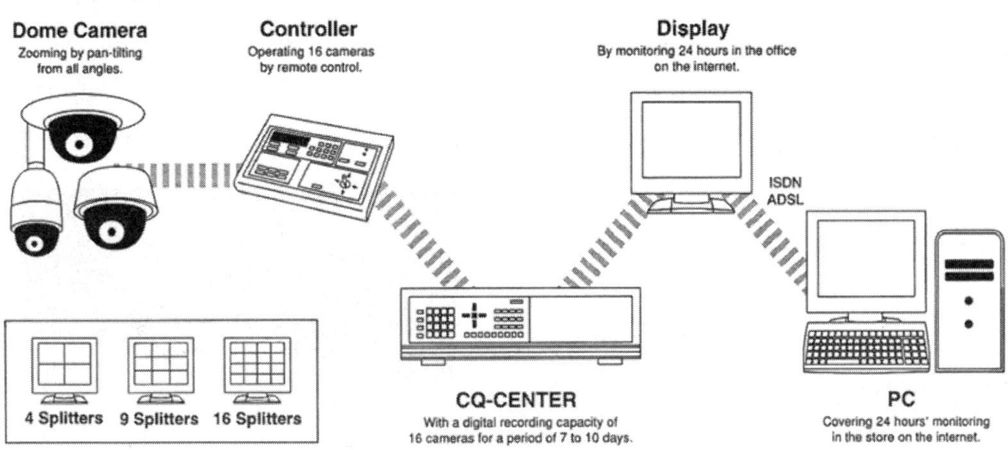

어드벤티지 플레이어(Advantage Player)

게임산업체에선 누구를 가장 경계해야 할 게임자인지 생각할 문제인데, 이는 '어드벤티지 플레이어'가 가장 위험한 인물이라고 여겨진다. 어드벤티지 플레이어는 합법적으로 유리한 상황으로 이끌어 내기 위해 가능한 모든 수단 즉 접근방식, 전략(strategy), 술수(trick) 등의 방법을 동원한다. 어드벤티지 플레이어는 카드카운팅 또는 비디오포커위닝 등과 같이 순수한 수학적 전략을 채택하지 않고, 대신 절차상의 '허점(loophole)'이나 카지노장비의 '결함(flow)' 등을 주로 이용하고 있다.

셔플트렉킹, 카드 뒷장 엿보기, 룰렛에서 시각적으로 휠넘버를 예측하기, 그리고 휠의 바이어스(bias) 등을 이용하여 '어드벤티지 테크닉(advantage technic)'을 갖기에 좋은 사례이다.

주로 블랙잭게임과 룰렛이 목표가 되지만, 크랩스 · 포커 · 바카라 · 캐리비언스터드 또는 슬롯머신 게임도 목표가 되고 있다. '크랩스(craps)'게임에선 테이블 뒷벽을 이용하여 다이스슈팅을 조절하는데, 이것은 불법 여부에 대한 유권해석을 내리기가 어려운 경우다. 지난 몇 년간 전자 · 기계화된 슬롯머신의 변량(무작위수 발생 메커니즘)을 앞서 예측할 수 있는 기발한 '타이밍지능기법(novel mental timing system)'에 속수무책이 되어왔다. 셔플이나 커팅 또는 다른 절차를 진행하는 동안 고의적이지는 않지만 갑자기 보여진 카드는 포커에서는 상대방의 핸드 추정, 바카라에서는 플레이어/뱅커 핸드의 베팅, 캐리비언스터드 게임에서는 딜러카드를 짐작하는데도 귀중한 정보가 된다. 일반적으로 최고 · 최대의 '어드벤티지 팀(advantage team)'은 교육을 받은 지식인들로 과학지향적이며(물리학자, 컴퓨터과학자 등), 재력이 있고 숙련된 150여 명이 넘는 거대조직으로 구성되어 있다. 만약 절차, 규칙, 장비에 약점이 드러나면 어드벤티지 플레이어는 그것을 찾아내서 평가(評價)한 후 이용하려 한다. 이러한 어드벤티지 플레이어가 상당기간 존재해 왔기에 과거 10년~15년간 그들의 성공이 게임산업에 경각심을 불어넣어 절차의 형식 및 장비부분의 디자인 등에 많은 변화를 가져오게 하였다.

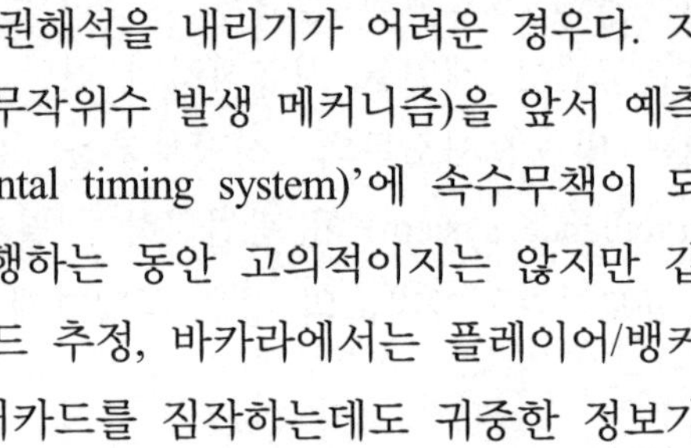

'블랙잭(blackjack)'게임의 경우 손으로 하는 커팅수작업 대신 '컷-카드'의 도입, 새로운 셔플절차, 10과 A카드에 대한 '노-피킹'에 대한 대체방안으로 리더 및 셔플머신의 도입 등이 변화에 해당된다. 가장 좋은 예로 오늘날의 멀티-덱셔플을 살펴보면, 몇 년 전만 해도 전세계의 모든 카지노가 똑같은 방식으로 셔플을 하여왔다. 이는 전체의 덱을 소수의 덱으로 나누고, 각각 한 묶음씩 집어서 카드를 양손에 나누어 리플→스트립→리플의 순서로 어렌지(arrange)한 뒤 가운데로 세워두는 식(boxing)의 셔플이었다. 오늘날에는 셔플트랙터 때문에 이러한 방식의 셔플은 어디에서도 찾아볼 수 없다. 그러나 놀랍게도 현대적인 대부분의 셔플절차도 예전과 같은 트레킹(tracking)이 되고 있으며, 어떤 경우는 더 심한 경우도 있다. '셔플머신(shuffle machine)'조차도 결함(缺陷)이 발견되어 상당한 피해를 입기도 한다.

'룰렛(roulette)'의 경우, 휠제작업체가 가능한 모든 속임수에 완벽하게 대비하고자 '휠(wheel)'에 대한 디자인 변경에는 원뿔의 각도 낮추기, '타원면의 포켓(elliptical pocket)'디자인 및 기계적인 '휠바이어스(wheel bias)'를 잡아주도록 고안된 '소프트웨어 패키지(software package)' 등이 들어있다. 그러나 위와 같은 개발(開發)이나 변경(變更)을 할 만한 가치가 있느냐고 질문을 한다면 대부분의 경우 확실히 그렇다고 답할 수 있다. 비록 이러한 변화가 오히려 속임수에 도움이 되는 경우도 있지만 그것은 일부에 국한된다. 하나의 대응방안은 '리플렉토(볼스톱/카누)'를 8개에서 16개로 늘려, 볼에 대한 장애를 증가시켜 예측할 수 없는 방향으로 떨어지게 하는 것이다. 이것의 기능은 속도를 흡수, 가변성을 주어 볼이 튀는 것을 조절하는 것이다. 많은 게임운영자들은 번호판(movable number rings)에 보호장치를 덧붙일 것에 대해 회의적이다. 움직이는 부품이 많을수록 바이어스(bias)폭이 커질 여지가 있다는 점에서 옳은 지적이다. 오차(誤差)가 없도록 개발된 '볼베아링 시스템(ball bearing system)'은 오히려 노련한 게임자에겐 이득이 되는 것으로 나타나는데, 이것은 휠이 회전하는 동안 일정한 속도로 스핀(spin)되기 때문이다. 속도가 서서히 떨어지는 비율을 일컫는 '디케이(decay)'의 저하는 시간으로 예측하거나, 컴퓨터장치로서의 전략시도를 수월하게 해줄 수 있다. 변화를 유도하는 전형적인 사건의 연쇄발생을 주목하는 것은 흥미로운 일이다. 룰렛게임의 경우 고도의 위닝계략이 업계에 퍼져 있다는 소문이 나돌고, 운영자의 피해망상증이 서서히 발병함에 따라, 휠이 제대로 돌아가고 있는지 의심을 품게 되면서, 제작업체는 즉각 대처하는 일련의 과정이 자리잡게 된다. 절차, 장비, 디자인 및 운영자 방침의 변화가 과대해질수록 비례하여 어드벤티지 플레이어의 인원도 계속 증가한다. 전자보조 장치의 사용은 게이밍보호 분야에서 중요한 부분이며, 어드벤티지 플레이어 또는 치터들에 관한 논의에서도 항상 언급되는 분야이다. 전자보조장치로 무장한 플레이어의 속임수는 날로 정교해지고 있다.

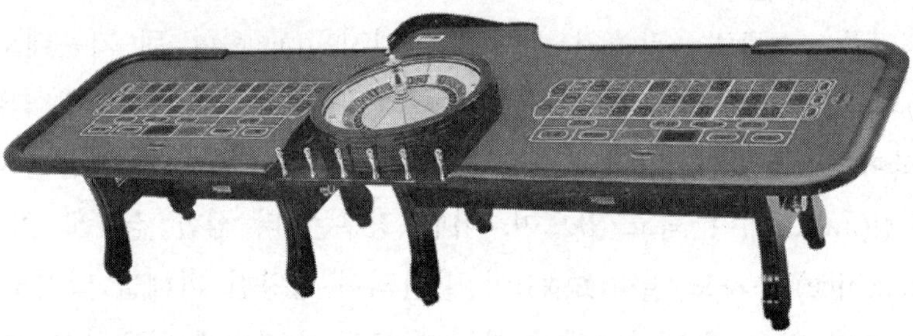

블랙잭과 룰렛의 전산장치를 전문게임자가 이용하게 되면 그야말로 기적(奇蹟)을 낳아주는 장치가 될 수 있다. 게이밍업계는 이러한 신기술로 무장한 게임자로 인해, 이제 막 골칫거리에 직면하기 시작했다고 볼 수 있다.

'게이밍법(gaming law)'은 현재 전자보조장치를 치팅도구로 간주하여 사용을 엄격히 제한하고 있다. 이런 법적제한에도 불구하고 전자장치에 대한 치팅은 계속 증가하고 있다. 과거의 '크로스로더(cross roader)'들이 오늘날의 '하이테크세력(high techwizards)'들에게 길을 열어준 바와 같이 게이밍산업체도 나란히 마이크로-컴퓨터, 무선통신, 광학 등 하이테크 및 기술분야에서 발전을 거듭해 왔다. 시대는 확실히 변했다. 오늘날 업계로부터 흔히 듣는 질문은 다음과 같다.

① 자신들이 하고 있는 셔플절차가 추측될 수 있는가?
② 볼은 휠에서 충분히 제기능대로 회전되고 있는가?
③ 테이블에서 시간당 얼마나 많은 핸드를 딜링하고 있는가?

분명한 것은 게이밍산업계의 최대 관심사가 과거의 마커(marker) 또는 카드조작 또는 딜러와 에이전트 간의 속임수에 있지 않고, 어드벤티지 플레이어(advantege player)와 생산성 극대화(maxmizing productivity)에 있다는 것이다. 결론적으로 "행동은 하되 지나치게 반응하지 말고, 거래는 하되 지나치게 거래하지 말라(Act, but don't over-reat andeal, but don't over-deal)"는 문구가 타당하게 들린다. 소수의 노련한 게임자 때문에 게임에 변화를 가하는 것은 전체 고객을 상대로 해서는 수익에 지장을 초래할 뿐 체계상에 전혀 의미가 없는 것이 되고 만다.

오로지 지식(知識)만이 브로망이 되며, 지식을 갖춤으로써 의심스러운 게임자를 제한하여 잠재적 손실을 최소화시켜 가면서, 가장 효율적이고 수익이 좋은 게임을 유지할 필요가 있다고 본다. 생산성과 게임보호 사이에 완전히 균형을 모색한다는 것은 모범답안이 안나오는 애매모호한 것일 수도 있다. 그러나 기본수칙은 수십년간 내려온 게이밍산업계의 캐치프레이즈 즉 "Keep the card and dice in the air"라는 문구의 내용에 모든 것이 담겨 있다고 본다. 만일 뚜렷한 대안이나 보호장치 없이 단지 게임을 느리게 진행한다면, 손익계산서에 손실의 큰 비용으로 남을 것이나, 반대로 매끄러운 절차로 자신의 페이스(pace)대로 리드한다면, 적절하게 고객관리를 하면서 커다란 수익을 가져다 줄 것이다.

부 록

Appendix Ⅰ

경제학측면의 경영전략사례 및 경제지식 Study

Appendix Ⅱ

최신시사 경제용어

- 서비스사이언스(Service Science)경영의 사례 -

호텔예약시스템개발

프랑스계호텔체인 '아코르'는 전세계 92개국에서 호텔 4426개(2011년 기준)를 운영하고 있다.

소비자들이 이 회사 호텔체인(소피텔, 풀만, 이버스 등)을 예약하려고 인터넷사이트에 접속하려는 순간 '거대한 수학'이 시작된다.

타스(TARS : Travel Accor Reservation System)라고 하는 이 호텔의 객실예약시스템이다. 호텔수익성은 객실관리에서 판가름난다. 빈 방을 재고로 쌓을 수 없는 특성 때문이다. 그 핵심은 가격전략이다. 빈 방이 남을 때에는 가격을 낮춰 객실을 채워야 하지만, 동시에 너무 싼 값에 방을 내놓으면 상대적으로 비싼 값에 묵었던 소비자들에게 신뢰를 잃게 된다.

'타스'는 아코르가 2002년부터 본격 운영하고 있는 중앙집중예약시스템의 이름이다. 고객이 원하는 투숙일까지 남은날짜, 예약률, 주변경쟁호텔의 가격 등을 계산해 '최적가격'을 일종의 컴퓨터 프로그램이다. 호텔지점과 여행사가 상품판매를 위해 호텔 방값을 과도하게 할인하면 이 시스템을 통해 파악, 해당지점에 경고하기도 한다. '타스'로 처리되는 예약건수는 1분당 5000건이 넘는다.

'아코르 앰버서더'는 "럭셔리부터 중저가까지 다양한 호텔을 효과적으로 관리하기 위해서는 IT가 핵심"이라며 "1980년대부터 IT에 투자하고 있다"고 말했다. 타스는 최근 급부상하는 서비스사이언스(service science) 경영의 사례다. 서비스사이언스란 서비스산업에 IT나 수학·심리학 연구결과를 적용해 고객에 대한 서비스 수준과 생산성을 높이는 학문분야다. 선진국보다 서비스산업 생산성이 낮은 한국에서도 기업과 학계를 중심으로 주목받고 있다.

종업원의 동선 과학적 분석

직원들의 행동을 초단위로 분석해 근로효율을 높이는 실험은 20세기 초부터 계속됐다. 자동차가 대중화될 수 있었던 것도 이런 노력 덕분이고, '현대경영학'도 여기서 태동했다고 볼 수 있다. 서비스 분야에선 2000년대부터 종업원 동선을 과학적으로 분석해 생산성을 높이는 사례가 나오고 있다. 일본 '긴코푸드서비스'는 초밥·두부전문점, 주점 등을 운영하는 기업이다.

1969년 설립된 이 회사는 점포별로 작업효율이 크게 난다는 점이 골칫거리였다. 이 회사는 외부전문기관에 생산성분석을 의뢰했다. 종업원들 허리에 소형센서를 달아 동선데이터를 모았다. 주방에도 카메라를 달아 녹화했다. 그 결과 매장과 주방에서 개선사항 200개를 발견해 물건배치와 직원의 동선을 바꿨다. 그 결과 접객(接客)직원 69%의 서비스 속도가 향상됐다.

서비스 기업의 고질적인 문제 가운데 하나는 서비스 수준을 높이는데 돈이 든다는 점이다. 하지만 IT의 발달은 고객관리와 서비스에 드는 비용을 줄이는 역할을 하고 있다. IBM은 '가천의과대학' 연구진과 함께 환자용 포털사이트를 개발했다. 온라인으로 환자가 자기의 건강정보를 비롯해 의료진의 조언을 받아들일 수 있는 시스템이다. 아직 시험단계인 이 서비스는 환자들이 자기건강기록을 직접보고 관리하고 싶어한다는 점에 착안한 것이다. 이 사이트는 약품 오·남용을 막기 위해 환자 개인별로 부작용을 일으킬 수 있는 약품정보도 제공한다. 병원으로서도 환자들의 데이터를 통합적으로 관리할 수 있어 오프라인 자료정리와 관리에 드는 비용을 줄이면서 의료서비스 품질을 높일 수 있다는 장점이 있다.

'서비스 사이언스(service science)'를 통해 돈을 버는 기업도 있다. 일본 '호시노리조트'는 "일본리조트재생의달인"이라고 하는 회사다. 자체체인도 운영하고 있지만 그보다도 2001년 시작한 '파산리조트재생사업'으로 더 유명하다.

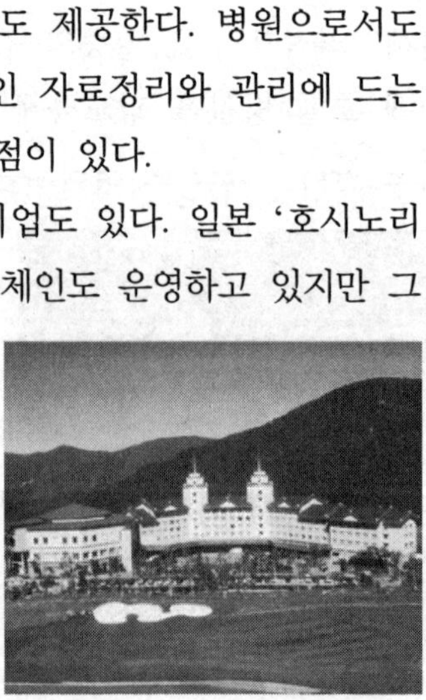

파산한 리조트 운영을 위탁받아 생산성을 높이는 사업이다. '호시노리조트'는 장시간 근무와 과도한 분업 탓에 일본 리조트의 생산성이 미국 호텔의 절반에 불과하다는 문제의식에서 출발했다. 고객 동선을 파악, 주요 지점과 필요한 시간에 직원을 배치해 직원수를 줄이면서도 고객만족도는 높였다. 제공되는 음식 메뉴의 기획, 식자재구매를 일괄관리하는 시스템도 도입했다. 고객만족도도 지수화해 관리하며, 이 업체가 운영하는 시설은 2000년 2개에서 2013년 30개로 증가했다.

서비스산업의 노동생산성

서비스산업이 세계시장에서 차지하는 비중은 갈수록 증가하고 있다. 하지만 전 세계는 제조업에 비해 현저히 떨어지는 서비스산업의 노동생산성 때문에 고민이 깊어지고 있다. 서비스산업의 노동생산성은 선진국 제조업이 60%~80% 수준이다. 최근 10년간 그 격차는 더 벌어지고 있다. '서비스 사이언스(service science)'라는 새 분야가 주목받는 이유는 서비스산업 생산성이 낮고, 서비스에 대한 과학적이고 체계적인 분석이 부족하다는 경영계・학계의 인식 때문이다.

'서비스 사이언스'는 서비스산업의 본질을 규명하고 이를 바탕으로 혁신과 생산성 향상을 달성하기 위해 IT・과학・수학・경영학・경제학・마케팅 등 다양한 분야의 지식을 종합하려는 영역이다. 2004년 12월 미국 국가경쟁력위원회가 미국을 혁신에 적합한 사회로 만들기 위해서는 '서비스 사이언스'를 추진해야 한다고 주장했고, 영국 '파이낸셜 타임스'와 '하버드 비즈니스리뷰'가 향후 미래를 주도할 새로운 학문영역으로 지목하면서 주목받기 시작했다.

자금 지원확대와 전문연구기관 설립 및 인재육성 강화에 초점을 맞추고 있다. 독일은 서비스부문에도 제조업과 같이 연구개발기능을 도입해 국제적인 경쟁우위를 확보하겠다는 국가전략을 세우고, 2008년부터 5년간 7000만 유로를 투입했다. 핀란드는 2006년부터 7년간 2억유로를 투자해 서비스분야를 지원하는 산관학(産官學) 프로그램을 시행하고 있다. 지금 세계 각국은 서비스산업을 혁신해 경제성장을 견인하고자 발 빠르게 움직이고 있는 것이다. 과거 컴퓨터공학 발전은 IT산업의 비약적인 발전을 촉진했다. '서비스 사이언스'의 등장도 서비스산업의 새로운 기회와 가치를 확대할 것으로 기대된다.

우리나라는 선진국보다 서비스산업 비중과 생산성이 낮은 만큼 기회가 더 크다. '서비스 사이언스'에 대해 더 많은 관심과 지원이 필요한 시점이다.

▶ 세계경제에서 서비스산업의 비중

(단위 : %)

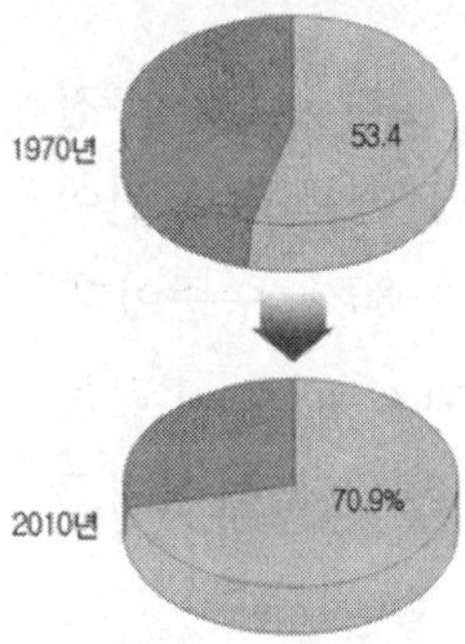

자료 : 세계은행

▶ 주요국의 1인당 노동생산성 단위 : 달러

2009년 구매력평가(PPP) 기준

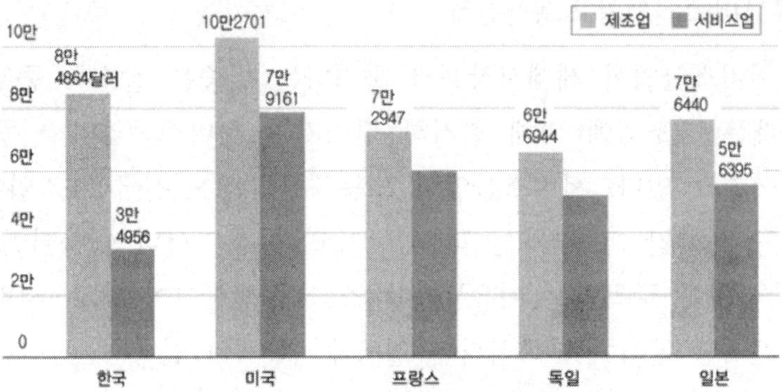

자료 : 지식경제부 · 한국생산성본부

서비스산업의 마케팅

우리는 이미 분석 기술이 범죄대처, 건강증진, 식품안전 그리고 에너지그리드에 이르는 사회 여러 분야에 변화를 확인할 수 있었다. 이제는 기업들이 고객들로부터 쏟아지는 방대한 정보들을 어떻게 이용할 것인가에 대해 답을 찾고 있으며, 이 문제는 마케팅 담당 임원들에게 점점 부담이 되고 있다. 전세계 마케팅 임원(CMO : Chief Marketing Officer), 1,700여 명을 설문조사한 결과, 스마트폰의 급증과 소셜미디어로부터 발생되는 '빅데이터' 오늘날 마케팅의 역할을 완전히 바꿔 놓았다고 생각하는 것으로 나타났다.

그럼에도 불구하고, 단 48%의 CMO만이 급변하는 시장(market)흐름에 대처할 준비가 되어 있는 것으로 조사되었다. 하지만 새로운 시대의 CMO들은 이러한 변화에 적응해 나가며 마케팅의 개념과 역할을 재정립하고 있다.

오늘날 고객들이 만들어 낸 방대한 데이터는 '마케터(marketer)'들이 고객을 집단이 아닌, 개인으로 이해할 수 있게 해주었다. 이제 소비자는 자신이 구매하는 제품이나 서비스에 대해 일반적인 수준의 서비스를 넘어 지극히 개인화된 서비스를 기대하고 있다.

'마케터'들은 거래이력, SNS, 서비스, 검색데이터 등 수많은 데이터점검을 하나로 연결시킴으로써, 고객에 대한 깊은 통찰력을 확보하고, 어떤 고객에게 접근할 것인지, 보다 정확한 의사결정을 내릴 수 있게 되었다. 그동안 CMO들은 고객들의 욕구에 따라 움직여 왔으나, 지금은 예측하는 방법을 알게 되었다. 정교한 분석기술을 통해 고객의 경험을 전반적으로 이해하고, 새로운 고객관계를 창출하고 있다. 또한 고객을 단편적인 모습이 아닌, '생애주기' 관점에서 이해하게 되어 고객과의 다양한 상호작용을 발전시킬 수 있다.

예측분석기술은 마케팅에 과학을 접목시켜, 고객이 보다 적극적으로 참여하게 만들고, 일관된 경험을 갖게 하는 것이다. 이것이야말로 고객이 언제 어디서 무엇을 원하든 기술을 활용하여 마케팅을 감동의 경지에 이르게 하는 방법이다.

과거에는 누군가 특정기업과 연관된 나쁜 경험을 하더라도 당사자의 경험에 그쳤지만, 지금은 '소셜 네트워크'를 통해서 온 세상이 즉시 알 수 있다. 다시 말해 기업의 고객을 개인으로서 이해할 수 있게 하는 투명성은 반대로 개별고객 또한 기업의 모든 것을 파악할 수 있게 한다는 것이다. '소셜미디어'는 고객이 기업으로부터 부정적인 경험을 했을 때도 그 경험을 증폭시키는 역할을 하기 때문이다. 이제 마케터들은 브랜드의 약속과 기업의 가치를 연결시키는 필수적인 역할을 맞게 되었으며, 새로운 시대의 CMO는 "무엇을 파는가" 보다는 "우리는 어떤 기업인가"를 정의하고 유지하는데 더 많은 시간을 투자하고 있다고 본다. SNS 등 외부에서 기업을 평가하는 '소셜기능(social intelligence)'은 물론, 기업 스스로를 바라보는 '자기인식(self-awareness)'에 대해서도 새로운 기준을 제시하여 고객과의 장기적인 관계를 유지할 수 있게 한 것이다. 이제 마케터들은 브랜드가 고객들과 어떻게 소통하는지부터 그들이 제공하는 제품과 서비스, 기업의 문화에 이르기까지 그 모든 부분에 데이터를 적용한다.

마케팅(marketing)의 역할을 재정립함으로써, 마케터들은 고객을 집단이 아닌 개인으로 이해할 수 있게 되었으며, 분석기술을 이용해 수요를 미리 예측하고, 진정한 '소셜비즈니스(social business)'를 계획할 수 있게 되었다. 새 시대의 CMO들은 마케팅 ROI(투자수익률)를 높이고 궁극적으로는 기업의 마케팅이 소비자 개개인에게 보다 친밀

해질 수 있음을 입증하여, 마케팅이 그 어느 때보다 고객에게 '서비스(service)'로 다가갈 수 있게 하는 것이다. (조선경제, 경영, 2013)

- '착한 성공' 하려면, 고객중심의 '착한 마케팅'으로 -

'착한 성공'을 위해 기업이 갖추어야 점

첫째, 고객을 사랑해야 한다. 진정성을 바탕으로 고객의 영혼을 감동시켜야 한다. 파워브랜드를 만들고 신기술을 적용한 신제품으로 돈을 벌겠다는 마음 이전에, 어떻게 하면 고객의 불편한 점을 해결해 줄 수 있을까 하는 '측은지심(惻隱之心)'이 필요하다. 일본 3대 경영의 신(神) 중 하나로 불리는 '교세라그룹'의 창업자 '이나모리가즈오' 회장은 대의명분이 있어야만 사업을 시작했다. 돈을 얼마나 많이 벌 수 있느냐가 아니라, 이 사업을 하면 고객에게 어떤 혜택이 돌아가느냐가 신규사업 진출의 기준이었다.

둘째, 내가 필요한 고객이 아닌, 나를 필요로 하는 고객에게 손을 내밀어야 한다. 지금까지 기업들은 내가 필요로 하는 고객들에게 주목했다. 그들을 통해 얼마나 수익을 올릴 수 있을지 계산기 두드리기에만 바빴다. 그러나 이제는 아니다. 우리 기업의 제품과 서비스를 통해 가장 큰 도움을 얻을 수 있는 고객들에게 손을 내밀어야 한다. 이른바 '선의후리(先義後利)'다. 이제 '착한기업'의 제품이나 서비스에 고객은 지갑을 연다. 의로움을 앞세우면 이익은 따라온다.

셋째, 비싼 가격이 아닌 '공정'한 가격에 훌륭한 제품을 제공해야 한다. 기업이 훌륭한 제품이나 서비스를 제공하는 것은 당연한 일이다. 그러나 여기서 방점은 '공정한 가격'에 찍힌다. 투자한 금액을 금액을 앞세우며 비싼 가격을 당연한 훈장인양 여기는 기업에 고객은 등을 돌린다. 눈곱만큼의 가격인상요인을 침소봉대해서 소비자가격을 올리는 기업들에 대한 감시의 눈초리가 매섭다.

손바닥으로 해를 가릴 수 없듯이, 모든 것이 투명하게 드러나고 모든 정보가 광속(光速)으로 퍼져나가는 '소셜(social)'의 세상에서 기업의 작은 욕심 하나가 순식간에 기업의 모든 것을 앗아가버릴 수 있다. 착한 성공? 결국은 '사람'이다.

고객중심의 '착한' 마케팅

동반성장과 상생을 표방하는 자본주의 4.0 시대, 이제 경영과 마케팅도 사람을 향한 따뜻한 온기를 뿜어낸다. 숨을 곳도, 숨을 수도 없는 소셜환경에서 지속가능 경영을 위한 단 한가지 원칙이 있다면, 그것은 결국 '사람'이다. 진정성을 바탕으로 고객의 영혼을 감동시켜야 하는 마케터의 시선은, 그래서 고객을 향한다. 끝이 보이지 않는 기나긴 불황의 터널, 많은 기업에 힘든 시간이 될 것으로 예상되는 올해다.

살아남으려면 마케팅개념의 재정립은 필수다. 고객은 더 이상 설득이나 공략의 대상이 아니라 행복하게 만들어 줘야 할, 그래서 감동시켜야 할 대상이다. 고객은 이제 '제로섬 게임'의 파트너가 아니라 '윈윈게임'의 파트너다. '착한 기업'의 제품이나 서비스만 구매하려는 '착한 소비자'들의 시대에 기업이 가야 할 길은 고객의 어려움을 해결해 줌으로서 이루어내는 '착한성공'이다. 이제 마케팅은 착해야 한다. (조선경제, 안병민 휴넷이사, 2013)

- 컴플레인 마케팅(complain marketing) 활발 -

최근 대기업 임원이 서비스에 불만을 제기하면서 기내 승무원을 폭행해 물의를 빚은 이른바 '라면상무사건'. 하지만 기업입장에선 너무 무례하지만 않다면 '라면상무' 같은 사람이 되레 고마운 사람일 수 있다. 서비스 어느 부분이 부족한지 현장에서 바로 알려주는 사람이기도 하고, 문제를 잘 해결하면 이들이 단골손님이 될 확률도 높기 때문이라고 한다. 서비스 관계업자는 "기업입장에선 불만을 바로 말하지 않고 친한 사람들에게 소문을 내 평판을 떨어뜨리는 고객들이 더 힘들다"며 "정중한 라면 상무가 기업에 더 고마운 고객"이라고 했다. 실제로 최근 호텔이나 백화점 등 서비스업계에선 고객불만을 데이터화해 문제를 해결하고, 마케팅에도 활용하는 사례가 늘고 있다. 이른바 '컴플레인 마케팅(complain marketing)'이다.

컴플레인을 체계화, 마케팅에 활용

컴플레인 마케팅은 호텔업계에서 적극 활용하고 있다. 고객 대면기간이 길고, 집을 대신하는 공간이다 보니 사소한 불만이 많이 생길 수밖에 없기 때문이다. 호텔업계는 컴플레인 자료들을 체계적으로 보관해 문제가 재발하지 않도록 적극적인 전략을 쓰고 있다.

그랜드 인터컨티넨탈 서울파르니스를 운영하는 글로벌호텔 그룹 'IHG'는 전 세계 4540개 호텔에서 발생하는 불만사항을 모두 하나로 통합관리하는 '인트라넷'을 운영하고 있다. IHG의 인트라넷에 따르면, 고객들이 많이 제기하는 불만은 ▶예약이 완료되지 않은 경우 ▶욕조가 더러운 경우 ▶TV리모컨이 작동하지 않은 경우 ▶직원이 모닝콜을 하지 않은 경우 ▶사용하지 않은 금액이 청구된 경우 등이라고 한다. IHG 계열 호텔들은 이런 불만 내용들에 대해선 '재점검시스템'을 운영해 더 이상 발생하지 않도록 하고 있고, 별도의 컴플레인 총괄부서도 두고 있다.

그랜드하얏트서울은 '글리치(Glitch)'라는 시스템을 사용해 전직원이 고객들의 컴플레인을 등록하도록 하고 있다.

취합된 불만사항은 당직지배인에게 보고되고, 관련부서에 전달된다. 호텔관계자는 "각 부서에서는 전달된 컴플레인을 분석해 같은 종류의 문제가 발생하지 않도록 서비스 개발과 직원교육을 하고 경우에 따라선 사설보수도 한다"고 말했다.

JW메리어트호텔 서울에선 각 부서 팀장들이 컴플레인을 미리 막기 위한 재발방지 회의를 한다. 또 예약시스템상에 고객이 요청한 문의, 불편사항, 요구내용 등을 고객개별노트에 기록, 같은 내용으로 불만이 생기지 않도록 대비하고 있으며, 서울웨스틴조선호텔에서는 체계적인 'VOC(Voice Of Customers : 고객의 소리) 연구소'를 운영하고 있다. 연구소장 1명과 연구원 9명으로 구성된 연구소에선 부서 불만 접수내용이나 각 부서 담당연구 내용을 바탕으로 마케팅에 활용할 방법을 연구하고 있다.

경쟁력 키우는 수단으로도 활용

경쟁이 심한 백화점 업계에선 고객 불만사항을 경쟁력을 키우기 위한 수단으로 활용하고 있다. 고객불만사항을 어떻게 마케팅에 반영하느냐에 따라 서비스의 차이가 결정되기 때문이다. 국내 주요 백화점들은 공개 'VOC 게시판' 등을 운영, 불만사항을 해결하는데 적극적이다.

롯데백화점에는 지난 2월 "사람이 많은 주말에 백화점에 갔는데, 점원들이 길을 제대로 알려주지 않아 헤맸다"는 불만이 접수됐다. 백화점 측은 바로 문제해결에 나섰다. 지난 3월부터 출입구에서 문을 열어주고 위치를 안내해주는 도어맨 서비스를 새로 시작했다. 또 지난 3월 "선물포장이 부실하고 뒤처리가 깔끔하지 못해 불쾌했다"는 고객 의견이 접수된 후 4월부터 모든 점포의 포장담당 직원들에게 박스포장과 리본아트 교육을 하고 있다.

현대백화점은 "비가 오면 종이로 된 쇼핑백이 다 젖어 물건이 떨어진다"는 불만이 제기되자, 비오는 날엔 쇼핑백 위에 비닐을 씌워주는 '비닐포장서비스'를 진행하고 있다. 또 매장에서 사용하는 박스테이프 소리가 너무 시끄럽다는 불만을 반영, 모든 점포에서 소리가 덜나는 박스테이프를 사용하고 있다. 최근엔 "아이를 데리고 백화점에 왔는데 기저귀 갈 곳이 없다"는 남성고객의 불만을 해소하기 위해 남성화장실에도 기저귀 교환대와 유아의자를 비치했다.

신세계백화점은 "화장실 세면대에서 손을 씻을 때 가방을 둘 곳이 없다"는 불만이 나오자 세면대 옆에 가방을 거는 고리를 설치했다. 업계 관계자는 "고객불만은 잘 활용하면 경쟁력을 키우는 유용한 수단이 될 수 있다"며 "일부 백화점에선 숨어있는 컴플레인을 찾아내기 위해 설문지를 작성하기도 한다"고 말했다.

컴플레인 마케팅 왜 중요한가

인생을 살다 보면 어느 순간 멀어지게 된 친구들이 있다. 그런 경우 가만히 생각해 보면 어떤 결정적인 계기가 있기 마련이다. 기업과 고객관계, 브랜드와 소비자 관계도 마찬가지다. 소비자는 현재 사용하는 상품이나 서비스에 대해 불만을 가질 때 컴플레인을 하고 시정을 요구하다가 원하는 수준으로 변하지 않으면 그 기업이나 브랜드를 떠난다. 이런 불만들은 요즘과 같은 쇼설미디어 시대에는 산불처럼 번져나아간다.

한 마케팅 연구결과에 따르면, 기업이 고객 이탈률을 5%만 감소시켜도 순이익이 25%에서 85%까지 커지는 효과를 얻을 수 있다고 한다. 특히 기존고객을 잡는 일은 신규고객을 유치하는 일보다 비용도 적게 든다. 연구결과에 따르면, 신규고객 창출에 필요한 금액은 기존고객을 유지하는 비용의 6배 이상이라고 한다. 특히 불만족한 고객의 구전(口傳)효과는 만족한 사람보다 3배 이상이라는 연구결과도 있다.

기존고객을 유지하기 위해 기업이 해야 할 기본적인 일이 바로 고객 컴플레인을 허심탄회하게 받아들이는 건 쉬운 일이 아니다. 기업 입장에서는 나름대로 소비자를 위해 최선을 다하고 있다고 생각하기 때문이다. 그러나 '좋은 약은 입에 쓰지만, 병을 치료하는데는 이롭다'는 말처럼 기업은 마음의 문을 열고 고객 컴플레인을 받아들여야 한다. 더 나아가 불평고객이 그러한 지적을 한 것에 오히려 감사해야 한다. 기업이 그 고객과 유사한 생각과 불평을 가진 사람들을 다른 곳으로 가지 않도록 붙잡을 좋은 기회를 얻는 것이기 때문이다.

기업 입장에서 고객 컴플레인은 위기가 아니라 기회이다. 고객 컴플레인은 기업이 현재 가진 문제를 지적해줄 뿐만 아니라 많은 혁신적인 상품이나 서비스에 대한 아이디어를 제공해 준다. 기업이 컴플레인에 귀를 기울이고 이를 적극적으로 활용해야 하는 이유가 바로 여기에 있다. 컴플레인은 기업이 애타게 찾아 헤매는 '미래시장의 보고(寶庫)'인 것이다. 병은 치료보다 예방이 중요하다. 기업은 늘 소비자의 목소리에 귀를 기울여 고객 불평불만의 가능성이 있는 문제들을 미리 해결해 나아가야 한다. 이것이 진정한 고객 컴플레인(complain) 관리 전략이다(이문규, 연세대학교 경영대학 교수, 2013).

- 싱가포르, 금융 · 물류 이어 '바이오허브'로 끝없는 변신 -

경제자유구역 표류하는 한국, 싱가포르에서 배워라

경제위기 직후인 2010년 싱가포르경제는 선진국 중 최고인 14.8%로 성장했다. 비결 중 하나는 카지노를 갖춘 싱가포르의 복합리조트인 마리나베이샌즈와 센토사리조트월드의 개장이다. 지상에서 최대 52도 기울어진 독특한 디자인의 호텔 3동과 이 빌딩 꼭대기들을 하나로 잇는 구름도시를 보유한 마리나베이샌즈는 외국관광객과 투자자를 빨아들였다. 외국관광객은 2009년 970만명에서 2010년 1160만명으로 20% 이상 급증했고, 작년엔 1440만명으로 사상 최대치를 기록했다. 복합리조트사업은 2005년에 결정됐다. 가혹한 태형(笞刑)이 존재하는 엄격한 '도덕국가'인 싱가포르였지만 중국인 관광객 수백만명을 잡아야 한다는 실용적인 목표를 위해 카지노를 받아들였다. 림 스위니안(Nian) 싱가포르 경제개발청(EBD) 부청장은 "장기적 안목으로 발굴한 미래산업이 예상치 못한 금융위기의 '방패'까지 됐다"고 말했다.

"금융 · 물류만으로는 성장한계"

우리나라 경제자유구역의 벤치마킹 모델이었던 싱가포르는 끊임없는 변신을 통해 외국자본과 인력을 끌어들이고 있다. 외국자본은 싱가포르 경제성장의 핵심역할을 해왔다. GDP의 40% 이상이 외국기업 및 외국인으로부터 발생하며 총투자의 90%가 외국인 투자로 구성된다. 하지만 2008년 글로벌 금융위기 이후 경기침체와 홍콩 등 경쟁국의 외자유치 경쟁으로 싱가포르 경제에 적신호가 켜졌다. 매년 300억~400억 달러를 넘던 외국인 직접투자(FDI)가 2008년 117억 달러로 급감한 것이다.

위기를 맞은 싱가포르는 금융 · 물류 허브를 잇는 새로운 허브전략을 발굴해 위기를 돌파해가고 있다. 싱가포르를 바이산업 메카로 육성하는 원노스(One North) 프로젝트가 그것이다. 원노스란 북위 1도에 있는 싱가포르의 지역특성을 반영한 단어로 싱가포르를 생명공학기술(BT)과 정보통신기술(IT)이 결합한 바이오허브로 만들겠다는 계획이다.

선택과 집중으로 차별화

싱가포르는 오일허브, 금융허브, 물류허브, 바이오허브처럼 모든 국가 추진사업에 '허브(hub)'라는 단어를 붙인다. 서울의 절반에 불과한 520만명 인구로는 내수를 일으키기에 턱없이 부족하므로 모든 거래에 중개지로서 수익을 창출하겠다는 뜻이다. 또 좁은 땅을 효율적으로 활용하기 위해 철저한 선택과 집중을 통해 산업단지를 석유화학 · 금융 · 관광 · 의료바이오단지 등으로 차별화하고 있다. 사실상 모든 국토가 경제특구인 셈이다. 우리나라 경제자유구역 8곳이 서로 중복되는 사업비율이 53%에 달할 정도로 차별화 전략없이 개발에 나서는 것과 큰 차이가 있다. 주롱섬을 비롯한 7개 섬은 석유화학업체가 밀집한 오일허브로, 2010년 개장한 센토사섬 일대의 마리나베이샌즈나 센토사리조트는 관광허브로 통한다.

의료와 교육시장 과감한 개방

싱가포르는 과감한 의료와 교육시장 개방으로 의료와 교육을 새로운 성장동력으로 육성하고 있다. 싱가포르 래플스(Raffles) 병원은 한국어를 포함한 11개국 언어로 진료서비스를 시행하고 있다. 전체 환자의 35%는 세계 최고 수준의 의사들로부터 고난도 신경 · 척추 수술을 받기 위해 100개국에서 온 고객이다. 의료경쟁력이 높아지면서 싱가포르의 외국인 환자수는 2000년 15만명에서 작년 85만명으로 6배 가까이 증가했다.

교육부문에선 싱가포르를 '글로벌 스쿨하우스(Global School-house)로 만드는 것이 목표다. 2010년까지 세계 일류대학 10곳을 유치한다는 목표를 세웠는데 이미 2005년 말 MIT · 존스홉킨스 · 조지아공대 · 인시아드(INSEAD) 등의 분교 12곳을 유치해 초과달성했다. 싱가포르 정부는 2005년 7만명이던 외국인 유학생을 2015년 15만명까지 늘린다는 목표이다.

'한국경제자유구역 활성화하려면…' 전문가 4가지 제언
① 외자유치 안되는 곳 퇴출…국내기업 중심의 '산업단지'로 활용
② 획일적 免稅 없애고 각 구역에 '외국기업과 협상권' 줘야
③ IT · 나노 같은 모호한 특성화 버리고 구체적 산업 지정을
④ 부처별로 쪼개져 있는 '인허가권' 한곳으로 집중도 필요

"어정쩡한 면세는 차라리 없애고 협상권을 주라"

전문가들은 경제자유구역을 살리기 위해 '투트랙' 접근법을 제안했다. 우선 제로베이스 상태에서 철저한 심사를 통해 경쟁력이 없는 곳은 무조건 퇴출시키라는 것이다. 정성태 LG경제연구원 연구위원은 "전체지구 중 기능이 중복된 곳이 절반정도 된다"며 "이는 곧 절반은 퇴출시켜도 된다는 뜻"이라고 말했다. 정형곤 대외경제정책연구원 선임연구위원은 "철저하게 선택과 집중 원칙에 따라 재설계해야 한다"고 지적했다. 이때 퇴출지역은 사업자체를 취소할 수 있지만, 사업진척도 등에 따라 일반산업단지나 기업도시 등으로 전환해 줄 수도 있다. 그러면 지자체와 주민들의 반발을 막을 수 있다. 국책연구원 관계자는 "외국인과 외국기업 유치라는 본 목적을 달성할 수 없다면, 국내기업에 최적입지가 될 수 있도록 기업도시 등으로 바꿔주는 게 좋다"고 말했다.

살아남은 곳은 외국특구와 차별화될 수 있도록 해야 한다. 우선지원개념을 바꿔 한시적 법인세 면제 같은 일률적 인센티브는 아예 없애고, 외국기업에 맞춤형 지원을 제공할 수 있도록 각 구역에 '협상권'을 주는 게 낫다는 지적이다. 각 경제자유구역 담당자들이 외국기업을 만나, 원하는 것을 들은 뒤 면세가 필요한 기업에는 면세혜택을, 공장설립보조금이 필요한 곳에는 보조금을 주는 식이다. 지금은 법이 정해 놓은 일률적 혜택만 있는데, 이 정도로는 외국기업을 유치하기 어렵다.

이때 심의위원회를 통해 개별외국기업에 대한 혜택을 심사하도록 하면 지원남발을 막을 수 있다. 또 IT(정보통신기술), BT(생명공학기술), 나노 같은 모호한 특성화에서 벗어나, 구체적 핵심산업을 지정해 구역별 특성을 더 명확히 하는 노력이 필요하다. 중앙정부와 지방경제자유구역 간 관계설정도 다시 해야 한다. 현재는 도(道)마다 있는 경제자유구역청이 각자 알아서 투자유치 등을 진행하고 있다. 그러다 보니 한 나라에 중복해서 유치활동을 나가는 촌극이 빚어지고 있다 이를 막고 사업을 효율적으로 진행하기 위해선, 현재 산업통상자원부 산하에 있는 경제자유구역 기획단에 권한을 집중해 사업을 통제할 필요가 있다.

또 기획재정부, 환경부, 국토교통부, 문화체육관광부, 농림축산식품부 등으로 분산돼 있는 각종 인허가권을 하나로 집중하는 노력도 필요하다. 예를 들어 경제자유구역에 카지노를 도입하는 방안을 놓고 문화체육관광부 등과 조율하기 어려운 문제를 체계적으로 해결하는 시스템이 갖춰져야 한다. (조선경제, 2013)

다시 풀어읽는 경제기사

- 창조경제 · 창조금융이란 무엇인가? -

창조경제란 세계적인 경영전략가인 존 호킨스가 그의 저서 '창조경제(The Creative Economy)'에서 창의적 아이디어의 가치를 강조해 창조경제의 주창자로 불리고 있다. 금융위원회는 2013.4.3. 대통령 업무보고서에서 창조경제를 뒷받침하는 '창조금융'을 최우선과제를 삼겠다고 밝혔다.

창조금융의 의미에 대해 금융위원장은 "이제껏 없었던 신기술이나 새로운 분야에 도전하는 기업들에 대한 금융지원을 뜻한다"고 말했다. 박근혜 정부는 국정목표의 하나로서 '창조경제(creative economy)'를 제시했다. 이에 따라 금융당국은 창조경제를 뒷받침하기 위한 방안으로 창조금융을 추진하고 있다. 이에 창조경제와 창조금융이란 무엇이며, 창조금융을 실현하기 위해 논의되고 있는 방안에는 어떤 것들이 있는지 알아보도록 한다.

창조경제란 무엇인가

박근혜 대통령은 취임사에서 창조경제를 "과학기술과 산업이 융합하고, 문화와 산업이 융합하고, 산업간의 벽을 허문 경계선에 창조의 꽃을 피우는 것"이라고 정의하였다. 대개 창조경제의 의미를 쉽게 설명하기 위해 싸이의 강남스타일, 스마트폰, 카카오톡 등의 사례가 많이 인용되곤 한다.

우선 기존에 존재하지 않은 새로운 것을 만들어 낸다는 창조의 사전적인 의미를 고려하면 창조경제의 첫째요소는 창의적인 발상이라고 할 수 있다. 강남스타일의 말춤, 전화기와 PC의 결합이라는 스마트폰의 기본개념, 스마트폰의 소셜네트워크 기능을 활용하고자 하는 카카오톡의 아이디어 등이 여기에 해당한다.

창조경제의 둘째요소는 융합(融合)이다. 창의적인 아이디어를 실현하기 위해서는 과학기술, 정보통신, 금융 등과 같은 산업과 결합하거나 연구개발(R&D)을 통해 혁신적인 기술로 구현돼야 한다. 강남스타일은 유트브와 같은 인터넷 매체를, 스마트폰과 카카오톡은 운영체제 또는 프로그램 개발을 통해 창의적인 아이디어가 구현 또는 전파되었던 것이다. 창조경제의 셋째요소는 경제적 가치창출이다. 즉 다른 산업 또는 기술과 융합을 통해 구현된 창조적 아이디어가 일자리 또는 부가가치를 창출하여 경제성장에 기여해야 한다는 것이다. 강남스타일, 스마트폰, 카카오톡 등은 모두 경제적 가치 창출에 성공했다.

창조경제는 1990년대 후반부터 영국과 국제연합(UN), 미국 등을 중심으로 새로운 시대의 경제체제로 주목받는 개념이다. 각국마다 사용하는 창조경제의 개념이 다르기는 하지만, 창의적인 아이디어를 활용하여 경제성장과 일자리 창출을 추구한다는 공통점이 있다. 창조경제는 경제성장률 목표와 같은 구체적인 정책목표(policy target)가 아니라 창의적인 아이디어가 실제로 구현되고 이에 따라 일자리와 경제성장을 동시에 이룰 수 있는 사회구조를 만들고자 하는 전략(strategy)인 것이다.

창조금융이란 무엇인가

창조경제가 전략인 만큼 문화예술, 사회경제, 과학기술 등 사회 각 분야의 창의적인 아이디어를 구현할 수 있는 구체적인 전술(tactics), 즉 방법론을 함께 고려해야만 창조경제가 실현될 수 있다. 이러한 점에서 창조금융은 금융분야에서 창조경제를 구현할 수 있는 실천방법론을 의미한다. 구체적으로 보면 자금수요자와 투자자를 원활하게 연결하여 창의적인 아이디어가 구체화될 수 있도록 지원하는 방안이 창조금융이다.

tip 쉽게 배우는 경제

• 성장 사다리펀드

성장사다리펀드는 창업, 성장, 회수 등 벤처기업의 성장단계별로 다양한 목적으로 사용되는 하위(下位)펀드들을 하나로 묶은 펀드를 지칭한다. 하위펀드의 예로는 엔젤매칭펀드, 크라우드 매칭펀드, 지식재산권펀드, M&A(인수 · 합병) 지원펀드, 재기지원펀드 등이 있다. 정부는 모태펀드나 정책금융공사 등의 공공자금과 민간자금 공동으로 향후 3년간 성장사다리 펀드를 약 6조원 규모로 조성하도록 하되 공공자금이 더 많은 투자위험을 부담하도록 할 예정이다.

예를 들어 앵그리버드, 애니팡 등과 같은 스마트폰용 게임에 대한 창의적인 아이디어를 가진 사람 A와 자금여력이 풍부한 투자자 B가 있다고 하자. 창조금융은 A가 B의 투자자금을 유치하여 아이디어의 사업화에 성공할 수 있도록 하고, 투자위험을 감수하고 자금을 지원한 투자자 B는 성공적으로 자금을 회수할 수 있도록 지원하는 방안이다. 그런데 대기업과 같이 이미 성숙단계에 이르러서 자금여력이 풍부한 기업들은 독자적인 연구개발 또는 인수합병(M&A) 등의 다양한 방법으로 창의적인 아이디어를 구현할 수 있기 때문에 창조금융의 필요성이 그다지 높지 않다.

반면에 벤처기업이나 중소기업은 우수한 기술을 갖추고 있음에도 이를 사업화하기 위한 자금이 부족하여 중도에 도산하는 경우가 많다. 이를 흔히 '죽음의 계곡(Death Valley)'이라고 한다. 창조금융은 벤처기업이나 중소기업이 이런 죽음의 계곡에 빠지지 않고 성장할 수 있도록 지원하는 방안이라고 할 수 있다.

창조금융의 구체적인 실현방법은 어떤게 있나

창조금융의 가장 중요한 목적은 창업, 성장, 회수(성숙) 등 기업성장단계별로 자금의 선순환 구조를 정착시키는 것이다. 이런 목적에 맞게 창조금융의 구체적인 방안은 창업을 활성화하는 것, 벤처 · 중소기업의 성장을 지원하고 보호하는 방안, 그리고 투자자금을 성공적으로 회수하도록 하는 방안 등 세 가지로 구분할 수 있다.

창업활성화 방안은 자금은 부족하지만 성장잠재력이 있는 창업 초기 기업이 투자자금을 원활하게 유치할 수 있도록 지원하는 것이다. 예비창업자 특혜보증, 엔젤(창업초기투자자)에 대한 세제지원, 크라우드 펀딩(소액 투자자 대상 자금 모집) 신설 등이 그것이다. 벤처 · 중소기업의 성장을 지원하기 위한 방안으로는 인수합병(M&A)에 대한 세재 지원이나 규제완화, 지식재산권펀드 등이 있다. 이 중 지식재산권펀드는 기업이 보유한 특허권이나 상표권과 같은 지식재산권을 사들이고 나서 이를 기업에 기술료를 받고 다시 빌려주는 펀드이다. 지식재산권에 대한 소유가 지식재산권펀드로 이전되기 때문에 이를 이용하는 기업은 다른 기업의 특허도용이나 '특허괴물(특허만 보유한 채 엄청난 로열티를 챙기는 특허관리 전문기업)'의 무분별한 특허소송에 적극적으로 대처할 수 있고 자금을 조달하는데도 활용할 수 있다. 투자자금을 성공적으로 회수할 수 있도록 도와주는 방안으로는 코스닥시장의 독립성과 전문성을 강화하고 벤처·중소기업전문 주식시장인 코넥스 시장을 신설하는 것 등이 있다. 한편, 정부는 기업들이 성장단계별로 필요한 다양한 자금을 공급하기 위해 공공과 민간이 공동으로 펀드를 조성하되, 공공자금이 더 많은 투자위험을 부담하는 6조원 규모 성장사다리펀드를 조성할 예정이다.

정부가 의욕적으로 창조금융을 추진하는 만큼 앞으로 벤처·중소기업에 대한 투자가 급증할 것으로 예상된다. 다만, 이러한 투자가 일부 벤처·중소기업의 도덕적 해이를 조장하거나 일시적인 붐에 그치지 않도록 지속적인 제도개선 노력을 기울여야 할 것이다. (조선경제, 김종민, 자본시장 연구위원, 2013.5.31)

- 그림자금융(shadow banking)이란 무엇이고 왜 위험한가 -

요즘 중국 경제의 위험성을 지적하는 기사에서 '그림자금융(shadow banking)'이란 단어가 자주 등장한다. 미국 월가의 억만장자 투자자인 '소로스' 펀드 매니지먼트 회장은 "중국은 앞으로 2년 후, 글로벌 금융위기를 부른 미국의 서브프라임모기지 사태와 비슷한 금융위기에 직면할 수 있다"고 경고한 바 있다. 또한 소로스 회장은 "급성장하는 중국의 섀도뱅킹(그림자금융)이 2007~2008년 금융위기 때의 미국 서브프라임모기지 시장과 유사한 모습을 보이고 있다"고 말했다. 이와 같이 2008년 글로벌 위기를 촉발시켰던 서브프라임모기지(비우량주택담보대출)를 기초로 한 신용파생상품이 '그림자금융'을 대표하는 상품이었다. 이에 그림자금융이란 무엇이며, 왜 그림자금융이 위험한지를 알아보기로 한다.

그림자금융이란 무엇인가

그림자금융은 영어로 섀도뱅킹(shadow banking)이라고 불리는데 은행과 달리 엄격한 규제를 받지 않는 비(非)은행 금융기관을 가리키나, 이런 금융기관에서 취급하는 비은행금융상품을 뜻한다. '그림자(shadow)'라는 수식어는 그림자금융이 금융의 본래모습과 유사하지만, 눈에 잘 띄지 않는 특징을 가지고 있다고 해서 붙게 되었다. 규제의 사각지대에 놓여 있다는 뜻이다. 대표적인 그림자금융상품으로는 머니마켓펀드(MMF), 환매조건부채권(RP), 신용파생상품, 자산유동화증권(ABS), 자산유동화기업어음(ABCP), 해지펀드 등을 들 수가 있다.

그림자금융은 다음과 같은 특징이 있다.

첫째, 그림자금융은 은행처럼 자금중개역할을 수행하고 있지만, 취급하는 금융상품이 은행예금보다 위험이 큰 특징을 가지고 있다. 은행의 요구불예금과 자산운용사의 머니마켓펀드(MMF)를 비교하여 보면, MMF는 고객의 돈을 모아 기업모음(CP), 양도성예금증서(CD) 등 단기금융상품에 투자하는데, MMF에 가입한 투자자는 은행예금처럼 이자수익을 얻을 수 있고 원할 때 돈을 돌려받을 수도 있다. 하지만 MMF는 은행의 요구불예금과는 큰 차이가 있다. 은행의 요구불예금은 5000만원까지 원금보장이 되지만 MMF는 원금지급보장이 없다. 자산운용사가 단기금융상품운용에서 크게 손실을 보는 경우엔 원금손실이 생길 수 있다.

둘째, 그림자금융은 자금공개경로가 길고 복잡하다. 은행예금은 자금공급자인 예금주와 자금수요자인 대출자사에 자금중개가 이루어진다. 반면 MMF는 최초의 자금공급자인 MMF 투자자가 운용회사에 돈을 맡기면, 운용회사는 기업어음(CP) 등 단기금융상품에 투자하게 된다. 기업어음(CP)에 투자한 자금은 다시 최종자금수요자인 기업에 전해진다. 이처럼 MMF는 '투자자-자산운용사-기업어음(CP)-기업' 등 총 4단계 자금중개과정을 거치게 된다. 은행의 자금중개가 '예금자-대출자'로 2단계인 것과 달리, 그림자금융의 자금경로는 이처럼 상당히 복잡하다.

셋째, 그림자금융은 은행보다 규제가 적다. 은행은 예금자의 지급요구에 대비해 일정수준의 현금을 항상 준비하고 있어야 하며, 건전성관리를 위해 국제결제은행(BIS)이 제시한 자기자본비율을 일정수준 이상 유지해야 한다. 반면 그림자금융을 다루는 비은행 금융기관은 투자자에게 원금지급을 보장할 의무가 없고, 규모도 작기 때문에 규제수준도 낮다.

그림자금융은 왜 위험한가

그림자금융이 위험한 이유는 그림자금융의 특성에서 나온다.

첫째, 그림자금융은 은행예금상품보다 투명성이 낮아, 손실을 파악하기가 어렵다. 2008년 글로벌 금융위기 당시 미국의 주요 투자은행들은 그림자금융을 통해 조달한 부채항목들을 재무제표에 제대로 반영하지 않아, 파산 직전까지 관련 손실이 드러나지 않기도 하였다. 재무제표에 자산이나 부채로 인식되지 않는 거래를 부외거래(簿外去來)라고 하는데, 과거에는 상당수 그림자금융상품이 부외거래였다. 다행히 금융위기 이후에는 국제적으로 부외거래 항목들을 투명하게 감시하려는 노력이 계속되고 있다.

둘째, 그림자금융은 은행보다 레버리지(차입)가 높다. 레버리지란 금융기관 이자기자본보다 얼마나 많은 금액을 끌어다가 돈을 굴리느냐를 뜻한다. 예컨대 레버리지가 40배라면 자기자본 1억원을 갖고 차입을 통해 돈을 끌어다가 40억원을 투자한다는 뜻이다. 만약 전체 투자액 중 2~3%만 손실이 나도 자기자본을 모두 까먹게 되니 위험하게 된다.

셋째, 그림자금융의 부실은 금융기관들의 연쇄손실로 이어질 위험이 있다. 은행은 자금중개 경로가 예금자와 대출자로 단순하지만, 그림자금융은 자금중개경로가 길고 복잡하기 때문이다.

그림자금융이 위험하기만 한가

그렇다고 그림자금융이 나쁜 면만 있는 것은 아니다. 그림자금융은 은행예금보다 높은 수익과 위험을 제공함으로써, 은행시스템을 보완하는 역할을 수행한다. 위험을 싫어하는 투자자에게는 안전한 은행예금이 적합하지만, 위험을 선호하는 투자자는 예금보다 높은 수익이 나오는 금융상품에 투자하고 싶어하기 때문이다. 최근 저금리 상황이 지속되는 가운데, 금리보다 높은 수익을 제공하는 그림자 금융상품의 수요가 증가하는 것도 이러한 측면에서 이해할 수 있다. 그림자금융은 또 금융산업 내에 경쟁을 유도해 금융소비자의 편익을 높이는 순기능이 있다. 앞서 살펴본 MMF를 예를 들면, MMF 운용회사들 사이에 경쟁이 확대되면서 투자자들이 운용회사에 지급하는 보수는 꾸준히 낮아지고 있다. 또한 MMF 운용회사들의 성적이 주기적으로 공개되기 때문에, 투자자들은 성과대비 낮은 위험을 제공하는 운용회사를 손쉽게 선택할 수 있는 장점이 있다.

이러한 순기능 때문에 그림자금융을 우리 몸의 콜레스테롤에 비유하기도 한다. 콜레스테롤 수치가 과다하게 높으면 위험한 건 사실이다. 하지만 콜레스테롤 수치를 적당하게 유지한다면 몸에 해가 되지 않는다. 따라서 그림자금융의 우려를 해소하고 순기능을 살리기 위해서는, 주기적으로 그림자금융의 위험요인을 점검해야 한다(자본시장연구원, 이효섭 연구위원, 2013).

- 지하경제란 무엇이고, 왜 양성화해야 하나 -

새누리당 내에서 '창조경제' 개념이 모호하다는 일어난데 이어 이번에는 '지하경제활성화'에 대한 개념정립이 안돼 시장혼란이 가중된다는 주장이 제기됐다. 박근혜 새 정부는 '지하경제 양성화를 주요 정책목표로 선정하고 이를 위한 다양한 방안을 마련하는 중이다. 한 나라의 지하경제가 지나치게 클 경우 경제활동에 불균형이 생기고, 조세형편성이 훼손되며, 정부재정이 약화하는 등 여러 가지 문제점을 야기할 수 있다. 그렇다면, 지하경제는 무엇이고, 우리나라의 지하경제 규모는 어느 정도이며, 지하경제를 양성화하기 위해서는 어떠한 노력이 필요한지 알아보도록 한다. (조선경제, 2013.5.24.).

지하경제는 무엇인지?

'지하경제(underground economy)'란 한나라의 다양한 경제활동 중에서 공식적인 통계에 잡히지 않는 부분을 말한다. 한국은행이 집계한 2012년 우리나라 국내총생산(GDP)은 1272조원이었다. 이 GDP는 지난 한해 국내에서 활동하는 기계, 기업, 정부 등 3대 경제주체가 각종 경제활동을 통해 창출한 재화와 서비스 최종가치의 총합이다.

하지만 실질적으론 경제적 가치가 있음에도 이 공식 GDP에 포함되지 않는 활동이 세 가지가 있다. 첫째, 밀수·마약거래 등 행위 자체가 불법적인 활동이다. 둘째, 수리공을 부르지 않고 직접 집수리를 하는 등 시장거래를 통하지 않는 활동이 있다. 셋째, 합법적인 경제활동을 하면서도 조세나 규제를 피하기 위해서 소득탈루, 위장계약 등을 통해 거래를 은폐하거나 축소해서 신고할 수 있다. 광범위한 개념의 지하경제는 위 세 가지 경제활동을 모두 포함하지만, 우리 정부가 '양성화' 하고자 하는 지하경제의 개념은 주로 셋째 경우를 의미한다.

지하경제는 생각보다 우리 주변에서 흔하게 접할 수 있다. 예컨대 어떤 물건이나 서비스를 구매할 때 신용카드 대신 현금을 쓰면 큰 폭의 할인을 해 줄 때가 있다. 모든 경우가 그렇지는 않지만, 이렇게 현금거래를 유도하는 이유는 매출을 은닉해 세금을 줄이고자 하는 의도가 숨어있을 수 있다. 이렇듯 거래를 숨기기 위해 현금을 주로 사용하는 지하경제의 주요 특징 때문에 지하경제를 '캐시이코노미(cash economy)'로 부르기도 한다.

지하경제에서 활동하는 이유는 탈세뿐만 아니라, 각종 규제를 우회하기 위한 목적도 있다. 복잡한 인허가 절차 등을 피하기 위하여 무허가 영업을 하거나 최저임금제 등 노동법을 준수하지 않기 위한 불법노동자를 고용하는 것 등도 지하경제에 포함된다. 또 제도권 체계가 불완전한 것도 지하경제가 커지는 원인이 될 수 있다. 과거 경제개발시대에 제도권금융의 제약성으로 사채시장이 확산했던 것이 하나의 사례가 될 수 있다. 그러나 지하경제에서의 활동은 법적보호가 제한되고 뇌물수수 등 각종 불법적인 행위를 수반할 수 있다는 점에서 문제가 배가된다.

우리나라의 지하경제 규모

지하경제는 겉으로 파악하기 어려운 은닉된 경제활동이기 때문에 정확한 규모를 추정하기가 쉽지 않다. 세계 각국의 지하경제를 연구하는 오스트리아 린츠대학교의 프리드리히 슈나이더(Friedrich Schneider)교수의 최근 연구결과에 따르면 2010년 한국의 지하경제규모는 GDP의 25%, 약 300조원으로 추정된다. 그렇다면, 우리나라의 지하경제 규모가 다른 나라와 비교해 큰 편인지, 일반적으로 지하경제비중은 그 나라의 경제발전 정도와 관계가 있는데, 경제발전수준이 높은 나라일수록 지하경제 비중이 작게 나타난다. 슈나이더 교수에 따르면 OECD 국가들의 평균 지하경제 비중은 18% 정도이며, 한국은 40개 OECD국가 중에서 열째로 지하경제 비중이 높은 나라로 나타났다. OECD에서는 스위스(8%), 미국(9%), 일본(11%) 등은 지하경제 비중이 낮은 국가들이며, 폴란드(24%), 그리스(25%), 이탈리아(27%) 등이 한국과 비슷한 수준이다. 한국의 경제규모가 세계 15위권, OECD 국가 중에는 10위권에 속한다는 점을 감안한다면 우리나라의 지하경제 비중은 다른 나라보다 다소 높은 편이라 볼 수 있다. 우리나라의 지하경제 규모가 다소 큰 이유로는 자영업자 비중이 높고, 특히 고소득 자영업자의 소득탈루가 많다는 점이 지적되고 있다.

실제 우리나라의 자영업자 비율은 28%로 OECD 평균인 16%보다 상당히 높다. 그러나 우리나라의 지하경제 비중이 꾸준히 감소하고 있다. 한국의 지하경제 비중은 2000년 28%에서 매년 0.3%씩 줄어들고 있는데, 이는 그동안 금융실명제, 부동산실명제, 신용카드 활성화, 현금영수증제도 등 정부의 다양한 과세투명화 노력의 결실로 볼 수 있다.

지하경제의 피해는 무엇이고 왜 양성화 해야 하는지

지하경제 비중이 과도할 경우 사회적 형평성이 훼손된다. 우선 기회의 형평성에 어긋난다. 제도권 경제에서 활동하는 사람들은 법과 규제를 준수하기 위해 다양한 비용을 지급하는데 반해 지하경제에서 활동하는 경우 이러한 비용을 각종 수단을 동원해 회피한다. 이로 인해 동일한 사업을 할 경우 제도권 경제에서 활동하는 게 지하경제에서 활동하는 것보다 불리한, 비합리적인 상황이 발생한다.

또 다른 형평성의 문제는 조세형평성이다. 동일한 소득에는 동일한 세금이 부과되어야 하는데, 지하경제가 존재하면 조세형평성이 성립될 수 없다. 제도권 경제에서 활동하는 사람들은 공평한 수준 이상의 과도한 세금을 부담해야 하고, 지하경제에서 활동하는 사람들은 자신들이 누리는 공공혜택에 비해 과소하게 세금을 부담한다. 심각할 경우 이는 정부의 세수부족, 재정악화, 세율인상, 지하경제 확대 등의 악순환으로 이어질 수도 있다.

지하경제 양성화를 위해서는 부당행위적발 및 징벌강화 노력과 더불어 불필요하거나 과도한 규제들을 완화해서 지하경제활동을 제도권경제로 유인하는 정책이 마련되어야 한다. 나아가 조세도덕성(tax morality)을 높이는 노력이 병행되어야 하며, 이를 위해서는 납세의무에 대한 교육과 홍보가 필요하다. 또 국민이 내는 세금이 공평하고 합리적으로 사용되고 있음을 확신할 수 있도록 정부활동의 투명성을 높이는 것도 빼놓을 수 없다.(최순영, 자본시장연구원 연구위원)

- 조세회피지역은 왜 생겼고, 어떤 역할을 하는지 -

금융위기와 고령화로 국가부채와 재정수요가 급증하고 있지만, 저성장이 계속되면서 세금을 거둬 재정을 확보하기 어려운 상황이 지속되고 있다. 이런 마당에 전세계적으로 재정건전성 확충 방안의 하나로 주목받는 것이 지하경제의 양성화 정책이다. 우리나라도 이런 흐름에 맞춰 최근 역외(域外) 탈세 적발을 강화하는 등의 노력을 하고 있다. 탈세와 검은 돈, 돈세탁의 글로벌 거점 역할을 하는 국제적 조세회피지역은 지하경제 양성화를 위한 글로벌 규제에서 예외일 수 없다. 그러면 조세회피 지역이 왜 생겨났고 구체적으로 어떤 역할을 하며 글로벌 규제강화의 흐름속에서 어떻게 변모해갈지 알아보도록 한다.

조세회피지역의 생성(生成)

흔히 부자들의 천국으로 알려진 조세회피지역은 영어의 'tax heaven'을 번역한 것이다. 조세회피지역에 대한 명확한 정의는 없지만, 공통적인 몇 가지 특징이 있다. 우선 현저히 낮은 세율이다. 심지어 무(無)과세 지역도 있어 정상적인 조세권을 가진 국가와는 차별된다. 두 번째는 비밀주의이다. 재산과 소득의 주인이 누구인지 밝히지 않는다.

정보공개에 따른 공익보다 사생활을 중시하기 때문에 국가간 고객정보 교환을 하지 않는다. 셋째는 일종의 '울타리치기(ring fencing)'이다. 영토의 일정지역을 조세회피지역으로 지정하고 본국과 조세회피지역을 조세제도상 분리하는 것이다. 가령, 대표적 조세회피지역인 버뮤다(Bermuda Island)는 영국의 해외영토이다.

그렇다면 왜 이런 조세회피지역이 생겨난 것일까요? 국가간 무역과 무역과 이동이 없었다면 조세회피지역도 만들어질 이유가 없는 것이다. 국제무역과 자본이동이 활발해지면서 거래의 양상이 복잡한 까닭에 비밀주의의 여지가 커지게 된 것이다. 세계화에 따른 국가간 자본유치 경쟁에 조세정책을 적극적으로 활용하는 것도 조세회피지역이 생겨난 중요한 이유 중 하나이다. 투자자에게는 투자지역을 선택할 때 세후 수익률과 비밀주의와 낮은 규제가 중요한 기준이 된다. 문제는 조세정책이 자율적인 국내정책영역이라 국제공조가 잘 작동하지 않는다는 점이다. 전지구적인 세계정부가 존재하는 것도 아니고, 구속력이 없는 국제기구가 조정능력을 갖고 있지도 않기 때문에 조세회피지역이 존재할 수 있다는 것이다.

조세회피지역 및 규모

경제협력개발기구(OECD)가 조세회피지역을 지정하고 있는데, 세계적으로 50~60곳 정도 된다. 세율과 비밀주의에 따라 소득이나 재산관련 직접세가 전혀 없는 버뮤다, 케이만군도, 바하마 같은 극단적인 곳도 있고, 과세는 하되 저율로 과세하는 저지섬, 싱가포르, 바레인, 이스라엘, 버진아일랜드 같은 곳도 있다. 또한 일반적으로는 정상적 과세를 하나 해외에서 발생하는 소득에 대해서 세금을 면제해주는 홍콩과 펀드 등 특정부문에 한해 세제혜택을 주는 아일랜드나 룩셈부르크 같은 나라도 있다. 공통점은 대부분 작은 나라이거나 선진국의 해외영토이다.

비밀주의 때문에 조세회피지역의 전체 자산규모를 정확히 알 수는 없으나, 적게는 8조 달러, 많게는 21조 달러에 이르는 것으로 추정되고 있다. 그리고 전세계 해외직접투자(FDI)의 30%가 조세회피지역을 거친다는 연구도 있다. 특히, 케이만군도와 버뮤다는 조세회피지역의 '빅2'이다. 인구 5만7000명인 케이만군도는 헤지펀드의 천국이며 인구 6만5000명의 버뮤다는 재(再)보험회사의 천국으로 유명하다.

투자자들의 조세회피지역 활용

조세회피지역은 세금을 내지 않으려는 투자자들이 거쳐가는 곳이지 거기서 실제 비즈니스를 하지는 않는다. 투자자들이 조세회피지역을 실제로 어떻게 활용하는지 살펴보면, 만일 A기업이 국내에서 직접투자를 할 경우 해외투자 소득에 대해 금융소득세를 부담해야 한다. 그런데 A기업이 페이퍼컴퍼니를 케이만군도에 만들어 거기서 해외투자를 한다고 하자. 페어퍼컴퍼니는 케이만군도에 설립되어 있지만, 실제 투자집행은 미국, 홍콩 등 국제금융센터를 통해 이루어질 것이다. 케이만 군도는 해외원천소득과 투자를 집행한 페이퍼컴퍼니에 세금을 부과하지 않으므로, A기업은 세금 한 푼 내지 않고 투자소득을 페이퍼컴퍼니에 축적하게 된다. 물론 페이퍼컴퍼니 투자소득을 본국 A기업으로 가져올 때 세금을 내야 하겠지만, 이것 역시 법적 청산이나 대여 등 방식을 통해 세부담을 없앨 수 있다. 이런 예처럼 투자자들은 조세회피지역을 이용하여 해외소득의 세부담을 최소화하는 적극적 실세(ATP : Aggressive Tax Planning) 전략을 추구하곤 한다.

조세회피지역의 전망(展望)

금융위기 이후 대규모 공적자금 투입으로 재정건전성이 나빠진 각국이 조세회피지역을 통한 세금회피를 막기 위해 규제를 강화하고 있다. 핵심규제 방향은 조세회피지역의 비밀주의에 대한 규제강화이다. 이미 미국은 해외계좌 조세준수법(FATCA)을 제정하여 모든 해외 금융기관에 미국 고객정보를 공개하라고 요구하고 있으며, 유럽국가도 협렵하고 있다. 그 결과 부자 고객관리(PB)의 대명사 스위스은행이 미국요구에 굴복하면서 비밀주의가 약해지고 부자고객이 이탈하고 있다. 둘째는 조세조약의 적용범위를 엄격하게 하는 것이다. 조세조약은 국가간 이중과세 문제를 해결하는 조약으로, 조세조약의 혜택은 원칙적으로 양국의 거주자에 한정한다. 만약 비거주자가 페이퍼컴퍼니를 만들어 조세조약의 혜택을 누리겠다면 이는 강하게 규제하겠다는 것이다.

그렇지만 각국에 조세정책의 자율성이 보장되는 한, 그리고 자본간 경쟁이 지속되는 한, 조세회피지역은 앞으로도 계속 성장할 가능성이 크다. 다만, 내부의 경쟁역학과 지역간 명암은 엇갈릴 것이다. 실제 금융위기 이후 스위스나 룩셈부르크, 저지섬 등 유럽 조세회피지역은 다소 주춤하고 있고, 홍콩, 케이만군도, 싱가포르, 말레이시아 등은 상대적으로 약진하고 있다. 이들의 앞날은 조세정책과 비밀주의를 지켜낼 국력에 좌우될 것이다.(손홍선, 자본시장연구원, 2013)

- 창조경제정책에서 ‘요즈마펀드(Yozma Fund)’가 주목받는 이유 -

최근 박근혜 정부가 추진하는 창조경제를 논(論)하는 자리에서 빼놓지 않고 등장하는 화제가 이스라엘의 요즈마펀드(Yozma Fund)이다. 박대통령이 후보시절부터 일자리 창출을 위해 요즈마펀드 방식을 도입하는 걸 검토한 것으로 알려졌기 때문이다. 우리나라 충청도 크기만한 인구 780만명의 이스라엘은 인구 2000명당 한 명이 벤처기업을 창업할 정도로 창조경제의 원조로 불리고 있다. 그리고 이스라엘이 대표적인 벤처창업국가로 자리잡기까지 요즈마펀드의 역할이 컸다. 이에 요즈마펀드는 무엇이고, 어떤 특징이 있고 요즈마펀드의 성공이 우리나라 창조경제정책에 주는 시사점이 무엇인지 알아보도록 한다.

요즈마펀드의 개념

요즈마펀드는 1993년에 이스라엘 정부가 첨단기술을 기반으로 창업하는 벤처기업에 자금을 공급하기 위해 조성한 펀드를 말한다. 요즈마는 히브리어로 창의·독창·창업 등과 같은 뜻을 가진 단어이다. 즉 새로운 것을 창조하고 새로운 기업을 창업할 수 있도록 도와주는 벤처캐피탈(venture capital)펀드이다. 요즈마펀드는 벤처캐피털에 자금을 대주는 역할을 하는 펀드라고 볼 수 있다. 민간 스스로는 벤처캐피털시장이 형성되지 않거나, 그 규모가 제한적일 수 있기 때문에 정부가 ‘마중물(fetch the pump)’처럼 종잣돈을 만들어 주는 것이다. 여기서 벤처캐피털이란 뛰어난 기술과 아이디어로 성장할 가능성을 갖고 있지만, 그만큼 실패할 위험이 커 쉽게 자금을 조달할 수 없는 벤처기업에 전문적으로 투자하는 회사나 투자한 자금을 말한다. 이스라엘 정부는 1993년에 1억 달러를 조성하여 8000만 달러는 10개 민간벤처캐피털에 자금을 대주는 요즈마펀드로, 나머지 2000만 달러는 정부가 직접 투자하는 요즈마벤처펀드로 사용하였다.

요즈마펀드의 특징

각국은 자국의 벤처기업을 육성하기 위해 여러 가지 정책을 마련하고 있다. 예컨대 우리나라도 1997년에 '벤처기업 육성에 관한 특별조치법'을 만들어 벤처기업을 육성하고 있다. 2006년에는 한국벤처투자회사를 설립해 요즈마펀드와 같은 모태펀드를 조성하여 벤처캐피털에 종잣돈을 대주고 있다. 그렇다면 요즈마펀드는 다른 나라의 모델과는 다른 어떤 특징이 있기에 창조경제시대에 남다른 주목을 받고 있을까? 이스라엘 학자들은 요즈마펀드의 남다른 특징을 다음과 같은 일곱 가지로 정리하여 본다. 요약하자면 정부주도로 시작했지만 민간의 창조성과 자율을 위축시키지 않는 모델을 만들었다는 것이다.

첫째, 요즈마펀드의 출자를 받으려는 민간벤처캐피털에 기존 금융회사와 소유관계가 없는 독립적 회사를 세우라고 요구하였으며, 그리고 정부는 민간이 조성한 벤처캐피탈의 40%(최대 800만 달러까지)만 요즈마펀드에서 투자해 민관벤처캐피털 10개를 만들었다.

둘째, 요즈마펀드는 첨단기술을 가진 기업이 창업하고 초기에 기반을 다질 수 있도록 창업기업의 초창기에 집중하여 투자하도록 하였다.

셋째, 요즈마펀드는 정부가 1억 달러만 투자했고, 나머지는 민간의 자금을 2억 5천만 달러를 조성하였고, 그 후론 민간에 맡겼으며, 요즈마펀드의 투자성공에 자극을 받아 이를 모방한 형태의 민간벤처캐피털이 봇물터지듯 생겨났다.

넷째, 벤처캐피털 10개엔 반드시 하나의 이스라엘 금융회사와 외국 금융회사가 참여토록 하였으며, 벤처기업을 많이 육성하기 위해선 외국의 선진기법을 배워야 한다는 철학을 반영한 결과이다. 실제 미국・독일・네덜란드・일본・싱가포르 등이 외국 투자자로 참여하였다.

다섯째, 정부의 수석과학관(OCS : Office of the Chief Scientist)이 요즈마펀드 이사회에 참여하였고, 수석부학관은 정부에서 첨단기술창업기업의 육성을 돕는 자리인데, 이들이 이사회에 참석하면서 창업기업의 애로사항들을 벤처캐피탈에 개진하고 벤처캐피탈의 요구사항을 창업기업에 전달하는 정보교환의 중심축 역할을 하였다.

여섯째, 요즈마펀드는 민간에 높은 수익률을 실현할 기회를 제공하였다. 보통 다른 나라의 벤처캐피털 정책은 투자자의 손실을 정부가 보전해 주거나 세제혜택을 제공하는데 초점을 맞추지만, 오즈마펀드는 최대 5년 안에 정부가 갖고 있는 지분 40%를 이자 5~7%를 더해 살 수 있는 권리를 투자자에게 제공하였다. 이를 '업사이드 인센티브(upside incentive)'라고 한다. 벤처투자자로서는 창업기업이 성공하면 정부지분을 싸게 살 수 있기 때문에 그만큼 이익을 얻을 기회가 많다는 것이다. 이러한 기대가 민간의 참여를 성공적으로 이끌어 냈다.

일곱째, 요즈마펀드는 처음부터 민영화를 계획하고 시작했다. 보통 다른 나라 벤처캐피탈 정책의 실패원인 중 하나가 정부정책이 민간의 참여를 구축(crowding-out)하는 것이다. 그러나 요즈마펀드는 민영화가 전제였기 때문에 민간의 자발적 참여를 구축하지 않았고, 실제 1998년에 민영화에 성공하면서 민간벤처캐피탈 시장이 더 큰 폭으로 성장했다.

요즈마펀드의 성공이 주는 시사점

현재 이스라엘은 매년 500개 기업이 첨단기술을 기반으로 창업하고 있다. 국민 1인당 미국의 특허를 가장 많이 보유한 나라이다. 그래서 이스라엘은 '요즈마'정신이 살아 있는 창업국가라고 한다. '창조경제'는 기존 경제영역을 새로운 영역으로 넓히는 경제를 의미한다. 첨단기술을 기반으로 벤처기업이 창업하면 이전에 상상할 수 없었던 새로운 부가가치가 만들어지고 새로운 일자리가 생겨난다. 그렇게 때문에 창조경제에 벤처기업의 창업은 필수적이다. 정부가 올해 경제정책 방향을 발표하면서 추진하겠다고 한 '미래창조펀드'도 앞으로 요즈마 펀드처럼 큰 성공을 거둘 것을 기대해 본다. 그러기 위해선 요즈마 펀드를 모방하는데 그치지 않고 우리나라 실정에 가장 적합한 벤처캐피탈 정책을 만들어 나갈 필요가 있다.(이성복, 자본시장연구원, 2013)

- 기업의 자금조달 방법 -

최근 경기침체가 장기화하는 조짐을 보이면서 기업들의 경영여건도 점점 어려워지고 있다. 경제가 어려워지면 적절한 자금조달이 뒷받침되지 않으면, 사업의 성공 여부와 상관없이 경영에 큰 어려움을 겪을 수 있기 때문이다. 그렇다면 오늘날 기업들에 중요한 자금조달 방법에는 어떠한 것들이 있는지, 특히 카지노기업에도 그 방법을 인용할 수 있는지, 알아보기로 한다.

기업의 자금조달 필요성

보통기업들은 다음과 같은 이유로 자금이 필요하다. 첫째, 기존사업을 하면서 수입과 지출이 시간상 딱 맞아떨어지지 않는 경우가 종종 발생한다. 예를 들면 제품을 만들어 팔려면 먼저 자재구입비와 인건비가 드는 반면, 제품을 팔아 얻은 수입은 나중에 들어옴으로 기업들은 적어도 제품생산을 위해 통상 1년 이내에 필요한 단기자금을 마련해 놓아야 한다. 둘째, 새로운 사업을 추진하거나 기존의 사업을 유지・확장하기 위해서는 상환기간이 1년 이상인 장기자금을 회수하기까지 상당한 시간이 걸리기 때문이다. 세 번째로는 재무구조를 개선하기 위해 자금이 필요한 경우도 있다. 회사가 가진 빚(부채)이 자기자본보다 지나치게 많다고 판단해 주식발행으로 자본금을 확충하는 등 자금을 마련하는 경우가 이에 해당된다.

기업이 자금을 조달하는 방법

기업이 자금을 조달하는 방법은 간접금융과 직접금융 두 가지로 나뉜다. 예를 들어 우리가 은행에 예금한 돈이 기업에 대출되는 경우 이를 간접금융이라고 한다. 자금 공급자인 예금주와 자금 수요자인 기업을 은행이란 매개체가 연결해주는 셈이라서 '간접'이란 말이 붙는다. 이와 달리 기업이 은행 등을 통하지 않고, 자본시장에서 주식이나 채권을 발행해 자금을 마련하는 것을 직접금융이라고 한다.

앞서 언급한 단기자금과 장기자금 이 두 가지 방식으로 조달한다.

단기자금을 마련하는 방법

먼저 간접금융을 통한 단기자금의 조달방법으로는 크게 단기대출, 당좌차월, 어음할인, 외상매출채권 담보대출이 있다. 단기대출은 1년 이내의 일정기간 은행으로부터 돈을 빌리는 방법으로, 개인이 은행에서 받는 대출과 비슷하다. 당좌차월은 특정은행에 계좌를 개설해 놓고, 예금액이 충분하지 않더라도 일정한도까지는 수표발행 등을 통해 거래처에 돈을 내주도록 하는 대출방식을 말한다.

당좌차월을 위해서 당좌예금계좌가 사용되는데 이 계좌에 예금함으로써 한도를 넘어서 빌려쓴 돈의 원금상환과 이자지급이 이뤄지며, 마치 개인들이 사용하는 마이너스 통장과 비슷한 형태이다.

어음할인이란 상품을 판매한 대가로 거래기업에서 받은 어음을 만기일 전에 금융회사에 제시하고 자금을 조달하는 방식입니다. 이때 금융회사는 어음발행 회사가 부도날 경우 등에 대한 위험을 떠안는 대가로 어음에 표시된 지급액보다 낮은 가격에 인수한다. 어음할인을 통해 자금을 조달한 기업입장에서 덜 받은 차액이 자금조달 비용인 셈이다.

외상매출채권담보대출은 기업이 제품을 구입한 고객으로부터 돈을 받기로 한 날이 돌아오기 전에 판매대금을 회수하기 위해 외상매출채권을 담보로 은행으로부터 대출받는 방식이다. 구매고객이 채권자인 은행에 구매대금을 납부함으로써 대출상환이 이루어진다. 직접금융을 통한 단기자금 조달방법으로는 기업어음발행이 있으며, 기업이 자기신용등급을 바탕으로 보통 만기 1년 이하의 어음(기업어음)을 발행해 단기간에 필요한 자금을 마련하는 것이다.

장기자금을 마련하는 방법

간접금융에 속하는 장기자금의 조달방법으로는 시설자금대출, 리스, 신디케이트론, 프로젝트 파이낸스가 있다. 이 중 시설자금대출과 리스는 각각 개인들이 사용하는 담보대출과 자동차 등을 구입할 때 이용하는 리스와 비슷하다. 시설자금대출은 말 그대로 새로운 시설을 설치하는데 필요한 자금을 대출받는 것이다. 보통 대규모 공사가 수반되기 때문에 금융회사는 담보를 설정하고 대출된 자금의 사용처에 대한 자세한 정보를 기업에 요구하는 것이다. 리스는 리스회사가 시설을 구입한 후 기업에 일정기간 임대하는 방식으로 리스기간의 시설소유권은 리스회사가 갖는다. 신디케이트론은 다수 금융회사로 구성된 채권단으로부터 대출받는 것을 말한다. 통상 대규모 대출이 필요한 기업에, 금융회사들이 위험부담을 줄일 목적으로 대출금을 나누어 준다고 생각하면 된다.

프로젝트 파이낸스는 특정사업을 추진할 때 많이 사용하는 자금조달방식으로, 일반적인 대출은 기업의 신용도를 보고 돈을 빌려주지만, 프로젝트 파이낸스는 기업의 신용도와 관계없이 특정사업의 경제성만 보고 빌려준다는 점에서 차이가 있다. 따라서 해당사업에 실패하더라도 돈을 대준 금융회사들은 사업을 추진한 기업에 상환을 요구할 수 없는 일종의 투자인 셈이다.

직접금융을 통한 장기자금 조달방식으로는 회사채 발행과 주식 발행이 있다. 회사채는 이를 발행하는 기업이 투자자에게 회사채에 표기된 액면가에 이자를 얹어 지급하겠다는 증서이다. 회사채는 주로 규모가 큰 기업들이 거액의 자금을 장기간 마련해야 할 경우에 발행되며, 주식은 주식회사가 자본금을 마련하기 위해 발행하는 것으로 발행기업 자산의 소유권을 나타내는 증서라고 보면 된다.

최적의 자본조달 방법

최적의 자본조달은 상황에 맞는 방법을 채택해야 한다. 예를 들어 장기간 진행할 사업자금을 단기대출, 기업어음발행으로 조달한다고 가정하면, 이 경우 원금상환기간이 1년 이내로 짧기 때문에 단기대출인 경우 새로 대출을 받거나 만기연장 신청을 자주해야 하고, 기업어음도 여러번 발행해야 한다. 만약 일시적으로 자금조달이 어려워지거나 이자율이 갑자기 올라 상환부담이 급격히 커질 경우 진행하던 사업을 중단해야 하는 일도 발생할 수 있다. 따라서 기업들은 주어진 상황에 따라 가장 적합한 자금조달방식을 찾기 위해 노력해야 한다.(조선경제, 2013. 3. 8)

- 기업지배구조 -

1997년 IMF(국제통화기금) 위기 전까지만 해도 기업지배구조라는 말은 우리에게 너무나도 생소하였지만, 지금은 상당히 익숙한 용어가 되었다. 지난 15여년간 기업지배구조에 관하여 많은 논의가 있었고 또 많이 개선되기도 하였다. 이는 그만큼 중요하기도 하고, 개선이 더 필요하다는 뜻도 된다. 이에 기업지배구조가 무엇이고 기업지배구조와 관련된 이슈가 어떤 것들이 있는지 알아보기로 하자.

기업지배구조의 기능

지배구조(governance)는 한 조직이 특정목적을 달성하기 위해 주요한 의사결정을 내리는 구조나 틀을 말한다. 여기서 조직은 기업은 물론 국가, 학교, 비영리단체 등 모두 포함한다. 대한민국이란 국가는 대통령, 입법부, 사법부가 있고 이들이 국가운영(통치)를 위한 의사결정을 내리는데 바로 이러한 구조가 지배구조이다. 한마디로 지배구조란 한 조직 다스리는 구조를 뜻한다고 보면된다. 그렇다면 기업지배구조(corporate governance)는 기업을 다스리는 구조를 가리키는 말로 가장 보편적인 기업형태인 주식회사는 최고경영자, 이사회, 주주총회 등의 기관들이 설치되어 있고, 이 기관들이 경영수익 및 기업가치 극대화와 같은 기업목적을 달성할 수 있도록 전략적 의사결정을 내리는데 이런 구조가 바로 기업지배구조이다.

기업은 소유와 경영이 분리되어 있는 경우가 많아 기업지배구조가 잘 설계되어야 한다. 자세히 설명하여 보면, 주식회사는 주주들이 회사의 소유자, 즉 주인이다. 하지만 회사가 어느 정도 이상의 큰 규모가 되면 주주들이 직접경영을 하지 않고, 전문경영인을 고용해 회사의 주인인 주주들은 자신들의 이익을 극대화하는 방향으로 '자신을 대리해서' 회사를 경영해 주기를 기대하고 전문경영자를 고용하지만, 이 전문경영인이 주주의 이익이 아니라 자신의 이익을 우선적으로 추구하는 방향으로 회사의 경영의사결정을 내릴 가능성이 있다는 것이다. 이런 문제를 전문용어로 '대리인문제'라고 한다.

예를 들면, 경영자가 자기 가족이나 지인이 운영하는 별로 시원치 않은 부품제조회사와 일반적인 수준보다 훨씬 좋은 조건으로 물건을 사고파는 계약을 체결하는 것 등이 있다. 따라서 기업지배구조는 이런 대리인 문제 등을 최소화시켜 경영자가 주주들의 이익을 중심으로 회사경영을 하도록 효율적으로 작동해야 한다.

❁ 기업지배구조의 주요 메커니즘(Mechanism)

주식회사의 가장 대표적이고 핵심적인 기업지배구조는 이사회이다. 이사회는 주주를 대신해 최고경영자의 의사결정이 주주의 이익에 합치하는지를 감시하는데 드는 시간이나 비용, 노력에 비해 그에 따른 이익이 대주주들에 비해 상대적으로 적다. 그래서 소액주주들은 기업경영에 대해 무관심하게 되는 경향이 있다. 반면 경영자들을 감시하고 통제하는 활동을 통해 얻은 이익이 소요되는 비용보다 클 정도로 지분이 많은 대주주라면, 적극적으로 주주권을 행사할 것이다.

많은 기업의 대주주인 국민연금이 적극적으로 주주권을 행사하려는 움직임이 기업지배구조 측면에서 관심을 받는 것도 이런 맥락이다. 또한 최고경영자의 연봉을 기업성과에 따라 더 주거나, 덜 주도록 하는 것도 최고경영자의 개인적인 이익(즉 연봉)이 주주의 이익인 기업성과와 일치하도록 하기 위함인데, 이 역시 기업지배구조로서의 역할을 한다.

❁ 기업지배구조의 이슈(Issue)

기업지배구조에 관한 논의는 기업의 주인은 주주이며, 기업의 목적은 당연히 주주이익의 극대화여야 한다는 것이고 따라서 기업경영진의 의사결정은 주주이익 즉 주가를 높이는데 집중된다. 그러다보니 대부분의 경영의사결정은 주가상승을 위해 단기적인 현금흐름을 좋게 만드는데 초점이 맞춰졌는데, 여기에서 여러 가지 부작용이 나타났다. 예를 들어 인건비를 줄이기 위해 저(低)임금의 미성년자를 고용하고, 하도급업체에 납품단가를 내리라고 강요하기도 한다. 또한 폐기물 처리비용을 절감하려고 불법적으로 하천 등으로 폐기물을 버려 환경을 오염시키는 일도 발생한다. 기업이 단기성과에 집착하면서 장기적인 성장을 위한 연구개발(R&D) 투자를 줄이는 현상도 나타나고 있지만, 이처럼 단기적인 시각에 입각한 경영은 결코 지속가능하지 않다는 인식이 점차 확산되고 있다. 그리고 기업의 지속가능한 성장과 관련해 기업의 사회적 책임의 중요성도 부각되고 있다. 따라서 최근의 기업지배구조에 관한 논의는 단순한 주주이익의 극대화에서 벗어나, 장기적인 기업의 지속가능성을 어떻게 유지해 나가도록 할 것인가로 논의의 범위가 점차 확대되고 있다.

우리나라 기업지배구조의 문제점

우리나라는 전문경영인이 별도로 있지만, 대주주인 지배구조가 전문경영인의 의사(意思)결정을 사실상 쥐락펴락 하는 기업이 적지 않다. 바로 재벌이라고 하는 대기업 집단에서 그런 문제가 많이 발생하고 있고, 우리나라 기업 지배구조의 핵심이슈이기도 하다. 재벌 총수가 그리 많지 않은 지분을 여러 계열사에 나눠 보유하면서, 그룹 내의 계열사들을 연결해 그룹 전체를 장악하는 특징이 있다.

이렇게 되면, 계열사 간 거래를 통해 이익을 많이 내고 있지만 총수 지분이 낮은 계열사로부터 그렇지 않은 계열사로 돈을 옮겨가도록 할 수 있는데, 이 경우 이익을 많이 내는 기업의 소수주주들이 피해를 보게 된다. 이런 문제는 우리나라 기업지배구조의 가장 큰 논란거리 중 하나이다.(조성훈, 자본시장연구원 부원장, 2013.)

- 우리나라 우선주(株)의 문제점 -

신문에 나오는 주식 시세표를 보면 종목 이름 뒤에 '1우', '2우B', '3우B' 등과 같이 '우'자가 붙어있는 주식을 볼 수 있다. 이런 주식이 '우선주'인데 사전적 의미는 보통주보다 먼저 배당을 받을 수 있는 주식을 말한다. 그런데 최근 국내 증시에서 우선주 주가가 급등하는 현상이 벌어지자 한국거래소가 '투자주의보'를 내렸다. 일부 우선주는 거래량이 부족하고 주가 왜곡 현상이 심해오는 7월 퇴출할 예정이다. 그러면 우선주는 어떻게 해서 만들어진 것이고, 우리나라 거래에는 무슨 문제점이 있는지 알아보도록 한다.

우선주(preferred stocks)란 무엇인가

우선주는 1840년대 영국에서 최초로 발행했다고 알려졌다. 당시 영국의 철도회사들은 투자금을 늘리고자 노력했는데, 딜레마(dilemma)는 주식을 더 발행하면 갖고 있던 주식가치가 떨어질 것이라는 우려에 기존 주주들이 반대했고, 채권을 발행하자니 철도회사 등에 대한 정부의 부채비율 규제가 있었기 때문에 무한정 발행할 수 없는 문제가 있었다. 이에 일반 주식(보통주)처럼 발행하지만, 실제구조는 사채이자와 유사한 고정 배당률이나 배당을 표시한 주식인 '우선주'를 대안으로 만들었다.

우선주를 발행하면 회사로서는 갚아야 하는 부채가 늘지 않아 이점이 있다. 예컨대 자금난에 빠진 철도회사가 우선주를 발행하면 일단 자금을 확보할 수 있으며 부채비율도 높아지지 않는다. 투자자는 우선주에 투자하면 의결권은 없지만 사채와 같이 일정비율이나 일정액으로 배당을 받을 수 있다. 그래서 회사의 경영권보다는 투자수익에 관심이 큰 투자자들은 우선주에 관심이 높을 수밖에 없다. 그리고 기존 주주로서는 우선주를 의결권이 없도록 설계해 발행하기 때문에 주식가치 하락 문제도 신경 쓸 필요가 없게 된다. 그래서 과거에는 우선주가 상당한 인기를 끌어, 1849년쯤 영국의 철도회사들이 발행한 주식의 66%가 우선주였다고 한다.

미국에서 우선주가 인기를 얻게 된 것도 영국과 비슷하여, 1871년 펜실베이니아 철도회사가 우선주를 발행하면서부터라고 한다. 소규모 철도회사들의 합병을 통해 탄생한 지역 철도회사가 효율적인 경영을 위해서는 경영권 안정이 무엇보다 중요했는데, 우선주가 이러한 수요를 충족해 줄 수 있기 때문이었다. 그런데 우선주라고 해서 무조건 100% 배당을 받을 수 있는 건 아니다. "이익 없으면 배당 없다"는 원칙에 따라 회사의 배당이 가능한 이익이 없거나 배당가능 이익이 있는 경우에도 회사가 배당을 결정하지 않으면 우선주도 배당을 받을 수 없다. 이 점이 회사의 배당가능 이익 여부와는 상관없이 이자를 지급해야 하는 사채와 다른 점이다.

우선주에는 어떤 종류가 있는가

우선주는 다양한 종류가 있다. 먼저 우선주는 참가적 우선주와 비(非)참가적 우선주로 나눌 수 있는데, 이 주식들은 배당이 확정된 이후 잔여 배당액을 나눠 받을 수 있는 권리가 있는지 없는지에 따라 다르게 부른다. 참가적 우선주는 배정이 확정된 이후에도 남은 배당액을 나눌 수 있는 권리를 준다. 비참가적 우선주는 배당 총액은 많지만, 보통주에 우선해서 받을 수 있는 확정배당 외에는 더 이상 배당을 요구할 수 없다. 그리고 만약 올 해 우선주에 대해 배당을 하지 못하거나 확정된 배당액을 누적해서 받을 수 있는 우선주도 있는데, 이를 누적적 우선주(cumulative preferred stocks)라고 한다.

이밖에도 우리나라에는 1980년대 중반이후에 발행한 소위 '1%+우선주'도 있다. 1%+우선주는 보통주의 배당률에 1%를 더해서 배당을 해주는 주식이기 때문에 항상 보통주보다 많은 배당을 받는다. 이밖에도 비상장 회사에서 경영권을 유지하면서 자본을 유치할 목적으로 많이 발행하는 "상환전환우선주"가 있다(시사경제용어 참조). 여기엔 우선주를 보통주로 전환할 수 있는 권리가 붙어있는데, 통상 벤처캐피털이 비상장회사에 투자할 때 사용하는 것으로, 벤처캐피털은 상환전환 우선주에 투자했다가 상장하기 전에 우선주를 보통주로 전환해서 상장 후에 매각을 통해 투자금을 회수하는 방식이다.

한편, 시세표에 우선주를 표시하기 위해 종목이름 뒤에 붙이는 '1우', '2우B', '3우B' 등의 표시에서 숫자는 보통 발행순서를 뜻한다. 숫자가 클수록 나중에 발행했다는 것이다. 경우에 따라서는 최저배당률 등 발행조건이 다른 주식을 구분하려고 다른 숫자로 표시하기도 한다. 'B'라는 표시는 '신형우선주'를 가리킨다. 과거 우선주엔 만기가 없었지만 1996년 이후엔 보통 3~5년 정도의 만기로 발행되는데 이 주식이 신형우선주이다.

우리나라 우선주의 문제점은 무엇인지

우리나라의 우선주는 상장된 주식수와 주주수가 적어 문제가 되는 경우가 많다. 예외적인 경우지만, A기업 우선주는 2011년 4월 상장주식수가 110주밖에 되지 않았고 하루 평균 거래량도 단 1주였다. 당시 그 회사의 보통주 가격은 1330원인데, 우선주 가격은 670만원이 넘어 보통주와 우선주의 주가 괴리율이 50만%가 넘기도 했다. 요즘도 일부 우선주에서 이런 현상이 발생하고 있다. 우선주의 유통주식수가 적기 때문에 쉽게 조작세력의 표적이 될 수 있기 때문일 것이다.

2월 말 현재 한국거래소에 상장된 우선주는 151종목인데, 대부분 하루 거래량이 5만주 미만이다. 그래서 한국 거래소는 올해 7월부터 우선주 퇴출제도를 시행할 예정이다. 퇴출요건을 살펴보면, 반기를 기준으로 두 번 연속 상장주식수가 5만주 미만이거나, 월평균 거래량이 1만주 미만인 경우, 주주수가 2년 연속 100명 미만인 경우 등이다. 현재 이 기준에 해당하는 우선주는 모두 39종목에 이르고, 이런 우선주는 상장폐지될 확률이 높은만큼 투자에 유의해야 한다.(천창민, 자본시장연구원, 위원)

- 주가(株價)조작이란 무엇이고, 어떻게 막을 수 있는지 -

최근 신문지면에 부쩍 주가조작이란 용어가 많이 보인다. 주식시장이 지지부진하고, 거래량이 줄면서 주가조작을 해서라도 돈을 벌겠다는 사람이 많아졌기 때문일 것이다. 여기에 박근혜 대통령이 취임하고 나서 열린 첫 국무회의에서 주가조작을 엄벌하겠다는 의지를 보인 것도 주가조작에 대한 관심을 높인 것으로 보인다. 오늘은 주가조작이란 무엇이고 그것을 막기 위해 감독당국이 어떤 노력을 하는지 알아보기로 한다.

주가조작이란 무엇이고, 어떤 피해가 있나

주식시장에서 주가는 기본적으로 수요와 공급에 따라 결정된다. 그런데 수요와 공급에 따라 결정되어야 할 주가를 인위적으로 조작하는 것을 주가조작이라 한다. 예를 들어 A라는 기업의 주식을 대량으로 사들여 주가를 높인 다음, 마치 A기업이 해외투자유치에 성공해서 주가가 오른 것처럼 허위사실을 유포해서 투자자를 끌어들인 다음에 막상 본인은 오른 가격에 팔아서 부당하게 이득을 보는 것을 말한다.

누군가가 인위적으로 주가를 조작하고 있다는 사실을 모른 채 주식을 사거나 팔다보면 다른 투자가들은 손해를 보게 되고 주가조작을 한 사람은 부당이익을 얻게 된다. 그래서 자본시장법에서는 주가조작을 불공정거래행위로 간주해 금지하고 있다. 한편, 법에서는 '주가조작' 대신 '시세조종행위'라는 용어를 사용하고 있다.

주가조작의 유형(類型)

우선 위장거래에 의한 시세조종을 예로 들 수 있다. 다른 사람과 사전에 짜고 자기가 특정 주식을 매도(혹은 매수)하는 것과 같은 시점에 같은 가격으로 사전에 모의한 사람이 매수(혹은 매도)하는 것이다. 이를 '통정매매'라고 한다. 가격을 점점 높이면서 매도·매수를 반복하면 주가는 계속 올라가게 된다. 이런 사정을 모르는 다른 투자자들은 해당주식의 거래가 매우 활발한 것으로 착각하게 된다. 주가조작세력은 감독당국의 눈을 피하기 위해 때로는 차명(借名)계좌와 IP주소(인터넷에 연결된 컴퓨터의 주소) 수십개를 사용하기도 한다. 또 가격상승에 대한 신빙성을 높이기 위해 해당 기업에 대한 허위사실을 유포하기도 한다. 주식시장에는 정부정책변화나 주변정세급변 등에 따라 주가가 같은 방향으로 움직이는 소위 테마주들이 있는데, 이런 테마주들이 주가조작의 주요 타깃(target)이 되기도 한다. 선거가 있는 정치시즌에는 출마한 사람과 관련있는 업종의 주식이 크게 변동하기도 하는데 이런 주식을 정치테마주라고 한다.

통정매매와 달리 동일인이 같은 종목에 대해 동시에 매도와 매수 주문을 냄으로써 그 주식의 매매가 활발한 것처럼 보이게 해서 시세를 조종하는 것을 '가장매매'라고 한다. 그런데 가장매매는 가끔 합법적인 자전거래와 혼동되기도 한다. 자전거래는 대량으로 주식을 거래할 때 동일한 중개인(증권회사)이 같은 주식을 동일 가격과 수량으로 매도·매수 주문을 내서 거래를 체결하는 것을 말한다. 대기업 그룹 내 계열사 간에 지분을 서로 사고팔 때나 대형 연기금이 대량으로 주식을 사고팔 때 시장에 미치는 영향을 줄이기 위해 미리 거래상대방과 거래가격과 물량을 정하고 나서 이런 매매를 하게 된다. 이는 사전에 거래소에 신고하고 거래소가 정한 규정에 따라 매매를 하기 때문에 불법은 아니다.

'허수성호가(呼價)'를 반복적으로 내는 것도 주가조작에 속한다. 호가는 투자자가 특정주식을 사고팔기를 원할 때, 증권사에 제출하는 가격과 수량을 의미한다. 허수성호가는 주식을 사고팔 의도도 없이 주문을 내고 즉시 취소하거나 정정하는 호가를 말한다. 주식투자를 할 때 투자자들이 보통 해당주식의 호가창(주식매매

프로그램에서 호가를 보여주는 컴퓨터 화면)을 보게 된다. 호가창은 사거나 팔려고 하는 가격들을 순서대로 보여준다. 팔려고 하는 가격(매도호가)은 가장 낮은 것부터 높은 순으로 보여주고, 사려고 하는 가격(매수호가)은 가장 높은 것에서부터 낮은 순으로 보여준다. 이때 누군가 높은 매수호가를 반복적으로 제출한다면 투자자들은 단기간에 누군가가 해당주식을 대량으로 사려고 하는 것으로 착각해 매수주문을 내게 된다. 그러나 이는 허수성 호가를 제출한 측에서 높은 가격에 해당주식을 팔기 위해 유인한 것으로, 주식을 사고 나면 가격이 떨어져 피해를 볼 수 있다.

통정매매는 장기간에 걸쳐 주가를 조작하는 것이지만, 허수성 호가는 단기간에 일어나는 주가조작이라는 점에서 차이가 있다. 한편 겉으로 보기엔 시세조종처럼 보이지만 증권사의 시장조성행위는 예외적으로 허용된다. 시장조성이란 시장에서 매매가 원활히 이루어질 수 있도록 누군가가 항상 사거나 팔 준비를 한다는 것을 의미한다. 즉 시장조성자는 해당주식을 어떤 가격에 얼마만큼을 사고 팔겠다는 호가를 제출하여 실제로 제출한 호가에 팔거나 사겠다는 주문이 들어오면 즉시 체결해 시장을 원활하게 작동하는 역할을 한다.

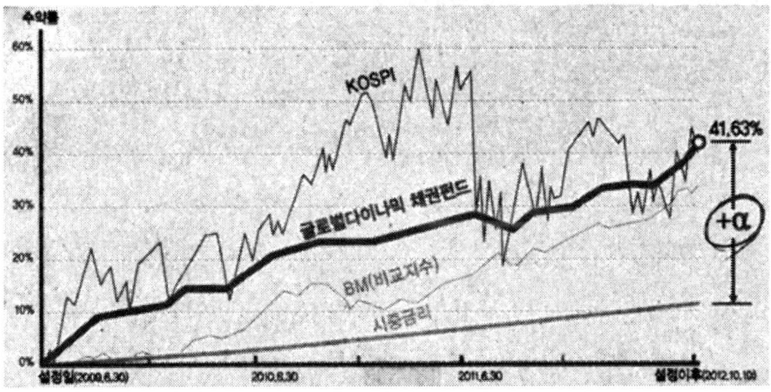

주가조작에 대한 대처방안

주가조작을 적발하고 처벌하는 과정은 다음과 같다. 한국거래소가 모든 주식거래를 일차적으로 모니터링 하다가 주가조작이 의심되는 이상징후를 발견하면 사실관계를 조사한다. 위법혐의가 발견되면 한국거래소는 금융감독원과 증권선물위원회에 그 사실을 통보하게 된다. 감독당국은 혐의가 있는 사람을 불러 조사하고 나서 형사제재가 필요하다고 판단하면 검찰에 고발한다. 검찰은 수사 후 기소하게 되고, 법원은 검찰이 기소한 주가조작 사범에게 징역형이나 벌금형을 내리게 된다.

하지만 금융당국과 검찰조사, 법원재판 등을 거쳐야 하기 때문에 주가조작을 한 사람들이 처벌을 받기까지는 적발되고 나서 2~3년이 걸리기도 한다. 이 기간에 주가조작 증거를 없애거나 부당이득으로 얻은 수익을 자금세탁 할 수 있기 때문에 더 효과적인 처벌방안이 필요하다는 의견이 나오고 있다. 감독당국이 직접 부당이득을 환수할 수 있도록 신속하게 과징금을 부과할 수 있는 제도를 도입하는 것도 하나의 방안이 될 수 있고, 이런 방안이 현재 검토되고 있다.(이인형, 자본시장연구원, 2013)

기업지배구조펀드

- 잘못된 지배구조로 인해 주가가 저평가돼 있는 기업을 골라 주식을 사들인 뒤, 기업을 압박해 지배구조를 개선하고 기업가치를 높이는 방법으로 투자수익을 거두는 펀드이다. 사외이사·감사 등을 파견하고 배당을 늘리라고 요구하는 등 기업경영에 직접 개입한다.

tip 쉽게 배우는 경제

- 네트워크 효과(network effect)
- 어느 제품의 사용자가 많아질수록 그 제품을 사용하는 소비자의 효용이 커지게 되는 현상을 말한다. 예를 들어 전화기의 경우 오로지 혼자만 가지고 있을 때는 아무 효용이 없지만, 가입자가 많아지고 통화가 가능한 사람이 늘어나면 효용도 같이 증가하는데 이러한 현상을 네트워크 효과라고 한다.

롱테일(longtail) 법칙

- 가늘지만 길게 이어진 꼬리처럼 80%의 사소한 다수가 20%의 핵심소수보다 더 많은 가치를 창출한다는 이론

믹트(MIKT)

• 멕시코, 인도네시아, 한국, 터키 등 4개국의 영문 첫글자를 따서 만들어진 신조어. 2010년 12월 '짐 오닐' 골드만삭스 자산운영 회장이 투자보고서를 통해 2011년 경제성장 가능성이 큰 '성장국가' 집단에 4개국을 편입시키면서 알려졌다.

브릭스(BRICs)

• 브라질, 러시아, 인도, 중국 등 4개국의 영문 첫글자를 따서 만들어진 신조어. 2003년 미국 증권회사인 골드만삭스 그룹 보고서에서 처음 등장했다 1990년대 말부터 빠르게 성장해 2030년 무렵 세계 최대 경제권으로 도약할 것으로 예상됐다. 넓은 영토와 많은 인구, 풍부한 지하자원 등이 강점으로 꼽혔다.

블랙컨슈머(Consumer)

• 악성을 뜻하는 블랙(black)과 소비자를 뜻하는 컨슈머(consumer)를 합성한 용어. 기업에 지나친 보상을 요구하는 소비자를 뜻한다.

비교과세

• 금융소득종합과세 기준금액인 2000만원을 넘는 부분은 종합소득세율(6~38%)을 적용하는 것이 원칙이지만, 소득공제 또는 낮은 세율 등이 적용되면 오히려 원천징수된 이자소득세율(14%) 보다도 세금이 줄어들 수 있다. 이런 문제점을 막기 위해 금융소득 합계액이 2000만원을 초과해 다른 소득과 종합과세하는 경우엔 당초 14% 세율로 원천징수된 세액과 종합과세 이후의 세액을 비교해 더 높은 세금을 적용하게 된다. 최소한 원천징수된 14% 세금 이상은 내게되는 셈이다.

비스타(VISTA)

• 베트남, 인도네시아, 남아프리카공화국, 터키, 아르헨티나 등 5개국의 영문 첫글자를 따서 만들어진 신조어. '포스트 브릭스'로도 불린다. 2006년 12월 일본 브릭스경제연구소 가도쿠라 대표가 새롭게 정리한 개념이다. 2000년 이후 정치적 안정속에 풍부한 천연자원을 바탕으로 높은 GDP(국내총생산) 성장률을 기록하고 있다.

OLED(유기발광다이오드 : Organic Light Emitting Diode) TV

• 전류가 흐르면 스스로 빛을 내는 유기물질로 만든 디스플레이 TV. 종잇장처럼 얇은 두께와 자연색에 가까운 색상을 구현할 수 있다.

애그플레이션(Agflation)

• 농업(agriculture)과 인플레이션(inflation)을 합한 말. 곡물가 상승에 따라 물가가 급격히 오르는 현상을 뜻한다.

tip 쉽게 배우는 경제

• 외환시장개입(FX market intervention)

- 환율은 외환의 수요와 공급에 의해 주로 결정되지만, 경제위기와 같은 충격으로 외환시장이 불안해 질 때에는 수요·공급 요인으로는 설명이 안될 정도로 과도하게 변동하기도 한다. 이런 경우에는 외환당국이 시장을 안정시키기 위해 외환시장에 개입해 직접 외환을 매매하기도 한다. 이처럼 정부가 외환시장 안정을 위해 외환거래에 참여하는 것을 외환시장 개입이라고 한다.

tip 쉽게 배우는 경제

• 자본이득세(capital gains tax)

- 주식·채권과 같은 금융상품이나 부동산 등 자본자산(capital asset)을 팔 때 생기는 이익에 부과하는 세금을 말한다. 미국에서는 개인의 소득수준에 따라 0~15%의 자본이득세율을 적용한다. 우리나라에서는 부동산을 팔 때 생기는 이익은 양도소득세라는 명목으로 세금을 징수하지만, 주식투자상품에 대해서는 아직 자본이득세를 부과하지 않는다.

• 자기자본이익률(ROE : Return On Equipty)

- 기업의 자금은 자기자본과 타인(他人)자본으로 나뉘는데, 자기자본을 주식회사의 경우 주주들이 투자한 자금을 말한다. 자기자본이익률은 주주의 자기자본 대비 당기순이익을 나타내는 비율이다. 따라서 자기자본이익률은 주주들이 투자한 금액으로 얼마의 수익을 올렸는지 알려주는 중요한 지표이다.

적격대출(conforming loan)

- 9억원 이하 주택을 담보로 최고 5억원까지 고정금리, 원리금균등분할상환, 만기 10~35년 조건으로 대출받을 수 있는 상품으로 주택금융공사는 이 대출자산을 담보물로 삼아 주택저당증권(MBS)을 발행한다. 주택금융공사가 요구하는 규격대로 은행들이 상품구조를 짠다는 의미에서 '적격'이라는 이름이 붙었다.

재정절벽

- 재정절벽이란 미국의 여야정치권이 올 연말(2012)에 끝나는 각종 세금감면정책에 대해 시한연장 합의해 실패하면 내년부터 가계와 기업의 세금부담이 급증하고 정부지출이자 동 삭감되는 것을 말한다. 세금은 더 거두면서 정부지출을 줄이면 경기가 급격히 얼어붙는다는 점에서 경제가 '낭떠러지(cliff)'에 봉착한다는 의미다.

지니계수

- 소득분배지표 가운데 가장 대표적인 것. 0~1 사이값을 가지며, 1에 가까울수록 불평등한 상황이다.
- 5분위 배율은 상위 20%의 평균소득을 하위 20%의 평균소득으로 나눈 것. 상위 20% 평균소득이 1200만원이고, 하위 20% 평균소득이 200만원이면 6으로 계산된다.
- 상대적 빈곤율이란 소득순으로 줄을 세웠을 때, 가운데 있는 가구소득의 50% 이하를 버는 가구의 비중

UHD(초고화질 : Ultra High Definition) TV

- 기존 HDTV보다 화질이 4배 이상 선명한 TV. 색을 표현하는 화소가 800만개 이상 담겨 있어, 실제 경관과 TV화면의 차이를 구분하기 힘들 정도로 생생하다.

tip 쉽게 배우는 경제

- 출자전환
  - 금융회사가 기업에 빌려준 대출금을 돌려받지 않고 해당기업의 주식으로 바꿔주는 것을 말한다. 일정금액의 돈을 빌려준 채권자가 그 금액만큼의 주식을 가진 주주(株主)로 바꾸는 것으로 이렇게 하면 기업입장에선 부채는 줄고, 자본은 증가하여 재무구조가 개선되는 효과를 얻을 수 있다.

탄소나노튜브와 그래핀

• 탄소원자들이 머리카락 10만분의 1 굵기의 관 모양을 하고 있는 것이 '탄소나노튜브', 탄소원자 한층으로 구성된 판(板)형태 물질이 '그래핀'이다. 두 물질 모두 나노(10억분의 1m) 수준의 물질이지만 지구상 어떤 물질보다 강하면서 열·전기 전도성이 높은데다 투명하고, 마음대로 구부러지는 성질을 가졌다. 초고성능 반도체와 수소자동차용 에너지저장, 투명전극, 연료전지, 고강도 복합소재 등 그 용도가 무궁무진하다. 평면구조인 그래핀은 나노튜브에 비해 디스플레이 제작에 더 적합하다.

통화스와프(currency swap)

• 현재 환율을 기준으로 자국통화와 달러화 등 상대방의 통화를 교환하고 일정기간이 지나면 당초거래 때 정한 환율로 화폐를 다시 교환하는 거래, 달러를 빌리는 국가 입장에서는 외환 보유액에 손대지 않으면서 자국 금융회사에 달러를 공급해 외화 유동성 위기를 막는 효과를 거둘 수 있다.

tip 쉽게 배우는 경제

• 특수목적회사(SPC : Special Purpose Company)

- 특정목적을 위해 일시적으로 설립되는 서류상의 회사(paper company)이다. 일반적으로 대규모의 복잡한 프로젝트를 수행하기 위해 설립되며, 대개 해당목표가 달성되면 회사를 해산하게 된다. '차입매수(LBO)'의 경우에는 이런 SPC가 M&A(기업인수·합병)를 하는 과정에서 인수자금을 조달하고 기업을 인수하는 주체가 된다.

팀비스(TIMBIS)

• 터키, 인도, 멕시코, 브라질, 인도네시아, 남아프리카공화국 등 6개국의 영문 첫글자를 따서 만들어진 신조어. 2011년 말 미국 조지메이슨대학 잭 골드스톤 교수가 '브릭스'에서 중국과 러시아를 빼고 터키, 멕시코를 넣어 외교전문지 '포린폴러시' 기고문에서 소개했다. 역동적인 노동력과 산업의 고른 성장 등이 강점이다.

tip

쉽게 배우는 경제

- GDP갭율
  - 안정적인 물가수준을 유지하면서 생산할 수 있는 경제성장의 최대치인 잠재성장률과 실제 경제성장률 간의 차이를 의미한다. 경제전망 결과 GDP갭율이 마이너스로 예상되면 경제가 생산능력만큼 돌아가지 않을 것으로 예상된다는 뜻이기하다. 이럴 경우 정부는 선제적인 부양정책을 고려하게 된다.

tip

쉽게 배우는 경제

- 회 사 채
  - 기업이 안정적인 장기자금을 조달하기 위해 발행하는 채권을 말한다. 은행대출처럼 일정기간이 지나면 원금과 이자를 갚아야 하기 때문에 기업입장에선 부채로 분류된다. '회사채'를 발행하는 기업을 대신해 금융회사가 원리금을 보장하는 보증사채로 발행되는 경우도 더러 있지만, 우리나라에서 발행되는 회사채의 대부분은 기업의 신용만으로 발행되는 무(無)보증 사채이다. 그래서 투자자를 보호하기 위한 장치로, 회사채 인수기관인 증권사는 반드시 회사채 발행기업을 실사(實査)해야 한다. 또 회사채 발행기업은 신용평가 전문기관으로부터 신용평가를 받아야 한다.

토빈세(Tobin Tax)

- 국제투기자본(핫머니)을 규제하기 위해 단기성 외환거래에 부과하는 세금을 말한다. 노벨경제학상 수상자인 경제학자 '제임스 토빈(Tobin)'이 제안했다고 해서 '토빈세'란 이름이 붙었다.

유언대용신탁

- 고객 생전에는 금융회사가 고객의 지시대로 금융상품에 자산을 투자해 운영하고, 사후에는 고객이 지정한 수익자에게 유산을 지급해 주는 신탁상품이다. 따로 유언장을 쓸 필요가 없고, 상속전문변호사를 찾아다녀야 하는 번거로움도 피할 수 있다. 금전・부동산・유가증권 등 맡길 수 있는 자산은 다양하다.

적격대출(Conforming loan)

- 9억원 이하 주택을 담보로 최고 5억원까지 빌려 10~30년 동안 분할상환하는

고정금리형 주택담보대출의 명칭, 대출창구는 은행이지만, 정부출자기관인 주택금융공사가 은행의 대출채권을 사들이는 방식으로 대출자금을 대준다. 은행자체고정금리 대출상품보다 금리가 0.5% 포인트 정도 싸다. 이런 장점 때문에 적격대출은 지난해 14조 2000억원이 대출돼 신규주택담보대출시장의 3분의 2를 차지했다.

M / H(Man Hour : 맨아워)

- 작업자 한 사람이 한시간 동안 할 수 있는 작업분량. 보통 3년 이상 숙련된 근로자를 기준으로 '적정 맨아워'를 산정함.

UPH(Unit Per Hour : 시간당 생산대수) / HPV(Hour Per Vehicle : 대당투입시간)

- UPH는 생산라인에서 한시간 동안 생산하는 차량대수. HPV는 차한대를 생산하기 위 투입되는 총 시간을 뜻함. UPH는 높을수록, HPV는 낮을수록 생산시설의 효율성과 작업강도가 높다.

UHD TV(Ultra High Definition Television : 초고화질TV)

- 기존 HDTV보다 화질이 4배 이상 선명한 TV. 실제 경관과 TV화면의 차이를 구분하기 힘들 정도로 생생하다. '4K TV'라고도 한다.

바트경제권

- 태국 화폐인 바트(Baht)화의 영향력에 따라 형성된 태국 · 캄보디아 · 미얀마 · 베트남 · 라오스 등 인도차이나반도에 있는 5개 국가의 경제권을 일컫는 말이다.

하우스푸어(house poor)

- 집을 살 때 지나치게 대출을 많이 받은 탓에 이자와 원금상환부담이 커서 생활고에 시달리는 사람들을 말한다. 주택가격 하락으로 집을 팔아도 대출금을 다 갚지도 못하는 '깡통주택' 소유자도 하우스 푸어에 해당한다.

헤지펀드(hedge fund)

- 주식 · 채권 · 외환 등 대상을 가리지 않고 투자해 절대 고수익을 추구하는 펀드를 의미한다. 주가나 외환이 지나치게 고평가 혹은 저평가 돼 있다고 판단되면, 신속하게 들어가 차익을 취한다. 공매도(주식을 빌려 비싸게 판 뒤 나중 주가가 떨어지면 싸게 사서 되갚아 차익을 얻는 투자기법)도 활용한다.

PB(Private Banker)

- 금융회사에서 고액자산가의 자산관리를 도와주는 직원을 일컫는다. 금융회사별로 기준이 다르지만, 보통 증권사는 금융자산 약 1억원, 은행은 약 10억원 이상일 때, PB서비스를 받을 수 있다. 고객의 절세, 가업승계, 경조사, 심지어 자녀의 중매까지도 도맡아 '현대판 집사(執事)'라고도 한다.

인지대 · 각하 · 기각

- 인지대는 소송당사자가 법원에 내는 수수료다. 소송가액에 따라 변동하는데, 1억원짜리 소송에선 45만원쯤 된다. 소송가액이 올라가면 인지대 비율은 낮아진다. 2 · 3심으로 갈수록 인지대는 올라간다. 각하는 소송에 필요한 절차와 법적요건을 갖추지 못한 경우, 소송을 낸 측 주장이 맞는지 틀리는지 따지지 않고도 소송을 끝내는 것을 말하고, 기각은 소송이 법적요건에 맞아 내용을 심리했지만 주장을 받아들일 수 없을 때 선고한다.

퇴직연금

- 기업이 사내에서 적립했다가 퇴직자에게 일시금으로 주던 퇴직금제도를 바꿔 금융회사에 맡겨 퇴직금을 굴리게 하고 그 돈을 퇴직자에게 연금형태로 지급하는 제도를 말한다. 원리금 보장여부에 따라 원리금보장형, 실적배당형으로 나눈다.

MWC(Mobile World Congress)

- 매년 2월 스페인 바르셀로나에서 열리는 세계 최대규모의 이동통신 산업전시회. 세계이동통신사업자협회(GSMA)가 주최한다. 올해 전시회는 통신사와 휴대전화 제조사, 소프트웨어, 인터넷 등 1500여 업체가 참가한다.

tip 쉽게 배우는 경제

• 인프라투자

- 사회간접자본(SOC : Social Overhead Capital)에 대한 투자를 의미한다. 사회간접자본이란 고속도로, 철도, 공항, 항만, 발전소 등과 같이 대개 정부가 세금을 투입해 짓는 사회기간시설을 말한다. 그러나 최근에는 비용절감 및 효율성 증대를 이유로 사회간접자본의 건설 및 운영을 기업에 맡기고, 일정 수익률을 보장해주는 방법으로 민간투자금을 유치해 짓는 경우가 많다. 이에 따라 세계 각국의 국부펀드 또는 연기금과 같은 기관투자자들이 인프라(Infra-structure)투자를 확대하고 있는 추세이다.

3D 프린터

- 잉크젯 프린터에서 잉크대신 프라스틱과 같은 고분자물질이나 금속가루를 뿜어내는 장치. 벽돌을 하나하나 쌓아 건물을 만들 듯 미리 입력된 입체 설계도에 맞춰 재료를 층층히 쌓아올려 3차원의 제품을 만든다.

3D 프린터 작동원리

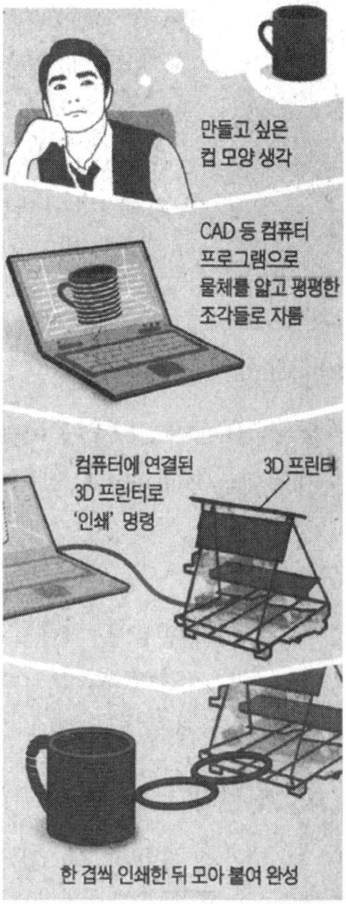

전기차(Electric Vehicle)

- 내연기관 없이 배터리를 에너지원으로 모터를 돌려 움직이는 차

플러그인하이브리드차(Plug-in Hybrid Vehicle)

- 내연기관 엔진과 전기모터를 함께 사용하는 충전식 하이브리드 차, 가정용 콘센트에 플러그를 꽂아 배터리를 충전할 수 있다.

연료전지차(Fuel Cell Vehicle)

- 수소와 공기 중 산소를 반응시켜 발생하는 전기로 모터를 돌려 구동력을 얻는 차

소닉브랜딩(Sonic Branding)

- 소리나 음악 등 청각적 요소를 이용해 소비자가 특정 브랜디를 떠올리게 하는 마케팅 기법. 제

품이나 브랜디 이미지에 맞춰 따라 부르기 쉽게 만든 CM송, SK텔레콤 고객에게 전화를 걸 때 나는 'T링(띵띵띠링띵)'처럼 단순한 멜로디를 이용한 징글(jingle) 등이 이에 해당한다.

tip 쉽게 배우는 경제

- 신성장동력산업

- 향후 5년, 10년 후에도 지속적인 경제성장을 이루기 위해서는 기존 제조업 중심의 성장동력을 뛰어넘는 새로운 산업 또는 신기술이 필요한데, 이런 산업이나 신기술을 통틀어 신성장동력산업이라고 한다. 우리 정부가 정책적으로 추진하고 있는 신성장동력산업은 크게 녹색기술산업, 첨단융합산업 그리고 고부가 서비스산업의 3대분야, 17개 산업으로 구성돼 있다.

우리나라의 주요 경제권역별 수출 금액

단위 : 억달러, 2012년 기준

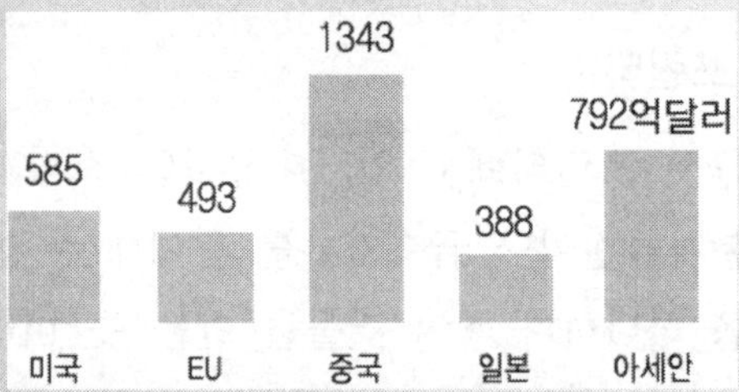

자료 : 지식경제부

이런 산업들을 육성하기 위해서는 반드시 막대한 자본과 장기적인 투자가 뒷받침되어야 하기 때문에 많은 나라가 정책자금을 지원하고 있다.

FISH

- 프랑스(France), 이탈리아(Italy), 스페인(Spain), 네덜란드(Holland)의 영문단어 첫글자를 딴 것이다.

PIIGS

- 포르투갈(Portugal), 이탈리아(Italy), 아일랜드(Ireland), 그리스(Greece), 스페인(Spain)의 영문단어 첫글자를 딴 것이다.

FISH 국가들의 분기별 경제 성장률

전기 대비 GDP 성장률, %

※ FISH는 프랑스, 이탈리아, 스페인, 네덜란드(Holland)의 머리글자를 딴 것임

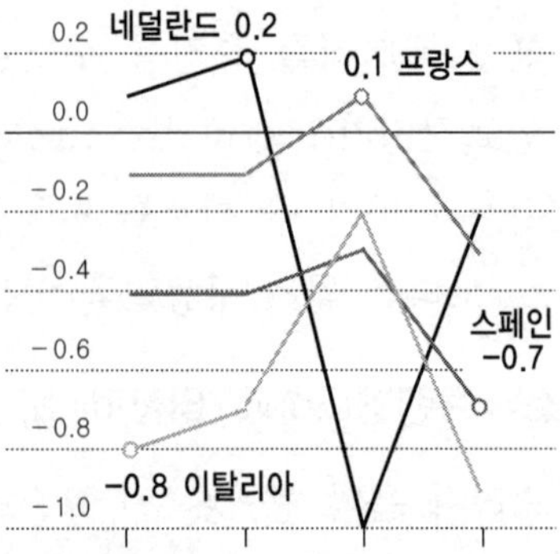

자료 : 유럽연합통계국

데이터센터(Data Center)

- 각 기업의 콤퓨터 시스템과 통신장비, 저장장치 등을 대신 맡아 전문적으로 관리하는

시설

내진(耐震) / 면진(免震)

• 내진은 건물을 튼튼하게 지어 지진을 이겨내는 기술, 면진은 땅과 건물 사이에 별도 구조물을 설치해 지진의 충격을 흡수·회피하는 기술을 말한다.

가치투자

• 기업의 수익이나 자산가치에 비해 저평가된 주식을 찾아내 장기간 보유함으로써 수익을 올리는 투자기법이다. 주가의 단기적 등락에 초연하며, '기업의 기초가 튼튼하면 언젠가 제 값을 받을 것'이라는 신념으로 버티는 게 특징이다. 주가의 움직임과 주식거래량을 분석해 주가를 예측하는 기술적 분석과 대비된다.

tip 쉽게 배우는 경제

• 히든 챔피언(Hidden Champion)

- 독일의 경영학자인 헤르만 지몬이 1996년 저서에서 처음 쓴 용어로, 일반인들에게는 잘 알려지지 않았지만 세계시장의 각 분야에서 높은 시장점유율을 차지하고 있는 초일류 중소기업을 뜻하는 말이다. 소비자에게 직접 전달되는 소비재 분야 보다는 중간재, 부품분야에 많다. 독일의 히든챔피언들은 자국이 높은 경제성장을 지속하고 수출을 확대하는데 크게 기여했다.

PPL(Product Placement)

• 영화, TV드라마·쇼 등에 기업제품을 소품이나 배경으로 등장시켜 소비자들에게 해당 제품을 광고하는 것.

재형저축

• 근로자 재산형성 저축의 준말이다. 1995년에 없어졌다가 18년 만에 부활되는 비과세 금융상품이다. 새재형저축은 연봉 5000만원 이하 근로자나 연소득 3500만원 이하 자영업자만 가입할 수 있다. 한해 1200만원(분기당 300만원)까지 이자소득세가 부과되지 않아 목돈을 마련하는데 유리하다.

조인(Joyn)

• 전세계 이동통신사들이 GSMA(세계이동통신사업자협회)가 제공하는 표준규격

으로 만든 모바일 메신저. 문자메시지와 음성통화, 데이터 전송 등 통신사의 커뮤니케이션 서비스를 통합한 것이 특징이다.

단말기 중립성

- 어느 휴대전화든 전화없이 모든 통신사의 서비스에 가입할 수 있도록 하자는 것, 현재는 제조사가 통신사별 단말기를 따로 출시한다.

경제자유구역

- 해외투자 자본과 기술을 적극적으로 유치하기 위해 외국인 투자 기업에 각종 세제혜택과 규제완화 등 행정편의를 제공하는 특구(特區)를 말한다. 2003년 인천경제자유구역을 시작으로 부산·진해, 광양만권 경제자유구역이 지정됐고, 2008년 대구·경북, 황해, 새만금·군산 경제자유구역이 지정됐다. 2013년 충북과 동해안권 경제자유무역 2곳이 추가돼 모두 8곳이 있다.

tip 쉽게 배우는 경제

- 사외이사
  - 기업의 이사회가 최고경영자에 대한 감시·견제 및 규율활동을 제대로 수행하려면 무엇보다 이사회가 최고경영자 혹은 지배주주의 영향력으로부터 독립적이면서 전문성을 갖춘 사람들로 구성되는 것이 중요하다. 이를 위해서 회사임원이 아닌 독립적인 외부인사를 이사회의 구성원으로 선임하게 되는데, 이러한 독립적 외부 인사를 사외이사라고 한다. 우리나라에서는 상법에 따라 상장회사는 사외이사를 반드시 선임해야 한다.

상장수지펀드(ETF : Exchange Traded Funds)

- 코스피 200지수 등 특정지수와 동일한 수익률을 얻을 수 있도록 설계된 펀드를 말한다. 한국거래소에 상장돼 실시간으로 매매되는데, 투자자가 매수·매도 주문을 직접낸다.

크라우드 펀딩(crowd funding)

- 인터넷을 통해 기부·후원·투자를 받아 소규모자금을 조달하는 것임. 십시일반(十匙一飯)처럼 다수가 소액자금을 내서 조성한다. 설립초기의 벤처기업이나 친환경 기술처럼 사업위험이 따르는 상황에서 초기투자금을 모으는데 효과

적 수단이 된다.

인컴펀드(income-fund)

- 채권이나 부동산투자신탁(리츠 · REITs), 고배당주 등에 투자해 이해 · 배당 등을 정기적으로 얻을 수 있는 중위험 · 중수익 상품이다. 주식투자에 따른 차익보다는 이자 · 배당 등에서 수익을 내는 것을 목적으로 한다.

대전환(great rotation)

- 채권에서 투자자금이 빠져나와 주식으로 옮겨가는 현상을 가리킨다. 작년 10월 투자은행인 BOA(Bank of America) 메릴린치가 '채권의 시대는 끝났는가'란 보고서에서 처음 사용해서 월가에 널리 퍼진 용어다.

컬러 마케팅(color marketing)

- 색상으로 소비자의 구매욕구를 자극시키는 마케팅 기법. 사람은 색채에 민감한 반응을 보이고, 이것이 곧 구매충동으로 직결된다는 것이 기본 논리다.

재제조(Remanufacturing)

- 중고제품을 분해 · 세척 · 보수 · 재조립해 새 제품을 만드는 방식으로 재활용하는 것. 성능은 새 제품과 비슷하지만, 원자재 구매비용이 적게 들어 가격을 낮출 수 있다.

LCD(액정디스플레이)

- TV나 노트북 · 태블릿 PC에 쓰이는 화면표시장치, 유리기판 사이에 액정을 넣은 뒤 전류를 흘려 영상을 표현한다. 글로벌 시장규모가 연 795달러(약 86조원)에 이른다.

국적별 외국인 보유 토지현황 단위 : m^2

※ 작년 3분기 기준임

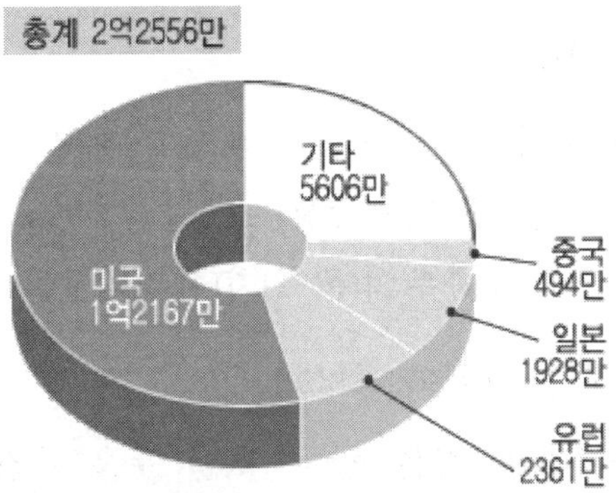

자료 : 국토해양부

부동산투자 이민제

- 외국인이 국내부동산에 일정금액 이상을 투자하면 국내거주자격(F-2)을 주고 5년이 지나면 영주권(F-5)을 허용

하는 것이다. 현재 제주도와 강원도 평창 알펜시아 지역, 전남 여수 대경도 관광단지, 인천 영종지구 등 4곳에 적용되고 있다. 주로 한국에 관심이 많은 중국과 동남아, 중동지역 투자자를 끌어들이기 위한 유인책이다.

- 최소투자금 5억원인 제주만 352건 2300억원 유치성공, 인천영종지구는 15억원 이상 투자문턱 높아 실적 전혀 없어, 평창·여수도 유인책 부족한 편.

▶ 부동산투자 이민제 시행현황

대상지	투자여건	시행시기	투자실적
제주도	미화 50만달러 또는 한화 5억원 이상	2010. 2	352건 (2307억원)
강원도 평창 알펜시아 관광단지	미화 100만달러 또는 한화 10억원 이상	2011. 2	없음
전남여수 경도 해양관광 단지	미화 50만달러 또는 한화 5억원 이상	2011. 8	없음
인천경제자유구역 영종지구 미단시티·하늘지구 복합리조트	미화 150만달러 또는 한화 15억원	2011. 11	없음

자료 : 법무부

분양가 상한제

- 건설사들이 아파트 분양가를 정할 때 땅값과 건축비를 감안해 일정수준 이상을 넘기지 못하도록 정부가 규제하는 제도. 노무현 정부 시절인 2005년 3월 치솟는 집값을 잡기 위한 투기 억제 수단으로 첫 시행됐다. 부동산 침체기에는 불필요한 규제라는 지적이 나온다.

역세권

- 도심의 철도역을 걸어서 이용할 수 있는 인근지역을 뜻한다. 부동산업계에선 보통 철도를 중심으로 반경 500m 안팎지역을 말하지만, 명확한 정의는 없다. 국토교통부 측은 위치나 지역상황 등을 고려한 개념으로 본다.

시퀘스터(sequester)

- '격리' 혹은 '압류' 라는 뜻을 가진 '시퀘스트레이션(sequestration)'과 같은 말. 정말 예산과 관련해서는 정부지출이 법에 정한 한도를 넘어설 경우 강제적으

로 예산을 자동 삭감하는 절차라는 의미로 쓰인다.

레버리지(leverage)

- 원래는 '지렛대' 라는 뜻. 작은 힘으로 무거운 사물을 들어 올리듯, 자기 자산을 담보로 외부로부터 더 많은 자금을 빌리는 것을 뜻하는 금융용어이다.

tip 쉽게 배우는 경제

- 전환사채
  - 일반회사채에 주식으로 바꿀 수 있는 권리가 더해진 채권을 말한다. 채권자는 일정기간 후에 정해진 비율에 따라 소유한 전환사채(convertible bond)를 주식으로 바꿔 줄 것을 발행기업에 요구할 권리를 갖게 된다. 예를 들어 만 1년짜리 전환사채를 발행하면서 만기수익률이 6%이고 주식으로의 전환가격이 1만원이라고 가정한다면, 향후 1년간 전환사채 발행기업의 주가가 1만원에 미치지 못했다면 만기가 될 때까지 기다렸다가 6% 이자를 받으면 된다.

    반면 주가가 상승해 1만5000원이 되었다면, 전환사채 보유자는 주식으로 바꿔 주당 5000원의 시세차익을 올릴 수 있다. 주식가격이 상승하면 주식으로 전환해 수익을 얻고, 그렇지 않은 경우에는 채권수익률 만큼의 이자를 받는 것이다. 따라서 전환사채는 일반회사채보다 높은 가격으로 발행된다.

통화안정채권(통안채)

- 정식명칭은 통화안정증권으로 한국은행이 시중의 현금을 회수할 목적으로 발행한다. 경상수지 흑자나 외국인 투자자금이 들어와 시중에 현금이 증가하는 경우에 한은은 통화안정채권을 발행해 통화량을 조절한다.

데이터센터(Data Center)

- 온라인사업에 필수적인 설비를 제공하며, 고객과 기업정보를 보관하는 시설, 막대한 전기가 필요해 '전기먹는 하마'로 불린다.

할랄(Halal)

- 이슬람율법 '샤리아(Sharia)'에 따라 '허용되는 것'을 뜻한다. 돼지고기, 술, 투기 등 율법이 허용하지 않는 것은 먹거나 소비 또는 생산해서는 안된다. 허용된 식품과 공산품에는 할랄마크가 찍힌다. 요즘 이슬람권에서는 할랄산업의

주도권을 잡기 위해 치열한 경쟁이 벌어지고 있다.

스쿠크(Sukuk)

- 이슬람율법은 돈 굴리는 걸 금한다. 그래서 이자를 주는 채권을 못 만든다. 스쿠크는 이를 우회하는 수단으로 개발됐다. 예를 들어 어느 기업이 돈이 필요하다고 하자. 그 기업은 일단 가지고 있는 건물을 형식적으로 투자자에게 판 뒤 월세를 내면서 그 건물을 계속 사용한다. 집세를 주고 받는 것은 율법에 어긋나지 않기 때문이다. 기업은 건물 판 돈을 필요한데 쓴 뒤 나중에 그 건물을 같은 값을 주고 되사들인다. 이는 원금을 갚는 셈이고, 그동안 낸 월세는 이자가 된 셈이다.

ISS(Institutional Share holder Services)

- 미국의 모건스탠리 캐피탈 인터내셔날(MSCI)의 자회사로, 기업의 주주총회 안건을 분석하는 회사이다. 국내사정에 어두운 해외의 기관투자가가 ISS의 의견을 주로 참고하며, KB금융지주의 1대 주주인 국민연금(8.6%)도 이 회사의 보고서를 받아본다.

메짜닌 펀드(Mezzanine)

- 메짜닌이란 층과 층 사이의 라운지 공간을 나타내는 이탈리아의 건축용어로, 통상적으로 중간을 의미한다. 일반적으로 채권(선순위채권)과 주식(stock) 사이에 존재하는 모든 혼합형태의 금융상품을 말한다. 주식과 채권의 특성을 모두 지닌 하이브리드 형태의 금융상품을 통칭하기도 한다. 주로 전환사채(CB), 신주인수권부사채(BW), 교환사채(EB), 워런트(Warrant) 등에 투자한다.

백지신탁(blind trust)

- '폐쇄신탁' 혹은 '블라인드 트러스트'라고도 불린다. 백지신탁제도는 미국에서 처음만든 제도다. 공직자가 지위를 이용해 자기가 보유한 주식이나 채권의 가격에 영향을 줄 수 있는 정책입안이나 법집행을 못하도록 막자는 것이다. 미국에선 대통령부터 군장성까지 주요 공직자는 자신이 보유한 채권과 주식을 신탁회사에 맡기고 그 운영을 완전히 일임하는 것으로 우리나라는 2004년 공직자윤리법을 제정하면서 이 제도를 도입했다.

tip 쉽게 배우는 경제

- 상환전환우선주
- 투자금을 상환받을 권리와 보통주로 전환할 권리가 동시에 붙어있는 우선주를 상환전환우선주(redeemable convertable preferred stocks)라고 한다. 벤처캐피탈은 상환전환우선주로 투자하면 상장 전엔 배당수익을 받다가 기업이 상장하기 직전에 보통주로 전환해서 상장 후 주식시장에서 매도해 투자금을 회수한다. 상장하지 못하는 경우에는 상환받을 권리를 행사해서 투자금을 회수할 수도 있다.

서민금융 상품

- 새희망홀씨, 햇살론 등 저신용·저소득층 서민들을 대상으로 하는 대출상품이다. 연소득 2600만원 이하이거나, 신용등급 6등급 이하이면서 연소득이 4000만원 이하인 서민을 대상으로 돈을 빌려준다. 대출금리는 연 9~14% 수준으로 20%가 넘는 카드론이나 대부업체 금리보다 낮다.

공(空)매도(short selling)

- 주식이 없는 상태에서 빌려서 파는 것을 말한다. 대개 특정기업의 주가가 떨어질 것으로 예상될 때 투기세력이 공매도를 많이 활용한다. 예상대로 주가가 내려가면 떨어진 가격에 주식을 사서 빌린 주식을 갚아 차익을 얻을 수 있다.

징벌적 손해배상제

- 가해자의 행위가 반(反)사회적이면서 악의가 있을 경우, 벌칙을 가하는 차원에서 가해자가 피해자에게 실제손해액보다 몇 배 더 많은 배상금을 물게 하는 제도.

환태평양경제동반자협정(TPP : Trans Pacific Partnership)

- 자유무역협정(FTA)이 양국간 무역협정이라면 TPP는 미국주도로 11개국이 협상을 진행하고 있는 다자간 무역협정이다. 2015년까지 상품의 관세철폐 뿐만 아니라 지식재산권·노동규제·금융·의료분야의 비관세 장벽제거까지

목표로 하고 있다.

린스타트 업

- 짧은 시간동안 제품을 만들고 성과를 측정해 다음 제품 개선에 반영하는 것을 반복해 성공확률을 높이는 경영방법으로, 미국 실리콘벨리의 벤처기업가 '에릭 리스'가 도요타자동차의 '린제조'를 벤처경영에 접목해 소개하면서 확산됐다.

일감몰아주기 / 떼어주기

- 대기업이 상품이나 서비스를 구매할이 있을 때 계열사에 발주를 몰아주는 것은 일감몰아주기다. 반면 대기업이 하던 사업의 일부를 분리해 총수일가가 지분을 가진 회사에 넘겨 주는 것은 일감떼어주기다. 예를 들어 현대자동차가 현대모비스에 부품발주를 몰아주면 일감몰아주기, 직접해왔던 자동차 운반업무를 글로비스로 이관하면 일감떼어주기에 해당한다.

펀(fun)경영

- 1990년대 초 미국 기업들을 중심으로 직원들에게 유머훈련을 받게 해 직장분위기를 밝게 한다는 아이디어로 출발했다. 구성원이 즐겁게 일하면 자발적인 참여와 헌신을 이끌어 낼 수 있고 생산성도 높아진다는 것이다. 대표적인 기업이 사우스웨스트항공이다. 1971년 설립된 저비용 항공사인 이 회사의 창업자 허브 켈러허는 '일도 즐거워야 한다'는 모토로 회사를 경영한다. 최저가 운임을 받지만 딱딱한 기내방송 멘트 대신 탑승객들에게 농담을 던지는 직원들과 정시운항의 규율을 꼭 지키는 것으로 정평이 나 있다. '포천'지(誌)가 선정하는 '미국에서 가장 일하기 좋은 100대 기업'에도 해마다 꼽힌다.

아우렛

- 보통 도시 외곽에 있는 대규모 재고 전문 판매점을 말한다. 백화점이나 제조업체에서 판매하고 남은 재고상품이나 기획상품을 정상가보다 50% 이상 싸게 판매한다. 최근에는 도심형 아우렛도 속속 생겨나고 있다.

tip 쉽게 배우는 경제

- 조세조약
  - 조세조약(tax treaty)은 소득과 재산에 대한 이중과세를 방지하고 탈세를 방지할 목적으로 국가간에 맺는 협약을 말한다. 조세조약을 맺지 않으면 국가간 무역과 자본거래에서 발생하는 소득에 대해 양국이 모두 과세를 하게 돼 국가간 상품과 자본거래를 위축시키고 개인이나 기업은 과도한 세금을 부담하게 된다. 조세조약은 이런 문제를 해결하기 위해서 낮은 세율로 과세하거나 한 나라에서 낸 세금은 환급해 주는 등의 편익을 양국 국민에게 제공하게 된다.

리콜(Recall)

- 원래는 문제가 있는 대표를 임기 전에 해임하는 '주민소환제'에 나온 말이다. 문제가 있는 제품을 만든 제조회사가 해당 제품을 수리·파기·교환·환급 해 주는 시정조치를 하는 경우, 리콜(recall)이라 부르게 됐다. 회사가 먼저 대처에 나서는 '자발적 리콜'과 관계당국이 처분을 지시하는 '강제적 리콜'로 구분된다.

미국의 리콜 추세 자발적, 강제 리콜 포함

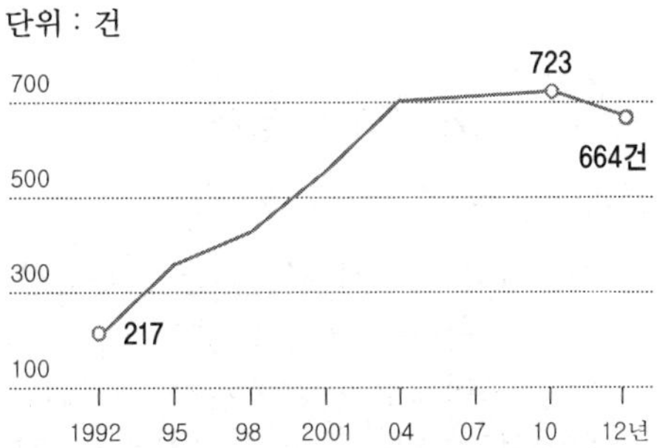

자료 : NHTSA(미국 고속도로교통안전국)

ELS(주가연계증권)과 ELF(주가연계펀드)

- ELS는 개별주식의 가격이나 주가지수와 연계해 수익률을 결정하는 파생금융상품이고, ELF는 이런 ELS상품들에 투자하는 펀드로 은행·증권사 등에서 판매한다.

건강세(health tax)

- 주로 건강보험 재정확충을 목적으로 부과하는 세금을 말한다. 외국에서는 담배·술·패스트푸드 등 주로 건강에 좋지 않은 영향을 미치는 품목에 부과하고 있다. 기획재정부와 건강보험공단이 마련한 방안은 부가가치세·개별소비세·주세(酒稅) 등 3개 세금에 0.03%포인트의 건강세를 부가(附加)하겠다는 것이다.

M2M(Machine to Machine : 사물지능통신)

- M2M은 기계와 기계 간의 통신을 뜻한다. 각종 센서와 미터기를 유·무선 통신망에 연결해 정보를 실시간으로 수집한 뒤 이를 필요한 분야에 활용하는 것이다. 자동차·원격검침·스마트의료 등 활용분야가 다양하다.

총부채상환비율(DTI)

- 돈을 빌린 사람이 1년간 갚아야 할 원금과 이자의 총액을 그 사람의 연간소득으로 나눈 비율을 말한다. 대출받은 사람의 부채상환능력을 나타내며, 정부는 이 비율을 50% 이하로 규제하고 있다.

  주택담보인정비율(LTV)

- 은행들이 주택담보대출을 할 때 주택시세에 비례해 설정하는 대출금액의 비율을 말한다.

> **tip 쉽게 배우는 경제**
>
> - 정보비대칭
>
> - 시장에서 정보에 접근하는데 불균형이 생겨 거래상대방 간에 갖고 있는 정보의 차이가 발생하는 현상을 말한다. 보통은 한쪽이 좀더 우월한 정보를 갖고 있기 때문에 정보비대칭이 발생하며, 이 때문에 불공정거래가 발생한다. 그 결과 자원배분의 왜곡이 일어나는 등 사회적으로 비용을 치러야 한다. 주가조작과 내부자거래가 정보비대칭으로 발생할 수 있는 주식시장의 대표적인 불공정거래라고 할 수 있다.

볼륨존(Volume Zone)

- 가계의 연간 가처분소득이 5000~3만5000달러인 중간소비계층, 즉 '대중소비시장'을 말한다. 브릭스(BRICs)와 동남아·아프리카·중남미 등 신흥지역에 급속도로 확대 돼 2005년 16억명에서 올해 20억명이 넘을 것으로 추정된다. 신흥국 중산층과 선진국 저소득층이 주로 해당된다.

주요국의 정부 역량 점수와 국가 채무 비중 2010년 기준

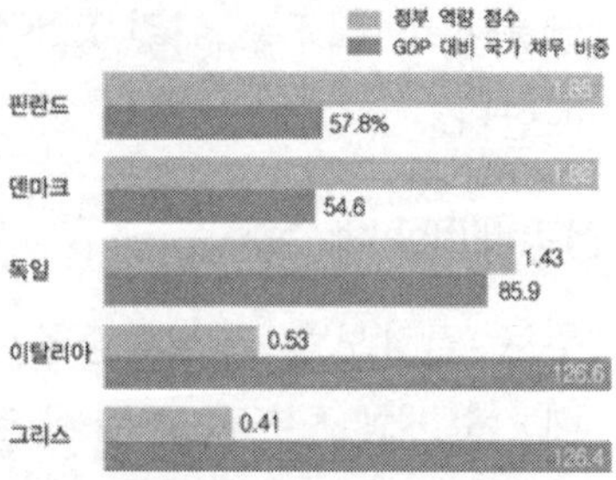

※ 정부 역량은 OECD가 200여개국의 정치적 안정성, 법치주의, 규제의 질, 부패 통제 등 6개 지표를 평가한 것으로 평균(0점)보다 높을수록 정부 역량이 높다는 것을 의미하며, 정부 역량 점수가 높을수록 국가 채무 비중도 낮은 상관관계가 있음.
자료 : OECD

자산담보부채권(ABS)

• 금융회사나 기업이 보유한 부동산, 대출채권, 할부채권 등을 담보로 잡고 발행하는 채권을 가리킨다. 일반 금융채나 회사채와 달리 담보가 있기 때문에 떼일 위험이 작아서 투자자들이 선호한다.

추가경정(追加更正) 예산

• 원래 정해진 예산 외에 돈을 더 쓸 필요가 있을 경우 짜는 예산을 말한다. 대규모 자연재해 · 경기침체 · 대량실업 등으로 편성조건이 법으로 제한돼 있다.

접속료

• 정확한 명칭은 상호접속료다. 상호접속료란 특정통신사 가입자(발신자)가 다른 통신자(착신자)에게 전화를 할 수 있도록 통신망을 연결하는 것이다. 전화를 건 사람이 가입한 통신사는 전화를 받은 사람이 가입한 통신사에 통신망을 이용한 대가를 지급한다. 이때 지급하는 돈이 상호접속료다.

tip 쉽게 배우는 경제

• 총비용 비율

- 운용보수, 판매보수, 수탁보수, 사무보수 등 펀드 관련서비스를 제공하는 회사에 투자자가 지급하는 모든 비용을 합한 것을 총비용이라고 한다. 그리고 펀드자산대비 총비용이 어느 정도 비중을 차지하는지 보여주는 것이 총비용 비율(TER : Total Expense Ratio)이다. 쉽게 말해 수수료율이라고 할 수 있다. 일회성 선후취판매수수료는 투자자들이 직접 현금으로 지급하지만, 총비용은 매년 일정비율로 펀드자산에서 자동으로 차감되기 때문에 투자자들이 그 규모가 얼마나 되는지 잘 알지 못하는 경향이 있다.

특허전세

• 기업이 보유한 특허에 대한 권리를 일정기간 펀드에 넘기고 그 대가로 돈을 받는다. 계약기간 펀드는 특허를 다른 곳에 빌려줘 수익을 내고, 특허 침해를 방지하는 활동을 한다. 기업이 돈을 반환하면 특허를 다시 가져올 수 있다.

휴면카드

• 발급은 받았지만 1년 이상 사용실적이 없는 카드를 말한다. 장롱에 넣어두고 사용하지 않는다고 해서 '장롱카드'라고도 한다. 올해 1월 말 기준 휴면카드는 2355만장에 이른다. 금융당국은 지난 3월부터 휴면카드 자동해지 제도를 시행하고 있다.

병행수입

• 국내독점 판매권을 갖고 있는 공식수입업체가 아닌 제3업체가 다른 유통경로를 거쳐 국내로 들어오는 것. 마케팅비용, 유통업체수수료 등이 줄어 가격이 20~70% 저렴한 것이 특징이다.

로컬푸드(local food)

• 지역에서 생산한 농산물을 그 지역에서 소비하는 것이다. 원래는 식품의 신선도를 높이자는 취지에서 시작했으며, 유통단계가 줄면서 자연스럽게 농민과 소비자에게도 이익이 돌아가는 효과를 갖고 있다.

tip 쉽게 배우는 경제

• 구축효과

- 구축효과(crowding-out effect)란 정부가 재정지출을 확대하면 민간이 수익을 낼 수 있는 투자처가 줄어들어서 민간투자를 억제하는 효과가 나타나는 것을 의미한다. 예를 들어 정부가 벤처캐피털에 투자를 꺼리게 되어 벤처캐피털 시장이 오히려 위축되는 효과가 발생할 수 있다.

tip 쉽게 배우는 경제

• 내부거래

- 계열회사 사이에서 일어나는 거래행위를 통틀어 내부거래라 한다. 한 계열회사가 다른 계열회사의 상품 및 서비스를 구입하는 것, 다른 계열회사에 자금이나 인력을 지원하는 것 모두 내부거래이다. 내부거래 중에서 계열회사에 가격이나 거래조건을 유리하게 해주는 경우, 계열회사나 임직원에게 구매를 강요하는 경우 등은 공정한 경쟁을 가로막는 행위이기 때문에 부당내부거래로 간주해 규제한다.

글로벌청년사업가(Global Young Business Manager) 프로그램

- 한국청년들이 베트남 등 해외로 가서 취업·창업할 수 있도록 현지어와 비즈니스 실무를 1년간 압축적으로 가르치는 과정. 김우중 회장 주도로 대우 세계경영연구회에서 비용을 부담하며 주관함. 작년 배출된 1기 졸업생 33명은 전원 베트남에 진출해 있는 한국 기업에 취업했으며, 또 현재 2기 연수생 39명이 국립 하노이사범대에서 교육을 받고 있다. 연수생과 졸업생에게는 대우그룹 전직임원들이 일일이 멘토(mentor)로 붙어 조언해 준다. 베트남에 이어 내년엔 미얀마에도 연수생을 선발할 예정이다.

PER(price earning ratio : 주가수익비율)과 PBR(price on book value ratio : 주가순자산비율)

- PER은 주가를 주당순이익(EPS)으로 나눈 것으로 주가가 주당순이익에 비해 몇 배 수준인지를 보여준다. PER이 낮으면 현재 기업의 주가가 주당순이익에 비해 낮게 평가돼 있다는 의미이다. PBR은 주가를 주당순자산으로 나눈 것으로 기업이 보유한 부동산, 현금 등 자산에 비해 주가가 몇 배 수준인지를 보여준다.

AP

- Application Processor의 약자, 스마트폰에서 두뇌역할 하는 반도체를 뜻한다. AP는 기존의 듀얼코어를 거쳐 이보다 두 배 성능이 좋은 쿼드코어 제품이 최근 스마트폰에 많이 채택되고 있음. 앞으론 다시 이보다 두배 더 뛰어난 옥타코어 프로세서가 채택될 것으로 전망된다.

갑을관계(甲乙關係)

- '갑'과 '을'은 원래 계약서상에서 계약당사자를 순서대로 지칭하는 법률용어임. '갑은 을에게 필요한 조치를 취할 수 있다'는 식이다. 통상 '갑'이 '을'보다 상대적으로 지위가 높은 당사자일 경우가 많음. 여기서 권력적 우위인 쪽을 '갑' 그렇지 않은 쪽을 '을'이라 부르며 '갑을 관계를 맺는다'는 표현이 생겨났다. 지금은 대기업과 협력업체, 업주와 종업원, 상사와 직원, 고객과 서비스업체까지 폭넓게 쓰이고 있다.

tip **쉽게 배우는 경제**

• 부외거래(簿外去來)

- 부외거래(off balance sheet engagement)는 장부외거래를 가리키는 말로 대차대조표 등 재무제표에 기록되지 않는 거래를 가리킨다. 재무제표는 기업의 경영활동을 보여주는 기록이어서 기업이 보유한 자산과 부채는 재무제표에 기록하는 게 일반적이다. 하지만 유발채무, 장외파생상품 등은 자산이나 부채에 포함되지 않는 부외거래이다. 과거 그림자금융을 대표하는 금융상품들도 부외거래로 표시된 것이 많아, 손실이 발생해도 잘 드러나지 않는 문제점이 있었다. 이에 따라 국제적으로 그림자금융 등 부외거래 항목들을 투명하게 공개하는 방안이 검토되고 있다.

금융정보분석원(FIU)

• 지난 2001년 금융기관을 이용한 범죄자금 이동을 막고 외화의 불법유출을 방지하기 위해 설립된 기관. 금융기관으로부터 자금세탁 관련 혐의가 있는 거래 등을 보고받고 분석해 이를 검찰 등 법집행기관에 제공한다.

통상임금

• 근로자에게 정기적·일률적으로 주는 시간급(근로기준법시행령 제6조), 휴일·야간수당 등을 계산하는데 기초가 된다. 현행 근로기준법상 기업은 연장·야간·휴일근무를 한 직원에게 통상임금의 50% 이상을 가산해 지급해야 한다.

20만명대로 떨어진 신규 취업자 수 증가 ※ 전년 동기 대비

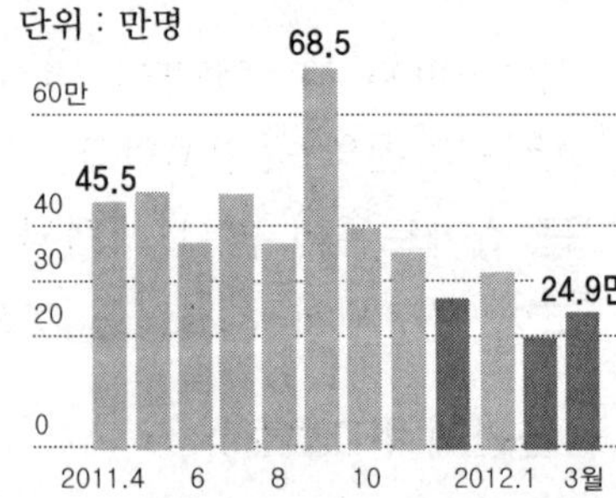

자료 : 한국은행·통계청

지주회사제도·증손회사

• 계열회사의 지분보유만을 목적으로 하는 지주회사를 만든 뒤 그 아래로 모든 계열사를 두는 지배구조를 의미한다. 지주회사의 자회사 밑으로 다시 자회사를 둘 수 있는데, 증손회사는 지주회사 자회사의 자회사(손자회사)의 자회사를 뜻한다. 공정거래법은 연쇄적인 자회사 보유가 지나치게 확산되는 것을 막기 위해 100% 지분보유를 전제로 증손회사까지만 허용하고 있다.

실리콘밸리은행(SVB)

• 1983년 미국 캘리포니아 산타클라라에서 설립된 벤처전문은행이다. IT(정보기술), 생명공학, 녹색·환경기술, 벤처캐피털, 와이너리 등 실리콘밸리지역의 벤처·중소기업을 상대로 투자금융영업을 하고 있다. 벤처캐피털과의 연계를 통해 이들이 1차적으로 걸러낸 기업들에 저리(低利)의 운영자금을 대출해주고, 주식을 담보물로 받는 비즈니스 모델을 갖고 있다.

한·중의 포천 500대 기업 숫자

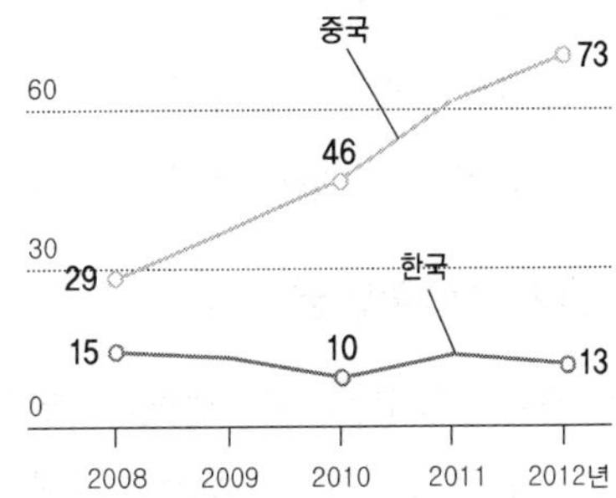

NPL(Non Perforing Loan)

• 이자가 연체되고, 원금상환도 어려워보이는 부실채권을 뜻한다. 보통 3개월 이상 연체되는 대출을 뜻한다.

tip 쉽게 배우는 경제

• 절세, 탈세, 조세회피

- 세금납부액을 줄이는데는 합법적인 방법과 불법적인 방법이 있다. 납부(tax savings)는 각종 소득공제, 세액공제 등의 제도를 활용하여 합법적으로 납부할 세금을 최소화 하는 방법을 말한다. 탈세(tax evasion)는 소득누락, 과잉비용청구, 허위계약서 작성 등의 방법으로 세금을 회피하는 불법적인 방법을 말한다. 조세회피(tax avoidance)는 조세제도의 애매한 부분이나 사각지대를 남용해 조세부담을 경감하는 방법으로 합법적이지만 부당하게 여겨져서 '합법적 탈세'로 불리기도 한다.

페이퍼컴퍼니(paper company)

• 물리적 실체가 존재하지 않고 서류상에만 존재하는 회사를 말한다. 기업에 부과되는 세금을 줄일 수 있고, 기업활동을 유지하기 위해 드는 경비도 줄일 수 있어 탈세목적으로 설립하는 경우가 많다. 그러나 금융회사나 항공사가 사업상 편의를 위해 만드는 경우도 있어 그 자체가 불법은 아니다.

자기관리형 주택임대관리업

• 관리업체가 집주인에게 일정비용을 받는 대신 세입자를 구하거나 임대료를 받아주고, 주택보수 등까지 책임지는 것, 관리업체는 집주인에게 매월 고정적인 임대료수익을 보장하고, 빈집이 생기는 위험부담도 진다. 관리업체가 임대료의 일정비율을 수익으로 챙기는 사업모델도 있다.

장기수선충당금

• 배관, 승강기 등 아파트 주요 시설을 수리 · 교체할 때 쓰는 돈이다. 미리 '장기수선계획'을 수립해 그에 따라 써야만 한다. 보도블록 교체 등 일상적 공사에 쓰는 '수선유지비'와 구분된다. 집 소유주가 내는 게 원칙이어서 세입자는 관리비에 부과된 장기수선 충당금을 이사갈 때 찾아갈 수 있다.

tip 쉽게 배우는 경제

• 부과방식 / 적립방식

- 연금을 받기 위한 돈을 조달하는 방법에는 부과방식과 적립방식이 있다. 부과방식은 현재 일하고 있는 사람들이 돈을 모아 현재 퇴직한 사람들에게 주는 방식이다. 적립방식은 현재 일하고 있는 사람들이 돈을 모아 놓았다가 퇴직한 후에 그 돈을 조금씩 찾아 쓰는 방식이다. 선진국의 공적연금은 부과방식이 대부분이지만 우리나라의 국민연금은 적립방식을 사용하고 있다.

아베노믹스(Abenomics)

• 20여년간 계속된 경제침체를 탈출하기 위해 모든 정책수단을 동원하겠다는 일본 아베정권의 경제정책, 재정지출 확대와 금리인하를 통해 소비확대와 엔고(円高 · 엔화가치 상승) 해소를 노리고 있다.

ELS와 DLS

• ELS는 주가지수나 특정종목 주가를 기초로 수익을 얻을 수 있는 금융투자상품이다. DLS는 ELS와 비슷한 구조의 파생상품이지만 기초자산이금, 원유, 원자재 등의 상품이나 환율을 포함한 금리 등이다.

히든챔피언(Hidden Chapion)

- 세계시장 점유율 1~3위이면서 잘 알려지지 않은 매출액 40억 달러 이하의 우량기업을 말한다. 헤르몬지몬의 저서에서 유래한 말로 강소기업(强小企業・작지만 강한 기업)과 유사하게 쓰인다. 독일은 이에 해당하는 기업이 1,000개가 넘는다. 중견기업
- 중소기업 범위를 벗어났으나, 대기업에 속하지 않는 기업. 중소기업은 종업원 300인 미만이거나 자본금 80억원 이하인 기업, 대기업은 자산총액 5조원이 넘는 상호출자 제한집단이다. 국내 중견기업은 올해 기준으로 1,422개가 있다. 전체 기업 중 차지하는 비중은 0.04%이다.

정크본드(Junk bond)

- 쓰레기를 뜻하는 정크(junk)라는 용어대로 직역하면 '쓰레기같은 채권'이다. 신용 등급이 낮은 회사들이 발행하는 투기등급 채권을 말하는데, 원리금상환을 못할 위험이 크기 때문에 그만큼 이자가 높은 고수익・고위험 자산이다.

유치권

- 다른 사람의 물건・유가증권을 점유한 사람이 채권을 받을 때까지 이를 점유할 수 있는 권리. 채권의 진위나 정확한 정산 금액을 가려내기가 어려워 경매 초보자들은 세심하게 판단해야 한다. 부동산 전문가들은 실제 유치권을 주장하는 자의 80%가량은 허위 유치권자이거나 법적인 유치권자 자격이 없다고 말한다.

스팩(SPAC・기업인수목적회사)

- 스팩은 주식공모로 자금을 모은 뒤 우량비상장 회사를 발굴・합병해 이 회사를 우회 상장시키는 서류상 회사다. 주가가 오르면 투자자들은 주식을 팔아 차익을 얻는다. 3년 이내에 합병하지 못하면 청산절차를 밟는다.

바링허우(八零後)

- 1980년대 태어난 중국의 신세대를 지칭하는 말, 개혁・개방 이후 시행된 '한 자녀의 정책'에 따라 외동아들, 외동딸이 대부분이다. 정치적 굴곡을 겪은 부모세대와 달리 개방적이고 소비지향적이며, 경제・교육 수준이 높고 디지털문화에 익숙하다는 평가이다.

참고문헌

국내문헌

고택운 외(2009), 「카지노게임의실무이론」, 백산출판사

고택운(2006), 「카지노서베일런스 시스템의 이해」, 백산출판사

______(2007), 「카지노 실무용어해설」, 백산출판사

고택운, 양일용(2009), 「카지노게이밍수리학」, 백산출판사

고택운 외(2011), 「최신카지노산업관리론」, 백산출판사

김응식 외(1993), 「현대경영학원론」, 백산출판사

류 철(2012), 「호텔회계의 이해」, 백산출판사

박병윤(1992), 「기업의 내부감사와 진단」, 도서출판 은혜사

박상수(2006), 「관광서비스산업론」, 백산출판사

안국신(2004), 「경제학길잡이」, 율곡출판사

안희배(2009), 「시장경제론」, 백산출판사

윤대순(2005), 「관광경영학원론」, 백산출판사

이수로(2005), 「기초회계실무」, 신영사

이충기(2003), 「관광응용경제학」, 일신사

이충기 외(2009), 「카지노산업의 이해」, 대왕사

추명건 · 주상영(2000), 「경제학원론」, 박영사

최병길 · 김태보(2009), 「관광경제학」, 백산출판사

제주특별자치도관광협회(2008), 「제주지역 관광객 전용 타당성조사연구」

한국카지노업관광협회(2007), 「카지노사업중장기발전방안연구」

____________________(2008), 「제주지역 관광카지노 추진방안」

____________________(2009), 「카지노산업의 사회 · 경제적 역할 및 이미지 제고방안」

____________________(2010), 「일본 · 대만 등 주변국 카지노 개방이 우리나라에 미치는 영향 연구」

조선일보 경제면(2013.2~), chosunbiz.com

국외문헌

Alan Wykes(1994), 「The Complete Illustrated Guide to Gambling」, London

Bain, Joseph A.(1994), 「Casinos」, NY, B.D.I.T

Bety Fay(1988), 「Essential of Tour Mangement」Nesergy.

Bill Friedman(1984), 「Casino Management」, Lyle Stuart Inc.

Bishop.R(1994), 「Option Value : an Exposition and Extension」 Journal of Environmental Economics and Management.

Casino City's Global Gaming Alamance(A Casino City Press Publication 2009)

Dwyer, Larry and Forsyth, Peter.(2006) 「International Hand-book on the Economics Of Tourism」, Edward Elgar, UK, USA.

Eadington, W.R. and J.A. Cornelius(1991), 「Gaming and Public Police」 University of Nevada.

Firag, Ismail,(2002), 「Role of Goverment in Tourism Mangement, Economic Impacts of Tourism in the islands of Asia and The pacific」 WTO, Madrid, Spain.

Gaming Journal(2003), The Definitive Gaming Magazine, Australia Global Entertainment and Media Outlook : 2008~2012(Pricwater house coopers, 2008)

International Gaming&Wagering Business(2000~2005), Casino Business Magazine, NY : IGWB

John Romero(1995), 「Casino marketing」 NY : IGWB

Kilby. J and J. Fox(1998), 「Casino Operation Management」, NewYork JohnWiley&sons.

Lee, Choog-Ki and Kyung-Sang,Kwon(1997), 「The Economic Impact of the Casino Industry in South Korea」 Journal of Travel Reserch, 36(1) : 52-58

Malcom E. Greeless(1998), 「Casino Accounting and Financial management」, Reno, NV.

Nick Gullio(1982), 「Casino Marketing Professional Approach」 Lasvegas, NV : GBC

Tribe, Jhon, (1999), 「The Economics of Lesuire and Tourism」 2nd Edition, Butterworth Heinenmann.

The Economist Magazine(2013), vol 407, No 8836, London

World Gaming&Leisure(1988~2000), 「Industry Review」, London.

前田, 「現大觀光學」 日本學交社

저자약력

고택운

- 경기대학교 관광학과 졸업 / 제주대학교 경영대학원 연구과정 수료
- 한국워커힐카지노 / 제주하얏트카지노
- 미국C.C.L카니발 / 세레브레이션카지노(크루즈라인)
  미국령 프에르티코, 산후앙, 인터내셔날 로얄카지노
  미국라스베이거스 리베라 / 스타다스트 카지노
  영국령 바하마, 낫소, 파라다이스아일랜드카지노
- 전, 문화관광부 카지노관련 자문위원 / 한국카지노업관광협회 자문교수
  제주관광대학교 카지노경영과 교수.
- 현, 한국카지노학회 고문 / 제주관광학회 이사 / 카지노경영정보연구소장
- 주요저서 및 논문 / 연구실적
  - 「카지노게임의 실무이론 Ⅰ, Ⅱ」, 한올출판사(2002)
  - 「현대카지노산업관리론 상 · 하」, 한올출판사(2003)
  - 「카지노서베일러스 시스템의 이해」, 백산출판사(2006)
  - 「카지노실무용어해설」, 백산출판사(2007)
  - 「카지노실무」 서울특별시교육감인정 고등학교교과서, 상양미디어(2007)
  - 「최신카지노게임의 실무이론」, 백산출판사(2009)
  - 「카지노게이밍수리학」, 백산출판사(2009)
  - 「최신카지노산업관리론(종합)」, 백산출판사(2011)
  - 경주보문관광단지 카지노사업의 수익타당성에 관한 분석연구(1993), (주)대우건설
  - 카지노사업의 환경분석 및 관광산업에 미치는 영향평가에 관한 연구(1999), 제주대학교
  - 강원랜드 스몰카지노 운영방안 및 사회적 부작용 최소화 방안(1999), (주)강원랜드
  - 카지노 보안시스템의 운영방안에 관한 연구(2000), (주)에스원
  - 베트남하롱베이로얄카지노의 관리시스템 및 운영방안 연구(2002), 대만未來그룹
  - GKL의 세븐럭 카지노 서베일런스 시스템의 운영방안(2005), (주)문엔지니어링
  - 북마리아나연방정부(CNMI)의 사이판카지노운영관리방안에 관한 연구(2008), (주)우디엔터테인먼트
  - 제주지역 관광카지노 추진방안에 관한 연구(2008), 한국카지노업관광협회

외 다수 용역보고서 연구원 또는 FGI로 참여.

양일용

- 고려대학교 철학과 졸업 / 대전대학교 경영행정대학원 경영학 석사
- 대전대학교 대학원 경영학 박사
- 파라다이스 투자개발 / 파라다이스 글로벌카지노
- 전, 대전대학교 경상학부 경영학과 겸임부교수
- 현, 한국카지노업관광협회 자문교수 / 제주관광대학교 카지노경영학과 부교수
- 주요저서 및 논문 / 연구실적
  - 「카지노실무영어」, 백산출판사(2002)

- 「카지노배우기」, 감수, 넥서스Books(2003)
- 「카지노실무」, 서울교육감인정 고등학교 교과서, 삼양미디어(2007)
- 한국카지노산업의 경영전략에 관한 연구(1996), 대전대학교
- 외래관광객의 태도가 카지노 관광행동에 미치는 영향에 관한 연구(2000), 대전대학교
- 제주지역 관광카지노 추진방안(2008), 한국카지노업관광협회
- 카지노산업의 사회·경제적 역할 및 이미지 제고방안(2009), 한국카지노업관광협회

외 다수 용역보고서 연구원으로 참여

이용성

- 제주대학교 경영대학원 무역학 석사
- 파라다이스 부산카지노 / 파라다이스 제주그랜드카지노
- 현, 제주한라대학교 산학협력단 연구위원 / 제주한라대학교 관광경영과 초빙교수
- 주요저서 및 논문 / 연구실적
  - 「카지노 실무론 1,2」 / 카지노실무(룰렛, 블랙잭, 바카라) 동영상 제작, 제주한라대학교
  - 테마별 관광종사원 5개국어 필수회화
  - 근로자의 직무만족에 영향을 미치는 내부마케팅 요인에 관한 실증적 연구(2001), 제주대학교

구자관

- 경기대학교 관광개발학과 졸업
- 경기대학교 관광전문대학원 호텔카지노컨벤션 경영전공 관광학 석사 / 박사
- 올림포스카지노 / 남서울크라운프라자카지노 / 강원랜드 카지노
- 강원관광대학교 겸임교수 / 경기대학교 · 경주대학교 외래교수
- 대한관광학회 이사 / 한국카지노학회 회장
- 현, 한중대학교 호텔카지노관광경영학과 조교수
- 주요저서 및 논문
  - 「카지노 운영관리의 이해」 대왕사(2012)
  - 카지노 딜러의 직장가정갈등과 조직성과의 관계에 관한 연구(2012), 한국관광산업학회
  - 카지노지역주민의 삶의 질 영향요인(2008), 대한관광경영학회
  - 언어폭력이 소진, 직무만족, 이직의도에 미치는 영향(2008), 한국서비스산업학회
  - 카지노 딜러가 경험하는 언어폭력 측정도구에 관한 연구(2008), 한국이벤트학회
  - 내국인카지노딜러의 소진에 관한 연구(2007), 한국서비스업학회

김기호

- 강원대학교 경제학과 졸업
- 한양대학교 경영대학원 경영학 전공 경영학 석사
- '93~현재, 강원랜드 재경팀 / 기획조정실 / 총무팀 / 대외협력실 / 미래사업추진실
- 현재, 강원관광대학교 관광정보학과 / 관광서비스학과 겸임교수

카지노경제학

2014년 1월 10일 초판 1쇄 인쇄
2014년 1월 15일 초판 1쇄 발행

저 자 고택운 · 양일용 · 이용성
구자관 · 김기호

발행인 寅製 진 욱 상

발행처 백산출판사

서울시 성북구 정릉3동 653-40
등록 : 1974. 1. 9. 제 1-72호
전화 : 914-1621, 917-6240
FAX : 912-4438
http://www.ibaeksan.kr
editbsp@naver.com

저자와의 합의하에 인지첩부 생략

값 25,000원
ISBN 978-89-6183-823-8